Ulrich von Alemann · Claudia Münch (Hrsg.)

Landespolitik im europäischen Haus

Ulrich von Alemann
Claudia Münch (Hrsg.)

Landespolitik im europäischen Haus

NRW und das dynamische Mehrebenensystem

VS VERLAG FÜR SOZIALWISSENSCHAFTEN

VS Verlag für Sozialwissenschaften
Entstanden mit Beginn des Jahres 2004 aus den beiden Häusern
Leske+Budrich und Westdeutscher Verlag.
Die breite Basis für sozialwissenschaftliches Publizieren

Bibliografische Information Der Deutschen Bibliothek
Die Deutsche Bibliothek verzeichnet diese Publikation in der Deutschen Nationalbibliografie;
detaillierte bibliografische Daten sind im Internet über <http://dnb.ddb.de> abrufbar.

1. Auflage Januar 2005

Alle Rechte vorbehalten
© VS Verlag für Sozialwissenschaften/GWV Fachverlage GmbH, Wiesbaden 2005

Lektorat: Frank Schindler

Der VS Verlag für Sozialwissenschaften ist ein Unternehmen von Springer Science+Business Media.
www.vs-verlag.de

Das Werk einschließlich aller seiner Teile ist urheberrechtlich geschützt. Jede Verwertung außerhalb der engen Grenzen des Urheberrechtsgesetzes ist ohne Zustimmung des Verlags unzulässig und strafbar. Das gilt insbesondere für Vervielfältigungen, Übersetzungen, Mikroverfilmungen und die Einspeicherung und Verarbeitung in elektronischen Systemen.

Die Wiedergabe von Gebrauchsnamen, Handelsnamen, Warenbezeichnungen usw. in diesem Werk berechtigt auch ohne besondere Kennzeichnung nicht zu der Annahme, dass solche Namen im Sinne der Warenzeichen- und Markenschutz-Gesetzgebung als frei zu betrachten wären und daher von jedermann benutzt werden dürften.

Umschlaggestaltung: KünkelLopka Medienentwicklung, Heidelberg

Gedruckt auf säurefreiem und chlorfrei gebleichtem Papier

ISBN-13: 978-3-531-14524-2   e-ISBN-13: 978-3-322-80699-4
DOI: 10.1007/978-3-322-80699-4

Inhalt

Peer Steinbrück
Vorwort 7

Ulrich von Alemann/Claudia Münch
Einleitung 11

1. Die institutionelle Reform der EU

Elmar Brok/Martin Selmayr
Der Verfassungskonvent – Ein Erfolgsmodell? 21

Manfred Degen
Der Verfassungsprozess – Eine Betrachtung aus regionaler Sicht 31

2. Folgen des Reformprozesses

Adelheid Puttler
Sind die Mitgliedstaaten noch „Herren" der EU?
Stellung und Einfluss der Mitgliedstaaten nach dem Entwurf des
Verfassungsvertrages der Regierungskonferenz 43

Arthur Benz
„Europafähigkeit" des deutschen Bundesstaats
Vorschläge zur Reform des Bundesstaats vor dem
Hintergrund der Europäischen Integration 63

Ralph Alexander Lorz/Menea Lindart
Bedeutung und Reform des Art. 23 GG –
Die verfassungsrechtliche Einbeziehung der deutschen Länder
in den europäischen Integrationsprozess 75

3. NRW und das europäische Mehrebenensystem

Ulrich von Alemann/Klaudia Köhn
Nordrhein-Westfalens Einflusskanäle auf der europäischen Ebene 105

Christian Engel
Nordrhein-Westfalen und seine europäischen Partnerregionen 121

Katrin Auel
Die deutschen Landtage im europäischen Mehrebenensystem 133

Claudia Münch
Nordrhein-westfälische Kommunen in Europa 153

4. NRW und die Auswirkungen der Europäischen Integration

Hannelore Kraft
NRW und die europäische Bildungspolitik –
Der Bolognaprozess und seine Umsetzung 181

Herbert Jakoby
NRW und die europäische Strukturpolitik 189

Heide Bergschmidt/Christine Hebauer/Ludger Schulze Pals
Reform der Agrarpolitik – Eine Bilanz aus nordrhein-westfälischer Sicht 209

Ute Koczy
Die EU-Umweltpolitik und ihre Auswirkungen auf NRW 227

Heinz-Jürgen Axt
Der Wirtschaftsstandort NRW in der erweiterten EU 239

5. Zukunftsperspektiven

Wolfram Kuschke
Nordrhein-Westfalens Kooperation mit den neuen
Mitgliedstaaten der EU 257

Andreas Pinkwart/Jan Frie
EU-Osterweiterung – Chancen und Risiken für NRW 267

Peter Becker/Andreas Maurer
Der Europäische Verfassungsvertrag und die Föderalisierung des
europäischen Mehrebenensystems 291

Wolfgang Wessels
Die institutionelle Architektur nach der Europäischen Verfassung:
Höhere Dynamik – neue Koalitionen? 323

Hartwig Hummel
Die Grenzen Europas und die Europäische Union 343

Autorenverzeichnis 357

Peer Steinbrück

Vorwort

Der Umbruch von der Industrie- und Dienstleistungsgesellschaft hin zur Informations- und Wissensgesellschaft macht in der Bundesrepublik und in Nordrhein-Westfalen tiefgreifende Reformen erforderlich. Aber auch die Europäische Union hat einen gewaltigen Anpassungsbedarf. Sie ist dabei, ihr Gesicht gründlich zu verändern. Davon ist auch Nordrhein-Westfalen in einem hohen Maße berührt. Deshalb bin ich dankbar, dass der vorliegende Sammelband diese Thematik aufgreift.

Am 1. Mai 2004 ist die Europäische Union um zehn neue Mitgliedstaaten auf nun 453 Mio. Einwohner angewachsen. Durch die Erweiterung ist Nordrhein-Westfalen geografisch noch mehr in die Mitte Europas gerückt. Nordrhein-Westfalen kann mit Recht behaupten, eine europäische Kernregion zu sein. Nahezu jeder dritte EU-Bürger lebt in einem Umkreis von 500 km rund um die Landeshauptstadt Düsseldorf. Nordrhein-Westfalen hat dabei als Land mit Außengrenzen schon immer über den eigenen Tellerrand geblickt. Die ersten Euregios entstanden bei uns, und die Verflechtungen mit unseren Nachbarn sind heute intensiver und vielfältiger denn je.

Die Erweiterung der Gemeinschaft um die ost- und mitteleuropäischen Staaten ist eine politische Notwendigkeit. Auch die Menschen in diesen Staaten haben einen Anspruch auf Teilhabe an dem Frieden und dem Wohlstand, den die Europäische Union uns nach dem Zweiten Weltkrieg gebracht hat. Wir profitieren aber auch, wenn unsere östlichen Nachbarn stabile Demokratien und prosperierende Gesellschaften sind.

Schon vor dem Beitritt hat sich die Annäherung dieser Staaten positiv auf Nordrhein-Westfalen ausgewirkt. Der Außenhandel mit diesen Ländern ist in den letzten Jahren enorm gestiegen. Er liegt mit 19,2 Mrd. Euro inzwischen über dem Außenhandel mit den USA (14,4 Mrd. Euro).

Nordrhein-Westfalen hat ein großes Interesse an einem funktionsfähigen und starken Europa. Funktionsfähig und stark kann Europa jedoch nicht durch einen übertriebenen Zentralismus werden. Die Europäische Union muss der regionalen Vielfalt in Europa durch dezentrale Strukturen gerecht werden. Die Europäische Union muss sich auf die europäischen Hauptaufgaben wie die Realisierung des Binnenmarktes, die Wirtschafts- und Währungsunion, die Agrar- und Umweltpolitik sowie den wirtschaftlichen und sozialen Zusammenhalt konzentrieren. Europa wird bei den Bürgern eine höhere Akzeptanz finden, wenn die Aufgaben, die die Mitgliedstaaten und Regionen selbst bewältigen können, auch dort verbleiben. Das wird am Beispiel der Daseinsvorsorge deutlich: Eine ganze Reihe von Bereichen wird bereits europäisch reguliert: Strom, Gas, Telekommunikation und andere. Darüber hinaus wirkt die Europäische Union durch das Wettbewerbsrecht in die Daseinsvorsorge hinein. Eine weitere Regulierung durch eine europäische Rahmenrichtlinie, die noch nicht endgültig vom Tisch ist, ist nicht erforderlich. Die Daseinsvorsorge in Deutschland wird überwiegend im Rahmen der kommunalen Selbstverwaltung erbracht. Sie darf nicht durch eine europäische Rahmengesetzgebung eingeschränkt werden.

Nordrhein-Westfalen erhebt den Anspruch, an dem Jahrhundertwerk, ein integriertes Europa zu schaffen, gestaltend mitzuwirken. Mit seiner Bevölkerungszahl, seiner wirtschaftlichen Leistungsfähigkeit hat Nordrhein-Westfalen auch das Potenzial, am europäischen Willensbildungsprozess wirkungsvoll mitzuwirken. Die Erweiterung auf nunmehr 25 Mitgliedstaaten mit einem entsprechend zunehmenden Lobbyisten-Heer in Brüssel macht die Aufgabe nicht einfacher und erfordert eine Anpassung unserer Aktivitäten. Dabei wird sich die Europäische Union in rascher Folge weiter verändern. Die Beitrittsverhandlungen mit Bulgarien sind praktisch abgeschlossen. Ein Beitritt 2007 ist wahrscheinlich. Auch Rumänien befindet sich auf der Zielgeraden. Gegenüber der alten „EU 15" haben wir dann schon fast eine Verdoppelung der Mitgliedstaaten erreicht. Kroatien steht vor der Tür. Darüber hinaus wird derzeit intensiv eine Mitgliedschaft der Türkei diskutiert.

Die erweiterte Europäische Union kann nicht mehr nach den Strukturen und Mechanismen der ursprünglichen Gemeinschaft der Sechs funktionieren. Trotz der vielen Vertragsrevisionen ist sie aber bislang im Grunde immer noch darauf verwiesen. Eine grundlegende Erneuerung ist erforderlich. Dies haben die deutschen Länder auch im Hinblick auf eine Neuordnung der Handlungsinstrumente der Europäischen Union und der Kompetenzabgrenzung zu den Mitgliedstaaten gefordert.

Am 18. Juni 2004 haben die Staats- und Regierungschefs der Europäischen Union den europäischen Verfassungsvertrag verabschiedet. Auf dem historischen Gipfel von Brüssel fanden die Verhandlungen über eine Verfassung für Europa unter irischer Präsidentschaft ein vorläufiges „Happy End". Nach dem Scheitern im Dezember 2003 war dies nicht ohne weiteres vorhersehbar.

Wir bewerten den Verfassungsvertrag überwiegend positiv. Die wesentlichen Forderungen Nordrhein-Westfalens und der deutschen Länder wurden berücksichtigt. Wichtige Punkte sind:

– die klarere Kompetenzabgrenzung,
– die Achtung der regionalen und kommunalen Selbstverwaltung,
– das Frühwarnsystem und das Klagerecht der nationalen Parlamente bei der Subsidiaritätskontrolle.

Einige Forderungen der Länder wie die nach dem Klagerecht für einzelne Regionen oder nach der Abschaffung der Flexibilitätsklausel, die Kompetenzverlagerungen auf die EU-Ebene ohne Ratifikation ermöglicht, blieben unberücksichtigt.

Insgesamt stärkt der Verfassungsvertrag die Stellung der Regionen in der Europäischen Union und verbessert ihre Möglichkeiten der Interessenwahrnehmung gegenüber Brüssel.

Darüber hinaus stärkt er die Handlungsfähigkeit der erweiterten Union. Und: Es wurden Fortschritte hinsichtlich Demokratie, Transparenz und Bürgernähe erzielt.

Insgesamt haben wir also ein doppeltes Interesse daran, dass der Verfassungsvertrag in Kraft tritt: Die Verfassung wird zu stärkeren Regionen in einer stärkeren Europäischen Union führen.

Jetzt kommt es darauf an, dass der Verfassungsvertrag von allen 25 Mitgliedstaaten ratifiziert wird. Die Landesregierung wird mit einer Öffentlichkeitsinitiative einen Beitrag dazu leisten, dass die Menschen in Nordrhein-Westfalen über den Verfassungsvertrag und seine Bedeutung informiert werden.

Es reicht nicht aus, den Reformprozess in Europa zu beobachten und zu versuchen, Einfluss auf ihn auszuüben. Das Europa mit dem neuen Gesicht erfordert auch eine Neuausrichtung der Europapolitik des Landes Nordrhein-Westfalen.

Bereits 2001 hat die Landesregierung wichtige Schritte eingeleitet, um ihre Europafähigkeit zu verbessern. Wir haben die Landesvertretung in Brüssel personell verstärkt und

Vorwort

neu ausgerichtet. Wir entsenden Landesbedienstete als nationale Experten in die Europäische Kommission und machen uns nach ihrer Rückkehr ihre neuen Erfahrungen und Kenntnisse zu Nutze. Wir bringen uns vor allem bei zentralen Themen möglichst früh in den europäischen Entscheidungsprozess ein und erarbeiten Konzepte und Lobbystrategien. In jährlichen Monitoring-Workshops unter Leitung des Europaministers ziehen wir kritisch Bilanz und setzen die erforderlichen neuen Akzente.

Der bedeutende französische Historiker Jacques Le Goff hat geschrieben: „Europa muss heute eine andere Form der Einheit erfinden als die eines Reiches."

Wir sind mitten in diesem Prozess und Nordrhein-Westfalen ist an prominenter Stelle mit dabei.

Einleitung

Die Europäische Union hat sich eine neue Gestalt gegeben. Die ersten Hürden auf dem Weg einer Neustrukturierung sind mit der Annahme des Vertrages über die Verfassung von Europa durch die Regierungschefs der 25 Mitgliedstaaten genommen worden. Allerdings wird der Weg zur endgültigen Ratifizierung steinig sein. Inzwischen haben bereits acht Länder eine Entscheidung über den Verfassungsvertrag per Volksreferendum angekündigt.[1] Die Einstellung der Bürger zu Europa ist nach wie vor gespalten. Auch weil Grundkenntnisse des politischen Systems der EU immer noch wenig verbreitet sind, fallen Vorbehalte und Ängste auf fruchtbaren Boden.

Dies liegt nicht zuletzt an der mangelnden Identifikation mit Europa. Neben den wichtigen und notwendigen institutionellen und strukturellen Neuerungen des Verfassungsvertrages wurde mit ihm auch die Hoffnung verbunden, die Identifikation der Bürger mit der Europäischen Union zu steigern.

Warum es im Zuge der ansteigenden Mitgliederzahlen zu einer neuen Vertragsgrundlage für die EU kommen musste, steht inzwischen außer Diskussion. Fraglich bleibt aber, wieso erstmalig in der europäischen Integrationsgeschichte der Begriff Verfassung verwendet wird. Allein schon die Einigung innerhalb des Konvents, das neue Vertragswerk Verfassung zu nennen, stellt einen großen Erfolg dar und unterstreicht die Konsensfähigkeit dieses Gremiums. Denn nicht nur für Großbritannien, welches über keine schriftliche Verfassung verfügt, war die Anerkennung ein großer Schritt.

Die begriffliche Einigung erzeugte bereits während der Konventsverhandlungen eine enorme Presseaufmerksamkeit: Europa will sich eine Verfassung geben. Verfassung ist jedoch nicht nur ein starkes Wort, welches das heißersehnte öffentliche Interesse brachte. Mit Verfassung verbindet jeder Bürger eigene nationale Traditionen. Verbunden werden damit außerdem große historische Ereignisse wie die französischen Verfassungen, die erste deutsche Verfassung von 1848 oder die Gründung der Vereinigten Staaten von Amerika 1787 mit der ältesten heute noch gültigen Verfassung.

Eine europäische Verfassung soll den Bürgern die Identifikation mit dem politischen Europa erleichtern. Dazu muss die „neue" Verfassung in der Tradition der übrigen nationalstaatlichen Verfassungen stehen. Die Orientierung des Verfassungsentwurfes an europäischen Verfassungstraditionen ist mit ihrem Wertefundament, der Gewaltenteilung, der Rechtspersönlichkeit, den Mitwirkungsrechten und der Flexibilisierung gegeben. Besonders herauszustellen ist aber ihre symbolische Bedeutung. Der Verfassungsvertrag über die Europäische Union soll sich einfügen in den Reigen der großen historischen Staatsgründungen.

Aber genau an diesem Punkt liegt das Problem: Der Begriff Verfassung ist herkömmlicher Weise auf den Staat bezogen und würde auf eine Staatswerdung Europas hindeuten,

---

1   Diese Tendenz ist steigend. Inzwischen wird auch in Deutschland über eine Grundgesetzänderung nachgedacht, welche eine Abstimmung per Volksentscheid möglich macht.

die in den Augen einiger Integrationsgegner gerade nicht anzustreben ist. Die Bezeichnung des neuen Grundvertrages enthält also viel Zündstoff, wobei bis hierhin der Sieg klar an die Supranationalisten, an die Befürworter eines sich immer weiter vertiefenden Einigungsprozesses geht.

Wie weitreichend die identifikationsstiftenden Erfolge tatsächlich sein mögen, bleibt abzuwarten, aber schon jetzt müssen sich die europapolitischen Akteure des europäischen Mehrebenensystems mit den neuen Rahmenbedingungen des Verfassungsvertrages auseinandersetzen. Gerade für die deutschen Länder hält der Verfassungsentwurf Erneuerungen wie die Subsidiaritätskontrolle oder das Klagerecht der nationalen Parlamente und des Ausschusses der Regionen bereit, welche innerstaatliche Umstrukturierungsmaßnahmen notwendig machen. An dieser Stelle wird deutlich, wie stark der Europäische Integrationsprozess in die Strukturen seiner Mitgliedstaaten eingreift. Der neue Verfassungsvertrag bringt zahlreiche Folgeeffekte quer durch alle Ebenen des Staatenverbundes ins Rollen. Vergleichbar wäre dies mit dem Bild eines Steines, welcher ins Wasser fällt und in Form von Wellenbewegungen unzählige konzentrische Kreise erzeugt. Der Stein sinkt bis auf den Grund und sorgt auch dort für Veränderungen der Umgebung.

Das vorliegende Buch macht sich genau diese Wellenbewegung, das Übergreifen und Einwirken in andere Bereiche, zum Thema. Es versteht den Verfassungsprozess als dynamische Entwicklung, welcher vor und nach seiner Beendigung für, sich einander bedingende, Kettenreaktionen sorgt. Aus der Vielzahl dieser Auswirkungen legt dieses Buch seinen Schwerpunkt auf die Verflechtungen mit der regionalen Ebene. Um die Wahrnehmung des Verfassungsprozesses und seiner Auswirkungen in einer breiten Perspektive zu erfassen, versammelt diese Publikation Beiträge von Wissenschaftlern unterschiedlicher Disziplinen, Politikern und Mitgliedern der Landesregierung in NRW.

Das erste Kapitel *Die institutionelle Reform der EU* betrachtet den Verfassungsgebungsprozess und seine Resultate aus legislativer und exekutiver Perspektive.

Elmar Brok und *Martin Selmayr* setzen sich in ihrem Artikel *Der Verfassungskonvent – Ein Erfolgsmodell?* mit der Frage auseinander, inwiefern sich der Europäische Konvent und der von ihm ausgearbeitete Entwurf über eine Verfassung für Europa bewährt haben. Beide, der Entwurf und der Weg auf dem er zustande gekommen ist, stellen für die Europäische Union ein Novum dar. Erfolg oder Misserfolg waren zu Beginn der Arbeit des Europäischen Konvents nicht absehbar wie auch die späteren Verhandlungen im Europäischen Rat zeigen sollten. Brok und Selmayr gehen zunächst auf die Methode des Konvents ein und beschreiben die Vorgeschichte wie auch den Kontext unter dem der Konvent einberufen wurde. Es wird über die Eckdaten hinaus Einblick in die Konventsarbeit gegeben und die Arbeitsatmosphäre lebhaft vermittelt. Die breite Beteiligung am Europäischen Konvent ließ auf keine vergleichbaren Erfahrungen zurückgreifen. Reichweite und Tragkraft des Entwurfs über eine Verfassung für die Europäische Union sind Gegenstand der Darstellung und schließlich auch Maßstab für die Bewertung der Konventsarbeit. Die Phase der Durchsetzung im Europäischen Rat wird ebenfalls erläutert und kommentiert. Schließlich geben Brok und Selmayr ein umfassendes Bild des Europäischen Konvents und seiner Arbeit und bieten so Einblick in das Zustandekommen eines historischen Ereignisses.

Manfred Degen bietet in seinem Beitrag *Der Verfassungsprozess – Eine Betrachtung aus regionaler Sicht* eine nordrhein-westfälische Wertung des Entwurfs über eine Verfassung für Europa an. Dargelegt wird, wie sich die Arbeit des Europäischen Konvents aus nordrhein-westfälischer Perspektive gestaltet hat, wie regionale Interessen in den Prozess der Formulierung einflossen und ob man aus regionaler Sicht mit dem Ergebnis zufrieden sein kann. Eingebettet in einen Rückblick auf die bisherigen institutionellen Reformen beschreibt Degen wie sich die Konventsmethode gerade für die Einbringung regionaler Interessen eignete und wie die Entwicklung in der Vertretung des Landes Nordrhein-Westfalen in Brüssel wahrgenommen wurde. Ausführlich dargestellt werden die Bemühungen Nordrhein-Westfalens entweder im Schulterschluss mit anderen deutschen Ländern, in interregionalen Kooperationen oder mit der Bundesregierung Einfluss auf den Verfassungsgebungsprozess zu nehmen. Abschließend bilanziert Degen die Vor- und Nachteile des Verfassungsvertrages für die Länder und betrachtet mögliche Auswirkungen: Können die Regionen Europas aus dem Verfassungsentwurf neue Gewinne oder neue Verluste, neue Hoffnungen oder neue Ängste ziehen?

Das zweite Kapitel *Folgen des Reformprozesses* betrachtet Auswirkungen und Anpassungszwänge der fortschreitenden Europäischen Integration aus deutscher Perspektive.

Adelheid Puttler stellt in ihrem Artikel *Sind die Mitgliedstaaten noch „Herren" der EU? – Stellung und Einfluss der Mitgliedstaaten nach dem Entwurf des Verfassungsvertrages der Regierungskonferenz* die Frage nach der Souveränität der Nationalstaaten in der EU. Ob sich die besondere Qualität der Europäischen Verfassung auch in einer grundlegenden Änderung des Einflusses der Mitgliedstaaten auf Gestalt und Entwicklung der Europäischen Union zeigt, soll geklärt werden. Untersucht wird, ob der Vertragstext die Mitgliedstaaten noch als souveräne Nationalstaaten sieht, die sich aus freier Entscheidung durch Übertragung begrenzter Hoheitsrechte in eine Union einbinden. Wie groß ist der „Souveränitätsanteil", der den Mitgliedstaaten mit der neuen Verfassung bleibt? Hängt die Union vom fortdauernden Willen der Staaten zur Mitgliedschaft ab? Zunächst wird der Geltungsgrund der neuen Verfassung untersucht und nach der Dauerhaftigkeit ihrer Bindung gefragt. Danach werden die vorgesehenen Modalitäten für eine Änderung der Verfassung geprüft. Als nächstes wird ein Blick auf mögliche Konflikte zwischen nationalem und europäischem Recht geworfen. Am Schluss beschäftigt sich Puttler mit dem Problem der Handlungsermächtigung der Europäischen Union.

Arthur Benz diskutiert in seinem Artikel *„Europafähigkeit" des deutschen Bundesstaats – Vorschläge zur Reform des Bundesstaats vor dem Hintergrund der Europäischen Integration* die notwendig werdenden Anpassungsleistungen der Bundesrepublik Deutschland im Zuge der Fortentwicklung des europäischen Mehrebenensystems. Unter besonderer Beobachtung steht dabei der deutsche Bundesstaat und dessen föderale Elemente. Bedingt und aufbauend auf den Vorschlägen der seit Ende 2003 tagenden Kommission von Bundestag und Bundesrat zur Modernisierung der Bundesstaatlichen Ordnung soll dargestellt werden, in welchen Bereichen Deutschland bewiesen hat „europafähig" zu sein, wo es Probleme gibt und welche Möglichkeiten und Vorschläge zur Diskussion stehen. Der Autor gibt zunächst einen Einblick in die Problematik einer Bewertung, da sich selten alle Ziele erreichen lassen und sich zwischen den zu bewertenden Zielen Effektivität der Politik, Stärkung des Föderalismus und Wahrung der Legitimation meist ein Nullsummenspiel eröffnet. Im Mittelpunkt der Betrachtung stehen Institutionen des politischen Systems der Bundesrepublik Deutschland wie die Bundesregierung, der Bundestag, der Bundesrat, die Landesregierungen und die Landtage, weiter die Interessenvertretung von und zwischen Bund und Ländern sowie die Umsetzung europäischen Rechts im deutschen Föderalstaat. Benz belässt es nicht bei der Entblößung der Schwachstellen, sondern zeigt auf, was zur Verbesserung im Gespräch ist und gibt dem Thema so eine zukünftige Dimension.

Ralph Alexander Lorz und *Menea Lindart* befassen sich in ihrem Beitrag *Bedeutung und Reform des Art. 23 GG – Die verfassungsrechtliche Einbeziehung der deutschen Länder in den europäischen Integrationsprozess* mit der Stellung der deutschen Länder im Hinblick auf die Europäische Integration aus juristischer Perspektive. Artikel 23 des Grundgesetzes gewährleistet seit 1993 die Mitwirkungsrechte der Länder über den Bundesrat in europäischen Angelegenheiten. Seine Auswirkungen und Bedeutungen sollen dargelegt werden. Vorangestellt werden Überlegungen zum Normgehalt des Art. 23 GG und dessen Entstehungsgeschichte. Nachfolgend werden die Mitwirkungsrechte im Einzelnen beschrieben und für Bundestag, Bundesrat und die Länder erläutert. Der deskriptiven Betrachtung schließt sich eine Skizzierung der bisherigen Probleme mit Art. 23 GG an, die aus unterschiedlichen Auslegungen und dem Theorie/Praxis-Verhältnis rühren. Der Entwurf über eine Verfassung für die Europäische Union und die Arbeit der Kommission von Bundestag und Bundesrat zur Modernisierung der bundesstaatlichen Ordnung lassen neues Licht auf den Art. 23 GG fallen. Außerdem sprechen die Autoren die Möglichkeit einer Grundgesetzänderung an. Der mit eigenen Vorschlägen abschließende Beitrag bietet dem Leser eine Einführung in die verfassungsrechtliche Perspektive der Europäischen Integration und schlüsselt einen Grundgesetzartikel auf, der gerade im Lichte der neuesten Entwicklungen enorme Bedeutung hat.

Das dritte Kapitel *NRW und das europäische Mehrebenensystem* setzt sich am Beispiel Nordrhein-Westfalens mit der Verflechtung unterschiedlicher Akteursebenen auseinander.

Ulrich von Alemann und *Klaudia Köhn* geben in ihrem Artikel *Nordrhein-Westfalens Einflusskanäle auf der europäischen Ebene* einen Einblick, wie nordrhein-westfälische Interessen in Brüssel eingebracht werden. Die vielfältigen Kanäle, die Nordrhein-Westfalen nutzt, formell wie informell, sollen illustriert werden und dem Leser ein Bild vom Brüsseler Geschehen geben. Eine Einführung in die Sphäre der Lobbyarbeit gibt zuerst Einblick in die Vielfältigkeit der nordrhein-westfälischen Kontakte und zeigt vor allem auf, welche informellen Möglichkeiten existieren. Es wird beschrieben, warum sich Lobbying lohnt, wie Lobbying funktioniert und wer die Ansprechpartner für nordrhein-westfälische Lobbyisten sind. Weiter gibt der Artikel Aufschluss darüber, welche Institutionen sich eignen nordrhein-westfälische Interessen in Brüssel zu artikulieren. Dabei stehen zunächst der Ausschuss der Regionen, der Bundesrat, die Landesregierung und der Landtag im Fokus der Betrachtung. Besondere Aufmerksamkeit erhalten schließlich die Landesvertretungen in Brüssel und in Berlin. Abschließend geben Alemann und Köhn einen Ausblick auf die Veränderungen, die sich durch die Osterweiterung einstellen können. Insgesamt zeigen die Autoren anschaulich auf, wie und von wem in Brüssel regionale Interessen formuliert und artikuliert werden, und wo im Brüsseler Konzert nordrhein-westfälische Klänge ertönen.

Christian Engel präsentiert in seinem Artikel *Nordrhein-Westfalen und seine europäischen Partnerregionen* das internationale Netzwerk Nordrhein-Westfalens. Es wird verdeutlicht, wie und wo sich NRW im europäischen Regionennetzwerk positioniert hat. Angefangen bei den ersten Partnerschaftssuchen der späten achtziger Jahre gibt Engel Einblick in die frühen Stunden nordrhein-westfälischer Partnerschaften und stellt die heutigen Konstellationen dar, welche nun zwischen Nordrhein-Westfalen und seinen Partnerregionen in Schottland, Frankreich, Polen, Belgien und den Niederlanden bestehen. Mit besonderer Rücksicht auf die Verbindungen zu den Benelux-Ländern und dem Regionalen Weimarer Dreieck, zusammengesetzt aus NRW, Schlesien in Polen und Nord Pas-de-Calais in Frankreich, bietet Engel insbesondere eine genauere Beschreibung der Aktivitäten und Ziele dieser Partnerschaften. Weiter steht im Mittelpunkt, welche Erfahrungen Nordrhein-Westfalen im Laufe der Jahre gesammelt hat. Anschließend wagt der Autor einen Ausblick in die Zukunft: Wo und wie wird sich Nordrhein-Westfalen positionieren? Wie werden sich die partnerschaftlichen Beziehungen zu anderen Regionen entwickeln?

Katrin Auel widmet sich in ihrem Beitrag *Die deutschen Landtage im europäischen Mehrebenensystem* den Länderparlamenten und deren Möglichkeiten in Europa mit zu gestalten. Im Zuge der Europäischen Integration wird von Vertretern aus Wissenschaft und Praxis ein Bedeutungsverlust der Landtage diagnostiziert. Ob sich diese These vom Verlierer der Europäischen Integration tatsächlich aufrechterhalten lässt, oder ob sie den Verlust eigener Entscheidungskompetenzen zumindest teilweise kompensieren können, ist Gegenstand dieser Ausführung. Dabei soll gezeigt werden, dass die Einschränkung originärer Legislativkompetenzen nicht zwangsläufig zu einer Entparlamentarisierung auf Landesebene führen muss, sondern dass die Handlungsfähigkeit der Landtage von ihrer Anpassungsfähigkeit an die spezifischen Anforderungen des europäischen Mehrebenensystems abhängt. Einem allgemeinen Blick auf die Lage der Landesparlamente folgt eine detaillierte Darstellung der bisherigen Anpassungen. Weiter geht Auel darauf ein, wie sich eben diese Anpassungen bisher ausgewirkt haben und welche Probleme existieren. Schließlich belässt die Autorin es nicht bei dem Aufzeigen von Defiziten, sondern stellt konkrete Vorschläge zur weiteren Reform vor. Der Artikel wirft neue Argumente in die Diskussion um die Landesparlamente im europäischen Mehrebenensystem und lässt Perspektiven und Trends erkennen.

Claudia Münch widmet sich in ihrem Artikel *Nordrhein-westfälische Kommunen in Europa* der untersten Stufe des europäischen Mehrebenensystems – der kommunalen Ebene. Herausgestellt werden soll, dass nicht nur der Bund und die Länder auf Europa reagieren, sondern eben auch die kommunale Ebene neue Nuancen durch Europa erfährt. Münch skizziert zunächst die politikwissenschaftliche Europäisierungsdebatte und konkretisiert dann anhand der nationalen und der regionalen Ebene durch die Europäische Integration ausgelöste Wandlungsprozesse. Nach einer Analyse der Verankerung der kommunalen Ebene im europäischen Mehrebenensystem, wird die Frage diskutiert, inwieweit die Kommunen in ihrer verfassungsmäßig garantierten lokalen Selbstverwaltung tangiert sind. Dazu wird die Europabetroffenheit der Kommunen in eine direkte und in eine strategische untergliedert. Im Anschluss werden die bisherigen institutionellen Anpassungen und die neu entstandene Europapolitik der Kommunen dargestellt. Münch macht deutlich, dass Europa nicht nur auf europäischer, nationaler oder regionaler, sondern eben auch auf kommunaler Ebene kontinuierlich Anpassungsleistungen erfordert.

Im vierten Kapitel *NRW und die Auswirkungen der Europäischen Integration* werden anhand verschiedener Politikbereiche Abhängigkeiten und gegenseitige Beeinflussungen der regionalen und der supranationalen Ebene beleuchtet.

Hannelore Kraft erklärt in ihrem Beitrag *Nordrhein-Westfalen und die europäische Bildungspolitik – Der Bolognaprozesses und seine Umsetzung* das Vorhaben, bis zum Jahre 2010 einen einheitlichen europäischen Hochschulraum zu schaffen. Einleitend verdeutlicht Kraft die Gründe, die den Bolognaprozess notwendig machen. Ein Profil des bisherigen Wissenschaftsraums Europa und die Vision, die mit einem einheitlichen europäischen Hochschulraum verbunden ist, werden einleitend vorgestellt. Wie sich NRW um den Bolognaprozess bemüht und welche Maßnahmen vor Ort ergriffen werden, erläutert Kraft anschaulich und gibt Auskunft darüber, welche Erfolge bereits erzielt wurden.

Herbert Jakoby geht in seinem Artikel *NRW und die europäische Strukturpolitik* auf das Politikfeld der regionalisierten Strukturpolitik ein. Unter besonderer Betonung der anstehenden Veränderungen in der Strukturpolitik im Zuge der Osterweiterung und dem Ende der aktuellen Förderperiode in 2006 wird dargestellt wie NRW die europäische Förderung nutzt und umsetzt. Einleitend berichtet Jakoby aus den frühen Tagen der EU-Subventionen in den 80er Jahren. Es folgt eine detaillierte Auflistung und Erläuterung der quantitativen und qualitativen Bedeutung für NRW in dem Zeitraum von 1988 bis heute. Weiter geht der Autor darauf ein, durch welche Besonderheiten sich das jetzige Ziel 2-Programm 2000-2006 auszeichnet. Beschrieben wird wie neue Anforderungen an die Projekte im Rahmen einer konzeptionellen Neuausrichtung berücksichtigt wurden. Dazu zählen eine stärkere Innovations- und KMU-Orientierung, das Einführen von Wettbewerbselementen in die Projektauswahl, die Berücksichtigung von Querschnittszielen, die Aufwertung des Begleitausschusses und eine größere Bedeutung für Evaluierung und Monitoring. Abschließend geht

Jakoby auf die bevorstehenden Reformen im kommenden Förderzeitraum 2007-2013 ein und weist auf mögliche Veränderungen für NRW hin.

Heide Bergschmidt, Christine Hebauer und *Ludger Schulze Pals* erläutern in ihrem Artikel *Reform der Agrarpolitik – Eine Bilanz aus nordrhein-westfälischer Sicht* die Auswirkungen der europäischen Agrarpolitik und ihrer Reform von 2003 auf NRW. Aufgezeigt werden soll, wie sich die Agrarpolitik schon seit Jahren im europäischen Rahmen abspielt und welche Wechselbeziehungen mit NRW bestehen. Ein Blick auf die bisherige Agrarpolitik und die Vorgeschichte der Reform der Gemeinsamen Europäischen Agrarpolitik (GAP) leitet ein zu einer Betrachtung der Erneuerungen. Zu diesen zählen die Entkopplung des Prämiensystems für Landwirte, die Verknüpfung mit anderen Kriterien wie etwa Umweltaspekte und die zweite Komponente der GAP, die Förderung ländlicher Gebiete. Die Reformpunkte werden erläutert und in den Gesamtbezug eingebettet. Die Ausführung über die Implementation in NRW stellt dar wie sich die europäischen Entscheidungen vor Ort umsetzen lassen, wie sie aufgenommen werden und was sie für NRW bedeuten. Weiter skizzieren die Autoren zukünftige Perspektiven und arbeiten heraus, inwieweit ein kontinuierlicher Reformprozess zu erwarten ist. Der Artikel gibt Aufschluss über eines der ältesten europäischen Politikfelder und beleuchtet es mit dem Bezugspunkt NRW.

Ute Koczy erläutert in ihrem Beitrag *Die EU-Umweltpolitik und ihre Auswirkungen auf NRW* wie europäisches Umweltrecht in Nordrhein-Westfalen umgesetzt wird und die Umweltpolitik NRWs weitere supranational initiierte Akzente erfährt. Ziel ihrer Ausführung ist es, dem Leser zu verdeutlichen, welche Bedeutung europäisches Umweltrecht in NRW hat und wo sich Brüsseler Beschlüsse zeigen. Ausgehend von der Tatsache, dass NRW ein umweltpolitisches Vorreiterland ist und die Umsetzung der europaweiten EU-Standards Kompetenz der Länder ist, stellt Koczy anhand von vier Beispielen praktisch dar, welche Fäden sich in der Umweltpolitik neu spannen. Einer Beschreibung der Umsetzung der Europäischen Luftqualitätsrichtlinien in NRW folgt die Betrachtung der Europäischen Chemikalienpolitik, in welcher gerade NRW als großer Chemieindustriestandort eigene Erkenntnisse einfließen lassen konnte. Einen weiteren Akzent legt die Autorin auf das Thema europäisches Naturerbe, indem sie die Umsetzung des NATURA 2000-Projektes in NRW beschreibt. Zuletzt widmet sich Koczy der Energiepolitik, in der NRW technisch entwickelnd wie politisch regulativ sehr engagiert ist, und stellt nordrhein-westfälische Bemühungen vor. Die Ausführung über die EU-Umweltpolitik aus nordrhein-westfälischer Sicht bietet einen Überblick zur Implementation europäischer Rechtsvorgaben und zeigt anschaulich, wie sich europäische und regionale Anstrengungen fruchtbar verbinden.

Heinz-Jürgen Axt behandelt in seinem Artikel *Der Wirtschaftsstandort NRW in der erweiterten EU* die wirtschaftliche Einbettung Nordrhein-Westfalens in Europa. Dargelegt werden soll, wie sich die EU-Erweiterung auf die regionale Wirtschaft auswirken kann. Axt gibt zunächst eine Einführung in die wirtschaftliche Geschichte Nordrhein-Westfalens, welche auf der Montanindustrie basiert und heute in vielen Branchen europäisch eingebunden ist. Der Autor erläutert die vertragliche Bindung NRWs in Europa und widmet sich dann der wirtschaftlichen Verflechtung mit der Europäischen Union der 15 Mitgliedsstaaten und den mittel- und osteuropäischen Ländern mit besonderem Augenmerk auf die neuen EU-Mitglieder. Dies ergänzend wird auf den Strukturwandel und die EU-Fördermaßnahmen eingegangen, welche sich in NRW seit Jahren wirtschaftlich fördern auswirken. Auch in dieser Hinsicht wird die Erweiterung Auswirkungen auf NRW haben. Axt beschreibt wie sich NRW seit langer Zeit als Vorreiter in grenzüberschreitenden Kooperationen präsentiert und so ebenfalls wirtschaftliche wie integrative Erfolge vorzuweisen hat. Dem Leser wird dargelegt, wie sich NRW schon seit langem nicht mehr durch Kohle und Stahl definiert, sondern eine vitale, vielfältige, interagierende Region mit Zukunft ist, gerade wegen der Erweiterung.

Einleitung

Das letzte Kapitel *Zukunftsperspektiven* beschäftigt sich zum einen mit einer Einschätzung der Folgen der Osterweiterung speziell für NRW und zum anderen mit der Bedeutung des Verfassungsvertrages für die zukünftige Europäische Union und ihre Grenzen.

Wolfram Kuschke widmet sich in seinem Artikel *Nordrhein-Westfalens Kooperation mit den neuen Mitgliedstaaten der EU* dem historischen Schritt des Beitritts von zehn Staaten zur Europäischen Union am 1. Mai 2004 und dem nordrhein-westfälischen Engagement bei der Knüpfung von Kooperationsnetzwerken. Zunächst stehen die Gründe, warum NRW die Erweiterung der EU befürwortet hat, im Vordergrund. Kuschke beschreibt wie auf Grund gemeinsamer Werte und historisch-kultureller, politischer sowie wirtschaftlicher Aspekte nur ein Ja zur Erweiterung in Frage kam und schließlich für die alten wie auch die neuen Mitgliedstaaten ein Gewinn entstehen wird. Weiter wird erläutert, wie der Prozess hin zur Erweiterung nicht nur beobachtet, sondern bereits seit den 90er Jahren durch die Initiierung und Durchführung zahlreicher gemeinsamer Projekte mit den mittel- und osteuropäischen Staaten unterstützt wurde. Inzwischen kann NRW eine beachtliche Zahl an festverankerten Partnerschaften und Netzwerken mit den neuen Beitrittsländern aufweisen. Kuschke zeigt wie NRW sich aktiv für und in einem größeren Europa engagiert.

Andreas Pinkwart und *Jan Frie* betrachten in ihrem Artikel *EU-Osterweiterung – Chancen und Risiken für NRW* die Aussichten NRWs angesichts der gerade um zehn Staaten gewachsenen EU. Ein Ereignis, welches gerade für Deutschland den Status der östlichen Nachbarn ändert und es innerhalb der EU in das geographische Zentrum rückt. Nach einem kurzen Blick auf die Ausgangslage NRWs in Europa stellen Frie und Pinkwart eine SWOT-Analyse für vier zentrale Politikfelder an. Bei der SWOT-Analyse geht es um das Herausstellen der Stärken (strengths), Schwächen (weaknesses), Chancen (opportunities) und Risiken (threats). Einer Betrachtung Deutschlands insgesamt folgt jeweils eine Ausführung über die Auswirkungen auf Nordrhein-Westfalen sowie eine Analyse des Anpassungs- und Reformbedarfs. Die Politikfelder Wirtschaft, Bildung, Wissenschaft und Technologie, Verkehr und Bevölkerungsentwicklung stehen dabei im Blickpunkt. Abschließend zeigen die Autoren Perspektiven für die zukünftige Entwicklung Nordrhein-Westfalens auf. Frie und Pinkwart widmen sich einem Thema, welches die Diskussion um die Osterweiterung beherrscht, das Ängste wie Hoffnungen geweckt hat, und geben den Auswirkungen der EU-Osterweiterung schließlich klare Konturen.

Andreas Maurer und *Peter Becker* thematisieren in ihrem Beitrag *Der Europäische Verfassungsvertrag und die Föderalisierung des europäischen Mehrebenensystems* die Auswirkungen auf das politische System der Europäischen Union, welche von der Entwicklung der Europäischen Verfassung ausgehen. Nähergebracht werden soll die Rolle der Regionen in und um den Prozess des Europäischen Konvents wobei die Veränderung des europäischen Mehrebenensystems dabei im Fokus liegt. Der Verfassungsprozess wird eingebettet in den ungebrochenen Integrationsprozess der EU mit offenem Ende. Die Rolle der Länder als dritte Ebene des europäischen Mehrebenensystems wird dabei hervorgehoben und die Kernelemente des politischen Systems der EU werden vorgestellt. Konkret beschreiben Becker und Maurer die Funktion und Einflussmöglichkeiten der deutschen Länder im Europäischen Konvent. Weiter gehen sie auf das Ergebnis des Konvents, den Entwurf über eine Verfassung für die Europäische Union, ein, zeigen die weiteren Veränderungen in der Phase der Regierungskonferenzen auf und stellen Bezüge und Auswirkungen heraus. Eine Beurteilung, wie sich der Entwurf für die deutschen Länder bewerten lässt und welche Entwicklungen im weiteren Verlauf des offenen Integrationsprozesses möglich bzw. wünschenswert sind, schließt die Betrachtung. Die Autoren legen das europäische Mehrebenesystem und den Verfassungsgebungsprozess dar und stellen beide in anschauliche Zusammenhänge.

Wolfgang Wessels untersucht in seinem Artikel *Die institutionelle Architektur nach der Europäischen Verfassung: Höhere Dynamik – neue Koalitionen?* wie sich die Konstruktion des Verfassungsvertrags auf die europäischen Institutionen und deren Zusammenspiel auswirken kann. Im Kontext tagespolitischer Bewertungen und historischer Verortungen stellt sich der gegenwärtigen Diskussion als zentrale Aufgabe, die Regeln der geschriebenen Verfassung auf ihre möglichen Auswirkungen auf die gelebte Praxis einer erweiterten Union zu untersuchen. Die Institutionen der Europäischen Union und die mit der Verfassung beabsichtigen Veränderungen werden von Wessels einzeln betrachtet. Für das Europäische Parlament, den Europäischen Rat, den Rat der Europäischen Union, die Europäische Kommission, den Europäischen Gerichtshof und die nationalen Parlamente werden die kommenden Modifizierungen herausgearbeitet und erläutert. Abschließend bietet der Autor erstens eine Schlussfolgerung für die Handlungsfähigkeit und das Zusammenspiel der Europäischen Union an und zweitens eine Bewertung der Konventsarbeit. Wessels stellt die zukünftige Institutionenlandschaft der EU vor und zeigt auf, wie diese in Zukunft agieren könnte.

Hartwig Hummel betrachtet in dem Artikel *Die Grenzen Europas und die Europäische Union* den Diskurs über eine Definition Europas. Ausgehend von der Aktualität des Themas im Lichte eines möglichen EU-Beitritts der Türkei beleuchtet der Artikel kritisch die unterschiedlichen Positionen und Argumentationsstränge. Nach einer zunächst politikwissenschaftlichen Annäherung an das Thema, wendet sich Hummel auch historischen Quellen zu. In den folgenden Kapiteln geht es dann auf der Grundlage der vorgestellten Theorien um die konkreten Kriterien der Grenzziehung und des Grenzverlaufs der europäischen Außengrenzen. Der Autor zeigt auf, dass die Grenzen Europas sowohl geopolitisch, funktional, neokolonial als auch normativ gedacht werden können und sich die Sichtweisen in ihrer Grenzziehung stark von einander unterscheiden. Im Fazit wird schließlich erörtert, welche Grenzen einem demokratischen und friedlichen Europa angemessen wären.

Schließlich möchten wir als Herausgeber Dank sagen allen, die uns beim Zustandekommen dieses Buches geholfen haben. Dieser Dank gilt zunächst allen Autorinnen und Autoren, die uns Ihre Texte und damit ihre Zeit – ein höchst kostbares Gut – gewidmet haben. Das gilt für die vielbeschäftigten Autoren aus Politik und Verwaltung genauso, wie für die stark nachgefragten Autoren aus der Wissenschaft. Danken wollen wir aber auch denen, die uns bei der handwerklichen Edition des Bandes unterstützt haben. Hier ist in erster Linie Glenn R. Gassen zu nennen, der mit großer Sorgfalt, Ausdauer und Kenntnissen die Redaktion des Buches auf vielfältige Weise vorangebracht hat.

Die Herausgeber möchten mit diesem Buch Partei ergreifen. Nicht für eine einzelne politische Partei, denn alle im Landtag von NRW vertretenen Parteien kommen mit kompetenten Autoren in diesem Buch zu Wort. Partei ergreifen wollen wir für das neue Europa, das mit dem Verfassungsvertrag entsteht und Partei ergreifen wollen wir für eine starke Stellung des Landes NRW in diesem neuen Europa. Wenn für diese Kraft der Region unser Buch einen kleinen Beitrag leisten kann, würden wir uns freuen.

Ulrich von Alemann und *Claudia Münch*

1. Die institutionelle Reform der EU

Elmar Brok/Martin Selmayr

Der Verfassungskonvent – Ein Erfolgsmodell?

1. Einleitung

Die Reform der Europäischen Union (EU) ist spätestens seit der Entscheidung, die EU erneut beträchtlich zu erweitern, zu einem politischen Imperativ der Europäischen Integration geworden. Ausschlaggebend ist dabei die Erkenntnis, dass Institutionen und Entscheidungsverfahren, die 1951 und 1957 für ein „Europa der Sechs" geschaffen und seither nicht wesentlich verändert wurden, sich für ein „Europa der 25 plus x" wenig eignen. Ohne durchgreifende Reform kann es zum Verlust der Handlungsfähigkeit der Union und zur Lähmung des gesamten Integrationsprozesses kommen. Auf dem Spiel steht zugleich die Gemeinschaftsmethode. Ist es in der Folge der Erweiterung der EU nicht mehr möglich, im Gemeinschaftsrahmen wirksam supranationale Politik zu gestalten, dann droht der Bedeutungsverlust der Brüsseler Institutionen und ein Rückfall in die zwischenstaatliche Regierungszusammenarbeit. In Gefahr gerät damit auch die Demokratie in Europa, da zwischenstaatliche Regierungszusammenarbeit traditionell vorbei an den Parlamenten betrieben wird und das von den Bürgern direkt gewählte Europäische Parlament seine Befugnisse nur im Rahmen der Gemeinschaftsmethode einsetzen kann.

Dem EU-Verfassungskonvent ist es in 16-monatiger Arbeit gelungen, mit seinem Entwurf für eine „Verfassung für Europa" einen Weg zu finden, wie die Europäische Union transparenter, demokratischer und effizienter gestaltet werden kann. Der Regierungskonferenz von 25 Staats- und Regierungschefs mit ihren Außenministern gelang es ein Jahr später, im zweiten Anlauf eine politische Einigung auf der Grundlage dieses Verfassungsentwurfs zu erzielen. Ratifizierungsverfahren in 25 Mitgliedstaaten entscheiden nun, ob Europas neue Verfassung in Kraft treten kann. Hierbei sollte keinesfalls in Vergessenheit geraten, dass die entscheidenden Reformen in Europas neuer Verfassung nicht von Diplomaten hinter verschlossenen Türen ausgehandelt, sondern bereits vom EU-Verfassungskonvent in einem bisher historisch einmaligen Verfahren – der Konventsmethode – auf den Weg gebracht worden sind.

2. Die Konventsmethode

Trotz der allgemein anerkannten Notwendigkeit einer grundlegenden Reform der EU war es auf den Regierungskonferenzen von Maastricht, Amsterdam und Nizza nicht gelungen, wesentliche Fortschritte zu erzielen. Zuletzt waren in Nizza alle wirklichen Reformschritte gescheitert. Der Grund hierfür lag im Methodischen: Die Regierungskonferenz als klassisches diplomatisches Treffen der Staats- und Regierungschefs hinter verschlossenen Türen, vorbereitet durch die nationalen Bürokratien und geprägt vom Erfordernis der positiven Zustimmung jedes einzelnen Mitgliedstaaten, hatte erkennbar ihre Grenzen erreicht. Der Vertrag von Nizza – an sich der letzte Änderungsvertrag vor der Erweiterung der EU am 1. Mai 2004 – hatte es nicht vermocht, die institutionellen Kernprobleme der EU zu lösen.

Das anfängliche Scheitern dieses Vertrags im Referendum in Irland am 7. Juni 2001 unterstrich zudem, dass die kläglichen Resultate der Geheimdiplomatie einer Regierungskonferenz immer weniger dem Bürger zu vermitteln waren und allgemein das euroskeptische Bild eines intransparenten und undemokratischen Europas verstärkten.

Bereits im Vertrag von Nizza hatten die Staats- und Regierungschefs allerdings in einer Erklärung[1] anerkannt, dass eine weitere Reform der Verträge unumgänglich war. Sie betonten deshalb die Notwendigkeit „einer eingehenderen und breiter angelegten Diskussion über die Zukunft der Europäischen Union", später auch „Post-Nizza-Prozess" genannt. Der schwedische und der belgische Vorsitz im Ministerrat wurden aufgefordert, in Zusammenarbeit mit der Kommission und unter Teilnahme des Europäischen Parlaments eine umfassende Debatte zu fördern, an der alle interessierten Kreise beteiligt sein sollten: Vertreter der nationalen Parlamente und der Öffentlichkeit insgesamt, das heißt Vertreter aus Politik, Wirtschaft und dem Hochschulbereich, Vertreter der Zivilgesellschaft usw. Auch die Bewerberstaaten sollten nach noch festzulegenden Einzelheiten in diesen Prozess einbezogen werden. Schließlich sollte der Europäische Rat auf seiner Tagung in Laeken/Brüssel im Dezember 2001 „eine Erklärung annehmen, in der geeignete Initiativen für die Fortsetzung dieses Prozesses enthalten sein werden".

Auf dem Europäischen Rat von Laeken am 14. und 15. Dezember 2001 wurden insgesamt um die 50 Fragen identifiziert, welche bei der Reform der EU zu bewältigen waren. Diese Fragen, die in der Erklärung von Laeken festgehalten sind, befassen sich vor allem mit der Aufteilung und Festlegung der Zuständigkeiten in der Europäischen Union, mit der Vereinfachung der Instrumente der Union und der ihr zugrunde liegenden Verträge, sowie mit dem Bedürfnis nach mehr Demokratie, Transparenz und Effizienz in der Europäischen Union. Zur Beantwortung dieser Fragen beschloss der Europäische Rat in Laeken einen – sich später als geradezu revolutionär erweisenden – Methodenwechsel: Anstatt einer Regierungskonferenz sollte zunächst „im Hinblick auf eine möglichst umfassende und möglichst transparente Vorbereitung der nächsten Regierungskonferenz" ein Konvent einberufen werden, der ab März 2002 ein Jahr lang in Brüssel über die notwendige Reform der EU beraten sollte. Mit einem solchen Konvent hatte man schon zuvor erste positive Erfahrungen sammeln können: Der auf dem Europäischen Rat vom Köln 1999 eingesetzte Grundrechte-Konvent hatte innerhalb eines Jahres in äußerst effizienter Arbeit unter Vorsitz des ehemaligen deutschen Bundespräsidenten Roman Herzog eine Bestandsaufnahme über die Grundrechte in der EU vorgenommen und hieraus eine moderne Charta der Grundrechte der Europäischen Union erarbeitet.

Das Mandat des jetzt einzusetzenden EU-Reformkonvents formulierten die Staats- und Regierungschefs in Laeken sehr breit. Sie stellten ihm die Aufgabe, „die wesentlichen Fragen zu prüfen, welche die künftige Entwicklung der Union aufwirft". Zum Vorsitzenden des Konvents ernannten die Staats- und Regierungschefs den früheren französischen Staatspräsidenten Valéry Giscard d'Estaing, zu seinen Stellvertretern den ehemaligen italienischen Premierminister Giuliano Amato und den vormaligen belgischen Ministerpräsident Jean-Luc Dehaene. Dem Konvent angehören sollten „die Hauptakteure der Debatte über die Zukunft der Union", die in Laeken wie folgt definiert wurden: 15 Vertreter der Staats- und Regierungschefs der Mitgliedstaaten (ein Vertreter pro Mitgliedstaat), 30 Mitglieder der nationalen Parlamente (zwei pro Mitgliedstaat), 16 Mitglieder des Europäischen Parlaments und zwei Vertreter der Europäischen Kommission. Außerdem sollten die 13 Bewerberländer jeweils mit einem Regierungsvertreter und zwei Mitgliedern ihres nationalen Parlaments an den Beratungen teilnehmen, „ohne freilich den Konsens, der sich zwi-

---

1 Erklärung Nr. 23 zur Zukunft der Europäischen Union

schen den Mitgliedstaaten abzeichnet, verhindern zu können". Unter den insgesamt 105 Konventsmitgliedern hatten damit die 72 Parlamentarier fast eine Zwei-Drittel-Mehrheit.

Zum erwarteten Ergebnis der Arbeiten des Konvents äußerten sich die Staats- und Regierungschefs in der Laeken-Erklärung sehr vorsichtig und zurückhaltend. Von seiner Konzeption her verstanden sie den Konvent keinesfalls als „Verfassungs-Konvent" oder gar als „Verfassungsgebende Versammlung". Er sollte lediglich aus der gegenwärtigen Blockade des EU-Reformprozesses heraushelfen. Dem Konvent war dabei die Aufgabe zugedacht, die nächste Regierungskonferenz vorzubereiten und „sich um verschiedene mögliche Antworten" auf die wesentlichen Reformfragen der EU „zu bemühen". Das Ergebnis seiner Arbeiten sollte der Konvent in einem „Abschlussdokument" zusammenfassen, „das entweder verschiedene Optionen mit der Angabe enthält, inwieweit diese im Konvent Unterstützung gefunden haben, oder – im Falle eines Konsenses – Empfehlungen enthalten kann." Das Abschlussdokument sollte dann gemeinsam mit den Ergebnissen der Debatten in den einzelnen Staaten über die Zukunft der Union den Ausgangspunkt für die nachfolgende Regierungskonferenz darstellen, welche – so die Laeken-Erklärung sehr deutlich – „die endgültigen Beschlüsse fassen wird". Deutlich zeigt sich hier der Wille der Staats- und Regierungschefs, das Heft des Handelns gegenüber dem Konvent in der Hand zu behalten und – als „Herren der Verträge" – alle Entscheidungen über die erforderlichen Reformen selbst zu treffen.

Im historischen Rückblick ist allerdings die Einsetzung des Konvents als Anfang vom Ende der „Herrschaft der Mitgliedstaaten über die Verträge" anzusehen.[2] Auf Grund seiner überwiegend parlamentarischen Zusammensetzung, der Transparenz seiner Beratungen und der Qualität seiner Ergebnisse konnte der Konvent im Laufe seiner Tätigkeit eine Legitimität für sich und sein Abschlussdokument erarbeiten, an welcher die Mitgliedstaaten bis heute schwer vorbeikönnen. In gewisser Weise bestätigt sich so auch mit der Einrichtung des Konvents die Vorstellung von Monnet, dass man durch das Schaffen von supranationalen Institutionen eine auch für deren nationale Schöpfer unabsehbare und letztlich von diesen nicht mehr beherrschbare Eigendynamik im Interesse der Europäischen Integration begründen kann.

3. Die Arbeit des Konvents

Die insgesamt 16-monatige Arbeit des Konvents[3] teilte sich entsprechend den Vorstellungen von Konventspräsident Giscard d'Estaing in drei Phasen ein: eine Phase des Zuhörens („phase d'écoute", März bis Juni 2002), eine Phase des Studierens („phase d'étude", Juni-Oktober 2002) und schließlich in eine Phase der Reflektion über Antworten auf die dem Konvent gestellten Reformfragen („phase de réflexion, Oktober 2002 bis Juni/Juli 2003), welche die Phase der eigentlichen Arbeit wurde.

Die Arbeitsweise des Konvents wurde von Anfang an von seinem Tagungsort (das Gebäude des Europäischen Parlaments in Brüssel) ebenso geprägt wie von seiner mehrheitlich parlamentarischen Zusammensetzung. Der Konvent organisierte sich und arbeitete ähnlich wie ein (supranationales) Parlament: Es gab Redebeiträge und Gegenreden im Plenum, In-

---

2 Vgl. Selmayr, Martin: Die Arbeit des Konvents und der Verfassungsentwurf von Frascati. Europablätter, 2002. S. 256ff.; Hummer, Waldemar: Paradigmenwechsel im Internationalen Organisationsrecht. Von der „Supranationalität" zur „strukturellen Kongruenz und Homogenität" der Verbandsgewalt. In: Hummer, Waldemar (Hrsg.): Paradigmenwechsel im Völkerrecht zur Jahrtausendwende. Wien, 2002. S. 145, 185ff.

3 Nach wie vor sind die Arbeiten des Konvents, alle Dokumente und alle Beiträge zugänglich unter http://european-convention.eu.int/

terventionen und Interpellationen (durch „Blaue Karten", welche die Konventsmitglieder in der laufenden Debatte hochhalten konnten, um sich zu Wort zu melden), Anträge zur Geschäftsordnung, Änderungsanträge zu den Textvorlagen, Unterschriftenlisten und Resolutionen. Die Beratungen des Konvents waren stets öffentlich und konnten sowohl in Brüssel vor Ort selbst als auch weltweit über das Internet verfolgt werden. Die Zuschauertribunen im Europäischen Parlament waren regelmäßig sehr gut besucht; in der Schlussphase des Konvents war der Andrang sogar so groß, dass weitere Räume für die Zuschauer bereitgestellt werden mussten, in welche die Plenardebatten per Video übertragen wurden. Auch vor dem Tagungssaal des Konvents herrschte stets großer Andrang. Interessenvertreter, von den Gewerkschaften und Wirtschaftsvereinigungen über Umwelt- und Tierschutzverbänden bis hin zu den Vertretern der Städte und Kommunen sowie der Kirchen und Religionsgemeinschaften nutzten den Konvent, um ihre Partikularinteressen in die große Debatte um die zukünftige Gestaltung Europas einzubringen.

Der Konvent traf sich zunächst einmal im Monat zu Plenartagungen in Brüssel. In der dritten Phase musste er zu zwei Tagungen im Monat übergehen, um seine Arbeit fristgerecht abschließen zu können. Den Plenartagungen gingen meist Arbeitstreffen der vier Komponenten des Konvents (Regierungsvertreter, nationale Parlamentarier, Europa-Parlamentarier, Kommission) voraus, auf denen Positionen koordiniert wurden. Rasch formierten sich innerhalb des Konvents zudem – auch dies Ausdruck seiner parlamentarischen Arbeitsweise – die politischen Familien in politischen Fraktionen, die sich ebenfalls zu regelmäßigen Koordinierungssitzungen trafen. Die politischen Familien arbeiteten naturgemäß Komponenten-übergreifend, was sie vor allem in der Schlussphase des Konvents zu einer treibenden Kraft bei der Formulierung von Kompromisstexten machte. Dies galt vor allem für die Fraktion der Europäischen Volkspartei, die sich auf insgesamt fünf Klausurtagungen in Rocquebrune, Frascati, Petersberg, Mallorca und Brüssel im Konvent als politische Kraft formierte und das Entstehen des Verfassungstextes durch gemeinsame, sorgsam vorbereitete und begründete Änderungsanträge maßgeblich mitbestimmen konnte.

Die regelmäßigen Tagungen in Brüssel ließen zwischen den Konventsmitgliedern rasch eine ganz besondere Art von Corpsgeist entstehen. Trotz aller Unterschiede zwischen den politischen Interessen, die von glühendem europäischen Föderalismus bis hin zu scharfer Euroskepsis, von spanischem Konservativismus bis hin zu deutschem Kommunismus reichten, einte die „Conventionnels" die Teilnahme an einem wahrhaft historischen Projekt sowie die Aussicht darauf, später einmal zu den „Vätern und Müttern" der Europäischen Verfassung zählen zu dürfen. Somit war im Konvent schon konstruktionsbedingt von Anfang an vieles auf ein konsensuales Ergebnis angelegt.

Der Corpsgeist der „Conventionnels" verlieh dem Konvent zugleich ein Selbstbewusstsein und die Dynamik einer verfassungsgebenden Versammlung. In der Laeken-Erklärung war die Möglichkeit, am Ende des Reformprozesses eine Europäische Verfassung zu verabschieden, nur sehr vage und allein in Form einer Frage angedeutet worden: „Schließlich stellt sich die Frage, ob diese Vereinfachung und Neuordnung [der bestehenden Verträge] nicht letztlich dazu führen sollte, dass in der Union ein Verfassungstext angenommen werden wird." Der Konvent bejahte diese Frage fast wie selbstverständlich und arbeitete von Anfang an unter der Prämisse, dass das „Abschlussdokument", welches er aufgrund des ihm erteilten Mandats vorzulegen hatte, der Text für eine Europäische Verfassung sein würde.

Eine ganz entscheidende Rolle bei der Kanalisierung der im Konvent bestehenden Dynamik in konkrete politische Ergebnisse und verfassungsrechtliche Formulierungen spielten das zwölfköpfige Präsidium des Konvents unter Vorsitz von Valéry Giscard d'Estaing und das dem Präsidium zugeordnete Sekretariat des Konvents unter Leitung des britischen Diplomaten John Kerr. Das Präsidium organisierte und strukturierte die Arbeit des Konvents, setzte die Arbeitsgruppen ein, erarbeitete Textvorschläge für die vom Konventsplenum zu diskutierenden Verfassungsartikel und überarbeitete diese im Lichte der Ergebnisse der Debatten und der eingereichten Änderungsanträge. Dabei schwankte das Präsidium zwischen notwendiger Federführung der Arbeiten und autokratischem Führungsstil. Dass mit Valéry Giscard d'Estaing ein erfahrener „alter Fuchs" die Arbeiten des Konvents leitete, erwies sich als überaus vorteilhaft, als es daran ging, den Konvent auf die Zielgerade zu bringen und den notwendigen Konsens im Konvent herbeizuführen. Auch das Bestehen Giscards auf einer klaren Sprache des Verfassungstexts hatte segensreiche Auswirkungen. Für das Ziel eines demokratischeren und transparenteren Europas allerdings ließ das Präsidium so manches Mal das notwendige Feingefühl vermissen und stieß deshalb im Konventsplenum nicht selten auf energischen Widerspruch.

Die Diskrepanz zwischen Konventspräsidium und Konventsplenum hatte ihre Ursache auch darin, dass nach der Laeken-Erklärung das Präsidium eine andere Zusammensetzung als der Konvent selbst aufwies. Es bestand – neben dem Präsidenten und den beiden Vizepräsidenten – aus drei weiteren Regierungsvertretern, aus zwei Mitgliedern der Kommission, aus zwei Vertretern der nationalen Parlamente sowie zwei Mitgliedern des Europäischen Parlaments. Damit reflektierte das Präsidium nicht die mehrheitlich parlamentarische Zusammensetzung des Konventsplenums; vielmehr waren die vier Parlamentarier im zwölfköpfigen Präsidium in der Minderheit. Oftmals erschien deshalb die Arbeit des Präsidiums – das stets unter Ausschluss der Öffentlichkeit tagte – als „Kleine Regierungskonferenz", über welche die Mitgliedstaaten doch noch eine letzte Kontrolle über die Konventstätigkeit behielten.[4]

So manches Mal kam es gegen allzu autokratisches Vorgehen des Präsidiums zu einer regelrechten Revolte des Konventsplenums. Schon in den ersten Konventswochen scheiterte das Präsidium mit dem Vorhaben, dem Konvent eine Geschäftsordnung aufzuzwingen, welche die Debatten im Konvent ganz unter die Kontrolle des Präsidiums gestellt hätte.[5] Besonders nachdrücklich zeigte sich die tatsächliche Macht und Legitimität des Konventsplenums im Herbst 2002. Es hatte sich der Eindruck verbreitet, dass die Phase des Zuhörens und des Studierens vom Präsidium bewusst in die Länge gezogen worden war, um in der Schlussphase des Konvents Textvorschläge, die möglicherweise bereits „bei Giscard und Kerr in der Schublade liegen", unter Hinweis auf den nun bestehenden Zeitdruck durch das Plenum zu peitschen. Die „Conventionnels" brachten deshalb im Herbst eigene Verfassungsentwürfe[6] als Diskussionsgrundlage in den Konvent ein, damit die weiteren Arbeiten auf der Basis konkreter Texte stattfinden konnten, und setzen auf diese Weise das Präsidium unter erheblichen Zugzwang. Als schließlich Anfang 2003 das Präsidium die ersten eigenen, lang erwarteten Textvorschläge vorlegte, reagierte das Plenum hierauf mit mehreren

---

4 Vgl. Selmayr, Martin: Die Arbeit des Konvents und der Verfassungsentwurf von Frascati. Europablätter 2002. S. 256f.
5 Hiervon berichtet auch Norman, Peter: The Accidental Constitution. The Story of the European Convention. Brussels, 2003. S. 43ff.
6 So z.B. das Diskussionspapier „The Constitution of the European Union" der EVP-Fraktion, das unter rechtlicher Beratung des Centrums für Europarecht an der Universität Passau erarbeitet, im Laufe der Beratungen mehrfach aktualisiert und am Ende in drei Sprachen vorgelegt wurde; vgl. CONV 325/02, CONV 325/1/02 REV1 und CONV 325/2/02 REV2. Weitere Verfassungsentwürfe legten das liberale Konventsmitglied Andrew Duff, der britische Europaminister Peter Hain, die italienische Sozialistin Elena Ornella Pacciotti und der österreichische Grüne Johannes Voggenhuber vor. Auch in der Kommission wurde ein umfangreicher Verfassungsentwurf (Projekt „Penelope") erarbeitet. Eine Übersicht über diese Verfassungsentwürfe findet sich unter http://www.cap.uni-muenchen.de/konvent/entwuerfe.htm.

Tausend Änderungsanträgen, welche das Präsidium zu teilweise erheblichen Änderungen und Ergänzungen seiner anfänglichen Vorstellungen veranlassten; so konnte die von Valéry Giscard d'Estaing favorisierte Idee eines „Kongresses der Völker" ebenso verhindert werden wie eine übermächtige Rolle des Europäischen Rates, der in den ersten Präsidiumstexten noch teilweise als „Oberorgan" der Europäischen Union figurierte. In den letzten Tagen des Konvents bemächtigte sich das Konventsplenums schließlich sogar teilweise der Tagesordnungsgewalt und erreichte auf diese Weise das Aussetzen von Plenarsitzungen,[7] um weitere Diskussionen innerhalb der Konventskomponenten und der politischen Familien zu ermöglichen. Vor allem in der Schlussphase des Konvents vereinigten hierbei die Parlamentarier unter den „Conventionnels" – nationale und Europa-Parlamentarier – oftmals ihre Kräfte und brachten gemeinsame Positionen in die Enddebatten ein.

Erwähnenswert ist schließlich die Rolle, welche die „Conventionnels" aus den 13 Bewerberländern im Konvent spielten. Obwohl zum Zeitpunkt der Konventstätigkeit noch keines dieser Länder formell EU-Mitglied war, nahmen ihre Vertreter im Konvent an allen Plenar- und Arbeitssitzungen mit allen Rechten und Pflichten teil und konnten – nach einigen Diskussionen – den früheren Ministerpräsidenten und Außenminister Sloweniens, Alojs Peterle, als „Gast" in das Konventspräsidium entsenden. Alle Staaten, die seit dem 1. Mai 2004 EU-Mitglieder sind, wirkten somit an allen Phasen der Konventsarbeit ebenso wie die „Conventionnels" aus den bisherigen EU-Mitgliedstaaten mit und beeinflussten den Verfassungstext ebenso wie diese. Der Mitwirkung der „Conventionnels" aus den Bewerberländern hatte die Laeken-Erklärung nur eine Grenze gesetzt: Einen Konsens, der sich zwischen den aktuellen Mitgliedstaaten abzeichnete, konnten sie nicht verhindern.

Ob es im Konvent überhaupt zu einem Konsens über einen finalen Text kommen würde, hatten Beobachter lange bezweifelt. Sie unterschätzten damit den Willen aller Konventsmitglieder, am Ende ihrer Beratungen einen Text vorzulegen, der auch Bestand haben würde. Der Konvent hätte von vornherein jeglichen Anspruch auf Autorität seines Abschlussdokuments aufgegeben, wenn er nur ein Dokument mit verschiedenen Optionen verabschiedet hätte. Konvents-Präsident Valéry Giscard d'Estaing erleichterte die Konsensfindung noch dadurch, dass er relativ früh erklärte, für ihn sei Konsens gleichzusetzen mit dem „Fehlen von organisiertem Widerstand". Gemeint war damit, dass ein Konsens im Konvent dann erreicht war, wenn seine organisierten Gruppierungen – vor allem die vier Komponenten des Konvents und auch die politischen Familien – als solche dem Endergebnis zustimmen konnten, unabhängig davon, ob es innerhalb einer dieser Gruppierungen noch vereinzelt andere Auffassungen gab. Entsprechend orchestriert war die (erste) Abschlusssitzung des Konvents am 13. Juni 2003. Nachdem jeweils die Sprecher der vier Konventskomponenten sowie der politischen Fraktionen ihre Zustimmung zum Endergebnis zum Ausdruck gebracht hatten, stellte Präsident Giscard d'Estaing das Bestehen des Konsenses fest und gratulierte den „Conventionnels" zu dem erarbeiteten Ergebnis, woraufhin die Klänge von Beethovens „Ode an die Freude" einsetzten", die durch eine letzte Änderung im Verfassungstext soeben den verfassungsrechtlichen Status als Hymne der Union erhalten hatte.[8] Das Unterschreiben des gesamten (nun auch die Teile III und IV der Verfassung umfassenden) Konventstextes durch die einzelnen Conventionnels auf der letzten Konventssitzung am 10. Juli 2003 trat im Vergleich zu diesem historischen Moment in den Hintergrund.

---

7 Vgl. Norman, Peter: The Accidental Constitution. The Story of the European Convention. Brussels, 2003. S. 287

8 Artikel IV-1 des Verfassungsentwurfs. Nach einer redaktionellen Überarbeitung des Gesamttextes durch die Rechtsexperten der Regierungskonferenz wurde diese Vorschrift, entsprechend dem Wunsch des Konvents, in den Teil 1 der Verfassung verlagert; vgl. jetzt Artikel I-8

4. Das Scheitern des Gipfels von Brüssel im Dezember 2003

Nach dem Abschluss der Konventsberatungen konnte man geradezu eine Welle der Erleichterungen verspüren, die durch die europäischen Hauptstädte ging. Aus der Hand des selbstbewussten und in seiner Eigendynamik nur schwer zu kontrollierenden Konvents schien das Gesetz des Handelns wieder auf die Mitgliedstaaten überzugehen, die nun auf einer klassischen Regierungskonferenz noch einmal hinter verschlossenen Türen darüber entscheiden konnte, ob diese Verfassung tatsächlich für alle Mitgliedstaaten akzeptabel oder nicht doch in zahlreichen Punkten noch substantiell zu verändern war.

Diese Regierungskonferenz sollte sich jedoch in mehrfacher Hinsicht von ihren Vorgängerinnen unterscheiden. Dies lag zunächst an der Autorität des Abschlussdokuments des Konvents, dem es tatsächlich gelungen war, einen ausformulierten Verfassungstext ohne Optionen vorzulegen, der mit einigem Recht als historischer Kompromiss zwischen allen relevanten Kräften bezeichnet werden konnte, aus dem sich einzelne Elemente nur äußerst schwierig (wenn überhaupt) wieder herauslösen ließen. Hinzu kam die besondere Legitimität des Konventsergebnisses auf Grund seiner parlamentarischen Zusammensetzung und seiner transparenten 16-monatigen Arbeitsweise; dieses Ergebnis nun in seinen Grundzügen anzutasten, hätte für manchen Regierungsvertreter unweigerlich zu erheblichen Konflikten mit seinem nationalen Parlament geführt, welches zuvor an den Konventsarbeiten selbst unmittelbar beteiligt gewesen war. Schließlich gab die italienische Ratspräsidentschaft, welche im zweiten Halbjahr 2003 den Vorsitz auf der Regierungskonferenz führte, von Anfang an zu verstehen, dass sie an einer raschen Einigung sowie einem Abschluss der Regierungskonferenz unter ihrer Präsidentschaft interessiert sei, damit am Ende des Reformprozesses eine „Verfassung von Rom" die bisherigen „Römischen Verträge" ersetzen könne.

Die italienische Ratspräsidentschaft organisierte deshalb die Arbeiten der Regierungskonferenz äußerst straff, setzte von vornherein nur eine sehr begrenzte Anzahl von Punkten auf die Tagesordnung und blieb im übrigen sehr eng an dem vom Konvent vorgelegten Verfassungstext. Im Übrigen leitete die italienische Ratspräsidentschaft notwendige redaktionelle und technische Arbeiten durch eine Gruppe von Rechtsexperten in die Wege, die bis Dezember 2003 eine leicht überarbeitete Version des Verfassungstextes[9] sowie die an die Verfassung angepassten Texte der den bisherigen Verträgen beigefügten Protokolle[10] vorlegte. Alle Dokumente der Regierungskonferenz veröffentlichte der italienische Vorsitz auf einer Website,[11] was im Vergleich zu früheren Regierungskonferenzen einen erheblichen Fortschritt in Sachen Transparenz darstellte.

Die parlamentarische Einbindung in die Arbeiten der Regierungskonferenz ging nur wenig über das traditionelle Muster hinaus. Das Europäische Parlament war wie bereits in Maastricht, Amsterdam und Nizza mit zwei Beobachtern auf der Regierungskonferenz vertreten. Die Unterrichtung der nationalen Parlamentarier fand dagegen nach den jeweiligen nationalen Regeln getrennt in jedem Mitgliedstaat statt. Es war daher vor allem dem im Konvent entstandenen persönlichen und an Sachinteressen orientierten Zusammenhalt zwischen Europa-Abgeordneten und nationalen Parlamentariern zu verdanken, dass im Rahmen des Konstitutionellen Ausschusses des Europäischen Parlaments die Parlamentarier unter den ehemaligen Konventsmitgliedern regelmäßig zu Sitzungen zusammentraten und sich hierbei vom italienischen Außenminister über den Stand der Beratungen unterrichten ließen. Hieraus entstand schließlich die Initiative, für den 5. Dezember 2003 die Parlamentarier

---

9 Dokument CIG 50/03
10 Dokument CIG 50/03 ADD 1
11 http://ue.eu.int/cms3_fo/showPage.asp?id=251&lang=en&mode=g

des Konvents in einer Plenarsitzung in Brüssel – symbolträchtig im ehemaligen Sitzungssaal des Konvents und mit Valéry Giscard d'Estaing als Einführungsredner – zusammenzuführen und gemeinsam nochmals wesentliche Forderungen an die Regierungskonferenz zu richten.

Trotz insgesamt guter Voraussetzungen gelang es auf dem als „Verfassungsgipfel" geplanten Brüsseler Gipfel der Regierungskonferenz am 12. und 13. Dezember 2003 nicht, Einvernehmen zwischen allen Mitgliedstaaten über die künftige Machtverteilung im EU-Ministerrat zu erzielen. Dies lag sicherlich auch an der Verhandlungsführung durch den italienischen Ratspräsidenten. Vor allem aber war die überwiegende Mehrheit der Mitgliedstaaten nicht bereit, von der vom Konvent nach langen Verhandlungen erarbeiteten Formel abzurücken, nach der Entscheidungen des Ministerrats mit qualifizierter Mehrheit eine doppelte Mehrheit erforderten: die einfache Mehrheit der Regierungsvertreter, hinter der zugleich 60 Prozent der Unionsbevölkerung stehen muss. Vor allem die polnische Regierung sah sich durch die, die polnische Innenpolitik bestimmende Parole „Nizza oder Tod" gebunden und ohne Verhandlungsspielraum, da die Konvents-Formel für Polen einen relativen Machtverlust im Verhältnis zum Vertrag von Nizza bedeutet hätte. Auch die französische Regierung zeigte keine Bereitschaft, den Bedenken des künftigen Neumitglieds Rechnung zu tragen. Hieran zeigte sich zum einen, dass die Europäische Union nach wie vor unvorbereitet ist auf die Zusammenarbeit mit den Neumitgliedern, die neue politische, wirtschaftliche und kulturelle Vorstellungen in die Union einbringen und daher gerade in den ersten Jahren einer besonderen Beachtung bedürfen. Zum anderen hat es sich als Fehler herausgestellt, in der Regierungskonferenz nicht bei der in Laeken für den Konvent vereinbarten Formel zu bleiben, dass die Neumitglieder zwar mit allen Rechten und Pflichten an den Verhandlungen teilnehmen, aber letzten Endes einen zwischen den Mitgliedstaaten bestehenden Konsens nicht behindern dürfen. Mit dieser Formel hätte man die Regierungskonferenz in Brüssel wahrscheinlich erfolgreich abschließen können.

Beim Brüsseler Gipfel bestätigte sich schließlich, dass die Methode der Regierungskonferenz als Reforminstrument in der Europäischen Union endgültig ausgedient hat. Der Zwang zum Einvernehmen unter 25 ermöglicht sachwidrige Blockaden und verhindert die wirklich notwendigen Reformschritte in Sachen Demokratie, Transparent und Effizienz. Während der Konvent in 16-monatiger Arbeit am Ende trotz aller inhaltlichen Divergenzen zum Konsens fand, gelang es der Regierungskonferenz nicht, auf dieser guten Grundlage eine Einigung zwischen denjenigen herbeizuführen, die bereits im Konvent in vollem Umfang an den Verhandlungen teilgenommen hatten.

5. Schließlich doch: Erfolg für den Konvents-Entwurf

Im Dezember 2003 hatte man zunächst befürchten müssen, dass nun die Chance für eine Europäische Verfassung verspielt sei und Europas dringende Effizienz- und Transparenzprobleme für längere Zeit ungelöst bleiben würden. Es war zunächst die Rede davon, dass erst Ende 2004 die Gespräche über die Verfassung wieder aufgenommen würden. Teilweise wurde sogar erwogen, einen neuen Konvent einzuberufen. Das Bild änderte sich allerdings in den ersten Monaten unter irischer Ratspräsidentschaft. Die irische Ratspräsidentschaft unter Federführung von Regierungschef Bertie Ahern machte keine großen Ankündigungen zu Beginn ihres Mandats, sondern wirkte geschickt hinter den Kulissen, um doch noch eine Einigung zwischen den Regierungschefs auf der Grundlage des Verfassungsentwurfs des Konvents zu erreichen. Dabei gelang es der irischen Ratspräsidentschaft, an die guten Ergebnisse unmittelbar vor dem gescheiterten Brüssel in Gipfel anzuknüpfen und durch kleine Korrekturen den Konsens zwischen allen 25 Staats- und Regierungschefs herbeizuführen. Die größte Leistung der irischen Ratspräsidentschaft ist es dabei gewesen, dass sie am Prinzip der doppelten Mehrheit (Mehrheit der Staaten plus Mehrheit der Bevölkerung) für Mehrheitsentscheidungen im Ministerrat festgehalten hat – wenn auch mit den Prozentssätzen 55% und 65% – und allen Aufrufen widerstanden hat, zum komplexen, wenig logischen und undemokratischen Nizza-System zurückzukehren. Mit der Einigung hierauf am 17./18. Juni 2004 wurde damit dem klaren Willen des EU-Verfassungskonvents entsprochen – fast genau ein Jahr, nachdem der Konvent selbst sich auf dieses Ergebnis nach langem Ringen im Konsens verständigt hatte.

Der Konvent hat sich damit auch im Ergebnis als Erfolgsmodell erwiesen. Während der Erfolg von Regierungskonferenzen auch bei sehr guten Textvorlagen am Ende davon abhängt, ob der jeweilige Staats- oder Regierungschefs in letzter Minute in der Lage ist, einen für alle seine Kollegen zufrieden stellenden „Deal" abzuschließen, ist der Konvent wegen seiner quasi-parlamentarischen Zusammensetzung und der Öffentlichkeit, in der seine Diskussionen stattfanden, offensichtlich besser geeignet, um wesentliche Reformfortschritte zu erarbeiten. Mit gutem Grund schreibt die neue Europäische Verfassung deshalb fest, dass in Zukunft Verfassungsänderungen grundsätzlich durch einen Konvent zu erarbeiten sind – denn der Konvent hat sich als Erfolgsmodell für ein transparenteres, demokratischeres und effizienteres Europa erwiesen.

Literatur

Brok, Elmar/Selmayr, Martin: Die Europäischen Verfassung und der Ordnungsrahmen für die Wirtschafts-, Währungs- und Finanzpolitik, Le Forum Franco-Allemand. Freiburg/Paris, Ausgabe 1/2004

De Poncins, Etienne: Vers une Constitution européenne. Texte commenté du projet de traité constitutionnel établi par la Convention européenne. Paris, 2003

Duhamel, Olivier: Pour l'Europe. Le texte intégral de la Constitution expliqué et commenté. Paris, 2003

Fischer, Klemens H.: Konvent zur Zukunft Europas. Texte und Kommentar. Baden-Baden, 2003

Hummer, Waldemar: Paradigmenwechsel im Internationalen Organisationsrecht. Von der „Supranationalität" zur „strukturellen Kongruenz und Homogenität" der Verbandsgewalt. In: Hummer, Waldemar (Hrsg.): Paradigmenwechsel im Völkerrecht zur Jahrtausendwende. Wien, 2002. S. 145

Ludlow, Peter: The Laeken Council. Brussels, 2002

Norman, Peter: The Accidental Constitution. The Story of the European Convention. Brussels, 2003

Oppermann, Thomas: Vom Nizza-Vertrag 2001 zum Europäischen Verfassungskonvent 2002/2003. Deutsches Verwaltungsblatt, 2003

Selmayr, Martin: Die Arbeit des Konvents und der Verfassungsentwurf von Frascati. Europablätter, 2002

*Manfred Degen**

Der Verfassungsprozess – Eine Betrachtung aus regionaler Sicht

1. Länder und EU-Institutionenreform

Die Länder haben den Prozess der EU-Institutionenreform von der Einheitlichen Europäischen Akte von 1987 über den Maastrichter Vertrag von 1993 und den Amsterdamer Vertrag von 1999 und den Nizza-Vertrag von 2002 intensiv begleitet. Ihre Kernforderungen sind dem Grunde nach dieselben geblieben: Respekt des Subsidiaritätsprinzips, bessere Kompetenzabgrenzung, klarere Handlungsinstrumente.

Seit dem Maastrichter Vertrag haben Ländervertreter als Mitglieder der deutschen Delegation an den Verhandlungen der Regierungskonferenzen teilgenommen. Die Ratifikationsgesetze für die verschiedenen Vertragsänderungen haben jeweils neben dem Bundestag auch den Bundesrat passiert und bedurften zum Teil seiner Zustimmung.

Das Interesse der Länder an der institutionellen Entwicklung der EU hängt mit Folgendem zusammen:

In den letzten Jahrzehnten sind im Zuge des Globalisierungsprozesses mehr und mehr Befugnisse zur Regelung des ordnungspolitischen Rahmens der Wirtschaft und zentraler Politikbereiche auf die Europäische Union übergegangen. Der Fortschritt der Europäischen Integration, vor allem der mit dem Binnenmarktprogramm verbundene Rechtssetzungsschub hat in den vergangenen 50 Jahren zu einer zunehmenden Verlagerung politischer Verantwortung auf die EU geführt, die auch zu einem Verlust an gesetzgeberischen Gestaltungsmöglichkeiten der deutschen Länder geführt hat. Das gilt auch für den Kernbereich ihrer ausschließlichen Gesetzgebungskompetenzen in den Bereichen Bildung, Kultur, Medien und innere Sicherheit.

Zugleich haben die Globalisierung der Wirtschaft, die Verwirklichung des europäischen Binnenmarktes, die Wirtschafts- und Währungsunion und der Weg in die Informationsgesellschaft den Stellenwert regionaler Wirtschaftsräume erhöht. Für eine faire Standortkonkurrenz brauchen die Länder einerseits klare europäische Rahmenbedingungen. Bei Wettbewerbsparametern wie Steuern oder Sozial- und Umweltstandards ist ein Mindestmaß an Vergleichbarkeit zwischen den Standorten im europäischen Binnenmarkt notwendig. Dafür ist die Handlungs- und Funktionsfähigkeit der europäischen Institutionen, besonders der Kommission als Motor des Integrationsprozesses von zentraler Bedeutung. Auf der anderen Seite brauchen die Länder genügend Spielraum für die Entwicklung der Wettbewerbsfähigkeit ihrer Wirtschaft und der Sicherung von Beschäftigung. Von daher haben sie ein Interesse an mehr Subsidiarität und Rücksichtnahme auf regionale Besonderheiten.

Im deutschen föderalen System liegt die Verantwortung für den Verwaltungsvollzug weitgehend bei den Ländern und ihren Gemeinden. Sie sind damit letztlich auch für die Anwendung der in nationales Recht umgesetzten EG-Richtlinien und der EG-Verordnun-

---

* Dieser Artikel gibt die persönliche Auffassung des Verfassers wieder und bindet nicht die Landesregierung Nordrhein-Westfalen.

gen verantwortlich. Daher haben die Länder Interesse an praxisgerechten, orts- und problemnahen Lösungen.

Im Übrigen teilen die Länder das elementare Interesse Deutschlands an einer Vertiefung des europäischen Integrationsprozesses und einer Stärkung seines Institutionengefüges:

Deutschland hat ein grundlegendes geopolitisches Interesse an Erhalt und Weiterentwicklung der EU: Das demographische, ökonomische und politische Gewicht des wiedervereinigten Deutschland ist für seine Nachbarn nur im Rahmen der Europäischen Integration und des damit verbundenen Souveränitätsverzichts erträglich. Und nur in diesem integrierten multilateralen Rahmen kann Deutschland politische Führung mit übernehmen. Deutschlands Interesse ist damit grundlegend auf die zunehmende Vertiefung und Ausdehnung des europäischen Integrationsprozesses gerichtet.

Deutschland hat ein vitales Interesse an Erhalt und Vollendung des europäischen Binnenmarktes mit seinen flankierenden Politiken, seiner gemeinsamen Außenhandelspolitik und seiner gemeinsamen Währung. Dafür ist die Handlungs- und Funktionsfähigkeit der Europäischen Kommission als Motor des wirtschaftlichen Integrationsprozesses von zentraler Bedeutung. Deutschland hat ein Interesse an der weiteren politischen Stärkung der Kommission, aber auch an ihrer politischen Unabhängigkeit. Es liegt auch im deutschen Interesse, den gemeinschaftlichen Rechtssetzungsprozess zu vereinfachen und zu effektivieren.

Auf Grund seiner geographischen Mittellage hat Deutschland zudem ein vitales Interesse an der gemeinsamen Bewältigung der Zuwandererströme, der Bekämpfung der internationalen organisierten Kriminalität und des internationalen Terrorismus. Deutschland muss von daher grundsätzlich an einer Intensivierung der Justiz- und Innenzusammenarbeit bzw. an deren Vergemeinschaftung interessiert sein.

Die deutschen Interessen sind nicht ungefährdet: Im Vereinigten Königreich und in den skandinavischen Länder tendieren viele eher zu einer großen Freihandelszone von Nationalstaaten. Manche Regierung in Südeuropa schlägt ähnliche Töne an, wenn dort auch immer die Finanztransfers im Rahmen der EU fest im Visier bleiben. Diese Tendenzen werden durch viele neue Mitgliedstaaten verstärkt: Sie wollen zwar an den wirtschaftlichen Vorteilen und den Finanztransfers in der EU teilhaben, neigen aber – nach dem Zusammenbruch der sowjetischen Dominanz – zur Betonung ihrer nationalen Souveränität und zu intergouvernementalen Lösungen.

2. Zur Eigenart des EU-Reformprozesses: Von der Regierungskonferenz zum Konvent

Die Regierungskonferenzen von Luxemburg 1986 bis Nizza 2000 sollten zusammen gesehen und als ein großer, etappenweiser Reformprozess verstanden werden. Die bisherige institutionelle Entwicklung der Europäischen Gemeinschaft ist Ausdruck von grundlegenden Kompromissen zwischen Mitgliedstaaten und ihren jeweils spezifischen Interessen. Es geht dabei im Wesentlichen um die gemeinsame Friedenssicherung durch zunehmende wirtschaftliche Integration, um die Schaffung des gemeinsamen Binnenmarktes mit gemeinsamer Außenhandelspolitik, mit flankierenden Politiken und mit gemeinsamer Währung, um eine gemeinsame Agrarpolitik und um die Sicherung der wirtschaftlichen und sozialen Kohäsion.

Diese Interessenkompromisse sind über verschiedene „package deals" zu Stande gekommen (Rom 1958: Montanunion/gemeinsame Agrarpolitik, EEA 1987: Binnenmarkt/ Strukturfonds, Maastricht 1993: gemeinsame Währung/Kohäsionsfonds). Diese Kompromisse waren so lange möglich, als Zugeständnisse in Strukturfragen durch finanzielle Transferleistungen kompensiert werden konnten. Dieses System des diplomatischen „Do ut des" in nicht-öffentlichen Verhandlungen ist in Amsterdam und in Nizza an der Grenze seiner Leistungsfähigkeit angelangt. Die Regierungskonferenzen von Amsterdam und Nizza erwiesen sich als nicht fähig, die notwendigen Anpassungen des Institutionengefüges auszuhandeln, die für die Funktionsfähigkeit einer erweiterten EU mit 25 und mehr Mitgliedern unerlässlich sind.

Beim Europäischen Rat von Nizza im Jahr 2000 haben die deutschen Länder mit Nachdruck ihre Forderung nach einem Einstieg in das Thema „Kompetenzabgrenzung" artikuliert. Die Erklärung Nr. 23 von Nizza „über die Zukunft der Europäischen Union" ist deshalb zu Stande gekommen, weil der Bundeskanzler darauf bestanden hat. Er war so hartnäckig in dieser Frage, weil die Länder ihre Zustimmung zum Nizza-Vertrag davon abhängig gemacht hatten, dass sichtbare Fortschritte in Sachen Kompetenzabgrenzung erreicht werden.

Die deutschen Länder haben so dazu beigetragen, dass mit Nizza die institutionelle Reformdebatte nicht abgeschlossen, sondern geöffnet wurde zur umfassenden Zukunftsdebatte. Und sie haben erreicht, dass das Thema einer besseren Kompetenzabgrenzung zu den vier zentralen Themen der europäischen Reformagenda gehörte. Im Gegenzug sind drei weitere Themen hinzugekommen: Vereinfachung der Verträge, Integration der Grundrechtecharta in die Verträge, Rolle der nationalen Parlamente.

3. Die Konventsmethode – eine Chance auch für die Länder

Der Europäische Rat von Brüssel – Laeken hat im Dezember 2001 die „Erklärung von Laeken" verabschiedet. Diese Erklärung war ein Meilenstein in der europäischen Entwicklung: Zum ersten Mal werden Probleme ganz offen beim Namen genannt, da ist zum Beispiel von „schleichenden Zuständigkeitsaushöhlungen" die Rede, wird der ausufernde Gebrauch der Binnenmarktgeneralklausel angesprochen oder die Inflation der Handlungsinstrumente kritisiert. Und zum ersten Mal wird in einer Erklärung des Europäischen Rates auf die Rolle der Regionen eingegangen.

Gleichzeitig hat der Europäische Rat einen „Konvent" damit beauftragt, die nächsten Vertragsänderungen vorzubereiten. Damit setzte sich im Kreis der Staats- und Regierungschefs die Erkenntnis durch, dass die bisherige Methode der diplomatischen Verhandlungen hinter verschlossenen Türen ihre Grenzen erreicht hatte und die notwendigen Reformen der EU von Anfang an öffentlich von einer demokratischen Versammlung erarbeitet werden müssen, um Chance auf Erfolg und Akzeptanz zu haben. Es war ein Novum in der Geschichte der EU, dass eine politische Versammlung von Vertretern der EU-Institutionen, der nationalen Parlamente und der nationalen Regierungen öffentlich über europäische „Verfassungsfragen" verhandelt.

Der Konvent bestand aus 64 ordentlichen Vertretern der gegenwärtigen Mitgliedstaaten (Regierungen und Parlamente) und der EU-Institutionen, 39 Vertretern von 13 Beitrittskandidaten sowie 13 Beobachtern von Ausschuss der Regionen (6), Wirtschafts- und Sozialausschuss (3), Sozialpartnern (3) und des Bürgerbeauftragten. Hinzukamen 100 persönliche Abwesenheitsvertreter. Die deutschen Länder waren durch Ministerpräsident Teufel (Baden-Württemberg) als ordentliches und NRW-Justizminister Gerhards als stellvertretendes Mitglied vertreten.

In den letzten Monaten der Beratungen waren mehr und mehr Außenminister der Mitgliedstaaten und der Beitrittskandidaten im Konvent präsent. Der Konvent ähnelte immer mehr einer öffentlich verhandelnden Regierungskonferenz unter Teilnahme von Parlamentariern.

Der Konvent wurde von dem Präsidenten Valéry Giscard d'Estaing (F/ELDR), seinen beiden Vizepräsidenten Giuliano Amato (I/SPE) und Jean-Luc Dehaene (B/EVP) sowie einem 12-köpfigen Präsidium geleitet; diesem gehörte auch Prof. Dr. Klaus Hänsch MdEP (D/SPE) an. Auf der Grundlage von Vorarbeiten von Arbeitsgruppen erarbeitete das Präsidium die Textentwürfe.

Der Konvent tagte öffentlich; er arbeitete entsprechend den Vorgaben des Laekener Gipfels nach dem Konsensprinzip, nicht nach dem Mehrheitsprinzip; daher fanden in ihm keine Abstimmungen statt. Er arbeitete also weder wie eine Regierungskonferenz noch wie ein Parlament. Der Konvent musste seine eigene Arbeitsweise zunächst finden. Das ging nicht ohne Konflikte ab, weil jede Gruppe ihren jeweiligen Stil pflegte und als maßgeblich durchsetzen wollte. Während viele nationale und europäische Parlamentarier die kontroverse öffentliche Debatte suchten und die Bildung von Mehrheiten anstrebten, bevorzugten viele Regierungsvertreter einen diplomatischen Verhandlungsstil.

Unter diesen Bedingungen hatten Präsident und Präsidium eine heikle, fast unlösbare Aufgabe zu erfüllen. Sie mussten nicht nur den Debatten Struktur, Richtung und Ziel geben, sondern auch auf Ergebnisse im vorgegebenen, knappen Zeitrahmen bedacht sein – all das ohne klares Aufgabenprofil und unter Beachtung des Konsensprinzips!

Ohne die Gemeinschaftsleistung des Präsidiums schmälern zu wollen, verdienen die persönlichen Qualitäten des Konventspräsidenten, Valéry Giscard d'Estaing, besonders hervorgehoben zu werden, die wesentlich zum Erfolg des Konvents beigetragen haben. Herr Giscard d'Estaing brillierte nicht nur durch die intellektuelle Durchdringung der anstehenden Themen und seinen politischen Weitblick, sondern beherrschte auch meisterhaft die Kunst der eleganten, aber bestimmten Steuerung der Debatten – von der völlig intransparenten „Organisation" der Rednerliste bis zur geschickten Zusammenfassung der Debattenergebnisse („Schlussfolgerungen"). Der Präsident setzte durch, dass der Konvent seine Arbeit in drei Phasen (Anhören, Erörtern, Formulieren) organisierte und die großen institutionellen Fragen, auf die alle hindrängten, als Krönung erst am Schluss behandelt wurden. Manche Vollblutparlamentarier wie Johannes Voggenhuber MdEP aus Österreich oder Olivier Duhamel MdEP aus Frankreich arbeiteten sich an der dominanten Figur des Konventspräsidenten ab und trugen so zu einem Gleichgewicht zwischen Steuerung und Offenheit bei. Weniger spektakulär, wahrscheinlich aber noch effektiver war das diskrete und kompetente Mitwirken von Prof. Klaus Hänsch MdEP im Präsidium, in der Gruppe der Europaparlamentarier und in der Gruppe der SPE–Konventsmitglieder.

Im Grunde wurde die Rolle des Plenums so darauf beschränkt, die großen politischen Linien der Redaktionsarbeit des Präsidiums und des ihm zuarbeitenden Konventssekretariats vorzuzeichnen und die Plausibilität der Textentwürfe zu kontrollieren. Diese Funktion nahm es schließlich stillschweigend an und füllte sie so effektiv wie möglich aus. Mancher Konventionale leitete für sich daraus wohl auch das Recht zur reservatio mentalis gegenüber Schlussfolgerungen und Mehrheitstendenzen ab, denen er zwar nicht offen entgegen trat, die er aber auch nicht billigte.

4. Regionale Einflussnahme auf die Arbeit des Konvents

In der Praxis der Konventsarbeit, in den Plenardiskussionen, in den Arbeitsgruppen und hinter den Kulissen, spielten die Vertreter des Bundesrates eine erhebliche Rolle. Ihre Beiträge hatten politisches Gewicht. Ministerpräsident Teufel kam in den Plenardebatten und

Ausschusssitzungen häufig zu Wort und verstand es, seine Positionen überzeugend zu vermitteln. Er spielte auch in den Beratungen der Konventsmitglieder, die der Europäischen Volkspartei angehörten, eine wichtige Rolle. Zusammen mit anderen Konventsmitgliedern, besonders dem britischen Europaminister Peter Hain, zog er die Fäden in einer parteiübergreifenden, informellen Gruppe, den „Freunden der Subsidiarität".

Die Länder stimmten sich mit der Bundesregierung in Sitzungen einer Bund–Länder–Arbeitsgruppe unter dem gemeinsamen Vorsitz von Staatssekretär Pleuger bzw. Staatsminister Bury (Auswärtiges Amt) und Staatssekretär Hoffmann (Senatskanzlei Bremen) ab. Die Bundesseite war in diesen Sitzungen neben dem Auswärtigen Amt, durch das Bundeskanzleramt, das Bundesjustizministerium, das Bundesfinanzministerium, das Bundesministerium für Wirtschaft und Arbeit und das Bundesinnenministerium vertreten. Auf der Länderseite waren die SPD-geführten „A–Länder", darunter NRW, und die CDU-geführten „B–Länder" jeweils paritätisch vertreten. Außerdem trafen sich die deutschen Konventsmitglieder ab und zu auf Einladung der Bundesregierung zum „Brüsseler Kreis", um die Plenarsitzungen des Konvents vorzubesprechen.

Die Änderungsanträge, welche Bundesregierung oder Bundesratsbeauftragte in den Konvent einbrachten, wurden allerdings nicht im Einzelnen abgesprochen. Das gilt auch für die vier gemeinsamen Vorschläge Deutschlands und Frankreichs zu zentralen Themen des Konvents (Institutionen, wirtschaftliche Ordnungspolitik, Justiz und innere Angelegenheiten, Gemeinsame Außen- und Sicherheitspolitik).

Leider wurden die Vertreter des Ausschusses der Regionen, darunter der flämische Ministerpräsident, in der Praxis des Konvents mehr oder minder auf einen reinen Beobachterstatus beschränkt. Sie erhielten nur selten das Wort, machten aber durch schriftliche Beiträge und durch Kontakte zu anderen Konventsmitgliedern ihren Einfluss geltend.

Nordrhein-Westfalen begleitete die Konventsarbeit auch in Kooperation mit anderen europäischen Regionen mit Gesetzgebungskompetenzen (RegLeg). Diese Kooperation diente dazu, Bündnispartner für die Reformvorstellungen der deutschen Länder zu gewinnen. Die Zusammenarbeit ging auf eine Initiative Flanderns unter belgischer EU-Präsidentschaft zurück. Flandern organisierte nach intensiven Vorgesprächen mit Nordrhein-Westfalen eine Zusammenarbeit zwischen sieben starken Regionen aus fünf Mitgliedstaaten (Flandern, Wallonien, Nordrhein-Westfalen, Bayern, Salzburg, Katalonien, Schottland) zur Vorbereitung der belgischen Ratspräsidentschaft in der zweiten Hälfte 2001. Ende Mai 2001 vertraten sie ihre gemeinsamen Forderungen in einem Gespräch mit dem belgischen Premierminister, im November 2001 diskutierten sie auf ihrer Lütticher Konferenz kurz vor dem Laekener Gipfel mit dem belgischen Ratsvorsitz. Auf ihrer 3. Konferenz in Florenz Mitte November 2002 haben die Regionen mit Gesetzgebungsbefugnissen Forderungen an den Konvent beschlossen, die sich weithin mit den Forderungen des Bundesrates decken.

Während der Salzburger RegLeg-Präsidentschaft 2003 wurden die Schlussphase des Konvents und die Regierungskonferenz intensiv begleitet, der Kontakt mit der Europäischen Kommission verstärkt und die Zusammenarbeit mit der Konferenz der Regionalparlamente mit Gesetzgebungsbefugnissen (CALRE) ausgebaut.

Die Zusammenarbeit mit anderen konstitutionellen Regionen hat sich als fruchtbar erwiesen:

In der Anfangsphase (2001) ist es dem kleinen Kreis von sieben Regionen gut gelungen, die belgische Ratspräsidentschaft und die Erklärung des Europäischen Rates von Laeken zu beeinflussen: Dort kommen Regionen erstmals in einer Erklärung der Staats- und Regierungschefs vor. Den Regionen werden 6 Beobachter im Konvent zuerkannt, die vom Ausschuss der Regionen zu benennen sind. Dies durchzusetzen bedurfte erheblicher Überzeugungsarbeit gegenüber den nationalen Regierungen sowie gegenüber dem belgischen Ratsvorsitz. Dieser hatte in Laeken hart zu kämpfen, um dafür die Zustimmung aller Mitgliedstaaten, auch Spaniens zu erhalten. Dem Vernehmen nach ging das nicht ohne Koppelungsgeschäfte ab.

In der Konventsphase (2002/2003) gelang es trotz der intensiven Bemühungen von Ministerpräsident Teufel und vieler anderer weder im Konvent eine Arbeitsgruppe „Regionen" einzusetzen, noch eine ausführliche Plenardiskussion zum Thema „Regionen" abzuhalten. Die Regionen kamen nur in der „Anhörphase" des Konvents neben verschiedenen Gruppen der „organisierten Zivilgesellschaft" kurz zu Wort. In der Plenarsitzung vom 24./25.6. 2002 wurden die Ergebnisse von 5 Kontaktgruppen, darunter der Gruppe „Gebietskörperschaften" vorgestellt.

Im Rahmen der Diskussionen über das Subsidiaritätsprinzip wurde auch darüber gesprochen, ob und wie die Regionen in den geplanten Frühwarnmechanismus einbezogen werden sollen. Der Konvent hat ja ein System erfunden, wonach die nationalen Parlamente sich zu Beginn eines EU-Rechtssetzungsverfahrens zur Vereinbarkeit mit dem Subsidiaritätsprinzip äußern und gegen einen Rechtsakt Klage erheben können. Dank des Einsatzes der deutschen Vertreter konnte erreicht werden, dass in diesen Mechanismus auch die zweiten Parlamentskammern, also auch der Bundesrat, einbezogen werden sollen. Außerdem ist ein Klagerecht des Ausschusses der Regionen vorgesehen. Eine unmittelbare Einbeziehung der Regionen, besonders ein Klagerecht einzelner Regionen, fand in diesem Zusammenhang keine ausreichende Unterstützung im Konvent.

Am 7.2.2003 kam es schließlich doch noch zu einer kurzen Plenardebatte des Konvents über die künftige Rolle der Regionen, nachdem das Europäische Parlament sich zuvor nach langer, kontroverser Debatte auf eine Entschließung „zu der Rolle der regionalen und lokalen Gebietskörperschaften im europäischen Aufbauwerk" (Bericht Napolitano) verständigt hatte.

Die Zurückhaltung beim Aufgreifen der regionalen Forderungen geschah zumeist mit der Begründung, es gehe um Fragen der innerstaatlichen Gliederung, die auf der europäischen Ebene nichts zu suchen habe. Es war vor allem der konzertierte Widerstand der spanischen Regierung und der spanischen Konventsmitglieder, der eine Thematisierung verhinderte; besonders mit Blick auf separatistische Tendenzen im Baskenland blockierte Spanien jede Diskussion über die Rolle der Regionen auf der Ebene der EU und bestand darauf, das Thema als rein innerstaatliche Angelegenheit zu behandeln. Diese Blockadeposition wurde natürlich nirgends offen angesprochen.

In Wirklichkeit ging es aber gar nicht darum, die zentrale Rolle der Mitgliedstaaten in der EU oder gar ihre territoriale Integrität in Frage zu stellen, sondern nur um eine punktuelle Einbeziehung der Regionen in den europäischen Prozess. Dabei war klar, dass der Schwerpunkt der europapolitischen Mitwirkung von Regionen immer innerhalb des eigenen Mitgliedstaates liegen muss, um erfolgreich zu sein.

Beim sogenannten Napolitano-Bericht des Europäischen Parlaments, der eine wichtige Orientierung für die Konventsarbeit zur Rolle der Regionen war, hat das gemeinsame Lobbying der Regionen mit Gesetzgebungskompetenzen besonders gut funktioniert. Zu dem gesonderten Bericht über die Rolle der Regionen war es im Europäischen Parlament nur gekommen, weil man sich dort bei den Beratungen über den Bericht von Herrn Alain Lamassoure (F/EVP) „zur Abgrenzung der Zuständigkeiten zwischen der Europäischen Union und den Mitgliedstaaten" über seine ehrgeizigen Vorschläge für einen „Partnerstatus" zu Gunsten der Regionen nicht einigen konnte. Der Entwurf von Herrn Giorgio Napolitano (I/SPE) war dadurch gekennzeichnet, dass er eine besondere Rolle von Regionen mit Gesetzgebungsbefugnissen verneinte, den Regionen und Gemeinden keine spezifischen Rechte auf EU-Ebene, insbesondere kein Klagerecht, einräumen wollte und ihre direkte

Mitwirkung auf den rein beratenden Ausschuss der Regionen beschränkte. In Kontakten mit Europaabgeordneten aus ihren jeweiligen Mitgliedstaaten haben sich die Gesetzgebungsregionen koordiniert und gezielt für Veränderungen des Entwurfs des Berichterstatters eingesetzt. Der damalige Vorsitzende der Europaministerkonferenz der Länder, NRW–Europaminister Wolfram Kuschke, hat in dieser Sache alle deutschen Europaabgeordneten angesprochen. Im Mittelpunkt standen die regionalen Forderungen nach einem eigenen Klagerecht zum Europäischen Gerichtshof, den Schutz des innerstaatlichen Aufbaus der Mitgliedstaaten, ihrer regionalen Gliederung und der kommunalen Selbstverwaltung. Beide große Parlamentsfraktionen, EVP und SPE, waren in diesen Fragen gespalten, Kompromissverhandlungen waren unumgänglich und führten schließlich dazu, dass der ursprüngliche Entwurf im regionalen Sinne substanziell verändert wurde.

Für die Beurteilung der RegLeg-Aktivitäten ist die Stimme von Prof. Jeffrey (Birmingham) interessant, der die regionale Dimension der EU seit langem beobachtet und analysiert:

„Obwohl im Konvent nicht viel Raum für die Diskussion regionaler Themen blieb, gab es im Plenum breite Unterstützung dafür, die Regionen expliziter als bisher in der neuen Verfassung zu verankern. Diese Unterstützung ist sicherlich auch auf die regen Aktivitäten der sechs vom Ausschuss der Regionen in den Konvent entsandten Beobachter zurückzuführen. Wahrscheinlich hatte aber eine neue regionale Interessengruppe – die „Regionen mit Gesetzgebungsbefugnissen" oder, kurz, „RegLeg" – noch größeren Einfluss auf die nationalen und europäischen Debatten. RegLeg vereint die stärksten Regionen der EU unter einem Dach – jene Regionen, die in Deutschland, Belgien, Österreich, Spanien, Italien und Großbritannien für weite Teile der Innenpolitik und Gesetzgebung zuständig sind."

5. Konventsergebnisse aus Ländersicht

„Die deutschen Bundesländer können zufrieden sein" titelte die Frankfurter Allgemeine Zeitung am 18. Juni 2003; auch wenn sie im EU-Verfassungskonvent nicht alles bekommen hätten. Ministerpräsident Teufel, der die Länder im Konvent vertreten hat, sprach von „einem wirklichen Durchbruch" in der Kompetenzfrage.

Als der Bundeskanzler in Nizza die „Erklärung über die Zukunft der EU" durchsetzte, sahen viele darin nur eine lästige Pflichtübung. Kaum jemand glaubte, dass Europa mit einer besseren Kompetenzabgrenzung und einer besseren Kontrolle des Subsidiaritätsprinzips ernst machen würde.

Aus Ländersicht können folgende Punkte des Konventsentwurf als Fortschritte in Richtung von mehr Subsidiarität, Demokratie und Transparenz hervorgehoben werden:

Durch den einheitlichen Verfassungsvertrag wird die bisherige unklare Drei-Säulen-Struktur (I. Säule: Europäische Gemeinschaft, II. Säule: Gemeinsame Außen- und Sicherheitspolitik, III. Säule: Justiz und innere Angelegenheiten) aufgehoben. Die Beschränkung der Zahl der Rechtsinstrumente und die Anpassung der Begriffe fördern die Transparenz und die Verständlichkeit des europäischen Rechts. Dass der Rat künftig als Gesetzgeber öffentlich tagen soll, trägt zu Kohärenz und Transparenz des Gesetzgebungsprozesses bei und bietet die Chance dafür, dass künftig horizontale Grundsätze wie Subsidiarität und Verhältnismäßigkeit besser berücksichtigt werden. Auch die Ausweitung des Mitentscheidungsverfahrens zugunsten des Europäischen Parlaments und die Erweiterung der Entscheidungen mit qualifizierter Mehrheit sind wichtige Verbesserungen des europäischen Gesetzgebungsverfahrens.

Zur Sicherung einer klaren Kompetenzordnung und zur Verbesserung der Kompetenzausübung wurden in Teil I der Verfassung deutliche Festlegungen getroffen (Kompetenzkategorien, Prinzipien der Subsidiarität und der Verhältnismäßigkeit, Abgrenzung von

Zielen, Maßgeblichkeit der Einzelermächtigungen in Teil III). Die Festlegung von drei Kompetenzkategorien (ausschließlich, geteilt, ergänzend) führt zu einer klaren Zuordnung der Kompetenzen auf die verschiedenen Ebenen. Die Idee, Kompetenzkategorien statt eines starren Kompetenzkataloges vorzusehen, ist Anfang 2001 vom damaligen nordrhein-westfälischen Ministerpräsidenten Wolfgang Clement in die politische Debatte eingeführt worden. Der Konventsentwurf legt darüber hinaus fest, dass Zielbestimmungen keine Handlungsermächtigungen darstellen. Auch die Klarstellung, dass die Reichweite von Kompetenzen ausschließlich durch die Einzelermächtigungen in Teil III festgelegt wird, ist ein wichtiger Erfolg. Die aus Ländersicht problematische offene Methode der Koordinierung wird nicht als allgemeines Handlungsinstrument im Vertrag verankert.

Zur besseren Kontrolle des Subsidiaritätsprinzips soll ein „Frühwarnsystem" geschaffen werden. Dieses System soll jedem nationalen Parlament die Möglichkeit geben, Subsidiaritätsbedenken gegen einen Rechtsetzungsvorschlag zu erheben. Äußert ein Drittel der nationalen Parlamente diese Bedenken, dann muss die Kommission ihren Vorschlag überprüfen, bleibt aber frei, ob sie ihn zurückziehen, ändern oder beibehalten will. Nach Annahme des Rechtsakts sollen die nationalen Parlamente beim EuGH wegen Subsidiaritätsverstoßes klagen können; auch der Ausschuss der Regionen soll zu den Vorhaben klagen können, zu denen er angehört worden ist. Dieses „Frühwarnsystem" ermöglicht es auch den zweiten Kammern wie dem deutschen Bundesrat, sich konkret gegen etwaige Kompetenzübergriffe der europäischen Ebene in ihre Zuständigkeitsbereiche zur Wehr zu setzen. Das Klagerecht der zweiten Kammern der nationalen Parlamente bei Verletzung des Subsidiaritätsprinzips wird festgelegt. Nicht erreicht wurde ein unmittelbares Klagerecht der Länder.

Der Konventsentwurf berücksichtigt regionale Forderungen weitreichend: (1) Der Schutz der regionalen und lokalen Ordnung, insbesondere das regionale und lokale Selbstverwaltungsrecht, wird als Bestandteil der nationalen Identität der Mitgliedstaaten von der Union geachtet (Art. I-5 Abs. 1); (2) in die Begriffsbestimmung des Subsidiaritätsprinzip wird die regionalen Ebene ausdrücklich einbezogen (Art. I-9 Abs. 3); (3) die Kommission soll die Regionen vor Gesetzesvorschlägen konsultieren (Subsidiaritätsprotokoll: Ziff. 1), sie soll die Subsidiaritätsprüfung und die Folgenabschätzung unter Berücksichtigung der Regionen durchführen (Ziff. 4); sogar die Konsultation regionaler Parlamente wird ausdrücklich erwähnt (Ziff. 5). Die Rechte des Ausschusses der Regionen werden weiterentwickelt. Er ist klageberechtigt bei Verstößen gegen das Subsidiaritätsprinzip und bei Verletzung eigener Rechte.

In den folgenden Punkten bleiben die Ergebnisse des Konvents hinter den Erwartungen der Länder zurück:

Eine Mitwirkung von Landesministern im Rat ist nicht – wie bisher – eindeutig geregelt. Art I-24 Abs. 4 ermöglicht dem Europäischen Rat einstimmig den Übergang von der Einstimmigkeit im Rat zur Entscheidung mit qualifizierter Mehrheit festzulegen ohne förmliche Vertragsänderung und ohne Ratifizierung durch die nationalen Parlamente. Das schwächt die demokratische Legitimation der EU.

Der Konventsentwurf sieht eine EU-Gesetzgebungskompetenz im Bereich der Daseinsvorsorge vor (III-6). Danach können die „Grundsätze und Bedingungen" der Daseinsvorsorge durch europäische Gesetze mit qualifizierter Mehrheit festgelegt werden. Es ist bedenklich, dass der Europäischen Union damit ein größerer Einfluss auf Definition und Ausgestaltung der Daseinsvorsorge eingeräumt wird. Nach den bisherigen Erfahrungen muss man befürchten, dass die Europäische Union die nationalen Daseinsvorsorgeregelungen umfänglicher antastet.

Den Anwendungsbereich der Binnenmarktklausel auf Maßnahmen zu beschränken, die primär und unmittelbar das Funktionieren des Binnenmarktes zum Gegenstand haben, um die ausufernde Inanspruchnahme der Kompetenznorm auf ihren eigentlichen Kernbereich zu beschränken, fand im Konvent keine ausreichende Unterstützung.

Die allgemeine Verankerung der offenen Methode der Koordinierung konnte zwar verhindert werden, doch buchstäblich in letzter Minute, nämlich einen Tag vor Ende der Konventsarbeiten, wurde die Anwendung der offenen Methode der Koordinierung in den Bereichen Sozialpolitik (Art. III-107), Forschung (Art. III-148 Abs. 2), Gesundheitswesen (Art. III-179 Abs. 2) und Industrie (Art. III-180 Abs. 2) in den Text hineingeschleust. Die Möglichkeit, Leitlinien und qualitative Indikatoren für die gesamte Union festzulegen, steht im Widerspruch zu dem Ziel einer klaren Kompetenzabgrenzung.

Es sollen neue Unionszuständigkeiten in Bereichen geschaffen werden, in denen es aus Ländersicht nicht erforderlich gewesen wäre. Dazu gehören Kompetenzen z.B. in den Bereichen Energie (Art. III-157), Sport (Art. III-147 Abs. 2 Buchst. g), Katastrophenschutz (Art. III-184) und Verwaltungszusammenarbeit (Art. III-185).

Trotz dieser und anderer problematischer Punkte trat NRW wie die Mehrheit der anderen Länder dafür ein, den Verfassungsentwurf des Konvents zur Grundlage für die Arbeit der Regierungskonferenz zu nehmen und das komplexe Kompromisspaket nicht aufzuschnüren.

6. Beratungen der Regierungskonferenz 2003/2004

Die Regierungskonferenz tagte entsprechend den Vorgaben des Europäischen Rates von Thessaloniki seit Anfang Oktober 2003 ausschließlich auf politischer Ebene (Außenminister oder Staats- und Regierungschefs). Das heißt die Beratungen der Außenminister wurden weder durch spezielle Beamtengruppen noch durch den Ausschuss der Ständigen Vertreter inhaltlich vorbereitet.

Die Länder waren in der deutschen Delegation zur Regierungskonferenz durch zwei Bundesratsbeauftragte vertreten, nämlich Europaminister Dr. Christoph Palmer aus Baden-Württemberg und Justizminister Wolfgang Gerhards aus Nordrhein-Westfalen. Bund und Länder stimmen sich untereinander eng ab.

Nach dem Konklave der Außenminister Ende November 2003 konzentrierten sich die Verhandlungen mehr und mehr auf die offenen institutionellen Kernfragen (Stimmengewichtung im Rat, Zusammensetzung der Kommission, Zusammensetzung des Europäischen Parlaments, Gemeinsame Außen- und Sicherheitspolitik).

Bei diesen Themen ging es um zentrale Anliegen des Gesamtstaates Deutschland, die – anders als die Kernforderungen der Länder – in der Regierungskonferenz hoch umstritten sind. Im Kern ging es dabei nicht nur um das künftige politische Gewicht Deutschlands in einer erweiterten EU, sondern auch um die Frage, ob die Europäische Union ihren ökonomischen und politischen Integrationsprozess weiter vorantreibt oder bei einer besseren Freihandelszone stehen bleibt.

Die großen Fortschritte, welche die Länder im Konvent erreichen konnten, waren auch in der Regierungskonferenz Konsens und wurden von niemandem in Frage gestellt:

- die bessere Aufteilung und Abgrenzung der Kompetenzen zwischen EU und den Mitgliedstaaten,
- die Vereinfachung der Handlungsinstrumente,
- mehr Transparenz und Öffentlichkeit,
- das Frühwarnsystem zur besseren Kontrolle des Subsidiaritätsgrundsatzes,
- die Achtung von regionaler und lokaler Selbstverwaltung als Teil der nationalen Identität,

- der ausdrückliche Bezug auf Regionen und Gemeinden im Subsidiaritätsprinzip,
- die Konsultation von Regionen und die finanzielle Folgenabschätzung nach dem Subsidiaritätsprotokoll.

In der Regierungskonferenz konnten 2003 einzelne Punkte im Sinne der Länder nachgebessert werden:

- es wurde klargestellt, dass die Länder wie bisher im Ministerrat mitwirken können,
- in Sachen Daseinsvorsorge konnte zwar keine Streichung der EU-Gesetzgebungskompetenz, wohl aber deren sachliche Eingrenzung erreicht werden,
- zur „Offenen Methode der Koordinierung" im Bereich Sozialpolitik soll dem Vertrag eine klarstellende Erklärung der Regierungskonferenz beigefügt werden (keine zusätzlichen EU-Zuständigkeiten, keine Harmonisierung).

Der Europäische Konvent war für die Länder eine einmalige Chance. Das wussten sie auch, als der Europäische Rat von Laeken ihn im Dezember 2001 einsetzte, aber ihr Optimismus war begrenzt. Die Länder haben ihre Chance in der Gestaltungsphase des Konvents erfolgreich genutzt und unbeschadet durch die kritische Phase der Regierungskonferenz geschleust.

Bei aller Kritik an Einzelpunkten ist festzuhalten, dass das Gesamtergebnis alle Erwartungen übertrifft. Das sollten Politiker und Journalisten heute auch laut sagen, anstatt sich an Einzelpunkten zu verhaken. Der Verfassungsentwurf ist ein großer politische Erfolg der deutschen Europapolitik, von Bund und Ländern. Er sollte nicht in kleinlicher Manier zerredet werden.

Trotz mancher Abstriche vom Konventsentwurf durch die Regierungskonferenz enthält der Verfassungsentwurf die Chance einer Vertiefung des Integrationsprozesse in einer erweiterten EU: Das institutionelle Dreieck aus Rat, Kommission und EP wird gestärkt, die Handlungsfähigkeit der Organe wird gesichert und die demokratische Legitimation und Transparenz der EU erhöht. Der Europaabgeordnete Elmar Brok (D/EVP) hat zu Recht hervorgehoben: All das „geht weit über das hinaus, was in Maastricht, Amsterdam und Nizza erreicht wurde."

2. Folgen des Reformprozesses

*Adelheid Puttler**

Sind die Mitgliedstaaten noch „Herren" der EU?
Stellung und Einfluss der Mitgliedstaaten nach dem Entwurf des Verfassungsvertrages der Regierungskonferenz

1. Die Europäische Verfassung – eine Rechtsgrundlage von besonderer Qualität

Mit ihrer Einigung auf einen Vertragstext anlässlich der Tagung des Europäischen Rates am 18. und 19. Juni 2004 haben die Staats- und Regierungschefs das Projekt einer Europäischen Verfassung einen weiteren Schritt voran gebracht. Die Staats- und Regierungschefs folgten dabei weitgehend dem Vorschlag des Konvents zur Zukunft Europas und nahmen an dessen Entwurf vom 18. Juli 2003[1] lediglich punktuell Änderungen vor.[2] Sie hatten im Dezember 2001 in ihrer „Erklärung von Laeken" dem Konvent die Frage gestellt, ob die Reformbemühungen letztlich in einem Verfassungstext münden sollten.[3] Mit der Vorlage des Entwurfs für einen „Vertrag über eine Verfassung für Europa" bejahte der Konvent diese Frage.

Verfassungsbegriff, Verfassungsbedürftigkeit und Verfassungsfähigkeit der Europäischen Union waren vor allem im deutschen Schrifttum Gegenstand kontroverser Erörterungen.[4] Der Konventsentwurf teilt zwar mit nationalstaatlichen Verfassungen die Funktion, Hoheitsmacht zu begründen, zu organisieren und zu begrenzen. Eine Verfassung im nationalstaatlichen Sinne wollte der Konvent allerdings nicht schaffen. Denn ein gemeinsamer politischer Wille, die Nationalstaaten in „Vereinigte Staaten von Europa" aufgehen zu lassen, ist derzeit in den Mitgliedstaaten nicht festzustellen. Eine solche Absicht war daher auch im Konvent, der sich mehrheitlich aus Vertretern der Regierungen und Parlamente der

---

* Der Beitrag basiert auf einem Artikel in der Zeitschrift Europarecht, 2004. Heft 5. S. 669-690 und wurde im Aug. 2004 abgeschlossen.
1 Europäischer Konvent, Entwurf eines Vertrages über eine Verfassung für Europa, CONV 850/03 mit (deutschem) Korrigendum COR 4 REV 1 (de); in deutscher Sprache abrufbar unter: http://european-convention.eu.int/docs/Treaty/cv00850.de03.pdf ; im folgenden zitiert als VVE-Konvent.
2 Die jüngste konsolidierte Fassung des Vertragstextes der Regierungskonferenz, CIG 87/04, ist in deutscher Sprache abrufbar unter: http://ue.eu.int/igcpdf/de/04/cg00/cg00087.de04.pdf; im Folgenden zitiert als VVE-RegKonf. Die Protokolle und Anhänge zum Vertrag, CIG 87/04 ADD 1, sind abrufbar unter http://ue.eu.int/igcpdf/de/04/cg00/cg00087-ad01.de04.pdf; die Erklärungen zur Schlussakte der Regierungskonferenz und Schlussakte, CIG 87/04 ADD 2, sind abrufbar unter http://ue.eu.int/igcpdf/de/04/cg00/cg00087-ad02.de04.pdf
3 Tagung des Europäischen Rates in Laeken am 14. und 15. Dezember 2001, Anlage 1 zu den Schlussfolgerungen des Vorsitzes, SN 300/1/01 REV 1. S. 24
4 S. nur Grimm, Dieter: Braucht Europa eine Verfassung? In: JZ, 1995. S. 581ff.; Kirchhof, Paul: Die rechtliche Struktur der Europäischen Union als Staatenverbund. In: Bogdandy, Armin von (Hrsg.): Europäisches Verfassungsrecht. Berlin, 2003. S. 893 (895ff.); Koenig, Christian: Ist die Europäische Union verfassungsfähig? In: DÖV, 1998. S. 268ff.; Möllers, Christoph: Verfassunggebende Gewalt – Verfassung – Konstitutionalisierung, Begriffe der Verfassung in Europa. In: Bogdandy, Armin von (Hrsg.): Europäisches Verfassungsrecht. Berlin, 2003. S. 1ff.; Pernice, Ingolf: Europäisches und nationales Verfassungsrecht. In: VVDStRL 60, 2001. S. 148 (155ff.); Peter, Anne: Elemente einer Theorie der Verfassung Europas. Berlin, 2001. m. zahlr. Nachw.

Mitgliedstaaten zusammensetzte,[5] nicht erkennbar. Der Konventsentwurf will vielmehr ganz im Sinne einer vielzitierten Rede des deutschen Außenministers Fischer[6] die Nationalstaaten in die erweiterte Union „mitnehmen" und sie auf der Grundlage einer Souveränitätsteilung von Europa und Nationalstaat aufbauen. Durch die Übernahme der Bezeichnung „Verfassung" für den neuen Text machen die Staats- und Regierungschefs allerdings deutlich, dass sie in dem Dokument einen Akt von besonderer Qualität sehen. In den Worten des Vorsitzes des Europäischen Rates von Brüssel werde mit der Verfassung „der Prozess abgeschlossen, der begann, als mit dem Vertrag von Rom der Grundstein für die Europäische Integration gelegt wurde. Wie der Vertrag von Rom wird die Verfassung für viele Jahre das Fundament einer Union im Dienste der Bürger bilden."[7]

In diesem Beitrag soll der Frage nachgegangen werden, ob sich die besondere Qualität der Europäischen Verfassung auch in einer grundlegenden Änderung des Einflusses der Mitgliedstaaten auf Gestalt und Entwicklung der Europäischen Union zeigt. Untersucht wird, ob der Vertragstext die Mitgliedstaaten noch als souveräne Nationalstaaten sieht, die sich aus freier Entscheidung durch Übertragung begrenzter Hoheitsrechte in eine Union einbinden. Wie groß ist der Souveränitäts„anteil", der den Mitgliedstaaten unter der neuen Verfassung bleibt? Hängt die Union vom fortdauernden Willen der Staaten zur Mitgliedschaft ab? Oder anders gefragt: Besitzen die Mitgliedstaaten noch die Herrschaft über die europarechtlichen Grundlagen der Union; sollen sie auch nach der neuen Verfassung noch die „Herren" im europäischen Haus sein?

2. Die Herrschaft über die europarechtlichen Grundlagen – eine Vorgabe des nationalen Rechts

Das deutsche Bundesverfassungsgericht bezeichnete die Mitgliedstaaten wiederholt als „Herren" der Verträge.[8] In seinem bekannten Urteil aus dem Jahr 1993 entschied das Bundesverfassungsgericht, dass die Bundesrepublik Deutschland dem Vertrag von Maastricht unter anderem deshalb zustimmen könne, weil sie auch in der Europäischen Union immer

---

5   Insgesamt 45 Teilnehmer aus den Mitgliedstaaten (ohne Präsidium und Teilnehmer aus den beitrittswilligen Staaten gerechnet) gegenüber insgesamt 18 Teilnehmern aus Europäischem Parlament und Kommission.
6   Fischer, Joschka: Vom Staatenverbund zur Föderation – Gedanken über die Finalität der europäischen Integration. Rede vom 12. Mai 2000 an der Humboldt-Universität. www. whi-berlin.de/fischer.htm. Rn. 32ff.
7   Addendum zu den Schlussfolgerungen des Vorsitzes über die Tagung des Europäischen Rates vom 17. und 18. Juni 2004, 10679/04 ADD 1, abrufbar unter: http://ue.eu.int/cms3_applications/Applications/ newsRoom/ related.asp?BID=76&GRP=7400&LANG=1&cmsId=347
8   BVerfGE 75, 223 (242) (Kloppenburg); BVerfGE 89, 155 (190, 199) (Maastricht); im Schrifttum z.B. Cremer, Hans-Joachim: In: Calliess, Christian/Ruffert, Matthias (Hrsg.): Kommentar zu EUV/EGV. 2. Aufl., Neuwied, 2002. Art. 48 EUV Rn. 4; Huber, Peter M.: Europäisches und nationales Verfassungsrecht. In: VVDStRL 60, 2001. S. 194 (222); Kaufmann, Marcel: Permanente Verfassungsgebung und verfassungsrechtliche Selbstbindung im europäischen Staatenverbund. In: Der Staat 36, 1997. S. 521 (532); Meng, Werner: In: Groeben, Hans von der/Schwarze, Jürgen (Hrsg.): EU-/EG-Kommentar. 6. Aufl., Baden-Baden, 2003. Art. 48 EU Rn. 25ff.; einschränkend Hilf, Meinhard: Die Europäische Union und die Eigenstaatlichkeit ihrer Mitgliedstaaten. In: Hommelhoff, Paul/ Kirchhof, Paul (Hrsg.): Der Staatenverbund der Europäischen Union. Heidelberg, 1994. S. 75 (78ff.); Everling, Ulrich: Sind die Mitgliedstaaten der Europäischen Gemeinschaft noch Herren der Verträge. In: Bernhardt, Rudolf u.a. (Hrsg.): Völkerrecht als Rechtsordnung – Internationale Gerichtsbarkeit – Menschenrechte. Festschrift für Hermann Mosler. Berlin, 1983. S. 173ff.

noch die Qualität eines souveränen Staates besitze.⁹ Die Frage, welches Maß an Souveränität einem Mitgliedstaat unter der Europäischen Verfassung noch zukommen soll, ist nicht nur für deutsche Juristen von Interesse. Denn auch die anderen Mitgliedstaaten sehen sich zwar in ihren Entscheidungsbefugnissen in der Union zum Wohle der Integration beschränkt, voneinander abhängig und auf einander bezogen. Sie begreifen sich aber grundsätzlich (noch) als souveräne Staaten. Teilweise erlauben mitgliedstaatliche Verfassungsordnungen die Beteiligung an der Europäischen Integration nur unter der Voraussetzung, dass der Mitgliedstaat Souveränität und Staatsqualität behält.¹⁰ Übereinstimmend nehmen die Mitgliedstaaten keinen autonomen Geltungsgrund für das Europarecht an, leiten seine Geltung also nicht unmittelbar von den Bürgern der Union ab, sondern verlangen einen nationalen Rechtsanwendungsbefehl.¹¹

In der Bundesrepublik Deutschland liefern diesen Rechtsanwendungsbefehl bekanntlich die Zustimmungsgesetze zu den europäischen Gründungs- und Änderungsverträgen im Sinne von Art. 59 Abs. 2 S. 1 GG in Verbindung mit Art. 23 Abs. 1 S. 2 GG, der den Bundesgesetzgeber ermächtigt, der Europäischen Union die eigenständige Wahrnehmung von Hoheitsbefugnissen einzuräumen. Diese Befugnis zur Übertragung von Hoheitsrechten unterliegt bestimmten Voraussetzungen und Grenzen. Die Struktursicherungsklausel des Art. 23 Abs. 1 S. 1 GG erlaubt der Bundesrepublik Deutschland nur die Mitwirkung an einer Europäischen Union, die bestimmten Prinzipien verpflichtet ist.¹² Daneben benennt Art. 23 Abs. 1 S. 3 GG die in Art. 79 Abs. 3 GG niedergelegten, änderungsfesten Grundwerte der deutschen Verfassung als äußerste Grenze einer Hoheitsrechtsübertragung auf die Europäische Union. Auch das innerstaatliche Recht anderer Mitgliedstaaten kennt Vorgaben und Grenzen, die bei der Mitwirkung an der Europäischen Integration eingehalten werden müssen. Daher sind in einer Reihe von Mitgliedstaaten Verfassungsänderungen erforderlich, bevor der Staat einer wesentlichen Erweiterung oder Vertiefung der Europäischen Integration zustimmen darf.¹³

Bisher erkennen die meisten nationalen Rechtsordnungen der Mitgliedstaaten also kein aus autonomer Rechtsquelle fließendes Europarecht an. Sie machen ihren Organen außer-

---

9   BVerfGE 89, 155 (190)
10 In Deutschland verweist Art. 23 Abs. 1 S. 3 GG auf die Maßstäbe des Art. 79 Abs. 3 GG. Nachweise für Spanien, Dänemark, Frankreich und Italien bei Kirchhof, Paul: Die rechtliche Struktur der Europäischen Union als Staatenverbund. In: Bogdandy, Armin von (Hrsg.): Europäisches Verfassungsrecht. Berlin, 2003. S. 893 (899 Fn. 16)
11 Zu Belgien, Dänemark, Frankreich, Irland, Österreich, Schweden, Spanien und dem Vereinigten Königreich s. die Nachweise bei Huber, Peter M.: Europäisches und nationales Verfassungsrecht. In: VVDStRL 60, 2001. S. 194 (214f.); zur Verfassungslage in den bisherigen 15 Mitgliedstaaten s. die ausführlichen Berichte zum XX. FIDE-Kongreß 2002, http://www.fide2002.org; eingehende Landesberichte ferner in Schwarze, Jürgen (Hrsg.): Die Entstehung einer europäischen Verfassungsordnung. Baden-Baden, 2000 (für Frankreich: Flauss, Jean-Francois: S. 25ff.; für Deutschland: Schwarze, Jürgen: S. 109ff.; für Großbritannien: Birkinshaw, Patrick: S. 205ff.; für Spanien: García de Enterría, Eduardo/Alonso García, Ricardo: S. 287ff.; für Österreich: Schäffer, Heinz: S. 339ff.; für Schweden: Bernitz, Ulf: S. 389ff.)
12 Demokratie, Rechtsstaatlichkeit, Sozialstaatlichkeit, föderativen Grundsätzen und dem Grundsatz der Subsidiarität sowie ein deutschen Maßstäben im wesentlichen vergleichbarer Grundrechtsschutz.
13 Frankreich: Entscheidung des Conseil constitutionnel Nr. 97-394 DC vom 31.12.1997, 7. Erwägungsgrund, abgedruckt in EuGRZ 1998, 27, 29; dazu näher Gundel, Jörg: Die Kontrolle der europäischen Integration durch den französischen Verfassungsrat. In: EuR 33, 1998. S. 371 (378f.); zu den Regelungen in anderen Mitgliedstaaten s. die Nachweise bei Kirchhof, Paul: Die rechtliche Struktur der Europäischen Union als Staatenverbund. In: Bogdandy, Armin von (Hrsg.): Europäisches Verfassungsrecht. Berlin, 2003. S. 893 (898 Fn. 15) und Huber, Peter M.: Europäisches und nationales Verfassungsrecht. In: VVDStRL 60, 2001. S. 194 (215f.)

dem mehr oder weniger strikte Vorgaben, unter welchen Bedingungen sie ihren Staat zu weiteren Integrationsschritten verpflichten dürfen. Solange dies so ist, können diese Mitgliedstaaten nur einem europäischen Integrationsprogramm zustimmen, das sich in vorhersehbaren Bahnen entwickelt. In Deutschland beschreibt das Bundesverfassungsgericht diese Anforderung mit dem Begriff der Bestimmbarkeit. Der Bund dürfe nur Hoheitsrechte zur Umsetzung eines hinreichend bestimmbar festgelegten Integrationsprogramms übertragen.[14] Die Mitgliedstaaten haben also ein Interesse daran, ihre Möglichkeiten zur Einflussnahme auf wesentliche Änderungen des Integrationsprogramms weiter zu erhalten. In diesem Sinne muss ihnen auch die neue Verfassung die „Herrschaft" über die Grundlagen und wesentliche Änderungen des Europarechts belassen. Andererseits hat die Union ihre bislang größte und politisch bedeutsamste Erweiterung zu bewältigen. Will sie auch noch mit 25 oder mehr Mitgliedstaaten nach innen und außen handlungsfähig sein, muss die Union Institutionen aufweisen, in denen zwar die Stimmen der Mitgliedstaaten adäquat zur Geltung kommen, die aber gleichzeitig über effektive Entscheidungsverfahren verfügen, so dass Verhandlungsmarathons mit unbefriedigenden Kompromiss- und Paketlösungen oder die Blockade wichtiger Entscheidungen durch einzelne Staaten vermieden werden.

3. Der Einfluss der Mitgliedstaaten nach der neuen Verfassung

Ob und inwieweit der Entwurf der Regierungskonferenz das Interesse der Mitgliedstaaten an Bewahrung ihrer Entscheidungsmacht trotz der Notwendigkeit effektiver Entscheidungsverfahren in einer erweiterten Union berücksichtigt hat, soll im folgenden an einigen relevanten Punkten überprüft werden: Zunächst soll der Geltungsgrund der neuen Verfassung untersucht und nach der Dauerhaftigkeit ihrer Bindung gefragt werden. Danach werden die vorgesehenen Modalitäten für eine Änderung der Verfassung geprüft. Als nächstes wird ein Blick auf mögliche Konflikte zwischen nationalem Recht und Europarecht und die Folgen der geplanten Festschreibung des Vorrangs von Europarecht geworfen. Am Schluss soll die alte Furcht vor einer faktischen Kompetenz-Kompetenz der Union und ihre Behandlung im Entwurfstext beleuchtet werden.

3.1 Geltungsgrund der neuen Verfassung – nicht autonom, sondern staatenvermittelt

3.1.1 Vorschläge für erleichterte Annahmeverfahren

Die Europäische Union stand zuletzt beim Vertrag von Nizza wegen des zunächst gescheiterten irischen Referendums vor der Frage, wie es mit der Europäischen Integration weitergehen soll, wenn ein Mitgliedstaat einem Änderungsvertrag nicht zustimmen kann. Daher machte man sich innerhalb und außerhalb des Konvents Gedanken, ob die neue Verfassung zu ihrem In-Kraft-Treten tatsächlich der Zustimmung aller Mitgliedstaaten bedürfen solle. Ein Vorschlag zielte auf eine autonome Geltung der Verfassung ab. So sollte die neue Verfassung nach Unterstützung durch 2/3 der Mitglieder des Europäischen Parlaments und ei-

---

14 BVerfGE 89, 155 (184ff., insbesondere S. 187) (Maastricht); in diesem Sinne auch der dänische Oberste Gerichtshof, Urteil vom 6.4.1998 (Maastricht), Ziffer 9.2, deutsche Übersetzung in EuGRZ 1999, S. 49 (50)

nem positiven Referendum der Unionsbürger in Kraft treten können.[15] Ein anderer Vorschlag wollte die Annahme der Verfassung zwar vom positiven Ausgang eines EU-weiten Referendums abhängig machen, daneben aber noch die Zustimmung von 3/4 der Mitgliedstaaten verlangen.[16] Wieder andere Entwürfe gingen zwar vom Abschluss eines völkerrechtlichen Vertrages zwischen den Mitgliedstaaten aus, wollten aber die Zustimmung einer Mehrheit der Mitgliedstaaten ausreichen lassen (3/4 oder 4/5 der Staaten). Nicht zustimmende Staaten sollten allerdings durch die Mehrheit nicht gebunden werden. Sie sollten aus der Union austreten und ihr gegebenenfalls nur noch im Wege eines besonderen Assoziationsverhältnisses verbunden bleiben.[17]

3.1.2 Abschluss eines völkerrechtlichen Vertrages (Art. 48 EU)

Der Konvent folgte diesen Vorschlägen nicht. Er legte keinen Verfassungsentwurf vor, sondern den Entwurf eines Vertrages über eine Verfassung für Europa. Er empfiehlt also den Abschluss eines völkerrechtlichen Vertrages zwischen allen Mitgliedstaaten. Mit der Übernahme dieser Konstruktion wollen auch die Staats- und Regierungschefs die Union weiterhin auf eine völkerrechtliche Grundlage stellen.

Zum Annahmeverfahren selbst enthält der Verfassungsvertragsentwurf abgesehen vom Ratifikationsvorbehalt des Art. IV-447 Abs. 1 VVE-RegKonf[18] keine besonderen Vorschriften. Daher ist auf das Vertragsänderungsverfahren nach Art. 48 EU zurückzugreifen, wonach sich zunächst Kommission, Europäisches Parlament, Europäische Zentralbank und Rat in Form von Stellungnahmen äußern und dann alle Mitgliedstaaten auf einer Regierungskonferenz über die Vertragsänderungen nach den Regeln des Völkerrechts beschlie-

---

15 Duff, Andrew (MdEP, Mitglied des Konvents): Verfassungsentwurf für eine föderale Union Europas, Art. 19, CONV 234/02. S. 8, auch zu finden bei http://www.cap.uni-muenchen.de/konvent/entwuerfe. htm und Kleger, Heinz (Hrsg.): Der Konvent als Labor. Münster, 2004. S. 679ff. (Der Entwurf sieht als Voraussetzungen für ein In-Kraft-Treten entweder die Unterstützung durch 2/3 der Mitglieder des Europäischen Parlaments und ein Referendum der Unionsbürger oder die Zustimmung des Europäischen Parlaments mit der absoluten Mehrheit seiner Mitglieder und die Ratifikation durch alle Mitgliedstaaten. Nichtzustimmende Mitgliedstaaten sollen assoziierte Mitglieder werden.); in diesem Sinne wohl auch Weiler, Joseph: A Constitution for Europe? Some Hard Choices. In: Journal of Common Market Studies 40, 2002. S. 563 (565) (ohne klaren Vorschlag, aber offenbar für eine Bindung auch nicht zustimmender Mitgliedstaaten)
16 Voggenhuber, Johannes (MdEP, Mitglied des Konvents): Die Einheit Europas. CONV 499/03. S. 13; ähnlich der Beitrag mehrerer Mitglieder, stellvertretender Mitglieder und Beobachter, Referendum zur europäischen Verfassung, CONV 658/03 (gleichzeitige Referenden in allen Mitgliedstaaten sowie Zustimmung des Europäischen Parlaments und der nationalen Parlamente)
17 EPP-Convention Group: The Constitution of the European Union. Discussion Paper. 10. November 2002, Part Three, Art. x + 6 (In-Kraft-Treten einen Monat nach Hinterlegung der zwölften Ratifikationsurkunde, Austritt und Assoziierung nichtzustimmender Mitgliedstaaten); Gloser, Günter MdB (SPD)/Roth, Michael MdB (SPD): Berliner Entwurf einer Verfassung für die Europäische Union. Art. 54 (Annahme durch 4/5 der Mitgliedstaaten und Austritt der nichtzustimmenden Mitgliedstaaten); Lamoureux, Francois u.a.: Durchführbarkeitsstudie der Europäischen Kommission vom 4.12.2002 („Prodi-Entwurf"), Art. 3 bis 6 des Übereinkommens über das In-Kraft-Treten des Vertrages über die Verfassung der Europäischen Union (In-Kraft-Treten des Verfassungsvertrages nach feierlicher Deklaration von 3/4 der Mitgliedstaaten; Austrittsverhandlung mit Mitgliedstaaten, die keine feierliche Deklaration abgeben); die Entwürfe finden sich unter http://www.cap.uni-muenchen.de/konvent/entwuerfe. htm sowie teilweise auch abgedruckt bei Kleger, Heinz (Hrsg.): Der Konvent als Labor. Münster, 2004 (EPP-Convention Group, S. 293ff.; „Prodi-Entwurf", S. 463ff. – in englischer Sprache)
18 Entspricht Art. IV-8 Abs. 1 VVE-Konvent

ßen. Nach Art. IV-437 Abs. 1 VVE-RegKonf[19] soll der Verfassungsvertrag die vertraglichen Grundlagen der Union allerdings nicht nur an einzelnen Stellen abändern, sondern den EU-Vertrag, den EG-Vertrag sowie Rechtsakte zu deren Ergänzung und Änderung grundsätzlich vollständig ersetzen. Man kann sich daher fragen, ob die Ersetzung sämtlicher vertraglicher Grundlagen[20] durch den Verfassungsvertrag noch eine Vertrags"änderung" im Sinne von Art. 48 EU ist, oder ob ein Verfassungsvertrag außerhalb des Systems der vertraglichen Grundlagen der Union, also ausschließlich nach den Regeln für völkerrechtliche Verträge und ohne Beteiligung der Gemeinschaftsorgane zu schließen wäre.[21] Zwar gibt der Verfassungsvertrag der Union in den Bestimmungen seines ersten Teils eine neue Struktur und vor allem mit der Verleihung der Rechtspersönlichkeit auch einen neuen Rechtscharakter. Inhaltlich baut der Verfassungsvertrag allerdings stark auf EU-Vertrag und EG-Vertrag auf und entwickelt deren Normenbestand weiter. So wird mit der Aufnahme der Charta der Grundrechte in Teil II des Verfassungsvertrages der bisher auf der Rechtsprechung des Gerichtshofs beruhende Grundrechtsschutz in der Union gesichert und ausgebaut. Im dritten und umfangreichsten Teil finden sich im Wesentlichen die Bestimmungen des EG-Vertrages wieder. Wegen des engen Zusammenhangs mit den bisherigen Grundlagen der EU und der EG ist daher der Verfassungsvertrag jedenfalls materiell als Vertragsänderung einzustufen und unterliegt dem Verfahren nach Art. 48 EU.[22]

Die Organe der Europäischen Gemeinschaft und die Mitgliedstaaten haben demgemäß auch das Verfahren nach Art. 48 EU beschritten. Nach Anhörung von Europäischem Parlament, Kommission und Europäischer Zentralbank gab der Rat eine Stellungnahme nach Art. 48 Abs. 2 EU ab,[23] worauf die Regierungskonferenz am 4. Oktober 2003 eröffnet wurde. Sie fand mit der Einigung auf einen Text über den Verfassungsvertragsentwurf auf der Tagung des europäischen Rates am 18. und 19. Juni 2004 in Brüssel ihren Abschluss. Nach redaktioneller Überarbeitung des Textes ist die Unterzeichnung Ende Oktober 2004 geplant.[24]

Da sowohl nach dem Vertragsänderungsverfahren gemäß Art. 48 EU als auch nach Art. IV-447 Abs. 1 VVE-RegKonf der Vertrag nur nach Ratifikation durch alle Mitgliedstaaten in Kraft treten kann, müssen dann die nach den verfassungsrechtlichen Bestimmungen der Mitgliedstaaten vorgesehenen Zustimmungsverfahren eingeleitet werden. Wegen erforderlicher Volksabstimmungen in mehreren Mitgliedstaaten ist der Zeitbedarf erheblich, so dass im günstigsten Fall der Verfassungsvertrag Ende 2006 in Kraft treten könnte.[25] Für den Fall, dass ein Mitgliedstaat nicht ratifizieren kann, etwa weil – wie beim ersten irischen Referendum zum Vertrag von Nizza – eine erforderliche Volksabstimmung negativ ausfällt, enthält der Verfassungsvertragsentwurf keine klare Regelung. Eine Bindung nicht zustim-

---

19 Entspricht Art. IV-2 VVE-Konvent ergänzt um die Weitergeltung bestimmter Bestimmungen in den Beitrittsverträgen.
20 Mit Ausnahme des Euratom-Vertrages, der lediglich geändert wird, s. Art. IV-437 Abs. 1 VVE-RegKonf und das Protokoll zur Änderung des Vertrages zur Gründung der Europäischen Atomgemeinschaft, Protokoll Nr. 36, CIG 87/04 ADD 1 (s. Fn. 2)
21 Für einen Vertragsschluss außerhalb des Systems der Gemeinschaftsverträge im Zusammenhang mit dem Vertragsentwurf des EP zur Gründung einer Europäischen Union im Jahr 1984 Schwarze, Jürgen: Mitgliedschaft in einer zukünftigen politischen Union. In: DVBl, 1985. S. 309 (311f.)
22 In diesem Sinne auch Meng, Werner: In: Groeben, Hans von der/Schwarze, Jürgen (Hrsg.): EU-/EG-Kommentar. 6. Aufl., Baden-Baden, 2003. Art. 48 EU Rn. 117; Pechstein, Matthias: In: Streinz, Rudolf (Hrsg.): EUV/EGV. München, 2003. Art. 48 EUV Rn. 2.
23 Texte der Erklärungen nach Art. 48 EU abrufbar unter http://ue.eu.int/cms3_fo/showPage.asp?id=579&lang=FR&mode=g.
24 Einzelheiten unter http://ue.eu.int/cms3_fo/showPage.asp?id=251&lang=en&mode=g
25 Art. IV-447 Abs. 2 VVE-RegKonf sieht den 1. November 2006 als frühesten Termin vor.

mender Staaten kommt nicht in Betracht, da sich Konvent und Regierungskonferenz für den Abschluss eines völkerrechtlichen Vertrages entschieden haben. Das Völkerrecht lässt Verträge zu Lasten Dritter ohne deren Zustimmung nicht zu.[26] Fehlt die Ratifikation auch nur eines Mitgliedstaates kann der Verfassungsvertrag also nicht in Kraft treten, und es bleibt bei den europarechtlichen Bindungen zwischen den Mitgliedstaaten auf dem Stand des Vertrages von Nizza und dem Beitrittsvertrag vom April 2003. Ob im Falle eines Scheiterns des Verfassungsvertrages an diesem Rechtszustand etwas geändert werden soll, müssen die Mitgliedstaaten im Konsens entscheiden. Um die dann erforderliche Diskussion in Gang zu bringen, sieht die Regierungskonferenz in einer der Schlussakte beizufügenden „Erklärung zur Ratifikation des Vertrags über eine Verfassung für Europa"[27] vor, den Europäischen Rat zu befassen, wenn nach Ablauf von zwei Jahren nach Vertragsunterzeichnung (also voraussichtlich Ende 2006) 4/5 der erforderlichen Ratifikationsurkunden hinterlegt worden, in einem oder mehreren Mitgliedstaaten aber Schwierigkeiten bei der Ratifikation aufgetreten sind.

Die neue Europäische Verfassung ist somit nach den Vorgaben von Konvent und Regierungskonferenz für ihre Geltung auf die Zustimmung sämtlicher Mitgliedstaaten angewiesen. Ihr Geltungsgrund leitet sich vom Willen jedes einzelnen Staates ab. Daher ist festzustellen, dass jedenfalls bei der Schaffung der neuen Verfassung die Staaten eindeutig die „Herren" des Vertrages bleiben.

3.2 Dauerhaftigkeit der Bindung – Beendigung durch Austritt, Aufhebungsvertrag oder Ausschluss

Wie die Vorgängerverträge – EG-Vertrag und EU-Vertrag – soll der neue Vertrag über die Verfassung auf unbegrenzte Zeit gelten (Art. IV-446 VVE-RegKonf).[28] Nachdem EG-Vertrag und EU-Vertrag keine Bestimmungen über die Beendigung der Zugehörigkeit eines Staates enthalten, folgerten Teile des Schrifttums daraus und aus der zeitlichen Unbegrenztheit der Verträge auch ihre Unauflöslichkeit nach den Bestimmungen des Völkervertragsrechts.[29] Dagegen wird zu Recht eingewandt, dass die Gründungsverträge nach völkerrechtlichen Regeln geschlossen worden sind und daher in einem gegenläufigen Akt, also ebenfalls nach völkerrechtlichen Regeln, wieder aufgehoben werden können.[30] Zudem haben sich die Mitgliedstaaten in Art. 48 EU für Änderungen auf ein Verfahren mit voller Verfügungsgewalt jedes Mitgliedstaates geeinigt und sich dabei keinerlei inhaltliche Be-

---

26 Vgl. Art. 34 bis 36 des Wiener Übereinkommens über das Recht der Verträge (WÜV)
27 Erklärung Nr. 30, CIG 87/04 ADD 2 (s. oben Fn. 2). Sie entspricht inhaltlich der vom Konvent vorgesehenen Erklärung.
28 Art. IV-446 VVE-RegKonf entspricht Art. IV-9 VVE-Konvent; bisher geregelt in Art. 312 EG und Art. 51 EU.
29 Giegerich, Thomas: Europäische Verfassung und deutsche Verfassung im transnationalen Konstitutionalisierungsprozeß. Berlin, 2003. S. 613ff.; Ipsen, Hans-Peter: Europäisches Gemeinschaftsrecht. Tübingen, 1972. S. 99f. und S. 211; Thieme, Werner: Das Grundgesetz und die öffentliche Gewalt internationaler Staatengemeinschaften. In: VVDStRL 18, 1960. S. 50 (72); s. auch Hilf, Meinhard: In: Groeben, Hans von der/Thiesing, Jochen/Ehlermann, Claus-Dieter (Hrsg.): EU-/EGV. 5. Aufl., Baden-Baden, 1997. Art. 240 Rn. 5 (abstellend auf die zunehmende Integrationsdichte)
30 BVerfGE 89, 155 (190) (Maastricht); Cremer, Hans-Joachim: In: Calliess, Christian/Ruffert, Matthias (Hrsg.): Kommentar zu EUV/EGV. 2. Aufl., Neuwied, 2002. Art. 48 EUV Rn. 5; Art. 51 EUV, Rn. 1f.; Folz, Hans-Peter: Austritt und Ausschluss aus der Europäischen Union. In: Ginther, Konrad u.a. (Hrsg.): Völker und Europarecht. 25. Österreichischer Völkerrechtstag. Wien, 2001. S. 145 (154ff.); Schmalenbach, Kirsten: In: Calliess, Christian/Ruffert, Matthias (Hrsg.): Kommentar zu EUV/EGV. 2. Aufl., Neuwied, 2002. Art. 312 EGV Rn. 2f.

schränkungen auferlegt. Also sind auch die Bestimmungen über die Geltungsdauer der Verträge nicht änderungsfest. Eine Vertragsbeendigung oder vorübergehende Suspendierung gegenüber allen oder einzelnen Staaten durch einvernehmlichen Vertrag aller Mitgliedstaaten[31] bleibt also weiterhin möglich. Hingegen ist das Ausscheiden eines Staates durch einseitigen Akt (Kündigung, Rücktritt, Suspendierung) nach den einschlägigen Regeln des Völkervertragsrechts[32] nur in besonderen Ausnahmefällen zulässig, da EG-Vertrag und EU-Vertrag keine Beendigungs-, Kündigungs- oder Rücktrittsklausel enthalten.[33]

3.2.1 Austritt und Aufhebungsvertrag

Der Entwurf der Regierungskonferenz entzieht mit seinem Art. I-60 Verfechtern der Unauflöslichkeit der Union die Argumentationsgrundlage. Denn diese Bestimmung eröffnet nunmehr ausdrücklich Mitgliedstaaten die Möglichkeit zum freiwilligen Austritt aus der Union. Die Regierungskonferenz übernimmt damit – unter geringfügigen Änderungen am Wortlaut – die Austrittsklausel des Art. I-59 VVE-Konvent.[34] Nach Abs. 1 kann jeder Mitgliedstaat „im Einklang mit seinen Verfassungsvorschriften beschließen, aus der Europäischen Union auszutreten". Der austrittswillige Mitgliedstaat hat keine weiteren Voraussetzungen zu erfüllen, insbesondere muss er keine Begründung für seinen Austritt abgeben. Eine Möglichkeit der anderen Mitgliedstaaten, diesen Austritt zu verhindern, ist nicht vorgesehen. Da ein Austritt komplizierte Abwicklungsfragen und Folgeprobleme aufwirft, sollen die Modalitäten des Austritts in einem Abkommen zwischen Union und austretendem Staat vereinbart werden. Zwar muss das Europäische Parlament dem Abkommen zustimmen; im Rat ist allerdings lediglich eine qualifizierte Mehrheit unter den übrigen Mitgliedstaaten erforderlich. Selbst wenn es zu Verzögerungen beim Abschluss dieses Abkommens kommt, hindert das die endgültige Lösung des austrittswilligen Staates von der Union nicht, denn nach Abs. 3 findet die Verfassung jedenfalls zwei Jahre nach der Aus-

---

31 Im Sinne von Art. 54 lit. b, 57 lit. b WÜV
32 Grundsätzlich keine einseitige Vertragsbeendigung (Art. 56 WÜV), Ausnahme bei Vorliegen eines außerordentlichem Kündigungsgrundes der Art. 60 bis 62, insbesondere des Art. 62 (clausula rebus sic stantibus). Diese Bestimmungen des WÜV dürften mittlerweile auch das geltende Völkergewohnheitsrecht wiedergeben, also auch für die Mitgliedstaaten verbindlich sein, die nicht Vertragsstaaten des WÜV sind; s. dazu Heintschel von Heinegg, Wolff: In: Ipsen, Knut (Hrsg.): Völkerrecht. 4. Aufl., München, 1999. § 15 Rn. 98ff.; vgl. auch Giegerich, Thomas: Europäische Verfassung und deutsche Verfassung im transnationalen Konstitutionalisierungsprozeß. Berlin, 2003. S. 604 m. w. N.
33 Folz, Hans-Peter: Austritt und Ausschluss aus der Europäischen Union. In: Ginther, Konrad u.a. (Hrsg.): Völker- und Europarecht. 25. Österreichischer Völkerrechtstag. Wien, 2001. S. 156 (158ff.); Streinz, Rudolf: Europarecht. 6. Aufl., Heidelberg, 2001. Rn. 90f.; a.A. Everling, Ulrich: Zur Stellung der Mitgliedstaaten der Europäischen Union als „Herren der Verträge". In: Beyerlin, Ulrich u.a. (Hrsg.): Recht zwischen Umbruch und Bewahrung. Festschrift für Rudolf Bernhardt. Berlin, 1995. S. 1161 (1174ff.) (keine Anwendung des Völkervertragsrechts); s. auch Giegerich, Thomas: Europäische Verfassung und deutsche Verfassung im transnationalen Konstitutionalisierungsprozeß. Berlin, 2003. S. 605ff. (Austrittsrecht nur in Extremfällen, dann aber nur auf europarechtlicher, nicht auf völkerrechtlicher Grundlage)
34 Eine Austrittsmöglichkeit wird auch empfohlen in den Entwürfen u.a. von Hain, Peter (Mitglied des Konvents, Regierungsvertreter UK): Constitutional Treaty of the European Union and related Documents. 14 October 2002, CONV 345/1/02 REV 1, Art. 27 („Cambridge Text"); in Art. 46 des Vorentwurfs des Konvents-Präsidiums vom 28.10.2002, CONV 369/02 (abgedruckt auch bei Kleger, Heinz (Hrsg.): Der Konvent als Labor. Münster, 2004. S. 755ff.); in Art. I-59 des Vorentwurfs des Konvents-Präsidiums vom 24./26.5.2003, CONV 724/03 (abgedruckt auch in EuGRZ 2003, 315ff.); in Art. 103 des „Prodi-Entwurfs", s. o. Fn. 17 (hier allerdings nur bei Nichtannahme einer Verfassungsänderung durch einen Mitgliedstaat). Zur Kritik an Art. I-59 VVE-Konvent Schwarze, Jürgen: Ein pragmatischer Verfassungsentwurf. EuR 2003, S. 535 (558f.)

trittserklärung auf den betroffenen Staat keine Anwendung mehr, vorbehaltlich natürlich – wie bei auf Völkerrecht gegründeten Staatenbeziehungen üblich – einer abweichenden Vereinbarung.

Mit der Austrittsklausel haben Konvent und Regierungskonferenz die Idee der Integration als stetig fortschreitendem und unumkehrbarem Prozess hinten angestellt zu Gunsten der politischen Realität in einer Union von 25 oder mehr Mitgliedstaaten. Je größer die Union wird, desto inhomogener wird sie. Der Austritt eines oder mehrerer unzufriedener Mitgliedstaaten erschien wohl gegenüber einem Scheitern der Union als das kleinere Übel. Nachdem der Verfassungsvertrag damit eine Beendigung der Mitgliedschaft auf Grund einseitiger Willenserklärung ermöglicht, spricht auch nichts gegen einen Aufhebungsvertrag.[35] Denn eine solche Vereinbarung, mit der alle Vertragsparteien einvernehmlich die Mitgliedschaft eines Staates zeitweilig suspendieren oder endgültig beenden, stellt gegenüber einer einseitigen Beendigung eine souveränitätsschonendere Form für alle Beteiligten dar.

3.2.2 Ausschluss

Ist auch ein Ausschluss möglich, also die Beendigung der Mitgliedschaft eines Staates ohne dessen Zustimmung und gegen dessen Willen? Für den Ausschluss eines vertragsbrüchigen Mitgliedstaates findet sich im Verfassungsvertragsentwurf keine ausdrückliche Regelung. Art. I-59 VVE-RegKonf[36] enthält in Anlehnung an den bisherigen Art. 7 EU ein mehrstufiges Verfahren, das bei schweren Verletzungen der Grundwerte der Union anzuwenden ist. Dieses Verfahren kann aber lediglich zur Aussetzung der Mitgliedschaftsrechte des betroffenen Staates führen. Nach dem Recht der völkerrechtlichen Verträge können bei erheblicher Verletzung eines mehrseitigen Vertrages durch eine Vertragspartei die anderen Vertragsstaaten einvernehmlich eine vorläufige Suspendierung oder endgültige Beendigung der Mitgliedschaft des vertragsbrüchigen Staates beschließen.[37] Wenn eine explizite Austrittsmöglichkeit im europäischen Verfassungsvertrag enthalten ist, kann die Natur der Integration als unumkehrbarem Prozess auch den sonstigen nach dem Völkerrecht gegebenen Beendigungsmöglichkeiten nicht mehr entgegengehalten werden. Denn mit der Austrittsklausel bekunden die Mitgliedstaaten, dass sie den Integrationsprozess zumindest für einzelne Staaten für durchaus umkehrbar halten. Auch ein Ausschluss ohne Zustimmung und gegen den Willen des betroffenen Mitgliedstaates ist daher in der Europäischen Union zukünftig grundsätzlich möglich. Allerdings muss bei der Handhabung des Ausschlussrechts die Wertentscheidung des Art. I-59 berücksichtigt werden. Ein Ausschluss kann daher nur wegen einer schwerwiegenden und anhaltenden Verletzung der dort erwähnten Grundwerte der Union[38] in Betracht kommen. Zudem ist die erfolglose Durchführung des in Art. I-59 vorgesehenen Verfahrens zu fordern. Erst wenn sich auch die Aussetzung der Mitgliedschaftsrechte als ungeeignetes Mittel erwiesen hat, den Mitgliedstaat von einer schwerwiegenden und anhaltenden Verletzung der Grundwerte der Union abzuhalten, können sich die anderen Mitgliedstaaten über den Ausschluss des betreffenden Mitgliedstaats verständigen. Ein Ausschluss dürfte in der Praxis allerdings kaum in Betracht kommen, da ein Mitgliedstaat, der sich von den Grundwerten der Union tatsächlich dauerhaft abgewandt hat, einem Ausschluss bereits durch einen freiwilligen Austritt zuvorkommen wird.

---

35 Im Sinne von Art. 54 lit. b, 57 lit. b WÜV
36 Entspricht Art. I-58 VVE-Konvent
37 Vgl. Art. 60 Abs. 2 lit. a) i) WÜV
38 Der in Art. I-2 genannten Werte: Achtung der Menschenwürde, Freiheit, Demokratie, Gleichheit, Rechtsstaatlichkeit und die Wahrung der Menschenrechte

Die Möglichkeiten einer Beendigung der Mitgliedschaft durch Aufhebungsvertrag, Austritt oder Ausschluss machen deutlich, dass nach der Konzeption des Verfassungsvertragsentwurfs die Europäische Integration für einen einmal beigetretenen Mitgliedstaat nicht mehr nur in eine Richtung voranzuschreiten hat. Mit ihrer Zustimmung zum Verfassungsvertrag entledigen sich die Mitgliedstaaten nicht automatisch der Entscheidungsbefugnis über ihre künftige Mitwirkung. Die Mitgliedschaft eines Staates beruht vielmehr auf seinem fortwährenden Willen zur Einbindung in die Europäische Union und hängt – wie der Wortlaut des Art. I-60 Abs. 1 verdeutlicht – allein von seinen innerstaatlichen Verfassungsvoraussetzungen ab.

3.3 Vertragsänderungsverfahren – einstimmig unter nationalem Veto- oder Zustimmungsvorbehalt

Bereits im Vorfeld des Konvents wurde die Frage diskutiert, ob die europäischen Gründungsverträge in Zukunft leichter abänderbar sein sollen. Ist nach der jüngsten Erweiterung der Union auf 25 Mitgliedstaaten auch für kleinere Vertragsänderungen wie bisher die Zustimmung jedes Mitgliedstaates einschließlich der Ratifikation nach seinen verfassungsrechtlichen Bestimmungen erforderlich, kann das Fortschreiten der Europäischen Integration durch einzelne Staaten blockiert werden. Mit jedem neu beigetretenen Mitgliedstaat erhöht sich das Risiko mangelnden Konsenses. Damit droht die Gefahr der Versteinerung des Europarechts oder die der Einigung lediglich auf den kleinsten gemeinsamen Nenner. Aus Sicht der Mitgliedstaaten schmälert allerdings jede Erleichterung der Abänderbarkeit ihre individuellen Einflussmöglichkeiten auf die vertraglichen Grundlagen der Union.

3.3.1 Vorschläge zur Zweiteilung der Verträge und für erleichterte Abänderungsverfahren

Als Ausweg aus diesem Zwiespalt war daher schon im Bericht „Dehaene-von Weizsäcker-Simon", der 1999 zur Vorbereitung auf die Regierungskonferenz 2000 erstellt wurde, eine Zweiteilung der Verträge vorgeschlagen worden.[39] Auch der Europäische Rat von Laeken stellte in seinem Arbeitsauftrag an den Konvent die Frage, ob nicht die Texte des Primärrechts in einen Basisvertrag einerseits und die übrigen Vertragsbestimmungen andererseits aufgespalten werden sollten mit unterschiedlichen Änderungs- und Ratifikationsverfahren für die einzelnen Teile.[40] Einige Befürworter einer Zweiteilung der Verträge schlugen vor, für den Basisvertrag eine Vertragsänderung angelehnt an das bisherige Vertragsänderungsverfahren des Art. 48 EU vorzusehen. Der Basisvertrag sollte also nur bei Einstimmigkeit unter den Mitgliedstaaten sowie anschließender Ratifikation in jedem Mitgliedstaat nach den jeweiligen verfassungsrechtlichen Bestimmungen geändert werden können. Der oder die weiteren Vertragsteile sollten aber einem erleichterten Abänderungsverfahren unterliegen.[41] Aus der

---

39 Weizsäcker, Richard von/Dehaene, Jean-Luc/Simon, David: Institutionelle Auswirkungen der Erweiterung – Bericht an die Europäische Kommission (Bericht „Dehaene-von Weizsäcker-Simon") vom 18. Oktober 1999. http://europa.eu.int/igc2000/repoct99_de.htm

40 Erklärung von Laeken zur Zukunft der Europäischen Union. Anlage I zu den Schlußfolgerungen des Vorsitzes, Europäischer Rat (Laeken), 14. und 15. Dezember 2001, SN 300/1/01 REV 1, S. 24

41 Bericht „Dehaene-von Weizsäcker-Simon", a. a. O., S. 12 (erleichtertes Abänderungsverfahren: Beschluß des Rates und Zustimmung des Europäischen Parlaments, jeweils mit besonderen Mehrheitsanforderungen); Europainstitut Freiburg e.V., Freiburger Entwurf für einen Europäischen Verfassungsvertrag vom 12. November 2002, Art. 112, Art. 114, abgedruckt in Schwarze, Jürgen (Hrsg.): Der Verfassungsentwurf des Europäischen Konvents. Baden-Baden, 2004. S. 707ff. (erleichtertes Abänderungsverfahren: ein-

Kommission kam hingegen der Vorschlag, für die Änderung aller Verfassungsbestimmungen auf das Einstimmigkeitserfordernis zu verzichten[42] und Mitgliedstaaten, die eine solchermaßen in Kraft getretene Änderung der Verfassung aus innerstaatlichen verfassungsrechtlichen Gründen nicht akzeptieren könnten, den Austritt zu ermöglichen.[43]

3.3.2 Regierungskonferenz: Keine Änderung ohne Beteiligung der nationalen Parlamente

Der Entwurf der Regierungskonferenz übernimmt vom Konvent zwar die Gliederung des Verfassungsvertrages in vier Teile.[44] Vorschläge für ein erleichtertes Abänderungsverfahren eines ganzen Vertragsteils (insbesondere des umfangreichen dritten Teils) hatten sich allerdings schon im Konvent nicht durchsetzen können.

3.3.2.1 Ordentliches Änderungsverfahren

In Art. IV-7 sieht der Konventsentwurf ein generelles Verfahren zur Änderung des Vertrages vor, das weitgehend dem bisherigen Art. 48 EU entspricht mit dem wichtigen Unterschied, dass für umfangreiche Änderungen der Regierungskonferenz ein Konventsverfahren vorgeschaltet sein soll. In Art. IV-443 übernimmt die Regierungskonferenz Art. IV-7 VVE-Konvent mit nur unwesentlichen redaktionellen Änderungen und bezeichnet diese Bestimmung nunmehr als „Ordentliches Änderungsverfahren". Wenn nach Anhörung von Europäischem Parlament und Kommission sowie gegebenenfalls der Europäischen Zentralbank der Europäische Rat beschlossen hat, von mitgliedstaatlichen Regierungen, Europäischem Parlament oder Kommission unterbreitete Änderungsvorschläge zu prüfen, beruft der Präsident des Europäischen Rates in der Regel[45] zunächst einen Konvent nach dem Vorbild der bisherigen zwei Konvente ein. Im Konsensverfahren soll der Konvent eine Empfehlung für die Regierungskonferenz erarbeiten (Art. IV-443 Abs. 2 UAbs. 1 VVE-RegKonf). Mit der frühzeitigen Information der nationalen Parlamente über Änderungsentwürfe (Art. IV-443 Abs. 1 S. 2 VVE-RegKonf) dürfte die Hoffnung verbunden sein, besondere national begründete Einwände bereits im Konventsverfahren ausräumen zu können. Wie nach dem bisherigen Art. 48 EU müssen die Änderungen sodann von den Mitgliedstaaten auf einer Regierungskonferenz einstimmig vereinbart werden. Sie können erst nach Ratifikation durch alle Mitgliedstaaten gemäß ihren verfassungsrechtlichen Bestimmungen in Kraft treten (Art. IV-443 Abs. 3 VVE-RegKonf). Falls Schwierigkeiten bei der Ratifikation in einzelnen Mitgliedstaaten auftreten, sollen sie politisch gelöst werden. Nach Art. IV-443 Abs. 4 VVE-RegKonf soll sich der Europäische Rat nach Ablauf von zwei Jahren nach Unterzeichnung des Änderungsvertrages mit den Ratifikationsproblemen einzelner Mitgliedstaa-

---

stimmiger Beschluß des Europäischen Rates und Zustimmung von 3/4 der Mitglieder eines europäischen Kongresses, zusammengesetzt aus Abgeordneten des Europäischen Parlaments und der nationalen Parlamente); in diesem Sinne auch Hain, Peter („Cambridge Text"), Art. 25 (s. oben Fn. 34)

42 Art. 101 des „Prodi-Entwurfs" (s. o. Fn. 17) sieht bei Änderung der „Grundsätze" und der „Grundrechte" der Verfassung eine 5/6-Mehrheit im Europäischen Rat zuzüglich Ratifikation durch 5/6 der Mitgliedstaaten vor; bei der Änderung anderer Verfassungsbestimmungen sollen jeweils 3/4-Mehrheiten ausreichen.

43 Art. 103 des „Prodi-Entwurfs" (s. o. Fn. 17)

44 Teil I enthält die Grundlagen der Union, unter anderem ihre Ziele, die Grundprinzipien der Zuständigkeitsverteilung und ihrer Institutionen, ihre Handlungsformen, ihre Finanzen und die Zugehörigkeit zur Union. Teil II umfasst die Charta der Grundrechte. Der umfangreiche Teil III (über 300 Artikel) konkretisiert Teil I und führt ihn näher aus. Teil IV ist allgemeinen und Schlussbestimmungen gewidmet.

45 Bei geringfügigen Vertragsänderungen kann auf ein vorgeschaltetes Konventsverfahren verzichtet werden, Art. IV-443 Abs. 2 UAbs. 2 VVE-RegKonf.

ten befassen, also einen politischen Weg suchen, wenn bis dahin 4/5 der Mitgliedstaaten ihre Ratifikationsurkunden hinterlegt haben.

3.3.2.2 Vereinfachte Änderungsverfahren

Neben dem „Ordentlichen Änderungsverfahren" des Art. IV-443 sieht der Verfassungsvertragsentwurf der Regierungskonferenz in den Art. IV-444 und Art. IV-445 zwei zusätzliche „vereinfachte Änderungsverfahren" vor. Damit greift die Regierungskonferenz aber nur scheinbar auf die oben erwähnten Vorschläge für ein erleichtertes Abänderungsverfahren eines Vertragsteils[46] zurück.

Der neue Art. IV-444 VVE-RegKonf übernimmt die „clause passerelle" des Art. I-24 Abs. 4 VVE-Konvent, schränkt sie jedoch zu Gunsten der nationalen Parlamente der Mitgliedstaaten erheblich ein. Der Konvent sieht in seiner „clause passerelle" zum einen vor, dass der Europäische Rat einstimmig beschließen dürfe, bei in Teil III des Vertrages geregelten Materien von einer dort in bestimmten Bereichen vertraglich vereinbarten einstimmigen Entscheidungsfindung zur Entscheidung mit qualifizierter Mehrheit überzugehen (Art. I-24 Abs. 4 UAbs. 2 VVE-Konvent[47]). Zum anderen soll der Europäische Rat durch einstimmigen Beschluss dort zum Regelfall des „ordentlichen Gesetzgebungsverfahrens" mit grundsätzlicher Gleichrangigkeit von Rat und Europäischem Parlament[48] übergehen dürfen, wo nach dem Vertrag besondere Gesetzgebungsverfahren mit anderer Verteilung der Entscheidungsgewichte von Rat und Europäischem Parlament vorgesehen sind (Art. I-24 Abs. 4 UAbs. 1 VVE-Konvent[49]). Die Regierungskonferenz entschärft beide Formen der „clause passerelle" in ihrem Entwurf dadurch, dass der Europäische Rat einen solchen Beschluss nur fassen darf, wenn innerhalb von sechs Monaten keines der zuvor über alle Beschlussinitiativen informierten nationalen Parlamente[50] die Initiative abgelehnt hat (Art. IV-444 Abs. 3 UAbs. 1 S. 2, 3 VVE-RegKonf). Nachdem jedes Parlament eines Mitgliedstaates die Initiative des Europäischen Rats zu Fall bringen kann, hat die Regierungskonferenz damit sichergestellt, dass die Mitgliedstaaten nicht nur durch ihre Vertreter im Europäischen Rat, sondern zusätzlich unmittelbar durch ihre Volksvertretungen weiterhin entscheidenden Einfluss auf die Gewichtung ihrer Stimmen in europäischen Entscheidungsverfahren haben.

Im neuen Art. IV-445 VVE-RegKonf sieht die Regierungskonferenz ferner ein vereinfachtes Verfahren zur Änderung der internen Politikbereiche der Union vor, die in Titel III des dritten Teils des Vertragsentwurfes niedergelegt sind. Hier geht es im Wesentlichen um die Politiken, die bislang im dritten Teil des EG-Vertrages geregelt sind sowie die Politikbereiche der früheren dritten Säule der EU. Nach Art. IV-445 VVE-RegKonf soll für eine Änderung von Bestimmungen der internen Politikbereiche im Gegensatz zum bisherigen Art. 48 EU und dem ordentlichen Änderungsverfahren des Art. IV-443 VVE-RegKonf keine aufwändige Regierungskonferenz mehr erforderlich sein, sondern nur noch ein Beschluss des Europäischen Rates. Dieser muss nach Anhörung von Europäischem Parlament und Kommission allerdings einstimmig ergehen, so dass dadurch der bestimmende Einfluss jedes Mitgliedstaates im Europäischen Rat gesichert ist (Art. IV-445 Abs. 2 UAbs. 1). Ferner ist die

---

46 S. oben bei Fn. 41
47 Jetzt Art. IV-444 Abs. 1 UAbs. 1 VVE-RegKonf.
48 Art. I-33 Abs. 1 i. V. m. Art. III-302 VVE-Konvent; jetzt Art. I-34 Abs. 1 i. V. m. Art. III-396 VVE-RegKonf. Das Verfahren entspricht weitgehend dem bisherigen Mitentscheidungsverfahren nach Art. 251 EG
49 Jetzt Art. IV-444 Abs. 2 VVE-RegKonf.
50 Nach Art. IV-444 Abs. 3 UAbs. 1 S. 1 VVE-RegKonf i. V. m. Art. 6 des Protokolls über die Rolle der nationalen Parlamente in der Europäischen Union, CIG 87/04 ADD 1, Protokoll Nr. 1 (s. oben Fn. 2)

Zustimmung der Mitgliedstaaten im Einklang mit ihren verfassungsrechtlichen Bestimmungen einzuholen (Art. IV-445 Abs. 2 UAbs. 2). Dies erfordert in den Mitgliedstaaten eine Beteiligung der nationalen Parlamente, gegebenenfalls auch – falls dort verfassungsrechtlich vorgesehen – die Mitwirkung der nationalen Bevölkerung im Wege eines Referendums. Art. IV-445 Abs. 3 schränkt den Anwendungsbereich des vereinfachten Verfahrens außerdem ein, indem er eine Ausdehnung der durch den Verfassungsvertrag übertragenen Zuständigkeiten durch vereinfachtes Verfahren ausdrücklich untersagt. Sollen die Zuständigkeiten der Union erweitert werden, müsste dazu wieder auf das ordentliche Vertragsänderungsverfahren des Art. IV-443 zurückgegriffen, also ein völkerrechtlicher Vertrag mit vorgeschaltetem Konventsverfahren und unter entsprechender Beteiligung der EU-Organe geschlossen werden.

Nach dem Entwurf der Regierungskonferenz gehören zu den Voraussetzungen „ordentlicher" Änderungen der europäischen Verfassung nach Art. IV-443 auch zukünftig die klassischen Elemente eines völkerrechtlichen Änderungsvertrages, nämlich Einstimmigkeit der Vertragsstaaten und Ratifikationsvorbehalt. Den Gefahren der Schwerfälligkeit und Uneinigkeit, die der Abstimmungsprozess unter einer großen Zahl von Mitgliedstaaten befürchten lässt, begegnet Art. IV-443 VVE-RegKonf mit Maßnahmen der Konsensförderung. Dazu zählen die frühzeitige Information der nationalen Parlamente und das vorgeschaltete Konventsverfahren. Die Konvente, letztlich Arbeitsgremien mit nur schwacher demokratischer Legitimation und mit nicht unbedingt demokratischem Verfahren,[51] entscheiden zwar nicht, sollen mit ihren Entwürfen aber Fakten setzen, die die Verhandlungen in den nachfolgenden Regierungskonferenzen prägen und von denen die Mitgliedstaaten nur schwer abweichen können.

Zwar sieht die Regierungskonferenz „vereinfachte" Vertragsänderungsverfahren in Art. IV-444 und Art. IV-445 vor. Diese gelten aber zum einen nicht für alle Bestimmungen eines ganzen Vertragsteils, sondern nur für eng umgrenzte Bereiche aus Teil III (Änderungen in den Entscheidungsverfahren, Art. IV-444, und Änderungen ohne Zuständigkeitsausweitung der in Titel III geregelten Materien, Art. IV-445). Neben der Einstimmigkeit im Europäischen Rat sorgen Veto- und Zustimmungsvorbehalte der nationalen Parlamente dafür, dass nicht nur die mitgliedstaatlichen Regierungen, sondern auch die Volksvertretungen geplante Änderungen verhindern können. Bei allen Vertragsänderungsverfahren kommt es somit in souveräner Gleichheit der Mitgliedstaaten auf jede mitgliedstaatliche Stimme an. Im Grundsatz behaupten sich die Mitgliedstaaten damit auch als Herren der Änderungsverträge.

3.4 Kollision von nationalem Recht und Europarecht – Festschreibung des Vorrangs

Der Gerichtshof der Europäischen Gemeinschaften entwickelte in seiner Rechtsprechung schon frühzeitig den Grundsatz des Vorrangs des Gemeinschaftsrechts, nach dem primäres und sekundäres Europarecht Vorrang vor mitgliedstaatlichem Recht unabhängig von dessen Rang beanspruche, also auch Vorrang vor nationalem Verfassungsrecht habe.[52] Im Gegen-

---

51 Zur Kritik am Verfahren im „Konvent zur Zukunft Europas" s. den Gegenbericht zum Bericht des Vorsitzenden an den Präsidenten des Europäischen Rates, CONV 851/03. S. 22
52 St. Rspr. seit EuGH, Rs. 6/64, Slg. 1964, S. 1141, Rn. 8ff. (Costa/ENEL), z.B. EuGH, Rs.11/70, Slg. 1970, S. 1125, Rn. 3 (Internationale Handelsgesellschaft); EuGH, Rs. 106/77, Slg. 1978, S. 629, Rn. 17ff. (Simmenthal II)

satz zu den Verfassungen einiger Mitgliedstaaten[53] enthält das deutsche Grundgesetz keine ausdrückliche Kollisionsnorm für Konflikte zwischen deutschem Recht, insbesondere deutschem Verfassungsrecht, und Europarecht. Das Bundesverfassungsgericht erkennt in seiner Rechtsprechung den grundsätzlichen Vorrang des Europarechts zwar an, leitet ihn allerdings im Gegensatz zum Gerichtshof nicht aus der Rechtsnatur der Gemeinschaft als autonomer Rechtsordnung ab, sondern stützt ihn auf den deutschen Rechtsanwendungsbefehl.[54] Während Europarecht aus der Sicht des Gerichtshofs jederzeit und ohne jede Einschränkung nationalem Recht vorgeht, wird die Ermächtigung der deutschen Verfassung von den grundlegenden Strukturprinzipien des Grundgesetzes und den Mindestanforderungen des Art. 79 Abs. 3 GG eingeschränkt.[55] Da auch nach Auffassung der meisten anderen Mitgliedstaaten das Europarecht nicht aus autonomer Rechtsquelle fließt, sondern sich letztlich von den Mitgliedstaaten ableitet,[56] stößt aus mitgliedstaatlicher Sicht der Vorrang des Europarechts grundsätzlich an national-verfassungsrechtliche Grenzen, die allerdings von Mitgliedstaat zu Mitgliedstaat unterschiedlichen Inhalts sein können.[57]

In seinem Verfassungsvertragsentwurf nimmt der Konvent erstmals[58] in Art. 10 Abs. 1 den Vorrang des Unionsrechts ausdrücklich in den Text eines Gründungsvertrages auf. Ihm folgend erklärt auch Art. I-6 VVE-RegKonf: „Die Verfassung und das von den Organen der Union in Ausübung der der Union übertragenen Zuständigkeiten gesetzte Recht haben Vorrang vor dem Recht der Mitgliedstaaten". Auf den ersten Blick wird damit lediglich die bisherige ständige Rechtsprechung des Gerichtshofs in den Vertrag aufgenommen. Art. I-6 VVE-RegKonf versieht den Vorrang des Unionsrechts allerdings mit einer ausdrücklichen Einschränkung. Nur kompetenzmäßig ergangenes Sekundärrecht („das von den Organen der Union in Ausübung der der Union übertragenen Zuständigkeiten gesetzte Recht") soll Vorrang beanspruchen dürfen. Fraglich ist, welchen Einfluss eine ausdrückliche Festschreibung des Vorrangs im Unionsrecht auf den bisherigen Meinungsstreit zwischen europarechtlichem Vorrangbegriff (uneingeschränkt, vertreten vom Gerichtshof) und mitgliedstaatlichem Vorrangbegriff (mit national-verfassungsrechtlichen Grenzen, vertreten u.a. vom Bundesverfassungsgericht) hat. Kann ein Mitgliedstaaten sich weiterhin auf seine verfassungsrechtlichen Schranken berufen, nachdem er Art. I-6 VVE-RegKonf zugestimmt hat? Muss er gegebenenfalls vorher diese Schranken beseitigen?

Mit der Ratifikation eines Verfassungsvertrages mit einer solchen Vorrangbestimmung unterwirft sich der Mitgliedstaat dieser Regelung in Kenntnis der bisherigen Auffassungsunterschiede zum Vorrangbegriff. Nachdem sich der zustimmende Mitgliedstaat zugleich mit

---

53 Ausdrückliche Anordnung des Vorrangs von Europarecht in Art. 29.4.10 der irischen Verfassung. S. auch Art. 94 der niederländischen Verfassung, dazu näher Besselink, Leonard F. M. : An Open Constitution and European Integration. The Kingdom of the Netherlands. In: 17. FIDE-Kongreß, Bd. 1, Le droit constitutionnel national et l'intégration européenne. Baden-Baden, 1996. S. 361 (390ff.)

54 BVerfGE 73, 339 (374f.) (Solange II); dagegen: Pernice, Ingolf: Europäisches und nationales Verfassungsrecht. In: VVDStRL 60, 2001. S. 148 (183ff.) (mit Ausnahme für Extremfälle, S. 184f.)

55 BVerfGE 73, 339 (375f.) (Solange II) für Art. 24 Abs. 1 GG; für die Europäische Union nunmehr in Art. 23 Abs. 1 S. 1 und S. 3 GG

56 S. oben unter 2.

57 Anders Afdeling bestuursrechtspraak Raad van State (Rechtsprechungsabteilung des niederländischen Staatsrats), Entscheidung vom 7.7.1995 (Vorrang allein aus dem EG-Recht abgeleitet), zitiert nach Besselink, Leonard F. M. : An Open Constitution and European Integration: The Kingdom of the Netherlands. In: 17. FIDE-Kongreß, Bd. 1, Le droit constitutionnel national et l'intégration européenne. Baden-Baden, 1996. S. 361 (391f.)

58 Das „Protokoll über die Anwendung der Grundsätze der Subsidiarität und der Verhältnismäßigkeit" zum Amsterdamer Vertrag von 1997 enthält keine explizite Vereinbarung über den Vorrang, da nach der dort gewählten Formulierung „die vom Gerichtshof aufgestellten Grundsätze für das Verhältnis zwischen einzelstaatlichem Recht und Gemeinschaftsrecht" lediglich „nicht berührt" werden.

der Kontrolle von Vertragsverletzungsverfahren durch den Gerichtshof einverstanden erklärt (Art. III-360, Art. III-361 VVE-RegKonf), muss der Mitgliedstaat damit rechnen, dass der Gerichtshof den Vorrangbegriff zukünftig weiterhin unionsrechtlich auslegt. Nach Art. 31 Abs. 1 WÜV ist ein völkerrechtlicher Vertrag nach Treu und Glauben auszulegen. Angesichts der langen Vorgeschichte des Streits um den Vorrangbegriff wäre es – aus völkerrechtlicher Sicht – grob treuwidrig, wenn die Bundesrepublik Deutschland einer Bestimmung wie Art. I-6 VVE-RegKonf vorbehaltlos zustimmte, um nach In-Kraft-Treten auf einer grundgesetzlichen Auslegung zu bestehen. Dürfte die Bundesrepublik Deutschland einer Vorrangklausel wie in Art. I-6 vorgeschlagen also nicht zustimmen, um nicht sehenden Auges in einen Konflikt zwischen europarechtlicher Verpflichtung und grundgesetzlichen Anforderungen zu geraten? Diese Frage stellt sich allerdings nur, wenn es zu einem solchen Konflikt überhaupt kommen kann.

Für die Prüfung sei angenommen, dass der vorgeschlagene Verfassungsvertrag in seinen anderen Bestimmungen die in der Struktursicherungsklausel des Art. 23 Abs. 1 S. 1 GG genannten Grundwerte des Grundgesetzes nicht berührt und das Integrationsprogramm zumindest bestimmbar festlegt. Sind diese Voraussetzungen gegeben, wäre ein Rechtsakt der Union in der Bundesrepublik Deutschland nur dann unanwendbar, wenn er das Integrationsprogramm verließe, also ultra vires erginge.[59] Denn dann trüge die nach der Rechtsprechung des Bundesverfassungsgerichts beständig erforderliche Brücke des Art. 23 Abs. 1 S. 2 GG in Verbindung mit dem Zustimmungsgesetz nach Art. 59 Abs. 2 GG den europäischen Rechtsakt nicht mehr. Der grundsätzliche Vorrang des Unionsrechts dürfte nach der deutschen Verfassung, wie sie vom Bundesverfassungsgericht ausgelegt wird, also nur dann nicht anerkannt werden, wenn der Rechtsakt kompetenzwidrig erlassen wurde. Einen – unionsrechtlichen – Vorrang kompetenzwidrigen Unionsrechts schließt die Formulierung in Art. I-6 VVE-RegKonf („das von den Organen der Union in Ausübung der der Union übertragenen Zuständigkeiten gesetzte Recht") aber gerade aus. Ein Konflikt mit den Schranken des Grundgesetzes ist nicht zu befürchten, weil mit dem ausdrücklichen Ausschluss kompetenzwidrigen Unionsrechts auch den Anforderungen des Grundgesetzes entsprochen wird.

Ein davon getrenntes Problem liegt in der Frage, wer darüber entscheidet, ob sich die Unionsorgane beim Erlass des Unionsaktes noch im Rahmen des Integrationsprogramms gehalten oder ultra vires gehandelt haben. Aus europarechtlicher Sicht übernimmt diese Aufgabe letztverbindlich der Gerichtshof. Dessen Prüfungs- und Auslegungskompetenz bejaht zwar grundsätzlich auch das Bundesverfassungsgericht.[60] Allerdings sieht es sich wegen seiner verfassungsrechtlichen Aufgabenstellung dazu verpflichtet, sich für besondere Ausnahmefälle eine letztverbindliche Prüfungsbefugnis vorzubehalten.[61] Hierin und nicht in der Vorrangklausel kann ein Potential für mögliche Konflikte liegen.

Aus deutscher Sicht ändert die Festschreibung des Vorrangs in Art. I-6 VVE-RegKonf also nicht nur nichts an der bisherigen Rechtslage und damit an der Verteilung der Hoheitsmacht zwischen Union und den Mitgliedstaaten; die ausdrückliche Voraussetzung der Kompetenzmäßigkeit sekundären Unionsrechts kommt den Anforderungen des Grundgesetzes sogar entgegen.

---

59 Vgl. BVerfGE 89, 155 (210) und Leitsatz 6 (Maastricht), wonach Befugnisnormen nicht so ausgelegt werden dürfen, dass sie einer Vertragserweiterung gleichkommen.
60 BVerfGE 73, 339 (370) (Solange II); 75, 223 (234) (Kloppenburg)
61 Vom Bundesverfassungsgericht für den Bereich der Grundrechte als „Kooperationsverhältnis" bezeichnet, BVerfGE 89, 155 (175, 178) und Leitsatz 7 (Maastricht)

3.5 Verhinderung von Kompetenz-Kompetenz – begrenzte Einzelermächtigung und Flexibilitätsklausel

Der Europäische Rat hatte in seiner „Erklärung von Laeken" dem Konvent ausdrücklich die Aufgabe gestellt, sich Gedanken über eine bessere Aufteilung und Festlegung der Zuständigkeiten in der Europäischen Union zu machen.[62] Ihm lag aber nicht nur an einer Neuordnung der Zuständigkeiten, sondern auch an Überlegungen, wie eine „schleichende Ausuferung der Zuständigkeiten der Union" und ihr „Vordringen in die Bereiche der ausschließlichen Zuständigkeit der Mitgliedstaaten und ... der Regionen" verhindert werden könnte.[63] Schon die Art der Fragestellung lässt erkennen, dass jede Möglichkeit einer Kompetenz-Kompetenz der Unionsorgane unterbunden werden sollte. Gleichzeitig sollte der Konvent aber in seine Überlegungen einbeziehen, dass die Union auf neue Herausforderungen und Entwicklungen reagieren und sich neue Politikbereiche erschließen können müsse.[64]

Der Konvent geht in seinem Entwurf von der Kompetenzhoheit der Mitgliedstaaten aus und hält daher erwartungsgemäß zur Abgrenzung der Unionszuständigkeiten am Grundsatz der begrenzten Einzelermächtigung fest. In Art. I-9 Abs. 1 VVE-Konvent bezeichnet er ihn neben den Kompetenzausübungsregeln Subsidiarität und Verhältnismäßigkeit als eines der Grundprinzipien der Union. Die Regierungskonferenz übernimmt die Formulierung wörtlich in Art. I-11 Abs. 1 ihres Entwurfs. Zur Neuformulierung des Art. 308 EG (ex-Art. 235), in der Vergangenheit häufig als faktische Generalermächtigung und verkappte Kompetenz-Kompetenz kritisiert, wurden im Vorfeld des Konvents unterschiedliche Vorschläge gemacht. Neben der Extremposition, die Bestimmung ersatzlos zu streichen,[65] finden sich Vorschläge, die Befugnisnorm so zu ändern, dass der Union zwar weiterhin eine Reaktionsmöglichkeit für unvorhergesehene Fälle gegeben, die Befugnis aber stärker an die ihr bereits eingeräumten Kompetenzen gebunden wird. Die Bindung sollte nach diesen Entwürfen dadurch erreicht werden, dass die Union nur „im Rahmen" oder „im sachlichen Zusammenhang" bereits bestehender Zuständigkeiten tätig werden darf.[66] Nach dem „Prodi-Entwurf" aus den Reihen der Kommission sollte es ausreichen, wenn „bei der Durchführung einer Politik" der Handlungsbedarf auftritt.[67] In der Regel wurde Einstimmigkeit im Rat vorgeschlagen, teilweise auch eine stärkere Beteiligung des Europäischen Parlaments befürwortet.[68]

---

62   Erklärung von Laeken zur Zukunft der Europäischen Union. Anlage I zu den Schlußfolgerungen des Vorsitzes. Europäischer Rat (Laeken), 14. und 15. Dezember 2001, SN 300/1/01 REV 1, S. 21
63   Erklärung von Laeken, a. a. O., S. 22; zur Kritik an einer allmählichen Kompetenzerweiterung der EU z.B. BVerfGE 89, 155 (210); Rupp, Hans Heinrich: Anmerkungen zu einer Europäischen Verfassung. In: JZ, 2003. S. 18f.
64   Erklärung von Laeken, a. a. O., S. 22
65   Rupp, Hans Heinrich: Anmerkungen zu einer Europäischen Verfassung. In: JZ, 2003. S. 18 (21)
66   Europainstitut Freiburg e.V.: Freiburger Entwurf für einen Europäischen Verfassungsvertrag vom 12. November 2002 (s. o. Fn. 41). Art. 28 („im Rahmen ihrer konkurrierenden Zuständigkeiten nach Art. 19"); Scholz, Rupert: Die Verfassung der Europäischen Union – Entwurf einer Neufassung des Vertrages über die Europäische Union für den Verfassungskonvent der EU. In: ZG-Sonderheft, 2002. S. 6 und Art. 64 Abs. 1, wonach „das zu verwirklichende Ziel im sachlichen Zusammenhang mit einer der Union ausdrücklich zugewiesenen Befugnis ... (Annexkompetenz)" stehen muss.
67   Art. 33 des „Prodi-Entwurfs" (s. o. Fn. 17): „Wird zur Erreichung eines Ziels der Union bei der Durchführung einer Politik eine neue Maßnahme erforderlich ..."
68   Entwurf EPP-Convention Group, Part One, Art. 71 (s. o. Fn. 17): Einstimmigkeit im Rat, Mitentscheidung des EP mit Zustimmung der Mehrheit seiner Mitglieder; Freiburger Entwurf (s. o. Fn. 66): Einstimmigkeit im Rat, Mitentscheidung des EP; Rupert Scholz (s. o. Fn. 66): Einstimmigkeit im Rat, Mitentscheidung des EP; „Prodi-Entwurf" (s. o. Fn. 17): verstärkte qualifizierte Mehrheit im Rat, Zustimmung des EP mit verstärkter Mehrheit.

Als Nachfolgebestimmung des Art. 308 EG sieht der Entwurf der Regierungskonferenz nunmehr die sog. „Flexibilitätsklausel" (Art. I-18 VVE-RegKonf) vor. Sie übernimmt damit – mit nur unwesentlichen redaktionellen Änderungen – den entsprechenden Konventsvorschlag des Art. I-17 VVE-Konvent. Art. I-18 VVE-RegKonf macht die Flexibilitätsbefugnis nicht ausdrücklich von bestehenden Kompetenzen abhängig, sondern hält es für ausreichend, wenn „ein Tätigwerden der Union im Rahmen der in Teil III festgelegten Politikbereiche erforderlich" erscheint, „um eines der Ziele der Verfassung zu verwirklichen". Mit der Bezugnahme auf Politikbereiche statt auf Kompetenzen liegt der Konvent also auf der Linie des „Prodi-Entwurfs". Die gewählte Formulierung ist vage und daher auslegungsbedürftig. Unklar ist etwa, ob sich die Union auf Grund Art. I-18 VVE-RegKonf zusätzliche Kompetenzen auch in Politikbereichen schaffen kann, die zwar in Teil III erwähnt sind, dort der Union aber nur Förderzuständigkeiten einräumen.[69]

Eine gegenüber Art. 308 EG neue, zusätzliche Einschränkung enthält allerdings Art. I-18 Abs. 3 VVE-RegKonf, wonach eine Harmonisierung mitgliedstaatlichen Rechts nicht auf die Flexibilitätsklausel gestützt werden darf, wenn der Verfassungstext sie ausschließt. Daher dürfte beispielsweise eine Harmonisierung im Kulturbereich auf keinen Fall möglich sein.[70] Was das Verfahren angeht, so bleibt es beim bisherigen Einstimmigkeitserfordernis im Rat. Neu ist die erforderliche Zustimmung des Europäischen Parlaments statt seiner bloßen Anhörung nach dem jetzigen Art. 308 EG. Zwar liegt in der Einholung der Zustimmung des Europäischen Parlaments eine zusätzliche Hürde. Als Organ der Union dürfte das Parlament allerdings bei seiner Entscheidung nicht vorrangig die Erhaltung der Souveränitätsbereiche der Mitgliedstaaten im Auge haben. Eine verfahrensmäßige Sicherung, die den Interessen der Mitgliedstaaten besser Gehör verschaffen kann, liegt hingegen im neu eingeführten „Frühwarnsystem" zu Gunsten der nationalen Parlamente (Art. I-18 Abs. 2 VVE-RegKonf). Danach ist die Kommission verpflichtet, die nationalen Parlamente über jede beabsichtigte Anwendung der Flexibilitätsklausel zu informieren. Die nationalen Parlamente können daraufhin innerhalb von sechs Wochen eine Stellungnahme abgeben, die zu berücksichtigen ist und gegebenenfalls zur Überprüfung des Vorschriftenentwurfs führt.[71] Wegen des Einstimmigkeitserfordernisses in Art. I-18 VVE-RegKonf können die Parlamente die Information auch dazu nutzen, nach Möglichkeit auf ihre eigenen Regierungen einzuwirken, im Rat nicht für eine Ausweitung der Befugnisse zu stimmen.

Wird die Flexibilitätsklausel so wie vom Konvent vorgeschlagen geltendes Recht, muss sich in der Praxis erst zeigen, ob die vage Bindung an Politikbereiche statt an anderweitig eingeräumte Kompetenzen ausreicht, um eine faktische Kompetenz-Kompetenz der Union zu verhindern. Mit dem weiter bestehenden Einstimmigkeitserfordernis, das in einer erweiterten Union noch schwerer zu erfüllen sein dürfte als bisher, dem Ausschluss bestimmter Harmonisierungen und der Pflicht zur vorherigen Information der nationalen Parlamente müsste eine Kompetenzausweitung der Union über die Flexibilitätsklausel allerdings zumindest erschwert und stark verlangsamt werden.

---

69 Z.B. im Bereich der Beschäftigung Art. III-205 Abs. 1 VVE-RegKonf; der Kohäsionspolitik Art. III-221 UAbs. 1 S. 3 VVE-RegKonf.
70 Wegen des Harmonisierungsausschlusses in Art. III-280 Abs. 5 lit. a) VVE-RegKonf.
71 Nach Art. I-18 Abs. 2 i.V.m. Art. I-11 Abs. 3 UAbs. 2 VVE-RegKonf und Art. 6, 7 des Protokolls über die Anwendung der Grundsätze der Subsidiarität und Verhältnismäßigkeit, Protokoll Nr. 2, CIG 87/04 ADD 1 (s. Fn. 2)

4. Zusammenfassung und Bewertung

Die Regierungskonferenz übernimmt vom Konventsvorschlag zwar die Bezeichnung „Vertrag über eine Verfassung für Europa" und vermittelt mit der Wahl des Wortes „Verfassung" den Eindruck einer neuen Qualität dieses Textes, die sich deutlich vom geltenden Primärrecht abhebt. Für die hier untersuchten Aspekte des Entwurfstextes kann jedoch nicht festgestellt werden, dass er den Mitgliedstaaten eine Rolle von wesentlich anderer Qualität einräumt, als sie sie nach der bisherigen Rechtslage innehaben. Auch die Regierungskonferenz sieht die Europäische Union immer noch als Organisation, die sich vom Willen grundsätzlich souveräner Staaten ableitet. Der Vertragsentwurf stärkt sogar die Position der Mitgliedstaaten als „Herren" der vertraglichen Grundlagen.

Mit der ausdrücklichen Betonung der Kompetenzgebundenheit jedes Handelns der EU-Organe an mehreren Stellen des Textes stellt der Entwurf heraus, dass alle EU-Kompetenzen letztlich auf deren Einräumung durch die Mitgliedstaaten zurückgehen. Inwieweit die auslegungsbedürftige Formulierung der neuen Flexibilitätsklausel die Gefahr einer faktischen Kompetenz-Kompetenz der Union bannt, wird erst ihre Anwendung in der Praxis zeigen. Die Regierungskonferenz stellt mit ihrem Vertragsentwurf die neue Verfassung auf eine völkerrechtliche Grundlage und lehnt einen autonomen Geltungsgrund ab. Sowohl mit dem ordentlichen wie auch mit den vereinfachten Vertragsänderungsverfahren räumt die Regierungskonferenz den Mitgliedstaaten den bestimmenden Einfluss über die Weiterentwicklung der Rechtsgrundlagen der Union ein. Mit dem nicht einschränkbaren Recht zum Austritt aus der Union macht der Verfassungsvertragsentwurf deutlich, dass es für die Mitgliedschaft eines Staates nicht nur auf seine Zustimmung zu Beginn der Zugehörigkeit zur Union ankommt, sondern auf seinen dauerhaften und fortbestehenden Willen. Ob und wie lange ein solcher Wille währt, richtet sich ausschließlich nach der innerstaatlichen Verfassungslage des jeweiligen Staates.

Der Verfassungsvertragsentwurf schließt eine Umkehrung des Integrationsprozesses zumindest für einzelne Staaten nicht mehr aus. Damit wird der zu EU- und EG-Vertrag teilweise vertretenen Auffassung, dass die Mitgliedstaaten mit ihrem Beitritt einen unauflöslichen Verfassungsverbund eingegangen seien, für die neue Union die Argumentationsgrundlage entzogen. Vorstellungen von Unauflöslichkeit und stetigen, unumkehrbaren Integrationsfortschritten stimmen mit der politischen Realität in den Mitgliedstaaten – derzeit jedenfalls – nicht überein. Zu einer weitgehenden Souveränitätseinschränkung waren Konvent und Regierungskonferenz nicht bereit, weil sich dafür auch in den Mitgliedstaaten gegenwärtig kein Konsens abzeichnet.

Dies hat sicher einmal seinen Grund im Beitritt von zehn neuen Mitgliedstaaten, denen später noch weitere folgen sollen. Damit sind größere Vielfalt, geringere Homogenität und stärkere Interessengegensätze unter den Mitgliedstaaten zu erwarten, die sich nicht einfach durch Verweis auf einen immer engeren und unumkehrbaren Integrationsprozess unter der Decke halten lassen werden. Zum anderen erklärt sich der Souveränitätsanspruch der Mitgliedstaaten aus den realen Machtverhältnissen in der Europäischen Union. Denn die EU ist auf ihre Mitgliedstaaten angewiesen und zwar nicht nur bei ihrer Errichtung, sondern Tag für Tag bei ihrem Handeln. Europarecht funktioniert nur, wenn die Mitgliedstaaten aus immer wieder erneuertem Entschluss dazu bereit sind, es auch getreulich zu beachten und zu vollziehen. Schließlich liegt der Vollzug des überwiegenden Teils der europäischen Normen weiterhin bei den Mitgliedstaaten.

Gegenüber unwilligen Mitgliedstaaten besitzt die Europäische Union letztlich keine Zwangsmittel. Auch eine Entscheidung des Gerichtshofs gegen einen vertragsbrüchigen Mitgliedstaat in einem Vertragsverletzungsverfahren nützt wenig, wenn der Staat das Urteil nicht befolgt. Die erst 1993 in den EG-Vertrag eingefügte Möglichkeit, mittels Verhängung von Pauschalbetrag oder Zwangsgeld einen säumigen Mitgliedstaat zur Befolgung des Urteils zu zwingen,[72] hat wenig Erfolg, wenn der Mitgliedstaat nicht zahlt. In seiner Rechtsprechung schuf der Gerichtshof weitere Druckmittel gegenüber pflichtvergessenen Mitgliedstaaten, etwa in seiner berühmten Francovich-Rechtsprechung und den zahlreichen Folgeentscheidungen.[73] Aber auch die Schaffung eines europarechtlichen Haftungstatbestandes durch kühne Rechtsfortbildung kann einen Staat nur so lange zur Befolgung von Europarecht anhalten, wie er – in Gestalt seiner nationalen Gerichte – diese Rechtsfigur akzeptiert. Weil die Mitgliedstaaten die Vorteile der Europäischen Union schätzen, willigen sie im Interesse der Integration in Beschränkungen ihrer Hoheitsrechte ein. Sie akzeptieren den Einfluss des Europarechts auf ihre nationalstaatlichen Verfassungen, ändern sie sogar gegebenenfalls, um sie europarechtlichen Erfordernissen und Vorgaben anzupassen. Solange das Monopol physischer Gewaltausübung aber bei den Mitgliedstaaten verbleibt, werden sie auf ihrer Rolle als Herren über die vertraglichen Grundlagen auch weiterhin bestehen. Dafür legt der vorliegende Verfassungsvertragsentwurf ein beredtes Zeugnis ab.

Literatur

Besselink, Leonard F. M. : An Open Constitution and European Integration. The Kingdom of the Netherlands. In: 17. FIDE-Kongreß, Bd. 1, Le droit constitutionnel national et l'intégration européenne. Baden-Baden, 1996, S. 361.

Everling, Ulrich: Sind die Mitgliedstaaten der Europäischen Gemeinschaft noch Herren der Verträge. In: Bernhardt, Rudolf u.a. (Hrsg.): Völkerrecht als Rechtsordnung – Internationale Gerichtsbarkeit – Menschenrechte. Festschrift für Hermann Mosler. Berlin, 1983. S. 173

Everling, Ulrich: Zur Stellung der Mitgliedstaaten der Europäischen Union als „Herren der Verträge". In: Beyerlin, Ulrich. u.a. (Hrsg.): Recht zwischen Umbruch und Bewahrung. Festschrift für Rudolf Bernhardt. Berlin, 1995. S. 1161

Fischer, Joschka: Vom Staatenverbund zur Föderation – Gedanken über die Finalität der europäischen Integration. Rede vom 12. Mai 2000 an der Humboldt-Universität. www.whi-berlin.de/fischer.htm.

Folz, Hans-Peter: Austritt und Ausschluss aus der Europäischen Union. In: Ginther, Konrad u.a. (Hrsg.): Völker- und Europarecht. 25. Österreichischer Völkerrechtstag. Wien, 2001. S. 145

Giegerich, Thomas: Europäische Verfassung und deutsche Verfassung im transnationalen Konstitutionalisierungsprozeß. Berlin, 2003

Grimm, Dieter: Braucht Europa eine Verfassung? In: JZ, 1995. S. 581

Gundel, Jörg: Die Kontrolle der europäischen Integration durch den französischen Verfassungsrat. In: EuR 33, 1998. S. 371

Hilf, Meinhard: Die Europäische Union und die Eigenstaatlichkeit ihrer Mitgliedstaaten. In: Hommelhoff Paul/Kirchhof Paul (Hrsg.): Der Staatenverbund der Europäischen Union. Heidelberg, 1994. S. 75

Huber, Peter M.: Europäisches und nationales Verfassungsrecht. In: VVDStRL 60, 2001. S. 194

Ipsen, Hans-Peter: Europäisches Gemeinschaftsrecht. Tübingen, 1972

Kaufmann, Marcel: Permanente Verfassungsgebung und verfassungsrechtliche Selbstbindung im europäischen Staatenverbund. In: Der Staat 36, 1997. S. 521

Kirchhof, Paul: Die rechtliche Struktur der Europäischen Union als Staatenverbund. In: Bogdandy, Armin von (Hrsg.): Europäisches Verfassungsrecht. Berlin, 2003. S. 893

Kleger, Heinz (Hrsg.): Der Konvent als Labor. Münster, 2004

Koenig, Christian: Ist die Europäische Union verfassungsfähig? In: DÖV, 1998. S. 268

---

72 Durch den Vertrag von Maastricht eingefügt in Art. 171 Abs. 2 EG-Vertrag, jetzt Art. 228 Abs. 2 EG; im Entwurf der Regierungskonferenz in Art. III-362 Abs. 2 vorgesehen.

73 EuGH, verb. Rs. C-6/90 u. C-9/90, Slg. 1991, S. I-5357 (Francovich); und in der Folge z.B. EuGH, verb. Rs. C-46/93 u. C-48/93, Slg. 1996, S. I-1029 (Brasserie du Pêcheur/ Factortame); EuGH, Rs. 392/93, Slg. 1996, S. I-1631 (British Telecommunications); EuGH, verb. Rs. C-178/94, C-179/94, C-188/94 – C-190/94, Slg. 1996, S. I-4845 (Dillenkofer); EuGH, verb. Rs. C-283/94, C-291/94 u. C-292/94, Slg. 1996, S. I-5085 (Denkavit)

Möllers, Christoph: Verfassunggebende Gewalt – Verfassung – Konstitutionalisierung. Begriffe der Verfassung in Europa. In: Bogdandy, Armin von (Hrsg.): Europäisches Verfassungsrecht. Berlin, 2003. S. 1
Pernice, Ingolf: Europäisches und nationales Verfassungsrecht. In: VVDStRL 60, 2001. S. 148
Peter, Anne: Elemente einer Theorie der Verfassung Europas. Berlin, 2001
Rupp, Hans Heinrich: Anmerkungen zu einer Europäischen Verfassung. In: JZ, 2003. S. 18
Scholz, Rupert: Die Verfassung der Europäischen Union – Entwurf einer Neufassung des Vertrages über die Europäische Union für den Verfassungskonvent der EU. In: ZG-Sonderheft, 2002
Schwarze, Jürgen (Hrsg.): Die Entstehung einer europäischen Verfassungsordnung. Baden-Baden, 2000
Schwarze, Jürgen: Ein pragmatischer Verfassungsentwurf. In: EuR, 2003. S. 535
Schwarze, Jürgen: Mitgliedschaft in einer zukünftigen politischen Union. In: DVBl, 1985. S. 309
Schwarze, Jürgen (Hrsg.): Der Verfassungsentwurf des Europäischen Konvents. Baden-Baden, 2004
Streinz, Rudolf: Europarecht. 6. Aufl., Heidelberg, 2001
Thieme, Werner: Das Grundgesetz und die öffentliche Gewalt internationaler Staatengemeinschaften. In: VVDStRL 18, 1960. S. 50
Weiler, Joseph: A Constitution for Europe? Some Hard Choices. In: Journal of Common Market Studies 40, 2002. S. 563

Arthur Benz

„Europafähigkeit" des deutschen Bundesstaats
Vorschläge zur Reform des Bundesstaates vor dem Hintergrund der Europäischen Integration*

1. Einleitung

Die „Europafähigkeit" des deutschen Bundesstaates ist ein wichtiges Thema in der Kommission zur Modernisierung der bundesstaatlichen Ordnung. Die Einleitung der Ratifikation des Vertrags über eine Verfassung der EU hat dem Thema zusätzliche Bedeutung verliehen, wenngleich sich die Probleme durch die künftige Verfassung nicht grundlegend verändert haben. Im Schwerpunkt geht es um die Effektivität der Vertretung deutscher Interessen in der EU sowie um die Koordination zwischen Bund und Ländern bei der Interessenvertretung und bei der Umsetzung von EU-Recht in nationales Recht. Dabei gehen schon die Einschätzungen darüber auseinander, ob sich die geltenden Regelungen des Grundgesetzes in diesem Bereich in der Vergangenheit als praktikabel oder problematisch erwiesen haben.

Die Schwierigkeiten der Bewertung liegen darin, dass bei der Vertretung deutscher Interessen in der EU wie bei der Transposition von EU-Recht in nationales Recht bzw. dessen Vollzug drei grundlegende Ziele zu beachten sind, die im europäischen Mehrebenensystem schwerlich gleichzeitig zu erfüllen sind. Dies sind:

– die Effektivität der Politik und Verwaltung,
– die Stärkung des Föderalismus und
– die Sicherstellung demokratischer Legitimation.

Sind schon die Effektivität und demokratische Legitimation nicht leicht zu vereinbaren, so führt die zusätzliche Forderung nach der Stärkung (oder auch nur der Erhaltung) der Stellung der Länder zu einem fast unüberwindlichen Zielkonflikt. Für diesen gibt es auf der Ebene der allgemeinen Verfassungsregeln keine vollständige Lösung, vielmehr können nur für spezifische Fälle die Vor- und Nachteile von Verfahrensweisen nach den genannten Maßstäben abgewogen werden. Die Verfassung sollte jedoch für diese Abwägung Leitlinien vorgeben, aber auch die erforderlichen Spielräume für politische Entscheidungen im Einzelfall bieten.

Im Folgenden sollen die Probleme der Bund-Länder-Beziehungen bei der Interessenvertretung Deutschlands in der EU und beim Vollzug des EU-Rechts dargestellt und Vorschläge zu ihrer Lösung skizziert werden.

2. Vertretung von Interessen des Bundes und der Länder in der EU

Bei der Vertretung deutscher Interessen in der EU ist der genannte Zielkonflikt besonders ausgeprägt und die unterschiedlichen Bewertungen des Verfahrens nach Art. 23 GG spiegeln dies wider. Es trifft offenkundig zu, dass Bund und Länder in den Verfahren nach Art. 23 Abs. 4 bis 6 GG auch in Streitfällen zu einer Lösung gekommen sind. Ebenso zutreffend ist, dass die schlechte Umsetzungsbilanz der Bundesrepublik Deutschland nicht primär mit

---

* Der vorliegende Text beruht auf zwei Stellungnahmen für die Kommission von Bundestag und Bundesrat zur Modernisierung der Bundesstaatlichen Ordnung (vgl. Drucksachen der Kommission Nr. 28 und Nr. 43).

dem Föderalismus erklärt werden kann. Eine genaue Analyse zeigt aber auch, dass der zwischen Bund und Ländern gefundene „modus vivendi" nicht unproblematisch ist. Die Koordinationsverfahren sind zum Teil schwierig, die Ergebnisse nicht immer befriedigend, vor allem aber schwächt – wie generell in der Politikverflechtung – die Bewältigung von Koordinationsproblemen zwischen Bund und Ländern die demokratische Legitimation.

Bevor ich auf die Föderalismusproblematik eingehe, will ich zunächst erläutern, warum eine zugleich effektive und demokratische Interessenvertretung in der EU nicht leicht zu verwirklichen ist. Es handelt sich hierbei um kein spezielles Problem von Bundesstaaten, dieses ist vielmehr in allen Mitgliedstaaten unabhängig von ihrer Staatsorganisation zu bewältigen.

2.1 Vertretung der Mitgliedstaaten in der EU zwischen Effektivität und demokratischer Legitimität

Theoretisch betrachtet ist bei der Vertretung von Mitgliedstaaten in der EU ein Dilemma zu lösen. Effektiv ist eine Interessenvertretung, wenn die Regierung auf europäischer Ebene frei verhandeln kann, d.h. wenn sie sowohl informelle Vorverhandlungen nutzen, als auch in den offiziellen Verfahren im Ministerrat ohne Bindung an eine Verhandlungsposition und ohne Rücksicht auf innerstaatliche Kontrollen Kompromisse mit anderen Regierungen suchen kann. Europäische Politik setzt – unabhängig davon, ob im Ministerrat einstimmig oder mit Mehrheit entschieden wird – die vertrauensvolle Zusammenarbeit von Vertretern der Regierungen sowie Vorverhandlungen zwischen den Ständigen Vertretern und Fachbeamten aus den Verwaltungen voraus, in denen Verhandlungspakete geschnürt, Kompromisse ausgelotet und Detailformulierungen eines Entscheidungsvorschlags erarbeitet werden. Unter dieser Praxis effektiver Regierungszusammenarbeit leidet allerdings die demokratische Legitimation der Regierung wie der europäischen Politik, weil sich die zuständigen Vertreter der Exekutive der Verantwortung gegenüber dem Parlament entziehen können. Werden parlamentarische Beteiligungsrechte und Kontrollen innerhalb der Mitgliedstaaten verstärkt, dann sinken die Verhandlungsspielräume der Regierungen und ihre Strategiefähigkeit, d.h. die Fähigkeit, auf Konzessionen der anderen Verhandlungspartner angemessen reagieren zu können.

In der Praxis können Regierungen und Parlamente in Mitgliedstaaten mit diesem Dilemma in unterschiedlicher Weise umgehen. Vereinfacht gesprochen erweisen sich zwei Typen von Verfahren als besonders geeignet: Entweder wird der Regierung ein flexibles, im Verlauf der europäischen Entscheidungsprozesse anpassungsfähiges Mandat übertragen, oder Parlamente beschränken sich auf eine öffentliche Kontrolle der nationalen Verhandlungsführung und setzen auf den vorauseilenden Gehorsam ihrer Regierung.

Im ersten Fall („ausgehandelte Mandate") handeln Regierung und Parlament ein Mandat aus, an das die Regierung zwar gebunden ist, das aber im Verlauf der europäischen Verhandlungen angepasst werden kann. Praktisch erfordert dieses Verfahren (das etwa in Dänemark angewandt wird) eine enge und ständige Kooperation zwischen dem zuständigen Vertreter eines Mitgliedstaats und dem Ausschuss für Europafragen des Parlaments. Die Prozesse setzen Vertraulichkeit voraus und die Bereitschaft der Opposition, an der Kooperation mitzuwirken. Deswegen ist ein solches Verfahren nur in Konkordanzdemokratien möglich, und es erzeugt selbst dort wegen des Mangels an Öffentlichkeit Demokratiedefizite.

Bei der zweiten Verfahrensvariante („öffentliche Kontrolle"), die etwa das britische Unterhaus praktiziert, gibt das Parlament der Regierung Handlungsfreiheit, aber es kontrolliert, ob das Verhalten der Regierung im Ministerrat den nationalen Interessen entspricht. Die Regierung wird auf diese Weise gezwungen, Reaktionen ihrer Parlamente zu antizipieren, hat aber zudem die Möglichkeit, diese Reaktion im parlamentarischen Prozess zu beeinflussen, indem sie die Mehrheit von ihrer Politik überzeugt. In Mehrheitsdemokratien, in denen die

Mehrheitsfraktionen die Regierung unterstützen, stellt sich dabei weniger das Problem, dass die Regierung um die Zustimmung der Parlamentsmehrheit ringen muss, vielmehr wird sie in der Regel durch die Kritik der Opposition zur Rechtfertigung gegenüber der Öffentlichkeit gezwungen. Auch dieses Verfahren setzt voraus, dass Mehrheitsfraktionen und Oppositionsfraktionen die Kontrollfunktion als gemeinsame Aufgabe wahrnehmen, selbst wenn sie in der Sache divergierende Positionen vertreten. Wenn die Mehrheitsfraktion sich ausschließlich auf die Verteidigung und den Schutz der Regierung konzentriert, ist die Regierung faktisch autonom und braucht auf parlamentarische Verfahren keine Rücksicht zu nehmen. Die Parlamentsmehrheit muss im Einzelfall zu einer ernsthaften Kontrolle und ggf. Sanktionierung des zuständigen Vertreters der Regierung im Ministerrat bereit sein, auch wenn sie die Europapolitik der Regierung insgesamt gegen die Kritik der Opposition verteidigt.

In Deutschland werden im Prinzip beide Verfahrensweisen angewandt. Der Bundestag leistet die öffentliche Kontrolle, wenngleich sich die Parlamentarier vor allem in der Ausschussarbeit um eine Beeinflussung der deutschen Verhandlungsposition bemühen. Verbindliche Mandate werden hier aber nicht erteilt. Dagegen kann der Bundesrat in Zuständigkeitsbereichen der Länder mit „maßgeblich zu berücksichtigenden" Stellungnahmen drohen und die Bundesregierung faktisch zur Aushandlung von Mandaten zwingen. Zwischen den Verfahren im Bundestag und im Bundesrat gibt es allerdings Wechselbeziehungen und beide Verfahrensweisen lassen sich nur bedingt miteinander vereinbaren.

2.2 Effektive und demokratische Interessenvertretung, wenn im Schwerpunkt die Länder zuständig sind

Das grundsätzliche Problem der gleichzeitigen Sicherung von effektiver Vertretung der nationalen Interessen in der EU und der demokratischen Legitimation verschärft sich im deutschen Bundesstaat. Die parlamentarische Legitimation gilt nur für die Bundesregierung, und der Bundestag, der für die Kontrolle der Europapolitik der Regierung verantwortlich ist, vertritt Interessen des „gesamten Volkes" und nicht Interessen einzelner Länder. Auf die Vertretung von Länderinteressen kann die Bundesregierung mithin nur durch ein Mandat des Bundesrats verpflichtet werden. Das aber beeinträchtigt entweder ihre Verhandlungsfähigkeit oder erfordert ein enges Aushandeln und Anpassen der Verhandlungsposition, was die Kontrolle durch den Bundestag unmöglich macht. Daraus resultiert ein Zielkonflikt zwischen einer effektiven Ländervertretung und der demokratischen Legitimation, wenn die Europapolitik im Schwerpunkt Kompetenzen der Länder betrifft.

Die einzelnen Verfahren, die für die Vertretung der Länder in der EU erörtert werden, sind in unterschiedlicher Weise anfällig für diesen Zielkonflikt.

Am einfachsten scheint eine Lösung des Konflikts, wenn deutsche Interessen immer durch die Bundesregierung vertreten werden sollen, gleichgültig, ob für die betreffenden Angelegenheiten die Länder zuständig sind oder nicht. Eine entsprechende Regelung könnte damit gerechtfertigt werden, dass für die Außenpolitik generell der Bund zuständig ist. Aber nicht nur gilt Europapolitik inzwischen nicht mehr als Außenpolitik im traditionellen Verständnis, auch ist im Grundgesetz die ausschließliche Zuordnung von Angelegenheiten, welche die Grenzen der Bundesrepublik überschreiten, zu den Bundeskompetenzen inzwischen aufgegeben worden (vgl. Art. 24 Abs. 1a und Art. 32 Abs. 3 GG). Dies entspricht im Übrigen einer generellen Entwicklung in Bundesstaaten, weil die Innen- und Außenpolitik heute viel stärker verschränkt sind als im Zeitalter der Nationalstaaten. Die europäische Dimension einer Aufgabe macht also aus einer Landesaufgabe keine Bundesaufgabe. Würde man in EU-Angelegenheiten die Vertretung deutscher Interessen ausschließlich der Bundesregierung übertragen, so würde dies zwar die parlamentarische Verantwortlichkeit sicherstellen, aber die Zuständigkeit der Länder und damit den Föderalismus aushöhlen.

Das Ziel einer Stärkung des Föderalismus spricht damit für Verfahren, die eine Vertretung von Länderinteressen sicherstellen. Diskutiert werden zwei Varianten, die beide im geltenden Art. 23 GG bereits vorgesehen sind. Ausgehend von den Ausführungen zur Vertretung der Mitgliedstaaten in der EU lässt sich aber zeigen, dass beide Wege mit gravierenden Nachteilen verbunden sind.

a) In der ersten Variante werden Länderinteressen durch den Repräsentanten des Bundes im Ministerrat vertreten. Dieser ist ausschließlich dem Bundestag verantwortlich. Damit kann die demokratische Legitimation entsprechend dem zweiten Verfahrenstyp innerstaatlicher Parlamentsbeteiligung (öffentliche Kontrolle) gewährleistet werden. Die Länder aber können sich nicht auf eine ex-post-Kontrolle durch den Bundesrat verlassen. Konsequenterweise sieht Art. 23 Abs. 5 GG vor, dass die Bundesregierung an ein Mandat des Bundesrats gebunden werden kann, wenn durch die Europapolitik „im Schwerpunkt Gesetzgebungsbefugnisse der Länder, die Einrichtung ihrer Behörden oder ihre Verwaltungsverfahren betroffen sind". Der Bundesrat wird damit in einer Weise an der Europapolitik beteiligt, die dem ersten Verfahrenstyp (ausgehandelte Mandate) entspricht.

Allerdings sind die Bedingungen für dieses Verfahren im Bund-Länder-Verhältnis ungünstig, in dem nicht nur ein explizit beschlossenes Verhandlungsmandat, sondern bereits die Drohung damit die „Strategiefähigkeit" der Bundesregierung im Ministerrat beeinträchtigt. Die Abstimmung einer Länderposition unter 16 Ländern ist wesentlich schwieriger als etwa die Formulierung eines Parlamentsmandats im dänischen Europaausschuss, in den vorrangig erfahrene Europapolitiker des Parlaments entsandt werden. Über die wirklichen Interessen der Ländergesamtheit besteht für die Bundesregierung daher in Konfliktfällen Unsicherheit und Gleiches gilt hinsichtlich der Frage, ob die Länder eine Bindung des Bundes tatsächlich verlangen werden oder nicht. Zudem kann eine feststehende Position des Bundesrats nur schwer an die Entwicklung der Verhandlungen im Ministerrat angepasst werden. Sollte dies gelingen, so erfordert es eine intensive informelle Koordination zwischen Bundes- und Landesregierungen. Eine solche Verfahrensweise macht aber die nationale Präferenzbildung intransparent und behindert damit die Kontrolle durch den Bundestag nicht unerheblich. Eine effektive Vertretung der Länderinteressen durch den Bund steht daher in Konflikt mit den Anforderungen an eine demokratisch legitimierte Vertretung.

Insofern gibt es gute Gründe, das in Art. 23 Abs. 5 geregelte Verfahren in Frage zu stellen. Dass der Bundesrat bisher in keinem Fall per Beschluss die Bundesregierung an ein Mandat gebunden hat, spricht weder für noch gegen dieses Verfahren. Denn diese Erfahrungen belegen nur, dass die Landesregierungen sich der möglichen Folgen für die Durchsetzung deutscher Interessen bewusst sind und sich daher auf eine informelle Interessenvermittlung beschränken. Aber selbst wenn die Europapolitik der Regierung damit nicht gravierend gestört wird, wird dieses Resultat auf Kosten der parlamentarischen Verantwortlichkeit der Regierung erkauft.

b) Die zweite Variante der Vertretung von Länderinteressen in europäischen Entscheidungsprozessen ist in Art. 23 Abs. 6 vorgesehen. Danach soll in Angelegenheiten, die im Schwerpunkt Gesetzgebungsbefugnisse der Länder betreffen, ein vom Bundesrat berufener Repräsentant der Länder die Belange der Bundesrepublik Deutschland im Ministerrat vertreten. Dieser übernimmt dann die Verhandlungsführung der deutschen Delegation.

Diese Lösung hat bereits im Hinblick auf die Effektivität der Interessenvertretung den Nachteil, dass der Ländervertreter nicht in die europäischen Netzwerke der Bundesregierung integriert ist. Er muss auf die Entscheidungsvorbereitung des Ständigen Vertreters bauen, auch wenn er auf Experten der Landesverwaltung und auf die Länderbüros in Brüssel zurückgreifen kann. Sofern in einem Ministerrat die deutsche Vertretung zwischen dem Bund und den Ländern wechselt, beeinträchtigt die mangelnde Kontinuität die Entwicklung von Reputation und Vertrauen gegenüber den Vertretern aus anderen Mitgliedstaaten. Hinzu kommt, dass die Schwierigkeiten einer Abstimmung zwischen den Ländern sowie zwischen dem Ländervertreter und der Bundesregierung genauso zu lösen sind wie im Verfahren nach Art. 23 Abs. 5 GG.

Die Vertretung von Länderinteressen im Ministerrat durch einen Ländervertreter stärkt den Föderalismus, und die Legitimation dieses Vertreters kann auf föderative Prinzipien, d.h. den Vorrang dezentraler Aufgabenerfüllung und die vertikale Gewaltenteilung gestützt werden. Diese verlangen die Autonomie der Länder in ihren verfassungsrechtlich garantierten Kompetenzbereichen. Allerdings stellt sich dabei, anders als bei der Vertretung der Länder im Bundesrat, das Problem, dass der Ländervertreter in der EU in keiner Weise den Landesparlamenten verantwortlich ist, sondern nur von Vertretern der Landesregierungen kontrolliert werden kann. Die föderative Legitimation führt also in diesem Fall zu einer erheblichen Einschränkung der demokratischen Legitimation. Auch die Variante des Ländervertreters in der EU ist also alles andere als befriedigend.

Im Ergebnis sind also alle Verfahrensalternativen gleichermaßen mit Nachteilen verbunden:

– Eine Vertretung von Länderinteressen durch die Bundesregierung, welche den Ländern lediglich ein Anhörungsrecht gewährt, sichert zwar eine effektive Vertretung deutscher Interessen und genügt den Anforderungen an die parlamentarische Verantwortlichkeit, beeinträchtigt aber in gravierender Weise den Föderalismus.
– Das Verfahren nach Art. 23 Abs. 5 GG kann die Verhandlungsposition der Bundesregierung schwächen, wenn die Länder ihre Macht ausnutzen, es unterminiert aber in jedem Fall die parlamentarische Verantwortlichkeit der Regierung.
– Eine eigene Vertretung der Länder im Ministerrat nach Art. 23 Abs. 6 GG stärkt die föderative Komponente des Regierungssystems, wirft aber ebenfalls Probleme der Effektivität und der demokratischen Kontrolle auf.

2.3 Lösung des Zielkonflikts

Wenn jedes Verfahren der Länderbeteiligung in der Europapolitik für Zielkonflikte anfällig ist, dann müssen diese Konflikte durch Abwägung gelöst werden. Eine Abwägung kann aber nicht auf der Ebene abstrakter Verfassungsnormen vorgenommen werden, sondern gelingt nur durch Berücksichtigung der Erfordernisse, die sich im Einzelfall stellen. Die Verfassung kann nur Leitlinien für die Abwägung und Lösungsoptionen anbieten. Sie sollte vorsehen, dass im Zusammenwirken zwischen Bund und Ländern in EU-Angelegenheiten der Handlungsfähigkeit der Vertretung Deutschlands im Rat, der Wahrung der Länderbelange und der demokratischen Legitimation Rechnung zu tragen ist. Näheres sollte in einem Gesetz geregelt werden.

Das Gesetz, das die Verfahren der Zusammenarbeit zwischen Bund und Ländern regelt, sollte von einer Differenzierung nach Fällen ausgehen, die sich in Bezug auf Auswirkungen auf die föderative Ordnung unterscheiden. Aus dieser Überlegung ist folgende Abstufung denkbar:

1. Nach dem im Entwurf des Verfassungsvertrags beigefügten „Protokoll über die Anwendung der Subsidiarität und der Grundsätze der Verhältnismäßigkeit" erhalten künftig die Parlamente der Mitgliedstaaten das Recht, zu Initiativen der Kommission Stel-

lung zu beziehen. Dieses Recht steht auch dem Bundesrat zu. Neu zu regeln ist daher ein Verfahren der *Subsidiaritätsprüfung*. Bei Vorlagen der EU muss der Bundesrat eine Stellungnahme darüber abgeben, ob diese mit dem auch für den deutschen Bundesstaat geltenden Prinzip der Subsidiarität übereinstimmen. Gleichzeitig sollte den Landesparlamenten die Möglichkeit einer entsprechenden Stellungnahme gegeben werden. Sofern der Bundesrat oder eine Mehrheit der Landesparlamente eine dem Subsidiaritätsprinzip widersprechende Einschränkung der Länderkompetenzen feststellt, sollte die Bundesregierung an diese Stellungnahme gebunden werden und für ihre Durchsetzung sorgen. Sofern die EU dennoch tätig wird, sollte in diesem speziellen Fall die Möglichkeit bestehen, dass ein Ländervertreter in Kooperation mit dem Vertreter der Bundesregierung die Interessen der Bundesrepublik im Ministerrat vertritt, da hier das Ziel der Erhaltung der föderativen Ordnung überwiegt.

2. Sofern die EU Recht in *Bereichen setzt, die im Schwerpunkt die Gesetzgebungskompetenz der Länder betreffen*, sollte der Bundesrat Stellung nehmen können, aber kein Vetorecht besitzen. In diesem Fall ist der Gesichtspunkt der Handlungsfähigkeit der Regierung stärker zu gewichten. Die Bundesregierung sollte aber dann, wenn sie von der Stellungnahme abweichen will, dies mit dem Bundesrat bzw. dessen Europakammer mit dem Ziel beraten, ein Einvernehmen über die Verhandlungsposition der Bundesregierung herzustellen. Sofern sie im Ministerrat tatsächlich davon abgewichen ist, muss sie zudem in einer öffentlichen Sitzung des Bundesrats ihre Politik begründen.
3. Da, wie dargestellt, die Aushandlungen zwischen Bundesregierung und Bundesrat die demokratische Qualität der Bundestagsbeteiligung in der Europapolitik beeinträchtigen, sollte für *Fälle, in denen die Länder im Bereich ihrer Verwaltungskompetenzen betroffen sind*, ein Recht des Bundesrats zur Stellungnahme vorgesehen werden, die den deutschen Vertreter nicht bindet, aber berücksichtigt werden soll. Ein spezielles Koordinationsverfahren sollte hier nicht die Regel sein, es kann jedoch für Ausnahmefälle vorgesehen werden. Weicht die Bundesregierung von der Stellungnahme des Bundesrats ab und werden dadurch Folgekosten für die Länder ausgelöst, sollten die Länder verlangen können, dass diese kompensiert werden.
4. In allen Fällen, in denen nicht im Schwerpunkt Kompetenzen, aber *Interessen der Länder betroffen sind*, sollte die Beteiligung des Bundesrats durch eine Stellungnahme erfolgen.

Abb. 1: Mögliche Regelungen in einem neuen Länderbeteiligungsgesetz

Fall	Art der Länderbeteiligung	Abstimmungspflicht der Bundesregierung	Veto des Bundesrats	Folgen, wenn Bundesregierung von Länderposition abweicht
Subsidiaritätsprüfung	Stellungnahme des Bundestags und der Landesparlamente	ja, oder Ländervertreter im Ministerrat	ja, wenn Bundesrat Subsidiaritätsprinzip verletzt sieht	Klagerecht des Bundesrats
Gesetzgebungskompetenz der Länder	Stellungnahme des Bundesrats	ja	nein	Rechtfertigungspflicht im Bundesrat
Verwaltungskompetenz der Länder	Stellungnahme des Bundesrats	nicht als Regel	nein	Kompensation der Kostenfolgen
Bundeskompetenz, aber Interessen der Länder	Stellungnahme des Bundesrats	nein	nein	(Kontrolle durch Bundestag)

Quelle: eigene Darstellung

Zur Regelung von Konflikten darüber, welcher Fall vorliegt sowie für die Auswahl von Verfahrensalternativen im 2. Fall sollte ein gemeinsamer Ausschuss von Bundesrat und Bundestag eingerichtet werden. Er kann nach Beratung mit der Bundesregierung die Verfahrensweise für einzelne Materien der europäischen Politik vorschlagen. Sofern die Bundesregierung von einem Vorschlag abweicht, sollte sie zur Rechtfertigung in einer öffentlichen Sitzung im Bundestag und im Bundesrat verpflichtet werden.

2.4 Informationsverarbeitung in der europäischen Politik

Angesichts der Fülle an Aktivitäten der EU stellt sich in allen Varianten der europapolitischen Verfahren für die beteiligten Institutionen ein schwieriges Problem der Informationsgewinnung und -verarbeitung. Für die Landesregierungen ist dabei die Informationsgewinnung weitgehend gesichert, während die Länderparlamente nicht von den vorhandenen Informationskanälen profitieren. Die Europäische Kommission bemüht sich um Abstimmung ihrer Initiativen mit betroffenen nationalen und regionalen Einheiten, die Kontakte verlaufen aber im Bereich der Exekutive. Durch ihre Informationsbüros haben die Landesregierungen im Vergleich auch zum Bundestag einen Informationsvorsprung. Bundestags- und Landtagsabgeordnete können informelle Beziehungen zu Landesregierungen oder Ministerialverwaltungen nutzen, um sich Informationen zu beschaffen. Mitglieder des Europaausschusses des Bundestags verfügen teilweise auch über direkte Beziehungen zu Parlamenten in anderen Mitgliedstaaten, zum EP oder zur Kommission. Diese Informationsbeziehungen sind aber nicht geregelt und hängen vom persönlichen Engagement einzelner Abgeordneter oder von Zufällen ab. Gravierende Nachteile des Informationszugangs haben vor allem die Landesparlamente. Diese können allerdings in Zukunft durch ein geeignetes Verfahren der Subsidiaritätsprüfung verringert werden. Schon aus diesem Grund ist zu fordern, dass der Bundesrat hier für eine Beteiligung der Landesparlamente sorgt.

Entscheidender als der Informationszugang ist die Fähigkeit von Bundestag, Bundesrat und Landesparlamenten, die Menge an Informationen zu verarbeiten, die in der europäischen Politik produziert werden. Dabei sind unwichtige Vorlagen der EU von wichtigen zu unterscheiden und diese wiederum nach den vorgegebenen Bearbeitungsfristen zu sortieren. Im britischen Unterhaus hat man diese Aufgabe einem eigenen Ausschuss übertragen („European Scrutiny Committee"), der über die Art und Weise der Behandlung von Vorlagen befindet. Die Parlamente des Bundes und der Länder und der Bundesrat sollten die Einrichtung eines vergleichbaren Vorprüfungsausschusses ins Auge fassen, der als Unterausschuss der bereits bestehenden Europaausschüsse die Selektionsfunktion für die jeweilige Institution ausüben kann. Für den Bundestag und den Bundesrat kann diese Aufgabe auch in dem vorgeschlagenen gemeinsamen Ausschuss erfüllt werden.

3. Vollzug von EU-Recht im Bundesstaat

3.1 Transposition von EU-Recht in Länderrecht

Neben der Beteiligung der Länder an Rechtsetzungsverfahren der EU geht es in der Diskussion über die „Europafähigkeit" des deutschen Bundesstaats um die Frage, ob der Vollzug des EU-Rechts erschwert wird, wenn die Länder zuständig sind. Dabei wird darauf hingewiesen, dass die Bundesrepublik inzwischen gemessen an der Zahl der Vertragsverletzungsverfahren zu den Mitgliedstaaten mit der schlechtesten Vollzugsbilanz zählt. Ob die föderative Verfassung dafür verantwortlich gemacht werden kann, ist allerdings zu bezweifeln. Noch schlechter als Deutschland schneidet jedenfalls Frankreich ab. Bisher vorliegende empirische Untersuchungen zur Umsetzung von EU-Recht liefern keine Belege dafür, dass die Dezentralisierung der Zuständigkeit für den Vollzug von EU-Recht die Wahrscheinlichkeit von Vertragsverletzungsverfahren signifikant erhöht, vielmehr werden dafür überwiegend defizitäre Verwaltungskapazitäten, das Ausmaß der Änderungen, die einzelnen Mitgliedstaaten durch EU-Regelungen zugemutet werden, oder parteipolitische Richtungskonflikte verantwortlich gemacht.[1]

Obgleich die Länder nur vergleichsweise wenige Vertragsverletzungen Deutschlands verursachen, ist zu berücksichtigen, dass bei einer Zuständigkeit der Länder die Umsetzung von EU-Richtlinien in nationales Recht aus mehreren Gründen erschwert wird:

– Je größer die Zahl der Legislativinstanzen, desto größer ist die Wahrscheinlichkeit, dass in einzelnen Gebietskörperschaften Defizite auftreten.
– Länder sind häufig durch die Auswirkungen des EU-Rechts unterschiedlich betroffen, weshalb Interessenkonflikte (die auf Bundesebene ausgeglichen wären) mehr oder weniger starke Widerstände einzelner Länder gegen die Umsetzung von Richtlinien auslösen.
– Da die einzelnen Länder nicht an der Rechtsetzung der EU beteiligt sind, kann die Fähigkeit bzw. die Bereitschaft zur Umsetzung aus Gründen mangelnder Informationen über die Intention von Regeln oder wegen mangelnder Akzeptanz sinken.

Gleichwohl rechtfertigen diese Argumente nicht, die Umsetzungsverantwortung zu zentralisieren, zumal ein Bundesgesetz, das im Bereich der originären Länderkompetenzen EU-Recht umsetzen würde, der Zustimmung des Bundesrates bedürfte. Tatsächlich sind auch Auseinandersetzungen zwischen Bundesrat und Bundestag dafür verantwortlich, dass in Deutschland Richtlinien der EU verspätet oder unzureichend in nationales Recht transponiert werden. Sind die Länder aber für die Transposition von EU-Recht zuständig, dann müssen die Steuerungsmöglichkeiten des Bundes gegenüber nicht vollzugsbereiten oder -fähigen Ländern verbessert werden. Denn gegenüber der EU trägt der Bund die unmittelbare Verantwortung für die Einhaltung von Vertragsvorschriften, und Art. 228 EGV geht davon aus, dass ein Mitgliedstaat über hinreichende Möglichkeiten verfügt, Umsetzungsdefizite zu beheben.

Diskutiert wird in diesem Zusammenhang vor allem, wie die Länder an Sanktionen der EU beteiligt werden können. Schon aus Gründen der Verantwortungsteilung scheint es nahe zu liegen, dass die Länder, wenn sie für die Umsetzung von EU-Recht zuständig sind, auch die finanziellen Folgen von Defiziten übernehmen, die von der EU sanktioniert werden. Dies entspricht dem Verursacherprinzip, das grundsätzlich auch im Bund-Länder-Verhältnis gelten muss. Vor allem aber dürften drohende Sanktionen die Motivation der Länder, sich dem EU-Recht konform zu verhalten, erheblich erhöhen.

Allerdings haben sie auch zwei Nachteile: Zum einen trägt der Bund gegenüber der EU die unmittelbare Verantwortung für die Einhaltung der Vertragsvorschriften. Wie erwähnt, geht Art. 228 EGV davon aus, dass ein Mitgliedstaat über hinreichende Möglichkeiten ver-

---

[1] Zu vermuten ist allerdings, dass bei Zustimmungspflicht des Bundesrats zu einem Gesetz die Umsetzung von EU-Recht in Bundesrecht erschwert wird, sei es, dass die Konsensfindungsverfahren den Gesetzgebungsprozess verzögern und dann Umsetzungsfristen nicht eingehalten werden können, sei es, dass ein Kompromiss zwischen Bundestags- und Bundesratsmehrheit den Anforderungen der EU nicht ausreichend Rechnung trägt, oder dass eine Entscheidungsblockade die Umsetzung verhindert. Diese Schwierigkeiten der Gesetzgebung sind aber auch in anderen Staaten mit zwei Kammern zu bewältigen. Zudem sollten sie durch eine Beschränkung der Zahl zustimmungspflichtiger Gesetze verringert werden.

fügt, Umsetzungsdefizite zu beheben. Sanktionsdrohungen greifen aber erst nach Vertragsverletzungen, und sie bieten dem Bund keine positiven Steuerungsmöglichkeiten. Zum anderen können Sanktionen der EU, die einzelnen Ländern angelastet werden, diese massiv treffen, vor allem dann, wenn die EU den Gesamtstaat für unzureichende Rechtsanpassung weniger Länder sanktioniert. In diesem Fall kann nicht ausgeschlossen werden, dass der Bund aus finanzpolitischen Gründen die betreffenden Länder unterstützen muss. Wenn dies aber die Regel wird, sinken auch die Motivationseffekte der Sanktionsdrohung entsprechend. Und da wir nach vorliegenden Forschungsergebnissen davon ausgehen müssen, dass Vertragsverletzungsverfahren zum Teil durch Kapazitätsdefizite von Gebietskörperschaften verursacht sind, ist nicht auszuschließen, dass EU-Sanktionen finanzschwache Länder häufiger treffen als reiche Länder.

Aus beiden Gründen ist eine alternative Regelung vorzuziehen, die dem Bund im Falle der landeseigenen Umsetzung des EU-Rechts ein Zugriffsrecht auf die Länderkompetenz zuweisen würde. Dieses Recht sollte dann zur Geltung kommen, wenn der EuGH nach Art. 228 EGV einen Vertragsverstoß festgestellt hat. Im Falle der Umsetzung von Richtlinien in Landesrecht könnte ein Eingreifen des Bundes bedeuten, dass er bei drohenden EU-Sanktionen ein Regelungsmodell eines anderen Landes per Bundesgesetz für das betreffende Land in Kraft setzt. Er muss also kein eigenes Gesetz ausarbeiten, sondern könnte auf Regelungsangebote anderer Länder zurückgreifen, was Zeit und Verwaltungskosten spart. Die Möglichkeit des Zugriffsrechts würde allerdings die Letztverantwortung für die Umsetzung von EU-Recht dem Bund überlassen, mit der Folge, dass der Bund bei einem Verzicht auf seine Zugriffskompetenz für Sanktionen allein haften müsste.

3.2 Verwaltungsvollzug in den Ländern

Die EU verlangt in vielen Fällen konkrete Maßnahmen des Verwaltungsvollzugs, die die Durchsetzung von EU-Recht sicherstellen sollen. Im deutschen Bundesstaat richten sich entsprechende Rechtsvorschriften zwar unmittelbar an den Bund, in der Regel betreffen sie aber die Zuständigkeit der Länder für die Ausführung von Gesetzen.

Um seiner Verantwortung gegenüber der EU gerecht zu werden, kann der Bund in diesen Fällen gezwungen sein, in einem Gesetz, das EU-Recht in nationales Recht umsetzt, gemäß Art. 84 Abs. 1 GG Vorschriften über Behörden und Verwaltungsverfahren aufzunehmen. Nach der aktuell geltenden Regelung wird das Gesetz damit zustimmungspflichtig, was die Umsetzung des EU-Rechts schon auf der Ebene der Gesetzgebung des Bundes erschweren kann. Die aus der Zustimmungspflicht resultierenden Schwierigkeiten der Gesetzgebung können verringert werden, wenn die Länder verlangen können, dass die Kosten des Vollzugs im Rahmen eines Lastenausgleichs angemessen kompensiert werden. Im Fall eines defizitären Verwaltungsvollzugs durch die Länder würden Gesetzesregelungen nach Art. 84 Abs. 1 die Möglichkeiten der Rechtsaufsicht bieten, gegen Vollzugsdefizite vorzugehen.

Falls eine vorgeschlagene Revision des Art. 84 Abs. 1 in Kraft treten sollte und dem Bund künftig keine verbindlichen Gesetzesregelungen über Behördeneinrichtungen oder Verwaltungsverfahren mehr möglich sein sollten, müsste er – ebenso wie im Falle von EU-Verordnungen, für deren Umsetzung in nationales Recht kein Bundesgesetz erforderlich ist, oder im Falle einer Zuständigkeit der Länder für die Transposition von EU-Richtlinien – auf die Regelung des Art. 104 a Abs. 5 GG zurückgreifen, die bereits heute die Haftung der Länder für eine ordnungsgemäße Verwaltung vorsieht. Durch Bundesgesetz müsste geregelt werden, wie diese Haftung ggf. konkretisiert und durchgesetzt werden kann.

Ein spezielles Problem der Umsetzung von EU-Regelungen stellt sich im Bereich der Strukturpolitik. Die EU verlangt von den Ländern die Einrichtung von Begleitausschüssen und die Beteiligung von Sozialpartnern bei der Ausarbeitung von regionalen Entwicklungsprogrammen. Die auf völlig anderen Regeln beruhende Rahmenplanung in den Gemeinschaftsaufgaben „Verbesserung der regionalen Wirtschaftsstruktur" und „Verbesserung der Agrarstruktur und des Küstenschutzes" nach Art. 91 a GG stand der Verwirklichung dieser Anforderungen entgegen. Zudem waren nicht alle Länder bereit, entsprechend den Regeln der EU die Wirtschafts- und Sozialpartner zu beteiligen.

Die hier angelegten Vollzugsdefizite sollten durch eine Reform der beiden Gemeinschaftsaufgaben verringert werden, die ohnehin überfällig ist. Eine Neufassung des Bundesgesetzes über die Gemeinschaftsaufgaben könnte die regionale und die agrarpolitische Strukturpolitik in Deutschland an die Verfahren der EU-Strukturpolitik anpassen und damit die in der Vergangenheit entstandenen Parallelstrukturen beseitigen sowie die Länder zu einer Übernahme der Maßgaben der EU veranlassen. Dabei sollte ein Ziel sein, die nationale Förderpolitik stärker mit der mittelfristigen Programmplanung der EU zu harmonisieren und die Mittelvergabe auf der Basis von regionalen Entwicklungsprogrammen, die die Länder im Rahmen der EU-Strukturpolitik aufstellen, zu vergeben.

3.3 Umsetzung des Stabilitätspakts unter Beteiligung der Länder

Die föderative Verfassung wirft auch spezifische Schwierigkeiten für die Einhaltung der Verschuldensgrenzen auf, die im Stabilitätspakt der Wirtschafts- und Währungsunion festgelegt sind. Die Einhaltung eines bestimmten Werts für die Neuverschuldung und den Schuldenstand eines Mitgliedstaats ist Vertragsrecht der EU, das in den Mitgliedstaaten gilt (Art. 104 EG-Vertrag). Gegenüber der EU ist der Bund verantwortlich, der aber nur einen Teil der öffentlichen Finanzen bestimmt.

Um die Länder und Gemeinden in die Verantwortung einzubeziehen, bedarf es zunächst der Orientierungswerte für ihre Haushaltspolitik. Dazu ist die Vorgabe der EU für die Neuverschuldung und den Schuldenstand in einen Betrag umzurechnen, der dann auf den Bund und die Länder umzulegen ist. Es bietet sich an, die Aufteilung entsprechend den Anteilen der Gebietskörperschaften an den öffentlichen Einnahmen vorzunehmen, da die Verschuldungsspielräume zweckmäßigerweise nach den Einkommen bestimmt werden. Die Aufteilung auf einzelne Länder sollte sich an deren Anteilen an den Einnahmen nach Durchführung des Finanzausgleichs bemessen. Damit würde die durch den Finanzausgleich korrigierte Finanzkraft zum Maßstab gemacht.

Ein Überschreiten des Referenzwerts entspricht nach Charakter und Wirkungen der mangelnden Umsetzung des EU-Rechts. Auf den ersten Blick erscheint es daher einleuchtend, auch die Länder und Gemeinden auf die Defizitkriterien der EU zu verpflichten und bei Verstößen gegebenenfalls an den Zahlungen an die EU zu beteiligen.

Anders als bei der Umsetzung von EU-Recht liegt aber die Ursache von Haushaltsdefiziten nicht unbedingt bei der betreffenden Gebietskörperschaft. Länder und Gemeinden verfügen über wesentlich geringere finanz- und haushaltspolitische Gestaltungsspielräume als der Bund. Defizite der Länder und Gemeinden können sowohl durch Ausgabenbelastungen wegen neuer Bundesgesetze entstehen, sofern diese nicht hinreichend kompensiert werden, als auch wegen Entscheidungen des Bundesgesetzgebers über Steuern.

Deswegen sind drei Fälle zu unterscheiden:

– Überschreiten alle Länder (einschließlich ihrer Gemeinden) die Defizitgrenzen, aber nicht der Bund, so spricht vieles dafür, dass der vertikale Finanzausgleich nicht ange-

messen durchgeführt wurde. Dies müsste durch geänderte Umsatzsteueranteile korrigiert werden.
- Überschreiten der Bund und die Länder die Defizitgrenzen, so müssen sie gemeinsam die Verantwortung übernehmen. Für die Aufteilung von Sanktionszahlungen bieten sich wiederum die o.g. Einnahmenanteile an. Das Ausmaß der Verschuldung sollte man nicht berücksichtigen, weil dessen Höhe auch durch spezifische wirtschaftliche Entwicklungen verursacht sein kann. Vielmehr sollten Länder, die sich durch Ausgabenbegrenzung um eine Schuldenreduktion bemühen, durch einen Abschlag belohnt werden.
- Überschreiten nur einzelne Länder die Grenzen der Verschuldung, so liegt die Vermutung nahe, dass sie dafür allein verantwortlich sind. Aber in diesem Fall liegt die gesamtstaatliche Verschuldung nicht unbedingt über dem zulässigen EU-Wert. Gleichwohl könnte es in diesem Fall angebracht sein, dass innerhalb der Bundesrepublik Maßnahmen gegen die betreffenden Länder ergriffen werden, zumindest wenn ihre Verschuldung ohne hinreichenden Grund deutlich vom Länderdurchschnitt abweicht. Angesichts des Grundsatzes der Haushaltsautonomie der Länder und der Haushaltshoheit der Parlamente sollten sich die Maßnahmen allerdings auf Empfehlungen beschränken, die, wenn sie hinreichend öffentlich gemacht werden, politische Wirkungen entfalten sollten.

4. Länderbeteiligung als Voraussetzung einer reibungslosen Umsetzung von EU-Recht

Die beiden hier erörterten Problemfelder der „Europafähigkeit" des deutschen Bundesstaats müssen in ihrem Zusammenhang gesehen werden. Angesichts der Tatsache, dass sich Probleme in der Transposition von Richtlinien und im Vollzug von EU-Recht durch Landesverwaltungen schwerlich vermeiden lassen, kommt der Länderbeteiligung in der europäischen Rechtsetzung eine besondere Bedeutung zu. Sie kann als Frühwarnsystem fungieren, das mögliche Konflikte und Vollzugsprobleme rechtzeitig signalisiert. Daraus folgt aber nicht, dass den Ländern oder dem Bundesrat ein Vetorecht eingeräumt werden muss. Für die Verringerung von mangelnder Beachtung von EU-Recht und von Defiziten im Verwaltungsvollzug genügen in der Regel Verfahren, die einerseits frühzeitig Konflikte anzeigen, die andererseits aber auch Informationen über die Regelungserfordernisse und Entscheidungsspielräume der für die Gesetzgebung verantwortlichen Akteure an die Länder vermitteln. Auch aus diesen Gesichtspunkten lassen sich aber keine generalisierbaren Verfassungsregeln ableiten, vielmehr sind sie als Leitlinien zu verstehen, die bei der Abwägung zwischen unterschiedlichen Erfordernissen im Einzelfall zu berücksichtigen sind. Die Probleme können und sollten durch eine Reform des Länderbeteiligungsgesetzes gelöst werden.

Ralph Alexander Lorz/Menea Lindart*

Bedeutung und Reform des Art. 23 GG
- Die verfassungsrechtliche Einbeziehung der deutschen Länder in den europäischen Integrationsprozess

1. Einleitung

Art. 23 GG verkörpert die zentrale Verfassungsnorm zur Regelung der Machtverhältnisse zwischen Bund und Ländern im europäischen Integrationsprozess. Er gewährleistet seit 1993 die Mitwirkungsrechte der Länder über den Bundesrat in „europäischen Angelegenheiten" und stellt damit ein verfassungsrechtliches Novum dar. Vorher hatte es zu der in Art. 50 GG a.F. enthaltenen Garantie der Mitwirkung der Länder bei der Gesetzgebung hinsichtlich der Rechtsetzung auf europäischer Ebene keine Entsprechung gegeben, was dazu geführt hatte, dass die Bundesrepublik Deutschland nach Art. 24 GG im Prinzip auch Hoheitsrechte der Länder auf europäische Einrichtungen übertragen konnte. Art. 23 GG kann damit in erster Linie als Reaktion auf die umfangreichen Kompetenzverlagerungen von der nationalen auf die supranationale Ebene gelesen werden, die in der Zwischenzeit stattgefunden haben und nach wie vor stattfinden. Die meisten dieser Kompetenzverlagerungen haben die Länder im Rahmen des europäischen Integrationsprozesses relativ kritiklos hingenommen; sie haben insgesamt jedoch in Deutschland nicht nur auf horizontaler, sondern auch auf vertikaler Ebene zu erheblichen kompetenziellen Verwerfungen geführt. Durch Art. 23 GG ist es den Ländern nunmehr zum Teil gelungen, Kompetenzverluste auszugleichen und die ursprüngliche, verfassungsrechtlich austarierte Machtbalance zwischen den verschiedenen föderalen Ebenen und Organen – das föderalistische System der „checks and balances" – wiederherzustellen. Die Probleme sind damit etwas entschärft, nicht aber abschließend gelöst worden. Stattdessen ist auch der neue Art. 23 GG nur zu bald ins Kreuzfeuer der Kritik geraten. Das beruht vor allem auf zwei Feststellungen:

Zum einen hat der Verfassungsgeber in dieser Norm zahlreiche entwicklungsoffene Rechtsbegriffe verwendet, die etliche Meinungsstreitigkeiten nach sich gezogen haben und letztlich nur aufgrund von Ausführungsgesetzen und Bund-Länder-Vereinbarungen praktisch umgesetzt werden konnten.

Zum anderen beinhaltet Art. 23 Abs. 2-6 GG ein generelles Strukturproblem: Die Mitwirkung der Länder wird in erster Linie über den Bundesrat garantiert, in dem bekanntlich nur die Landesregierungen also Exekutivorgane vertreten sind. Eine Beteiligung der demokratisch unmittelbar legitimierten Länderparlamente als Legislativorgane ist in Art. 23 GG hingegen nicht vorgesehen. Da die Exekutivstruktur nun aber nicht nur auf nationaler, sondern auch auf europäischer Ebene die Vorherrschaft beansprucht,[1] führen die ständigen

---

* Menea Lindart, Ass. iur., war während ihrer Referendarzeit am Lehrstuhl für Deutsches und Ausländisches Öffentliches Recht, Völkerrecht und Europarecht an der Heinrich-Heine-Universität Düsseldorf tätig.

1 Die Rechtssetzungskompetenz der Gemeinschaft liegt im Wesentlichen beim Ministerrat, der sich aus Regierungsmitgliedern der Mitgliedstaaten zusammensetzt; die Initiativkompetenz bei der Kommission, die sich inzwischen auch weitgehend zu einem Exekutivorgan gemausert hat. Zwar hat das Europäische Parlament seinerseits eine erhebliche Ausweitung seiner Mitbestimmungsrechte erfahren, doch ist es nach wie vor nur an einem Teil der europäischen Rechtssetzung mit echter Entscheidungsgewalt

Kompetenzerweiterungen im Namen der europäischen Integration zu einer inzwischen unbestrittenen Entparlamentarisierung und Entdemokratisierung der Europäischen Union insgesamt. Je umfangreicher sich die Unionskompetenzen auf alle Rechtsgebiete ausbreiten – nach allgemeiner Schätzung bestimmen sie bereits 60-80% aller noch im Bundestag behandelten Rechtsmaterien –, um so intensiver wird der Verlust an demokratischer Substanz und Verfassungsstaatlichkeit.[2] Hinzu kommt, dass aufgrund der sogenannten „doppelten Politikverflechtung"[3] zwischen der Bundesrepublik und der EU einerseits und des Bundes mit den Ländern andererseits Entscheidungszusammenhänge nicht immer nachvollzogen und Verantwortungen nicht zugeordnet werden können. Die daraus folgende Intransparenz trägt das ihre dazu bei, dass die Bevölkerung dem europäischen Integrationsprozess generell mit Skepsis gegenübertritt.

Deshalb zielen die aktuellen Reformvorschläge zum Föderalismus nahezu einhellig auf eine Stärkung der Landesparlamente durch die „Entflechtung" von Entscheidungszuständigkeiten (was naturgemäß eine Schwächung der Beteiligungsrechte des Bundesrates mit sich bringt) und eine Stärkung eigener Kompetenzen der Länder.[4] Auftrieb erhalten die Länder dabei durch den Entwurf des neuen europäischen Verfassungsvertrags[5], der den Regionen in Europa einen höheren Stellenwert einräumt als das bisher der Fall war. Auf der anderen Seite wird die Ratifizierung dieses Vertrages weitere Kompetenzverlagerungen auf die europäische Ebene bewirken. Er stellt also Chance und Risiko zugleich dar. Deswegen müssen die Länder jetzt reagieren, ihre verbliebenen Kompetenzen sichern und ausweiten und sich in ihrer Eigenstaatlichkeit stärker einbringen als dies im Rahmen von Art. 23 GG über die Beteiligung des Bundesrates momentan der Fall ist. Der Föderalismus insgesamt muss auf die Herausforderungen der Zukunft eines vereinten Europas besser reagieren und effizienter werden, damit er nicht zum institutionellen Ornament des deutschen und europäischen Staatsaufbaus schwindet, sondern statt dessen zu einer strategischen Größe erfolgreichen staatlichen Handelns erstarkt.[6]

Im Rahmen der folgenden Untersuchung wird zunächst der Normgehalt des Art. 23 GG vorgestellt (2). Sodann folgt eine Analyse der schon in der Einleitung angesprochenen interpretatorischen und strukturellen Probleme dieser Vorschrift (3). Auf der Basis dieser Analyse werden abschließend entsprechende Reformvorschläge unterbreitet (4).

---

beteiligt. Vgl. stv. Suski, Birgit: Das Europäische Parlament. Berlin, 1996. S. 177ff.; Kaufmann, Marcel: Europäische Integration und Demokratieprinzip. Baden-Baden, 1997. S. 284

2   Rupp, Hans Heinrich: Anmerkungen zu einer Europäischen Verfassung. In: JZ 2003. S. 18
3   Hrbek, Rudolf: Doppelte Politikverflechtung. Deutscher Föderalismus und Europäische Integration. In: Hrbek, Rudolf/Thaysen, Uwe (Hrsg.): Die deutschen Länder und die Europäischen Gemeinschaften. Baden-Baden, 1986. S. 17ff.
4   Möstl, Markus: Neuordnung der Gesetzgebungskompetenzen von Bund und Ländern. In: ZG 2003. S. 297f. Zu den Reformvorschlägen vgl. die Beiträge im Sonderheft 2000 der ZG sowie Schönning, Jürgen: Der Föderalismuskonvent der deutschen Landesparlamente am 31. März 2003 in Lübeck. In: ZG 2003. S. 166ff.
5   Europäischer Konvent: Entwurf eines Vertrags über eine Verfassung für Europa. http://european-convention.eu.int; Stand 01.03.2004
6   Sturm, Roland: Föderalismus in Deutschland. Opladen, 2001. S. 149

2. Normgehalt des Art. 23 GG

Art. 23 GG bindet weitere Kompetenzübertragungen auf die Europäische Union an eine stärkere Beteiligung des Bundesrates und macht sie von der Sicherstellung gewisser Grundstrukturen abhängig.

2.1 Entstehungsgeschichtlicher Hintergrund

1992 wurde der durch die Wiedervereinigung gegenstandslos gewordene Art. 23 GG a.F. durch den neuen Europa-Artikel Art. 23 GG n.F. ersetzt.[7] Sein Standort an der frei gewordenen Stelle des früheren Wiedervereinigungsauftrags bildet nicht nur ein Signal dafür, dass Deutschland als Staat nunmehr keinerlei territoriale Ansprüche mehr erhebt, sondern symbolisiert zugleich auch die zentrale Vision der Einigung Europas als der nächsten großen Aufgabe nach der Wiederherstellung der staatlichen Einheit Deutschlands.[8]

Vor seinem In-Kraft-Treten gewährleistete Art. 24 GG den verfassungsrechtlichen Weg Deutschlands in die Europäische Union. Art. 23 GG ist nun lex specialis zu Art. 24 GG, der damit weitgehend an Bedeutung verloren hat.[9] Er bereinigt viele Unzulänglichkeiten des Art. 24 GG. So konnten nach diesem Artikel Hoheitsrechte mit einfacher parlamentarischer Mehrheit auf die Gemeinschaft übertragen werden. Damit konnte sich die Bundesrepublik Deutschland in einem bis dahin nicht gekannten Ausmaß ihrer verfassungsrechtlichen Zuständigkeiten entäußern, ohne die ansonsten sehr strikten Voraussetzungen des Verfassungsänderungsverfahrens beachten zu müssen. Außerdem konnte der Bundesgesetzgeber durch Einspruchsgesetz – also ohne Zustimmung des Bundesrates – auch solche Hoheitsrechte auf die Gemeinschaft übertragen, für die die Länder die alleinige Gesetzgebungszuständigkeit innehatten. Dieser Übertragung von Hoheitsrechten hatte lediglich die Rechtsprechung des Bundesverfassungsgerichts gewisse Grenzen gezogen,[10] die später auch in dem neuen Europa-Artikel ihren Niederschlag fanden.

Angesichts der mit dem Maastrichter Vertrag beabsichtigten Neugründung der Europäischen Union und der damit verbundenen weitreichenden Kompetenzübertragungen auf europäische Einrichtungen wurde Anfang der 90er Jahre zunehmend bezweifelt, ob Art. 24 GG dafür noch eine ausreichende verfassungsrechtliche Grundlage darstellen könnte[11]. Der entscheidende Hintergrund für die Schaffung des Art. 23 GG dürfte aber vor allen Dingen darin gelegen haben, dass die Länder erst nach einer verfassungsrechtlichen Besserstellung bereit waren, dem Ratifizierungsgesetz zu dem Vertrag von Maastricht zuzustimmen.[12]

Art. 23 GG bildet nunmehr mit seinen Regelungen über die Beteiligung des Bundesrates in europäischen Angelegenheiten den – jedenfalls vorläufigen – Schlusspunkt einer Entwicklung, als deren Zwischenstationen das Unterrichtungsverfahren nach Art. 2 des Vertragsgesetzes zu den Römischen Verträgen von 1957, das Länderbeteiligungsverfahren

---

7 Ausführlich zur Entstehungsgeschichte Scholz, Rupert: Grundgesetz und europäische Einigung. In: NJW 1992. S. 2595ff.
8 Vgl. die Ausführungen der Abgeordneten Verheugen in der Sitzung des Bundestages am 8.10.1992, PlenProt. 12. Wahlp. S. 9348, und Möller in der Sitzung des Bundestages am 2.12.1992, PlenProt. 12.Wahlp. S. 10866; weiter Schmidt-Bleibtreu, Bruno/Klein, Franz: GG. 8. Aufl., Neuwied u.a., 1995. Art. 23, Rn. 1
9 Scholz, Rupert: In: Maunz, Theodor/Dürig, Günter u.a.: GG-Kommentar. München, Loseblatt. Art. 23, Rn. 3
10 BVerfGE 73, 339, 375
11 Vgl. statt vieler: Maurer, Hartmut: Staatsrecht. 3. Aufl., München, 2003. § 4, Rn. 3
12 Schmidt-Bleibtreu, Bruno/Klein, Franz: GG. 8. Aufl., Neuwied u.a., 1995. Art. 23, Rn. 3

von 1979 und das Beteiligungsverfahren gemäß Art. 2 des Zustimmungsgesetzes zur Einheitlichen Europäischen Akte von 1986 angesehen werden können. Das gemeinsame Ziel all dieser Regelungen bestand darin, den Ländern über Beteiligungs- und Mitwirkungsrechte einen Ausgleich für die Kompetenzeinbußen zu verschaffen, die sie im Prozess der europäischen Einigung nicht nur gegenüber den Gemeinschaftsorganen,[13] sondern auch gegenüber dem Bund erlitten hatten.[14]

2.2 Neue Rahmenbedingungen für den Integrationsprozess

Art. 23 Abs. 1 GG stellt nach alledem die neue verfassungsrechtliche Grundlage für die Integration der Bundesrepublik Deutschland in die Europäische Union dar. Er wird daher auch als „Integrationsöffnungsklausel" bezeichnet[15], stellt die Integration jedoch gleichzeitig unter den Vorbehalt, dass auf Gemeinschaftsebene die demokratischen, rechtsstaatlichen, sozialen und föderativen Grundsätze gewahrt bleiben[16], das Subsidiaritätsprinzip beachtet wird[17] und die Gemeinschaft einen dem Grundgesetz im wesentlichen vergleichbaren Grundrechtsschutz gewährleistet[18]. Im Gegensatz zu Art. 24 GG fordert Art. 23 Abs. 1 S. 2 GG darüber hinaus für die Übertragung von Hoheitsrechten in formeller Hinsicht immer ein Zustimmungsgesetz.

Art. 23 Abs. 1 S. 3 GG stellt mit seinem Verweis auf Art. 79 Abs. 2 und Abs. 3 GG klar, dass Kompetenzübertragungen auf die Europäische Union unter dem Vorbehalt des Verfassungsbestandes stehen[19]. Nach Art. 79 Abs. 2 GG bedarf jede Grundgesetzänderung einer Zwei-Drittel-Mehrheit, nach der sog. Ewigkeitsklausel des Art. 79 Abs. 3 GG sind Grundgesetzänderungen gar nicht möglich, wenn die Gliederung des Bundes in Länder, die grundsätzliche Mitwirkung der Länder bei der Gesetzgebung oder die in den Art. 1 („Schutz der Menschenwürde") und 20 GG („Bundesstaatsprinzip", „Rechtsstaatsprinzip", „Demokratieprinzip") festgelegten Grundsätze berührt werden.

---

13 Man spricht in diesem Zusammenhang von der „Landesblindheit" der Gemeinschaftsverträge.
14 Rojahn, Ondolf: In: v. Münch, Ingo/Kunig, Philip: GG-Kommentar, Bd. 2. 4. Aufl., München, 2001. Art. 23 Rn. 55
15 Scholz, Rupert: In: Maunz, Theodor/Dürig, Günter u.a.: GG-Kommentar. München, Loseblatt. Art. 23, Rn. 4
16 Sinnvollerweise kann damit nur eine Struktursicherung im Hinblick auf den wesentlichen Kern jener Prinzipien gemeint sein, der allen Mitgliedstaaten in unterschiedlicher Ausprägung gemeinsam ist. Vgl. Breuer, Rüdiger: Die Sackgasse des neuen Europaartikels (Art. 23 GG). In: NVwZ 1994. S. 422
17 Vgl. Art. 5 Abs. 2 EGV
18 Damit wird die sogenannte „Solange"-Rechtsprechung des Bundesverfassungsgerichts verfestigt: BVerfGE 37, 271, 279 – Solange I; BVerfGE 73, 339, 375 – Solange II; vgl. zuletzt BVerfG EuGRZ 2000. S. 328ff. und dazu den Kurzkommentar von Lorz, Ralph Alexander: In: EWiR Art. 23 GG 1/01. S. 323
19 Strittig ist, ob jede Kompetenzübertragung eine Grundgesetzänderung darstellt und somit Art. 79 Abs. 2 und 3 GG unterliegt. Das BVerfG bejaht dies jedenfalls im Prinzip mit der Begründung, dass letztlich durch jede Hoheitsübertragung in die verfassungsrechtlich festgelegte Zuständigkeitsordnung eingegriffen werde (BVerfGE 58, 1, 36 – Eurocontrol I); so auch u.a. Randelzhofer, Albrecht: In: Maunz, Theodor/Dürig, Günter u.a.: GG-Kommentar. München, Loseblatt. Art. 24, Rn. 203; Everling, Ulrich: Überlegungen zur Struktur der Europäischen Union und zum neuen Europa-Artikel des Grundgesetzes. In: DVBl. 1993. S. 944; Schwarze, Jürgen: Das Staatsrecht in Europa. In: JZ 1993. S. 590; Geiger, Rudolf: Zur Beteiligung des Gesetzgebers gemäß Art. 23 Abs. 1 GG bei Änderung und Erweiterung der Europäischen Union. In: ZG 2003. S. 201f. Die entgegenstehende Ansicht will Kompetenzübertragungen nur dann von Art. 79 Abs. 2 und 3 GG abhängig machen, wenn über die Übertragung hinaus Verfassungsinhalte betroffen sind (z.B. die BReg., BT-Drs. 12/3338. S. 7, 14)

2.3 Die Mitwirkungsrechte der Länder im einzelnen

Art. 23 Abs. 2 S. 1 GG statuiert die Mitwirkungsrechte des Bundestages und der Länder in Angelegenheiten der EU generell,[20] wobei die Länder ihre Rechte allerdings nur über den Bundesrat ausüben können. Er erfährt in den nachfolgenden Abschnitten eine nähere Ausgestaltung. Gleichsam vor die Klammer der differenzierten Mitwirkungsregelungen gezogen[21] bestimmt Art. 23 Abs. 2 S. 2 GG außerdem, dass die Bundesregierung „den Bundestag und den Bundesrat umfassend und zum frühestmöglichen Zeitpunkt zu unterrichten hat".[22]

Die Regelungen des Art. 23 Abs. 2-6 GG werden ergänzt durch die nach Art. 23 Abs. 3 S. 3 und Abs. 7 GG erlassenen Gesetze über die Zusammenarbeit von Bundesregierung und Deutschem Bundestag in Angelegenheiten der Europäischen Union (ZEUBBG)[23] und über die Zusammenarbeit von Bund und Ländern in Angelegenheiten der Europäischen Union (ZEUBLG)[24], jeweils vom 12. März 1993. Weitere Einzelheiten finden sich in der Bund-Länder-Vereinbarung zum Gesetz über die Zusammenarbeit von Bund und Ländern in Angelegenheiten der Europäischen Union (BLV-ZEUBLG) vom 29.Oktober 1993.[25]

Zur organisatorischen Sicherstellung wurden ein eigener Bundestagsausschuss für Angelegenheiten der Europäischen Union (Art. 45 S. 1 GG)[26] und eine Europakammer des Bundesrates geschaffen (Art. 52 Abs. 3a GG). Die Beteiligungsrechte von Bundesrat und Bundestag nach Art. 23 Abs. 2-6 GG sind darauf gerichtet, den Willen des Bundes, dem die Pflege der auswärtigen Beziehungen obliegt (Art. 32 Abs. 1 GG) und der deshalb die Bundesrepublik auch im Verhältnis zu den Organen der Europäischen Union vertritt,[27] mitzugestalten.

Die Notwendigkeit der Beteiligung von Bundestag, Bundesrat und damit der Länder auf europäischer Ebene ergibt sich bereits aus dem Demokratie- und aus dem Bundesstaatsprinzip des Art. 20 Abs. 1 GG, wonach der Bund die Pflicht hat, bei seinem Auftreten im Rahmen der Europäischen Union auf die Interessen der Länder Rücksicht zu nehmen.[28] Sie folgt auch aus dem Maastricht-Urteil[29], in dem das Bundesverfassungsgericht die erforderliche demokratische Legitimation der EU von der Rückkopplung ihrer Organe und Entscheidungen nicht nur an das von den Bürgern der Mitgliedstaaten gewählte Europäische Parlament, sondern auch und vor allem an die Parlamente der Mitgliedstaaten abhängig gemacht hat.

---

20 Dabei ist der Begriff der Angelegenheiten weit zu verstehen, vgl. Scholz, Rupert: In: Maunz, Theodor/Dürig, Günter u.a.: GG-Kommentar. München, Loseblatt. Art. 23, Rn. 111; Claßen, Claus Dieter: In: v. Mangoldt, Hermann/Klein, Friedrich/Starck, Christian: Das Bonner Grundgesetz, Bd. 2. 4. Aufl., München, 2000. Art. 23, Rn. 85; gemeint sind nicht nur Rechtssetzungsakte der EU, sondern auch Beschlüsse, Empfehlungen und Stellungnahmen, so Rojahn, Ondolf: In: v. Münch, Ingo/Kunig, Philip: GG-Kommentar, Bd. 2. 4. Aufl., München, 2001. Art. 23, Rn. 56
21 Breuer, Rüdiger: Die Sackgasse des neuen Europaartikels (Art. 23 GG). In: NVwZ 1994. S. 426
22 Diese Unterrichtungspflicht entspricht weitgehend dem schon vorher nach Art. 2 EEAG gewährleisteten Standard.
23 BGBl. I 1993. S. 311
24 BGBl. I 1993. S. 313
25 BAnz. Nr. 226 vom 2.12.1993. S. 10425
26 Zur Zusammenarbeit von Bundestag und Bundesregierung in der Praxis: Fuchs, Michael: Art. 23 GG in der Bewährung. In: DÖV 2001. S. 236ff.
27 Vgl. BVerfGE 92, 203, 230 – EG-Fernsehrichtlinie
28 Ebd.
29 BVerfGE 89, 155, 184ff.

2.3.1 Mitwirkungsrechte des Bundestages

Nach Art. 23 Abs. 3 S. 1 GG gibt die Bundesregierung dem Bundestag vor ihrer Mitwirkung an Rechtsetzungsakten[30] der EU Gelegenheit zur Stellungnahme.
Die Stellungnahme des Bundestages ist bei den Verhandlungen nach Art. 23 Abs. 3 GG zu „berücksichtigen", d.h. die Bundesregierung muss die Stellungnahme in ihre Entscheidungsfindung einbeziehen und sich mit ihr auseinandersetzen.[31] Eine rechtliche Bindung der Bundesregierung an die Stellungnahme des Bundestages besteht aber nicht.[32] Auch die Formulierung in § 5 des Ausführungsgesetzes, wonach die Bundesregierung die Stellungnahme des Bundestages ihren Verhandlungen zugrunde zu legen hat, bedeutet keine Bindungswirkung dieser Stellungnahme. Damit sollte vielmehr nur zum Ausdruck gebracht werden, dass die Bundesregierung die Stellungnahme des Bundestages an den Anfang ihrer Überlegungen stellen muss.[33]

2.3.2 Mitwirkungsrechte der Länder

Die Mitwirkungsrechte der Länder beschränken sich im Wesentlichen auf die Beteiligung des Bundesrates. Art. 23 Abs. 4 GG bestimmt gleichsam als Übergang zu Abs. 5 und 6, dass der Bundesrat an der Willensbildung des Bundes zu beteiligen ist, soweit er nach der innerstaatlichen Kompetenzverteilung mitzuwirken hätte oder die Länder zuständig wären. Damit knüpft diese Bestimmung an die Kompetenzaufteilung zwischen Bund und Ländern (Art. 70ff. GG) und das innerstaatliche Gesetzgebungsverfahren an.

Im Einzelnen befasst sich Art. 23 Abs. 5 GG mit der Mitwirkung der Länder auf innerstaatlicher Ebene durch Stellungnahmen des Bundesrates, Art. 23 Abs. 6 GG mit ihrer Mitwirkung auf Unionsebene durch einen vom Bundesrat zu benennenden Vertreter, der mit der Wahrnehmung der mitgliedstaatlichen Rechte beauftragt werden soll.

2.3.2.1 Stellungnahmen des Bundesrates

Welche Bedeutung der Stellungnahme des Bundesrates beim Erlass von Rechtsetzungsakten zukommt, hängt davon ab, inwieweit Kompetenzen der Länder von der geplanten Maßnahme betroffen sind. Wenn innerhalb der ausschließlichen Gesetzgebungszuständigkeit des Bundes Länderinteressen berührt sind, hat die Bundesregierung die Stellungnahme des Bundesrates gemäß Art. 23 Abs. 5 S. 1 GG ebenso wie die des Bundestages nur zu berücksichtigen.

Deutlich weiter geht die Einflussnahme des Bundesrates, wenn die Länder auch innerstaatlich zuständig wären. Sind im Schwerpunkt Gesetzgebungsbefugnisse der Länder, die

---

30 Der Begriff der Rechtsetzungsakte ist enger als „Angelegenheiten" auszulegen, ist aber andererseits bewusst weiter gefasst als der Begriff der „Rechtsakte", mit dem Verordnungen und Richtlinien i.S.v. Art. 249 EGV bezeichnet werden (BT-Drs. 12/3986. S. 24)
31 Begr. zur Regierungsvorlage des Gesetzes zur Änderung des GG, BT-Drs. 12/3338. S. 8; kritisch zur Beteiligung des Bundestages: Ossenbühl, Fritz: Maastricht und das Grundgesetz – eine verfassungsrechtliche Wende? In: DVBl. 1993. S. 637; Di Fabio, Udo: Der neue Art. 23 des Grundgesetzes. In: Der Staat 1993. S. 209
32 Rojahn, Ondolf: In: v. Münch, Ingo/Kunig, Philip: GG-Kommentar, Bd. 2. 4. Aufl., München, 2001. Art. 23, Rn. 61; Scholz, Rupert: In: Maunz, Theodor/Dürig, Günter: GG-Kommentar. München, Loseblatt. Art. 23, Rn. 117; Maurer, Hartmut: Staatsrecht. 3. Aufl., München, 2003. § 4, Rn. 32; Schwacke, Peter/Schmidt, Guido: Staatsrecht. 4. Aufl., Köln, 1999. S. 307; Spallek, Joachim: Staatsrecht. 14. Aufl., Witten, 2001. S. 636; Oschatz, Georg-Berndt/Risse, Horst: Die Bundesregierung an der Kette der Länder? In: DÖV 1995. S. 441
33 Bericht des Bundestagsausschusses, BT-Drs. 12/3896. S. 19

Einrichtung von Landesbehörden oder die Verwaltungsverfahren der Länder betroffen, so muss die Bundesregierung die Stellungnahme des Bundesrates „maßgeblich" berücksichtigen, Art. 23 Abs. 5 S. 2 GG. Dabei ist allerdings die gesamtstaatliche Verantwortung des Bundes zu wahren. Außerdem muss die Bundesregierung zustimmen, wenn Angelegenheiten betroffen sind, die zu Ausgabenerhöhungen oder Einnahmeminderungen für den Bund führen können, Art. 23 Abs. 5 S. 3 GG.

2.3.2.2 Direkte Beteiligung der Länder auf Unionsebene

Die stärkste und von den Ländern schon seit langem geforderte Beteiligungsform sieht Art. 23 Abs. 6 GG vor. Danach können die Länder direkt auf Gemeinschafts- bzw. Unionsebene beteiligt werden, wenn im Schwerpunkt ausschließliche Gesetzgebungsbefugnisse der Länder betroffen sind. Die Verhandlungsführung für die Bundesrepublik, die ansonsten die Bundesregierung übernimmt, „soll" in diesem Fall einem vom Bundesrat zu benennenden Ländervertreter überlassen werden.

Eine solche Vorgehensweise ist nach Art. 203 Abs. 1 EGV gemeinschaftsrechtlich nunmehr unzweifelhaft zugelassen. Voraussetzung ist allerdings, dass der betreffende Minister auch befugt ist, für die Regierung des Mitgliedstaates verbindlich zu handeln. Mit Art. 23 Abs. 6 GG ist diese Voraussetzung innerstaatlich gegeben. Der betreffende Landesminister muss dieses Recht allerdings unter Beteiligung und in Abstimmung mit der Bundesregierung wahrnehmen, wobei wiederum die gesamtstaatliche Verantwortung des Bundes zu wahren ist.

3. Strukturprobleme des Art. 23 GG

Die Absätze 2 bis 6 des neuen Art. 23 GG verkörpern den zentralen Versuch, die gestörte Balance vor allem der föderalen Verfassungsstruktur in der Bundesrepublik Deutschland wiederherzustellen.[34] Das gelingt ihnen jedoch aus den bereits in der Einleitung genannten Gründen – Verwendung zahlreicher ausfüllungsbedürftiger Rechtsbegriffe einerseits und Exekutivlastigkeit der vorgesehenen Ländermitwirkung andererseits – nur unzureichend. Im folgenden sollen diese beiden Gründe der Reihe nach näher betrachtet werden.

3.1 Differenzen in der Auslegung der verwendeten Rechtsbegriffe

Zunächst fällt auf, dass Art. 23 Abs. 2-6 GG ein kompliziertes Geflecht von Regel-Ausnahme-Beziehungen bildet, das im Wesentlichen durch unbestimmte Rechtsbegriffe gesteuert werden soll.[35] Das offensichtliche Ziel dieses Regelwerks besteht darin, die Beteiligung von Bund und Ländern in europarechtlichen Angelegenheiten möglichst umfassend auf verfassungsrechtlicher Ebene zu regeln. Das ist jedoch nur rudimentär geglückt. Stattdessen belegen die zahlreichen Streitigkeiten insbesondere zu den Absätzen 4 bis 6, wie viele Fragen der Verfassungstext letztlich offenlässt. Die wichtigsten dieser Streitigkeiten werden nachfolgend vorgestellt.

---

34 Breuer, Rüdiger: Die Sackgasse des neuen Europaartikels (Art. 23 GG). In: NVwZ 1994. S. 426
35 Oschatz, Georg-Berndt/Risse, Horst: Die Bundesregierung an der Kette der Länder? In: DÖV 1995. S. 441

3.1.1 Stellungnahmen des Bundesrates im Zuständigkeitsbereich der Länder

Bei einer Betroffenheit der Länderkompetenzen „im Schwerpunkt" ist die Stellungnahme des Bundesrates „maßgeblich" zu berücksichtigen. So bestimmt es Art. 23 Abs. 5 S. 2 GG und wirft damit gleich mehrere Probleme auf.

3.1.1.1 Letztentscheidungsrecht des Bundesrates bei „maßgeblicher" Berücksichtigung?

Fraglich ist zunächst, wie sehr die vom Grundgesetz geforderte „maßgebliche" Berücksichtigung der Stellungnahme des Bundesrates bei schwerpunktmäßiger Betroffenheit der Länder die Verhandlungsführung des Bundes auf europäischer Ebene beeinflusst. Ist der Bund an die Stellungnahme des Bundesrates gebunden oder kann er von ihr abweichen?

Unbestritten ist, dass die Stellungnahme des Bundesrates nicht von vornherein maßgebend sein kann. Bundesregierung und Bundesrat müssen vielmehr zunächst versuchen, bei Meinungsverschiedenheiten durch erneute Beratung eine Einigung zu erzielen. Streitig ist aber, wessen Ansicht nach einem vergeblichen Einigungsversuch rechtlich den Ausschlag gibt.

Teilweise wird hierzu in der Literatur vertreten, dass „maßgebliches" ebenso wie schlichtes Berücksichtigen dem Wortsinn nach auch Abweichungen im Einzelfall zulassen müsse.[36] Die überwiegende Ansicht geht jedoch davon aus, dass die Forderung nach einer „maßgeblichen" Berücksichtigung der Stellungnahme des Bundesrates im Ergebnis auf ein Letztentscheidungsrecht des Bundesrates hinausläuft.[37] Für diese Ansicht sprechen vor allem Sinn und Zweck der Norm:[38] Die Länder sollten für Kompetenzeinbußen entschädigt werden. Der Normgeber wollte dem Bundesrat offensichtlich ein scharfes Schwert an die Hand geben. Darauf deutet auch die bewusste Wahl des Wortlauts („maßgebliche Berücksichtigung" statt beispielsweise bloß „besonderer" Berücksichtigung) hin. Schließlich macht das Ausführungsgesetz zur Zusammenarbeit zwischen Bund und Ländern in Angelegenheiten der Europäischen Union in § 5 Abs. 2 S. 5 deutlich, dass der Bundesgesetzgeber ebenfalls von einem verbindlichen Letztentscheidungsrecht des Bundesrates ausgeht, denn bei Nichterzielung eines Einvernehmens zwischen Bundesregierung und Bundesrat soll die Stellungnahme des Bundesrates „maßgebend" sein, wenn nach einer erneuten Beratung die Stellungnahme des Bundesrates von zwei Dritteln seiner Mitglieder bestätigt wird.[39] Die Vertreter der erstgenannten Meinung müssen § 5 Abs. 2 S. 5 EUZBLG daher konsequenterweise für verfassungswidrig halten. Das überzeugt jedoch allein schon deshalb nicht, weil Art. 23 GG und die dazugehörigen Ausführungsgesetze in einem engen zeitlichen Zusammenhang verabschiedet worden sind. Dass sich der Bundesgesetzgeber unmittelbar nach seinem Tätigwerden als verfassungsändernder Gesetzgeber bewusst in Widerspruch zu den Ergebnissen eben dieser Tätigkeit gesetzt haben soll, erscheint aber zumindest we-

---

36 Rojahn, Ondolf: In: v. Münch, Ingo/Kunig, Philip: GG-Kommentar, Bd. 2. 4. Aufl., München, 2001. Art. 23, Rn. 71; Classen, Claus Dieter: In: v. Mangoldt, Hermann/Klein, Friedrich/Starck, Christian: Das Bonner Grundgesetz, Bd. 2. 4. Aufl., München, 2000. Art. 23, Rn. 106
37 Scholz, Rupert: In: Maunz, Theodor/Dürig, Günter: GG-Kommentar. München, Loseblatt. Art. 23, Rn. 127; ders.: Grundgesetz und europäische Einigung. In: NJW 1992. S. 2599f.; Jarass, Hans D./Pieroth, Bodo: GG. 6. Aufl., München, 2002. Art. 23, Rn. 60; Breuer, Rüdiger: Die Sackgasse des neuen Europaartikels (Art. 23 GG). In: NVwZ 1994. S. 427
38 So auch die Gemeinsame Verfassungskommission, BT-Drs. 12/6000. S. 23
39 Einzelheiten zu diesem äußerst komplizierten Verfahren regeln die Ziffern II und III der entsprechenden Bund-Länder-Vereinbarung (vgl. o. Fn. 25)

nig plausibel. Nach alledem ist in den von Art. 23 Abs. 5 S. 2 GG erfassten Fällen von einem Letztentscheidungsrecht des Bundesrates auszugehen.

3.1.1.2 Reichweite der maßgeblichen Berücksichtigung

Zu den dafür aufgestellten Voraussetzungen bemerkt die Verfassung, die Stellungnahme des Bundesrates sei maßgeblich dann zu berücksichtigen, wenn „im Schwerpunkt" Länderkompetenzen betroffen sind. Der Begriff der „schwerpunktmäßigen" Betroffenheit der Länderkompetenzen stellt grundsätzlich nicht auf quantitative, sondern auf qualitative Maßstäbe ab.[40] Auch die Bund-Länder-Vereinbarung zum EUZBLG beurteilt den Schwerpunkt des Vorhabens nach dem qualitativen Mittelpunkt des Regelungsgegenstandes.[41]

Bedeutsamer als die Frage der Schwerpunktmäßigkeit der Betroffenheit ist für die praktische Umsetzung des Art. 23 Abs. 5 S. 2 GG jedoch, wie weit der Begriff der „Gesetzgebungsbefugnisse der Länder" reicht. Denn nur so kann bestimmt werden, bezüglich welcher Materien die Stellungnahme des Bundesrates maßgeblich zu berücksichtigen ist.

Den Gesetzgebungsbefugnissen der Länder unterfallen selbstverständlich unstreitig die Materien, für die der Bund weder die ausschließliche (Art. 73 GG) noch die konkurrierende (Art. 74 GG) noch die Rahmengesetzgebungsbefugnis (Art. 75 GG) innehat. Streitig ist, ob die Länder auch dann noch die Gesetzgebungsbefugnis innehaben, wenn dem Bund zwar eine konkurrierende oder eine Rahmenkompetenz zusteht, er aber von seinem Recht noch keinen Gebrauch gemacht hat. Dies bejaht ein Teil der Literatur mit der Begründung, dass die grundsätzliche Gesetzgebungszuständigkeit der Länder nach Art. 70 GG zumindest so lange greifen müsse, bis der Bundesgesetzgeber auf der Basis der ihm verliehenen Kompetenzen eine Gesetzgebungsinitiative ergreife.[42]

Die herrschende Meinung[43] und auch die Praxis[44] differenzieren: Das Recht zur Gesetzgebung im Sinne von Art. 23 Abs. 5 S. 1 GG soll der Bund auch dann haben, wenn er von diesen Befugnissen noch keinen Gebrauch gemacht hat, aber bezüglich des konkreten Unionsvorhabens festzustellen ist, dass für eine entsprechende innerstaatliche Maßnahme die Voraussetzungen von Art. 72 Abs. 2 GG erfüllt wären. Gefragt wird also danach, ob der Bund bei „hypothetischer Kompetenzausübung" das Vorhaben nach Maßgabe der Erforderlichkeitsklausel des Art. 72 Abs. 2 GG selbst hätte übernehmen dürfen.[45] Wenn der Bund über die Rechtsetzungskompetenz nach Art. 72 Abs. 2 GG hätte verfügen dürfen, soll es demzufolge bei der schlichten Berücksichtigung der Stellungnahme des Bundesrates bleiben; bestehe dagegen keine Erforderlichkeit einer bundeseinheitlichen Regelung, soll die Entscheidung des Bundesrates maßgeblich sein.

---

40 Amtliche Begründung zu § 5 EUZBLG (BT-Drs.12/3540. S. 6); Jarass, Hans D./Pieroth, Bodo: GG. 6. Aufl., München, 2002. Art. 23, Rn. 59; Scholz, Rupert: In: Maunz, Theodor/Dürig, Günter: GG-Kommentar. München, Loseblatt. Art. 23, Rn. 128
41 Vgl. Ziff. II.2 der Vereinbarung (oben Fn. 25)
42 Schmidt-Bleibtreu, Bruno/Klein, Franz: GG. 8. Aufl., München, 1995. Art. 23, Rn. 23
43 Randelzhofer, Albrecht: In: Maunz, Theodor/Dürig, Günter: GG-Kommentar. München, Loseblatt. Art. 24, Rn. 207; Classen, Claus Dieter: In: v. Mangoldt, Hermann/Klein, Friedrich/Starck, Christian: Das Bonner Grundgesetz, Bd. 2. 4. Aufl., München, 2000. Art. 23, Rn. 102; Rojahn, Ondolf: In: v. Münch, Ingo/Kunig, Philip: GG-Kommentar, Bd. 2. 4. Aufl., München, 2001. Art. 23, Rn. 65f.; Spallek, Joachim: Staatsrecht. 14. Aufl., Witten, 2001. S. 637; Oschatz, Georg-Berndt/Risse, Horst: Die Bundesregierung an der Kette der Länder? In: DÖV 1995. S. 442
44 BT-Drs. 12/3338. S. 14f.; 12/3896. S. 25
45 Scholz, Rupert: In: Maunz, Theodor/Dürig, Günter: GG-Kommentar. München, Loseblatt. Art. 23, Rn. 126

Dies erscheint auf den ersten Blick systemgerecht: Da Art. 23 Abs. 4-6 GG an die Kompetenzaufteilung zwischen Bund und Ländern (Art. 70ff. GG) und das innerstaatliche Gesetzgebungsverfahren anknüpft, liegt es scheinbar nahe, dem Bund bei der konkurrierenden und bei der Rahmengesetzgebung die Gesetzgebungsbefugnis dann zuzuweisen, wenn die Erforderlichkeit einer bundeseinheitlichen Regelung nach Art. 72 Abs. 2 GG besteht. Dennoch sind gegen diese Auslegung verschiedene Bedenken anzumelden.

Zum einen macht sie die Handhabung des Art. 23 Abs. 5 GG nicht einfacher. Man landet vielmehr genau bei dem Problem, das auch auf bundesstaatlicher Ebene im Zusammenhang mit Art. 72 Abs. 2 GG besteht. Letztlich wird nur ein unbestimmter Rechtsbegriff („Gesetzgebungszuständigkeit der Länder") durch einen anderen („Erforderlichkeit einer bundeseinheitlichen Regelung") ersetzt. Vor allem aber bewirkt diese Auslegung tendenziell eine erhebliche Restriktion der Länderrechte: Zwar hat das Bundesverfassungsgericht in seinem kürzlich erfolgten Urteil zum Altenpflegegesetz[46] zum ersten Mal ernsthaft versucht, justitiable Parameter für die Feststellung der Erforderlichkeit einer bundeseinheitlichen Regelung zu entwickeln. Wie feinmaschig die Kontrolle anhand dieser Parameter in der Praxis letztlich ausfallen wird, ist aber nach wie vor eine offene Frage. Damit bleibt im Ergebnis doch fast der ganze Bereich der konkurrierenden Gesetzgebung im Rahmen von Art. 23 Abs. 5 GG der maßgeblichen Einflußnahme des Bundesrates entzogen. Gleichzeitig erweist sich diese Folgerung jedoch keineswegs als zwingend. Man könnte vielmehr genauso gut argumentieren, dass in Ermangelung einer gegenteiligen Initiative oder Position des Bundesgesetzgebers den Ländern über den Bundesrat immer das letzte Wort zustehen sollte; dies würde zumindest der in Art. 70 GG eigentlich angelegten Systematik der Gesetzgebungskompetenzen entsprechen. Dem Bundesgesetzgeber stünde es ja jederzeit frei, durch die tatsächliche Inanspruchnahme der entsprechenden konkurrierenden Gesetzgebungskompetenz dieses Letztentscheidungsrecht des Bundesrates auszuhebeln.

3.1.1.3 Ausnahmen vom Prinzip der maßgeblichen Berücksichtigung

Eingeschränkt wird der Grundsatz der maßgeblichen Berücksichtigung von zwei Ausnahmen: Zum einen steht die maßgebliche Berücksichtigung unter dem Vorbehalt, dass „die gesamtstaatliche Verantwortung des Bundes zu wahren" ist, zum anderen muss die Bundesregierung zustimmen, wenn Angelegenheiten betroffen sind, die „zu Ausgabenerhöhungen oder Einnahmeminderungen für den Bund führen können".

Unter den Begriff der Wahrung der gesamtstaatlichen Verantwortung fallen in erster Linie außen-, verteidigungs- und integrationspolitische Fragen (§ 5 Abs. 2 S. 2 ZEUBLG).[47] Heftig diskutiert wird das Problem, ob die Bundesregierung sich unter Berufung auf die gesamtstaatliche Verantwortung über die Stellungnahme des Bundesrates hinwegsetzen darf, wenn sie der Ansicht ist, dass die gesamtstaatliche Verantwortung des Bundes eben nicht gewahrt sei.

Art. 23 Abs. 5 S. 2 GG weist die Wahrung der gesamtstaatlichen Verantwortung nicht nur der Bundesregierung, sondern gerade auch dem Bundesrat zu.[48] Dies rechtfertigt sich, wie die Gemeinsame Verfassungskommission von Bundestag und Bundesrat hervorgehoben hat, daraus, dass der Bundesrat „als Bundesverfassungsorgan auch originärer Mitträger

---

46 BVerfGE 106, 62
47 BT-Drs. 12/6000. S. 23
48 Scholz, Rupert: In: Maunz, Theodor/Dürig, Günter: GG-Kommentar. München, Loseblatt. Art. 23, Rn. 127

der gesamtstaatlichen Verantwortung des Bundes" sei.[49] In der Literatur wird jedoch teilweise vertreten, dass der Bundesregierung bei der Einschätzung, ob die gesamtstaatliche Verantwortung des Bundes gewahrt ist, ein höheres Gewicht zukommen müsse.[50] Deshalb solle sie sich in einem solchen Fall bei einer Abstimmung auf europäischer Ebene zumindest der Stimme enthalten dürfen.

Diese Folgerung findet jedoch keinerlei Stütze im Verfassungstext und würde außerdem dem erklärten Ziel von Art. 23 Abs. 5 S. 2 GG, eine effektive Wahrung der Länderrechte zu ermöglichen, zuwiderlaufen. Die überwiegende Mehrheit der Autoren geht daher zu Recht davon aus, dass hier primär den Bundesrat die Verpflichtung trifft, die gesamtstaatliche Verantwortung zu wahren, und dass ihm insoweit eine Einschätzungsprärogative zukommt. Um die Rechte der Länder nicht wieder auszuhebeln, ist bei unterschiedlichen Auffassungen von Bundesregierung und Bundesrat über die Wahrung der gesamtstaatlichen Verantwortung das Verfahren nach § 5 Abs. 2 S. 3-5 EUZBLG durchzuführen. Dringt die Bundesregierung dabei nicht durch, bleibt aber die Stellungnahme des Bundesrates maßgeblich.[51] Die Bundesregierung ist dann verpflichtet, im Sinne des Bundesrates abzustimmen.[52]

Die zweite Ausnahme von der maßgeblichen Berücksichtigung der Auffassung des Bundesrates bestimmt, dass die Bundesregierung in den Fällen, „die zu Ausgabenerhöhungen oder Einnahmeminderungen für den Bund führen können", der Auffassung des Bundesrates zustimmen muss. Dabei stellt sich die Frage, ob die bloße Möglichkeit einer Verschlechterung der Haushaltslage des Bundes für ein entsprechendes Veto der Bundesregierung ausreicht oder ob der Bundesrat zumindest eine nachvollziehbare, plausible Prognose fordern kann.[53]

Diese Frage wird in der Regel dahingehend beantwortet, dass immer dann, wenn die Bundesregierung im Rahmen der ihr zuzugestehenden Einschätzungsprärogative Ausgabensteigerungen oder Einnahmeminderungen befürchtet, der Vorbehalt ihrer Zustimmung nach Art. 23 Abs. 5 S. 3 GG i.V.m. § 5 Abs. 2 S. 6 EUZBLG gilt. Auch diese Position ist jedoch im Prinzip alles andere als unproblematisch. Denn sie ruft auf Seiten der Bundesregierung automatisch die Versuchung hervor, politisch unerwünschte Festlegungen des Bundesrates auf dem Weg über negative budgetäre Prophezeiungen zu torpedieren. Allerdings werden die im Bundesrat vertretenen Landesregierungen dem wohl in der Regel genug eigene Haushaltsexpertise und nicht zuletzt politischen bzw. öffentlichen Druck entgegensetzen können.

---

49 BT-Drs. 12/6000. S. 23; so auch Rojahn, Ondolf: In: v. Münch, Ingo/Kunig, Philip: GG-Kommentar, Bd. 2. 4. Aufl., München, 2001. Art. 23, Rn. 69; Scholz, Rupert: Europäische Union und deutscher Bundesstaat. In: NVwZ 1993. S. 823

50 Classen, Claus Dieter: In: v. Mangoldt, Hermann/Klein, Friedrich/Starck, Christian: Das Bonner Grundgesetz, Bd. 2. 4. Aufl., München, 2000. Art. 23, Rn. 108; Jarass, Hans D./Pieroth, Bodo: GG. 6. Aufl., München, 2002. Art. 23, Rn. 60

51 Vgl. z.B. Scholz, Rupert: In: Maunz, Theodor/Dürig, Günter: GG-Kommentar. München, Loseblatt. Art. 23, Rn. 129; Oschatz, Georg-Berndt/Risse, Horst: Die Bundesregierung an der Kette der Länder? In: DÖV 1995. S. 443

52 Scholz, Rupert: In: Maunz, Theodor/Dürig, Günter: GG-Kommentar. München, Loseblatt. Art. 23, Rn. 132 begründet dies mit der Rolle der Bundesregierung als „Sachwalterin der Länderrechte" (vgl. BVerfGE 92, 203, 230 – EG-Fernsehrichtlinie)

53 Scholz, Rupert: In: Maunz, Theodor/Dürig, Günter: GG-Kommentar. München, Loseblatt. Art. 23, Rn. 130

3.1.2 Wahrnehmung mitgliedstaatlicher Rechte durch Ländervertreter

Die Wahrnehmung der Rechte, die der Bundesrepublik Deutschland als Mitgliedstaat der Europäischen Union zustehen, „soll"[54] nach Art. 23 Abs. 6 S. 1 GG vom Bund auf einen vom Bundesrat zu benennenden Vertreter der Länder übertragen werden, wenn „im Schwerpunkt ausschließliche Gesetzgebungsbefugnisse der Länder betroffen sind". Diese Möglichkeit der Vertretung des Bundes durch einen Landesminister wird vielfach als system- und sachwidriger Einbruch in die Bundeskompetenz für Außen- und Europapolitik kritisiert.[55] Einige Stimmen in der Literatur lehnen die Entsendung eines Landesministers deshalb wegen des Fehlens einer klaren, parlamentarisch kontrollierbaren Verantwortlichkeit und aus dem Gesichtspunkt des Demokratieprinzips ab.[56]

Dagegen ist jedoch einzuwenden, dass die Regelungen über die politische Willensbildung des Bundes, die die Ausübung supranationaler Befugnisse betreffen, nicht an den Erfordernissen dieser Willensbildung in herkömmlichen Bereichen der auswärtigen Gewalt zu messen sind.[57] Außenpolitik innerhalb der Europäischen Gemeinschaft ist zunehmend zu europäischer „Innenpolitik" geworden,[58] die immer stärker in die inneren Angelegenheiten der beteiligten Staaten eingreift und für die Bundesstaaten bisher nicht gekannte Koordinations- und Kompetenzverteilungsprobleme mit sich bringt.[59] Europapolitik kann damit aber auch nicht mehr – wie Art. 23 GG nicht zuletzt durch die Einbeziehung des Bundestages deutlich macht – der Bundesregierung vorbehalten bleiben. Hinzu kommt, dass angesichts der generellen Exekutivlastigkeit der Union die Vermittlung einer hinreichenden demokratischen Legitimation ihrer Organe[60] aus einem bundesstaatlich verfassten Mitgliedstaat heraus institutionelle und prozedurale Vorkehrungen innerhalb dieses Mitgliedstaates erzwingt, die im herkömmlichen parlamentarischen Regierungssystem auf Bundes- und Länderebene so nicht erforderlich sind und daher auch keine wirkliche Entsprechung finden.[61]

Der Begriff der „ausschließlichen Gesetzgebungsbefugnisse der Länder" ist dem Grundgesetz bisher unbekannt gewesen und bedarf daher der Auslegung. Denkbar erscheint zunächst, darunter alle Gesetzgebungsmaterien zu verstehen, die dem Bund durch das Grundgesetz nicht als ausschließliche, als konkurrierende oder als Rahmenkompetenz zugewiesen sind.[62] Die Entstehungsgeschichte von Art. 23 GG stützt diese Lesart allerdings

---

54 Die Erklärung des Bundestags-Sonderausschusses, dass „soll" ein Muss bedeute, das Ausnahmen zulasse (BT-Drs. 12/3338. S. 9), hinterlässt weiteren Klärungsbedarf. Wann von der Regel des „Muss" abgewichen werden kann, ist deshalb ebenfalls streitig. Dieses Problem soll hier jedoch nicht weiter behandelt werden.
55 Classen, Claus Dieter: In: v. Mangoldt, Hermann/Klein, Friedrich/Starck, Christian: Das Bonner Grundgesetz, Bd. 2. 4. Aufl., München, 2000. Art. 23, Rn. 100 Fn. 2; Breuer, Rüdiger: Die Sackgasse des neuen Europaartikels (Art. 23 GG). In: NVwZ 1994. S. 428
56 Classen, Claus Dieter: Maastricht und die Verfassung – kritische Bemerkungen zum neuen „Europa-Artikel" 23 GG. In: ZRP 1993. S. 60; Breuer, Rüdiger: Die Sackgasse des neuen Europaartikels (Art. 23 GG). In: NVwZ 1994. S. 428
57 Rojahn, Ondolf: In: v. Münch, Ingo/Kunig, Philip: GG-Kommentar, Bd. 2. 4. Aufl., München, 2001. Art. 23, Rn. 76
58 Zu dieser Frage Scholz, Rupert: Grundgesetz und europäische Einigung. In: NJW 1992. S. 2596
59 Maunz, Theodor/Zippelius, Reinhold: Deutsches Staatsrecht. 30. Aufl., München, 1998. S. 115
60 Zu diesem Erfordernis vor allem BVerfGE 89, 155, 184ff. (Maastricht-Urteil)
61 Rojahn, Ondolf: In: v. Münch, Ingo/Kunig, Philip: GG-Kommentar, Bd. 2. 4. Aufl., München, 2001. Art. 23, Rn. 76
62 So Classen, Claus Dieter: In: v. Mangoldt, Hermann/Klein, Friedrich/Starck, Christian: Das Bonner Grundgesetz, Bd. 2. 4. Aufl., München, 2000. Art. 23, Rn. 111

nicht.[63] Vielmehr soll danach mit den ausschließlichen Gesetzgebungsbefugnissen der Bereich gemeint sein, „für den das Grundgesetz keinen Kompetenztitel zugunsten des Bundes enthält".[64] In den Materien der konkurrierenden und der Rahmengesetzgebung stehen die „Kompetenztitel" aber immer unter dem Vorbehalt der Erforderlichkeit einer bundeseinheitlichen Regelung. Deshalb gehören zur ausschließlichen Gesetzgebungsbefugnis der Länder auch die Gesetzesmaterien, die zwar grundsätzlich in den Katalogen der Art. 74 und 75 GG enthalten sind, konkret aber keiner bundeseinheitlichen Regelung bedürfen. Im Einzelnen geht es bei diesen ausschließlichen Gesetzgebungsbefugnissen der Länder insbesondere um die Kompetenzfelder des Bildungs- und Schulwesens, der Kultur, des Rundfunks, des Polizeirechts und des Kommunalrechts.[65] Diese Kompetenzfelder rücken zunehmend in den Gestaltungsbereich der Europäischen Union,[66] weshalb das Interesse der Länder, sie der Regelung des Art. 23 Abs. 6 GG zu unterstellen, auch aus der Perspektive des Gemeinschaftsrechts plausibel erscheint. Freilich bleiben in all diesen Bereichen Überschneidungen und Vermengungen mit Bundeszuständigkeiten, vor allen Dingen mit solchen der konkurrierenden und der Rahmengesetzgebung, denkbar[67] und erschweren die Bestimmung originärer Länderkompetenzen.[68]

Wenn der entsprechende Landesminister auf europäischer Ebene handelt, muss er dies unter Wahrung der gesamtstaatlichen Verantwortung des Bundes[69] und in Abstimmung mit der Bundesregierung tun. „Abstimmung" bedeutet dabei weniger als Einvernehmen und mehr als Benehmen.[70] Der Begriff der Abstimmung lässt sich durch diese Erklärung allerdings noch nicht klar eingrenzen.[71] Aus dem systematischen Verständnis der Verfahrensregeln, die sowohl in Art. 23 Abs. 4-6 GG selbst als auch im EUZBLG enthalten sind, muss er letztlich so verstanden werden, dass der jeweilige Landesminister sich zunächst um Einvernehmen bemühen muss und seine Position dann letztverbindlich ist, wenn eine Zwei-Drittel-Mehrheit des Bundesrates seine Ansicht bestätigt hat.[72]

---

63 Oschatz, Georg-Berndt/Risse, Horst: Die Bundesregierung an der Kette der Länder? In: DÖV 1995. S. 446
64 Beschlussempfehlung und Bericht des Sonderausschusses, BT-Drs. 12/3896. S. 20; so auch die Gemeinsame Verfassungskommission von Bundestag und Bundesrat, BT-Drs. 12/6000. S. 24
65 Scholz, Rupert: In: Maunz, Theodor/Dürig, Günter: GG-Kommentar. München, Loseblatt. Art. 23, Rn. 135; Kalbfleisch-Kottsieper, Ulla: Fortentwicklung des Föderalismus in Europa. In: DÖV 1993. S. 550
66 Beispielhaft soll hier auf die EG-Richtlinie zur Kulturförderung hingewiesen werden; dazu Bohr, Kurt/Albert, Herbert: Die Europäische Union – das Ende der eigenständigen Kulturpolitik der Bundesländer? In: ZRP 1993. S. 61ff.
67 Dies ist schon jetzt in vielerlei Hinsicht der Fall: Der Schutz des Kulturgutes, die steuergesetzliche Kulturförderung und die auswärtige Kulturpolitik sind dem Bund zugewiesen, im Hochschulrahmenrecht, bei der Bildungsplanung und der Forschungsförderung wirkt der Bund mit, vgl. Art. 74 Nr. 5 und 13, 75 Nr. 1a, 91a, 91b, 105 II Abs. 2 GG
68 Pernice, Ingolf: Europäische Union. Gefahr oder Chance für den Föderalismus in Deutschland, Österreich und der Schweiz? In: DVBl. 1993. S. 911; Kalbfleisch-Kottsieper, Ulla: Fortentwicklung des Föderalismus in Europa. In: DÖV 1993. S. 550
69 Dazu schon oben unter 3.1.1.3.
70 BT-Drs. 12/6000. S. 24; vgl. a. aus dem entsprechenden Sonderausschuss BT-Drs. 12/3896. S. 20; und weiter Rojahn, Ondolf: In: v. Münch, Ingo/Kunig, Philip: GG-Kommentar, Bd. 2. 4. Aufl., München, 2001. Art. 23, Rn. 75
71 Oschatz, Georg-Berndt/Risse, Horst: Die Bundesregierung an der Kette der Länder? In: DÖV 1995. S. 447; Scholz, Rupert: Europäische Union und deutscher Bundesstaat. In: NVwZ 1993. S. 824
72 So auch Scholz, Rupert: In: Maunz, Theodor/Dürig, Günter: GG-Kommentar. München, Loseblatt. Art. 23, Rn. 138

3.1.3 Geltendmachung der Rechte aus Art. 23 Abs. 2-6 GG

Relevant werden die geschilderten Auslegungsprobleme bei der praktischen Schaffung von EU-Rechtsetzungsakten. Ist ein Organ der Ansicht, dass es dabei infolge eines Verstoßes gegen die Verfahrensregeln des Art. 23 Abs. 2-6 GG nicht hinreichend beachtet wurde, hat es nur die Möglichkeit, das innerstaatliche Organstreitverfahren nach Art. 93 Abs. 1 Nr. 1 GG anzustrengen. Stellt das Bundesverfassungsgericht dann einen Verstoß gegen Art. 23 GG fest, hat die Entscheidung jedoch keine Auswirkungen mehr auf die Wirksamkeit und Rechtmäßigkeit eines möglicherweise in der Zwischenzeit verabschiedeten Gemeinschaftsrechtsakts.[73] Daher kann der Weg zu einer wirksamen Unterbindung entsprechender Verfahrensverstöße eigentlich immer nur über eine einstweilige Anordnung nach § 32 BVerfGG führen.

Ein solcher Streit ist – vor der Schaffung des neuen Art. 23 GG – auch schon geführt worden, und zwar hatte 1989 die Bayerische Staatsregierung im Wege eines Bund-Länder-Streits[74] über die sog. EG-Fernsehrichtlinie das Bundesverfassungsgericht mit der Behauptung angerufen, die Bundesregierung habe die Rechte der Länder verletzt, indem sie der EG-Fernsehrichtlinie ohne genügende Beteiligung der Länder zugestimmt habe.[75] Einen Antrag der Bayerischen Staatsregierung, der Bundesregierung im Wege der einstweiligen Anordnung aufzugeben, den entsprechenden Kabinettsbeschluss nicht zu vollziehen, hatte das Bundesverfassungsgericht im April 1989 zurückgewiesen, da die Bundesregierung nicht an einer Mitgestaltung der Richtlinie gehindert werden sollte. In seinem Urteil vom 22. März 1995 entschied das Bundesverfassungsgericht dann jedoch in der Hauptsache[76]. dass die Bundesregierung durch die Art ihrer Mitwirkung am Zustandekommen dieser Richtlinie die Rechte des Freistaates Bayern (und anderer dem Verfahren beigetretener Länder) aus Art. 70 Abs. 1 GG i.V.m. Art. 24 Abs. 1 GG und dem Grundsatz des bundesfreundlichen Verhaltens (nach der alten Rechtslage) verletzt habe. Dieses Urteil konnte an der Wirksamkeit der Richtlinie freilich nichts mehr ändern. An diesem Beispiel zeigt sich daher, dass die einstweilige Anordnung nach § 32 BVerfGG ein relativ unzulängliches Mittel darstellt, um die Länderrechte im Kontext der europäischen Rechtsetzung effektiv zu sichern.

3.1.4 Art. 23 GG in der Praxis

In Anbetracht der seitenfüllenden Meinungsverschiedenheiten in der Literatur müsste man eigentlich davon ausgehen, dass es auch in der Praxis immer wieder zu Streitigkeiten rund um Art. 23 GG kommt. Zwischen Bundesrat und Bundesregierung hat sich aber zumindest insofern ein relativ reibungsloses Zusammenwirken eingespielt, als ein handfester Streit bisher ausgeblieben ist. So ist bis jetzt noch kein Organstreitverfahren wegen Art. 23 Abs. 2-6 GG vor dem Bundesverfassungsgericht geführt worden.[77] Nicht zuletzt aus diesem

---

73 Classen, Claus Dieter: In: v. Mangoldt, Hermann/Klein, Friedrich/Starck, Christian: Das Bonner Grundgesetz, Bd. 2. 4. Aufl., München, 2000. Art. 23, Rn. 88
74 Vor 1993 war die Mitwirkung des Bundesrates nur einfachgesetzlich geregelt, so dass die Länder verfassungsrechtlich mit dem Gebot der Bundestreue argumentieren mussten, wenn sie ihre Verfahrensrechte als verletzt ansahen. Vgl. Lorz, Ralph Alexander: Interorganrespekt im Verfassungsrecht. Tübingen, 2001. S. 12ff., 49ff.; und insgesamt Bauer, Hartmut: Die Bundestreue. Tübingen, 1999
75 Ausführlicher hierzu Winkelmann, Ingo: Die Bundesregierung als Sachwalter von Länderrechten. In: DÖV 1996. S. 1ff.; Ress, Hans-Konrad: Die Beteiligung der deutschen Bundesländer am Rechtsetzungsprozess der Europäischen Gemeinschaft – BVerfGE 92, 203. In: JuS 1998. S. 17
76 BVerfGE 92, 203
77 Rojahn, Ondolf: In: v. Münch, Ingo/Kunig, Philip: GG-Kommentar, Bd. 2. 4. Aufl., München, 2001. Art. 23, Rn. 79

Grund erweist es sich jedoch als schwierig zu bestimmen, ob durch die Einführung von Art. 23 GG die Einflussnahme des Bundesrates tatsächlich gestärkt worden ist.[78]

3.1.5 Fazit

Das von Art. 23 GG installierte komplizierte System abgestufter Mitwirkungserfordernisse beinhaltet eine Reihe unbestimmter auslegungsbedürftiger Rechtsbegriffe, die nur begrenzt justitiabel sind. In der Literatur ist Art. 23 GG deshalb insbesondere wegen seiner Verfahrensregelungen überwiegend kritisch beurteilt worden.[79] Zwar ist es in der Praxis trotz der aufgeführten Probleme nicht zu großen Streitigkeiten gekommen. Das sollte aber nicht dazu führen, den bestehenden Änderungsbedarf zu übersehen. Art. 23 GG stellt für den europäischen Integrationsprozess die entscheidende Norm schlechthin dar. Sich nur darauf zu verlassen, dass die mit seiner Ausfüllung betrauten Organe in der Praxis auch weiterhin damit zurechtkommen werden, erscheint daher unbefriedigend. Vorzuziehen wäre es in jedem Fall, die verwendeten Begriffe eindeutiger und verständlicher zu fassen, nicht zuletzt deshalb, damit die Bevölkerung Entscheidungsprozesse besser verfolgen kann und die Akzeptanz des europäischen Integrationsprozesses insgesamt gestärkt wird.

3.2 Das föderale Strukturproblem

Neben dem Auslegungsproblem enthält Art. 23 Abs. 2-6 GG ein generelles Strukturproblem: Durch die kanalisierte Mitwirkung der Länder über den Bundesrat werden die Kompetenzverluste der Länder nicht hinreichend kompensiert. Vielmehr trägt der so verstärkte Beteiligungsföderalismus[80] dazu bei, die Eigenstaatlichkeit und Autonomie der Länder sukzessive auszuhöhlen.[81]

Dass diese Art der Mitwirkung der Länder grundsätzlich von der Verfassung gewollt ist, wird durch Art. 50 GG unterstrichen, der gleichzeitig mit Art. 23 GG geändert wurde: „Durch den Bundesrat wirken die Länder bei der Gesetzgebung und Verwaltung des Bundes und in Angelegenheiten der Europäischen Union mit." Im Bundesrat sind aber gem. Art. 51 Abs. 1 GG nur Mitglieder der Landesregierungen, d.h. der Exekutive vertreten. Eine Kontroll- und Einwirkungsmöglichkeit der Landtage – als Legislativen der Länder – auf den Bundesrat ist demgegenüber im Grundgesetz nicht vorgesehen. Insbesondere sind die Mitglieder des Bundesrates nicht an Weisungen der Landesparlamente gebunden.[82] Beteiligungsföderalismus dieser Art ist daher immer gleichbedeutend mit Exekutivföderalismus. Dem Exekutivföderа-

---

78 Pilz, Frank/Ortwein, Heike: Das politische System Deutschlands. 3. Aufl., München, 2000. S. 256; Ipsen, Jörn: Staatsrecht I. 11. Aufl., Neuwied/Kriftel, 1999. Rn. 340
79 Vgl. etwa Pernice, Ingolf: Europäische Union. Gefahr oder Chance für den Föderalismus in Deutschland, Österreich und der Schweiz? In: DVBl. 1993. S. 918ff.; Schwarze, Jürgen: Das Staatsrecht in Europa. In: JZ 1993. S. 590; Classen, Claus Dieter: Maastricht und die Verfassung – kritische Bemerkung zum neuen „Europa-Artikel" 23 GG. In: ZRP 1993. S. 57; Everling, Ulrich: Überlegungen zur Struktur der Europäischen Union und zum neuen Europaartikel des Grundgesetzes. In: DVBl. 1993. S. 936; Breuer, Rüdiger: Die Sackgasse des neuen Europaartikels (Art. 23 GG). In: NVwZ 1994. S. 429; Ossenbühl, Fritz: Maastricht und das Grundgesetz – eine verfassungsrechtliche Wende? In: DVBl. 1993. S. 630
80 Ausführlich zu den Begriffen Beteiligungs-, Substanz- und Exekutivföderalismus Luthardt, Wolfgang: Europäischer Integrationsprozess, deutscher Föderalismus und Verhandlungsprozesse in einem Mehrebenensystem. Beteiligungsföderalismus als Zukunftsmodell? In: Staatswissenschaften und Staatspraxis 1996. S. 295
81 Klatt, Hartmut: Europapolitik im föderalstaatlichen System der Bundesrepublik. In: Staatswissenschaften und Staatspraxis 1998. S. 47
82 BVerfGE 8, 104, 120

lismus ist jedoch auf Grund seiner kompetentiellen und institutionellen Grundstruktur das Problem immanent, dass er zu intransparenten Entscheidungsfindungsprozessen und unklaren Verantwortlichkeiten neigt.[83]

Weitere Nahrung erhält dieses strukturelle Problem durch die bereits erwähnte „doppelte Politikverflechtung", also dadurch, dass nicht nur der Bund mit den Ländern, sondern auch der Bund mit der EU verflochten ist. Intransparenz, eine Landespolitik des kleinsten gemeinsamen Nenners und letztlich eine Entmachtung der Landtage sind hiervon die zwangsläufige Folge.[84] Mangels direkter Kontroll- und Einwirkungsmöglichkeiten der Länder bzw. der Landesparlamente wirkt der Bundesrat gewissermaßen als ein Filter, der den demokratischen Kontroll- und Legitimationszusammenhang unterbricht und so ein Demokratiedefizit zur Folge hat.[85] Dieses auf innerstaatlicher Ebene bestehende Demokratiedefizit wird durch die dominierende Exekutivstruktur der EU-Rechtsetzungsorgane noch verstärkt.

4. Reformperspektiven

Die vorangegangenen Ausführungen haben gezeigt, dass ungeachtet des noch relativ jungen Alters von Art. 23 GG ein erheblicher Reformbedarf besteht. Zum einen sollten rechtstechnische Unklarheiten in Art. 23 Abs. 2-6 GG beseitigt werden. Außerdem ist in sprachlicher und redaktioneller Hinsicht zu überlegen, ob die Norm zu ihrer besseren Erfassung und Verständlichkeit nicht insgesamt kürzer gefasst werden könnte. Vor allem folgende Klarstellungen bzw. Modifikationen erscheinen im Interesse einer effektiveren Wahrung der Länderrechte wünschenswert:

– dass der Begriff der „maßgeblichen Berücksichtigung" der Auffassung der Länder in Art. 23 Abs. 5 S. 2 GG im Ergebnis ein Letztentscheidungsrecht des Bundesrates bedeutet;
– dass auch im Bereich der konkurrierenden und der Rahmengesetzgebung Gesetzgebungsbefugnisse der Länder im Sinne von Art. 23 Abs. 5 S. 2 GG betroffen werden, wenn für die konkrete Materie noch keine Bundesgesetzgebung vorliegt;
– dass dem Bundesrat in diesem Falle auch die entscheidende Funktion hinsichtlich der Wahrung der gesamtstaatlichen Verantwortung des Bundes zukommt;
– dass die „ausschließlichen Gesetzgebungsbefugnisse der Länder" im Sinne von Art. 23 Abs. 6 GG auch jene Bereiche der konkurrierenden und der Rahmengesetzgebung umfassen, für die keine Erforderlichkeit einer bundesgesetzlichen Regelung besteht;
– und schließlich, dass im Falle der Vertretung Deutschlands auf europäischer Ebene durch einen Landesminister dieser sich auch in der Abstimmung mit der Bundesregierung durchsetzen kann, soweit ihm der Bundesrat dafür die entsprechende Rückendeckung gibt.

Über diese zum Teil eher technischen Punkte hinaus muss das Bund-Länder-Verhältnis innerhalb des europäischen Integrationsprozesses, wie es in Art. 23 GG seinen Niederschlag findet, jedoch auch grundsätzlich neu durchdacht und geregelt werden. Diese Aufgabe wird

---

83 Dann, Philipp: Europäisches Parlament und Exekutivföderalismus. In: Der Staat 2003. S. 369
84 Sturm, Roland: Föderalismus in Deutschland. Opladen, 2001. S. 124
85 Pernice, Ingolf: Europäische Union. Gefahr oder Chance für den Föderalismus in Deutschland, Österreich und der Schweiz? In: DVBl. 1993. S. 920

umso wichtiger, je weiter die Entwicklung der EU voranschreitet.[86] So haben die Länder aktuell im Falle der Unterzeichnung des Europäischen Verfassungsvertrages weitere Kompetenzverluste zu befürchten. Gleichzeitig stellt dieser Vertrag aber auch eine Chance für den Föderalismus in Deutschland dar. Daneben unterstützt ein zweiter Entwicklungsstrang die Autonomie der Länder: die derzeit im Gang befindliche innerstaatliche Föderalismusdiskussion. Beide Entwicklungen sollen im folgenden kurz dargestellt und hinsichtlich ihrer Auswirkungen auf Art. 23 GG bewertet werden.

4.1 Chancen des Europäischen Verfassungsvertrages

Der Europäische Konvent unter dem Vorsitz des ehemaligen französischen Staatspräsidenten Valéry Giscard d'Estaing hat am 18.07.2003 den Entwurf eines Europäischen Verfassungsvertrages an die damalige italienische Ratspräsidentschaft übermittelt.[87] Zwar ist die Annahme dieses Vertrages auf dem Europäischen Rat vom Dezember 2003 noch am Widerstand Spaniens und Polens gegen die neuen Abstimmungsregeln im Ministerrat gescheitert; inzwischen gilt es jedoch wieder als wahrscheinlich, dass es zur Verabschiedung und Ratifikation dieses Verfassungsentwurfs kommen wird. Dieser Ausblick rechtfertigt es, ihn zur Grundlage der weiteren Überlegungen zu machen.

4.1.1 Aussagen des Verfassungsentwurfs zum Föderalismus

Der vorliegende Entwurf einer Europäischen Verfassung (im Folgenden EV) ist aus föderaler Sicht grundsätzlich positiv zu beurteilen. Zwar darf man die möglichen Effekte der neuartigen Zuständigkeitsverteilung zwischen EU und Mitgliedstaaten in Form von Kompetenzkatalogen (Art. I-1-16) nicht überbewerten;[88] doch immerhin werden sich die Kompetenzen in Zukunft etwas klarer abgrenzen lassen mit der positiven Folge für die Länder, dass bestimmte Aufgaben auch wieder an die Mitgliedstaaten zurückgegeben werden können, die dann in Deutschland wiederum der Kompetenzverteilung nach Art. 70ff. GG unterliegen.

Als übergeordnete Prinzipien, die einer extensiven Ausübung der Unionskompetenzen Grenzen ziehen sollen, werden in Art. I.-9 EV die begrenzte Einzelermächtigung, die Subsidiarität und die Verhältnismäßigkeit ausdrücklich genannt.[89] Im Kontext des Subsidiaritätsprinzips[90] werden dabei neben der zentralen ausdrücklich auch die regionalen und lokalen Ebenen der Mitgliedstaaten erwähnt, was den deutschen Bundesländern grundsätzlich bessere Chancen auf die Wahrung ihrer eigenen Kompetenzen eröffnet. Eine zusätzliche

---

86 Maunz, Theodor/Zippelius, Reinhold: Deutsches Staatsrecht. 30. Aufl., München, 1998. S. 115
87 Zum Verfassungskonvent statt vieler: Riedel, Norbert K.: Der Konvent zur Zukunft Europas. In: ZRP 2002. S. 241ff.; Oppermann, Thomas: Vom Nizza-Vertrag 2001 zum Europäischen Verfassungskonvent 2002/2003. In: DVBl. 2003. S. 1ff.; ders.: Eine Verfassung für die Europäische Union. In: DVBl. 2003. S. 1165ff., 1234ff.
88 Vgl. Lorz, Ralph Alexander: Kompetenzen sind der Schlüssel. In: FAZ, 25.10.2002. S. 9
89 Zur Bedeutung dieser Prinzipien statt vieler: Oppermann, Thomas: Europarecht. 2. Aufl., München, 1999. Rn. 513
90 Das Subsidiaritätsprinzip besagt in seiner derzeitigen Fassung (Art. 5 Abs. 2 EGV), dass die Gemeinschaft in den Bereichen, die nicht in ihre ausschließliche Zuständigkeit fallen, nur tätig werden darf, „soweit und sofern die Ziele der in Betracht gezogenen Maßnahmen auf der Ebene der Mitgliedstaaten nicht ausreichend erreicht werden können und daher wegen ihres Umfanges oder ihrer Wirkungen besser auf Gemeinschaftsebene erreicht werden können". Da die subnationalen Ebenen der Mitgliedstaaten aber nicht ausdrücklich genannt werden, können die Länder direkt aus dem Subsidiaritätsprinzip für sich keine Rechte ableiten.

Stütze erhalten die föderalen Strukturen dadurch, dass das Verhältnismäßigkeitsprinzip als Kompetenzausübungsschranke nicht nur inhaltlich, sondern auch formal, d.h. bei der Wahl der Handlungsform gelten soll.[91]

Schließlich hat die mangelnde Justitiabilität dieser Begriffe durch die Zusatzprotokolle über die Anwendung der Grundsätze der Subsidiarität und der Verhältnismäßigkeit und über die Rolle der nationalen Parlamente in der Europäischen Union, denen Art. IV-6 EV Verfassungsrang zuweist, eine Verbesserung erfahren. Die nationalen Parlamente müssen in Zukunft von der Kommission über einen beabsichtigten Gesetzgebungsakt frühzeitig unterrichtet werden[92] und können begründete Zweifel an dessen Vereinbarkeit mit dem Subsidiaritätsprinzip darlegen. Gestärkt wird dieses Frühwarnsystem durch ein Klagerecht der nationalen Parlamente vor dem EuGH.[93] In Staaten mit Zwei-Kammer-Systemen können beide Kammern Klage erheben. Über den Bundesrat – aber auch nur über diesen – werden sich deshalb nach Inkrafttreten der Verfassung auch die deutschen Bundesländer gerichtlich zur Wehr setzen können.[94] Ein entsprechendes Klagerecht wird außerdem dem Ausschuss der Regionen zustehen, wenn er in dem fraglichen Gesetzgebungsverfahren ein Anhörungsrecht besitzt. Dadurch wird die Position des Ausschusses der Regionen verstärkt, der bisher an Rechtsetzungsakten der Union nur beratend mitwirken kann.

4.1.2 Folgen für das Verhältnis von Bund und Ländern in Deutschland

Insgesamt sind also bei der Kompetenzabgrenzung zwischen Union und Mitgliedstaaten auf der Grundlage des Subsidiaritätsprinzips,[95] die zu Recht als eine der Schlüsselfragen der europäischen Einigung angesehen wurde,[96] einige Verbesserungen für die Länder und ihre Parlamente erzielt worden.[97] Der Entwurf macht darüber hinaus an mehreren Stellen deutlich, dass die EU den Regionen der Mitgliedstaaten zukünftig mehr Beachtung schenken will. In Art. I-5 EV wird die Union verpflichtet, auf die nationale Identität der Mitglied-

---

91 Schwarze, Jürgen: Ein pragmatischer Verfassungsentwurf – Analyse und Bewertung des vom Europäischen Verfassungskonvent vorgelegten Entwurfs eines Vertrages über eine Verfassung für Europa. In: EuR 2003. S. 542
92 Zum Ablauf dieses Verfahrens ausführlich Epping, Volker: Die Verfassung Europas. In: JZ 2003. S. 827
93 Der Konvent hat sich also hinsichtlich der viel diskutierten Frage, wer über die Einhaltung des Subsidiaritätsprinzips wachen soll, für den EuGH ohne Besetzungsänderung entschieden, d.h. ohne die Schaffung einer besonderen Kammer und ohne eine Ergänzung durch nationale Richter. Zu der zugrundeliegenden Diskussion vgl. Everling, Ulrich: Quis custodiet custodes ipsos? In: EuZW 2002. S. 360; Goll, Ulrich/Kenntner, Markus: Brauchen wir ein Europäisches Kompetenzgericht? In: EuZW 2002. S. 709ff.; Colneric, Ninon: Der Gerichtshof der Europäischen Gemeinschaften als Kompetenzgericht. In: EuZW 2002. S. 709. In dieser Entscheidung des Konvents liegt aber auch eine der größten Schwächen der neuen Konzeption des Subsidiaritätsprinzips; dazu Koenig, Christian/Lorz, Ralph Alexander: Die Stärkung des Subsidiaritätsprinzips. In: JZ 2003. S. 167ff.
94 Die Länder als solche haben also keine direkte Klagemöglichkeit; vgl. Schwarze, Jürgen: Ein pragmatischer Verfassungsentwurf – Analyse und Bewertung des vom Europäischen Verfassungskonvent vorgelegten Entwurfs eines Vertrages über eine Verfassung für Europa. In: EuR 2003. S. 546
95 Vgl. dazu die 23. Erklärung zum Nizza-Vertrag „Erklärung zur Zukunft der Europäischen Union", ABl. EG Nr. C 80 vom 10.3.2001. S. 85; und die Erklärung von Laeken zur Einsetzung des Europäischen Verfassungskonvents (SN 283/01); ferner die Eisenacher Entschließung der deutschen Landtagspräsidentenkonferenz vom 3./4.6.2002 und die Beschlüsse des Bundesrates vom 20.12.2001 und vom 12.7.2002 (BR-Drs. 1081/01 und 586/02)
96 Pernice, Ingolf: Kompetenzabgrenzung im Europäischen Verfassungsverbund. In: JZ 2000. S. 867; Everling, Ulrich: Quis custodiet custodes ipsos? In: EuZW 2002. S. 357
97 Straub, Peter: Der Entwurf des EU-Verfassungsvertrages aus Sicht der deutschen Länder und ihrer Parlamente. In: ZG 2003. S. 364

staaten Rücksicht zu nehmen, „die in deren grundlegender politischer und verfassungsrechtlicher Struktur einschließlich der regionalen und kommunalen Selbstverwaltung zum Ausdruck kommt". Auf der Basis des hier zum Ausdruck kommenden Prinzips der wechselseitigen Rücksichtnahme, das sich seinerseits aus dem Gedanken der Gemeinschaftstreue ableitet, können grundsätzlich auch föderale Interessen der Mitgliedstaaten gegenüber der Union geltend gemacht werden.[98]

Dennoch bleibt der Konventsentwurf weit davon entfernt, alle Desiderata der deutschen Bundesländer zu erfüllen. Auffällig ist hier vor allem die vollständige „Mediatisierung" der Länder durch den Bundesrat als der aus europäischer Sicht „zweiten Kammer" des deutschen parlamentarischen Systems. Eine eigenständige Rolle einzelner Länder etwa im Rahmen des vorgesehenen „Frühwarnsystems" gibt es nicht. Darüber hinaus überlässt es Abs. 7 des Subsidiaritätsprotokolls ausdrücklich den innerstaatlichen Rechtsordnungen, das Klagerecht der Parlamente näher auszugestalten. Zwar reflektieren diese Beobachtungen im Kern nur den Respekt, den die europäische Rechtsordnung den besonderen innerstaatlichen Strukturen ihrer Mitgliedstaaten in der Tat schuldet, und sind daher nicht geeignet, einen Vorwurf an die Autoren des Konventsentwurfs zu begründen. Sie zeigen jedoch zugleich auf, wo eine mögliche Reform der in Art. 23 GG festgeschriebenen Kooperationsmechanismen auf der Basis der Europäischen Verfassung ansetzen muss. Diese Frage wird sich ihrerseits nicht von der Gesamtreform des deutschen Föderalismus trennen lassen, die zu entwerfen im Moment eine eigene Kommission unternimmt.

4.2 Chancen der Föderalismusreform

Mit der Einsetzung dieser Kommission zur Modernisierung der bundesstaatlichen Ordnung[99] durch Bundestag und Bundesrat, die bis Ende 2004 Vorschläge zur Änderung des Grundgesetzes unterbreiten soll, ist die Diskussion um eine Reform des deutschen Föderalismus in eine entscheidende Phase getreten. Die Bundesregierung,[100] die Ministerpräsidenten sowie der „Föderalismuskonvent der deutschen Landesparlamente"[101] haben ihre Reformvorschläge vorgelegt. Hinsichtlich der (Neu-)Verteilung der Gesetzgebungskompetenzen setzen sie zum einen bei der kritischen Überprüfung der umfangreichen Kompetenzkataloge der Art. 73ff. GG an. Zum anderen zielen sie auf eine Reform der konkurrierenden Gesetzgebungskompetenz durch die Ergänzung des Art. 72 GG um eine „umgekehrt konkurrierende" Gesetzgebung sowie auf die Ersetzung der Rahmen- (Art. 75 GG) durch eine Grundsatzgesetzgebung.[102]

---

98 Mit diesem Gedanken spielt schon Pernice, Ingolf: Europäische Union. Gefahr oder Chance für den Föderalismus in Deutschland, Österreich und der Schweiz? In: DVBl. 1993. S. 911. Zur Gemeinschaftstreue vgl. i. einz. die Nachweise bei Lorz, Ralph Alexander: Interorganrespekt im Verfassungsrecht. Tübingen, 2001. S. 72ff.
99 BT-Drs. 15/1685
100 Zur Position der Bundesregierung vgl. Zypries, Brigitte: Reform der bundesstaatlichen Ordnung im Bereich der Gesetzgebung. In: ZRP 2003. S. 265
101 Dazu Schöning, Jürgen: Der Föderalismuskonvent der deutschen Landesparlamente am 31. März 2003 in Lübeck. In: ZG 2003. S. 166
102 Jochum, Heike: Ist die legislative Kompetenzordnung des Grundgesetzes reformbedürftig? In: ZRP 2002. S. 255

Eine Einzelbewertung dieser Vorschläge kann im vorliegenden Kontext nicht geleistet werden.[103] In pauschalisierender Betrachtung scheinen sie jedoch grundsätzlich dazu geeignet zu sein, durch einen Zuwachs an Kompetenzen die eigenstaatliche Substanz der Länder wieder zu stärken. Für Art. 23 Abs. 4-6 GG hätte dies zur Konsequenz, dass die Stellungnahmen des Bundesrates öfter als bisher „maßgeblich" berücksichtigt werden müssten. Die Entflechtung von Kompetenzen würde zudem eine wichtige Klarstellungsfunktion für Art. 23 Abs. 4-6 GG erfüllen, weil die betroffenen Materien dann leichter den verschiedenen Verfahren zugeordnet werden könnten. Das zu Beginn angesprochene Strukturproblem von Art. 23 Abs. 4-6 GG mit seiner Ausrichtung auf einen „Exekutivföderalismus" wird damit jedoch nicht gelöst, sondern vielleicht sogar verschärft. Denn es bleibt in jedem Fall bei dem Grundsatz, dass die Kompetenzverluste der Länder im europäischen Einigungsprozess nur durch Mitwirkungsrechte des Bundesrates kompensiert werden. Die Landtage werden hingegen nach wie vor aus den entsprechenden Entscheidungsprozessen herausgehalten. Welche Alternativen sind denkbar, um diesen Zustand zu ändern?

4.3 Möglichkeiten einer Beteiligung der Länderparlamente

Das übergeordnete Ziel der hierzu vorgestellten Überlegungen besteht darin, die Länderparlamente als die einzigen unmittelbar demokratisch legitimierten Organe der Länder direkt an der Willensbildung des Bundes in europäischen Angelegenheiten zu beteiligen. Denkbar ist hier zum einen, dass die Bundesregierung direkt in die Pflicht genommen wird, bei schwerpunktmäßiger Betroffenheit von Länderkompetenzen die Stellungnahmen der Länderparlamente gesondert zu berücksichtigen. Zum anderen könnten auch die Landesregierungen dahingehend in die Pflicht genommen werden, die Weisungen ihrer Parlamente maßgeblich beachten und im Bundesrat durchsetzen zu müssen.

4.3.1 Bindung der Bundesregierung an Voten der Länderparlamente

Hinsichtlich der ersten Alternative ist zunächst zu untersuchen, ob eine Beteiligung der Landtage an der Willensbildung der Bundesregierung, die die Bundesrepublik Deutschland grundsätzlich im Verhältnis zu den Organen der Europäischen Union vertritt, verfassungsrechtlich überhaupt möglich ist.[104] Dieses schon in den siebziger und achtziger Jahren diskutierte Thema gewinnt im Hinblick auf den sich abzeichnenden Europäischen Verfassungsvertrag, der wie jeder bisherige Integrationsschritt mit weiteren Kompetenzverlusten der Länder verbunden wäre, an neuer Brisanz.

4.3.1.1 Bestandsaufnahme

Die derzeitige Ausgestaltung der föderativen staatlichen Struktur Deutschlands lässt eine stärkere Einbeziehung der Länderparlamente im Sinne einer Verbindlichkeit ihrer Stellungnahmen für die Bundesregierung nicht zu. Bestrebungen zu Gunsten einer derartigen Einbeziehung hat es bislang – verständlicherweise – vor allem von Seiten der Länderparlamente gegeben. So hat die 70. Konferenz ihrer Präsidentinnen und Präsidenten am

---

103 Zur Bewertung stv. Möstl, Markus: Neuordnung der Gesetzgebungskompetenzen von Bund und Ländern. In: ZG 2003. S. 297ff.; Wilms, Heinrich: Überlegungen zur Reform des Föderalismus in Deutschland. In: ZRP 2003. S. 86ff.
104 Vgl. dazu schon BVerfGE 92, 203, 230 – EG-Fernsehrichtlinie

11.5.1992[105] unter anderem gefordert, die Landtage müssten an künftigen Übertragungen von Hoheitsrechten auf zwischenstaatliche Einrichtungen unmittelbar beteiligt werden. Darüber hinaus sei die Notwendigkeit einer Beteiligung der Länderparlamente bei der Ausgestaltung der Mitwirkungsrechte der Länder an der Willensbildung des Bundes zu berücksichtigen.

Mit der Neufassung des Art. 23 GG hat sich der Verfassungsgesetzgeber aber, was das Verhältnis der Länder- zur Bundesebene angeht, für ein uneingeschränktes Festhalten an der bisherigen Ausgestaltung der föderativen Staatsstruktur Deutschlands entschieden.[106] Die gleichzeitig erfolgte Änderung des Art. 50 GG, nach dem die Länder jetzt auch in Angelegenheiten der Europäischen Union durch den Bundesrat mitwirken, und die unveränderte Regelung des Art. 51 GG, nach der im Bundesrat nur Mitglieder „der Regierungen der Länder" vertreten sind, unterstreichen ebenfalls die dezidierte Ablehnung des auf dem Gedanken der Repräsentanz der Landesstaatsvölker beruhenden Senatsprinzips durch das Grundgesetz in seiner derzeitigen Fassung.[107]

4.3.1.2 Möglichkeit einer Grundgesetzänderung

Dass der Verfassungsgesetzgeber sich vor zehn Jahren gegen eine direkte Beteiligung der Landtage im Rahmen von Art. 23 GG ausgesprochen hat, bedeutet jedoch nicht, dass eine solche verfassungsrechtlich nicht möglich wäre. Eine Beteiligung der Länderparlamente an der Willensbildung des Bundes ist zwar nirgendwo im Grundgesetz vorgesehen, aber auch nicht ausdrücklich ausgeschlossen.[108] Insbesondere widerspricht sie nicht der Ewigkeitsgarantie des Art. 79 Abs. 3 GG,[109] der das Bundesstaatsprinzip in doppelter Weise sichert: Einmal durch den Verweis auf Art. 20 Abs. 1 GG, zu dessen unabänderlichem Kern das Bundesstaatsprinzip gehört, und zum anderen durch die ausdrückliche Gewährleistung der „grundsätzlichen Mitwirkung der Länder bei der Gesetzgebung". Denn Art. 79 Abs. 3 GG schreibt nur die bundesstaatliche Struktur als solche fest, lässt aber Änderungen, die die konkrete Ausgestaltung des Bundesstaatsprinzips betreffen, durchaus zu.[110] Das Bundesstaatsprinzip umfasst daher nur das „Ob" der Ländermitwirkung, nicht das „Wie". Selbst eine völlige Abkehr vom Bundesratsmodell und eine Einführung des Senatsmodells, nach dem die zweite Kammer entweder aus Delegierten der Länderparlamente bestünde oder gleich direkt von der Bevölkerung der einzelnen Länder gewählt würde, würde noch längst nicht gegen die Ewigkeitsgarantie verstoßen. Das wird nicht zuletzt durch die Tatsache untermauert, dass die Entscheidung für ein Senatsmodell im Parlamentarischen Rat durchaus zur Debatte stand und letztlich nur relativ knapp scheiterte. Unter den demokratischen Bundesstaaten dieser Welt steht Deutschland mit seinem Bundesratsmodell sogar ziemlich allein da.

---

105 Vgl. für Nordrhein-Westfalen die Beiträge von Farthmann. S. 188; Worm. S. 190ff.; Riemer. S. 202ff. In: von Alemann, Ulrich/Heinze, Rolf/Hombach, Bodo (Hrsg): Die Kraft der Region. Nordrhein-Westfalen in Europa. Opladen, 1990
106 Dästner, Christian: Zur Aufgabenverteilung zwischen Bundesrat, Landesregierung und Landesparlamenten in Angelegenheiten der Europäischen Union. In: NWVBl. 1994. S. 3
107 Müller, Mechthild: Die Mitwirkung der Landesparlamente in Bundesrats- und Europaangelegenheiten. In: DÖV 1993. S. 104
108 Scholz, Rupert: In: Maunz, Theodor/Dürig, Günter: GG-Kommentar. München, Loseblatt. Art. 23, Rn. 140
109 Dies ist allerdings nicht unumstritten. Vgl. Dästner, Christian: Zur Aufgabenverteilung zwischen Bundesrat, Landesregierung und Landesparlamenten in Angelegenheiten der Europäischen Union. In: NWVBl. 1994. S. 3; mit Verweis auf die ältere Kommentierung von Dürig, Günter: In: Maunz, Theodor/Dürig, Günter: GG-Kommentar. München, Loseblatt. Art. 79, Rn. 36 (Fn. 1)
110 Maurer, Hartmut: Staatsrecht. 3. Aufl., München, 2003. § 10, Rn. 17

Das Prinzip des Exekutivföderalismus im Grundgesetz kann daher keineswegs als in Stein gehauen betrachtet werden. Auch ohne die Grundentscheidung der Verfassung zugunsten des Bundesratsmodells aufzuheben, wäre es denkbar, speziell für die europäischen Angelegenheiten in Art. 23 GG eine tragende Rolle der Länderparlamente vorzusehen. Allerdings kann man diesem Reformvorschlag angesichts der derzeitigen Meinungslage innerhalb der Verfassungsorgane wohl keine allzu hohen Aussichten auf Verwirklichung zubilligen.

4.3.2 Bindung der Landesregierungen an Stellungnahmen ihrer Landtage

Daher erscheint die zweite oben aufgeworfene Alternative erfolgversprechender, den Länderparlamenten eine stärkere formelle Einflussnahme auf die Willensbildung der von ihnen getragenen Regierungen einzuräumen, die sich dann über ein entsprechendes Abstimmungsverhalten der jeweiligen Landesregierung im Bundesrat indirekt auf die Willensbildung des Bundes in europäischen Angelegenheiten auswirken würde. Könnte man also einer Landesregierung in Parallele zu der bundesrechtlichen Regelung auferlegen, eine Stellungnahme ihres Landtages zu einem geplanten Rechtsetzungsakt der Europäischen Union als rechtlich verbindlich zu berücksichtigen?[111]

4.3.2.1 Ausgangslage

In den meisten Bundesländern beschränken sich die Verpflichtungen der Landesregierung gegenüber dem Landtag in Bundes- und Europaangelegenheiten auf eine reine – zeitlich nicht gebundene – Unterrichtungspflicht. Gesicherter Bestand der Staatspraxis sind darüber hinaus die Absprachen verschiedener Landesregierungen mit ihren Landtagen über eine wirksame und frühzeitige Unterrichtung des Parlaments über Bundesratsangelegenheiten. Sie sind bereits in der Vergangenheit auf die Information der Landtage über EG-Angelegenheiten erstreckt worden. Diese Staatspraxis ließe sich freilich rechtlich noch besser verankern und außerdem in ganz Deutschland vereinheitlichen, wenn eine entsprechende Verpflichtung zur Information – und insbesondere zu einer unverzüglichen Unterrichtung – in den einzelnen Landesverfassungen festgeschrieben würde.

Davon abgesehen besteht allerdings zum großen Teil Einigkeit darin, dass die Länderparlamente den Landesregierungen in Bundesratsangelegenheiten keine verbindlichen Weisungen erteilen dürfen,[112] während die Landesregierungen umgekehrt gegenüber den Mitgliedern des Bundesrates ein Weisungsrecht haben.[113] Das ergibt sich im Wesentlichen aus einer Gesamtschau der Verfassungsbestimmungen, die direkte oder indirekte Aussagen zum Verhältnis von Regierung und Parlament enthalten.[114] Eine Änderung der einzelnen Landesverfassungen im Bereich des Innenverhältnisses zwischen Landtag und Landesregierung ist deshalb zwar grundsätzlich möglich; sie darf aber nicht dazu führen, dass die Länderparlamente praktisch durch die Hintertür in die Entscheidungen des Bundesrates hin-

---

111 Vgl. Dästner, Christian: Zur Aufgabenverteilung zwischen Bundesrat, Landesregierungen und Landesparlamenten in Angelegenheiten der Europäischen Union. In: DVBl. 1994. S. 5
112 Linck, Joachim: Zur Einflussnahme der Landesparlamente auf die Landesregierungen in Bundesratsangelegenheiten. In: DVBl. 1974. S. 863; Kratzsch, Otger: Verfassungsrechtliche Probleme einer Mitwirkung der Landesparlamente an Bundesratsangelegenheiten. In: DÖV 1975. S. 115; Lenz, Helmut: Die Landtage als staatsnotarielle Ratifikationsämter. In: DÖV 1977. S. 160f.
113 BVerfGE 8, 104, 120
114 Linck, Joachim: Zur Einflussnahme der Landesparlamente auf die Landesregierungen in Bundesratsangelegenheiten. In: DVBl. 1974. S. 863

einwirken, obwohl ihnen dies nach der bundesverfassungsrechtlichen Struktur verwehrt ist.[115]

4.3.2.2 Reformvorschlag

Ein verfassungsrechtlich gangbarer Ausweg lässt sich hier jedoch dadurch finden, dass man die Vorschriften auf landesverfassungsrechtlicher Ebene analog zu denen konstruiert, die das Verhältnis zwischen Bundesregierung und Bundestag auf bundesverfassungsrechtlicher Ebene regeln. Dort findet sich beispielsweise in Art. 23 Abs. 2 S. 2 GG die auf Landesebene oben als wünschenswert apostrophierte Verpflichtung der Bundesregierung zur umfassenden und frühestmöglichen Unterrichtung des Bundestages.[116] Art. 23 Abs. 3 S. 1 GG verlangt weiterhin, dem Bundestag Gelegenheit zur Stellungnahme zu geben, wenn ein Rechtsetzungsakt der Europäischen Union im Raum steht, wobei § 5 S. 2 ZEUBBG zusätzlich klarstellt, dass dem Bundestag hierfür eine ausreichende Frist zu geben ist. Schließlich hat die Bundesregierung die Stellungnahme des Bundestages nach § 5 S. 3 ZEUBBG als Basis ihrer eigenen Willensbildung zu Grunde zu legen und nach Art. 23 Abs. 3 S. 2 GG bei allen Verhandlungen auf europäischer Ebene zu berücksichtigen.[117]

Diese Konstruktion ist insofern meisterhaft geglückt, als sie das Letztentscheidungsrecht der Bundesregierung hinsichtlich der Festlegung der deutschen Position im europäischen Ministerrat, das in dieser Form auch vom Bundestag zu respektieren ist, grundsätzlich unangetastet lässt, zum Ausgleich dafür jedoch eine umfassende Informations- und Konsultationspflicht der Bundesregierung gegenüber dem Bundestag statuiert, der damit zu jeder Zeit voll in den Entscheidungsprozess eingebunden bleibt.[118] Darüber hinaus stellt die Zugrundelegungs- und Berücksichtigungspflicht der Bundesregierung im Sinne einer loyalen Kooperation zwischen den Verfassungsorganen sicher, dass die Stellungnahmen des Bundestages nicht ungehört verhallen, indem sie es der Regierung jedenfalls verwehrt, sich darüber einfach hinwegzusetzen, sondern ihr im Falle der Nichtbeachtung einer solchen Stellungnahme mindestens eine Begründungspflicht für ihr Abweichen gegenüber dem Bundestag auferlegt.[119]

Die Einführung vergleichbarer Regelungen auf landesverfassungsrechtlicher Ebene würde bedeuten, dass die Landesregierungen zwar das grundgesetzlich gebotene Letztentscheidungsrecht hinsichtlich der Festlegung der Position ihrer Länder im Bundesrat behielten, die Landtage jedoch über Information und Konsultation umfassend an dieser Festlegung beteiligt würden. Eine Pflicht der Landesregierungen, die von den Landtagen in diesem Zusammenhang formulierten Stellungnahmen ihrer eigenen Willensbildung zugrunde zu legen und bei den Verhandlungen im Bundesrat zu berücksichtigen bzw. im Falle einer als erforderlich erkannten Abweichung von einer solchen Stellungnahme dem Landtag darüber Rechenschaft zu geben, würde sicherstellen, dass die Auffassungen der Länderparlamente auch tatsächlich Gehör fänden, ohne die Landesregierungen ihres notwendigen Entscheidungsspielraums zu berauben. Schließlich könnten einer solchen Ausgestaltung keine bundesverfassungsrechtlichen Bedenken entgegengehalten werden, da es mehr als merk-

---

115 BVerfGE 8, 104, 120
116 Näher hierzu Möller, Franz/Limpert, Martin: Informations- und Mitwirkungsrechte des Bundestages in Angelegenheiten der Europäischen Union. In: ZParl 1993. S. 25f.
117 Zum Verhältnis dieser beiden Termini vgl. Hauck, Felix: Mitwirkungsrechte des Bundestages in Angelegenheiten der Europäischen Union. Berlin, 1999. S. 116ff.
118 I. einz. hierzu Lorz, Ralph Alexander: Interorganrespekt im Verfassungsrecht. Tübingen, 2001. S. 337f.
119 Ebd.; vgl. a. Lang, Ruth: Die Mitwirkungsrechte des Bundesrates und des Bundestages in Angelegenheiten der Europäischen Union gemäß Artikel 23 Abs. 2 bis 7 GG. Berlin, 1997. S. 315f.

würdig wäre, wenn die Länder das Innenverhältnis ihrer Verfassungsorgane nicht in gleicher Weise regeln dürften, wie dies das Grundgesetz für die Verfassungsorgane des Bundes tut. Nach alledem kann die Schaffung entsprechender Bestimmungen als Pendant zur Reform des Art. 23 GG für die zentrale Aufgabe des Landesverfassungsrechts hinsichtlich der europäischen Angelegenheiten angesehen werden.

4.4 Unmittelbare Beteiligung der Länder auf europäischer Ebene

Nur der Vollständigkeit halber sei schließlich darauf verwiesen, dass durch den Ausschuss der Regionen die Länder ihre Interessen auf europäischer Ebene auch durch eigenständige Aktivitäten gegenüber Rat und Kommission artikulieren können.[120] Denn es ist Sache der Länder und nicht des Bundesrates, die 24 deutschen Mitglieder dieses Ausschusses zu bestimmen[121]. Der Ausschuss der Regionen gehört freilich bisher nicht zu den Hauptorganen der Union, sondern stellt nach Art. 265 EGV nur ein beratendes Gremium dar. Jede Ausweitung der Befugnisse dieses Gremiums, wie sie der Konventsentwurf eines Europäischen Verfassungsvertrages beispielsweise hinsichtlich eines eigenständigen Klagerechts vor dem Europäischen Gerichtshof vorsieht, darf deshalb pauschal als im Interesse der deutschen Länder liegend gewertet werden. Darüber hinaus stellt sich auf Landesebene in diesem Zusammenhang wiederum die Frage, inwieweit die Länderparlamente einen unmittelbaren Zugriff auf die Mitgliedschaft in diesem Ausschuß bzw. die Möglichkeit zu einer entsprechenden Einflussnahme auf ihre Landesregierungen erhalten sollen. Die im vorigen Abschnitt hinsichtlich der Mitwirkung an Rechtsetzungsakten der EU vorgeschlagene Konstruktion des Innenverhältnisses zwischen Landtagen und Landesregierungen würde sich jedoch auch zur Lösung dieser Frage als tauglich erweisen.

5. Zusammenfassung und Ausblick

Art. 23 GG reiht sich ein in die mittlerweile immer längere Kette von Verfassungsänderungen aus den letzten Jahren, die unter rechtstechnischen Gesichtspunkten nicht unbedingt als geglückt bezeichnet werden können. Ungeachtet seiner beeindruckenden Länge und seines Bemühens um die Details – ein Charakteristikum, das er beispielsweise mit den Neufassungen von Art. 16 a und 13 GG teilt – weist er relativ viele Unklarheiten und unbestimmte Rechtsbegriffe auf, die zu Auslegungsstreitigkeiten und entsprechenden Meinungsverschiedenheiten geradezu einladen. Wenn man seine Entstehungsgeschichte ins Kalkül zieht, kann das auch nicht wirklich überraschen: Art. 23 GG ist eben ein Produkt harter Verhandlungen vor allem zwischen Bund und Ländern, in denen es um weitreichende politische Machtfragen ging, die unter dem Zeitdruck des fortschreitenden europäischen Integrationsprozesses gelöst werden mussten. Diese Verhandlungen ließen sich aber letztlich nur zu einem erfolgreichen Abschluss bringen, indem man an den entscheidenden Stellen auf Formelkompromisse ausgewichen ist und die Ausfüllung dieser Kompromisse bewusst der Verfassungspraxis überlassen hat.

Gemessen daran hat sich Art. 23 GG in der Verfassungspraxis verblüffend gut bewährt. Dennoch sollte man die jetzt durch den europäischen Verfassungsprozess eröffnete Chance

---

120 Dästner, Christian: Zur Aufgabenverteilung zwischen Bundesrat, Landesregierungen und Landesparlamenten in Angelegenheiten der Europäischen Union. In: DVBl. 1994. S. 6
121 Zu den praktischen Schwierigkeiten bei der Besetzung dieses Ausschusses von deutscher Seite vgl. Kalbfleisch-Kottsieper, Ulla: Fortentwicklung des Föderalismus in Europa. In: DÖV 1993. S. 548f.

zu seiner Reform nicht ungenutzt verstreichen lassen. Neben einer Reihe wünschenswerter Klarstellungen, für die die Zeit nach zehn Jahren Erfahrung mit diesem Verfassungsartikel reif erscheint, werden die Länder dazu für sich die Frage zu entscheiden haben, ob sie mit der ausschließlichen Kompensation ihrer Kompetenzverluste durch Mitwirkungsrechte der Landesregierungen im Bundesrat zufrieden sein oder im Zuge der allgemeinen Überholung des föderativen Systems in Deutschland mehr erreichen wollen.

In diesem Zusammenhang sollte es für die Länder vor allem darum gehen, im Rahmen der neuen Verfahrensmechanismen zur Gewährleistung des Subsidiaritätsprinzips auf europäischer Ebene eine eigenständige Rolle einzunehmen. So sollte beispielsweise die Ausübung des im Subsidiaritätsprotokoll vorgesehenen Klagerechts der nationalen Parlamente vor dem Europäischen Gerichtshof im Zuge seiner innerstaatlichen Ausgestaltung nicht der Bundesregierung überlassen bleiben, da diese dann ihr unliebsame Klagen von Länderseite blockieren bzw. verzögern könnte und vor der Klage in Luxemburg möglicherweise noch ein Verfahren vor dem Bundesverfassungsgericht durchgeführt werden müsste. Vielmehr sollte man nach Möglichkeiten suchen, die Länder in den sie betreffenden Subsidiaritätsfragen über den Bundesrat direkt auf der europäischen Ebene tätig werden zu lassen, etwa indem man den Bundesrat eine entsprechende Klage selbst im Namen der Bundesrepublik Deutschland einlegen und vor dem EuGH vertreten lässt.

Darüber hinaus erscheint es auf der landesverfassungsrechtlichen Ebene wünschenswert, die Länderparlamente stärker in die europäischen Angelegenheiten einzubinden, um so dem ohnedies schon beklagten Bedeutungsverlust der Landtage, der sich durch die absehbaren weiteren Kompetenzverschiebungen zugunsten der Europäischen Union noch verstärken wird, entgegenzuwirken. Dies könnte am einfachsten durch die Einführung einer dem Art. 23 Abs. 3 GG vergleichbaren Norm in die einzelnen Landesverfassungen sowie durch die Schaffung von Landesgesetzen in der Art des EUZBBG geschehen. Dabei handelt es sich freilich nicht mehr um einen Aspekt der Reform von Art. 23 GG, sondern um eine Frage, die letztlich jedes Landesparlament mit seiner Regierung vor Ort zu klären hat.

Literatur

Alemann, Ulrich von/Heinze, Rolf/Hombach, Bodo (Hrsg.): Die Kraft der Region: Nordrhein-Westfalen in Europa. Opladen, 1990
Bauer, Hartmut: Die Bundestreue. Tübingen, 1992
Bleckmann, Albert: Europarecht. 6. Auflage, Köln/Berlin/Bonn/München, 1997
Bohr, Kurt/Albert, Helmut: Die Europäische Union – das Ende der eigenständigen Kulturpolitik der deutschen Bundesländer? In: ZRP 1993. S. 61ff.
Breuer, Rüdiger: Die Sackgasse des neuen Europaartikels (Art. 23 GG). In: NVwZ 1994. S. 417ff.
Classen, Claus Dieter: Maastricht und die Verfassung: Kritische Bemerkungen zum neuen „Europa-Artikel" 23 GG. In: ZRP 1993. S. 57ff.
Colneric, Ninon: Der Gerichtshof der Europäischen Gemeinschaften als Kompetenzgericht. In: EuZW 2002. S. 709ff.
Dann, Philipp: Europäisches Parlament und Exekutivföderalismus. In: Der Staat 2003. S. 355ff.
Dästner, Christian: Zur Aufgabenverteilung zwischen Bundesrat, Landesregierungen und Landesparlamenten in Angelegenheiten der Europäischen Union. In: NWVBl. 1994. S. 1ff.
Di Fabio, Udo: Der neue Art. 23 des Grundgesetzes. In: Der Staat 1993. S. 191ff.
Epping, Volker: Die Verfassung Europas? In: JZ 2003. S. 821ff.
Everling, Ulrich: Quis custodiet custodes ipsos? In: EuZW 2002. S. 357ff.
Everling, Ulrich: Überlegungen zur Struktur der Europäischen Union und zum neuen Europa-Artikel des Grundgesetzes. In: DVBl. 1993. S. 936ff.
Fuchs, Michael: Art. 23 GG in der Bewährung – Anmerkungen aus der Praxis. In: DÖV 2001. S. 233ff.
Geiger, Rudolf: Zur Beteiligung des Gesetzgebers gem. Art. 23 Abs. 1 GG bei Änderung und Erweiterung der Europäischen Union. In: ZG 2003. S. 193ff.

Goll, Ulrich/Kenntner, Markus: Brauchen wir ein Europäisches Kompetenzgericht? In: EuZW 2002. S. 101ff.
Hahn, Karl-Eckhard: Die Zukunft der Länder in Deutschland und Europa sichern. In: ZG 2002. S. 374ff.
Hauck, Felix: Mitwirkungsrechte des Bundestages in Angelegenheiten der Europäischen Union. Berlin, 1999
Hrbek, Rudolf/Thaysen, Ulrich (Hrsg.): Die deutschen Länder und die Europäischen Gemeinschaften. Baden-Baden, 1986
Ipsen, Jörn: Staatsrecht I. 11. Aufl., Neuwied/Kriftel, 1999
Janssen, Albert: Wege aus der Krise des deutschen Bundesstaates – Anmerkungen zu einem notwendigen Vorschlag zur Reform des Grundgesetzes. In: Sonderheft ZG 2000 zur Föderalismusreform. S. 41ff.
Jarass, Hans D./Pieroth, Bodo: Grundgesetz für die Bundesrepublik Deutschland. 6. Aufl., München, 2002
Jochum, Heike: Ist die legislative Kompetenzordnung des Grundgesetzes reformbedürftig? In: ZRP 2002. S. 255ff.
Kalbfleisch-Kottsieper, Ulla: Fortentwicklung des Föderalismus in Europa. In: DÖV 1993. S. 541ff.
Katz, Alfred: Staatsrecht. 14. Aufl., Heidelberg, 1999
Kaufmann, Marcel: Europäische Integration und Demokratieprinzip. Baden-Baden, 1997
Klatt, Hartmut: Europapolitik im föderalistischen System der Bundesrepublik. In: Staatswissenschaften und Staatspraxis 1998. S. 45ff.
Klein, Hans: Der Bundesrat im Regierungssystem der Bundesrepublik Deutschland. In: ZG 2002. S. 297ff.
Koenig, Christian/Lorz, Ralph Alexander: Stärkung des Subsidiaritätsprinzips. In: JZ 2003. S. 167ff.
Kratzsch, Otger: Verfassungsrechtliche Probleme einer Mitwirkung der Landesparlamente an Bundesratsangelegenheiten. In: DÖV 1975. S. 109ff.
Lang, Ruth: Die Mitwirkungsrechte des Bundesrates und des Bundestages in Angelegenheiten der Europäischen Union gemäß Artikel 23 Abs. 2 bis 7 GG. Berlin, 1997
Laufer, Heinz/Münch, Ursula: Das föderative System der Bundesrepublik Deutschland. Opladen, 1998
Laufer, Heinz/Fischer, Thomas: Föderalismus als Strukturprinzip für die Europäische Union. Gütersloh, 1996
Lenz, Helmut: Die Landtage als staatsnotarielle Ratifikationsämter. In: DÖV 1977. S. 157ff.
Linck, Joachim: Zur Einflussnahme der Landesparlamente auf die Landesregierungen in Bundesratsangelegenheiten. In: DVBl. 1974. S. 861ff.
Lorz, Ralph Alexander: Kompetenzen sind der Schlüssel. In: FAZ vom 25.10.2002. S. 9
Lorz, Ralph Alexander: Interorganrespekt im Verfassungsrecht. Tübingen, 2001
Luthardt, Wolfgang: Europäischer Integrationsprozess, deutscher Föderalismus und Verhandlungsprozesse in einem Mehrebenensystem: Beteiligungsföderalismus als Zukunftsmodell? In: Staatswissenschaften und Staatspraxis 1996. S. 293ff.
von Mangoldt, Hermann/Klein, Friedrich/Starck, Christian: Das Bonner Grundgesetz, Bd. 2 (Art. 20-78). 4. Aufl., München, 2000
Maunz, Theodor/Dürig, Günter u.a.: Grundgesetz-Kommentar. Band III (Art. 20a-53). München, Loseblatt (Stand Oktober 2002)
Maunz, Theodor/Zippelius, Reinhold: Deutsches Staatsrecht. 30. Aufl., München, 1998
Maurer, Hartmut: Staatsrecht I. 3. Aufl., München, 2003
Möller, Franz/Limpert, Martin: Informations- und Mitwirkungsrechte des Bundestages in Angelegenheiten der Europäischen Union. In: ZParl 1993. S. 21ff.
Möstl, Markus: Neuordnung der Gesetzgebungskompetenzen von Bund und Ländern. In: ZG 2003. S. 297ff.
Müller, Mechthild: Die Mitwirkung der Landesparlamente in Bundesrats- und Europaangelegenheiten. In: DÖV 1993. S. 103ff.
von Münch, Ingo/Kunig, Philip: Grundgesetz-Kommentar. Band 2 (Art. 20-69). 4. Aufl., München, 2001
Oppermann, Thomas: Europarecht. 2. Aufl., München, 1999
Oppermann, Thomas: Vom Nizza-Vertrag 2001 zum Europäischen Verfassungskonvent 2002/2003. In: DVBl. 2003. S. 1ff.
Oppermann, Thomas: Eine Verfassung für die Europäische Union. In: DVBl. 2003. S. 1165ff. (1. Teil); S. 1234ff. (2. Teil)
Oschatz, Georg-Berndt/Risse, Horst: Die Bundesregierung an der Kette der Länder? In: DÖV 1995. S. 437ff.
Ossenbühl, Fritz: Maastricht und das Grundgesetz – eine verfassungsrechtliche Wende? In: DVBl. 1993. S. 629ff.
Pernice, Ingolf: Kompetenzabgrenzung im Europäischen Verfassungsverbund. In: JZ 2000. S. 866ff.

Pernice, Ingolf: Europäische Union: Gefahr oder Chance für den Föderalismus in Deutschland, Österreich und der Schweiz? In: DVBl. 1993. S. 909ff.
Pilz, Frank/Ortwein, Heike: Das politische System Deutschlands. 3. Aufl., München, 2000
Ress, Hans-Konrad: Die Beteiligung der deutschen Bundesländer am Rechtsetzungsprozess der Europäischen Gemeinschaft – BVerfGE 92, 203. In: JuS 1998. S. 17ff.
Riedel, Norbert: Der Konvent zur Zukunft Europas. In: ZRP 2002. S. 241ff.
Rupp, Hans Heinrich: Anmerkungen zu einer Europäischen Verfassung. In: JZ 2003. S. 18ff.
Schmidt-Bleibtreu, Bruno/Klein, Franz: Kommentar zum Grundgesetz. 8. Aufl., Neuwied/Kriftel/Berlin, 1995
Scholz, Rupert: Europäische Union und deutscher Bundesstaat. In: NVwZ 1993. S. 817ff.
Scholz, Rupert: Grundgesetz und europäische Einigung. In: NJW 1992. S. 2594ff.
Schöning, Jürgen: Der Föderalismuskonvent der deutschen Landesparlamente am 31. März 2003 in Lübeck. In: ZG 2003. S. 166ff.
Schwacke, Peter/Schmidt, Guido: Staatsrecht. 4. Aufl., Köln, 1999
Schwarze, Jürgen: Ein pragmatischer Verfassungsentwurf – Analyse und Bewertung des vom Europäischen Verfassungskonvent vorgelegten Entwurfs eines Vertrages über eine Verfassung für Europa. In: EuR 2003. S. 535ff.
Schwarze, Jürgen: Ist das Grundgesetz ein Hindernis auf dem Weg nach Europa? In: JZ 1999. S. 637ff.
Schwarze, Jürgen: Das Staatsrecht in Europa. In: JZ 1993. S. 585ff.
Spallek, Joachim: Staatsrecht. 14. Aufl., Witten, 2001
Straub, Peter: Der Entwurf des EU-Verfassungsvertrags aus Sicht der deutschen Länder und ihrer Parlamente. In: ZG 2003. S. 354ff.
Sturm, Roland: Föderalismus in Deutschland. Opladen, 2001
Suski, Birgit: Das Europäische Parlament – Volksvertretung ohne Volk und Macht? Berlin, 1996
Wilms, Heinrich: Überlegungen zur Reform des Föderalismus in Deutschland: In: ZRP 2003. S. 86ff.
Winkelmann, Ingo: Die Bundesregierung als Sachwalter von Länderrechten. In: DÖV 1996. S. 1ff.
Zuleeg, Manfred: Die föderativen Grundsätze der Europäischen Union. In: NJW 2000. S. 2846ff.
Zypries, Brigitte: Reform der bundesstaatlichen Ordnung im Bereich der Gesetzgebung. In: ZRP 2003. S. 265ff.

3. NRW und das europäische Mehrebenensystem

Ulrich von Alemann/Klaudia Köhn

Nordrhein-Westfalens Einflusskanäle auf der europäischen Ebene

1. Warum Lobbying?

„Heute schon die Visitenkarten getauscht?" – So oder ähnlich könnte sich eine Begrüßung unter Brüsseler Lobbyisten anhören. Ohne die kleinen Kärtchen läuft fast gar nichts. Präsenz ist hier das oberste Gebot, diplomatisches Geschick ein Muss. Hinzu kommen gute Kontakte zu den richtigen Leuten und ein Riecher für den richtigen Zeitpunkt von Interesseneinbringung bei wichtigen Entscheidungen. Im mehrsprachigen Brüssel sind auch Fremdsprachenkenntnisse eine unabdingbare Voraussetzung; Englisch, Französisch und am besten noch eine dritte Sprache. Schließlich kann der Interessenvertreter nicht nur von deutschsprachigen Gesprächspartnern ausgehen. Auf den ersten Blick mag dies alles im Brüsseler Lobbyistendschungel gar nicht so einfach erscheinen.

Doch gerade für NRW bieten sich auf verschiedenen politischen Ebenen in der „europäischen Hauptstadt" die unterschiedlichsten Einflussmöglichkeiten. Die Gesetzgebung der Europäischen Union beeinflusst inzwischen das tägliche Leben der deutschen Bundesländer; also warum sollten diese dann nicht auch das Recht haben, an den Entscheidungen durch Lobbying aktiv mitzuwirken? Fest steht: Lobbyisten gehören zum politischen Entscheidungsprozess, gerade in der EU, unweigerlich dazu. Fraglich ist nur wie viel oder wie wenig Macht die Lobbyisten in Brüssel wirklich besitzen. Ist doch ihre Arbeit eher informell und selten formell anzusehen. Unterschieden wird zwischen öffentlichem und privatem Lobbying. Ersteres wird auf staatlicher Ebene angesiedelt, letzteres beschreibt die Interessenvertretung von verschiedenen Verbänden, Handwerkskammern und Gewerkschaften; wobei sich diese Liste noch lange fortsetzen ließe.[1]

Erst die Ergebnisse lassen meist darauf schließen, in welche Richtung beeinflusst wurde und wie groß der Erfolg des Lobbyisten letztendlich wirklich war. Vor allem aber gilt: Nicht lange warten und selbst die Initiative ergreifen! Wer hier lange zögert, sieht sich oft erst wieder mit dem Endprodukt konfrontiert, ohne daran mitgewirkt zu haben.

Doch entscheidend ist vor allem zu wissen, welche Ansprechpartner in welchen Bereichen anzutreffen sind: Die wesentlichen Akteure müssen erkannt werden.[2]

Bevor auf die besondere Möglichkeit des nordrhein-westfälischen Lobbyings eingegangen wird, zuerst die wichtigste Frage: Was steht hinter dem Begriff des Lobbying eigentlich, und welche Mittel werden dabei gebraucht? Gerade in Deutschland haftet ihm ein negativer Beigeschmack an, wird er doch eher mit ‚Mauschelei', also mit etwas in Zusammenhang gebracht, was nicht mit rechten Dingen zugeht. Da wirkt das für den Bürger sowieso schon sehr untransparente europäische Gebilde noch mysteriöser, die Wege der Entscheidungen noch unverständlicher und das Misstrauen verstärkt sich.

---

1 Lobbying, http://www.ngo.at/recht/infor_lobbying.htm, Stand: 02.06.2004
2 Vgl. hier auch Tarnawska, Katarzyna: The evolution of lobbying in the European Union. In: Polish Quarterly of International Affairs, 8 (3) Summer 1999. S. 25-39

An die 15 000 Lobbyisten arbeiten schätzungsweise in Brüssel. Viele von ihnen sind nicht eindeutig als solche identifizierbar: Wie der nordrhein-westfälische CDU-Abgeordnete Elmar Brok, der neben seiner Tätigkeit im Europäischen Parlament auch als Senior-Vizepräsident für Media Development der Bertelsmann AG tätig ist.[3] Oder auch die jüngst ins Europäische Parlament eingezogene FDP-Abgeordnete Silvana Koch-Mehrin, die neben ihrer politischen Tätigkeit Chefin einer Beratungsfirma mit Standort Brüssel ist, welche Unternehmen beim Verständnis der EU-Bestimmungen hilfreich zur Seite steht.[4]

Michael Kambeck benennt die wichtigsten Stichpunkte, wenn es um europäisches Lobbying geht:

1. Monitoring (wissen, was gerade im Gespräch ist und an welchen Projekten gearbeitet wird)
2. Analyse und Positionierung (wissen, welche Konsequenzen durch die jeweilige Entscheidung entstehen könnten und frühzeitige Festlegung einer gemeinsamen Position)
3. Beratung über Mittel und Ziele (wissen, welche Ansprechpartner jetzt kontaktiert werden müssen und was erreicht werden kann)[5]

Die besondere Variante des ‚europäischen Lobbying' schließt mit ein, dass sich das Umfeld an Konkurrenten und anderen nationalen Interessen enorm erweitert. Doch dies bietet schließlich auch die Möglichkeit, sich mit Lobbyisten anderer Länder für gemeinsame Interessen zusammenzuschließen und so durch eine gemeinsame Stimme größeren Druck auszuüben. Dieser größere Druck kann dann bei wichtigen Entscheidungen mehr Gehör finden und erlangt eventuell mehr ‚Berechtigung', da es sich nicht nur um die nationalen Interessen *eines* Landes handelt.

Wichtig ist auch nie zu vergessen, dass man nicht nur ‚Bittsteller' sondern selbst auch wichtiger Informant ist. So sind gerade „die europäischen Institutionen darauf angewiesen, dass man ihnen zu bestimmten Thematiken die Argumente aus einem bestimmten Betrachtungswinkel sachlich fundiert darlegt."[6]

Dennoch gibt es einige Dinge beim Lobbying zu beachten, eine „Hitliste der Unverzeihlichkeiten"[7], wie sie die Wirtschaftskammer Österreich genannt und definiert hat:

– Unglaubwürdige Argumentation,
– Unverständlichkeit,
– Unkenntnis der EU-Rechtsetzungsverfahren,
– Mangelndes „Follow-up".

Wer diese „Hitliste" erfolgreich umgeht, hat durchaus gute Chancen, bei den europäischen Entscheidungen erfolgreich mitzumischen.

---

3 Lobbying: Geißel oder Segen? http://www.dw-world.de/dwelle/cda/detail/dwelle. cda.detail.artikel.../ 0,3820,2962_AD_1203665_FO,00.htm, Stand: 02.06.2004 Biografie Elmar Brok, http://www.arte-tv.com/ de/geschichte-gesellschaft/Schwerpunkt-Europa/Europathemen/Die_20Autoren/529652,CmC=525470. html, Stand: 05.08.2004
4 Vossieg, Jutta: Demokratie-Defizit in Europa beklagt. Koch-Mehrin führt FDP im Wahlkampf, http://www.fdp-koeln.de/index.php?aid=1794; Stand: 24.09.2004
5 Kambeck, Michael: Was bedeutet Lobbying? http://www.europa-digital.de/text/aktuell/dossier/lobby/ begriff.shtml; Stand: 02.06.2004
6 Zerdick, Thomas: Lobbying in Brüssel – Argumentieren und antichambrieren http://rsw.beck.de/rsw/ shop/default.asp?docid=72975&docClass=NEWS&from=Anwalt.20; Stand: 02.06.2004
7 Andrecs, Robert: EU-Lobbying. Praxistipps und Ansprechpartner. September 2002. Wirtschaftskammer Österreich. Wien, 2002. S. 22

2. Wo entstehen die Kontakte?

Längst ist es nicht mehr nur die klassische Lobby, das heißt die Eingangshalle, in der sich die Interessenvertreter treffen, um an den europapolitischen Fäden zu ziehen. Doch wo wird der Kontakt zu den Kommissionsvertretern, den Mitgliedern des Europäischen Parlaments, kurz MdEP's und den Spin-Doctor's, den Kontaktknüpfern, in Brüssel sonst hergestellt? Hier gibt es mehrere Möglichkeiten.

Der Treffpunkt hat sich heutzutage hin zu den Vertretungen der einzelnen europäischen Regionen, auf Empfänge, Konferenzen und informelle Treffen verlagert. Die persönlichen Kontakte können schlichtweg überall geknüpft werden, hierfür sind keine offiziellen Gebäude nötig.

Doch mit zunehmender Anzahl von Lobbyisten sahen sich die europäischen Institutionen, allen voran die Kommission und das Parlament, auch gezwungen, zumindest gewisse Regeln aufzustellen. Hans-Wolfgang Platzer nennt dies die „Steuerung der ‚Repräsentativität' von Interessenten in den formellen und informellen Anhörungsverfahren", die bestimmte Verhaltensregeln und den Zugang von Informationen lenken.[8]

Der beste Beweis hierfür ist das Weißbuch der Kommission „Europäisches Regieren" vom Sommer 2001.[9] Mehr Transparenz ist dort als Ziel niedergeschrieben, eine „bessere Einbindung aller Akteure und größere Offenheit" als Leitlinie festgesetzt. Im Vordergrund steht dabei vor allem eine gewünschte Verbesserung im Bereich der „interaktiven" Zusammenarbeit, zwischen europäischen Institutionen und der Zivilgesellschaft, sowie den regionalen und lokalen Gebietskörperschaften.[10] Durch verschiedene Maßnahmen soll so wieder ein größeres Vertrauen in die Institutionen der Europäischen Union geschaffen werden; das geschieht mithilfe einer ausgewogeneren Informationsbeschaffung, um Einseitigkeit vorzubeugen.[11]

Auch das Europäische Parlament hat sich in seiner Geschäftsordnung auf bestimmte vorgeschriebene Verhaltensregeln, allerdings auch für die eigenen Mitglieder, geeinigt. So sind die Abgeordneten in gewisser Hinsicht für ‚ihre' Interessenvertreter und deren Verfehlungen verantwortlich. Für die Lobbyisten gibt es einen Verhaltenskodex, der vorschreibt, dass sie sich keine Informationen „erschleichen", „sich nicht auf eine formelle Beziehung zum Parlament bei Geschäften mit Dritten" berufen und „keine Kopien von Dokumenten, die beim Parlament beschafft wurden, [...] zur Gewinnerzielung an Dritte" verbreiten dürfen.[12] An sich Ehrensache, doch keine dieser Regeln besteht schließlich ohne Grund, wie der jüngste OLAF[13]-Fall „Interne Untersuchung über die Weitergabe vertraulicher Informationen vor Europäischem Gericht erster Instanz"[14] zeigt.

---

8 Platzer, Hans-Wolfgang: Interessenvertretung. In: Weidenfeld, Werner/Wessels, Wolfgang (Hrsg.): Europa von A-Z. Taschenbuch der europäischen Integration. Bonn, 2000. S.271
9 Kommission der Europäischen Gemeinschaften: Europäisches Regierung. Ein Weißbuch. KOM (2001) 428 endgültig. Brüssel, den 25.7.2001. http://europa.eu.int/eur-lex/de/com/cnc/2001/com2001_0428 de01.pdf; Stand: 12.08.2004
10 Ebd. S.5
11 Vgl. Gau, Juliane: Die Entscheider hinter den Entscheidern. Wie die Europäische Kommission mit Interessenvertretern umgeht. http://www.europa-digital.de/text/aktuell/dossier/lobby/kommission.shtml; Stand: 02.06.2004
12 Geschäftsordnung des Europäischen Parlaments. 16. Aufl., Juli 2004. Titel I Mitglieder, Organe des Parlaments und Fraktionen. Kapitel 1: Mitglieder des Europäischen Parlaments. Art. 9 Verhaltensregeln, Anlage IX Art. 3 Verhaltenskodex. http://www2. europarl. eu.int/omk/sipade2?PUBREF=-//EP// TEXT+RU.../DE&HNAV=; Stand: 20.07. 2004
13 Europäisches Amt für Betrugsbekämpfung
14 OLAF/04/14: Interne Untersuchung über die Weitergabe vertraulicher Informationen vor Europäischem Gericht erster Instanz, Pressemitteilung vom 2. August 2004. http://europa.eu.int/rapid/

2.1 Die Kommission als wichtigster Ansprechpartner

Die Kommission kann zum wichtigsten Ansprechpartner in Brüssel gezählt werden, nicht zuletzt, weil bei ihr alle Fäden zusammenlaufen, sie natürlich das Initiativmonopol für Gesetzesvorschläge inne hat[15] und sich neu definierte „von einer reinen Verwaltungsbehörde [...] hin zu einer ‚regierungsähnlichen' Institution mit entsprechender Legitimation".[16]

Doch auch die Kommission ist auf ihre Informationen durch Lobbyisten aus den Mitgliedstaaten der EU angewiesen. Stehen ihr doch für jedes Ressort nur eine begrenzte Zahl von Mitarbeitern zur Verfügung. Wie Margarete Payer betont, können die Mitglieder der Kommission auch durch die Interessenvertreter erst auf relevante Themengebiete aufmerksam gemacht werden.[17] Dabei versucht die Kommission aber auch, wie bereits erwähnt, auf Ausgeglichenheit bei der Informationsweitergabe zu achten. Es gibt nach den Wünschen der Kommission keine ‚Privilegierten', die zuerst an alle Informationen gelangen. Zumindest ist dies ihr erklärtes Ziel:

> „Für die Beamten der Kommission existiert zwar ein Verhaltenskodex zum Umgang mit Lobbyisten, nicht aber ein *code of conduct* für die Interessengruppen."[18]

Gerade beim Lobbying ist es wichtig, schon während der ersten Entstehungsphase einer Richtlinie, eines Grünbuchs oder einer Verordnung die Fühler auszustrecken und zu beeinflussen, wenn selbst die Referate, die Mitarbeiter der Generaldirektionen und schließlich die Kommissare noch in ihrer Entscheidung beeinflussbar sind.

Der absolute Idealfall, gerade auch für NRW ist, wenn altbekannte Leute aus den eigenen Reihen in der Kommission an wichtigen Stellen sitzen. Dies könnte man durchaus als das legale ‚Einschleusen' von Personal bezeichnen – und es ist mit am effektivsten. Schließlich weiß man ja auch nie, wer als ehemaliger Praktikant oder Referendar aus NRW später in der Kommission mitzuentscheiden hat und so durchaus als Informationsquelle, bzw. ‚Frühwarnsystem' vor wichtigen Beratungen fungieren kann.

Die Kontakte zur Kommission sollten also schon möglichst früh hergestellt werden. In Brüssel sind gerade bei den Landesvertretungen die sogenannten Arbeitskreise der verschiedenen Politikbereiche, wie beispielsweise Bildung, Forschung und Wirtschaft, die Regel. Diese 15 Ländervertretungen schicken ihre Mitarbeiter der jeweiligen Fachpolitik, die sich dann im kleinen Kreis in einer der Länderbüros mit den jeweiligen Ressortmitarbeitern aus der Kommission, Vertretern von NGO's oder nationalen Experten, etc. treffen. Ziel dieser Gespräche im kleinen Kreis ist nicht nur die Kontaktaufnahme, sondern vor allem das Vorabsondieren der Möglichkeiten für die Bundesländer, in das Geschehen einzugreifen. Es wird ‚getestet', inwieweit vor allem Kommissionsbeamte für Anregungen und Wünsche seitens der

---

pressReleasesAction.do?reference=OLAF/04/14&format=HTML&aged=0&language=DE&guiLanguage=en; Stand: 02.08.2004 Ein Brüsseler EU-Korrespondent klagt hierbei gegen eine Durchsuchungsaktion der belgischen Justizbehörden vom 19. März 2004, die wegen des Verdachts der Weitergabe vertraulicher Informationen gegen Geld bei ihm durchgeführt wurde. Eine endgültige Entscheidung hierüber wurde noch nicht getroffen.

15 Vgl. hierzu auch Payer, Margarete: Internationale Kommunikationskulturen. 5. Kulturelle Faktoren: Soziale Beziehungen. 3. Teil III: Machtverhältnisse. Stuttgart, 2000. auch http://www.payer.de/kommkulturen/kultur053.htm; Stand: 03.06.2004
16 Schalast, Christoph: EU-Lobbying und Consulting. http://www.justament.de/titelth3von(2-2002).html; Stand: 02.06.2004
17 Ebd.
18 Alemann, Ulrich von: Vom Korporatismus zum Lobbyismus? Die Zukunft der Verbände zwischen Globalisierung, Europäisierung und Berlinisierung. In: ApuZ B26-27/2000. http://www.bpb.de/publikationen/G5AS3B,2,0,Vom_Korporatismus_zum_Lobbyismus.html#art2; Stand: 11.10.2004

Länder empfänglich sind. Haben diese es doch bei den deutschen Bundesländern mit keiner ‚offiziellen' Außenstelle wie der Ständigen Vertretung Deutschlands bei der EU zu tun.

Gerade deshalb sind die Mitarbeiter besonders vorsichtig bei ihren Äußerungen und bleiben bei ihren Aussagen zu brisanten Themen oftmals eher unverbindlich.

Dennoch bleiben die Kontakte zu Mitarbeitern der Kommission oder den bei ihr arbeitenden nationalen Experten enorm wichtig und können mit als beste Informationsquelle bezeichnet werden. Fazit ist hier in jedem Fall: Der gegenseitige Nutzen steht im Vordergrund und dient gleichzeitig der gründlichen Vorbereitung wichtiger Projekte; sei es, um Anfangsschwierigkeiten aus dem Weg zu räumen, zu Beginn entscheidende Fragen zu klären oder einfach nur eine frühzeitige Konfrontation mit den jeweiligen Standpunkten zu sichern.

2.2 Die MdEP's

Einen leichteren Anlaufpunkt für Lobbyisten stellen, im Gegensatz zur Kommission, die Mitglieder des europäischen Parlaments (MdEP's) dar. Sie sind schon allein durch ihren jeweiligen Wahlkreis sehr stark mit der Heimat verbunden und dadurch sensibilisiert für die Probleme ihrer Region. Durch ihre zwei Standorte, einen in Brüssel und einen als Europabüro in ihrem Wahlkreis und die damit verbundene Gratwanderung zwischen gesamteuropäischen und regionalen Interessen, sehen sie noch über den Tellerrand des Machtzentrums Brüssels hinaus.

Am besten sollte hier der Kontakt schon frühzeitig über den heimatlichen Wahlkreis im eigenen Land und nicht erst in Brüssel hergestellt werden. So sind die MdEP's frühzeitig wichtige Ansprechpartner, auf die man jederzeit zukommen kann und die weitere Kontakte vermitteln können, was im Idealfall wie ein Schneeballsystem funktioniert.

Wichtig ist immer zu bedenken: Ein Mitglied des Europäischen Parlaments sollte, trotz seiner Nähe zu den europäischen Institutionen in Brüssel, die Sorgen und Nöte der Menschen in seiner Region kennen. Das hat er den Mitgliedern der Kommission, von denen zwar auch einige aus NRW kommen, voraus.

Diese nicht zu vermeidende Subjektivität ist hilfreich, gerade wenn es darum geht, das Subsidiaritätsprinzip zu wahren. Ein Abgeordneter muss die Stimmung der Menschen im eigenen Land kennen und wissen, an welchen Stellen angesetzt werden muss.

Dieser Spagat zwischen Brüssel und dem Heimatwahlkreis kann natürlich zum Problem werden, wenn die richtige Balance zwischen beiden nicht gefunden wird.

Nicht zu vergessen ist aber auch, dass gerade durch die MdEP's die Möglichkeit besteht, an die begehrten Ausweise fürs Parlamentsgebäude zu kommen. Wenn der Eintritt dort erst einmal möglich ist, eröffnen sich neue Chancen der Kontaktaufnahme.

3. Die Einflussmöglichkeiten des Landes NRW nach Art. 23 GG und der Ausschuss der Regionen

„Die Pflege der Beziehungen zu auswärtigen Staaten ist Sache des Bundes."
[Art.32 (1) GG, Auswärtige Beziehungen]

Lange Zeit stützte sich die Ansicht, dass die Bundesländer sich nicht in die EU-Politik einzumischen hätten – und schon gar nicht komplett am Bund vorbei agieren dürften – auf diesen Satz des Grundgesetzes. Anders ist es kaum zu erklären, dass die Bundesländer erst mit steigender Bedeutung der EU mehr Einflussmöglichkeiten zugesprochen bekamen.

Doch die EU ist kein Staat. Sie ist ein komplexes, einzigartiges Gebilde, das seinesgleichen sucht. Nicht zu vergleichen mit Wirtschaftsbünden wie beispielsweise Mercosur (nach dem Vorbild der EG 1991 durch den Vertrag von Asunción gegründet) und ASEAN (1967 gegründet und dem Vorbild der EU schon näherkommend, da neben Wirtschaftskooperationen auch Zusammenarbeit in verschiedenen Bereichen und die Außenbeziehungen zu Drittstaaten thematisiert werden), die eher der EU zu ihrer Anfangszeit ähneln. Und: „Europapolitik ist schon lange keine Außenpolitik des Bundes mehr."[19] Dies wird in den folgenden Kapiteln noch aufgezeigt werden.

Das Grundgesetz räumt den Bundesländern – seit dem Maastrichter Vertrag zumindest auf dem Papier – eine große Anteilnahme am europäischen Entscheidungsprozess ein. Schon der politische Alltag beweist, dass es so einfach doch nicht geht. Oft wird bemängelt, dass, verschuldet durch die Eigenaktivitäten der Bundesländer, die Bundesrepublik nicht mit einer Stimme bei der EU auftreten kann. Die Äußerung von Bundesverbraucherministerin Renate Künast, die es lieber sähe, wenn Deutschland mit einer Stimme spräche, dürfte dennoch nicht auf große Begeisterung bei den Ländern stoßen: Da dies der „direkte Weg in die Irrelevanz" sei.[20]

Der Artikel 23 GG entstand erst auf Druck der Länder während des Prozesses um den Maastrichter Vertrag 1992, und er lässt weiterhin viele schwierige Bereiche ungeklärt.[21]

Um die, wie es scheint, langsame ‚Unterwanderung' der Länderkompetenzen in Grenzen zu halten, bieten sich folgende Möglichkeiten der Einflussnahme an: Die bestmögliche Nutzung der Mitentscheidungsrechte durch den Bundesrat, die aktive Mitarbeit im Ausschuss der Regionen (AdR) und eine unabhängige Länderaußenpolitik durch Lobbyismus, sozusagen ‚am Bund vorbei'. Es ist an den Ländern, die Möglichkeiten zu nutzen, die ihnen der Artikel 23 bietet. Zumindest ist ihnen so eine Einflussnahme in europäischen Angelegenheiten schon durch das Grundgesetz gesichert.

Die Vereinbarung zwischen der Bundesregierung und der Länderexekutive über eine Kooperation im Bereich der Europäischen Union (EUZBLV), bringt den Bundesländern zusätzliche Möglichkeiten. Hier wurde 1998 vereinbart, dass Ländervertreter aus dem Bundesrat an den Ratssitzungen teilnehmen dürfen. Durch einen damit verbundenen Ministerrang können sie – theoretisch – auch Verhandlungen im Ministerrat anstelle der Bundesregierung führen; allerdings natürlich nur solche, die nach dem Grundgesetz die ausschließliche Gesetzgebung der Länder betreffen.[22]

Aktuell werden solche Verhandlungen von einem Bundesratsvertreter aus NRW bei den Verhandlungen um die Neuordnung der Strukturfonds geführt; dieser sitzt in der sogenannten Ratsarbeitsgruppe und versucht so, die Interessen der Bundesländer einzubringen.

---

19 Alemann, Ulrich von/Münch, Claudia: Nordrhein-Westfalen in Europa – Eine Region im Spannungsfeld zwischen regionaler Identität und Europäischer Integration. http://www.uni-duesseldorf.de/HHU/Jahrbuch/2002/Alemann/; Stand: 02.06.2004

20 Friedrich, Hajo: Die fünfte Gewalt in Europa regiert mit. Lobbyarbeit in Brüssel bringt mehr als Proteste ein. In: Das Parlament, 54. Jahrgang, Nr. 21/22, 17./24. Mai 2004. S. 10

21 Vgl. Große Hüttmann, Martin/Knodt, Michéle: Die Europäisierung des deutschen Föderalismus. In: APuZ B52-53/2000. S. 31-38

Vgl. Diehr, Christian: Die Bewahrung der demokratischen und föderativen Struktur der Bundesrepublik Deutschland im europäischen Integrationsprozess. Der neue Artikel 23 GG. Frankfurt a.M. (u.a.), 1998.

Vgl. Tüller, Alexander: Die Rechtsstellung der Länder und des Bundesrates im Prozeß der politischen Willensbildung in Angelegenheiten der Europäischen Union (Art. 23 GG n.F.). Göttingen, 1999

Vgl. Rudzio, Wolfgang: Das politische System der Bundesrepublik Deutschland. 5. überarbeitete Auflage, Opladen, 2000

22 Vgl. ebd.

Schwierig wird dies natürlich gerade bei den momentanen Debatten um die Strukturfonds: Wie sollen die einzelnen Bundesländer geeint vor der Bundesregierung auftreten, wenn sie selbst noch nicht einmal dieselben Positionen und Ziele vertreten?

Der Ausschuss der Ständigen Vertreter (AStV) bietet eine wichtige Informationsquelle, spielt er doch bei der Entscheidungsfindung und Beeinflussung der Ministerräte eine große Rolle. Durch „Drahtberichte", wie es in der Sprache der klassischen Diplomatie aus dem 19. Jahrhundert immer noch heißt, werden die Fachressorts des Landes und natürlich der Landesvertretung über aktuelle Diskussionen und Entscheidungen informiert und können so an den wichtigen Punkten ansetzen oder Themen, die für einen „pro-aktiven" Ansatz im Rahmen der Strategie der Landesregierung NRW geeignet sind, auswählen und weiterverfolgen.

3.1 Der Bundesrat als „Europakammer"

> „Der Bundesrat ist an der Willensbildung des Bundes zu beteiligen, soweit er an einer entsprechenden innerstaatlichen Maßnahme mitzuwirken hätte oder soweit die Länder innerstaatlich zuständig wären."
> [Art. 23 (4) GG]

Hier tauchen bereits erste Probleme auf: Inwieweit lässt sich sagen, ob die auf den ersten Blick im innerstaatlichen Prozess für den Bundesrat ‚unrelevanten' Themen und Beschlüsse nicht doch eine längerfristige Einflussnahme auf die Bundesländer ausüben? Übt nicht letztlich alles, was in Deutschland durch die Europäische Integration geschieht, Einfluss auf die Bundesländer aus?

Der nordrhein-westfälische Ministerpräsident Karl Arnold bemängelte bereits 1951, dass der Bund mittels der Außenvertretungskompetenz die Rechte der Länder beschneide und sich an deren Stelle setzen würde. So würden die Bundesländer aber nicht mehr aktiv an der Gesetzgebung teilnehmen.

Seit 1956 war der Länderbeobachter das Bindeglied zur europäischen Politik, der durch seine Mitgliedschaft in der deutschen Delegation und die Teilnahme am Europäischen Rat die Länder im Bundesrat unterrichten konnte. Das Lindauer Abkommen (14.11.1957) regelte erstmals das Kompetenz-Gerangel zwischen Bund und Bundesländern. Es räumte letzteren eine frühzeitige Benachrichtigung, auch im Falle der Bereiche, die außerhalb ihrer ausschließlichen Gesetzgebung lagen, ein. Bei Abschlüssen von Staatsverträgen sollten die Länder so ihre Wünsche geltend machen können.

Nach Art. 52 (3) GG kann für Ausnahmefälle eine Europakammer gebildet werden. Und doch: Der Bundesrat muss mit ansehen, wie ihm seine Kompetenzen langsam aus den Händen gleitet. Manche kritisieren aber gerade, dass der Bundesrat sich mehr um seine Kompetenzen innerhalb Deutschlands als um eigene Maßnahmen für einen – auch aus seiner Sicht – erfolgreichen Verlauf der europäischen Integration bemüht und bezeichnen ihn deshalb als Verlierer derselben.[23]

Sicherlich ist dies ein berechtigter Kritikpunkt, für den jedoch noch kein Gegenmittel gefunden wurde. Und was sollen die Länder schließlich anderes tun, als sich durch diese Möglichkeit zur Wehr zu setzen? Welche anderen Wege bleiben ihnen, wenn sie nicht schon im Bundesrat wenigstens versuchen, ihre Kompetenzen zu wahren?

Einige Autoren weisen darauf hin, dass es durchaus umstritten bleibt, ob sich die Bundesregierung bei einer möglichen Uneinigkeit mit den Bundesländern auf europäischer

---

23 Vgl. Sturm, Roland/Pehle, Heinrich: Das deutsche Regierungssystem. Opladen, 2001. S. 85

Ebene der Stimme enthalten darf, um dadurch auf andere Weise Europäisierungsschritte gegen den Wunsch des Bundesrates durchzusetzen.[24]

3.2 Die Landesregierung

Die Landesregierung Nordrhein-Westfalens wirkt zwar vornehmlich über den Bundesrat an den europäischen Entscheidungen mit. Viel wichtiger ist jedoch ihre schon oben benannte ‚Länderaußenpolitik'. Längst schon sind Wirtschaftskooperation, interregionale und grenzüberschreitende Projekte (wie INTERREG III) die Regel. Die Landesregierung, speziell in NRW mit der direkten Nähe zu Brüssel, hat so einen Weg gefunden, ohne die ‚Absegnung über Berlin' intensive Kooperationen zu pflegen. Dies war sicher ein wichtiger Ansatz, denn der Artikel 23 hilft nicht allein. Es ist an den Ländern selbst, ihre Möglichkeiten zu erkennen und auszuschöpfen. Dieses Problem teilen die deutschen Bundesländer mit den anderen Regionen Europas, die jedoch, und dies sollte sich einmal ganz genau zu Bewusstsein geführt werden, bei weitem nicht so privilegiert sind wie die Länder im deutschen föderalen System.

Die Landesvertretung in Brüssel, auf die in Kapitel 4 noch genauer eingegangen wird, ist quasi die ‚Außenbasis' für solche Aktivitäten.

Durchaus treffend benannt ist diese Handlungsweise durch Michéle Knodt mit der „Sinatra-Strategie" der deutschen Bundesländer (nach dem Song „I do it my way")[25].

Die Landesregierung kann also nicht nur durch den Bundesrat mitwirken; sie ist personell recht gut versorgt, so dass sie auch noch mühelos eine europäische Interessenpolitik betreiben kann. Wenn sie reibungslos mit ihrer Außenvertretung in Brüssel zusammenarbeitet, kann sie frühestmöglich EU-Förderprojekte akquirieren, Landesinteressen in die Diskussion einbringen und ihre Position aussagekräftig vertreten. Für Ute Koczy, Mitglied des Landtags NRW, sind die Möglichkeiten der Landesregierung durchaus auf verschiedenen Ebenen vorhanden. Neben einer beachtenswerten Rechtsposition (durch Artikel 23 GG) sind funktionierende Arbeitsstrukturen in den einzelnen Abteilungen (Bundesratsgremien, Ministerpräsidentenkonferenz (MPK), Europaministerkonferenz[26] etc.) und Gesprächskontakte auf der politischen Ebene neben der Landesvertretung in Brüssel nur einige Beispiele.[27] Es herrscht in Brüssel die Regel, dass die Abgesandten der Ländervertretungen keine diplomatische Immunität besitzen, jedoch von der Ständigen Vertretung Deutschlands bei der EU ‚gebrieft' werden.[28] Eine weitere Möglichkeit bietet sich den Ministerpräsidenten durch Artikel 203 EGV, durch den sie die Verhandlungsführung bei Themen, welche die ausschließliche Gesetzgebung der Länder betreffen, übernehmen können.

Letztendlich müssen aber auch die Ministerien selber einen guten und effektiven Informationsaustausch zwischen sich und der Landesvertretung in Brüssel, der Außenbasis zur EU, sicherstellen. Schließlich findet die hauptsächliche Arbeit zwischen den Fachministerien und ihren jeweiligen Referenten in Brüssel statt.

---

24 Ebd. S. 82
25 Große Hüttmann, Martin/Knodt, Michéle: Die Europäisierung des deutschen Föderalismus. In: APuZ B52-53/2000, S. 37f.
26 Die Europaministerkonferenz, kurz EMK, tagt 3-4 mal jährlich und fasst ihre Beschlüsse durch Einstimmigkeit. Vgl. Wessels, Wolfgang: Inneres und Verwaltung – Die Landesebene unter dem Einfluss Europas. In: Alemann, Ulrich von/Münch, Claudia (Hrsg.): Handbuch Europa in NRW. Wer macht was in NRW für Europa? Opladen, 2003. S. 461f.
27 Beitrag von Ute Koczy, MdL beim FINE-Symposium „NRW in Europa – Eine Region steigert ihre Europafähigkeit", am 28.11.2004
28 Vgl. Wessels, S. 462

3.3 Der Landtag

Die Landtage sind die eindeutigen Verlierer der europäischen Integration. Obwohl dieses Urteil weitverbreitete Zustimmung findet, hat sich bis jetzt noch nichts daran geändert.

Ein heimlich belächelter und, wenn auch insgeheim, als EU-EI-Ausschuss bezeichneter Europa- und Eine-Welt-Ausschuss des Landtages NRW ist das beste Beispiel hierfür. Für alle Informationen ist der Landtag auf die Landesregierung angewiesen. Und die Mitglieder des Landtags wissen wohl aus Erfahrung, dass dies ein harter Kampf ist.

Auch ein durch die europäische Verfassung geplantes ‚Sechs-Wochen-Frühwarnsystem' würde nicht wirklich greifen. Wenn man sich einmal die Schritte überlegt, die nötig sind, um angemessen auf eine eventuell wichtige europäische Entscheidung zu reagieren, würde wahrscheinlich noch nicht einmal ein ‚Drei-Monats-Frühwarnsystem' effektiv greifen.

Eine rühmliche Ausnahme bildet hier der Artikel 34a in der Landesverfassung von Baden-Württemberg:

(1) „Die Landesregierung unterrichtet zum frühestmöglichen Zeitpunkt den Landtag über *alle Vorhaben im Rahmen der Europäischen Union*, die für das Land von herausragender politischer Bedeutung sind und wesentliche Interessen des Landes unmittelbar berühren, und *gibt ihm die Gelegenheit zur Stellungnahme*.
(2) Bei Vorhaben, die Gesetzgebungszuständigkeiten der Länder wesentlich berühren, *berücksichtigt die Landesregierung die Stellungnahmen des Landtags*. Entsprechendes gilt bei der Übertragung von Hoheitsrechten der Länder auf die Europäische Union.
(3) Einzelheiten der Unterrichtung und Beteiligung des Landtags bleiben einer Vereinbarung zwischen Landesregierung und Landtag vorbehalten."[29]

Der Nordrhein-westfälische Landtag ist hingegen auf den „good will" der Landesregierung angewiesen.

Doch wie bei Artikel 23 GG ist auch bei der Landesverfassung von Baden-Württemberg Vorsicht geboten: Was dort steht, ist noch lange nicht die Praxis, und es wird auch nicht ständig überprüft.

So bleibt festzuhalten, dass die Position des Landtags im Vergleich zu der Landesregierung eher schwächlich ist. Diesen Umstand verdankt er aber nicht allein der Europäisierung, sondern der geringen existierenden Kooperationsbereitschaft der Landesregierung. Hier müsste – und dies ist eigentlich hinlänglich bekannt – in Zukunft eine Verbesserung angestrebt werden. Nicht zuletzt, weil dadurch wiederum eine größere Nähe zum Bürger gewährleistet wäre, der sich dann nicht mehr beschweren könnte, dass alles nur über die Exekutive liefe.

3.4 Der Ausschuss der Regionen (AdR) [30]

Der 1993 durch den Vertrag von Maastricht gegründete AdR berät die EU-Gemeinschaftsinstitutionen in Brüssel bei regionalen Fragen. Hier muss er obligatorisch angehört werden (die Kommission muss die Stellungnahmen berücksichtigen oder, wenn sie es nicht tut, dies schriftlich begründen) und erhält dadurch die von den Regionen und kommunalen Gebietskörperschaften gewünschte Ernsthaftigkeit. Dieser Reputation bedarf er dringend,

---

29 Hervorhebung durch die Verfasser (U.v.A., K.K.), Verfassung des Landes Baden-Württemberg, http://www.lpb.bwue.de/bwverf/bwverf.htm; Stand: 19.08.2004
30 Interview mit Polizeihauptkommissar Norbert Spinrath (Referent der Landesvertretung NRW bei der EU für Innere Sicherheit, Polizeiangelegenheiten und den Ausschuss der Regionen) am 19.08.2004

wird er doch des Öfteren als ‚formale Quatschbude' abgetan. Das Präsidium, sieben Fachkommissionen, ein Generalsekretariat und ein Plenum beraten unter anderem über Kommissionsmitteilungen und klopfen deren Inhalte und Formulierungen auf das Subsidiaritätsprinzip hin ab. Hierzu gibt der AdR dann seine Stellungnahmen an Rat, Kommission und Parlament ab.

Die nordrhein-westfälischen Interessen nimmt Manfred Dammeyer wahr, seine persönliche Stellvertreterin, wie bei jedem Mitglied üblich, ist Gabriele Sikora.

Johannes Rau war das erste Mitglied Nordrhein-Westfalens, und auch heute noch sind viele Ministerpräsidenten im AdR als Mitglied oder Stellvertreter präsent (wie Edmund Stoiber für Bayern, Erwin Teufel für Baden-Württemberg, Peter Müller für das Saarland, Christian Wulff für Niedersachsen, Heide Simonis für Schleswig-Holstein, Ole von Beust für Hamburg und Dieter Althaus für Thüringen) – bietet der AdR doch für die sonst auf informelle Aktivitäten beschränkten Länder eine Möglichkeit des öffentlichen Auftritts.

Voraussetzung für eine Mitgliedschaft ist ein Wahlmandat aus der jeweiligen Region oder eine politische Verantwortlichkeit gegenüber derselben.

Bei den Angelegenheiten des Ausschusses der Regionen tritt vor allem die Landesvertretung NRW in Brüssel in den Vordergrund, die für das Briefing über die aktuellen Themen, d.h. Informationen über den aktuellen Sachstand, die Positionen und das allgemeine Themenfeld verantwortlich ist. Auch die Stellungnahme-Entwürfe für den AdR entstehen hier, was auf Grund der Erfahrung und größeren Nähe zu den einzelnen EU-Institutionen durchaus verständlich ist. Sie helfen so dem NRW-Mitglied, seine Position angemessen zu vertreten.

Bei den Plenartagungen des AdR und bei den Treffen der einzelnen Fachkommissionen sucht NRW ähnliche Positionen und dadurch Verbündete. Denn wie bereits schon weiter oben erwähnt, verleiht eine größere Anzahl an Verbündeten auch ein größeres Stimmengewicht und findet eher Gehör.

Bei der Gründung des AdR haben die deutschen Länder versucht, eine Art ‚Bundesrat auf europäischer Ebene' zu schaffen. Dies ist ihnen nicht gelungen, und dennoch darf man die Kompetenzen des AdR nicht unterschätzen. Seit dem Vertrag von Nizza hat er das Recht auf Initiativstellungnahmen.

Jeweils fünf deutsche Länder haben zwei Mitglieder (NRW wieder ab 2006), hinzu kommen drei kommunale Spitzenverbände (Deutscher Landkreistag, Deutscher Städtetag, Deutscher Städte- und Gemeindebund) mit je einem Mitglied. Insgesamt hat Deutschland 24 Mitglieder. Gebündelt sind alle in der deutschen Delegation des AdR, dessen Vorsitz als nationaler Koordinator zur Zeit Staatssekretär Karl-Heinz Klär aus Rheinland-Pfalz innehat.[31]

Mit der zukünftigen Verfassung bekäme der AdR sogar ein Klagerecht. Dies würde einen gewaltigen Sprung nach vorne in Bezug auf die Kompetenzen des AdR bedeuten und seine Position enorm verbessern.

Da keine festen Koalitionen unter den Regionen und den kommunalen Gebietskörperschaften bestehen, sondern je nach Interessenlage miteinander verhandelt wird, bietet dies natürlich auch einen interessanten und anspruchsvollen Spielraum für das NRW-Mitglied. Muss es doch immer neu austarieren, wer als möglicher Partner geeignet ist; dieser Umstand macht es zusätzlich flexibler in der Entscheidung.

---

31 Der nationale Koordinator lenkt die Aktivitäten der deutschen Delegation im AdR. Seit Juli 2003 und bis Februar 2006 hat Rheinland-Pfalz den Vorsitz. Früher (bis Anfang 2004) war dieser an den Vorsitz in der Europaministerkonferenz (EMK) gekoppelt. Juli 2002 bis Juni 2003 hatte NRW den Vorsitz in der deutschen Delegation und in der EMK.

4. Interessenvertretung vor Ort – NRW in Brüssel und Berlin

Die vielen Richtlinien und Verordnungen auf europäischer Ebene gilt es auf Landesebene umzusetzen. Die Flora-Fauna-Habitat-Richtlinie (FFH), die Vogelschutz-Richtlinie, die Wasserrahmenrichtlinie und die verschiedenen Forschungsprogramme, wie beispielsweise das 6. und demnächst das 7. Forschungsrahmenprogramm, sind nur einige Beispiele, die hier oft genannt werden. Die Umsetzung der europäischen Richtlinien und Verordnungen erfordert von NRW ein gut funktionierendes Netz von Kontakten und Informationen.

Hier bietet die nordrhein-westfälische Vertretung in Brüssel eine wichtige Basis, um schon frühzeitig auf Entwicklungen auf europäischer Ebene aufmerksam zu machen und bestmöglich die eigenen Interessen einzubringen. Wie schon gesagt bezieht sie eine wichtige Position beim Briefing des NRW-Mitglieds des AdR. Doch dies ist nur ein Teilaspekt des breiten Aufgabenspektrums, dem sich die Referenten der Fachpolitiken gegenübergestellt sehen.

4.1 Brüssel

Seit 1986 ist NRW mit einer Landesvertretung in Brüssel vor Ort. Anfangs hatte sie noch stärker mit ihrem Status als nicht offiziell anerkannte Vertretung zu kämpfen. Die ersten Schritte auf Brüsseler Boden waren ein Wagnis im Konflikt mit dem Bund. Noch heute nimmt sie keine förmliche Position im europäischen Entscheidungsprozess ein. Dennoch betont der neue Dienststellenleiter Manfred Degen: „Wir agieren aber nicht genauso wie private, also single-interest Lobbyisten."[32]

Die ‚Außenbasis' NRWs bildet die beste Anlaufstelle, sowohl für europäische Institutionen als auch für heimische Unternehmen, die sich auf europäischer Ebene verwirklichen wollen. Dabei ist sie in all ihren Aufgaben zugleich

1. „Hörrohr": für alle Aktivitäten in der EU und deren Auswertung und im eigenen Land, um diese möglichst erfolgreich miteinander zu verknüpfen;
2. „Sprachrohr": für NRW, seine Unternehmen und Bürger, um deren Interessen zu artikulieren und auf europäischer Ebene zu unterstützen;
3. „Klingelknopf": viele Universitäten, Bürger, Unternehmen, Institute, Vertreter von Städten und Gemeinden, Parteien, Vereine, Gewerkschaften und Kirchen besuchen die Landesvertretung, um durch sie ein Stück Europäische Union näher kennen zu lernen;
4. „Schaufenster": die Landesvertretung präsentiert das größte und bevölkerungsreichste deutsche Bundesland mit all seiner Wirtschafts-, Wissenschafts- und Kulturlandschaft und „sorgt dafür, dass NRW in Brüssel als wichtiges, vielseitiges und interessantes Land wahrgenommen wird; es ist eine ihrer wesentlichen Aufgaben, NRW durch Veranstaltungen einem gezielten Publikum als politischen Akteur, attraktiven Wirtschaftsstandort und kulturelles Zentrum zu präsentieren";
5. „Heimat" für viele, die in Brüssel beruflich zu tun haben und hier leben.[33]

So bieten das Wohnhaus des berühmten Brüsseler Bildhauers Jules Lagae[34] und sein Atelier sowie drei weitere Häuser den passenden Rahmen für die Vertretung.

---

32 Interview mit Dr. Manfred Degen (Dienststellenleiter der Landesvertretung NRW bei der EU und zuständig für die Koordinierung der Fachpolitik, Kontakte zu den Organen der EU, Institutionelle Fragen der EU, interregionale Kooperation und Fremdsprachendienst) am 29.07.2004
33 Degen, Manfred: Der „Klingelknopf" der Düsseldorfer Regierung. Die LV Nordrhein-Westfalen in Brüssel, http://www.wowaswie.net/x5www_lale_poli_detail.php?recpoint =603; Stand: 02.06.2004
34 Die Quadriga im Parc du Cinquantenaire nahe der Landesvertretung zählt mit zu seinen Werken.

4.2 Ziele

NRW hat in seinem europapolitischen Arbeitsprogramm für 2004 seine Ziele in der Europapolitik folgendermaßen festgelegt[35]:

- bei den europäischen Fachpolitiken vitale nordrhein-westfälische Interessen deutlich zu Gehör zu bringen,
- bei der Gestaltung des zukünftigen Europa mitzuwirken. Ziel ist ein Europa, das den Regionen ausreichend Spielraum lässt, ihre Belange – soweit unter den Bedingungen einer globalisierten Welt möglich und vernünftig – zu gestalten, und ein Europa, das, wo notwendig, in konstruktiver und produktiver Zusammenarbeit gemeinsam mit den Regionen vorangeht,
- den Menschen in Nordrhein-Westfalen diese Zusammenhänge deutlich zu machen.

Was sich so kompliziert anhört, hat eigentlich nur eine Botschaft: NRW will bei den europapolitischen Entscheidungen mitmischen.

NRW teilt sein ‚pro-aktives Lobbying' außerdem in zwei unterschiedliche Wichtigkeitsgrade auf: In Priorität A (Finanzwirksame Politiken, Strukturpolitik, Agrarpolitik, Naturschutz, Daseinsvorsorge, Innovationspolitik, Chemikalienpolitik, Abfall, Boden und Nachhaltige Stadtentwicklung) und B (Basel II, Koordination der Steuersysteme, Public Private Partnership, Dienstleistungs-Richtlinie, Energiedienstleistungen und Endenergieeffizienz, Tarifierung der Infrastruktur und Nachhaltige Produktions- und Konsumpolitik).[36] Hierbei lässt sich schon erkennen, dass die Oberbegriffe Wirtschaft und Umwelt für NRW die größte Bedeutung haben.

Mit der Zeit hat die EU eine immer größere Stellung eingenommen; das sieht man auch an den Veränderungen der Organisationsstrukturen in der Landesregierung.

Ein eigener Europaminister (Wolfram Kuschke), der dieses Amt zusätzlich mit seiner Tätigkeit als Minister für Bundesangelegenheiten vereinen muss und eine Staatssekretärin für Europa, Internationales und Medien (Miriam Meckel) sind heutzutage kaum noch aus dem europäischen Geschäft wegzudenken. Das Europareferat des Ministerpräsidenten leitet den „Interministeriellen Koordinierungsausschuss für Europapolitik der Landesregierung", und jedes Landesministerium besitzt ein eigenes Europareferat.[37] In dieser Hinsicht hat sich in den letzten Jahren also viel getan. Und dennoch: Viele monieren, dass manche Chancen verpasst worden seien, da diese Entwicklung viel zu langsam voran käme. Wenn der Entscheidungsapparat weiterhin so schwerfällig bliebe, könne NRW den steigenden Anforderungen der EU kaum angemessen gerecht werden.

Die Bundesländer kooperieren zwar in vielen Bereichen (wie bereits oben bei den Arbeitskreisen erwähnt), aber es gibt nicht umsonst 15 ‚Mini-Botschaften' (Schleswig-Holstein und Hamburg zusammen im Hanse-Office) in Brüssel. Allein am Beispiel der aktuellen Diskussion um die EU-Strukturförderung nach 2006 wird deutlich, wie unterschiedlich doch die einzelnen Interessen sind. NRW ist Ziel 2-Gebiet, die ostdeutschen Bundesländer Ziel 1-Fördergebiete. Hinzu kommen ebenfalls unterschiedliche Interessen der Seeregionen im Gegensatz zu den Bergregionen, den städtischen Regionen im Gegensatz zu den ländlichen Regionen. Man könnte diese Liste noch fortführen, doch allein die hier genannten Beispiele zeigen wohl schon eindrucksvoll den Grund für 15 Vertretungen.

---

35 Europapolitisches Arbeitsprogramm 2004, http://www.europa.nrw.de/aktuelles/doku/2004/20040303_01.html; Stand: 02.06.2004
36 Vgl. ebd.
37 Vgl. Wessels. S. 459f.

Erst langsam wurde erkannt, wie wichtig diese Präsenz vor Ort und die gute und funktionierende Zusammenarbeit mit ihr ist. Dies wird vor allem an der Entwicklung des Schwerpunktes Europa in der Staatskanzlei und der Größe der Vertretung deutlich.

„Seit Amtsantritt des Ministerpräsidenten Clement im Mai 1998 sind Europaangelegenheiten organisatorisch direkt in der Staatskanzlei des Landes angesiedelt."[38] Europa ist also mit einiger Verzögerung zur Chefsache erklärt worden. Das bringt sowohl Vor- als auch Nachteile mit sich. Natürlich ist es wichtig, dass die große Bedeutung der Europapolitik anerkannt wurde, hat sie doch in den letzten Jahren zunehmend auch bis in die kommunalpolitische Ebene hinein an Bedeutung gewonnen. Nachteil ist jedoch, dass die ‚Schaltzentrale' so weit von Brüssel entfernt liegt, wo doch mit der Landesvertretung NRW vor Ort am besten agiert werden könnte. So müssen Verhandlungspositionen meistens erst zwischen Düsseldorf und der Landesvertretung in Brüssel abgestimmt werden. Wäre es doch aber gerade in vielen Bereichen (natürlich nur in denen, die auch ohne größeren Einfluss aus Düsseldorf entschieden werden können) wichtig, direkt vor Ort entscheiden zu können, um schneller zu reagieren und dadurch die größtmöglichen Chancen auf einen gelungenen nordrhein-westfälischen Einfluss zu sichern. Hierdurch könnte die Landesvertretung also auch ihren Weg des „proaktiven" Ansatzes noch erfolgreicher beschreiten.

4.3 Berlin

Einen weiteren Weg, indirekt auf europäische Entscheidungen Einfluss zu nehmen, bietet die Vertretung des Landes NRW beim Bund. Um die Erfüllung des Art. 50 GG, also der Beteiligung des Bundesrates an der Gesetzgebung und Verwaltung des Bundes, zu gewährleisten, hat jedes Bundesland eine Vertretung in der Hauptstadt. Bevollmächtigter für NRW ist hier ebenfalls Wolfram Kuschke. Er hat dafür Sorge zu tragen, dass die Landesinteressen auf der Bundesratsebene so gut wie möglich vertreten und die Fachministerien in NRW mit den notwendigen Informationen versorgt werden. Die Landesvertretung in Berlin ist, wie die in Brüssel, der Staatskanzlei unterstellt.

Die Aufgaben sind dieselben wie die der Landesvertretung in Brüssel: Kontakte knüpfen, Netzwerke spinnen, koordinieren und die Interessen NRWs dadurch so gut wie möglich zu vertreten. „Kernaufgabe der Arbeit der Vertretung ist somit die Vorbereitung und Abstimmung bei der Arbeit im Bundesrat."[39] Dies führt also indirekt hin zur europäischen Ebene, obwohl der Weg über den Bundesrat hierfür nur sehr wenige Erfolgschancen verspricht. Ähnlich wie bei der Landesvertretung NRW in Brüssel hat dazu jedes Fachministerium einen Vertreter nach Berlin entsandt, der jeweils in den Fachausschüssen des Bundesrates und bei den Fraktionen des Bundestages agiert. Auch in Berlin bestehen die Kooperationen zu den anderen Landesvertretungen und ein erbitterter Konkurrenzkampf bei unterschiedlichen Interessen. Ebenso bietet die Vertretung in Berlin einen Blick auf die vielfältige Landschaft NRWs, als größtem und wirtschaftsstärkstem Bundesland mit ca. 18 Millionen Einwohnern. Ganz nach dem selbstgesetzten Motto: „Man muß immer wieder versuchen, das im Bewußtsein von Investoren und Diplomaten, von Journalisten und Politikern auch zu verankern."[40] In der Bundeshauptstadt nimmt sie so dieselben Aufgaben wahr wie die Landesvertretung NRW bei der EU, nur personell schmaler ausgestattet.

---

38 Woyke, Wichard: NRW und Europa. In: NRW-Lexikon. Politik. Gesellschaft. Wirtschaft. Recht. Kultur. Opladen, 2000. S. 233
39 Vertretung des Landes NRW beim Bund, http://www.bund.nrw.de/berlin/index.html; Stand: 02.06.2004
40 Die Aufgaben der Landesvertretung, http://www.bund.nrw.de/berlin/aufgaben.html; Stand: 02.06.2004

5. Fazit und Ausblick: Lobbying und Einflusschancen nach der Osterweiterung – Chance oder Gefahr für NRW?

In Zukunft wird vor allem der Kampf um EU-Förderungen die Szenerie bestimmen. Konfliktpotential sieht der NRW-Mann Degen hier vor allem in der Strukturpolitik (die neuen Mitgliedsländer zählen durchweg zu den strukturschwachen Ziel 1-Gebieten). Beim Binnenmarkt und der Industrie könnten Kooperationen jedoch durchaus möglich sein. Vorherrschen wird wohl der übliche Konflikt zwischen Nettozahler und Nettoempfänger. Nach Meinung Degens könnte es Druck von Seiten der mittel- und osteuropäischen Länder geben, wenn es um Rechtsbereiche und gewisse damit verbundene Standards geht – gerade im Bereich Umwelt und Soziales. Als Kooperationspartner auf regionaler Ebene kommen die neuen Mitgliedstaaten jedoch kaum in Betracht, nicht zuletzt deshalb, weil sie kaum identifizierbare Regionen besitzen.[41] So kann für die Zukunft die Devise nur ‚Abwarten' heißen. Die neuen EU-Länder werden ihre Position finden und sich so leichter beurteilen lassen. Was sich dann für Möglichkeiten bieten, kann zum jetzigen Zeitpunkt deshalb noch nicht genau bestimmt werden.

Fest steht: NRW sieht sich durch die Osterweiterung einer noch größeren Herausforderung gegenübergestellt. An dieser wird sich zeigen, ob NRW im Willensbildungsprozess eines erweiterten Europa stark genug ist, seine Interessen zu formulieren und bestenfalls durchzusetzen.

Das Wachstum an Lobbyisten ist noch lange nicht beendet; immer mehr drängen insbesondere nach der Osterweiterung nach Brüssel. Für NRW gilt deshalb, seine Einflussmöglichkeiten trotzdem so gut wie möglich zu nutzen. Bündnisse zu schließen, wo es notwendig ist (beispielsweise in der Strukturpolitik) und sich durchzusetzen, wenn es um primäre Interessen Nordrhein-Westfalens geht.

Die Länderbüros und natürlich speziell NRW müssen gerade im Angesicht der Osterweiterung noch aktiver werden. Der „pro-aktive" Ansatz, also das ‚Frühwarnsystem' NRWs ist ein interessanter erster Schritt, aber es muss sich künftig noch besser einspielen. Dabei kann Nordrhein-Westfalen durch seine Vertretung in Brüssel ruhig noch etwas forscher und selbstbewusster auftreten. Dies findet auch Degen, wenn er betont, dass die Landesvertretung NRW noch lange nicht alle Potentiale ausschöpft. Knackpunkt ist seiner Meinung nach, dass die Arbeit der Fachpolitiken noch zu wenig strukturiert und gezielt, die Einflussnahme durch Lobbying noch nicht durch deutliche Ergebnisse erkennbar ist. Grund hierfür ist eine viel zu schwerfällige interne Willensbildung. Man darf dabei nicht nur auf Fachfragen schauen, sondern muss wissen, wie politische Arbeit abläuft und wo man seine Interessen einspeisen kann.[42]

Dies sind Probleme, die nicht spezifisch NRW betreffen; sicherlich hat jede Landesvertretung hiermit zu kämpfen. Wichtig ist jedoch, seine Schwächen zu erkennen und die richtigen Maßnahmen zu ergreifen.

Literatur

Alemann, Ulrich von: Vom Korporatismus zum Lobbyismus? Die Zukunft der Verbände zwischen Globalisierung, Europäisierung und Berlinisierung. In: ApuZ B26-27/2000. http://www.bpb.de/publikationen/G5AS3B,2,0,Vom_Korporatismus_zum_Lobbyismus.html#art2; Stand: 11.10.2004

---

41 Interview mit Dr. Manfred Degen
42 Interview mit Dr. Manfred Degen

Andrecs, Robert: EU-Lobbying. Praxistipps und Ansprechpartner. September 2002. Wirtschaftskammer Österreich. Wien, 2002
Diehr, Christian: Die Bewahrung der demokratischen und föderativen Struktur der Bundesrepublik Deutschland im europäischen Integrationsprozess. Der neue Artikel 23 GG. Frankfurt a.M. (u.a.), 1998
Tüller, Alexander: Die Rechtsstellung der Länder und des Bundesrates im Prozeß der politischen Willensbildung in Angelegenheiten der Europäischen Union (Art. 23 GG n.F.). Göttingen, 1999
Friedrich, Hajo: Die fünfte Gewalt in Europa regiert mit. Lobbyarbeit in Brüssel bringt mehr als Proteste ein. In: Das Parlament, 54. Jahrgang, Nr. 21/22, 17./24. Mai 2004. S.10
Große Hüttmann, Martin/Knodt, Michéle: Die Europäisierung des deutschen Föderalismus. In: APuZ B52-53/2000. S. 31-38
Payer, Margarete: Internationale Kommunikationskulturen. 5. Kulturelle Faktoren: Soziale Beziehungen. 3. Teil III: Machtverhältnisse, Stuttgart, 2000. auch http://www.payer. de/kommkulturen/kultur053.htm; Stand: 03.06.2004
Platzer, Hans-Wolfgang: Interessenvertretung. In: Weidenfeld, Werner/Wessels, Wolfgang (Hrsg.): Europa von A-Z. Taschenbuch der europäischen Integration. Bonn, 2000. S. 268-271
Rudzio, Wolfgang: Das politische System der Bundesrepublik Deutschland. 5. überarbeitete Auflage, Opladen, 2000
Sturm, Roland/Pehle, Heinrich: Das deutsche Regierungssystem. Opladen, 2001
Tarnawska, Katarzyna: The evolution of lobbying in the European Union. In: Polish Quarterly of International Affairs, 8 (3) Summer 1999. S. 25-39
Wessels, Wolfgang: Inneres und Verwaltung – Die Landesebene unter dem Einfluss Europas. In: Alemann, Ulrich von/Münch, Claudia (Hrsg.): Handbuch Europa in NRW. Wer macht was in NRW für Europa? Opladen, 2003
Woyke, Wichard: NRW und Europa. In: NRW-Lexikon. Politik. Gesellschaft. Wirtschaft. Recht. Kultur. Opladen, 2000

Internetquellen

Alemann, Ulrich von/Münch, Claudia: Nordrhein-Westfalen in Europa – Eine Region im Spannungsfeld zwischen regionaler Identität und Europäischer Integration. http://www. uni-duesseldorf.de/ HHU/Jahrbuch/2002/Alemann/; Stand: 02.06.2004
Biografie Elmar Brok. http://www.arte-tv.com/de/geschichte-gesellschaft/Schwerpunkt-Europa/Europathemen/Die_20Autoren/529652,CmC=525470.html; Stand: 05.08.2004
Die Aufgaben der Landesvertretung. http://www.bund.nrw.de/berlin/aufgaben.html; Stand: 02.06.2004
Europapolitisches Arbeitsprogramm 2004. http://www.europa.nrw.de/akzuelles/doku/2004/20040303_01. html; Stand: 02.06.2004
Geschäftsordnung des Europäischen Parlaments. 16. Aufl., Juli 2004. Titel I Mitglieder, Organe des Parlaments und Fraktionen. Kapitel 1: Mitglieder des Europäischen Parlaments. Art. 9 Verhaltensregeln, Anlage IX Art. 3 Verhaltenskodex, http://www2.europarl. eu.int/omk/sipade2?PUBREF=//EP//TEXT+RU.../DE&HNAV=; Stand: 20.07. 2004
Kommission der Europäischen Gemeinschaften: Europäisches Regierung. Ein Weißbuch. KOM (2001) 428 endgültig. Brüssel, den 25.7.2001, http://europa.eu.int/eur-lex/de/com/cnc/2001/com2001_0428de01. pdf; Stand: 12.08.2004
Lobbying, http://www.ngo.at/recht/infor_lobbying.htm; Stand: 02.06.2004
OLAF/04/14: Interne Untersuchung über die Weitergabe vertraulicher Informationen vor Europäischem Gericht erster Instanz, Pressemitteilung vom 2. August 2004, http://europa.eu.int/rapid/ pressReleasesAction. do?reference=OLAF/04/14&format=HTML&aged=0&language=DE&guiLanguage=en; Stand: 02.08.2004
Vertretung des Landes NRW beim Bund, http://www.bund.nrw.de/berlin/index.html; Stand: 02.06.2004
Daniel, Tobias: Europas heimliche (Mit-)Entscheider. http://www.europa-digital.de/text/aktuell/dossier/lobby/lobbying.shtml; Stand: 02.06.2004
Grasser, Sebastian: ERT – der runde Tisch der Wirtschaftskapitäne. http://www.europa-digital.de/text/aktuell/dossier/lobby/ert.shtml; Stand: 02.06.2004
Gau, Juliane: Die Entscheider hinter den Entscheidern. Wie die Europäische Kommission mit Interessenvertretern umgeht. http://www.europa-digital.de/text/aktuell/dossier/lobby/kommission.shtml; Stand: 02.06.2004
Kambeck, Michael: Was bedeutet Lobbying? http://www.europa-digital.de/text/aktuell/dossier/lobby/begriff. shtml; Stand: 02.06.2004

Kambeck, Michael: Aus dem Lobbyisten-Alltag. http://www.europa-digital.de/text/aktuell/dossier/lobby/lobbyalltag.shtml; Stand: 02.06.2004

Kambeck, Michael: Am Ende entscheidet die Politik. http://www.europa-digital.de/text/aktuell/dossier/lobby/amende.shtml; Stand: 02.06.2004

Lobbying: Geißel oder Segen? http://www.dw-world.de/dwelle/cda/detail/dwelle.cda.detail.artikel.../0,3820, 2962 _AD_1203665_FO,00.htm; Stand: 02.06.2004

Lutz, Felix: Wo Milch, Kakao und Motoröl fließen. http://www.europa-digital.de/text/aktuell/dossier/lobby/bulaender.shtml; Stand: 02.06.2004

Röper, Horst: Brüssels Veto und die Folgen. Meinungsindustrie und Machtkalkül. http://www.igmedien.de/publikationen/m/1998/07/15.html; Stand: 02.06.2004

Schalast, Christoph: EU-Lobbying und Consulting. http://www.justament.de/titelth3von(2-2002).html. Stand: 02.06.2004

Vossieg, Jutta: Demokratie-Defizit in Europa beklagt. Koch-Mehrin führt FDP im Wahlkampf. http://www.fdp-koeln.de/index.php?aid=1794; Stand: 24.09.2004

Zerdick, Thomas: Lobbying in Brüssel – Argumentieren und antichambrieren. http://rsw.beck.de/rsw/shop/default.asp?docid=72975&docClass=NEWS&from=Anwalt.20; Stand: 02.06.2004

Interviews

Interview mit Dr. Manfred Degen (Dienststellenleiter der Landesvertretung NRW bei der EU und zuständig für die Koordinierung der Fachpolitik, Kontakte zu den Organen der EU, Institutionelle Fragen der EU, interregionale Kooperation und Fremdsprachendienst) am 29.07.2004

Interview mit Polizeihauptkommissar Norbert Spinrath (Referent der Landesvertretung NRW bei der EU für Innere Sicherheit, Polizeiangelegenheiten und den Ausschuss der Regionen) am 19.08.2004

Christian Engel

Nordrhein-Westfalen und seine europäischen Partnerregionen

1. NRW im Europa des Jahres 2029?

An Hypothesen oder Visionen über die Zukunft der Europäischen Union mangelt es wahrlich nicht. Nur wenige aber sind so originell wie diejenige, die die TAZ zur Feier ihres 25-jährigen Bestehen im Jahr 2004 mit einer fiktiven Jubiläumsausgabe zum 50-jährigen Bestehen im Jahr 2029 wagte.[1] Unser Kontinent wird sich laut dieser Vision noch einmal gewaltig verändern: die Europäische Union umfasst dann 38 Mitgliedstaaten, die Hauptstadt der EU ist von Brüssel nach Prag verlagert worden, und die neue Präsidentin der Europäischen Kommission stammt aus der Türkei und heißt Aishe Ciller.

Aber auch etwas anderes, speziell auch für Nordrhein-Westfalen Wichtiges hat sich getan: die heutigen, historisch gewachsenen Staatsgrenzen innerhalb der Europäischen Union haben begonnen, sich definitiv aufzulösen, ja mehr noch, zu verschwinden. Jenseits der heutigen Nationalstaaten sind bereits einige wenige neue grenzüberschreitende „Regionalstaaten" entstanden, und darunter auch der neue Staat „Benelux-Rhein-Ruhr", der neben den Benelux-Ländern einen großen Teil Nordrhein-Westfalens umfasst (wobei die staatliche Qualität der neuen Einheit in der TAZ-Vision nicht weiter beschrieben wird). Auch der Hintergrund des Entstehens wird gleich mitgeliefert: ebenso wie ein grenzübergreifender Zusammenschluss zwischen Bayern und Teilen Österreichs und Norditaliens ist auch der neue „Staat" Benelux-Rhein-Ruhr eine Reaktion darauf, dass sich nach der Osterweiterung der EU im Jahr 2004 und anschließenden Erweiterungsrunden ebenfalls Richtung Osten das politische und auch in zunehmendem Umfang ökonomische Gewicht des Kontinents in Richtung Osten verlagert hat – anschaulich verdeutlicht durch den Umzug der EU-Behörden nach Prag. Wir im Westen haben hierauf durch eine neue Form grenzübergreifender Staatsbildung reagiert, um unser politisches und ökonomisches Potenzial weiter zu bündeln und ein Gegengewicht zu bilden.

Das ist natürlich Fiktion – sowohl was die Kräfteverschiebungen innerhalb des Kontinents betrifft als auch die Bildung neuer grenzüberschreitender staatlicher oder staatsähnlicher Einheiten oder die Trennung von Teilen Nordrhein-Westfalens (und Bayerns) aus dem bundesdeutschen Staatsverbund. Aber so sehr die beschriebenen Entwicklungen Fiktionen sind, so sehr stellen sie einen sehr realen Hintergrund für unser Thema dar, für das Thema „Nordrhein-Westfalen und seine Partnerregionen". Denn selbstverständlich spielen regionale Partnerschaften im europäischen Raum zwar nicht nur, aber auch eine Rolle mit Blick auf die Positionierung Nordrhein-Westfalens innerhalb unseres Kontinents – auch die geographische Positionierung.

---

1 die tageszeitung vom 17./18. April 2004

2. Regionale Partnerschaften in historischer Perspektive

Wie für andere deutsche Länder und das regionale Europa überhaupt gilt auch für Nordrhein-Westfalen, dass die Zusammenarbeit mit regionalen Partnern im europäischen wie im internationalen Raum im Verlaufe der Jahre einem erheblichen Wandel unterlegen war – und ohne Zweifel auch künftigem Wandel unterliegen wird.

Insgesamt und so auch für Nordrhein-Westfalen kann festgestellt werden, dass die regionale Zusammenarbeit in Europa irgendwann gegen Ende der 80er Jahre und dem Beginn der 90er Jahre des 20. Jahrhunderts ihren Ausgang genommen hat, nur wenige Jahre, nachdem die Länder und Regionen erstmals ernsthaft begonnen hatten, sich mit der Fortentwicklung der damals noch Europäischen Gemeinschaft auseinander zu setzen und z.B. eigene Büros oder Vertretungen in Brüssel aufzubauen.[2]

Zurückblickend lässt sich diese Periode durchaus als eine „Ära der Unschuld" betrachten. Das regionale Europa befand sich in breiter Aufbruchstimmung. Ein erkennbarer Regionalisierungsschub in verschiedenen europäischen Staaten,[3] das Entdecken gemeinsamer Anliegen mit Blick auf die Fortentwicklung der Europäischen Union – speziell mit Blick auf eine Anzahl „regionaler" oder „föderaler" Kernforderungen im Zusammenhang mit dem Vertrag von Maastricht[4] – und überhaupt ein deutlich gestiegenes regionales Selbstbewusstsein hatten eine wahre Aufbruchstimmung in der „europäischen Provinz" zur Folge. Ergebnis war nicht nur die Schaffung und das rasche Wachstum der Versammlung der Regionen Europas (VRE) als Dachverband der europäischen Regionalbewegung und der rasche Aufbau verschiedenartiger geografischer und thematischer Netzwerke oder Vereinigungen europäischer Regionen (wie der peripheren Küstenregionen, der Weinbauregionen, der Industrieregionen usw.[5]) und schließlich auch des Ausschusses der Regionen durch den Vertrag von Maastricht (der aber erst 1994 seine Arbeit aufnahm), sondern eben auch ein rasches Abschließen regionaler Partnerschaften.

Auch Nordrhein-Westfalen war Teil dieser regionalen Aufbruchstimmung, ja sogar – insbesondere mit Blick auf die Gründung des Ausschusses der Regionen – einer der treibenden Motoren. Um aber beim Thema zu bleiben: auf der Ebene der regionalen Partnerschaften wurden in rascher Folge Partnerschaftserklärungen mit den wichtigsten belgischen Regionen (Flandern und Wallonie, 1990/1991) und mit der spanischen Autonomen Gemeinschaft Valencia (1992) abgeschlossen und – vor allem im Rahmen europäischer Netzwerke und Vereinigungen – zahlreiche Kontakte zu anderen Regionen in ganz Europa aufgebaut. Im Übrigen fand das Gleiche etwa zeitgleich auch im internationalen Raum durch Partnerschaftserklärungen mit Regionen unter anderem in Australien (New South Wales), China (Shanxi, bereits seit 1984), Russland (Nishnij Novgorod (1993), Kostroma (1999), Rostow und Samara), den USA (North Carolina) statt.

---

2   Vgl. Engel, Christian: Regionen in der Europäischen Gemeinschaft. Eine integrationspolitische Rollensuche. In: integration 14 (1990), H. 1. S. 9-20
3   Vgl. Engel, Christian: Regionen in der EG. Rechtliche Vielfalt und integrationspolitische Rollensuche. Bonn, 1992; Voß, Dirk-Hermann: Regionen und Regionalismus im Recht der Mitgliedstaaten der Europäischen Gemeinschaften. Bern, 1989
4   Vgl. Bauer, Joachim (Hrsg.): Europa der Regionen. Aktuelle Dokumente zur Rolle und Zukunft der deutschen Länder im europäischen Integrationsprozess. Berlin, 1992; Borkenhagen, Franz H. U. u.a. (Hrsg.): Die deutschen Länder in Europa. Politische Union und Wirtschafts- und Währungsunion. Baden-Baden, 1992
5   Einen Überblick über die vor allem aus der „Frühzeit" der europäischen Regionalbewegung stammenden eher traditionellen Regionalvereinigungen gibt Schmitt-Egner, Peter: Handbuch der Europäischen Regionalorganisationen. Baden-Baden, 1999.

Was ist hiervon heute geblieben? Einiges, aber beleibe nicht alles. Ohne Zweifel hat schon nach wenigen Jahren eine Ernüchterung eingesetzt, die dann spätestens gegen Ende der 90er Jahre einem nüchternen – aber eben auch realistischen und eher Erfolg versprechenden – Pragmatismus Raum gemacht hat. Eine deutliche Ernüchterung hatte schon Mitte der 90er Jahre zunächst die regionale Bewegung in Europa allgemein erfasst, deren Ursachen komplex und vielfältig sind und vor allem auch auf ein Erlahmen des europäischen Regionalisierungsprozesses zurückzuführen sind.[6] Ernüchterung des Weiteren, speziell was die deutschen Ländern und auch Nordrhein-Westfalen betrifft, über die Entwicklung des Ausschusses der Regionen.[7]

Ernüchterung auch insoweit, um zum eigentlichen Thema zurück zu kommen, als dass auch Nordrhein-Westfalen hat begreifen müssen, dass mit Blick auf die regionalen Partnerschaften des Landes „gut gemeint" nicht gleichbedeutend ist mit „gut gemacht" und dass die Pflege regionaler Partnerschaft nicht nur sehr sorgfältig abgewogen werden muss, sondern auch eines erheblichen Einsatzes insbesondere personeller Ressourcen bedarf. Ernüchterung schließlich ferner insoweit, als dass die Zeit ebenfalls über bestimmte Ziele und Formen der regionalen Zusammenarbeit hinweggegangen ist, die ihre Schuldigkeit getan haben und es nicht vermocht haben, neue und für die beteiligten Akteure attraktive Wege zu beschreiten. Dies gilt z.B. für die VRE, die heute nur noch einen Schatten seiner früheren Strahlkraft hat und aus der auch Nordrhein-Westfalen im Jahr 2000 ausgetreten ist.

Was also bleibt, ist neu entstanden oder haben wir gelernt? Gelernt haben wir zunächst, dass allgemein formulierte politische Zielsetzungen – wie etwa das Erstarken eines „Europa der Regionen" auch durch partnerschaftliche Zusammenarbeit – nicht ausreichen, um eine auch wirklich funktionierende Partnerschaft mit konkretem Mehrwert in Gang zu setzen. Gelernt haben wir schließlich – und zwar insgesamt recht schnell –, dass das Eingehen von festen Verpflichtungen in der regionalen Zusammenarbeit nicht am Beginn einer Zusammenarbeit stehen sollte, sondern den Abschluss einer mehrjährigen Erprobung der Belastbarkeit des Interesses an Kooperation, der Motivation beteiligter Personen und Einrichtungen und des Erzielens praktischer Ergebnisse und Erfolge erfordert. Gelernt haben wir ferner, dass regionale Kooperation weit stärker an landespolitischen Zielsetzungen und Interessen orientiert sein muss, als wir dies in der „Periode der Unschuld" angenommen haben, während die zunächst allgemein formulierten politischen Zielsetzungen offenbar genügten. Und schließlich, dass eine funktionierende Zusammenarbeit nicht in jedem Fall eines festen – institutionalisierten und gar formalisierten – Rahmens bedarf, sondern auf pragmatischer Grundlage erfolgen kann und der Flexibilität bedarf.

Aus diesem Lernprozess entstanden ist schließlich – im Jahr 2004 und mit Blick auf die EU-Dimension der partnerschaftlichen Zusammenarbeit – eine überschaubare Zahl an insgesamt gut funktionierenden und stabilen regionalen Partnerschaften und eine wachsende Zahl an mehr oder weniger festen, meist themenbezogenen Netzwerken oder Projekten, an denen Nordrhein-Westfalen teilnimmt.

---

6   Vgl. Engel, Christian: Das „Europa der Regionen" seit Maastricht. In: Borkenhagen, Franz H. U. (Hrsg.): Europapolitik der deutschen Länder. Bilanz und Perspektiven nach dem Gipfel von Amsterdam. Opladen, 1998. S. 153ff.
7   Vgl. Clement, Wolfgang: Der Ausschuss der Regionen. Eine politische Zwischenbilanz. In: Hesse, Joachim Jens (Hrsg.): Regionen in Europa, Bd. II, Das regionale Potential. Baden-Baden, 1996. S. 335ff.

3. Die Karte der regionalen Partnerschaften

Die Karte der regionalen Partnerschaften des Landes zeigt heute einen eindeutigen Schwerpunkt auf den nordwest-europäischen Raum – also den Raum, der im Rahmen von INTERREG III B als Nordwest-Europa zusammengefasst ist. Und auch hier besteht eine Abstufung, die letztlich geografischen Kriterien folgt: Neben thematisch breit angelegten Partnerschaften mit Flandern und der Wallonie in Belgien (erneuert und neu formuliert im Jahr 1999) bestehen über Gemeinsame Erklärungen und vor allem durch intensive Kontakte auf allen Ebenen und durch zahlreiche Projekte abgedeckte Partnerschaften mit den niederländischen Grenzprovinzen des Landes (Gelderland, Limburg und Overijssel[8]) sowie mit der Deutschsprachigen Gemeinschaft Belgiens.[9] Die Kooperation mit den niederländischen Grenzprovinzen erfolgt hierbei im Übrigen auch – aber nicht nur – über die grenznahen Bezirksregierungen des Landes (Düsseldorf, Köln und Münster), deren Regierungspräsidenten sich schon seit den 70er Jahren des 20. Jahrhunderts regelmäßig und mehrfach jährlich mit den dortigen Kommissaren der Königin treffen.

Geografisch etwas weiter entfernt gelegen hat sich seit der *Devolution* 1999 eine pragmatische und themenorientierte Partnerschaft mit Schottland (inzwischen abgedeckt durch eine themenbezogene Kooperationsvereinbarungen aus dem Jahr 2003) ebenso entwickelt wie mit der französischen Region Nord-Pas de Calais (ein erstes konkretes gemeinsames Arbeitsprogramm wurde am 27. August 2004 in Dortmund vereinbart). Hinzu kommt – aus dem Kreis der neuen Mitgliedstaaten der EU – seit dem Jahr 1995 eine inzwischen fest etablierte Zusammenarbeit mit der polnischen Wojewodschaft Schlesien, die im Jahr 2000 ebenfalls zum Abschluss einer formalen Partnerschaft geführt hat. Gemeinsam mit Schlesien und Nord Pas-de-Calais hat Nordrhein-Westfalen im Übrigen seit 2001 ein so genanntes „Kleines Weimarer Dreieck" aufgebaut, in dessen Rahmen derzeit ein vorbildhaftes gemeinsames INTERREG III-C-Projekt realisiert wird.[10]

Die Karte der regionalen Partnerschaften vermittelt heute allerdings nur ein unzureichendes Bild der regionalen Vernetzung Nordrhein-Westfalens (ebenso anderer Länder und Regionen). Zwar konzentriert sich die *partnerschaftliche* Zusammenarbeit des Landes auf die genannten Regionen, andererseits sind diese aber nicht in jedem Fall der geeignete Partner bzw. Kooperationsraum. So sind es vor allem aus Sicht der Außenwirtschaft gerade auch in den genannten Ländern Frankreich (Ile-de-France; Rhône-Alpes), Großbritannien (Südost-England; Großraum London) und Polen (Großraum Warschau) durchaus andere Regionen, die auf Grund ihres wirtschaftlichen Gewichts bzw. auch der speziellen Konzentration von Unternehmen aus einzelnen Branchen sowie eines entsprechendes unternehmensnahen Umfeldes (z.B. in Forschung und Technologie) im Mittelpunkt des Interesses und der Zusammenarbeit stehen. Solche „Abweichungen" stehen aber dem Ziel und der Notwendigkeit der Bündelung von Ressourcen und der Konzentration nicht entgegen, sofern sie eben funktional begründet sind und nicht willkürlich. Zum anderen ist und bleibt es auch im Jahr 2004 so, dass dem Land in zahlreichen anderen europäischen Staaten eine handlungsfähige und für die Zusammenarbeit attraktive regionale Ebene als potenzieller Partner weiterhin fehlt und daher auch eine Kooperation – sofern diese verfolgt wird – mit den jeweiligen Zentralregierungen erforderlich ist.

---

8   Zu nennen sind aber auch Gemeinsame Erklärungen über die Zusammenarbeit im Umwelt- und Naturschutz sowie – speziell mit der Provinz Gelderland – zum nachhaltigen Hochwasserschutz.
9   Gemeinsame Erklärung über die Nachbarschaftliche Zusammenarbeit, unterzeichnet am 4. März 2004 in Eupen von den Ministerpräsidenten Karl-Heinz Lambertz und Peer Steinbrück.
10 Vgl. hierzu die homepage www.trireg.net.

Und zum anderen beschränkt sich die regionale Verflechtung des Landes nicht auf einige partnerschaftlich verbundene Kernregionen.

Von wachsender Bedeutung ist in den vergangenen Jahren – konkret vor allem seit Beginn der EU-Förderperiode 2000-2006 – die interregionale Vernetzung durch die Beteiligung an INTERREG III-B und III-C Programmen und Projekten geworden. Ist dies im Fall von INTERREG III-B noch überschaubar auf Grund der geografischen Festlegung von Kooperationsräumen – im Falle Nordrhein-Westfalens also Nordwest-Europas –, wird dies für INTERREG III-C, die eigentliche interregionale Kooperation, deutlich schwieriger. Nordrhein-Westfalen ist als federführender Partner *(lead partner)* oder einfach als Projektpartner an einer größeren Zahl von INTERREG III-C-Projekten beteiligt, in deren Rahmen sich konkrete Kooperationsbeziehungen mit zahlreichen Regionen zwischen der Algarve und Lappland bzw. Kreta und Irland ergeben.[11] Da diese Projekte stets nur themenbezogen ist, entstehen hieraus allerdings zunächst keine engeren partnerschaftlichen Beziehungen.

Dasselbe gilt für eine Reihe von thematischen regionalen Netzwerken, in denen Nordrhein-Westfalen in unterschiedlicher Intensität mitarbeitet, wie etwa die Konferenz der Regionen mit gesetzgebenden Zuständigkeiten (REGLEG), ein europäisches Netzwerk der Chemieregionen, ein Netzwerk „Regionen für Gesundheit" der Weltgesundheitsorganisation (in dem u.a. 31 europäische Regionen mitwirken), das so genannte IQ-Net, ein Netzwerk regionaler (und nationaler) Verwalter von EU-Strukturfondsprogrammen, das ebenfalls auf den Strukturwandel bezogene Netzwerk ICN *(Industrial Change Network)* oder das „European Garden Heritage Network" (EGHN). Derzeit arbeitet Nordrhein-Westfalen selbst als federführenden Partner daran, ein neues Netzwerk von Regionen aufzubauen, die sich im Besonderen für das Thema „Seniorenwirtschaft" interessieren und hier europäisch kooperieren wollen (mit dem Netzwerknamen SEN@ER). Hinzu kommen – in wachsender Zahl – weitere Netzwerke, an denen andere Akteure aus Nordrhein-Westfalen Landes oder Landeseinrichtungen beteiligt sind, seien es Technologiezentren oder ein Netzwerk von Energieagenturen. Manche solcher Netzwerke kommen ohne EU-Finanzierung aus, manche haben sich erst im Rahmen von EU-Programmen (auch INTERREG) entwickelt. Entscheidend ist, dass ihre Zahl in den vergangenen Jahren eher weiter zu- als abgenommen hat und es heute schwer fällt, einen Überblick zu behalten.[12]

Das Fazit hieraus: Neben den wenigen „echten" Partnerschaften hat die wachsende europäische Verflechtung auf der regionalen Ebene auch aus Sicht von Nordrhein-Westfalen zu einem Engagement in einer zunehmenden Zahl von interregionalen Projekten und Netzwerken geführt, die zunächst stets nur themenbezogen sind. Sollte festgestellt werden können, dass sich im Rahmen solcher Netzwerke die Beziehungen zu einzelnen Regionen in der Praxis besonders verdichten, wäre sicher zu überlegen, ob über diese praktische Vernetzung hinaus auch der Aufbau bilateraler partnerschaftlicher Beziehungen für beide Seiten einen Mehrwert darstellt.

---

11 So hat das Wirtschaftsministerium NRW die Federführung für ein „Change on Borders" genanntes INTERREG IIC-Projekt übernommen, an dem seit 2003 über 20 europäische Regionen teilnehmen und dass einen Erfahrungsaustausch zur grenzüberschreitenden Zusammenarbeit organisiert. Vgl. Hierzu die homepage www.change-on-borders.net.

12 An einem solchen Überblick arbeitet die Staatskanzlei des Landes Nordrhein-Westfalen zum gegenwärtigen Zeitpunkt auch mit dem Ziel, Vorschläge zur Steigerung der Effizienz und zur Bündelung von Ressourcen zu entwickeln.

4. Ziele der regionalen Zusammenarbeit

Ein erster Blick auf die nicht unmittelbar „nachbarschaftlichen" regionalen Partner Nordrhein-Westfalens lässt zunächst vermuten, dass das Land sich ganz bewusst klassische „Strukturwandelregionen" als Partner gesucht hat. Sowohl Schlesien und Schottland als auch Nord Pas-de-Calais zählen ohne Zweifel – ebenso wie Nordrhein-Westfalen – zur Kategorie der industriellen Kernregionen, die ein Montan-Erbe zu bewältigen und neu zu gestalten haben und sich – in unterschiedlichem Ausmaß – noch immer in einem Strukturwandelprozess befinden. Und diese Annahme ist auch nicht gänzlich falsch, gingen die ersten, frühesten Kontakte zu diesen Regionen doch oft auf diese gemeinsamen Wurzeln bzw. sogar auf die Zusammenarbeit zwischen europäischen Strukturwandel- oder Ziel-2-Regionen zurück. So haben sowohl Nordrhein-Westfalen als auch seine französische und britische Partnerregion – diese allerdings auf der Ebene der Grafschaften (*counties*) – auf europäischer Ebene im früheren Netzwerk RETI (*Association of European Regions of Industrial Technology*) zusammengearbeitet und zählen derzeit zu den Mitgliedern von EIRA (*European Industrial Regions Association*). Auch besteht zwischen Nordrhein-Westfalen und seinen nicht unmittelbar angrenzenden Partnerregionen ein enger Erfahrungsaustausch auf dem Gebiet der EU-Strukturförderung und – ganz aktuell – ein Abstimmungsprozess zur Begleitung der neuen EU-Förderperiode 2007-2013[13], an dem im Übrigen auch unsere direkten „grenzregionalen" Partner mitwirken (Flandern, die Wallonie und unsere niederländischen Nachbarprovinzen).

Und dennoch täuscht der erste Blick, da die Ziele der Zusammenarbeit weit über diesen Ursprung hinausgehen und allen genannten Regionen – sieht man von unserer Partnerregion Schlesien im neuen EU-Mitgliedstaat Polen einmal ab – darüber hinaus das Image von „altindustriellen" Strukturwandelregionen (für viele sprich: strukturschwachen Regionen) längst abgelegt haben – auch wenn alle gemeinsam an dem Imagewechsel weiter arbeiten müssen.

Ganz im Einklang mit einer neuen Ära des Pragmatismus – was nicht mit einem Mangel an Enthusiasmus gleichzusetzen ist – haben sich Nordrhein-Westfalen und seine Partnerregionen jeweils bilateral darauf verständigt, die Zusammenarbeit jedenfalls zunächst auf bestimmte Felder zu konzentrieren, die einer Reihe von Kriterien entsprechen: (1) Zunächst ist natürlich Voraussetzung, dass die Partner auf den jeweiligen Feldern über eigene Handlungs- und Gestaltungsmöglichkeiten sowie über entsprechende Ressourcen verfügen, (2) sind zunächst solche Felder ins Auge gefasst worden, auf denen sich die Zusammenarbeit in der Praxis bereits bewährt hat oder auf denen bereits Kontakte bestehen, die weiter gefestigt werden können, (3) aber auch „neue" Felder, auf denen eine gemeinsame Analyse und Bewertung Schnittstellen ergeben hat und von denen sich jeweils beide Partner einen Mehrwert und neue Einsichten versprechen.

Hierbei können – und sollten – die Schwerpunkte der Zusammenarbeit durchaus nicht identisch sein, sondern sich wie dargelegt auf solche Bereiche konzentrieren, in denen beide Seiten „gewinnen" können (man spricht heute gern von „win-win"-Situationen). So legt zum Beispiel das erste Arbeitsprogramm zwischen Nordrhein-Westfalen und Nord Pas-de-Calais einen deutlichen Akzent auf die Politikfelder Schule, Sprache und Ausbildung. Dieser Schwerpunkt erfolgt – aus nordrhein-westfälischer Sicht – vor dem Hintergrund einerseits der

---

13 Am 18. Februar 2004 hat die Europäische Kommission hierzu ihren so genannten 3. Kohäsionsbericht vorgestellt: „Eine neue Partnerschaft für die Kohäsion. Konvergenz Wettbewerbsfähigkeit Kooperation – Dritter Bericht über den wirtschaftlichen und sozialen Zusammenhalt", und auf dessen Grundlage im Juli 2004 ihre konkreten Verordnungsentwürfe u.a. zur Reform der EU-Strukturfonds für die Förderperiode 2007-2013.

Ausgangslage, dass es ein breites und intensives Netz an Schulpartnerschaften zwischen beiden Regionen gibt (ca. 200 der 900 Partnerschaften zwischen Schulen aus NRW und französischen Schulen bestehen mit Nord Pas-de-Calais), und andererseits der Herausforderung, die Präsenz der französischen Sprache an unseren Schulen zu intensivieren. Die Vereinbarung mit Schottland und ein hierzu derzeit noch in Vorbereitung befindliches Arbeitsprogramm hingegen legen Schwerpunkte zum einen auf Fragen der Wirtschafts- und Technologiepolitik (Stichworte sind erneuerbare Energien, Life Sciences und *Entrepreneurship*), zum anderen auf Fragen der Verwaltungsmodernisierung einschließlich des Erfahrungsaustauschs über den Umgang mit und über die Entwicklung von *Public Private Partnerships*. Beiden Partnerschaften gemein ist wiederum das Bestreben nach Zusammenarbeit in europapolitischen Fragen. Blickt man hingegen auf die Partnerschaft mit der Wojewodschaft Schlesien – die älteste dieser drei Partnerschaften –, so ist diese geprägt von einer Entwicklungs- und Unterstützungspartnerschaft auf breiter Ebene bzw. von einem Know-how-Transfer in Richtung Schlesien, die sich aber Schritt für Schritt in Richtung einer Beziehung fortentwickelt, die von einem gegenseitigen Austausch geprägt ist. Ansatzpunkte hierfür bestehen bereits in dem oben erwähnten Kleinen Weimarer Dreieck ebenso wie in einem beiderseitigen Kulturaustausch, der mit schlesischen Kulturwochen in NRW im Jahr 2003 begonnen hat und sich mit NRW-Kulturwochen in Schlesien im Jahr 2004 fortsetzt.

Das gemeinsame Montan-Erbe steht somit keineswegs im Mittelpunkt der Partnerschaften, sorgt aber andererseits doch dafür, dass es auf verschiedenen Feldern gemeinsame Stärken (z.B. auf Gebieten wie Umwelttechnologie oder Erfahrungen in der Revitalisierung von Industriebrachen) ebenso gibt wie gemeinsame Herausforderungen (z.B. bei der Stärkung der Innovationskraft der heimischen Unternehmen) und Anliegen (z.B. ein Austausch von Erfahrungen mit Blick auf einen möglichst effektiven Einsatz der EU-Strukturfondsmittel) gibt, die gezielt für die Entwicklung einer funktionierenden Zusammenarbeit genutzt werden können.

Es versteht sich daneben fast von selbst, dass die Partnerschaft zwischen Nordrhein-Westfalen und seinen direkt Nachbarregionen schon durch die zahlreichen unmittelbar grenzüberschreitenden Bezüge eine andere Qualität – und vor allem auch eine andere Quantität – hat. Während die Zusammenarbeit mit den regionalen Partnern selber – also mit Flandern, der Wallonie und der Deutschsprachigen Gemeinschaft Belgiens sowie mit unseren niederländischen Grenzprovinzen Gelderland, Limburg und Overijssel – vom Selbstverständnis und Ansatz her der mit den anderen Partnerregionen entspricht, besteht darüber hinaus ein intensiver Abstimmungsbedarf zu zahlreichen grenzüberschreitenden Fragen und besteht vor allem über die INTERREG III-A-Programme auch ein Instrument für die enge Vernetzung zwischen unseren Regionen im unmittelbaren Grenzgebiet.[14] Dass sich hieraus eine andere Intensität der Zusammenarbeit ergibt, bedarf keiner näheren Erläuterung.

Über alle Gemeinsamkeiten und Unterschiede in den regionalen Partnerschaften hinaus ist es aus heutiger Sicht vor allem aber auch erwähnenswert, dass sich die „mentale" Qualität der partnerschaftlichen Zusammenarbeit auf regionaler Ebene – ebenso wie auf der Ebene der Zusammenarbeit mit zentralstaatlichen Partnern – in den vergangenen Jahren deutlich fortentwickelt hat (aber noch weiter fortentwickeln muss). Im Übrigen gilt dies natürlich auch für die Zusammenarbeit im außereuropäischen Raum.

Allzu lange – und dies kann so durchaus sehr selbstkritisch formuliert werden – stand die internationale Zusammenarbeit des Landes Nordrhein-Westfalen intellektuell wie men-

---

14 Vgl. hierzu jetzt sowie Staatskanzlei des Landes Nordrhein-Westfalen (Hrsg.): Nachbar Nordrhein-Westfalen. Die grenzüberschreitende Zusammenarbeit zwischen NRW und seinen Nachbarländern. Düsseldorf, 2004

tal auf wackeligen Beinen. Sie war zum einen von der Sichtweise geprägt, dass es der starke Partner Nordrhein-Westfalen ist, der anderen Wissen, Know-how und Kenntnisse vermittelt oder gar als eine Art „Entwicklungshelfer" auftritt, und zum anderen von der – für unser Thema besonders problematischen – Annahme, im Kreis der europäischen Regionen *die* Nr. 1 zu sein und durch die Qualität der eigenen Stellung im föderalen Staatsaufbau der Bundesrepublik Deutschland sowie der eigenen Befugnisse über andere Regionen hinauszureichen. Durchaus nicht als Entschuldigung ist zu ergänzen, dass diese Fehlannahme im Kreise der deutschen Länder insgesamt sehr verbreitet war (und leider zum Teil noch ist).

In Bezug auf beide genannten Schwächen haben wir mittlerweile deutlich dazu gelernt, auch wenn dieser Lernprozess noch nicht abgeschlossen ist. Wir haben nicht nur gelernt, dass es neben den deutschen Ländern inzwischen eine Vielzahl „starker" regionaler Partner gibt, sondern auch, dass wir im Geleitzug der europäischen Regionen keineswegs „naturgegeben" an erster Stelle stehen.[15] Auch haben wir lernen müssen, dass die spezifischen Ausprägungen des deutschen Föderalismus keineswegs ein „Idealmodell" darstellen, sondern andere Regionalisierungsmodelle in mancher Hinsicht sogar effizienter funktionieren als unser deutscher Föderalismus. Schließlich und vor allem haben wir lernen müssen, dass es in der *Praxis* oft recht irrelevant ist, über welche staatliche Stellung oder welche *formellen* Befugnisse eine Region verfügt. Viel entscheidender ist die praktische Handlungsfähigkeit auf regionaler Ebene, einschließlich der verfügbaren materiellen und immateriellen Ressourcen wie etwa regionales Identitätsbewusstsein.[16] Und hier ergibt sich oft eine ganz andere Perspektive als die schlichte Betrachtung von formeller Befugnisse und Rechte. Wir kommen sogar teilweise nicht um die Feststellung herum, dass andere Regionen, auch solche mit weit weniger Aufgaben und Befugnissen, in ihrer praktischen Handlungsfähigkeit besser aufgestellt sind als Nordrhein-Westfalen und andere deutsche Länder, und sei es allein aus dem Grund, dass sie eine deutlich geringere – weil auch jüngere – finanzielle Last mit sich tragen und einen größeren Anteil der eigenen Ressourcen für eigentliche Politikgestaltung aufwenden können.

So hat sich denn eine neue Perspektive ergeben, die dazu führt, in der partnerschaftlichen Zusammenarbeit deutlich stärker als in der Vergangenheit einen wechselseitigen Austausch zu sehen, in dem auch Nordrhein-Westfalen in vielfältiger Hinsicht von anderen lernen kann. Nicht erst, aber auch Ereignisse wie die schon berühmte PISA-Studie führen dazu, dass wir zunehmend erkennen, wie wichtig der Blick über die Grenze ist, um eigene Konzepte und Ansätze zu überprüfen und zu hinterfragen und von den Erfahrungen anderer zu lernen. Auch wenn noch manch mentale Barriere und weiter bestehende Ängste zu überwinden sind, öffnet sich Nordrhein-Westfalen immer stärker einem partnerschaftlichen Vergleich und „Benchmarking".

5. Die Zukunft der regionalen Zusammenarbeit

Es dürfte deutlich geworden sein, dass Nordrhein-Westfalen in seiner Zusammenarbeit mit europäischen Partnerregionen in den vergangenen gut 15 Jahren einen Weg beschritten hat, der von relativer Unerfahrenheit und einer „Ära der Unschuld" zu einem heute wesentlich reiferen Verständnis von partnerschaftlicher Zusammenarbeit mit anderen europäischen

---

15 Vgl. Pahl, Marc-Oliver: Regionen mit Gesetzgebungsbefugnissen in der Europäischen Union. Eine rechtvergleichende Analyse ihrer Mitwirkung an der EU-Rechtsetzung. Baden-Baden, 2004
16 Vgl. hierzu Kohler-Koch, Beate u.a. (Hrsg.): Interaktive Politik in Europa. Regionen im Netzwerk der Integration. Opladen, 1998; Engel, Christian/Heichlinger, Alexander: Regionale Verwaltungen auf dem Weg nach Europa. Maastricht, 2002

Regionen und auf der internationalen Bühne überhaupt geführt hat. Ein „reiferes" Verständnis impliziert hierbei größere Offenheit, eine gewachsene Fähigkeit, die eigene Stellung und die eigenen Politikkonzepte kritisch zu reflektieren und von anderen zu lernen, die sich auch als eine Art „neue Bescheidenheit" bezeichnen ließe, und schließlich einen größeren Pragmatismus im Sinne realistischer Ziele, eines prozessartigen Vorgehens in der partnerschaftlichen Zusammenarbeit und eines besseren Wissens um die Ressourcen, derer es bedarf, um eine Partnerschaft wirklich mit Leben zu erfüllen und auf Dauer aufrecht zu erhalten.

Dass all dies erst gelernt werden musste, vermag nicht zu erstaunen, haben doch die deutschen Länder insgesamt – und so auch Nordrhein-Westfalen – erst seit Mitte der 80er Jahre wirklich ernsthaft damit begonnen, ihre Rolle in Europa und in der Welt zu definieren und ihren eigenen Weg in der internationalen Zusammenarbeit zu suchen. Ebenfalls vermag nicht zu erstaunen, dass wir hierbei – bei allen erzielten Fortschritten – noch immer ein kräftiges Stück Weg zurückzulegen haben. Nordrhein-Westfalen ist sich dessen sehr bewusst und hat gerade in den vergangenen Jahren hierzu in den vergangenen beiden Jahren einen umfassenden und durchaus nicht einfachen, da auch am eigenen Selbstverständnis rührenden Reflektionsprozess hinter sich gebracht. Dieser hat im April 2004 zur Verabschiedung eines Leitbildes der Internationalen Zusammenarbeit durch die Landesregierung geführt, in dem erstmals zusammenfassend das Selbstverständnis des Landes in der internationalen Zusammenarbeit, seine Ziele und die der Zusammenarbeit zu Grunde liegenden Prinzipien festgelegt worden sind.

Natürlich weiß jeder, der sich schon einmal mit der Entwicklung von Leitbildern befasst hat, dass am Ende eines solchen Prozesses zunächst einmal „nur" ein Stück Papier steht, dessen Umsetzung in die Praxis eine ganz andere Sache ist. Allerdings hat sich auch für uns gezeigt, dass schon der Prozess der Reflektion und der Meinungsbildung auf der Ebene von Politik und Verwaltung wichtige Impulse freisetzt für das Nachdenken über die eigene Rolle und für das kritische Überprüfen bisheriger Konzepte und Praktiken in der internationalen – und dabei auch der europäischen regionalen – Zusammenarbeit. Einige der wichtigen Erkenntnisse, zu denen wir gemeinsam gelangt sind, werden sicherlich in den kommenden Jahren zu einer wieteren Verbesserung der internationalen Zusammenarbeit führen.

Vor allem folgende Erkenntnisse erscheinen mir gerade auch für die Zusammenarbeit mit den europäischen Partnerregionen von Bedeutung und bedürfen nun und in den kommenden Jahren der schrittweisen Umsetzung:

– Auf der *Ebene des Selbstverständnisses* sind wir zu der Schlussfolgerung gelangt, dass Nordrhein-Westfalen auf zahlreichen Feldern wie Wissenschaft und Forschung, Bildung und Kultur oder Infrastrukturausstattung ein erhebliches Potenzial in die internationale und regionale Zusammenarbeit einbringen kann, dass wir aber andererseits konsequent daran arbeiten müssen, das Land und seine bestehenden Stärken noch besser international aufzustellen und zu vernetzen. Die auch in der Zukunft weiter zunehmende Europäisierung und Internationalisierung fast aller Lebensbereiche bietet gerade Nordrhein-Westfalen als einer mitten in der Europäischen Union gelegenen Region mit einer historisch erwiesenen Fähigkeit zur Integration unterschiedlicher Gesellschaftsgruppen und Mentalitäten erhebliche Chancen, stellt das Land aber auch vor anhaltende Herausforderungen. Nur als Beispiel sei auf die wichtige Herausforderung hingewiesen, den in Nordrhein-Westfalen konsequent eingeschlagenen Weg der Internationalisierung der Hochschulabschlüsse – Stichwort ist hier der so genannte „Bologna-Prozess" – rasch voranzutreiben und dabei gleichzeitig das (internationale) Profil der Hochschulen weiter zu stärken.

– Auf der *Ebene der Ziele und Schwerpunkte* der internationalen Zusammenarbeit sind wir unter anderem gemeinsam zu der Auffassung gekommen, verstärkt in den Erfahrungsaustausch mit unseren Partnerländern und -regionen zu investieren in dem bereits oben beschriebenen Sinne, dass auch wir auf vielen Feldern „Lernende" sind und mit einer schon jetzt erkennbaren, aber noch steigerungsfähigen Offenheit in die Zusammenarbeit mit Partnern gehen müssen. Gegenseitiges Lernen haben wir daher als ein deutliches Ziel unserer partnerschaftlichen Zusammenarbeit definiert; dass dieses Ziel bereits in immer stärkerem Ausmaß bereits anerkannt und praktiziert wird, zeigt die Zunahme unserer Kontakte und Kooperationen in regionalen Netzwerken. Denn diese dienen stets auch dem Erfahrungsaustausch.

– Auf der mehr *operationellen Ebene* sind wir zu der Erkenntnis gelangt, dass in der internationalen Zusammenarbeit des Landes ein heute noch nicht vollständig ausgeschöpftes Potenzial zur Konzentration von Ressourcen und zum Erzielen von Synergieeffekten steckt. Eines der Ergebnisse des Leitbild-Prozesses ist daher die Verständigung auf eine begrenzte Anzahl an Partnerländern und -regionen, die künftig im Mittelpunkt der internationalen und regionalen Zusammenarbeit des Landes stehen sollen – wobei die Begründung für bestimmte Schwerpunktsetzungen durchaus ganz unterschiedlich sein kann. Zu den operationellen Erkenntnissen und Vereinbarungen zählt ebenfalls, dass wir die in den vergangenen Jahren gewonnene Erfahrungen in der partnerschaftlichen Zusammenarbeit nun in dem Sinne systematisieren wollen, dass formale Partnerschaften – auf welcher Ebene auch immer – künftig nur noch eingegangen werden sollen, wenn sie sich vorher bereits in der Praxis bewährt haben. Die Konsequenz hieraus lautet auch, dass die oben skizzierte „Karte der regionalen Partnerschaften" wohl auf mittlere Sicht stabil bleiben wird. Dem steht aber, es sei noch einmal betont, die weitere Intensivierung in thematischen Netzwerken und Projekten auf Ebene der Kooperation mit anderen Regionen – und zwar durchaus einer großen Zahl anderer Regionen – keineswegs entgegen.

Natürlich ist nicht davon auszugehen, dass das Europa des Jahres 2029 die geografische Gestalt haben wird, welche die TAZ in der Jubiläumsausgabe zu ihrem 25-jährigen Bestehen durchaus auch scherzhaft prognostiziert hat. Zweifelsfrei wird Nordrhein-Westfalen weiter im deutschen Staatsverbund sein und wird auch die „Hauptstadt" der Europäischen Union weiter in Brüssel sein und nicht in Prag. Ebenso unzweifelhaft aber ist, dass wir schon heute in der Praxis einen Prozess erleben, in dem sich „Regionen" europäischen Ausmaßes immer stärker herausbilden – Regionen nicht im staatsrechtlichen Sinne, sondern im Sinne von immer stärker miteinander vernetzen Kommunikations- und Handlungsräumen, die auch verstärkt dazu übergehen werden, über nationale Grenzen hinweg gemeinsame Anliegen zu definieren und diese gemeinsam zu verfolgen. Uns für Nordrhein-Westfalen liegt in diesem Prozess die Zukunft in einer in erster Linie weiter zunehmenden Verflechtung mit dem Benelux-Raum, in zweiter Linie in einer Intensivierung der partnerschaftlichen Kooperation im nordwesteuropäischen Raum. Beide Entwicklungen sind schon heute in der praktischen Ausrichtung der regionalen – und über Regionen hinaus gehenden – Zusammenarbeit des Landes in Europa zu erkennen.

Allerdings wird es für Nordrhein-Westfalen daneben auch von Bedeutung sein und bleiben, über feste und stabile Verbindungen – zum Teil partnerschaftlicher Art – in andere Teile unseres Kontinents zu verfügen. Bisher ist dies vor allem in Bezug auf unsere Partnerregion Schlesien in Polen der Fall, noch sind jedenfalls mit Blick auf die heutigen Mitgliedstaaten der EU keine anderen sehr stabilen Beziehungen zu erkennen, die über einzelne Projekte der Zusammenarbeit (im Rahmen interregionaler Netzwerke, einer Vielzahl von EU-Programmen oder einfach bilateral) hinausgehen. Und auch wenn Nordrhein-Westfalen – schon mit Blick auf die für die internationale Zusammenarbeit verfügbaren Ressourcen – an die Entwicklung neuer Partnerschaften in jedem Fall sehr selektiv und prozessorientiert herangehen muss, wird das Land wohl mittel- bis langfristig den Weg engerer partnerschaftlicher Beziehungen mit einzelnen Regionen vor allem in den noch immer neuen EU-Mitgliedstaaten in Mittel- und Osteuropa gehen müssen. Ein international aufgestelltes, aktives und offenes Land wie Nordrhein-Westfalen wird es sich nicht erlauben können, sich in seiner europäischen Zusammenarbeit „nur" auf sein engeres Umfeld zu konzentrieren, sondern bedarf stabiler Netzwerke und Beziehungen auch in andere Teile unseres Kontinents und vor allem in den mittel- und osteuropäischen Ländern. Da Voraussetzung für eine erfolgreiche Partnerschaft aber in jedem Fall ein Partner mit einem Mindestmaß an eigener Handlungsfähigkeit ist, ist nicht auszuschließen, dass der Prozess der Partnersuche und -gewinnung gerade in diesen Ländern zumindest auf regionaler Ebene noch auf sich wird warten lassen. Der Prozess der Dezentralisierung und Regionalisierung, der in West- und Südeuropa vor allem in den 80er Jahren des 20. Jahrhunderts ein deutliches Paradigma dargestellt hat, hat in den neuen Mitgliedstaaten noch nicht richtig begonnen und wird – schon auf Grund der meist eher kleinen Staatsfläche – wohl noch auf sich warten lassen.

Vorerst also wird es aus Sicht des Landes Nordrhein-Westfalen jedenfalls mit Blick auf seine *Partner*regionen bei der Konzentration auf die heutigen Partner bleiben, mit denen der Pfad einer stabilen, fruchtbaren und pragmatischen Partnerschaft ja auch erst seit vergleichsweise kurzer Zeit beschritten wird und erst noch in den Weg einer auf breiterer Grundlage getragenen „Regionalpartnerschaft" einmünden muss.

Literatur

Bauer, Joachim (Hrsg.): Europa der Regionen. Aktuelle Dokumente zur Rolle und Zukunft der deutschen Länder im europäischen Integrationsprozess. Berlin, 1992

Borkenhagen, Franz H.U., u.a. (Hrsg.): Die deutschen Länder in Europa. Politische Union und Wirtschafts- und Währungsunion. Baden-Baden, 1992

Clement, Wolfgang: Der Ausschuss der Regionen. Eine politische Zwischenbilanz. In: Hesse, Joachim Jens (Hrsg.): Regionen in Europa. Bd. II – Das regionale Potential. Baden-Baden, 1996

die tageszeitung vom 17./18. April 2004

Engel, Christian: Regionen in der Europäischen Gemeinschaft: Eine integrationspolitische Rollensuche. In: integration 14 (1990), Heft 1

Engel, Christian: Regionen in der EG. Rechtliche Vielfalt und integrationspolitische Rollensuche. Bonn, 1992

Engel, Christian: Das „Europa der Regionen" seit Maastricht. In: Borkenhagen, Franz H.U. (Hrsg.): Europapolitik der deutschen Länder. Bilanz und Perspektiven nach dem Gipfel von Amsterdam. Opladen, 1998

Engel, Christian/Heichlinger, Alexander: Regionale Verwaltungen auf dem Weg nach Europa. Maastricht, 2002

Kohler-Koch, Beate u.a. (Hrsg.): Interaktive Politik in Europa. Regionen im Netzwerk der Integration. Opladen, 1998

Pahl, Marc-Oliver: Regionen mit Gesetzgebungsbefugnissen in der Europäischen Union. Eine rechtsvergleichende Analyse ihrer Mitwirkung an der EU-Rechtsetzung. Baden-Baden, 2004

Regional Framework Operation (RFO) „CHANGE ON BORDERS"; www.change-on-borders.net

Regionales Weimarer Dreieck; www.trireg.net

Schmitt-Egner, Peter: Handbuch der Europäischen Regionalorganisationen. Baden-Baden, 1999

Staatskanzlei des Landes Nordrhein-Westfalen (Hrsg.): Nachbar Nordrhein-Westfalen. Die grenzüberschreitende Zusammenarbeit zwischen NRW und seinen Nachbarländern. Düsseldorf, 2004

Voß, Dirk-Hermann: Regionen und Regionalismus im Recht der Mitgliedstaaten der Europäischen Gemeinschaften. Bern, 1989

Katrin Auel

Die deutschen Landtage im europäischen Mehrebenensystem

1. Einleitung

Parlamente gelten seit dem späten 18. Jahrhundert als die zentrale Institution der demokratischen Verfassungsordnung und als das Grundelement jeder repräsentativen Demokratie. Hervorgegangen aus gleichen und allgemeinen Wahlen, sind sie die Arena gesellschaftlicher Interessenvermittlung, in der in öffentlicher Debatte ein Kompromiss zwischen den unterschiedlichen gesellschaftlichen und politischen Kräften angestrebt wird. Über diese Deliberation tragen Parlamente außerdem entscheidend zur Öffentlichkeit und Transparenz von Willensbildungs- und Entscheidungsprozessen bei. Gleichzeitig stellen sie das Bindeglied zwischen Regierung und Bürgern dar. Regierungen sind zwar in letzter Konsequenz ihren Bürgern gegenüber verantwortlich, die unmittelbare Einflussnahme und Kontrolle in parlamentarischen Demokratien wird aber durch das Parlament ausgeübt.

Obwohl nach verfassungsrechtlichem Anspruch die Zentren der demokratischen Willensbildung, werden Parlamente dennoch immer stärker aus dem politischen Entscheidungsprozess ausgegrenzt. Ein wesentlicher Grund dafür ist, dass Entscheidungsfunktionen, die eigentlich zum legislativen Kompetenzbereich der Parlamente gehören, von innerstaatlichen oder internationalen Verhandlungssystemen ausgefüllt werden. An diesen Verhandlungen sind in erster Linie Regierungen beteiligt, während der parlamentarische Einfluss gering ist.

In Deutschland wird dieses Demokratiedefizit intergouvernementaler Verhandlungen bereits seit Jahren mit Blick auf die Entwicklung des „Beteiligungsföderalismus" diskutiert. Der graduelle Transfer von Legislativkompetenzen auf die Bundesebene wurde zwar von einer Ausweitung der Partizipationsrechte der Länder begleitet, diese Rechte werden aber von den Landesregierungen ausgeübt und können von den Landesparlamenten nur mittelbar beeinflusst werden. Entsprechend wurde bereits Ende der 80er Jahre ein pauschaler „Machtverlust der Landesparlamente"[1] konstatiert. Beobachtet wurde ein Funktionswandel der Parlamente von eigenständiger Politikformulierung zu einer Mitwirkung an Gesetzgebung und Planung im Sinne einer reinen „Richtigkeitskontrolle",[2] der die Landtage zu „staatsnotariellen Ratifizierungsämtern" reduziere.[3] Wie die Beratungen der derzeit tagenden „Kommission von Bundestag und Bundesrat zur Modernisierung der bundesstaatlichen Ordnung" zeigen, ist diese Diskussion nach wie vor aktuell.[4]

---

1 Eicher, Hermann: Der Machtverlust der Landesparlamente. Historischer Rückblick, Bestandsaufnahme, Reformansätze. Berlin, 1988
2 Klatt, Hartmut: Die Rolle der Parlamente im föderalen Entscheidungsprozeß. In: Jahrbuch zur Staats- und Verwaltungswissenschaft (Band 3). Baden-Baden, 1989. S. 123
3 Lenz, Helmut: Die Landtage als staatsnotarielle Ratifikationsämter. In: Die Öffentliche Verwaltung 30, 1977. S. 157
4 Vgl. dazu die Beiträge für die Kommission von Bundestag und Bundesrat zur Modernisierung der bundesstaatlichen Ordnung.
http://www1.bundesrat.de/Site/Inhalt/DE/1_20Aktuelles/1.1_20Bundesstaatskommission/6._20Dokum

Mit der Europäischen Integration geht nun ein weiterer Verlust originärer Entscheidungskompetenzen der Landesparlamente einher. Die europäische Einigung, so wird argumentiert, gehe deshalb zu Lasten der „föderalen Demokratie" und verstärke den generellen Trend der „Entlegitimierung" parlamentarischer Prozesse.[5] Auf der Verlustliste einer fortschreitenden Vereinigung Europas stünden regionale Parlamente an oberster Stelle,[6] mehr noch, „diese Entparlamentarisierung bedeutet in ihrem Kern eine Entdemokratisierung politischer Entscheidungen".[7]

Im Folgenden soll nun der Frage nachgegangen werden, ob sich die These vom Bedeutungsverlust der Landtage tatsächlich aufrechterhalten lässt, oder ob sie den Verlust eigener Entscheidungskompetenzen zumindest teilweise kompensieren können. Dabei soll gezeigt werden, dass die Einschränkung originärer Legislativkompetenzen nicht zwangsläufig zu einer Entparlamentarisierung auf Landesebene führen muss, sondern dass die Handlungsfähigkeit der Landtage von ihrer Anpassungsfähigkeit an die spezifischen Anforderungen des europäischen Mehrebenensystems abhängt. Aufbauend auf theoretischen Überlegungen zur parlamentarischen Einflussnahme und Kontrolle in Mehrebenenstrukturen wird argumentiert, dass eine reine Stärkung der Mitwirkungsrechte der Landtage an der Europapolitik ihrer Regierungen kaum zielführend ist. Notwendig ist vielmehr eine Neuausrichtung des Landesparlamentarismus an den Vorzeichen der Europäischen Integration, d.h. ein Funktionswandel, der die parlamentarischen Aufgaben der Kontrolle und Herstellung von Öffentlichkeit in den Vordergrund rückt. Wesentlich ist außerdem, dass auch die Umsetzung europäischer Politik als parlamentarische Aufgabe begriffen wird. Allzu häufig wird die politische Gestaltungsfunktion regionaler Parlamente auch im Rahmen europäischer Politik allein auf die Phase der Politikformulierung bezogen und deshalb ein genereller Verlust an Gestaltungsfähigkeit konstatiert. Übersehen wird dabei, dass EU-Entscheidungen häufig nur den Rahmen für Entscheidungsprozesse auf dezentraler Ebene setzen, während die Phase der Umsetzung die weitaus besseren Einflussmöglichkeiten für regionale Parlamente eröffnet.

2. Entparlamentarisierung durch Europäisierung?

Was die Auswirkungen der Europäischen Integration auf nationale Politikmuster betrifft, so scheint es zumindest einen Konsens zu geben, nämlich dass die zunehmende Integration Europas die Exekutive stärkt und Parlamente schwächt. Immer mehr Kompetenzen aus dem originären Bereich legislativer Kompetenzen werden auf die europäische Ebene transferiert. Auf der europäischen Ebene aber sind es die Exekutiven der Mitgliedstaaten, die an der Entscheidungsfindung im Rat der EU beteiligt sind, also legislative Aufgaben wahrnehmen, während Parlamente bestenfalls indirekte Einfluss- und Kontrollmöglichkeiten besitzen. In

---

ente/6.2_20Kommissions-Drucksachen/index,templateId=renderUnterseiteKomplett.html; Stand: 12.08.04

5 Greß, Franz: Stärkung der Handlungsfähigkeit der deutschen Länder durch regionale Netze und Koalitionen? Anmerkungen zum Gebrauch des Netzwerkkonzepts. In: Hrbek, Rudolf (Hrsg.): Europapolitik und Bundesstaatsprinzip. Die ‚Europafähigkeit' Deutschlands und seiner Länder im Vergleich mit anderen Föderalstaaten. Baden-Baden, 2000. S. 85

6 Vgl. Merten, Detlef: Vorwort. In: Merten, Detlef (Hrsg.): Die Stellung der Landesparlamente aus deutscher, österreichischen und spanischer Sicht. Berlin, 1997. S. 5

7 Greß, Franz: Die Rolle der deutschen Landesparlamente im Prozeß der europäischen Integration. In: Straub, Peter/Hrbek, Rudolf (Hrsg.): Die europapolitische Rolle der Landes- und Regionalparlamente in der EU. Baden-Baden, 1998. S. 162

der Konsequenz verlieren Parlamente kontinuierlich einen Teil ihrer Souveränität als Legislative, während Regierungen auf Grund ihrer direkten Beteiligung an europäischen Entscheidungsprozessen eher gestärkt werden. Gleichzeitig sind die Parlamente immer weniger in der Lage, das Handeln ihrer Regierungen auf europäischer Ebene angemessen zu kontrollieren.

Dieses Argument ist vor allem von Wissenschaftlern vertreten worden, die die Rolle von Parlamenten in der EU aus einer reinen two-level game Perspektive analysieren. So argumentiert Andrew Moravcsik,[8] dass (nationale) Regierungen durch die Beteiligung an intergouvernementalen Verhandlungen die Kontrolle über entscheidende politische Ressourcen gewinnen. Als „gate keeper" zwischen dem nationalen politischen System und der internationalen/europäischen Ebene sind sie in der Lage, Verhandlungen über bestimmte Politiken zu initiieren, ohne sich vorher mit anderen nationalen Akteuren abzustimmen. Damit erlangen sie aber gleichzeitig auch die Kontrolle über weite Teile des innenpolitischen Agenda-Setting. Zweitens erhalten Regierungen durch ihre direkte Beteiligung an Verhandlungen Kontrolle über Entscheidungsprozesse. Da Entscheidungen, wenn überhaupt, erst im Nachhinein innerhalb des nationalen politischen Systems ratifiziert oder implementiert werden, können Regierungen innerstaatliche Akteure mit einem fertigen Verhandlungspaket konfrontieren, das diese im besten Fall annehmen oder ablehnen, nicht aber substantiell verändern können, weil Nachverhandlungen in der Regel ausgeschlossen sind. Drittens besitzen nationale Regierungen durch ihre Beteiligung an Verhandlungen einen direkten Zugang zu wichtigen Informationen. Da andere nationale Akteure diese Informationen nicht oder nur unter beträchtlichem Aufwand erhalten können, sind sie kaum in der Lage, das Verhalten ihrer Regierung auf europäischer Ebene wirksam zu beeinflussen oder zu kontrollieren. Schließlich eröffnet die internationale Zusammenarbeit nationalen Regierungen zusätzliche Legitimationsquellen in innenpolitischen Auseinandersetzungen. Die Einigung auf eine ideologische Rechtfertigung für bestimmte Politiken auf europäischer Ebene erschwert es innenpolitischen Akteuren, diese in Frage zu stellen.

In der Debatte um die demokratische Legitimation der EU wird das oben geschilderte Problem der Machtumverteilung von der Legislative zur Exekutive in erster Linie mit Bezug auf nationale Parlamente diskutiert.[9] In föderalen Staaten wie der Bundesrepublik Deutschland stellt es sich aber in besonderem Maße auch für subnationale Einheiten wie die deutschen Bundesländer und ihre Parlamente.[10] Während die Europäische Union in unitarischen oder zentralisierten Mitgliedstaaten zu einer Aufwertung der regionalen Ebenen geführt hat, indem sie – insbesondere im Bereich regionalisierter Politiken wie der europäi-

---

8   Vgl. Moravcsik, Andrew: Warum die Europäische Union die Exekutive stärkt. Innenpolitik und internationale Kooperation. In: Wolf, Klaus Dieter (Hrsg.): Projekt Europa im Übergang. Baden-Baden, 1997. S. 211-269
9   Vgl. Auel, Katrin: Strategische Anpassung nationaler Parlamente an das europäische Mehrebenensystem – ein deutsch-britischer Vergleich. In: Grande, Edgar/Prätorius, Rainer (Hrsg.): Politische Steuerung und neue Staatlichkeit. Baden-Baden, 2003. S. 259-280; Auel, Katrin/Benz, Arthur: National Parliaments in EU Multi-level Governance – Dilemmas and Strategies of Adaptation. polis-Arbeitspapiere No. 59. Hagen, 2004. http://www.fernuni-hagen.de/POLALLG/index.htm; Maurer, Andreas: Parlamentarische Demokratie in der Europäischen Union. Der Beitrag des Europäischen Parlaments und der nationalen Parlamente. Baden-Baden, 2002; Norton, Philip (Hrsg.): National Parliaments and the European Union. London, 1996
10 Vgl. Moravcsik, Andrew: Warum die Europäische Union die Exekutive stärkt. Innenpolitik und internationale Kooperation. In: Wolf, Klaus Dieter (Hrsg.): Projekt Europa im Übergang. Baden-Baden, 1997. S. 252

schen Strukturpolitik – neue regionale Handlungsmöglichkeiten geschaffen hat,[11] führt die gleiche Entwicklung in föderalen Staaten in der Regel zu einem Autonomieverlust der Regionen oder Länder, weil vormals eigene Kompetenzbereiche nun mit der europäischen Ebene koordiniert werden müssen. Erschwerend kommt dabei hinzu, dass die Politikformulierung auf der europäischen Ebene in der Regel von den nationalen Regierungen wahrgenommen wird, während die subnationalen Einheiten oder Gliedstaaten allenfalls mittelbar Einfluss nehmen können.

So war in Deutschland die Europapolitik über lange Zeit ein originäres Politikfeld des Bundes, sowohl was die gesetzgeberische Kompetenz als auch was die administrative Zuständigkeit als Teil der Außenpolitik betraf.[12] Art. 24 Abs. 2 GG, der dem Bund die Möglichkeit gab, „durch Gesetz Hoheitsrechte auf zwischenstaatliche Einrichtungen zu übertragen", umfasste auch die Übertragung von Hoheitsrechten der Länder. Bei der Ratifizierung der Römischen Verträge 1957 war daher zunächst lediglich eine Informationspflicht des Bundes gegenüber den Ländern, quasi als konkretisierende Bekräftigung von Art. 53, Satz 3 GG,[13] verankert worden. Erst[14] mit der Ratifizierung der Einheitlichen Europäischen Akte von 1986, die laut dem damaligen Leiter der bayerischen Staatskanzlei, Edmund Stoiber, das „Fass zum Überlaufen" brachte,[15] konnten die Länder ihre Forderungen nach innerstaatlichen Mitwirkungsrechten gegenüber dem um seinen Brüsseler Verhandlungsspielraum besorgten Bund zum Teil durchsetzen.[16] Der Vertrag von Maastricht schließlich eröffnete den Ländern die Möglichkeit, eine stärkere und verfassungsrechtlich verankerte Beteiligung an der Europapolitik des Bundes durchzusetzen, indem sie die Ratifizierung des Vertrags an die Verankerung von Beteiligungsrechten knüpften. Auf Vorschlag der Gemeinsamen Verfassungskommission[17] von Bundestag und Bundesrat wurden im neugefassten Artikel 23 GG weite Teile des Beteiligungsverfahrens von 1986 verfassungsrechtlich verankert und ausgeweitet.[18]

---

11 Auel, Katrin: Regionalisiertes Europa – Demokratisches Europa? Eine Untersuchung am Beispiel der europäischen Strukturpolitik. Baden-Baden, 2003
12 Vgl. Klatt, Hartmut: Europapolitik im föderalstaatlichen System der Bundesrepublik. In: Staatswissenschaften und Staatspraxis 9 (1) 1998
13 „Der Bundesrat ist von der Bundesregierung über die Führung der Geschäfte auf dem laufenden zu halten."
14 1979 war den Ländern zumindest ein Recht auf Abgabe einer Stellungnahme zugesichert worden. In einem Briefwechsel zwischen dem damaligen Bundeskanzler Helmut Schmidt und dem Vorsitzenden der Ministerpräsidentenkonferenz Johannes Rau im September 1979 (abgedruckt in Bundesrat: Bundesrat und Europäische Union. 1997. S. 109ff.) sicherte der Bund zu, bei Landesinteressen „nur aus zwingenden außen- und integrationspolitischen Gründen" vom Votum der Länder abzuweichen.
15 Hrbek, Rudolf: Doppelte Politikverflechtung. Deutscher Föderalismus und Europäische Integration. Die deutschen Länder im EG-Entscheidungsprozeß. In: Hrbek, Rudolf/Thaysen, Uwe (Hrsg.): Die deutschen Länder und die Europäischen Gemeinschaften. Baden-Baden, 1986. S. 23
16 In Artikel 2 des Gesetzes zur Einheitlichen Europäischen Akte vom 19.12.1986 (EEAG; BGBl. 1986 II: 1102) wurde festgelegt, dass die Länder „umfassend und zum frühestmöglichen Zeitpunkt" über sämtliche Entwicklungen auf EG-Ebene zu informieren sind, „die für die Länder von Interesse sein könnten". Darüber hinaus war in Bereichen ausschließlicher Länderkompetenzen dem Bundesrat vor der Abstimmung im Ministerrat „Gelegenheit zur Stellungnahme" zu geben, von der die Bundesregierung „nur aus unabweisbaren außen- und integrationspolitischen Gründen" und unter Darlegung der entsprechenden Gründe abweichen konnte (Art. 2 Abs. 2 und 3 EEAG).
17 Für den Abschlussbericht der Gemeinsamen Verfassungskommission vgl. BT-Drs. 12/6000.
18 Zu den Details vgl. neben vielen anderen Jeffery, Charlie: Farewell the Third Level? The German Länder and the European Policy Process. In: Jeffery, Charlie (Hrsg.): The Regional Dimension of the European Union. Towards a Third Level in Europe? London/Portland, 1997. S. 56-75; Hrbek, Rudolf (Hrsg.): Europapolitik und Bundesstaatsprinzip. Die „Europafähigkeit" Deutschlands und seiner Län-

Ihre starke Stellung innerhalb des deutschen politischen Systems hat es den Ländern also ermöglicht, den Verlust eigener Kompetenzen durch Beteiligungsrechte an der Europapolitik des Bundes zu kompensieren. „As political, governmental and administrative actors in their own right, the Länder have been in a favourable position to try to ensure that their interests and relative institutional strength are not undermined by the integration process".[19]

Für die Landtage hingegen ist mit dieser Entwicklung der „Kompensation durch Partizipation"[20] ein deutlicher Machtverlust verbunden. Entsprechend der Stellung und Funktion des Bundesrates wird die Beteiligung der Länder an der Europapolitik des Bundes ausschließlich von den Landesregierungen wahrgenommen. So weist das Grundgesetz den Landesparlamenten im bundesstaatlichen Gefüge zwar eine zentrale Rolle zu, indem Bundestag und Landesparlamente in der Verfassungsordnung des deutschen Bundesstaates gleichermaßen als die tragenden Säulen des parlamentarischen Systems gelten. Der Bundesrat als Vereinigung der Ministerpräsidenten der Länder ist aber ein rein exekutives Bundesorgan, dessen Legitimation auf dem Prinzip des Föderalismus und nicht der parlamentarischen Demokratie beruht. Es wird als Repräsentativorgan der Landesregierungen und nicht der Landesvölker angesehen, woraus sowohl das Bundesverfassungsgericht (BVerfGE 8: 104ff., 120ff.)[21] als auch die herrschende Staatsrechtslehre[22] die verfassungsrechtliche Unzulässigkeit der Bindung von Bundesratsmitgliedern an ein Mandat der Landtage abgeleitet haben[23]. Als verfassungsrechtlich zulässig gelten deshalb allein politisch empfehlende Meinungsäußerungen gegenüber der Landesregierung im Vorfeld von Bundesratsentscheidungen als Ausdruck der parlamentarischen Kontrollkompetenz.[24]

In der Konsequenz dominieren exekutive Strukturen die Mitwirkung der Länder in der Europapolitik. Für die Landtage stellt sich damit das Problem einer doppelten Schwächung: Nicht nur wirkt die Bundesregierung als „gate keeper" zwischen der europäischen Ebene und dem deutschen politischen System, gleichzeitig wirken die Landesregierungen als „gate keeper" zwischen den Bund-Länder-Verhandlungen in europäischen Angelegenheiten und der jeweiligen Landesebene. Allerdings haben die Landtage dieser Entwicklung nicht tatenlos zugesehen, sondern in Reaktion auf die veränderten Rahmenbedingungen über institutionelle Reformen ihre internen Strukturen an die Herausforderungen der Europäischen

---

der im Vergleich mit anderen Föderalstaaten. Baden-Baden, 2000; Klatt, Hartmut: Europapolitik im föderalstaatlichen System der Bundesrepublik. In: Staatswissenschaften und Staatspraxis 9 (1) 1998 und den Beitrag von Arthur Benz in diesem Band.

19 Goetz, Klaus H.: National Governance and European Integration. Intergovernmental Relations in Germany, In: Journal of Common Market Studies 33 (1) 1995. S. 91

20 Börzel, Tanja A.: Europäisierung und innerstaatlicher Wandel. Zentralisierung und Entparlamentarisierung? In: Politische Vierteljahresschrift 41 (2) 2000

21 Allerdings weist Johne zu Recht darauf hin, dass das Urteil des Bundesverfassungsgerichts aus dem Jahr 1958 und damit aus einer Zeit stammt, in der die Rolle des Bundesrats noch relativ bescheiden war. Ob die Entscheidung des Gerichts und die damit verbundene Verfassungsinterpretation angesichts der Bedeutung des Bundesrats den heutigen Verfassungsstrukturen noch gerecht wird, erscheint zumindest fraglich. Vgl. Johne, Roland: Die deutschen Landtage im Entscheidungsprozeß der Europäischen Union. Parlamentarische Mitwirkung im Europäischen Mehrebenensystem. Baden-Baden, 2000. S. 52

22 Statt vieler: Kommentar zum Bonner Grundgesetz Art. 51 Rn. 15; Haas, Evelyn: Die Mitwirkung der Länder bei EG-Vorhaben. Neuere Entwicklungen im Gefolge der Luxemburger Akte. In: Die Öffentliche Verwaltung 41 (15) 1988; Klein, Hans H.: Die Legitimation des Bundesrates und sein Verhältnis zu Landesparlamenten und Landesregierungen. In: Bundesrat (Hrsg.): Vierzig Jahre Bundesrat. Baden-Baden 1989. S. 95-111

23 Vgl. Kamann, Hans-Georg: Die Mitwirkung der Parlamente der Mitgliedstaaten an der europäischen Gesetzgebung. Frankfurt a.M., 1997

24 Vgl. Schmidt-Bleibtreu, Bruno/Klein, Hans H.: Kommentar zum Grundgesetz. 8. Aufl. (u. Mitarb. v. Hans Bernhard Brockmeyer), Neuwied, 1995

Integration angepasst. Die Reformen verfolgten dabei im Wesentlichen drei Ziele: Sie sollten zunächst den Landtagen das Recht einräumen, durch ihre Regierung frühzeitig über europäische Angelegenheiten informiert zu werden. Sie sollten zweitens den Landtagen ein Beteiligungsrecht an der Europapolitik ihrer Landesregierungen einräumen und drittens über die Einrichtung von Ausschüssen für Angelegenheiten der EU die Fähigkeit der Landtage verbessern, diese Beteiligungsrechte auch wahrzunehmen. Im Folgenden werden diese Reformen mit besonderem Augenmerk auf die Entwicklungen in Nordrhein-Westfalen detaillierter dargestellt.

3. Reformen der landesparlamentarischen Infrastruktur

Mit den Verhandlungen zwischen Bund und Ländern um die Länderbeteiligung an der Europapolitik im Zuge der Einheitlichen Europäischen Akte war auch die Beteiligung der Landesparlamente zum ersten Mal Gegenstand einer breiteren landesparlamentarischen Diskussion. Während die Konferenz der Landtagspräsidenten die Forderung der Länder nach einer Beteiligung des Bundesrates an der Europapolitik des Bundes unterstützte, forderte sie im Gegenzug Regelungen zur Beteiligung der Landesparlamente innerhalb der Länder.[25] Die Willensbildung in EG-Angelegenheiten innerhalb der Länder dürfe nicht allein bei den Landesregierungen liegen, sondern müsse die Landesparlamente aktiv einbeziehen. Die jeweilige Landesregierung sollte den Landtag deshalb „über alle Vorhaben im Rahmen der Europäischen Gemeinschaften, die für das Land von Interesse sein könnten", unterrichten sowie dem Landtag vor den Beratungen im Bundesrat eine Möglichkeit zur Stellungnahme einräumen. Bei einer Abweichung von dieser Stellungnahme sollten die maßgeblichen Gründe mitgeteilt werden.

In der Folge wurden in den Landtagen, meist durch die Oppositionsfraktion, entsprechend formulierte Entschließungsanträge eingebracht.[26] Nordrhein-Westfalen gehört mit Baden-Württemberg, Rheinland-Pfalz und Niedersachsen zu den ersten Ländern, in denen ein Recht auf Information und auf Abgabe einer empfehlenden Stellungnahme zwischen Landtag und Landesregierung vereinbart wurde. In allen anderen Bundesländern wurde (zunächst) zwar eine Informationspflicht der Regierung, nicht aber eine Regelung zur Beteiligung der Landtage erarbeitet. Interessanterweise waren es in der Regel die Mehrheitsfraktionen, die eine weitergehende Regelung unter Bezugnahme auf verfassungsrechtliche, aber auch politisch-praktische Erwägungen letztendlich verhinderten. In Hamburg wurden die von der Oppositionsfraktion eingebrachten Vorschläge zur Beteiligung des Parlaments von der Mehrheitsfraktion sogar völlig abgelehnt.

In der zweiten Hälfte der 90er Jahre haben sich aber auch in den anderen Bundesländern Verfahren zur Beteiligung der Landesparlamente eingespielt. Alle Landtage besitzen ein Recht auf Information in Bundesrats- und EU-Angelegenheiten vor Beschlussfassung durch ihre Landesregierung. Ein Recht auf inhaltliche Mitsprache hingegen wurde bisher

---

25 Entschließung der Präsidenten der deutschen Landesparlamente v. 04.11.1986 zur „Beteiligung der Landesparlamente in Angelegenheiten der Europäischen Gemeinschaften", abgedruckt in Hrbek, Rudolf/Thaysen, Uwe (Hrsg.): Die Deutschen Länder und die Europäischen Gemeinschaften. Referate und Diskussionsbeiträge eines Symposiums der Deutschen Vereinigung für Parlamentsfragen am 20./21. Juni 1986 in Stuttgart. Baden-Baden 1986, S. 287-289.

26 Eine detaillierte Darstellung der Anträge, Diskussionen und Verfahrensregelungen findet sich in Johne, Roland: Landesparlamentarismus im Zeichen der europäischen Integration. Frankfurt a.M., 1994 und Johne, Roland: Die deutschen Landtage im Entscheidungsprozeß der Europäischen Union. Parlamentarische Mitwirkung im Europäischen Mehrebenensystem. Baden-Baden, 2000.

nur in Baden-Württemberg, Bayern, Nordrhein-Westfalen (s.u.), Rheinland-Pfalz, Niedersachsen, Hessen und Berlin festgeschrieben. Als weitreichendste Regelung kann dabei die verfassungsrechtliche Verankerung parlamentarischer Mitwirkungsrechte in Baden-Württemberg bezeichnet werden (Art. 34a der Landesverfassung),[27] die in dieser Form in keinem anderen Land zu finden ist. Gleichzeitig haben die Landtage ihre Infrastruktur an die neuen Herausforderungen angepasst und, mit Ausnahme von Baden-Württemberg,[28] Ausschüsse für die Behandlung von Europaangelegenheiten eingerichtet. Die Rechte der Ausschüsse variieren allerdings deutlich.[29] So findet sich eine Ermächtigung der Ausschüsse, in Eilfällen anstelle des Plenums zu entscheiden, nur in wenigen Ländern. Hinzuweisen ist hier insbesondere auf die ausdrückliche Verankerung einer solchen Ermächtigung in den Geschäftsordnungen des Landtags von Nordrhein-Westfalen (§ 26 Abs. 3 GOLT) und des Abgeordnetenhauses von Berlin (§ 21a der GO des Abgeordnetenhauses). Ein Selbstbefassungsrecht der Ausschüsse mit daraus resultierendem Initiativrecht findet sich in den Parlamenten der Länder Nordrhein-Westfalen, Berlin, Mecklenburg-Vorpommern, Brandenburg und Schleswig-Holstein.

Wie der kurze Überblick zeigt, hat sich der Landtag von Nordrhein Westfalen im Vergleich zu den meisten Landesparlamenten sehr frühzeitig und überaus aktiv mit den Herausforderungen durch die Europäische Integration auseinandergesetzt. Bereits im Zusammenhang mit der Einheitlichen Europäischen Akte hatte der Landtag eine Beteiligung am Bundesratsverfahren eingefordert. So wurde im Oktober 1987 eine Entschließung gefasst, die, eingebracht durch einen Antrag der Mehrheitsfraktion der SPD, die Regierung verpflichten sollte, den Landtag „eingehend und regelmäßig über anstehende europapolitische Entscheidungen zu informieren" wodurch das Parlament „Gelegenheit zur parlamentarischen Erörterung und politischen Stellungnahme erhalten" sollte (Drs. 10/2142 v. 30.06.1987). Im November 1988 wurde außerdem die Einsetzung einer Gutachter-Kommission beschlossen, die auf der Grundlage einer wissenschaftlichen Aufarbeitung der Stellung des Landtags im Kontext sowohl des föderativen Gefüges der Bundesrepublik als auch der Europäischen Integration Reformvorschläge erarbeiten sollte.

Erstes Ergebnis intensiver Gespräche zwischen dem Landtag und der Staatskanzlei war ein Schreiben des Ministerpräsidenten an den Präsidenten des Landtags im Januar 1989, in dem der Regierungschef mitteilte, dass „die Landesregierung [...] bereit ist eine Beteiligung des Landtags vorzusehen".[30] So sollten die jeweiligen Landtagsausschüsse „regelmäßig und bei besonderem Anlaß über EG-Vorhaben, die für das Land von herausragender landespolitischer Bedeutung sind und wesentliche Interessen des Landes unmittelbar berühren", unterrichtet werden. Die Art und Weise der Information hing allerdings „von der Bedeutung der Angelegenheit ab". Bei EG-Vorhaben, „die ganz oder in einzelnen Bestimmungen in die ausschließliche Gesetzgebungskompetenz des Landes fallen", sollte dem Landtag „Ge-

---

27 Artikel 34a legt fest: (1) Die Landesregierung unterrichtet zum frühestmöglichen Zeitpunkt den Landtag über alle Vorhaben im Rahmen der Europäischen Union, die für das Land von herausragender politischer Bedeutung sind und wesentliche Interessen des Landes unmittelbar berühren, und gibt ihm die Gelegenheit zur Stellungnahme. (2) Bei Vorhaben, die Gesetzgebungszuständigkeiten der Länder wesentlich berühren, berücksichtigt die Landesregierung die Stellungnahmen des Landtags. Entsprechendes gilt bei der Übertragung von Hoheitsrechten der Länder auf die Europäische Union.
28 In Baden-Württemberg werden Fragen der Europapolitik im „Ständigen Ausschuss" behandelt.
29 Vgl. Lenz, Aloys/Johne, Roland: Die Landtage vor der Herausforderung Europa. In: Aus Politik und Zeitgeschichte, B 6 2000
30 Schreiben des Ministerpräsidenten an den Landtagspräsidenten vom 18. September 1989, abgedruckt in Große-Sender, Heinrich A. (Hrsg.): Bericht der Kommission „Erhaltung und Fortentwicklung der bundesstaatlichen Ordnung innerhalb der Bundesrepublik Deutschland – auch in einem vereinten Europa". Teil 1, Düsseldorf, 1990. Anhang 5

legenheit gegeben werden, vor der Stellungnahme der Landesregierung im Bundesrat eine Entschließung zu fassen." Die Landesregierung sagte außerdem zu, in diesen Fällen den Landtag über die endgültige Entscheidung der Regierung im Bundesrat zu informieren.

Mit diesen Regelungen wurde dem Landtag, wenn auch nur als schriftliches Zugeständnis der Landesregierung, das Recht auf Information durch die Landesregierung in EG-Angelegenheiten sowie auf Abgabe einer – nicht bindenden – Stellungnahme eingeräumt. Allerdings war die Weitergabe von Informationen an das Landesparlament von der Bedeutung der jeweiligen Angelegenheit abhängig, was der Regierung einen gewissen Interpretationsspielraum einräumte.[31] Hinzu kommt, dass die Landesregierung das Parlament von ihrer Stellungnahme im Bundesrat lediglich unterrichtet, eine Begründungspflicht für Abweichungen von der Entschließung des Landtags war zumindest nicht explizit vorgesehen.

Im März 1990 legte die Gutachterkommission ihren Bericht zur „Erhaltung und Fortentwicklung der bundesstaatlichen Ordnung innerhalb der Bundesrepublik Deutschland – auch in einem vereinten Europa" vor.[32] Die Vorschläge der Kommission waren überaus weitreichend: Nicht nur sollte der Landtag das Recht auf umfassende Information sowohl in Bundesrats- als auch EG-Angelegenheiten erhalten, der Bericht sah darüber hinaus auch die Möglichkeit zur Abgabe bindender Stellungnahmen durch den Landtag vor. Von diesen Stellungnahmen sollte die Landesregierung nur aus Rechtsgründen oder unter Berufung auf schwerwiegende politische Interessen des Landes abweichen dürfen.[33]

Allerdings zeigte sich bald, dass – wie in anderen Ländern auch – die Mehrheitsfraktion nicht bereit war, weitgehende parlamentarische Mitwirkungsrechte gegenüber der eigenen Regierung durchzusetzen. Der Bericht der Kommission wurde zwar im Hauptausschuss debattiert, aber nur die beiden Oppositionsfraktionen CDU und FDP brachten einen gemeinsamen Antrag ein, der die Möglichkeit bindender Stellungnahmen durch den Landtag vorsah (Drs. 11/3115 v. 23.01.1992), während der schließlich verabschiedete SPD-Antrag darauf verzichtete (Drs. 11/3044 v. 13.01.1992). In der Folge zeigte sich die Landesregierung aber zumindest bereit, die bestehenden Regelungen zur Beteiligung des Landtags weiter zu präzisieren und auszuweiten. In einem zweiten Schreiben des Ministerpräsidenten an die Landtagspräsidentin vom 20. November 1990[34] wurde die Informationspflicht der Regierung gegenüber dem Parlament deutlich erweitert, indem „[d]ie Grundversorgung des Landtags mit Drucksachen [...] durch das Ministerium für Bundesangelegenheiten sichergestellt" wurde. Eingangslisten der Bundesratsdrucksachen sowie die Angaben zu Bundesratsausschussterminen sollten darüber hinaus die Planung für die Beschlussfassung im Unterausschuss (s.u.) erleichtern. „Auf der Grundlage dieser Informationen kann der Landtag die Fälle auswählen, zu denen er eine ergänzende Information der Landesregierung wünscht. [...] Die Unterrichtung durch das jeweilige Fachressort wird in der Regel eine kurze Beschreibung der Zielsetzung des Vorhabens und den wesentlichen Inhalt enthalten. Darüber hinaus werden Mitglieder der Landesregierung den Unterausschuss ‚Europapolitik und Entwicklungszusammenarbeit' bei besonderem Anlass über EG-Vorhaben mündlich oder schriftlich unterrichten. Die Art und Weise der Information hängt von der Bedeutung der Angelegenheit ab". Mit diesen Regelungen wurde die Verantwortung für die Auswahl

---

31 Vgl. Johne, Roland: Die deutschen Landtage im Entscheidungsprozeß der Europäischen Union. Parlamentarische Mitwirkung im Europäischen Mehrebenensystem. Baden-Baden, 2000
32 Große-Sender, Heinrich A. (Hrsg.): Bericht der Kommission „Erhaltung und Fortentwicklung der bundesstaatlichen Ordnung innerhalb der Bundesrepublik Deutschland – auch in einem vereinten Europa", Teil 1. Düsseldorf, 1990
33 Vgl. ebd. S. 72ff.
34 Abgedruckt in: Präsidentin des Landtags Nordrhein-Westfalen: Die Landtage im europäischen Entscheidungsprozess nach Maastricht. Düsseldorf, 1992. S. 132f.

Die deutschen Landtage im europäischen Mehrebenensystem

der Angelegenheiten, zu denen der Landtag eine Entschließung fasst, an das Parlament selbst übergeben, und die Vorauswahl durch die Landesregierung deutlich abgeschwächt. Allerdings enthalten die Informationen der Regierung weder systematisch Angaben über deren Einschätzung der europäischen Angelegenheit, noch über deren Verhandlungsposition im Bundesrat. Unverändert hingegen blieben die Regelungen zur Abgabe einer Stellungnahme durch den Landtag.

Parallel zur Entwicklung seiner Mitwirkungsrechte reformierte der Landtag seine Infrastruktur. Mit Beginn der 11. Wahlperiode 1990 wurde ein Unterausschuss für „Europapolitik und Entwicklungszusammenarbeit" des Hauptausschusses eingerichtet, zu dessen Aufgabe die Erörterung grundsätzlicher Entwicklungen auf europäischer Ebene und der Beteiligung der Länder am europäischen Einigungsprozess sowie die Kontaktpflege zum Europäischen Parlament und anderen europäischen Institutionen gehörte. Während fachspezifische Fragen europäischer Vorlagen in den Fachausschüssen beraten wurden, war der Unterausschuss darüber hinaus für deren Koordinierung zuständig. Ähnlich wie der Europaausschuss im deutschen Bundestag war er damit nicht das alleinige, aber zentrale und koordinierende Gremium landesparlamentarischer Willensbildung in europäischen Fragen. Eingeschränkt wurde diese Funktion allerdings durch die Unterordnung unter den Hauptausschuss. Nicht nur konnte der Unterausschuss keine eigenen Beschlussempfehlungen fassen (diese mussten nach wie vor im Hauptausschuss gefasst werden), die Unterordnung hatte auch eine deutliche Einschränkung des politischen Gewichts gegenüber den anderen Fachausschüssen zur Folge. Mit Beginn der rot-grünen Koalition in Nordrhein-Westfalen 1995 wurde der Ausschuss deshalb als eigenständiger „Ausschuss für Europa und Eine-Welt-Politik" eingerichtet und wird seither in seiner Arbeit durch ein eigenes Referat unterstützt. Im Gegensatz zu den meisten anderen Europaausschüssen sind die Sitzungen des nordrhein-westfälischen Ausschusses für die Öffentlichkeit zugänglich.

Über den Ausschuss der Regionen (AdR) ist der Landtag auch direkt auf der europäischen Ebene vertreten. In der ersten Wahlperiode des AdR konnten Landesregierung und Landtag je einen Vertreter (plus Stellvertreter) benennen, während Nordrhein-Westfalen in der zweiten Periode nur einen Vertreter entsehen konnte.[35] Unter zustimmender Kenntnisnahme des Landtags übernahm Europaminister Dammeyer den ordentlichen Sitz, während der Landtag seinen Stellvertreter entsandte. In der aktuellen dritten Mandatsperiode wird Nordrhein-Westfalen im Gegensatz zu den meisten anderen Ländern sogar nur durch Parlamentarier vertreten. Vertreter ist erneut Manfred Dammeyer (jetzt MdL), seine Stellvertreterin ist die Obfrau der SPD im „Ausschuss für Europa- und Eine-Welt-Politik", Gabriele Sikora.[36]

---

35 Von den 24 Sitzen, die der deutschen Delegation im AdR zustehen, entfallen 3 Sitze auf die kommunalen Spitzenverbände, die restlichen 21 Sitze werden zwischen den deutschen Ländern aufgeteilt. Jedes Land erhält zunächst einen Sitz, die verbleibenden fünf Sitze werden nach einem zwischen den Ministerpräsidenten verabredeten Rotationsverfahren verteilt; vgl. das Abkommen zwischen den Ländern über die Entsendung der Mitglieder und Stellvertreter in den Ausschuss der Regionen der Europäischen Gemeinschaft vom 27.5.1993, abgedruckt in: Tomuschat, Christian: Die Mitsprache der dritten Ebene in der europäischen Integration. Der Ausschuss der Regionen. Bonn, 1995. S. 137ff.

36 Interessant ist in diesem Zusammenhang, dass ein in der Staatskanzlei Nordrhein-Westfalen erarbeitetes, unveröffentlichtes Positionspapier „Verfassungsrechtliche Überlegungen zu Besetzung des Regionalausschusses" für die Ministerpräsidentenkonferenz im Oktober 1992 eindeutig zu dem Ergebnis kam, dass „nach deutschem Verfassungsrecht eine Besetzung des Regionalausschusses, die ausschließlich durch Mitglieder der *Landesregierung* vorsieht, die verfassungsrechtlich gebotene Lösung" sei (Staatskanzlei NRW: Verfassungsrechtliche Überlegungen zur Besetzung des Regionalausschusses. unveröffentlichtes Positionspapier für die Chefs der Staats- und Senatskanzleien der Länder im Vorfeld der Ministerpräsidentenkonferenz vom 28.-30. Oktober 1992. S. 12, Hervorh. K.A.).

4. Theoretische und praktische Probleme landesparlamentarischer Einflussnahme und Kontrolle

Die Übersicht zeigt, dass die Landesparlamente überaus aktiv versucht haben, die Verschiebung politischer Machtressourcen zu Gunsten der Landesregierungen auszugleichen. Ziel der landesparlamentarischen Reformbemühungen war es, möglichst vollständige Informationen über europäische Angelegenheiten zu erhalten, um den Informationsvorsprung der Regierung auszugleichen, Einfluss auf die Bund-Länder-Verhandlungen im Vorfeld von Entscheidungen über die Abgabe von Stellungnahmen zu nehmen und schließlich über die Schaffung von Ausschüssen für europäische Angelegenheiten die infrastrukturellen Voraussetzungen für die effektive Behandlung von EU-Angelegenheiten zu schaffen. Allerdings konnten die Reformen die strukturellen Nachteile der Landtage nur zum Teil ausgleichen.

Die Landtage sind weiterhin auf ihre Landesregierungen als wichtigste Informationsquelle in EU-Fragen angewiesen. Paradoxerweise ist damit in der Regel weniger ein Problem der mangelnden Information als des „information overload" verbunden. So werden die Landtagsabgeordneten mit europäischen Informationen und Dokumenten geradezu überflutet. „Das Problem ist natürlich, [...] man wird auch erschlagen [mit Informationen, K.A.]. Im Bereich der Regierung wird das dann in die verschiedenen Ministerien eingespeist, da sitzt irgendwo in den Referaten der Fachmensch, für den reduziert sich die Komplexität, aber für den Landtag in seiner Omnipotenz, da muss man kucken, wo schaltet man sich ein, wo ist wirklich etwas".[37] Gleichzeitig stellt sich aber auch das Problem, dass wesentliche Informationen die Parlamentarier häufig zu spät erreichen, d.h. erst nach der Aufarbeitung für die Willensbildung der Länder im föderalen Entscheidungsprozess (in der Ministerpräsidenten- oder Europaministerkonferenz). Zu diesem Zeitpunkt ist eine wirksame Einflussnahme kaum mehr möglich.

Auch die unter anderem im nordrhein-westfälischen Landtag anzutreffende Kompetenzaufteilung zwischen Europaausschüssen und Fachausschüssen ist – ähnlich wie im Deutschen Bundestag[38] – ambivalent zu beurteilen. Zum einen ermöglicht diese Aufteilung die Nutzung der Sachkompetenz der Fachausschüsse und bewahrt gleichzeitig die Europaausschüsse vor einer Überlastung. Zum anderen sind mit dieser Aufteilung aber auch zwei Probleme verbunden. So erfordert die Behandlung europäischer Vorlagen eine fundierte Kenntnis der Entscheidungsmechanismen und des Rechtssystems der Europäischen Union, eine Spezialisierung, die vor allem ein Europaausschuss leisten kann. Eine Mitberatung oder Koordinierung durch den Europaausschuss kann dieses Defizit häufig nicht vollständig kompensieren. Gleichzeitig leiden nun die Fachausschüsse darunter, dass europäische Dokumente *zusätzlich* zur Landespolitik bewältigt werden muss. Zu den vordringlichsten Problemen gehören deshalb der Mangel an Beratungszeit in den Ausschüssen, aber auch an individueller Einarbeitungszeit für die Abgeordneten.

Darüber hinaus haben auch die institutionellen Reformen nichts an der Tatsache geändert, dass die Landtage weiterhin weder die Agenda-Gestaltung noch die Entscheidungsfindung im Bundesrat unmittelbar und bindend beeinflussen können, möglich ist allein die Abgabe einer empfehlenden Stellungnahme, welche die Landesregierung formal in keiner Weise bindet. Allerdings kann auch eine nicht bindende Stellungnahme des Parlaments ge-

---

37 persönliches Interview
38 Vgl. Auel, Katrin/Benz, Arthur: National Parliaments in EU Multi-level Governance – Dilemmas and Strategies of Adaptation. polis-Arbeitspapiere No. 59. Hagen, 2004; http://www.fernuni-hagen.de/POLALLG/index.htm

genüber der eigenen Landesregierung eine durchaus starke politische Bindewirkung entfalten. Gemäß der grundlegenden Norm des parlamentarischen Systems ist die Regierung an den Willen der parlamentarischen Mehrheit gebunden und von dieser abhängig. Grundsätzlich ist Regierungshandeln in einer parlamentarischen Demokratie deshalb nur dann legitimiert, wenn es parlamentarisch kontrolliert und sanktioniert werden kann. Öffentlich abgegebene, klare Stellungnahmen der parlamentarischen Mehrheit können deshalb von der Regierung nicht einfach ignoriert werden.

Die parlamentarische Beeinflussung der Regierung ist nun aber mit drei Problemen behaftet: Erstens konfrontiert die Möglichkeit der aktiven Einflussnahme vor allem die Mehrheitsfraktionen mit einem Dilemma.[39] In parlamentarischen Demokratien liegt die Funktion parlamentarischer Kontrolle im Wesentlichen bei der Opposition, während Regierung und Parlamentsmehrheit in solidarischer Allianz verbunden sind. Solidarität mit und Unterstützung der eigenen Regierung verbieten aber in der Regel die öffentliche Ausarbeitung grundlegender Alternativen und differierender Zielsetzungen ebenso wie die öffentliche Kritik an der eigenen Regierung.[40] In der Europapolitik ist allerdings anzunehmen, dass die Motivation der parlamentarischen Mehrheit, ihre Regierung in jedem Fall loyal zu unterstützen, geringer ist als in landespolitischen Angelegenheiten. Der Grund dafür ist, dass die Europapolitik des Landes grundsätzlich eine Beteiligung an der Politikgestaltung anderer Ebenen ist und kein autonomer landesparlamentarischer Hoheitsbereich. Entsprechend ist die Agenda, über die entschieden wird, nicht das Ergebnis eines zwischen Regierung und Mehrheit ausgehandelten Programms. Im Gegenteil, über Agenda und Politikformulierung werden auf anderen politischen Ebenen entschieden. Das Problem ist nun, dass die Mehrheitsfraktion(en) zum einen gefordert sind, die Position der Landesregierung in den Bund-Länder-Verhandlungen zu stärken, diese also loyal zu unterstützen, zum anderen aber das Verhandlungsverhalten der Regierung zu kontrollieren und eigene Akzente in der Europapolitik zu setzen. Dieses Problem der Mehrheitsfraktion(en), Regierungs- und Oppositionsaufgaben gleichzeitig übernehmen zu müssen, ist von Philip Norton anschaulich formuliert worden: „Undertaking aggressively the task of scrutiny – asking awkward questions, pressing ministers to do that which they do not wish to do, threatening to vote against the government in order to achieve an outcome not desired by party leaders – may undermine the political credibility of the governing party or parties. On the other hand, following the party line slavishly destroys the viscosity – and potentially, the popular legitimacy – of the parliament".[41] Dass es sich dabei nicht um ein rein theoretisches Dilemma handelt, zeigen die grundsätzlichen Auseinandersetzungen um die Beteiligung der Landtage in der Europapolitik, in denen sich die Mehrheitsfraktionen in der Regel nicht dazu durchringen konnten, den Handlungsraum der eigenen Regierung durch parlamentarische Beteiligungsrechte wesentlich einzuschränken.

Zweitens ist mit der aktiven parlamentarischen Einflussnahme ein weiteres Problem verbunden, das bereits an anderer Stelle ausführlich diskutiert wurde[42] und hier deshalb nur

---

39 Auel, Katrin/Benz, Arthur: National Parliaments in EU Multi-level Governance – Dilemmas and Strategies of Adaptation. polis-Arbeitspapiere No. 59. Hagen, 2004. http://www.fernuni-hagen.de/POLALLG/index.htm

40 Klatt, Hartmut: Die Rolle der Parlamente im föderalen Entscheidungsprozeß. In: Jahrbuch zur Staats- und Verwaltungswissenschaft (Band 3). Baden-Baden, 1989. S. 123

41 Norton, Philip: Conclusion. Do Parliaments make a Difference? In: Norton, Philip (Hrsg.): Parliaments and Governments in Western Europe. London, 1998. S. 194

42 Vgl. Auel, Katrin: Regionalisiertes Europa – Demokratisches Europa? Eine Untersuchung am Beispiel der europäischen Strukturpolitik. Baden-Baden, 2003a; Auel, Katrin/Benz, Arthur: National Parliaments in EU Multi-level Governance – Dilemmas and Strategies of Adaptation, polis-Arbeitspapiere

kurz skizziert werden soll. Grundsätzlich stellt sich das Problem, dass exekutive Akteure in intergouvernementalen Verhandlungen ausreichend Handlungsspielraum benötigen, um flexibel auf Angebote und Argumente der Verhandlungspartner zu reagieren. Werden sie an ein parlamentarisches Mandat gebunden, wird dieser Verhandlungsspielraum entscheidend eingeschränkt, was zu einer Lähmung des Verhandlungssystems oder – im Falle von Mehrheitsentscheidungen – zu einer Niederlage der nicht kompromissfähigen Regierung führen kann. Dieses Problem ist in den Verhandlungen der Länder untereinander und mit dem Bund von besonderer Brisanz.[43] Die Voraussetzung für einen effektiven Einfluss der Länder auf die Verhandlungsposition der Bundesregierung ist ein stabiler Länderkonsens, insbesondere dann, wenn die Bundesregierung gemäß Art. 23 GG nicht an die Stellungnahme der Länder gebunden ist, sondern diese lediglich berücksichtigen muss.[44] Für die Länder stellt sich die Situation als „mixed-motive game" dar: Einerseits sind sie daran interessiert, über eine möglichst starke und einstimmige Verhandlungsposition ihren Einfluss gegenüber der Bundesregierung geltend zu machen, andererseits soll diese Verhandlungsposition aber möglichst weitgehend ihre eigenen landesspezifischen Interessen widerspiegeln. Bei der Überwindung dieses „Negotiator's dilemma"[45] stellen Aufträge von Parlamenten ein erhebliches Hindernis dar. Sie reduzieren die Verhandlungsspielräume und drohen die Konsens- und Entscheidungsfähigkeit der Länderverhandlungen zu beeinträchtigen. Damit aber wäre eine entscheidende Schwächung der Länderposition gegenüber dem Bund verbunden, was kaum im wohlverstandenen Eigeninteresse der Landtage sein kann.

Eng damit verbunden ist ein drittes Problem: Die Landesregierungen selbst sind, im Gegensatz zur Bundesregierung, in der Regel nur mittelbar an der Entscheidungsfindung auf europäischer Ebene beteiligt, indem sie auf die nationale Verhandlungsposition Einfluss nehmen.[46] Um tatsächlich Einfluss auf eine europäische Entscheidung zu haben, müssen einzelne landesparlamentarische Stellungnahmen deshalb einen wahren Verhandlungsmarathon durchlaufen: Nach einer Einigung zwischen Landesregierung und Parlament müssen die Länder untereinander trotz häufig gegensätzlicher Interessen nach einer gemeinsamen Linie suchen; erst dann können die eigentlichen Verhandlungen zwischen Bund und Län-

---

No. 59. Hagen, 2004. http://www.fernuni-hagen.de/POLALLG/index.htm; Benz, Arthur: Konstruktive Vetospieler in Mehrebenensystemen. In: Mayntz, Renate/Streeck, Wolfgang (Hrsg.): Die Reformierbarkeit der Demokratie. Innovationen und Blockaden. Frankfurt/New York, 2003

43 Vgl. Auel, Katrin: Regionalisiertes Europa – Demokratisches Europa? Eine Untersuchung am Beispiel der europäischen Strukturpolitik. Baden-Baden, 2003a. S. 136ff.

44 Dies ist nicht zuletzt ein Grund dafür, warum die Länderverhandlungen zunächst nicht im Bundesrat bzw. in den Ausschüssen selbst, sondern in der Ministerpräsidentenkonferenz und den Fachministerkonferenzen geführt werden. Hier können im Gegensatz zum Bundesrat keine Mehrheitsentscheidungen getroffen werden, es besteht das Einstimmigkeitsprinzip. Erst nach Erreichen eines einstimmigen Verhandlungsergebnisses werden die Beschlüsse der Länder in den Bundesrat eingebracht und dort unverändert beschlossen.

45 Lax, David A./Sebenius, James K.: The Manager as Negotiator. Bargaining for Cooperation and Competitive Gain. New York, 1986. Dies war in der Vergangenheit auf Grund zu vieler divergierender Interessen häufig keineswegs einfach, so dass Verhandlungsergebnisse auf Länderebene oft einen „Konsens über den Dissens" als eine abgestimmte Haltung der Länder darstellten: Engel, Christian: Kooperation und Konflikt zwischen den Ländern. Zur Praxis innerstaatlicher Mitwirkung an der deutschen Europapolitik aus der Sicht Nordrhein-Westfalens. In: Hrbek, Rudolf (Hrsg.): Europapolitik und Bundesstaatsprinzip. Die „Europafähigkeit" Deutschlands und seiner Länder im Vergleich mit anderen Föderalstaaten. Baden-Baden, 2000

46 Eine Ausnahme stellt die in Art. 23 Abs. 6 GG vorgesehene Entsendung von Ländervertretern in die Arbeitsgremien von Rat und Kommission, aber auch in die Brüsseler Ministerräte, dar. Sie nehmen in Bereichen ausschließlicher Gesetzgebungskompetenzen, und damit in den Bildungs-, Kultur- und Forschungsministerräten an Stelle der Bundesregierung die Vertretung Deutschlands wahr.

dern aufgenommen werden. Auf der Bundesebene sind außerdem die Interessen der beteiligten Ressorts abzustimmen. „Und nach diesem Alptraum der innerstaatlichen Koordination [...], ginge es dann erst in die Verhandlungen mit den Partnerstaaten der Europäischen Gemeinschaft und mit der Kommission".[47]

5. Postparlamentarische Governance oder parlamentarischer Funktionswandel? Vorschläge zur Reform

Festzuhalten bleibt also zunächst, dass eine wirksame Einflussnahme der Landtage auf die Europapolitik durch unterschiedliche Hindernisse deutlich eingeschränkt wird. Nicht nur sind die Landtage im Hinblick auf Informationen in der Regel von ihren Regierungen abhängig, diese Informationen erreichen sie auch häufig zu spät oder können nicht angemessen bearbeitet werden. Gleichzeitig haben die Landtage einen nur mittelbaren Einfluss auf die Verhandlungen der Länder untereinander und mit dem Bund, weil sie lediglich empfehlende Stellungnahmen abgeben können. Aber selbst für den Fall, dass sie die Landesregierungen stärker an Verhandlungspositionen binden könnten, sei es über öffentliche, politisch bindende Stellungnahmen oder über eine formale Stärkung der parlamentarischen Beteiligungsrechte, können diese Aktivitäten zur Ineffektivität der Länderverhandlungen mit dem Ergebnis einer Schwächung der Länderposition führen und drohen darüber hinaus an dem Verhandlungsmarathon, der bis zu europäischen Ebene hin überwunden werden muss, zu scheitern.

Angesichts dieser zunächst niederschmetternden Diagnose stellt sich nun die Frage, welche Handlungsmöglichkeiten den Landtagen im Bereich der Europapolitik überhaupt verbleiben. Tatsächlich werden die Landtage zu den Verlierern der Europäischen Integration, wenn die politische Gestaltungsfähigkeit nicht durch eine Neuausrichtung oder zumindest Neuakzentuierung der Parlamentsfunktionen unter den Vorzeichen des europäischen Mehrebenensystems wiederhergestellt wird. Wie aber könnte eine solche Neuausrichtung aussehen? Die oben angestellten Überlegungen deuten darauf hin, dass eine reine Stärkung der Beteiligungsrechte der Landtage an der Europapolitik der jeweiligen Landesregierung kaum zielführend ist. Selbst bindende Stellungnahmen garantieren keineswegs eine effektive Einflussnahme auf europäische Politik, sondern drohen letztlich zu rein symbolischer Politik zu werden.

Dennoch soll hier argumentiert werden, dass es keinerlei Grund dafür gibt, von einer Entparlamentarisierung der Politik zu sprechen und gar nach einer „post-parliamentary form of governance"[48] zu suchen. Erforderlich ist vielmehr eine aktive Anpassung der Landesparlamente an die Herausforderungen des europäischen Mehrebenensystems. Dieses Mehrebenensystem weist in weiten Bereichen einen beachtlichen Grad an vertikaler Differenzierung auf. In vielen Politikbereichen zeichnen sich Entscheidungen auf europäischer Ebene dadurch aus, dass sie lediglich einen rechtlichen Rahmen vorgeben, der dann auf nationaler oder regionaler Ebene ausgefüllt werden muss. Besonders deutlich wird dies am Beispiel der europäischen Strukturpolitik, einem Politikfeld, das nicht nur als typisches Beispiel für europäi-

---

47 Scharpf, Fritz W.: Die Regionalisierung des europäischen Raums. Die Zukunft der Bundesländer im Spannungsfeld zwischen EG, Bund und Kommunen. In: Scharpf, Fritz W.: Optionen des Föderalismus in Deutschland und Europa. Frankfurt a.M./New York, 1994
48 Andersen, Svein S./Burns, Tom R.: The European Union and the Erosion of Parliamentary Democracy. A Study of Post-parliamentary Governance. In: Andersen, Svein S./Eliassen, Kjell A. (Hrsg.): The European Union. How Democratic Is It? London, 1996

sche Mehrebenenpolitik gilt,[49] sondern für die Regionen auch von besonderer Bedeutung ist. Entscheidungen über die finanzielle Ausstattung und generelle inter-regionale Verteilung sowie die institutionellen Rahmenregelungen zur Implementation der Strukturfonds werden auf der europäischen Ebene gefällt. Die Aufstellung der regionalen Strukturprogramme und deren Implementation aber erfolgen auf dezentraler Ebene. In Deutschland sind hierfür die Bundesländer zuständig.

Die Differenzierung europäischer Politik in unterschiedliche Phasen erfordert nun auch eine differenzierte Anpassung der Landtage. Während die Phase der Politikformulierung auf europäischer Ebene vor allem einen Funktionswandel der Landtage notwendig macht, erfordert die Phase der Umsetzung europäischer Politik eine Neuausrichtung des Landesparlamentarismus im Hinblick auf die Auswahl parlamentarischer Handlungsfelder. Beides soll im Folgenden kurz diskutiert werden.

5.1 Phase europäischer Politikformulierung: Stärkung der parlamentarischen Öffentlichkeits- und Kontrollfunktion

Für den Bereich der auf europäischer Ebene formulierten Politik stellen sich für die Beteiligung der Landtage alle oben genannten Probleme. Die Macht der Landesparlamente beruht hier deshalb weniger auf ihrer Mitwirkung als vielmehr auf ihrer Kontrolle der Europapolitik ihrer Landesregierungen und auf ihrer Stellung als Vermittlungsinstitutionen zur Öffentlichkeit. In der europäischen Demokratie werden Interessen in erster Linie durch Regierungen und Verwaltungen sowie Verbandsvertreter oder Experten eingebracht, und Entscheidungen gehen aus Verhandlungsprozessen zwischen diesen Akteuren hervor. Diese Verhandlungen, die in Strukturen von Netzwerken innerhalb des europäischen Mehrebenensystems geführt werden, sind überaus komplex, hoch verflochten und intransparent.[50] Demokratische Legitimation von Politik setzt aber die Transparenz von Entscheidungsprozessen und die öffentliche Verantwortlichkeit von Entscheidungsträgern voraus. Verhandlungen, die selbst nicht öffentlich verlaufen, müssen deshalb im Schatten parlamentarischer Kontrolle stattfinden und in Strukturen der Öffentlichkeit eingebettet werden, in denen Probleme, Interessen, Bewertungen und Entscheidungsoptionen wirksam thematisiert und diskutiert werden. Parlamente können dann ein solches Forum öffentlicher Beobachtung, Evaluierung und Kritik der europäischen Politik bieten, wenn sie nicht bloß zu Ratifikationsorganen degradiert werden, sondern über Sachfragen debattieren. Die sachorientierte öffentliche Deliberation kann einen Rahmen bieten, innerhalb dessen die jeweilige Landesregierung für die Verhandlungen mit den anderen Ländern und dem Bund einerseits über einen notwendig breiten Verhandlungsspielraum verfügt, andererseits aber gleichzeitig gezwungen ist, die in ihrem Parlament zum Ausdruck gebrachten Belange zu beachten. Dieses Wechselspiel zwischen aktiver Politik der Regierungen und paralleler begleitender Kontrolle durch die Parlamente kann eine Verbindung zwischen Bürgerinteressen und Europapolitik herstellen, nicht im Sinne einer eindeutigen Deckungsgleichheit, aber im Sinne von kontinuierlichen Lernprozessen auf Seiten der Regierungen wie der Öffentlichkeit.

Demokratische Legitimation im europäischen Mehrebenensystem erfordert deshalb eine Aufwertung der originären parlamentarischen Öffentlichkeits- und Kontrollfunktionen, und zwar umso mehr, je stärker ihre legislativen Funktionen eingeschränkt werden. Eine

---

49 Vgl. Hooghe, Liesbet: Introduction. Reconciling EU-Wide Policy and National Diversity. In: Hooghe, Liesbet (Hrsg.): Cohesion Policy and European Integration. Oxford, 1996. S. 2
50 Vgl. Benz, Arthur: Compounded Representation in EU Multi-Level Governance. In: Kohler-Koch, Beate (Hrsg): Linking EU and National Governance. Oxford, 2003

wesentliche Voraussetzung für die Erfüllung der beiden parlamentarischen Funktionen ist die vollständige und vor allem rechtzeitige Information über europäische Angelegenheiten. Allerdings ist dafür die Verpflichtung der Regierung, europäische Vorlagen rechtzeitig und umfassend an die Parlamente weiterzuleiten, kaum ausreichend. Zum einen wird damit das Problem der Informationsverarbeitung nicht gelöst. Eine Lösungsmöglichkeit wäre hier die Nutzung des mit Europaangelegenheiten befassten Ausschusses als „Filterausschuss" ähnlich dem Vorbild des European Scrutiny Committee des britischen House of Commons.[51] Vor allem aber sind die Landtage gefordert, sich eigene Informationsquellen zu eröffnen. Ein Parlament, das in seiner Informationsbeschaffung völlig von der eigenen Landesregierung abhängt, kann diese kaum effektiv kontrollieren. Notwendig sind dafür nicht nur Informationen über technische Hintergründe und Folgen einer Entscheidung, sondern auch über die Einschätzungen, Interessen und Strategien der anderen Verhandlungspartner, um die Verhandlungssituation und das Verhandlungsverhalten der eigenen Regierung einschätzen zu können. Die Landtage müssen sich deshalb eigene autonome Informationsquellen erschließen. Im Vordergrund können dabei inter-parlamentarische Netzwerke stehen. Hier gibt es, neben der Konferenz der Landtagspräsidenten und -präsidentinnen, zwar Kontakte zwischen Landtagen, Bundestag und Europäischem Parlament über die vertikalen Parteistrukturen, die Zusammenarbeit ist aber in der Regel schwach institutionalisiert und beruht häufig auf dem Engagement einzelner Parlamentarier. Auf internationaler Ebene hingegen existieren neben Formen der bilateralen parlamentarischen Zusammenarbeit, wie etwa der Kooperation zwischen dem Landtag von Nordrhein-Westfalen und dem Landesparlament Salzburg oder der „Konferenz der Präsidentinnen und Präsidenten der deutschen und österreichischen Landesparlamente", auch übergreifende Institutionen wie die 1997 in Orvieto gegründete „Konferenz der Europäischen Regionalen Gesetzgebenden Parlamente" (CALRE). Solche Aktivitäten sollten ausgebaut und vertieft werden, beispielsweise auf der Ebene der für Europaangelegenheiten zuständigen Ausschüsse der regionalen Parlamente in Europa nach dem Vorbild der Konferenz der Europaausschüsse nationaler Parlamente der EU (COSAC, Conférence des Organes Spécialisés dans les Affaires Européennes). Erwähnenswert ist in diesem Zusammenhang die Initiative der Europaausschüsse des schottischen und des katalanischen Parlaments, die sich 2002 zum Network Of Regional Parliamentary European Committees (NORPEC) zusammengeschlossen haben.

Eine zweite Voraussetzung für die aktive Kontroll- und Öffentlichkeitsfunktion der Landtage ist, dass die Landesparlamente ihre Agenda autonom definieren, also ein europäisches Thema unabhängig von den Inhalten eines bestimmten Verhandlungsergebnisses beraten und einer öffentlichen Diskussion zugänglich machen. Als besonders wichtig erscheint dabei, die jeweiligen Europaausschüsse der Landtage als Foren öffentlicher Deliberation zu gestalten. Im Gegensatz zum Landtag Nordrhein-Westfalen tagen die meisten Eu-

---

51 Aufgabe des Ausschusses ist die Bewertung der politischen oder rechtlichen Bedeutung aller eingehenden Dokumente und Vorlagen. Dafür besitzt der Ausschuss neben einem eigenen Mitarbeiterstab das Recht, Minister zu befragen und weitere Informationen anzufordern. Nur eine als bedeutend eingestufte und entsprechend aufbereitete Vorlage wird an einen von drei ständigen Ausschüssen für Europafragen (European Standing Committees) zur Beratung verwiesen (zu den Einzelheiten Auel, Katrin: Strategische Anpassung nationaler Parlamente an das europäische Mehrebenensystem – ein deutsch-britischer Vergleich. In: Grande, Edgar/Prätorius, Rainer (Hrsg.): Politische Steuerung und neue Staatlichkeit. Baden-Baden, 2003. S. 259-280 und Auel, Kartrin/Benz, Arthur: National Parliaments in EU Multi-level Governance – Dilemmas and Strategies of Adaptation. polis-Arbeitspapiere No. 59. Hagen, 2004. http://www.fernuni-haben.de/POLALLG/index.htm.). Für einen ähnlichen Vorschlag für das Schottische Regionalparlament vgl. McLeod, Aileen J.: Regional Participation in EU Affairs. Lessons from Austria, Germany & Spain, Scotland Europa Centre, Paper No. 15. 1999. S. 24

ropaausschüsse (wie auch die Fachausschüsse) nach wie vor hinter verschlossenen Türen. Über nicht-öffentliche Beratungen können sie aber kaum ihrer Öffentlichkeitsfunktion gerecht werden, sondern tragen im Gegenteil weiter zur Intransparenz europapolitischer Entscheidungsprozesse bei.

5.2 Phase der Umsetzung europäischer Politik: Stärkung parlamentarischer Entscheidungsfunktionen

Im Hinblick auf die Phase der Umsetzung europäischer Politik ist hingegen von anderen Strukturen auszugehen. Was in den Diskussionen über die demokratische Legitimation der EU in der Regel übersehen wird, ist die Tatsache, dass nicht nur der Willensbildungs- und Entscheidungsprozess auf europäischer Ebene, sondern auch die Implementation von EU-Richtlinien und Programmen demokratischen Normen entsprechen muss. In der Regel stellen die EU-Entscheidungen ja nur den Rahmen für Entscheidungsprozesse auf dezentraler Ebene dar, der innerhalb der Mitgliedstaaten ausgefüllt wird. In Deutschland sind in für die Regionalebene wichtigen Bereichen, wie etwa der europäischen Strukturpolitik, dafür die Länder zuständig. So geht es beispielsweise in der Strukturpolitik in dieser Phase um die Entscheidung über die interregionale Verteilung von Fördergebieten und -mitteln sowie um die konkretere Planung der Strukturfondsprogramme, also um Entscheidungen, die eindeutig in den Entscheidungsbereich der Landtage fallen. Nicht nur gehören Entscheidungen über die zukünftige Entwicklung einer Region zum originären Bereich parlamentarischer Aufgaben, gleichzeitig sind die Landtage über die Kofinanzierung der Strukturfonds in ihrer Haushaltshoheit berührt. Der Begriff *Umsetzung* wird hier also nicht auf die Implementation im engeren Sinne beschränkt, sondern bezieht sich vor allem auf die Ausfüllung europäischer Rahmenvorgaben. Damit verbunden ist ein Verständnis von Umsetzung als politischer Prozess und nicht als rein technisch-administrative Abwicklung.[52] Die Implementation europäischer Policies kann deshalb nicht als reine Verwaltungsaufgabe angesehen werden, im Gegenteil, in dieser Phase besitzen die Landtage die Möglichkeit der direkten Gestaltung europäischer Politik.

Allerdings wird genau diese Phase, d.h. die Umsetzung europäischer Politik, von den Landtagen häufig völlig vernachlässigt.[53] Während sich die Landtage und ihre Europaausschüsse in der Regel auf die Deliberation europäischer Themen konzentrieren, also versuchen, die Politikformulierung auf europäischer Ebene über ihre Landesregierungen zu beeinflussen, wird die Umsetzung dieser Politik nicht immer als parlamentarische Aufgabe erkannt. Dies entspricht nicht zuletzt der klassischen Arbeitsteilung zwischen Regierung, Parlament und Verwaltung, die auch auf europäische Politik übertragen wird: Während Landesregierung und Parlament für die *high politics* zuständig sind, bleibt die Umsetzung europäischer Politik in der Regel als reine Implementation der Verwaltung überlassen. Diese Rolle entspricht auch dem Selbstverständnis der Parlamentarier. Als Abgeordnete starker, verfassungsrechtlich verankerter und mit Staatsqualität behafteter Gliedstaaten innerhalb einer regionalisierten EU sehen sie ihre Aufgabe vor allem im Bereich der Interessenvermittlung und der Deliberation

---

52 Vgl. Palumbo, Dennis James/Calista, Donald J.: Opening up the Black Box. Implementation and the Policy Process. In: Palumbo, Dennis James/Calista, Donald J. (Hrsg.): Implementation and the Policy Process. Opening up the Black Box. New York, 1990. S. 17

53 Vgl. Auel, Katrin: Akteure oder nur Statisten? Regionale Parlamente im europäischen Mehrebenensystem. In: Conzelmann, Thomas/Knodt, Michèle (Hrsg.): Mannheimer Jahrbuch für Europäische Sozialforschung, Bd. 6, Regionales Europa – Europäisierte Regionen. Frankfurt a.M./New York, 2002; Auel, Katrin: Regionalisiertes Europa – Demokratisches Europa? Eine Untersuchung am Beispiel der europäischen Strukturpolitik: Baden-Baden, 2003

von Themen, die auf der europäischen Ebene verhandelt werden. Dabei spielen sie, wie oben argumentiert, eine wichtige Rolle im Hinblick auf die Öffentlichkeit und Kontrolle europäischer Politik. Ihre Möglichkeiten, auf diese Themen tatsächlich wirksam *Einfluss* zu nehmen, sind aber relativ gering. Umso wichtiger ist es deshalb, dass die Landtage auch die Umsetzung europäischer Politik, zumindest in den Politikbereichen, in denen sie den Mitgliedstaaten ausreichend Handlungsspielraum einräumt, als parlamentarische Aufgabe und als Chance zur Gestaltung europäischer Politik wahrnehmen.

6. Fazit

Es ist unbestritten, dass der Prozess der Europäischen Integration zu einem Verlust an Legislativkompetenzen der mitgliedstaatlichen Parlamente auf nationaler wie subnationaler Ebene geführt hat. Gleichzeitig werden Parlamente durch ihre nur mittelbaren Einflussmöglichkeiten auf die Verhandlungen im Mehrebenensystem zusätzlich gegenüber ihren Regierungen geschwächt. Dies gilt insbesondere für die deutschen Landtage, deren Regierungen selbst nicht direkt an den europäischen Verhandlungen beteiligt sind, sondern in der Regel nur indirekt über die Bundesregierung Einfluss nehmen können. Dennoch muss dieser Prozess keineswegs zu einem völligen Machtverlust der Landtage oder zu einer Entparlamentarisierung europäischer Politik führen. Es bedarf vielmehr einer nuancierteren Analyse der Rolle subnationaler Parlamente im Mehrebenensystem der EU, um parlamentarische Stärken und Schwächen einzuschätzen.

Ausgehend von der zentralen Rolle, die Parlamente im Hinblick auf die Gewährleistung demokratischer Legitimation einnehmen, ist es nur verständlich, dass die Landtage versucht haben, den Verlust eigener Legislativkompetenzen durch Beteiligungsrechte an der Europapolitik ihrer Landesregierungen zu kompensieren. Angesichts der problematischen Konsequenzen parlamentarischer Einflussnahme in Mehrebenenverhandlungen, ist die simple Strategie der Stärkung von Beteiligungsrechten aber wenig vielversprechend. Gestärkte Mitwirkungsrechte der Landtage können die intergouvernementalen Verhandlungen zwischen den Ländern beeinträchtigen oder sogar blockieren und damit letztlich die Position der Länder im europäischen Verhandlungsprozess schwächen. Sie drohen daher in rein symbolischer Politik zu enden. Aufgabe der Landtage ist es vielmehr, über die öffentliche Deliberation europäischer Themen der Regierung einen Rahmen für die Verhandlungen zu geben, innerhalb dessen diese frei verhandeln kann, die Regierung zu kontrollieren und die Öffentlichkeit über europäische Themen und deren Auswirkungen auf das eigene Land zu informieren. Über die Wahrnehmung dieser parlamentarischen Aufgaben können sich die Landtage zu einem Forum öffentlicher Deliberation und Kontrolle sowie zu Moderatoren eines gegenseitigen Lernprozesses zwischen der Regierung und der Bevölkerung entwickeln. Voraussetzung dafür sind allerdings nicht nur eigene Informationsquellen und effektive Strukturen zur Informationsverarbeitung, sondern auch genügend Freiraum, um Themen eigenständig auswählen und debattieren zu können. Gleichzeitig bedarf es einer Neuorientierung im Hinblick auf die Handlungsfelder parlamentarischer Einflussnahme und Entscheidung. Hier stehen vor allem Veränderungen der etablierten Arbeitsteilung zwischen parlamentarischer Politikformulierung und administrativer Umsetzung im Vordergrund. Im Rahmen europäischer Politik ist es die europäische Ebene, die als externe Regelungs- und Entscheidungsinstanz den politischen Rahmen vorgibt. Auf diese Politikformulierung im Sinne der *high politics* haben die Landtage einen nur geringen Einfluss. Umso wichtiger ist es deshalb, dass sich die Landtage auf die veränderten Bedingungen im europäischen Mehrebenensystem einstellen und auch die Umsetzung europäischer Politik als parlamentarische Aufgabe erkennen sowie als Möglichkeit und Chance der Einflussnahme auf europäische Politik effektiver nutzen.

Literatur

Andersen, Svein S./Burns, Tom R.: The European Union and the Erosion of Parliamentary Democracy. A Study of Post-parliamentary Governance. In: Andersen, Svein S./Eliassen, Kjell A. (Hrsg.): The European Union. How Democratic Is It? London, 1996. S. 227-251

Auel, Katrin: Akteure oder nur Statisten? Regionale Parlamente im europäischen Mehrebenensystem. In: Conzelmann, Thomas/Knodt, Michèle (Hrsg.): Mannheimer Jahrbuch für Europäische Sozialforschung, Bd. 6, Regionales Europa – Europäisierte Regionen. Frankfurt a. M./New York, 2002. S. 191-212

Auel, Katrin: Strategische Anpassung nationaler Parlamente an das europäische Mehrebenensystem – ein deutsch-britischer Vergleich. In: Grande, Edgar/Prätorius, Rainer (Hrsg.): Politische Steuerung und neue Staatlichkeit. Baden-Baden, 2003. S. 259-280

Auel, Katrin: Regionalisiertes Europa – Demokratisches Europa? Eine Untersuchung am Beispiel der europäischen Strukturpolitik. Baden-Baden, 2003

Auel, Katrin/Benz, Arthur: National Parliaments in EU Multi-level Governance – Dilemmas and Strategies of Adaptation. polis-Arbeitspapiere No. 59. Hagen, 2004. http://www.fernuni-hagen.de/POLALLG/index.htm

Benz, Arthur: Postparlamentarische Demokratie und kooperativer Staat. In: Leggewie, Claus/Münch, Richard (Hrsg.): Politik im 21. Jahrhundert. Frankfurt a. M., 2002. S. 263-280

Benz, Arthur: Konstruktive Vetospieler in Mehrebenensystemen. In: Mayntz, Renate/Streeck, Wolfgang (Hrsg.): Die Reformierbarkeit der Demokratie. Innovationen und Blockaden. Frankfurt a. M./New York, 2003. S. 205-236

Benz, Arthur: Compounded Representation in EU Multi-Level Governance. In: Kohler-Koch, Beate (Hrsg.): Linking EU and National Governance. Oxford, 2003. S. 82-110

Börzel, Tanja A.: Europäisierung und innerstaatlicher Wandel. Zentralisierung und Entparlamentarisierung? In: Politische Vierteljahresschrift 41 (2) 2000. S. 225-250

Bundesrat: Bundesrat und Europäische Union. Bonn, 1997

Eicher, Hermann: Der Machtverlust der Landesparlamente. Historischer Rückblick, Bestandsaufnahme, Reformansätze. Berlin, 1988

Engel, Christian: Kooperation und Konflikt zwischen den Ländern. Zur Praxis innerstaatlicher Mitwirkung an der deutschen Europapolitik aus der Sicht Nordrhein-Westfalens. In: Hrbek, Rudolf (Hrsg.): Europapolitik und Bundesstaatsprinzip. Die „Europafähigkeit" Deutschlands und seiner Länder im Vergleich mit anderen Föderalstaaten. Baden-Baden, 2000. S. 49-60

Goetz, Klaus H.: National Governance and European Integration. Intergovernmental Relations in Germany. In: Journal of Common Market Studies 33 (1) 1995. S. 91-116

Greß, Franz: Die Rolle der deutschen Landesparlamente im Prozeß der europäischen Integration. In: Straub, Peter/Hrbek, Rudolf (Hrsg.): Die europapolitische Rolle der Landes- und Regionalparlamente in der EU. Baden-Baden, 1998. S. 161-175

Greß, Franz: Stärkung der Handlungsfähigkeit der deutschen Länder durch regionale Netze und Koalitionen? Anmerkungen zum Gebrauch des Netzwerkkonzepts. In: Hrbek, Rudolf (Hrsg.): Europapolitik und Bundesstaatsprinzip. Die ‚Europafähigkeit' Deutschlands und seiner Länder im Vergleich mit anderen Föderalstaaten. Baden-Baden, 2000. S. 81-90

Große-Sender, Heinrich A. (Hrsg.): Bericht der Kommission „Erhaltung und Fortentwicklung der bundesstaatlichen Ordnung innerhalb der Bundesrepublik Deutschland – auch in einem Vereinten Europa". Teil 1, Düsseldorf, 1990

Haas, Evelyn: Die Mitwirkung der Länder bei EG-Vorhaben. Neuere Entwicklungen im Gefolge der Luxemburger Akte. In: Die Öffentliche Verwaltung 41 (15) 1988. S. 613-623.

Hooghe, Liesbet: Introduction. Reconciling EU-Wide Policy and National Diversity. In: Hooghe, Liesbet (Hrsg.): Cohesion Policy and European Integration. Oxford, 1996. S. 1-24

Hrbek, Rudolf: Doppelte Politikverflechtung. Deutscher Föderalismus und Europäische Integration. Die deutschen Länder im EG-Entscheidungsprozeß. In: Hrbek, Rudolf/Thaysen, Uwe (Hrsg.): Die deutschen Länder und die Europäischen Gemeinschaften. Baden-Baden, 1986. S. 17-31

Hrbek, Rudolf (Hrsg.): Europapolitik und Bundesstaatsprinzip. Die „Europafähigkeit" Deutschlands und seiner Länder im Vergleich mit anderen Föderalstaaten. Baden-Baden, 2000

Hrbek, Rudolf/Thaysen, Uwe (Hrsg.): Die Deutschen Länder und die Europäischen Gemeinschaften. Referate und Diskussionsbeiträge eines Symposiums der Deutschen Vereinigung für Parlamentsfragen am 20./21. Juni 1986 in Stuttgart. Baden-Baden, 1986

Jeffery, Charlie: Farewell the Third Level? The German Länder and the European Policy Process. In: Jeffery, Charlie (Hrsg.): The Regional Dimension of the European Union. Towards a Third Level in Europe? London/Portland, 1997. S. 56-75

Johne, Roland: Landesparlamentarismus im Zeichen der europäischen Integration. Frankfurt a. M., 1994

Johne, Roland: Die deutschen Landtage im Entscheidungsprozeß der Europäischen Union. Parlamentarische Mitwirkung im Europäischen Mehrebenensystem. Baden-Baden, 2000

Kamann, Hans-Georg: Die Mitwirkung der Parlamente der Mitgliedstaaten an der europäischen Gesetzgebung. Frankfurt a.M., 1997

Klatt, Hartmut: Die Rolle der Parlamente im föderalen Entscheidungsprozeß. In: Jahrbuch zur Staats- und Verwaltungswissenschaft (Band 3). Baden-Baden, 1989. S. 119-156

Klatt, Hartmut: Europapolitik im föderalstaatlichen System der Bundesrepublik. In: Staatswissenschaften und Staatspraxis 9 (1) 1998. S. 45-84

Klein, Hans H.: Die Legitimation des Bundesrates und sein Verhältnis zu Landesparlamenten und Landesregierungen. In: Bundesrat (Hrsg.): Vierzig Jahre Bundesrat. Baden-Baden, 1989. S. 95-111

Kommentar zum Bonner Grundgesetz (Bonner Kommentar): Loseblatt-Sammlung. Heidelberg, 1950

Lenz, Aloys/Johne, Roland: Die Landtage vor der Herausforderung Europa. In: Aus Politik und Zeitgeschichte B 6, 2000. S. 20-29

Lenz, Helmut: Die Landtage als staatsnotarielle Ratifikationsämter. In: Die Öffentliche Verwaltung 30 1977. S. 157-164

Lax, David A./Sebenius, James K.: The Manager as Negotiator. Bargaining for Cooperation and Competitive Gain. New York, 1986

Maurer, Andreas: Parlamentarische Demokratie in der Europäischen Union. Der Beitrag des Europäischen Parlaments und der nationalen Parlamente. Baden-Baden, 2002

McLeod, Aileen J.: Regional Participation in EU Affairs. Lessons from Austria, Germany & Spain, Scotland Europa Centre, Paper No. 15. 1999

Merten, Detlef: Vorwort. In: Merten, Detlef (Hrsg.): Die Stellung der Landesparlamente aus deutscher, österreichischen und spanischer Sicht. Berlin, 1997

Moravcsik, Andrew: Warum die Europäische Union die Exekutive stärkt. Innenpolitik und internationale Kooperation. In: Wolf, Klaus Dieter (Hrsg.): Projekt Europa im Übergang. Baden-Baden, 1997. S. 211-269

Norton, Philip (Hrsg.): National Parliaments and the European Union. London, 1996

Norton, Philip: Conclusion. Do Parliaments make a Difference? In: Norton, Philip (Hrsg.): Parliaments and Governments in Western Europe. London, 1998. S. 190-208

Palumbo, Dennis James/Calista, Donald J.: Opening up the Black Box. Implementation and the Policy Process. In: Palumbo, Dennis James/Calista, Donald J. (Hrsg.): Implementation and the Policy Process. Opening up the Black Box. New York, 1990. S. 3-17

Präsidentin des Landtags Nordrhein-Westfalen: Die Landtage im europäischen Entscheidungsprozess nach Maastricht. Düsseldorf, 1992

Scharpf, Fritz W.: Die Regionalisierung des europäischen Raums. Die Zukunft der Bundesländer im Spannungsfeld zwischen EG, Bund und Kommunen. In: Scharpf, Fritz W.: Optionen des Föderalismus in Deutschland und Europa. Frankfurt a. M./New York 1994. S. 92-116

Schmidt-Bleibtreu, Bruno/Klein, Hans H.: Kommentar zum Grundgesetz. 8. Aufl. (u. Mitarb. v. Hans Bernhard Brockmeyer). Neuwied, 1995

Staatskanzlei NRW: Verfassungsrechtliche Überlegungen zur Besetzung des Regionalausschusses. unveröffentlichtes Positionspapier für die Chefs der Staats- und Senatskanzleien der Länder im Vorfeld der Ministerpräsidentenkonferenz vom 28.-30. Oktober 1992

Tomuschat, Christian: Die Mitsprache der dritten Ebene in der europäischen Integration. Der Ausschuss der Regionen. Bonn, 1995

Claudia Münch

Nordrhein-westfälische Kommunen in Europa

1. Einleitung

Braucht Europa die Kommunen oder brauchen die Kommunen Europa? Auch wenn es auf den ersten Blick nicht so erscheint, so sind doch beide Fragen mit ja zu beantworten. In dem folgenden Beitrag wird das Verhältnis der kommunalen und der supranationalen Ebene aus beiden Perspektiven beleuchtet. Eingeleitet durch einen kurzen Exkurs in die politikwissenschaftliche Europäisierungsdebatte, soll zunächst die Position der kommunalen Gebietskörperschaften im europäischen Mehrebenensystem näher bestimmt werden. Dabei wird deutlich, dass die Rolle der Kommunen im Wandel begriffen ist. Einerseits ist auf Seiten der EU die Bedeutung der kommunalen Ebene für die Funktionsfähigkeit des Gesamtsystems erkannt worden, und andererseits entdeckten die Kommunen vielfältige Handlungsoptionen, welche die zunehmende Europäisierung für sie bereithält. Am Beispiel der kreisfreien Städte in NRW wird verdeutlicht, wie sich die Kommunen auf die europäischen Herausforderungen einstellen. Dabei soll gezeigt werden, dass neben institutionellen Modernisierungsprozessen, ein neuer Bezugsrahmen für die kommunale Handlungsorientierung etabliert wurde.

2. Europäisierung

2.1 Eine politikwissenschaftliche Annäherung

Seit Beginn der neunziger Jahre weist die Europaforschung neue Schwerpunktsetzungen auf. Nachdem die wissenschaftliche Debatte jahrzehntelang von Erklärungsansätzen zur Entstehung, Entwicklung und Funktionsweise geprägt war, beschäftigt sich die neuere Forschung weniger mit den Ursachen, sondern vielmehr mit den Folgen der Europäischen Integration.[1] Eng verbunden mit dem steigenden wissenschaftlichen Interesse für die Rückwirkungen ist die Kategorisierung der Europäischen Union als Mehrebenensystem. Dabei lassen sich vor allem zwei Lesarten unterscheiden: Einerseits existiert ein eher statisches Verständnis des europäischen Mehrebenensystems. Die Ebenen werden hier im Sinne territorialer Gebietskörperschaften verstanden. Andererseits wird das System dynamisch aufgefasst. Hier liegt die Auffassung zu Grunde, dass eine bestimmte Materie im Rahmen der EU gleichzeitig in mehreren Kontexten und damit auch in mehreren Ebenen behandelt wird.[2] Im Rahmen der zwei-

---

[1] Vgl. Grande, Edgar: Multi-level Governance. Institutionelle Besonderheiten und Funktionsbedingungen des europäischen Mehrebenensystems. In: Grande, Edgar/Jachtenfuchs, Markus (Hrsg.): Wie problemlösungsfähig ist die EU? Baden-Baden, 2000. S. 11

[2] Vgl. Kohler-Koch, Beate: Regionen als Handlungseinheit in der europäischen Politik. In: König, Thomas/Rieger, Elmar/Schmitt, Hermann (Hrsg.): Das europäische Mehrebenensystem. Frankfurt/New York, 1996. S. 203f.

ten Lesart rückte das Thema „Regieren in der EU" in den Mittelpunkt des Interesses.³ Dabei geht es in der wissenschaftlichen Bearbeitung nicht nur um die Frage nach der Art des Regierens auf supranationaler Ebene, sondern im Wesentlichen auch um die Einwirkung der EU auf Strukturen, Prozesse und Inhalte auf nationaler und subnationaler Ebene.⁴

Zusammengefasst wird dieses Phänomen unter dem Begriff Europäisierung. Allerdings ist Europäisierung eher ein viel gebrauchtes Schlagwort und weniger eine klar definierte Erscheinungsform. Ursache hierfür ist, neben der Komplexität des Phänomens, insbesondere seine Behandlung in verschiedenen Forschungsfeldern. Da die Erkenntnisinteressen der einzelnen politischen Teildisziplinen, wie z.B. der Policy-Analyse oder der Vergleichenden Regierungslehre, von unterschiedlichen Leitfragen geprägt werden, erstaunt es nicht, dass die Literatur konkurrierende Definitionen von Europäisierung bereithält.⁵

Einigkeit gibt es allerdings in einem Befund: Die Politik der Europäischen Union beeinflusst in erheblichem Maße die innerstaatlichen Strukturen ihrer Mitgliedsländer. Nach Jachtenfuchs und Kohler-Koch beziehen sich die Einwirkungen auf drei Aspekte 1. die „Handlungsfähigkeit und Verantwortlichkeit von Politik, 2. Veränderung politischer Strukturen und Prozesse, sowie 3. Veränderung von Staatlichkeit."⁶

Vereinbar mit diesen Aspekten ist eine Definition von Radadelli:

> „Europeanization refers to: Processes of (a) construction (b) diffusion and (c) institutionalisation of formal and informal rules, procedures, policy paradigms, styles, 'ways of doing things' and shared beliefs and norms which are first defined and consolidated in the making of EU decisions and then incorporated in the logic of domestic discourse, identities, political structures and public policies." ⁷

Mittels dieser weitgefassten Definition verbindet Radadelli die europäische mit der nationalstaatlichen Ebene. Deutlich wird, dass erst ein Agieren auf supranationaler Ebene eine Reaktion der untergeordneten Einheiten nach sich zieht. Außerdem hebt Radadelli die Bedeutung der Europäisierung für einzelne Elemente des politischen Systems heraus. Die europäische Dimension wird zu einer neuen relevanten Bezugsgröße für politische Handlungsorientierungen. Europäisierung beginnt demnach mit der Horizonterweiterung der Akteure über nationale Grenzen hinaus.⁸ Der Europäisierungsprozess kann in drei Phasen eingeteilt werden: Erkenntnis – Anpassung – Mitgestaltung. Als notwendige Voraussetzung muss die Relevanz der europäischen Politik für den eigenen Handlungsbereich anerkannt werden. In einem nächsten Schritt sollten strukturelle und institutionelle Anpassungsleistungen erbracht werden, um in einer dritten Phase eigene Interessen vermitteln und durchsetzen zu können.

Damit wird anschaulich, wie facettenreich die Europäisierungsdebatte verläuft. Im Folgenden soll die Europäisierung als top-down Modell untersucht werden. Nach der zunächst breiten Annäherung möchte der vorliegende Beitrag den Blickwinkel verengen und sich auf Veränderungen von politisch-administrativen Strukturen und Prozessen konzentrieren.

---

3 DFG Forschungsschwerpunkte. Laufzeit 1996-2002
4 Vgl. Jachtenfuchs, Markus/Kohler-Koch, Beate: Regieren im dynamischen Mehrebenensystem. In: ders.: Europäische Integration. Opladen, 1996. S. 16
5 Vgl. Eising, Rainer: Europäisierung und Integration. Konzepte in der EU-Forschung. In: Jachtenfuchs, Markus/Kohler-Koch, Beate (Hrsg.): Europäische Integration. 2. Aufl., Opladen, 2003. S. 390ff.
6 Jachtenfuchs, Markus/Kohler-Koch, Beate (Hrsg.): Europäische Integration. Opladen, 1996. S. 22
7 Radaelli, Claudio M.: Whither Europeanization? Concept Stretching and Substantive Changes. In: European Integration Online Papers. 2000, 4:8. S. 3f.
8 Vgl. Kohler-Koch, Beate: Europäisierung. Plädoyer für eine Horizonterweiterung. In: Knodt, Michèle/Kohler-Koch, Beate (Hrsg.): Deutschland zwischen Europäisierung und Selbstbehauptung. Frankfurt, 2000. S. 22f.

2.2 Europäisierung innerstaatlicher Strukturen

Die fortschreitende Europäische Integration betrifft nicht nur die nationalstaatliche, sondern in besonderem Maße auch die regionale und die lokale Ebene. Die Bundesebene ist seit der Schaffung der Europäischen Gemeinschaft für Kohle und Stahl (EGKS) besonders in die EU eingebunden, denn immerhin sind die Mitgliedstaaten die Gründer der Verträge. Das politische System der EU ist nicht bloß historisch gewachsen, sondern wurde von seinen Gründern gezielt konstruiert. Notwendig war und ist es, eine Balance im Spannungsfeld von supranationalen und intergouvernementalen Interessen herzustellen. Besonders offensichtlich wird dieser Balanceakt in Funktionsweise und Zusammenspiel der Organe, in Abstimmungsverfahren und in der Vergemeinschaftung von Politikbereichen. Die Institutionen der EU lassen sich ebenso wie die Säulen des Vertrages von Maastricht in eine supranationale oder intergouvernementale Prägung unterteilen. So sollten beispielsweise die Kommission und das Europäische Parlament ausschließlich dem Gemeinschaftsinteresse verpflichtet sein, während im Ministerrat die Interessen der Mitgliedstaaten geschützt werden, wie der beschwerliche Übergang von der Einstimmigkeit zum Mehrheitsentscheid zeigt.

2.2.1 Die Bundesebene

Um ihre Interessen gewahrt zu wissen, mussten sich die Mitgliedstaaten schon in den fünfziger Jahren intensiv mit der europäischen Politik auseinander setzen. In der BRD lag die europapolitische Koordinierung zunächst lange im Wirtschaftsministerium. Dies ist auch verständlich, handelte es sich doch zuerst um eine europäische Wirtschaftsgemeinschaft. Doch mit zunehmender Ausweitung auf andere Politikfelder stieg die Bedeutung der Europapolitik. Heute hat inzwischen jedes Ministerium ein Referat oder eine Abteilung gebildet, die sich mit EU-Fragen beschäftigt. Die zentralen Akteure werden gerne unter der Bezeichnung die „vier Musketiere" zusammengefasst. Hierzu zählen das Auswärtige Amt, das Finanz-, das Wirtschafts- und das Landwirtschaftsministerium.[9] Selbstverständlich ist auch die Bedeutung des Bundeskanzleramtes nicht zu unterschätzen, obwohl es nicht die allein entscheidende zentrale Koordinierungsstelle für die deutsche Europapolitik bildet.[10] Neben der Anpassung der exekutiven Institutionen haben auch Bundestag und Bundesrat schrittweise eine Europäisierung ihrer internen Strukturen vorangetrieben: Seit 1993 gibt es einen EU-Ausschuss im Bundestag[11] und einen Ausschuss für Fragen der Europäischen Union im Bundesrat.[12]

2.2.2 Die Landesebene

Das Politikfeld Europa hat in den vergangenen Jahren auch in den deutschen Bundesländern einen erheblichen Bedeutungsanstieg erfahren. Während das Verhalten der deutschen Länder bis in die achtziger Jahre hinein eher als reaktiv zu bezeichnen war, setzen sie sich

---

9 Vgl. Bulmer, Simon/Maurer, Andreas/Paterson, William: Das Entscheidungs- und Koordinierungssystem deutscher Europapolitik: Hindernis für neue Politik? http://www.uni-koeln.de/wiso-fak/powi/wessels/ DE/PUBLIKATIONEN/texte/entscheidung.pdf; Stand: 14.6.04. S. 5
10 Vgl. ebd. S. 15f.
11 Vgl. ebd. S. 9
12 Der Ausschuss für Fragen der EU im Bundesrat hat allerdings bereits eine lange Tradition. Schon 1957 wurde ein Sonderausschuss Gemeinsamer Markt und Freihandelszone eingerichtet, der 1965 zu einem Ständigen Ausschuss für Fragen der Europäischen Gemeinschaft wurde. Vgl.: Bundesrat: Ausschuss für Fragen der EU. http://www3.bundesrat.de/Site/Inhalt/DE/; Stand: 14.6.04

heute aktiv für die Berücksichtigung ihrer Interessen und für eine Stärkung ihrer Rolle im europäischen Haus ein.

In NRW wurde dem Thema Europa seit Mitte der achtziger Jahre ein bedeutender Stellenwert beigemessen, der eine Intensivierung der europapolitischen Aktivitäten, besonders im Zuständigkeitsbereich des Ministerpräsidenten, nach sich zog. Die erste institutionelle Anpassung an den europäischen Integrationsprozess bildete ein Koordinierungsausschuss für EG-Angelegenheiten als Plattform für die Abstimmung der Fachressorts bei Europafragen. Um Zuständigkeiten besser definieren zu können und um der großen Bandbreite europäischer Themen besser gerecht zu werden, wurde 1988 in jedem Ministerium ein Europareferat eingerichtet. Die bisher eher lose Kooperation wurde dann unter Regie der Staatskanzlei weiter verfestigt, indem die interministerielle Zusammenarbeit institutionalisiert wurde. Von 1996 bis 1998 gab es ein eigenständiges Ministerium für Bundes- und Europaangelegenheiten, welches im Zuge einer Kabinettsverkleinerung allerdings wieder abgeschafft wurde. Von da an blieb zunächst die zentrale Europazuständigkeit im Bereich der Staatskanzlei. Auch als 2000 erneut ein Ministerium für Bundes- und Europaangelegenheiten eingerichtet wurde, blieb es organisatorisch in der Staatskanzlei angesiedelt.[13] Seit 2003 bildet ein EU-Referat in der Staatskanzlei, unterstützt durch weitere EU-Fachreferate in den zehn Ministerien, die zentrale Koordinationsstelle für die europapolitischen Aktivitäten des Landes. So wie in NRW wurden auch in anderen deutschen Bundesländern institutionelle Umstrukturierungen vorgenommen, um sich an die Herausforderungen der europäischen Integration anzupassen.

Obwohl die Kommunen nicht, wie die Länder, um den Verlust von legislativen Kompetenzen fürchten müssen, sind sie von europäischer Politik doch ebenfalls in erheblichem Maße betroffen. Das Gemeinschaftsrecht wirkt auf fast sämtliche Bereiche der kommunalen Verwaltungsarbeit. Als Vollzugsbehörden der BRD sind die Kommunen damit „von verbindlichen Beschlüssen der EG direkt finanziell, funktional und administrativ betroffen."[14] Gemäß ihres Betroffenheitsgrades ist auf kommunaler Ebene, ähnlich wie in den Verwaltungen der Bundesländer, eine strukturelle Anpassung zu erwarten. Während inzwischen alle Landesregierungen zentrale Europareferate oder gar eigene Europaministerien eingerichtet haben, ist die Beschäftigung mit europäischen Themen auf der kommunalen Ebene noch immer nicht selbstverständlich. Im folgenden Kapitel soll die Rolle der Kommunen im europäischen Mehrebenensystem, vor allem auch im Unterschied zur regionalen Ebene, näher erläutert werden.

3. Kommunen im Mehrebenensystem

Dem Thema Kommunen in Europa wird in der politikwissenschaftlichen Forschung inzwischen mehr Beachtung geschenkt. Dennoch steht es immer noch im Schatten der Diskussion um die Rolle der Regionen in Europa. Seit Beginn der achtziger Jahre existiert eine Fülle von Publikationen, die sich mit der subnationalen Ebene befassen.[15] Hauptstränge in

---

13　Vgl. Buchheim, Ute: Regionale Interessenvertretung in Europa. Nordrhein-Westfalen und Thüringen im Strukturvergleich. Opladen, 2002. S. 71ff.
14　Wessels, Wolfgang: Die Öffnung des Staates. Modelle und Wirklichkeit grenzüberschreitender Verwaltungspraxis. Opladen, 2000. S. 266
15　Vgl. v.a.: Alemann, Ulrich von/Heinze, Rolf G./Hombach, Bodo (Hrsg.): Die Kraft der Region. Nordrhein-Westfalen in Europa. Bonn, 1990; Buchheim, Ute: Regionale Interessenvertretung in Europa. Nordrhein-Westfalen und Thüringen im Strukturvergleich. Opladen, 2002; Bullmann, Udo (Hrsg.): Die Politik der dritten Ebene. Regionen im Europa der Union. Baden-Baden, 1994; Kohler-Koch,

der wissenschaftlichen Debatte bilden dabei Arbeiten zu Regionalisierungsprozessen in Europa und zur Einbindung der Regionen in das Entscheidungssystem der EU, wobei hier vor allem die Diskussion um ein Europa der Regionen tonangebend war.

Gemäß der steigenden Bedeutung der regionalen Gebietskörperschaften wurde meist von einem Drei-Ebenen-Modell gesprochen. Doch ist aus Sicht der Kommunen die Vorstellung eines Vier-Ebenen-Modells nachvollziehbar, da zusätzlich zur Landes – und zur Bundesebene, die europäische Dimension hinzugekommen ist. Allerdings bilden die Kommunen in der BRD nicht, wie die Länder, eine eigene Verfassungsebene, sondern gelten als den Ländern untergeordnete Gebietskörperschaften. Ihre verfassungsrechtliche Verankerung auf Bundesebene finden sie in Art. 28 GG, der den Gemeinden das Recht garantiert „alle Angelegenheiten der örtlichen Gemeinschaft im Rahmen der Gesetze in eigener Verantwortung zu regeln". Laut Grundgesetz sind die Länder verpflichtet, diese Garantie der kommunalen Selbstverwaltung in den jeweiligen Landesverfassungen zu schützen.[16] In der nordrhein-westfälischen Landesverfassung wird verdeutlicht, dass die Gemeinden Teile der Länderstaatlichkeit bilden und neben dem Recht auf Selbstverwaltung in ihrem örtlichen Zuständigkeitsbereich zur Durchführung öffentlicher Aufgaben verpflichtet sind.[17] Darunter fallen Bundes- und Landesgesetze, deren Vollzug den Gemeinden aus Zweckmäßigkeitsgründen übertragen wird. Zusammenfassend lässt sich festhalten, dass die BRD zwar einen zweigliedrigen Staatsaufbau aber gleichzeitig einen dreigliedrigen Verwaltungsaufbau besitzt.

Mit der Übertragung von Hoheitsrechten von der nationalstaatlichen auf die supranationale Ebene wird der, aus administrativer Sicht, dreigliedrige Aufbau um eine weitere Stufe ergänzt. Die Europäische Union ist ebenso wie der Bund auf den Vollzug ihrer Rechtsetzung durch regionale und lokale Einheiten angewiesen. Demnach muss bei der Verwendung des Mehrebenenmodells im Sinne territorialer Gebietskörperschaften von einem vierstufigen Aufbau ausgegangen werden.

Trotz der Bedeutung der subnationalen Ebenen, wurde der EU lange der Vorwurf gemacht, sie sei länder- bzw. kommunenblind. Bereits mit der Gründung der Montanunion wurde insbesondere NRW von den neuen europapolitischen Entwicklungen direkt betroffen. Das Ruhrgebiet als Zentrum der Schwerindustrie und des Bergbaus war für die europäischen Nachbarn eng mit ihren Sicherheits- und Wirtschaftsinteressen verknüpft. Allerdings wurden die Verhandlungen zur Europäischen Gemeinschaft für Kohle und Stahl (EGKS) nur auf nationalstaatlicher Ebene geführt. Damit begann für die deutschen Länder die dauerhafte Auseinandersetzung um Mitsprache- und Beteiligungsmöglichkeiten auf supranationaler Ebene.

Für die kommunalen Gebietskörperschaften war und ist die Etablierung von Mitwirkungsrechten weitaus schwieriger als für die Länder bzw. Regionen. Das Primärrecht der EU kannte keine Garantie der kommunalen Selbstverwaltung. Der in Art. 6 Abs. 3 EUV enthaltene Grundsatz der Achtung der nationalen Identität bot keinen ausreichenden Schutz gegen eine Aushöhlung der lokalen Autonomie. Somit blieb Art. 28 GG im Gemeinschaftsrecht ohne Pendant.[18] Allerdings ist es gelungen, dieses aus lokaler Sicht schwerwiegende Manko in dem

---

Beate: Regionen als Handlungseinheit in der europäischen Politik. In: König, Thomas/Rieger, Elmar/Schmitt, Hermann (Hrsg.): Das europäische Mehrebenensystem. Frankfurt/New York, 1996; Knodt, Michéle: Tiefenwirkung europäischer Politik. Eigensinn oder Anpassung regionalen Regierens? Baden-Baden, 1998

16 Vgl. Art. 28 Abs. 3 GG
17 Vgl. Art. 78 der Verfassung des Landes Nordrhein-Westfalen. In: Dästner, Christian: Die Verfassung des Landes Nordrhein-Westfalen. Kommentar. Stuttgart, 2002. S. 235
18 Vgl. Streinz, Rudolf (Hrsg.): Beck'sche Kurzkommentare. EUV/EGV. Vertrag über die Europäische Union und Vertrag zur Gründung der Europäischen Gemeinschaft. Band 57. München, 2003. S. 2268

Verfassungsentwurf des Europäischen Konvents zu beheben. In Art. 5 Abs. 1 verpflichtet sich die Union, die verfassungsrechtliche Struktur ihrer Mitgliedstaaten „einschließlich der regionalen und kommunalen Selbstverwaltung" zu achten.[19] Mit der Verabschiedung des Verfassungsentwurfes ist eine der ältesten Forderungen der kommunalen Ebene in Erfüllung gegangen.

Der Stellenwert dieses Erfolges wird deutlich, wenn man bedenkt, dass bisher lediglich das Subsidiaritätsprinzip als Verankerung subnationaler Rechte herangezogen werden konnte. Mit diesem, 1992 in den Vertrag von Maastricht aufgenommenen Prinzip, verbanden sich große Hoffnungen. Der Zuständigkeitsvorrang der unteren Gebietskörperschaften sollte einer fortschreitenden Kompetenzausweitung der EU Einhalt gebieten. Allerdings stellte sich heraus, dass das Subsidiaritätsprinzip in seiner Wirkung weit überschätzt wurde. Durch die ungenaue Formulierung ließ es sich nicht nur als Schutz lokaler und regionaler Handlungsfelder, sondern auch als Ermächtigungsgrundlage für gesetzgeberische Aktivitäten der EU verstehen. Dieser Tatbestand erzeugte Forderungen nach einer Konkretisierung des Prinzips, die in dem 2003 vorgelegten Verfassungsentwurf berücksichtigt wurden. Die alte vielkritisierte Formulierung, nach der Maßnahmen auf europäischer Ebene ergriffen werden sollten, wenn sie dort besser erreicht werden können, wurde genauer gefasst. Nach dem Verfassungsentwurf wird die EU nur tätig, „sofern und soweit die Ziele der in Betracht gezogenen Maßnahmen von den Mitgliedstaaten weder auf zentraler noch auf regionaler oder lokaler Ebene ausreichend erreicht werden können, sondern vielmehr wegen ihres Umfangs oder ihrer Wirkungen auf Unionsebene besser erreicht werden können."[20]

Als besonderer Fortschritt in der Neuformulierung ist die Erwähnung der regionalen und lokalen Ebene zu bewerten. Allerdings ist ein Schutz der subnationalen Einheiten nicht garantiert. Um der nach wie vor breiten Auslegungsmöglichkeit des Subsidiaritätsprinzips entgegen zu wirken, wurden den nationalen Parlamenten Kontrollmöglichkeiten der Gesetzesinitiativen eingeräumt.[21]

Neben dem Subsidiaritätsprinzip bildet auch die Einrichtung des Ausschusses der Regionen (AdR) für die Kommunen einen festen Bezugspunkt im europäischen Mehrebenensystem. Das 1994 erstmals zusammengetretene Beratungsgremium zählt seit der Osterweiterung 317 Mitglieder, die sich aus Vertretern der regionalen und lokalen Gebietskörperschaften zusammen setzen. Deutschland entsendet 24 Vertreter, wobei neben den Abgesandten aus den Bundesländern, drei den kommunalen Spitzenverbänden Deutscher Städtetag, Deutscher Landkreistag und Deutscher Städte- und Gemeindebund angehören.[22]

Die Einrichtung des AdR war für die subnationalen Ebenen ein historischer Schritt. Denn zunächst erscheint es verwunderlich, dass die EU als Zusammenschluss von Staaten, ein Beratungsgremium schafft, welches aus regionalen und lokalen Vertretern besteht. Die Ursache liegt unter anderem in dem zunehmenden strukturpolitischen Engagement der EU. Die Europäische Strukturpolitik ist inzwischen neben der Agrarpolitik das finanzstärkste Politikfeld und richtet sich gezielt an die subnationale Ebene. Somit ist es aus europäischer Perspektive durchaus sinnvoll, die von der Strukturpolitik direkt betroffenen Akteure auf

---

19 Amt für Veröffentlichungen der Europäischen Gemeinschaften (Hrsg.): Entwurf eines Vertrags über eine Verfassung für Europa. Luxemburg, 2003. S. 12
20 Ebd. S.17
21 Vgl. Protokoll über die Anwendung der Grundsätze der Subsidiarität und der Verhältnismäßigkeit. In: Amt für Veröffentlichungen der Europäischen Gemeinschaften (Hrsg.): Entwurf eines Vertrags über eine Verfassung für Europa. Luxemburg, 2003. S. 123ff.
22 Vgl. Buchheim, Ute: Regionale Interessenvertretung in Europa. Nordrhein-Westfalen und Thüringen im Strukturvergleich. Opladen, 2002. S. 140

der Brüsseler Entscheidungsebene zu integrieren.[23] Darüber hinaus wurde mit dem AdR auch die Hoffnung auf größere Bürgernähe bzw. bessere Unterstützung der europäischen Politik verbunden.

Zur Gründung des AdR führten dann schließlich neben des Perspektivwechsels der EU die langjährigen Bemühungen der Regionen um Mitspracherechte und Beteiligungsmöglichkeiten. Federführend waren hier die deutschen Länder, die durch ihre verfassungsrechtliche Stellung besonders um die Wahrung ihrer Kompetenzen bemüht waren.[24] Der AdR wurde von jeher als Gewinn für die Regionen gewertet. Die Hinzunahme der lokalen Ebene erscheint aus deutscher Sicht eher wie ein Kompromiss, da es nicht möglich war, der heterogenen innerstaatlichen Struktur der Mitgliedstaaten gerecht zu werden. So blieb es den Staaten überlassen, gemäß ihres Aufbaus regionale oder lokale Vertreter in den AdR zu entsenden. Aus Deutschland sitzen Mitglieder der Landesregierungen, Abgeordnete der Landesparlamente, Vertreter der deutschen kommunalen Spitzenverbände und damit natürlich auch Angehörige verschiedener Parteien im AdR.

Trotz der unterschiedlichen Interessenlage und der vielleicht damit in manchen Bereichen erschwerten Konsensfindung bietet der AdR doch ein wichtiges Forum für die Beteiligung der subnationalen Ebenen an europäischer Politik. Verknüpft werden mit dem AdR weitreichende Forderungen wie die Erlangung eines Organstatus, ein Klagerecht vor dem Europäischen Gerichtshof und der Ausbau zu einer gleichberechtigten dritten Kammer neben Ministerrat und Europäischem Parlament. Letzteres ist in naher Zukunft sehr unrealistisch, da neben der Frage, ob dies überhaupt praktikabel wäre, bisher nicht einmal von einem gleichberechtigten Zweikammernsystem zu sprechen ist. Die Aufwertung des AdR zu einem europäischen Organ ist bisher zwar nicht gelungen, aber im neuen Verfassungsvertrag wird ihm zumindest ein eigenes Klagerecht bei Verstößen gegen das Subsidiaritätsprinzip eingeräumt.[25]

Festzuhalten bleibt, dass sich die EU des Stellenwertes der lokalen Gebietskörperschaften immer mehr bewusst wird. Während die Kommunen lange nur als für die Ausführung des Rechts zuständige Einheiten angesehen wurden, werden seit Beginn der neunziger Jahre auch die Interessen und Rechte auf der supranationalen Ebene wahrgenommen. Verantwortlich für diesen Bedeutungsgewinn der lokalen Ebene ist vor allem das Engagement einzelner Kommunen und der kommunalen Spitzenverbände. Im Zuge dieser Interessenvermittlung gewann das Thema Europa in vielen Kommunen größere Popularität. Erst jetzt begann eine relativ breite Auseinandersetzung mit europäischen Belangen, obwohl die Auswirkungen der europäischen Rechtsetzung für die Kommunen schon lange spürbar waren.

4. Europabetroffenheit der Kommunen

Um die breite Palette von Auswirkungen auf die Kommunen besser kategorisieren zu können, soll zunächst die direkte von der strategischen Betroffenheit unterschieden werden. Während im ersten Fall die Implementation des europäischen Rechts gemeint ist, fallen

---

23 Vgl. Hoppe, Ursel/Schulz, Günther: Der Ausschuss der Regionen. In: Borkenhagen, Franz/Bruns-Klöss, Christian/Memminger, Gerhard/Stein, Otti (Hrsg.): Die deutschen Länder in Europa. Politische Union und Wirtschafts- und Währungsunion. Baden-Baden. 1992. S. 26ff.
24 Vgl. Buchheim, Ute: Regionale Interessenvertretung in Europa. Nordrhein-Westfalen und Thüringen im Strukturvergleich. Opladen, 2002. S. 134f.
25 Vgl. Protokoll über die Anwendung der Grundsätze der Subsidiarität und der Verhältnismäßigkeit. In: Amt für Veröffentlichungen der Europäischen Gemeinschaften (Hrsg.): Entwurf eines Vertrags über eine Verfassung für Europa. Luxemburg, 2003. S. 126ff.

unter die strategische Betroffenheit Aufgaben, wie die Akquirierung von EU-Fördergeldern, der Aufbau und die Pflege von Städtepartnerschaften, die Präsentation des eigenen Standortes und die Interessenvermittlung.

4.1 Direkte Betroffenheit

Obwohl die EU an die vertraglich festgelegten Ziele gebunden ist und sie ihre Handlungsermächtigung nur aus dem Primärrecht ableiten kann, gibt es inzwischen kaum ein Politikfeld indem sie nicht gesetzgeberisch aktiv ist. Dabei lassen sich drei Handlungstypen herausstellen: die Verordnung als unmittelbar geltender Rechtsakt, die Richtlinie als umzusetzender Rechtsakt und die Entscheidung als verbindlicher Rechtsakt für die darin Bezeichneten.[26]

Die Umsetzung des Gemeinschaftsrechts obliegt den Mitgliedstaaten, bzw. ihren untergeordneten Verwaltungsebenen. Inzwischen wirken min. 60% des europäischen Rechts auf die kommunale Ebene, so dass es zu der Hauptrechtsquelle für die Kommunen geworden ist.[27] Allerdings war der europäische Einfluss für die Kommunen nicht immer gegenwärtig, da das Gemeinschaftsrecht in der Regel von den Ländern in nationales Recht umgesetzt wird.[28] Für die Kommunen änderte sich damit nur der Ursprung des Rechts und gravierende Einschnitte in den eigenen Handlungsbereich wurden nicht erwartet.

Mit dem ehrgeizigen Ziel bis zum 31.12.1992 den Europäischen Binnenmarkt zu vollenden, wandelte sich die Situation jedoch schlagartig. Die Gewährleistung der sogenannten vier Binnenmarktfreiheiten: dem freien Personen-, Waren-, Dienstleistungs- und Kapitalverkehr sollte zunächst durch ca. 300 Einzelmaßnahmen erreicht werden. Am 01.04.2000 belief sich aber die Zahl der Binnenmarktrichtlinien bereits auf 1.489.[29] Diese wahre Richtlinienflut muss von den Mitgliedstaaten unter Beachtung bestimmter Fristen umgesetzt werden, da sonst die Kommission das Recht hat, Klage beim Europäischen Gerichtshof wegen Vertragsverletzung einzureichen. Von diesem Sanktionsmittel macht die Kommission auch vermehrt Gebrauch, wie die stetig ansteigenden Verfahrenszahlen dokumentieren.[30]

In Deutschland hatte die Vollendung des Binnenmarktes speziell für die Kommunen gravierende Auswirkungen. So weist Ralf von Ameln darauf hin, dass von den ersten 282 Einzelmaßnahmen, 120 von den Kommunen umzusetzen waren.[31] Damit war auch für die Kommunen die Beeinflussung ihres eigenen Wirkungskreises durch die Europäische Integration aufs Deutlichste gegenwärtig geworden.

Der Europäische Binnenmarkt ist also nicht nur als großer Fortschritt in der Integrationsgeschichte zu werten, sondern macht auch die Integrationstiefe plastisch. Diese neue Dimension europäischer Politik erreicht nicht nur sämtliche Politik- und Administrationsebenen, auch für viele Bürger wird die EU nun spür- und greifbarer.

---

26 Diese Klassifizierung gilt allerdings nur noch bis zum in Krafttreten des Verfassungsvertrages. Damit wird der Begriff des Europäischen Gesetzes eingeführt.
27 Vgl. Schuster, Wolfgang: Partner im Prozess europäischer Politikgestaltung. In: Europa kommunal 6/2003. S. 207
28 Vgl. Saller, Raymond: Möglichkeiten und Grenzen der Beteiligung der Kommunen und Regionen an den Entscheidungen der Europäischen Union. Würzburg, 1999. S. 128
29 Vgl. Dicke, Hugo: Der Europäische Binnenmarkt. In: Weidenfeld, Werner (Hrsg.): Europa-Handbuch. Gütersloh, 2002. S. 439
30 Vgl. ebd. S. 448
31 Vgl. Ameln, Ralf von: Auswirkungen des Europäischen Binnenmarktes auf Kommunalpolitik und Kommunalrecht der EG-Mitgliedstaaten. In: Deutsches Verwaltungsblatt (DVBl) 107, 1992. S. 479

Innerhalb der direkten Betroffenheit der Kommunen lassen sich zwei Schwerpunkte unterscheiden:

- Regelungen, welche die Ausführungsaufgabe der Kommunen betreffen,
- Regelungen, die dabei erheblich in die kommunale Selbstverwaltung eingreifen.

Betroffen durch das Gemeinschaftsrecht sind vor allem Politikbereiche, wie die Daseinsvorsorge, der Umweltschutz, die Personal- und Planungshoheit, die lokale Wirtschaftsförderung und die öffentliche Auftragsvergabe.

Unter dem Begriff Daseinsvorsorge werden soziale, kulturelle und wirtschaftliche Dienstleistungen der Gemeinde für ihre Bürger zusammengefasst. Dazu gehören z.B. Wasser- und Energieversorgung, Abfallbeseitigung, öffentlicher Verkehr, Sozial- und Bildungswesen und kulturelle Einrichtungen.

Im Bereich der Daseinsvorsorge sind besonders die Trink- und Abwasserrichtlinien der EU herauszustellen, da deren Umsetzung eine Milliardeninvestition nötig machte.[32] Auch im Bereich der Energieversorgung greift die EU erheblich in die kommunale Zuständigkeit ein. Im Kontext der Verwirklichung des Europäischen Binnenmarktes existiert das Ziel einer Liberalisierung des europäischen Energiemarktes für Elektrizität und Gas. Die EU möchte generell die Marktkräfte stärken, freien Wettbewerb ermöglichen und deshalb Monopolstellungen abschaffen. Verankert sind diese Zielsetzungen in der Elektrizitätsbinnenmarktrichtlinie und der Gasbinnenmarktrichtlinie, die eine stufenweise Liberalisierung der Märkte vorsehen.[33] Betroffen sind hiervon besonders Kommunen, die selbst als Elektrizitätsversorger tätig sind, da mit erheblichen Einnahmeverlusten zu rechnen ist.[34]

Eng an die öffentliche Daseinsvorsorge gekoppelt, sind Bestimmungen zum Umweltschutz. Insbesondere im Bereich der Wassergesetzgebung schreibt die EU ein hohes Schutzniveau vor, welches für die Kommunen „mehr Überwachungs- und Verwaltungsaufwand, [...] dadurch bedingte Mehrkosten [...] und erhebliche Investitionen, um die höheren europäischen Grenzwerte einhalten zu können", verursacht.[35]

Im Bereich der Personal- und Planungshoheit ist die Kommune verpflichtet, das europäische Diskriminierungsverbot, welches Staats- und EU-Bürgern die gleichen Rechte bei Bewerbungen einräumt, zu beachten. Während hier selten Reibungspunkte auftreten, greifen die europäischen Regelungen zur Arbeitssicherheit und zum Gesundheitsschutz weit mehr in die kommunale Organisation ein.[36] Hierbei handelt es sich allerdings um Vorgaben, die alle Arbeitgeber in Europa zu befolgen haben.

Besonders aussagekräftige Beispiele für die Einwirkung des Gemeinschaftsrechts auf die kommunale Ebene bilden die lokale Wirtschaftsförderung und die öffentliche Auftragsvergabe. Unter lokaler Wirtschaftsförderung versteht man die Mobilisierung und Entwicklung der örtlichen Wirtschaftsstrukturen. Dazu zählen die Unterstützung ansässiger Firmen, die Ansiedlung neuer Unternehmen und die Förderung von Existenzgründungen. Untrennbar verbunden mit diesen Aufgaben ist die Verbesserung der Standortattraktivität, welche durch die Niederlassungsfreiheit unter einen erhöhten Wettbewerbsdruck gestellt wurde.

---

32 Vgl. Schoch, Friedrich: Kommunale Selbstverwaltung und Europarecht. In: Henneke, Hans-Günter (Hrsg.): Kommunen und Europa – Herausforderungen und Chancen. Stuttgart, 1999. S. 15
33 Vgl. Ehlers, Dirk: Die Auswirkungen des europäisierten Energierechts auf die Kommunen. In: Henneke, Hans-Günter (Hrsg.): Kommunen und Europa – Herausforderungen und Chancen. Stuttgart, 1999. S. 100
34 Ebd. S. 115
35 Schultze, Claus J.: Die deutschen Kommunen in der Europäischen Union. Europa-Betroffenheit und Interessenwahrnehmung. Baden-Baden, 1997. S. 85
36 Vgl. ebd. S. 87

Die Kommunen stehen nun nicht mehr nur in nationaler, sondern in internationaler Konkurrenz. Die Herausforderungen für die lokale Wirtschaftsförderung sind damit immens gestiegen. Um einen Subventions- und Beihilfewettlauf der Kommunen zu verhindern, bestimmt die EU in Art. 87 EGV, dass „staatliche oder aus staatlichen Mitteln gewährte Beihilfen gleich welcher Art, die durch die Begünstigung bestimmter Unternehmen oder Produktionszweige den Wettbewerb verfälschen oder zu verfälschen drohen, mit dem Gemeinsamen Markt unvereinbar"[37] sind.

Die Kommunen dürfen demnach die Ansiedlung von Unternehmen nicht mehr durch Sondervergünstigungen, wie die verbilligte Abgabe von Bauland oder die Befreiung von Gewerbesteuern, beeinflussen.

Der Schwellenwert für eine zulässige Beihilfe wurde mit 2% der gesamten Investitionssumme sehr niedrig festgesetzt. Außerdem gibt es nur wenige Ausnahmeregelungen, die eine Subvention dennoch legitimieren. Überwacht wird die Einhaltung der Vorschriften durch die Kommission, die zwar nur stichprobenartig prüft, im Falle eines Verstoßes aber eine Vertragsverletzungsklage auf den Weg bringen kann.

Ebenfalls durch das Gemeinschaftsrecht stark eingeschränkt ist die Vergabe von öffentlichen Aufträgen. In den europäischen Richtlinien, welche das Auftragswesen berühren, steht ähnlich, wie bei der schon erwähnten Energieversorgung, die Garantie des freien Wettbewerbs im Vordergrund. Die Kommunen werden verpflichtet, Großaufträge europaweit auszuschreiben, um eine Diskriminierung von nicht ortsansässigen Anbietern zu vermeiden.[38]

Die zu beachtenden Vergabevorschriften bedeuten für die Kommunen einen erhöhten Verwaltungsaufwand. Die Verfahren werden wesentlich länger und arbeitsintensiver. Außerdem fallen erwünschte Vorteile für den eigenen Standort weg, wenn der Auftrag ins Ausland geht. Die Richtlinien zum Auftragswesen stoßen daher bei den Kommunen auf erhebliche Kritik, die bisher heile Welt des Vergaberechts sei durcheinandergeraten und die eigentliche Zielsetzung, nämlich die Ankurbelung des europäischen Wettbewerbs sei mit diesen Vorschriften nicht zu erreichen. Befürchtet werde eher der Verlust von Arbeitsplätzen vor Ort, wenn sich die ansässigen Unternehmen nicht erfolgreich an den komplizierten Ausschreibungsverfahren beteiligen könnten.[39]

Die Maßnahmen der EU im Bereich des Wettbewerbsrechts, des Beihilferechts und der Regulierung von öffentlichen Aufträgen erfordern aufwendige Anpassungsleistungen seitens der Kommunen. Sie beeinflussen nicht nur die Funktion der Kommunen als Vollzugsbehörde, sondern tangieren auch die kommunale Selbstverwaltung in erheblichem Umfang. Gerade die Vergabevorschriften für öffentliche Aufträge werden als empfindlicher Eingriff in das Selbstverwaltungsrecht wahrgenommen.

Umstritten war und ist außerdem die Einführung des Kommunalwahlrechts für ausländische EU-Bürger am Wohnsitz. Nach Art. 17 EGV ist jeder Staatsbürger eines Mitgliedstaates der EU auch gleichzeitig Unionsbürger.[40] Mit dem Maastrichter Vertrag sind alle Unionsbürger berechtigt worden, das aktive und passive Wahlrecht in ihrem Wohnort auszuüben.[41] Gemessen an den anderen Beispielen fallen hier die Auswirkungen auf das kom-

---

37 Art. 87 im EG-Vertrag. In: Läufer, Thomas (Hrsg.): Vertrag von Nizza. Texte des EU-Vertrages und des EG-Vertrages, Charta der Grundrechte der EU, deutsche Begleitgesetze. Bonn, 2002. S. 93
38 Vgl. Schultze, Claus J.: Die deutschen Kommunen in der Europäischen Union. Europa-Betroffenheit und Interessenwahrnehmung. Baden-Baden, 1997. S. 72f.
39 Vgl. ebd. S. 81
40 Vgl. Art. 17 im EG-Vertrag. In: Läufer, Thomas (Hrsg.): Vertrag von Nizza. Texte des EU-Vertrages und des EG-Vertrages, Charta der Grundrechte der EU, deutsche Begleitgesetze. Bonn, 2002. S. 64
41 Vgl. ebd. Art. 19 im EG-Vertrag. S. 64

munale Wahlrecht bzw. auf die Selbstverwaltung wesentlich geringer aus, als zunächst erwartet wurde. Nach ersten Erfahrungen ist der administrative Mehraufwand nicht erheblich. Die Wahlbeteiligung der EU-Bürger kann bisher nur geschätzt werden, da keine Sondererhebungen vorgenommen werden. Die Schätzungen belaufen sich auf 20-30%.[42] Trotz dieser geringen Wahlbeteiligung werden Befürchtungen laut, die eine Beeinflussung des Wahlergebnisses prognostizieren. Allerdings ist dem entgegen zu halten, dass bei der heterogenen Gruppe der EU-Bürger ein nahezu einheitliches Wahlverhalten kaum zu erwarten ist.

Als letzter Punkt sei hier noch auf die Einführung des Euro vom 01.01.2002 verwiesen. Die Währungsumstellung stellte für die Kommunen eine große Herausforderung dar, da sie über die Anpassung von Rechtsvorschriften hinausging und in fast sämtliche kommunale Bereiche hineinragte. Angepasst bzw. umgestellt werden mussten unter anderem sämtliche Formulare, wie Satzungen, Verordnungen, Verwarnungen, Verträge oder Belege, die Buchungs- und Finanzsoftware, der Zahlungsverkehr und alle Automaten. Außerdem lag es auch im Aufgabenbereich der Kommunen die Bürger durch gezielte Öffentlichkeitsarbeit über die neue Währung zu informieren und damit für eine bessere Akzeptanz des Euros zu sorgen. Bei der Euroumstellung wird besonders deutlich, dass die EU zwar nationale Strukturen verändert aber gleichzeitig in erheblichen Maße von ihnen abhängig ist. So ist es sicherlich auch dem großen Engagement der Kommunen zu verdanken, dass die Währungsumstellung relativ reibungslos erfolgen konnte.

4.2 Strategische Betroffenheit

Neben der regulativen Politik, d.h. der Festsetzung von verbindlichen Normen, betätigt sich die EU auch in Bereichen der distributiven und redistributiven Politik. Einen besonderen Stellenwert bei der Verteilung bzw. bei der Umverteilung von Mitteln nimmt die europäische Regionalpolitik ein. Sie ist dem Ziel verpflichtet: „die Unterschiede im Entwicklungsstand der verschiedenen Regionen und den Rückstand der am stärksten benachteiligten Gebiete [...] zu verringern".[43] Zur Finanzierung stehen vier Strukturfonds zur Verfügung:

1. Europäischer Sozialfonds (ESF),
2. Europäischer Fonds für Regionale Entwicklung (EFRE),
3. Europäischer Ausrichtungs- und Garantiefonds für die Landwirtschaft (EAGFL),
4. Finanzinstrument für die Ausrichtung der Fischerei (FIAF).

Aus diesen Fonds werden Maßnahmen zur Erreichung folgender strukturpolitischer Ziele finanziert:

– Ziel 1: Förderung von Regionen mit Entwicklungsrückstand,
– Ziel 2: wirtschaftliche und soziale Umstellung von Gebieten mit Strukturproblemen und rückläufiger Entwicklung,
– Ziel 3: Anpassung und Modernisierung der Bildungs- und Beschäftigungssysteme.[44]

---

42 Vgl. Wersebe, Hilmar von: Das neue Wahlrecht für EU-Bürger. In: Konrad-Adenauer-Stiftung (Hrsg.): Kommunalpolitik. Materialien für die Arbeit vor Ort. Nr. 1. Februar 2000. http://www.kas.de/upload/kommunalpolitik/materialien_vor_ort/1.pdf; Stand 02.06.04
43 Art. 158 im EG-Vertrag. In: Läufer, Thomas (Hrsg.): Vertrag von Nizza. Texte des EU-Vertrages und des EG-Vertrages, Charta der Grundrechte der EU, deutsche Begleitgesetze. Bonn, 2002. S. 141
44 Vgl. Europäische Kommission: Regionalpolitik – Inforegio. http://europa.eu.int/comm/regional_policy/intro/regions2_de.htm; Stand: 7.6.04

Entsprechend der Ziele 1 und 2 ist die gesamte EU in Fördergebiete eingeteilt worden. Während die Ziel 1-Förderung in der BRD nur noch für die neuen Bundesländer gilt, fällt NRW teilweise in die Ziel 2-Gebietskulisse. In der aktuellen Förderperiode von 2000-2006 liegen weite Teile des Ruhrgebietes, wie beispielsweise die Städte Krefeld, Duisburg, Oberhausen, Bottrop, Gelsenkirchen, Bochum, Herne, Dortmund, Hamm sowie Gebiete aus den Kreisen Wesel, Recklinghausen, Unna, Warendorf und Ausläufer des alten Aachener Steinkohlereviers im Kreis Heinsberg.

Abb. 1: Ziel 2-Fördergebiete in NRW

Quelle: Ministerium für Wirtschaft und Arbeit des Landes NRW, Ziel 2-Sekretariat: http://www.ziel2-nrw.de/html/ziel2_4_seite_karte.pdf; Stand: 2.6.04

Neben der Förderung innerhalb der Ziel 2- bzw. der nicht gebietsbezogenen Ziel 3-Förderung sind für die Kommunen die themenspezifischen Förderprogramme wie Gemeinschaftsinitiativen, Aktionsprogramme oder Pilotprojekte interessant. Von kommunaler Relevanz sind die Gemeinschaftsinitiativen INTERREG III für grenzübergreifende, transnationale und interregionale Zusammenarbeit, URBAN II für nachhaltige Entwicklung krisenbetroffener Städte und Stadtviertel, LEADER+ für die Entwicklung des ländlichen Raums durch lokale Initiativen und EQUAL zur Bekämpfung von Ungleichheiten und Diskriminierung auf dem Arbeitsmarkt.[45]

---

45 Vgl. Europabüro der Sächsischen Kommunen: EU-Förderhandbuch für Sächsische Kommunen. Brüssel, 2004. S.13ff; http://www.chemnitz.de/library/download/stipp/eu_foerderhandbuch.pdf; Stand: 16.6.04

Die regionale Wirtschaftsförderung der Länder und des Bundes, die in der Gemeinschaftsaufgabe zur „Verbesserung der regionalen Wirtschaftsstruktur" (GA) festgeschrieben ist, wird durch die europäische Regionalpolitik überlappt.[46] Die Kommission hat mit ihrer Definition der Fördergebiete einen festen Bezugsrahmen geschaffen. Für Kommunen, die sich in den Ziel 1- bzw. Ziel 2-Gebieten befinden, sind die Chancen auf die Akquirierung von Fördergeldern erheblich größer als für Kommunen außerhalb der Förderkulisse.

Die Teilhabe an europäischen Förderungen ist allerdings nicht nur von der geographischen Lage abhängig. Mit einer europaweiten Regionalförderung sind die Antragsverfahren und die zu erfüllenden Auflagen um ein Vielfaches komplexer geworden. Dies hat zur Folge, dass sich die Kommunen auf die veränderte Situation einstellen müssen: neue Strategien sind notwendig. Für eine erfolgreiche Beteiligung an EU-Programmen gehört zu den Grundvoraussetzungen meist eine Kooperation mit Projektpartnern aus anderen Mitgliedsländern. Die Pflege und der Ausbau von Städtepartnerschaften bekommt damit für die Kommunen eine ganz neue Bedeutung. Grenzüberschreitende Kooperation und Netzwerkbildung werden verstärkt zu einem kommunalen Thema. Vor allem unter wirtschaftlichen Gesichtspunkten ist die interkommunale Netzwerkbildung eine notwendige Entwicklung. Mit der Verwirklichung des europäischen Binnenmarktes erhält die Standortpolitik eine neue Dimension. Kommunen müssen sich nun dem europaweiten Wettbewerb stellen.

Obwohl die vielfältige Betroffenheit der Kommunen hier nur skizzenhaft dargestellt werden konnte, so wird doch deutlich, wie weitreichend die Auswirkungen der Europäischen Integration auf nationale Strukturen sind. Angesichts des Betroffenheitsgrades der Kommunen wäre schon frühzeitig eine intensive Auseinandersetzung mit dem Thema Europa auf der lokalen Ebene zu erwarten gewesen. Entgegen dieser Vermutung lässt sich allerdings feststellen, dass eine umfassende Beschäftigung mit europäischen Belangen erst seit Mitte der neunziger Jahre zu beobachten ist. Welche Ursachen es dafür gibt und wie die Europäisierung der Kommunalverwaltung konkret aussieht, soll im folgenden Kapitel am Beispiel der kreisfreien Städte in NRW untersucht werden.

5. Institutionelle Anpassungen der Kommunen

Von wenigen Ausnahmen abgesehen, begannen die Kommunen erst im Zuge der Verwirklichung des europäischen Binnenmarktes, dem Betätigungsfeld Europa nach und nach einen bedeutenderen Stellenwert beizumessen. Insbesondere die Auswirkungen der vier Grundfreiheiten auf den eigenen Wirtschaftsstandort weckte bei den Kommunen Befürchtungen und löste einen erheblichen Anpassungsdruck aus. Festzuhalten bleibt, dass es einer solch geballten Regelungsflut bedurfte, um zumindest in den großen Kommunen das notwendige Umdenken zu erzeugen. Um dem europäischen Wettbewerb standzuhalten, mussten Standortfaktoren im internationalen Kontext neu überprüft werden. Wahrgenommen wurde diese Aufgabe vor allem von den Wirtschaftsförderungsgesellschaften. Die enge Verknüpfung zwischen Standortmarketing und der Rechtsetzung der EU führte zu einer Spezialisierung der Wirtschaftsförderungsgesellschaften: Sie wurden zur Wiege der kommunalen EU-Arbeit. Das breitgefächerte Aufgabenspektrum umfasst neben Existenzgründungsberatung, Standortmarketing und Wachstumsförderung auch die Initiierung und Betreuung grenz-

---

46 Vgl. Bundesministerium für Wirtschaft und Arbeit: Regionalpolitik.
http://www.bmwi.de/Navigation/Wirtschaft/Wirtschaftspolitik/regionalpolitik.html; Stand: 16.6.04

überschreitender Kooperationen, Informationen zu EU-Programmen und Beratung in europarechtlichen Fragen.[47]

In einigen Kommunen wurde schnell erkannt, dass eine Reduzierung der Europaaktivitäten auf den wirtschaftlichen Bereich, deren Bedeutung nicht gerecht würde. Diese Erkenntnis führte in NRW zu unterschiedlichen administrativen Anpassungen. Verwaltungsinterne Umstrukturierungen sind allerdings fast nur in den großen Kommunen zu beobachten. Aus diesem Grund werden sich die folgenden Ausführungen auf die 23 kreisfreien Städte in NRW konzentrieren.

Da nahezu alle kommunalen Ressorts mehr oder weniger von Europa betroffen sind, wurde es vielfach als sinnvoll erachtet, eine zentrale Koordinierungsstelle für EU-Angelegenheiten zu schaffen. Von den 23 kreisfreien Städten in NRW haben inzwischen mehr als die Hälfte eine Lösung zur Bündelung ihrer Europaaktivitäten gefunden. Die Palette reicht hier von der Benennung einzelner Europabeauftragter bis hin zur Einrichtung eigener Europabüros.[48]

Tab. 1: Europastellen der kreisfreien Städte in NRW und Ziel 2-Gebiete bzw. Euregio-Gebiete

Städte	Ziel 2-Gebiet	Euregio-Gebiet	Einbindung der Europaarbeit in die Verwaltungshierarchie	
			zentrale Europastelle	dezentrale Europaarbeit
Aachen		X	X	
Bielefeld				X
Bochum	X			X
Bonn			X	
Bottrop	X		X	
Dortmund	X		X	
Duisburg	X		X	
Düsseldorf			X	
Essen			X	
Gelsenkirchen	X			X
Hagen			X	
Hamm	X			X
Herne	X			X
Köln			X	
Krefeld	X	X		X
Leverkusen				X
Mönchengladbach		X		X
Mülheim				X
Münster		X	X	
Oberhausen	X		X	
Remscheid				X
Solingen				X
Wuppertal			X	

Quelle: eigene Erhebung; Stand: Juli 2004

Auffallend ist, dass weder aus der Zugehörigkeit zu einem Ziel 2-Gebiet, noch zu einer Euregio gefolgert werden kann, wie die jeweilige Stadt mit dem Thema Europa umgeht. So

---

47 Vgl. Alemann, Ulrich von/Münch, Claudia (Hrsg.): Handbuch Europa in NRW. Wer macht was in NRW für Europa? Opladen, 2003. S. 314ff.
48 Ebd. S. 513ff.

haben beispielsweise nur vier der neun Städte, die sich in einem Ziel 2-Gebiet befinden, eine zentrale Europastelle eingerichtet. Auf der anderen Seite gibt es auch fünf Städte, die das Thema Europa zentral gebündelt haben, obwohl sie weder Teil von Ziel 2, noch von einer Euregio sind. Daraus wird ersichtlich, dass die geografische Lage allein wenig aussagekräftig ist. Die Einrichtung einer zentralen Europastelle hängt von mehreren anderen Faktoren wie der Einstellung der administrativen Führung zu Europa und den personellen und finanziellen Ressourcen ab.

Das Aufgabenspektrum der kommunalen EU-Stellen lässt sich in drei Funktionen unterteilen:

1. Informationsfunktion,
2. Koordinierungs- und Beratungsfunktion,
3. Vernetzungsfunktion.

Im Bereich der Informationsfunktion sind verwaltungsinterne und externe Aufgaben zu unterscheiden. Innerhalb der Verwaltung übernimmt die EU-Stelle das zentrale Informationsmanagement. Sie wird zum Umschlagplatz für kommunalrelevante EU-Nachrichten. Grundlage der gesamten Tätigkeit besteht in der Beschaffung und Auswertung der verschiedenen Informationsdienste der EU. Die aufbereiteten Daten können so zielgruppengenau innerhalb der Verwaltung weitergeleitet werden. Es sollte ebenfalls zum zentralen Anliegen einer Europakoordinierungsstelle gehören, die EU als neuen Bezugsrahmen für die Handlungsorientierungen der Mitarbeiter zu etablieren. Die EU-Stelle wird damit zum Motor für die Steigerung der Europafähigkeit der kommunalen Verwaltung. Zur Verbesserung der Europafähigkeit ist es notwenig, das administrative Personal mit europäischen Themen vertraut zu machen. Europakompetenz kann nur erreicht werden, indem Weiterbildungsmaßnahmen, wie Fremdsprachenkurse, Europaseminare oder Austauschprogramme als wichtig erachtet und gefördert werden.[49]

Neben der Informationsversorgung der eigenen Verwaltung bilden die Bürger der Stadt eine ebenso wichtige externe Zielgruppe. Auch hier gilt: Europa muss den Menschen näher gebracht werden. Hilfreich ist eine gute Öffentlichkeitsarbeit, wozu Informationsbroschüren, ein Internetauftritt, Veranstaltungen und die Presse- und Medienarbeit gehören. Zunehmende Bedeutung für die kommunale Europaaktivität erhält die jährlich stattfindende Europa-Woche. Sie ist Teil einer Gemeinschaftsaktion der 16 deutschen Länder, der Bundesregierung, der Europäischen Kommission und des Europäischen Parlaments. Innerhalb dieser Woche finden zahlreiche Veranstaltungen öffentlicher und privater Träger zu europäischen Themen statt, deren Koordinierung meist bei der zentralen EU-Stelle der Verwaltung liegt. Die Europawoche stellt einen Schwerpunkt der Öffentlichkeitsarbeit dar. Die Kommune zeigt Präsenz, fungiert als Initiator, Koordinator und Ansprechpartner und kann außerdem einen Beitrag zur Stärkung des Europabewusstseins der Bürger leisten.

In direkter Verbindung mit der Informationsfunktion steht die Beratungsaufgabe der kommunalen Europaexperten. Unterstützung und Beratung sind in erster Linie bei der Teilnahme an europäischen Förderprogrammen notwendig. Mögliche Zielgruppen sind hier sowohl einzelne Fachreferate in der eigenen Verwaltung, öffentliche Einrichtungen der Kommune oder private Unternehmen. Für alle bietet die Europastelle einen Anlaufpunkt für Fragen zur Auswahl von Förderprogrammen, zu Antragsvoraussetzungen, zur Ausarbeitung von

---

49 Vgl. Bischof, Detlef: Die Europakompetenz der Verwaltungen – eine Vorraussetzung für die Wettbewerbsfähigkeit der künftigen und der alten EU-Mitgliedstaaten. http://www.eab-berlin.de/berichte/a-e/berichtbischoff151202.PDF; Stand: 16.6.04. S. 8

Anträgen, Antragsfristen und Entscheidungsverfahren. Darüber hinaus werden auch laufende Projekte in ihrer Durchführung betreut.[50]

Voraussetzung für die Teilnahme an den meisten EU-Förderprogrammen ist die grenzüberschreitende Zusammenarbeit mit einem oder mehreren Projektpartnern. Hier liegt ein wichtiges Tätigkeitsfeld der kommunalen Europastelle: Die Vernetzungsfunktion. Der Aufbau eines Informationsnetzwerkes ist für jeden Europabeauftragten unerlässlich. Dazu gehört der Kontakt zu europäischen Institutionen, zur Bundes- bzw. Landesregierung, zu Vereinen und Verbänden, zu Wirtschaftsunternehmen, zu wissenschaftlichen Einrichtungen und zu kommunalen Europabüros in anderen Städten. Mit der Pflege eines solchen Europanetzwerkes ist es möglich, über europäische Aktivitäten informiert zu sein und grenzüberschreitende Kooperationen zu initiieren. Insbesondere für die Suche nach ausländischen Kooperationspartnern erhält das seit langem bestehende Instrument der Städtepartnerschaften eine neue Bedeutung. Verfügt eine Kommune über ein weitverzweigtes Netz von Partnerstädten, wird die Suche nach Projektpartnern stark vereinfacht. Die häufig langjährigen freundschaftlichen Beziehungen, die meist durch kulturellen Austausch geprägt waren, bekommen eine neue Dimension. Die gemeinsame Teilhabe an EU-Projekten bietet zusätzlich einen erheblichen wirtschaftlichen Anreiz.

An dieser Stelle sei vermerkt, dass den Kommunen häufig der Vorwurf gemacht wird, sie richten Europabeauftragte nur ein, um durch die Akquirierung von Fördergeldern den eigenen Haushalt aufzubessern.[51] Die Erfahrungen einiger seit längerem aktiven Europabüros zeigen aber, dass der Hauptnutzen für die Kommunen nicht ausschließlich in den EU-Fördertöpfen besteht, sondern, dass die internationale Vernetzung einer Kommune weitreichende Vorteile verschafft.[52] Dies gilt besonders für ein weiteres Aufgabenfeld kommunaler EU-Stellen: Die Präsentation des eigenen Standortes. Wie bereits erwähnt, sehen sich die Kommunen spätestens seit Verwirklichung des Europäischen Binnenmarktes einem völlig neuen Wettbewerbs- und Konkurrenzsystem gegenüber. Eine isolierte, auf ihre Grenzen bezogene Kommune, kann in einem solchen System nicht bestehen. Eigene Stärken und Schwächen müssen zu denen der Konkurrenten in Beziehung gesetzt werden. Dies ist aber nur möglich, indem man sich über örtliche Begebenheiten informiert und Kontakte aufbaut.

Die hier aufgezeigten Handlungsfelder einer kommunalen Europastelle lassen erahnen, wie wichtig das persönliche Engagement eines Europabeauftragten ist. Bei der Neuschaffung einer solchen Stelle ist der Rückgriff auf bestehende Strukturen nicht möglich. Ein hohes Maß an Eigeninitiative ist gefragt. Demnach ist die Effektivität einer Europa-Koordinierungsstelle auch nicht zuletzt von der Persönlichkeit und der Motivation des Mitarbeiters abhängig. Eine Steigerung der Motivation kann durch die Ansiedlung der Europastelle innerhalb der Verwaltungshierarchie unterstützt werden. Viele Europabeauftragte fristen ein Schattendasein. Im schlechtesten Fall obliegt ihnen eigentlich ein anderes Aufgabengebiet und sie haben die Europaaufgabe noch dazu bekommen. Hier wird schnell festgestellt, dass Europa als Nebentätigkeit nicht funktioniert. Aber auch Europabeauftragte, die eine volle Stelle zur Verfügung haben, gehen häufig in der Verwaltungspraxis verloren.

---

50 Vgl. Patt, Dieter/Harte, Ruth: Europa auf der kommunalen Ebene. Funktion und Aufgaben einer/eines Europabeauftragten. In: Kommunalpolitische Vereinigung Bildungswerk e.V. (Hrsg.): Euro(pa) im Rathaus. Dormagen, 1999. S. 99
51 Vgl. Schultze, Claus J.: Die deutschen Kommunen in der Europäischen Union. Europa-Betroffenheit und Interessenwahrnehmung. Baden-Baden, 1997. S. 159
52 Ein besonders gutes Beispiel hierfür ist die Stadt Köln, die seit 1.1.04 aus dem ehemaligen Fachreferat Protokoll und Städtepartnerschaften und dem Europabüro ein neues Büro für Internationale Angelegenheiten gemacht hat. vgl.: http://www.stadt-koeln.de/europa/index.html

Meist beginnt es schon damit, dass sie für Außenstehende nicht zu finden sind. Weder auf der Homepage der Kommune ist eine ausgewiesene Anlaufstelle für Europa zu finden, noch kann an der Telefonzentrale Auskunft darüber gegeben werden, ob eine solche Stelle im Haus überhaupt existiert.

Kommunen, die für sich die Bedeutung Europas entdeckt und eigene Europabüros eingerichtet haben, siedeln diese häufig im unmittelbaren Zuständigkeitsbereich des Bürgermeisters an. In NRW gilt dies für Aachen, Bonn, Bottrop, Düsseldorf, Dortmund, Köln und Münster. Durch die zentrale Position innerhalb der Verwaltung ist es den Mitarbeitern eher möglich, ämterübergreifend und koordinierend zu arbeiten. Für alle Verwaltungseinheiten wird die Bedeutung der kommunalen Europaarbeit anhand der Einbindung in die interne Organisationsstruktur ersichtlich. Außerdem verkürzt die Nähe zur kommunalen Schaltzentrale Entscheidungswege und eröffnet bessere Handlungsoptionen innerhalb des häufig eng gesteckten Zeitkorsetts der EU für Förderanträge.[53] Allerdings ist die Ansiedlung im Zuständigkeitsbereich des Bürgermeisters nicht die einzige Option. In vielen Kommunen wird die Tradition gewahrt und die Europaarbeit in enger Verbindung mit der Wirtschaftsförderung gesehen und in einem Amt integriert. Dass von dieser Stelle aus auch eine sehr effektive Europaarbeit geleistet werden kann, zeigt die Koordinierungsstelle Europa in Hagen. Neben diesen beiden häufigsten Organisationsmustern werden Europaangelegenheiten auch verknüpft mit Aufgaben des Amtes für Statistik und Stadtforschung wie in Duisburg, Essen oder Wuppertal.

Letztendlich ist die Ansiedlung der Europastelle nicht ausschließliches Indiz für eine aktive und vor allem effektive kommunale Europaarbeit. Festzuhalten bleibt lediglich, dass eine herausragende Position in der Verwaltungshierarchie die Arbeit der Europaexperten erleichtert.

6. Kommunale Europapolitik

Mit der zunehmenden Einwirkung der EU auf subnationale Strukturen erwachte auch bei den Kommunen das Bedürfnis nach Mitsprachemöglichkeiten. Die Einflussnahme auf die Europapolitik wurde zu einem neuen Betätigungsfeld der Kommunen. Allerdings sind hier kommunale Alleingänge eher die Ausnahme. Eine Optimierung der Interessendurchsetzung kann nur durch eine Koordinierung und Bündelung der lokalen Anliegen gelingen. Aus diesem Grund engagieren sich die Kommunen immer mehr in kommunalen Spitzenverbänden und Städtenetzwerken, die für die Artikulation kommunaler Interessen zuständig sind.

6.1 Kommunale Spitzenverbände und Städtenetzwerke

Im europäischen Kontext ist besonders der Rat der Gemeinden und Regionen Europas (RGRE) hervorzuheben. Die Geschichte des europaweiten Gesamtverbandes, der heute über 100.000 lokale und regionale Gebietskörperschaften vertritt, reicht bis in die fünfziger Jahre zurück. Die Deutsche Sektion des RGRE hat ihren Sitz in Köln. Sie teilt sich die Geschäftsstelle mit dem Deutschen Städtetag, der wie der Deutsche Städte- und Gemeindebund und der Deutsche Landkreistag, Mitglied des RGRE ist.[54] Aus dieser Verbundenheit wird erkennbar,

---

53 Vgl. Patt, Dieter/Harte, Ruth: Europa auf der kommunalen Ebene. Funktion und Aufgaben einer/eines Europabeauftragten. In: Kommunalpolitische Vereinigung Bildungswerk e.V. (Hrsg.): Euro(pa) im Rathaus. Dormagen, 1999. S. 106
54 Vgl. Rat der Gemeinden und Regionen Europas. Deutsche Sektion – Partner der Kommunen in Europa. http://www.rgre.de/; Stand: 22.6.04

dass die Deutsche Sektion des RGRE den Kommunen besondere Aufmerksamkeit schenkt. Dies mag unter anderem daran liegen, dass in Deutschland die Regionen, also die deutschen Länder, im Vergleich zu anderen Staaten eine starke innerstaatliche Stellung besitzen. Durch ihren verfassungsrechtlichen Rang sind sie viel eher in der Lage Einflussrechte geltend zu machen als die Kommunen. Daher übernimmt der RGRE, neben einer vielfältigen Aufgabenpalette wie Informations- und Beratungsleistungen und der Vermittlung von Städtepartnerschaften, auch die kommunale Lobbyarbeit.[55]

In NRW gehören inzwischen 152 Gemeinden und Kreise dem RGRE an. Zusätzlich sind einige größere Städte auch im Städtenetzwerk Eurocities organisiert. Das seit 1986 bestehende Netzwerk europäischer Großstädte hat derzeit über 100 Mitglieder. Aus NRW gehören Bonn, Köln, Dortmund, Düsseldorf und Münster dieser transnationalen Interessenvereinigung an. Das Ziel von Eurocities besteht in der Unterstützung der lokalen grenzüberschreitenden Zusammenarbeit und in der Stärkung des kommunalen Einflusses auf europäische Entscheidungsmechanismen.[56] Organisatorisch mit Eurocities verbunden, ist das auf Informationstechnologie und Anwendung von E-Government spezialisierte Städtenetzwerk Telecities. Zu den über 100 Mitgliedsstädten zählen auch Bonn, Köln, Hagen und Münster.[57] Ähnlich wie Telecities entstehen seit den achtziger Jahren immer mehr themenspezifische Städtekooperationen in Europa.[58] Hieraus ist ablesbar, in welchem Umfang die Außenorientierung der Kommunen wächst. Die Städtenetzwerke sind nicht nur eine Lobbyorganisation, sondern bilden zudem eine Plattform für Informationsaustausch und best-practice-Lösungen.

6.2 Interessenvermittlung

Für die Vermittlung kommunaler Interessen stehen unterschiedliche Optionen zur Verfügung. Es lassen sich zwei Richtungen der Einflussnahme identifizieren: Ein Einflusskanal führt von der kommunalen Ebene indirekt über die Landes- und die Bundesebene nach Brüssel und der andere direkt nach Brüssel.

Im Gegensatz zu den deutschen Ländern, die inzwischen durch Art. 23 GG fest verankerte Mitwirkungsrechte auf Bundesebene erlangt haben, gelang es den Kommunen bisher kaum über bloße Anhörungsrechte hinaus zu kommen. Trotz der jahrzehntelangen Anstrengungen der Kommunen und ihrer Spitzenverbände um eine Einbindung in Entscheidungsmechanismen gibt es nur wenige institutionalisierte Einflusskanäle. Eingebunden werden die Kommunen meist lediglich in Koordinierungsgremien zur Verbesserung des Verwaltungsvollzuges oder bei Finanzierungsfragen. Erreicht wurde außerdem ein Anhörungsrecht der kommunalen Spitzenverbände in den Geschäftsordnungen von Bundestag und Bundesregierung.[59] In der Geschäftsordnung des Bundestages (GOBT) wird bei Beratungen über kommunalrelevante Vorlagen den „kommunalen Spitzenverbänden vor Beschlussfassung im Ausschuss Gelegenheit zur Stellungnahme gegeben [...] Dies gilt insbesondere bei Entwürfen zu Gesetzen, die ganz oder teilweise von den Gemeinden oder Gemeindeverbänden auszuführen sind, ihre öffentlichen Finanzen unmittelbar betreffen oder auf ihre Verwal-

---

55 Ebd.
56 Vgl. Städtenetzwerk Eurocities. http://www.eurocities.org/_about/aims/aims_set.html; Stand: 29.6.04
57 Vgl. Städtenetzwerk Telecities. http://www.telecities.org/aboutTC/index.htm; Stand: 29.06.04
58 Siehe beispielsweise: Polis: http://www.polis-online.org
59 Vgl. Gemeinsame Geschäftsordnung der Bundesministerien (GGO). § 47 Beteiligung von Ländern, kommunalen Spitzenverbänden, Fachkreisen und Verbänden. http://www.vd-bw.de/spiderlink/1103-5_01.b_inhalt; Stand: 4.6.04

tungsorganisation einwirken."⁶⁰ Auffallend ist allerdings, dass dieses Anhörungsrecht nicht explizit auf europapolitische Belange ausgeweitet wurde. So findet sich in § 93a der GOBT, welcher dem Ausschuss für Angelegenheiten der Europäischen Union gewidmet ist, keine Erwähnung der subnationalen Gebietskörperschaften.⁶¹ Demnach ist nur allzu verständlich, dass die kommunalen Interessenvertreter mit der Ausformung ihrer Anhörungsrechte nicht zufrieden sind und überdies noch feststellen, dass „bei wichtigen Gesetzesvorhaben [...] die Beteiligung der kommunalen Spitzenverbände wie die Beteiligung sonstiger Interessengruppen behandelt oder ganz unterlassen" wurde. ⁶²

Der Versuch, vergleichbare Rechte auch beim Bundesrat zu etablieren, scheiterte vor allem an der Gegenwehr der Länder, die darin „ihre Zuständigkeit für den kommunalen Bereich"⁶³ gefährdet sahen. Die Anstrengungen der Kommunen, über den Bund Einfluss auf die Brüsseler Politik zu nehmen, ist nur wenig von Erfolg gekrönt. Die deutschen Länder sind aus Sicht der Kommunen dafür mitverantwortlich, da sie den Kampf der Kommunen um Beteiligungsrechte nicht ausreichend unterstützen.⁶⁴

So ist es auch nicht verwunderlich, dass sich das Engagement der Spitzenverbände zunehmend auf die europäische Ebene verlagert. Bevorzugtes Ziel für Lobbyaktivitäten ist die europäische Kommission, da sie in ihrer Funktion als Verfasser der Gesetzesinitiativen auf das Fachwissen von Experten angewiesen ist. Entgegen des sich eisern haltenden Vorurteils, die Kommission sei ein riesiger bürokratischer Apparat, handelt es sich doch um eine vergleichsweise personell knapp ausgestattete Administration.⁶⁵ Außerdem erhöht die Einbeziehung unterschiedlicher Interessengruppen im Vorfeld die spätere Akzeptanz einer Gesetzesvorlage in den europäischen Entscheidungsgremien. Die Kommission und die Lobbyisten stehen also in einem gegenseitigen Abhängigkeitsverhältnis, was die Bereitschaft der Kooperation stark erhöht.⁶⁶ Im Falle der kommunalen Interessenvertreter kommt noch hinzu, dass die Kommission auf die Ausführung der Rechtsvorschriften durch die lokale Ebene angewiesen ist. Daher ist die Berücksichtigung kommunaler Anliegen für die Kommission besonders wichtig.

Neben der Kommission, dem klassischen Anlaufpunkt für Lobbyisten, wird seitens der kommunalen Ebenen auch versucht, die informellen Kontakte zu anderen Organen der EU auszubauen. Orientiert man sich an der Machtkonzentration der Organe, so sind neben der Kommission auch Ministerrat und Parlament wichtige Adressaten für Lobbyaktivitäten. Ähnlich wie bei der Kommission bilden auch die dem Ministerrat unterstellten Arbeitsebenen, wie der Ausschuss der Ständigen Vertreter (AStV), einen Anknüpfungspunkt. Allerdings ist hier die Initiierung von Kooperationskontakten weniger einfach als bei der Kommission, da der AStV nicht so sehr auf zusätzlichen Sachverstand bei der Erarbeitung von

---

60 Die Geschäftsordnung des Bundestages, § 69 Abs. (5). http://www.bundestag.de/parlament/gesetze/go.pdf; Stand: 29.6.04
61 Vgl. ebd. § 93a GOBT
62 Städtetag NRW: Positionspapier der Kommunalen Spitzenverbände zur Modernisierung der bundesstaatlichen Ordnung. http://www.staedtetag-nrw.de/veroeff/eildienst/2004/eil_2004_2_3.pdf; Stand: 29.6.04
63 Schultze, Claus J.: Die deutschen Kommunen in der Europäischen Union. Europa-Betroffenheit und Interessenwahrnehmung. Baden-Baden, 1997. S. 98
64 Vgl. Städtetag NRW. Außerordentliche Mitgliederversammlung am 15.10.2003. http://www.staedtetag-nrw.de/schlagz/schlagzeile.html?id=52; Stand: 29.6.04
65 Vgl. Alemann, Ulrich von/Münch, Claudia: NRW in Europa – Eine Region im Spannungsfeld zwischen regionaler Identität und Europäischer Integration. In: Jahrbuch der Heinrich-Heine-Universität Düsseldorf 2002. Düsseldorf, 2003. S. 298
66 Vgl. Buchheim, Ute: Regionale Interessenvertretung in Europa. Nordrhein-Westfalen und Thüringen im Strukturvergleich. Opladen, 2002. S. 127

Gesetzesvorlagen angewiesen ist, sondern in einer späteren Phase des Gesetzgebungsprozesses Entscheidungen trifft.[67]

Ähnliches gilt für das Europäische Parlament, das entgegen unseren nationalen Gepflogenheiten nicht über ein Initiativrecht verfügt. Dem Europäischen Parlament ist es gelungen, in den letzten Jahren durch die Ausweitung der Mitentscheidungsverfahren erheblich an Bedeutung zu gewinnen.[68] Mit diesem Machtgewinn wurde auch das Interesse der Lobbyisten am Europäischen Parlament immer größer. Inzwischen profitiert es genau wie die anderen Organe von der Informationsgewinnung durch Lobbying.

Das einzige Gremium auf EU-Ebene, in welchem die kommunalen Spitzenverbände eine institutionell fest verankerte Position innehalten, ist der Ausschuss der Regionen. Allerdings handelt es sich hier nicht um ein Organ der EU, sondern wie auch beim Wirtschafts- und Sozialausschuss um ein beratendes Gremium. Wie bereits erwähnt, ist der AdR zwar durch seine Anhörungsrechte und Stellungnahmen in das Entscheidungssystem der EU integriert, doch verfügt er bis zum In-Kraft-Treten des Verfassungsvertrages über keinerlei Sanktionsmittel um seine Interessen gegenüber den Organen durchzusetzen. Es handelt sich also bisher doch eher um einen zahnlosen Tiger.[69] Allerdings muss diesem sehr jungen Gremium zugestanden werden, dass in der kurzen Zeit seit seiner Gründung schon erfolgreiche Schritte zu mehr Autonomie und Durchsetzungskraft eingeleitet wurden. Hierzu zählen zum Beispiel die Trennung des gemeinsamen Verwaltungsunterbaus mit dem WSA,[70] der Ausbau der Bereiche der obligatorischen Anhörung[71] und im Rahmen des neuen Verfassungsvertrages ein eigenes Klagerecht bei Verstößen gegen das Subsidiaritätsprinzip.[72]

Resümierend kann festgehalten werden, dass sich die Möglichkeiten der Einflussnahme der kommunalen Ebene in Brüssel vor allem auf informelle Kontakte konzentrieren. Der einzige formelle Weg über den AdR ist in seiner Durchsetzungskraft stark eingeschränkt. In diesem Kontext muss darauf hingewiesen werden, dass die kommunalen Spitzenverbände häufig in Konkurrenz zu anderen Interessenvertretern stehen. Die Zahl der Lobbyisten in Brüssel wächst ständig. Der Stellenwert von Interessenvertretern öffentlich gewählter Gebietskörperschaften ist allerdings um einiges höher als vieler organisierter Einzelinteressen. Diesen Status haben die subnationalen Einheiten dem Umstand zu verdanken, dass sie, wie bereits erwähnt, als Vollzugsebenen für die EU unentbehrlich sind. Trotz dieser besonderen Legitimierung stehen die Lobbyisten meistens in Konkurrenz zueinander und nicht zuletzt entscheiden personelle und finanzielle Ressourcen über erfolgreiche Interessenvermittlung.

---

67 Vgl. Tömmel, Ingeborg: Das Politische System der EU. München, 2003. S.117f.
68 Vgl. Kohler-Koch, Beate/Conzelmann, Thomas/Knodt, Michèle: Europäische Integration – Europäisches Regieren. Wiesbaden, 2004. S. 128
69 Vgl. ebd. S. 125
70 Vgl. Buchheim, Ute: Regionale Interessenvertretung in Europa. Nordrhein-Westfalen und Thüringen im Strukturvergleich. Opladen, 2002. S. 146
71 Vgl. Degen, Manfred: Der Ausschuss der Regionen Bilanz und Perspektiven. In: Borkenhagen, Franz (Hrsg.): Europapolitik der deutschen Länder. Bilanz und Perspektiven nach dem Gipfel von Amsterdam. Opladen, 1998. S. 106
72 Vgl. Protokoll über die Anwendung der Grundsätze der Subsidiarität und der Verhältnismäßigkeit. In: Amt für Veröffentlichungen der Europäischen Gemeinschaften (Hrsg.): Entwurf eines Vertrags über eine Verfassung für Europa. Luxemburg, 2003. S. 123ff.

6.3 Kommunale Vertretung in Brüssel

Die hier skizzierten potentiellen Anlaufstellen für Lobbyisten werden selbstverständlich auch von Seiten der deutschen Länder genutzt. Diese haben inzwischen alle eigene Büros in Brüssel eröffnet, um vor Ort präsent zu sein und Einflusskanäle aufzubauen und zu pflegen.[73]

Dem Vorbild der deutschen Länder haben die Kommunen nachgeeifert und 1991 das Europabüro der Deutschen kommunalen Selbstverwaltung eingerichtet. Getragen wurde das Büro von der Deutschen Sektion des Rates der Gemeinden und Regionen Europas, dem Deutschen Städtetag, dem Deutschen Städte- und Gemeindebund und dem Deutschen Landkreistag.

Mit der Präsenz vor Ort gelingt es den kommunalen Vertretern besser, frühzeitig Einfluss auf europäische Rechtsetzungsvorhaben zu nehmen, die Auswirkungen auf die kommunalen Gebietskörperschaften haben können. Außerdem kommt ihnen die wichtige Aufgabe der Informationsversorgung zu. Gemeindeverbände und Gemeinden erhalten aktuelle Neuigkeiten zu geplanten Rechtsetzungsakten, zu Förderprojekten und zu anderen kommunalrelevanten Einrichtungen. Damit gelingt es „dem doppelten Informationsdefizit – nämlich einerseits bei den Kommunen über Europa und andererseits bei der EU über die Kommunen – Abhilfe zu leisten."[74] Der schnelle Zugang zu europäischen Informationen bietet für die Kommunen erst die Möglichkeit auch einflussnehmend tätig zu werden. Durch die Einrichtung einer eigenen Vertretungsstelle direkt in Brüssel, sind sie nicht länger abhängig von der Informationsversorgung durch den Bund oder die Länder. Das Europabüro übernimmt eine Scharnierfunktion zwischen den deutschen lokalen Gebietskörperschaften auf der einen und den europäischen Institutionen auf der anderen Seite.

1992 folgte dem Europabüro der deutschen kommunalen Selbstverwaltung das Europabüro der bayerischen Kommunen und 1999 die Europabüros der baden-württembergischen und der sächsischen Kommunen.[75]

Allerdings wurde die Einrichtung der ersten drei kommunalen Europabüros deutscher Länder durchaus kritisch gesehen. Grundsätzlich wurde damit der „Alleinvertretungsanspruch"[76] des Europabüros der deutschen kommunalen Selbstverwaltung in Frage gestellt. Obwohl die drei kommunalen Länderbüros eine Bürogemeinschaft in einem Gebäude gebildet haben, so ist nicht davon auszugehen, dass bei bestimmten Rechtsetzungsvorhaben nicht nur gegenüber dem großen Büro der kommunalen Spitzenverbände, sondern auch untereinander unterschiedliche Positionen eingenommen werden können. Beispielsweise vertreten die Mitarbeiter des eher ländlich geprägten Bayern vorwiegend kleine und mittlere Gemeinden, während dem gesamtdeutschen Büro der Vorwurf anhaftete, es stehe eher im Dienste der Großstädte. Außerdem wurde vielfach die Befürchtung geäußert, dass die Gefahr der Überfrachtung der europapolitischen Einflusskanäle bestünde. Aus Sicht des RGRE und der deutschen kommunalen Spitzenverbände war demnach der sich abzeichnende Trend der landesspezifischen kommunalen Europabüros nicht wünschenswert. Die seit Jahren in Brüssel ansässigen Interessenvertreter fürchteten um ihre schwer erkämpften informellen Kontakte.

---

73 Vgl. Buchheim, Ute: Regionale Interessenvertretung in Europa. Nordrhein-Westfalen und Thüringen im Strukturvergleich. Opladen, 2002. S. 30
74 Schultze, Claus J.: Die deutschen Kommunen in der Europäischen Union. Europa-Betroffenheit und Interessenwahrnehmung. Baden-Baden, 1997. S. 110f.
75 Europabüro der Bayerischen Kommunen. http://www.ebbk.de/m-faq.htm; Stand: 6.7.04
76 Ebd. S. 115

Nach diesen kritischen Tönen von Seiten der kommunalen Spitzenverbände ist es um so erstaunlicher, dass im Mai 2002 das Europabüro der deutschen kommunalen Selbstverwaltung in eine Bürogemeinschaft umgewandelt worden ist. Alle drei kommunalen Spitzenverbände haben nun unter der gleichen Adresse eigene Europabüros eingerichtet. Die Deutsche Sektion des RGRE ist weiterhin eng mit dem Deutschen Städtetag, wie auch die gemeinsame Geschäftsstelle in Köln zeigt, verbunden. Laut einer Stellungnahme des Deutschen Städtetages NRW soll jetzt „jedem Verband die notwendige Eigenständigkeit in der täglichen Arbeit [verbleiben], ohne dass der gemeinsame Auftritt der deutschen kommunalen Selbstverwaltung Schaden nimmt."[77]

Auch wenn die Auflösung des großen Büros zunächst verwundert und der Verlust einer einzigen gemeinschaftlichen Vertretungsstelle bedauerlich ist, so lässt sich dieser Entwicklung doch entnehmen, dass die steigende Bedeutung Europas die Verbände dazu veranlasst, sich speziell für ihre Mitglieder einzusetzen. Die einzelnen Europabüros sind nun eine direkte Verbindung der Hauptgeschäftsstellen der deutschen kommunalen Spitzenverbände. So kann der Informationsfluss zur eigenen Organisation zielgruppengenau erfolgen. Lobbyaktivitäten auf der Brüsseler Bühne sind allerdings weiterhin im gemeinsamen Schulterschluss zu absolvieren. „In der komplexen Vielfalt der Brüsseler Strukturen kommt es darauf an, möglichst in Interessenbündnissen zu agieren, um wahrgenommen zu werden und um Erfolg zu haben."[78]

Es bleibt abzuwarten, ob auch die restlichen 13 kommunalen Landesverbände gesonderte Büros in Brüssel einrichten wollen. Die drei bereits existierenden Büros in Brüssel haben „eine partnerschaftliche Zusammenarbeit in Form einer Bürogemeinschaft vereinbart."[79] Praktikabel ist dies allerdings nur, weil innerhalb des Aufgabenspektrums der Büros nicht die Beeinflussung europäischer Politik, sondern die schnelle Informationsversorgung der eigenen Gemeinden im Vordergrund steht.[80] Wenn also diese Büros eher ein Ohr in Brüssel als ein Arm zum Eingreifen darstellen. Sollten nun weitere kommunale Landesverbände eine Vertretung in Brüssel anstreben, so wäre die Einrichtung eines Büros mit einer Abteilungsgliederung nach Bundesländern durchaus sinnvoll. Ein solches Verbundbüro könnte dann eine zielgenaue und effiziente Informationsversorgung übernehmen. Den Vertretungen der deutschen kommunalen Spitzenverbände sollte demgegenüber die andere Marschrichtung, nämlich die Einflussnahme auf die europäische Politik, vorbehalten sein.

7. Fazit

Europa findet Eingang in die kommunale Welt. Auch wenn diese Feststellung gemessen an der lange bestehenden Europabetroffenheit der Kommunen erst vergleichsweise spät gemacht werden kann, so muss den Kommunen heute der Wandel vom passiven Objekt zum aktiven Subjekt attestiert werden. Die Positionierung der Kommunen im europäischen Mehrebenensystem war und ist ein hürdenreicher Weg. Mit dem Bedeutungsanstieg der Regionen wurden gerade die deutschen Kommunen vielfach nur als Anhängsel der Länder wahrgenommen. Allerdings ist es wiederum den Ländern zu verdanken, dass die subnationalen Einheiten ihre Beteiligungs- und Mitspracherechte auf europäischer Ebene stärken konnten. Errungenschaf-

---

77　Städtetag NRW, Erläuterungen zum Geschäftsbericht für die Mitgliederversammlung 2002. http://www.staedtetag-nrw.de/schlagz/archiv/2002/s_20020529_3.htm; Stand: 6.7.04
78　Europabüro des Deutschen Städtetages. 2. Jahresbericht. Juni, 2004. http://www.rgre.de/pdf/jahresbericht_europabuero_2004.pdf; Stand: 6.7.04
79　Europabüro der Bayerischen Kommunen. http://www.ebbk.de/m-faq.htm; Stand: 6.7.04
80　Vgl. ebd.

ten wie die Verankerung des Subsidiaritätsprinzips oder die Einsetzung des AdR wurden zwar hauptsächlich von der regionalen Ebene initiiert, bildeten aber auch für die Kommunen wichtige Fortschritte. Inzwischen möchte und muss sich allerdings die kommunale von der regionalen Ebene emanzipieren. Nicht zuletzt, weil seitens der kommunalen Spitzenverbände die Unterstützung der Kommunen in europäischen Angelegenheiten durch Land und Bund vielfach als nicht ausreichend empfunden wird, ist es notwendig, eigene Strategien zu entwickeln.

Auch wenn es bereits seit längerem eine kleine europapolitische aktive kommunale Avantgarde gab, so wurde der ausschlaggebende Reformdruck erst durch die Einführung des Europäischen Binnenmarktes ausgelöst. Seitdem lässt sich ein stetiger Anstieg der Europäisierungstendenzen in den Kommunen beobachten. Dazu zählen die Entwicklung eines europapolitischen Know-hows, die Anpassung interner Verwaltungsstrukturen und die Erweiterung der Handlungsorientierungen, d.h. eine Abwendung vom Kirchturmdenken.

Eine Schlüsselfunktion in dieser Entwicklung nehmen die kommunalen Spitzenverbände ein. Sie sind zugleich Betreuer und Vertreter der Kommunen in europäischen Angelegenheiten. Sie setzen sich dafür ein, ihre Kommunen europafit zu machen, indem sie die Informationsversorgung unterstützen und die interkommunale Kooperation vorantreiben. Auf europäischer Ebene bemühen sie sich um die Stärkung der kommunalen Position und den Ausbau von Mitsprachemöglichkeiten.

Allerdings orientieren sich die Kommunen selbst inzwischen vermehrt grenzüberschreitend und organisieren sich in transnationalen Städtenetzwerken. Diese spielen neben den kommunalen Spitzenverbänden eine immer größere Rolle für die interkommunale Zusammenarbeit und für die europäischen Lobbyaktivitäten. Unterstützend wirkt hier auch die Kommission, welche die Schaffung und Einbindung der Städtenetzwerke fördert. So finden die transnationalen Städtenetzwerke nicht nur verstärkten Anklang bei den Institutionen der EU, sondern erfreuen sich auch steigender Mitgliederzahlen.

Ablesbar ist daraus eine veränderte Eigendefinition der Kommunen. Sie sehen sich nicht länger nur eingeklammert in ihre innerstaatliche Rolle, sondern suchen Bezugspunkte jenseits des Nationalstaates, die über die traditionellen Städtepartnerschaften hinausgehen und eine institutionalisierte Form annehmen. Die transnationalen Städtenetzwerke erweitern die außenpolitischen Handlungsspielräume der EU und ermöglichen eine, vom Nationalstaat losgelöste, über Grenzen hinausgehende Netzwerkbildung. Die Kommunen avancieren zu european oder sogar zu global players. Sie zeigen Präsenz in internationalen Politikarenen und treiben die transnationale Vernetzung kontinuierlich voran.

Abschließend lässt sich festhalten, dass die voranschreitende Europäisierung für die kommunale Ebene eine Vielzahl von Handlungsoptionen bereithält. Sie sollte daher nicht als Einschränkung der lokalen Autonomie, sondern als Chance für einen Bedeutungsgewinn der kommunalen Gebietskörperschaften im europäischen Mehrebenensystem gesehen werden.

Literatur

Alemann, Ulrich von/Heinze, Rolf G./Hombach, Bodo (Hrsg.): Die Kraft der Region. Nordrhein-Westfalen in Europa. Bonn, 1990

Alemann, Ulrich von/Münch, Claudia (Hrsg.): Handbuch Europa in NRW – Wer macht was in NRW für Europa? Opladen, 2003

Alemann, Ulrich von/Münch, Claudia: NRW in Europa – Eine Region im Spannungsfeld zwischen regionaler Identität und Europäischer Integration. In: Jahrbuch der Heinrich-Heine-Universität Düsseldorf 2002. Düsseldorf, 2003. S. 293-304

Ameln, Ralf von: Auswirkungen des Europäischen Binnenmarktes auf Kommunalpolitik und Kommunalrecht der EG-Mitgliedstaaten. In: Deutsches Verwaltungsblatt (DVBl) 107, 1992. S. 477-484

Amt für Veröffentlichungen der Europäischen Gemeinschaften (Hrsg.): Entwurf eines Vertrags über eine Verfassung für Europa. Luxemburg, 2003
Andersen, Uwe (Hrsg.): Gemeinden im Reformprozeß. Schwalbach/Ts., 1998
Bischof, Detlef: Die Europakompetenz der Verwaltungen – eine Vorraussetzung für die Wettbewerbsfähigkeit der künftigen und der alten EU-Mitgliedstaaten. http://www.eab-berlin.de/berichte/a-e/berichtbischoff 151202.PDF; Stand: 16.6.04
Börzel, Tanja A./Risse, Thomas: When Europe hits home. Europeanization and Domestic Change. In: European Integration Online Papers. 2000, 4:15
Börzel, Tanja A.: States and Regions in the European Union. Institutional Adaption in Germany and Spain. Cambridge, 2002
Bovermann, Rainer/Goch, Stefan/Priamus, Heinz-Jürgen (Hrsg.): Das Ruhrgebiet – ein starkes Stück Nordrhein-Westfalen. Politik in der Region 1946-1996. Essen, 1996
Buchheim, Ute: Regionale Interessenvertretung in Europa. Nordrhein-Westfalen und Thüringen im Strukturvergleich. Opladen, 2002
Bullmann, Udo (Hrsg.): Die Politik der dritten Ebene. Regionen im Europa der Union. Baden-Baden, 1994
Bulmer, Simon/Maurer, Andreas/Paterson, William: Das Entscheidungs- und Koordinierungssystem deutscher Europapolitik. Hindernis für neue Politik? http://www.uni-koeln.de/wiso-fak/powi/wessels/ DE/PUBLIKATIONEN/texte/entscheidung.pdf; Stand: 14.6.04
Bundesministerium für Wirtschaft und Arbeit: Regionalpolitik.
http://www.bmwi.de/Navigation/Wirtschaft/Wirtschaftspolitik/regionalpolitik.html; Stand: 16.6.04
Bundesrat: Ausschuss für Fragen der EU. http://www3.bundesrat.de/Site/Inhalt/DE/; Stand: 14.6.04
Caproraso, James/Green Cowles, Maria/Risse, Thomas: Transforming Europe. Europeanization and Domestic Change. London, 2001
Conzelmann, Thomas/Knodt, Michèle (Hrsg.): Regionales Europa – Europa der Regionen. Frankfurt, 2002
Dästner, Christian: Die Verfassung des Landes Nordrhein-Westfalen. Kommentar. Stuttgart, 2002
Degen, Manfred: Der Ausschuss der Regionen Bilanz und Perspektiven. In: Borkenhagen, Franz (Hrsg.): Europapolitik der deutschen Länder. Bilanz und Perspektiven nach dem Gipfel von Amsterdam. Opladen, 1998. S. 103-125
Ehlers, Dirk: Die Auswirkungen des europäisierten Energierechts auf die Kommunen. In: Henneke, Hans-Günter (Hrsg.): Kommunen und Europa – Herausforderungen und Chancen. Stuttgart, 1999. S. 97-130
Eising, Rainer: Europäisierung und Integration. Konzepte in der EU-Forschung. In: Jachtenfuchs, Markus/Kohler-Koch, Beate (Hrsg.): Europäische Integration. 2. Auflage. Opladen, 2003. S. 387-416
Europabüro der Bayerischen Kommunen: http://www.ebbk.de/m-faq.htm; Stand: 6.7.04
Europabüro der Sächsischen Kommunen: EU-Förderhandbuch für Sächsische Kommunen. Brüssel, 2004.
http://www.chemnitz.de/library/download/stipp/eu_foerderhandbuch.pdf; Stand: 16.6.04
Europabüro des Deutschen Städtetages: 2. Jahresbericht. Juni, 2004.
http://www.rgre.de/pdf/jahresbericht_europabuero_2004.pdf; Stand: 6.7.04
Europäische Kommission: Regionalpolitik – Inforegio.
http://europa.eu.int/comm/regional_policy/intro/regions2_de.htm; Stand: 2.6.04
Felder, Michael: Die Transformation von Staatlichkeit. Europäisierung und Bürokratisierung in der Organisationsgesellschaft. Wiesbaden, 2001
Freis, Guido: Die Reform der Gemeindeverfassung in Nordrhein-Westfalen. Frankfurt am Main, 1998
Froese, Wolfgang: Die Europäisierung der Städte und Gemeinden. In: Günther, Albert (Hrsg.): Verwaltungsmodernisierung. Anforderungen – Erfahrungen – Perspektiven. Baden-Baden, 2000. S. 159-179
Geschäftsordnung des Bundestages, § 69 Abs. (5). http://www.bundestag.de/parlament/gesetze/go.pdf; Stand: 29.6.04
Giakoumis, Pantaleon (Hrsg.): NRW im Wettbewerb der Regionen in der EU. Aachen, 1999
Grande, Edgar/Jachtenfuchs, Markus (Hrsg.): Wie problemlösungsfähig ist die EU? Regieren im europäischen Mehrebenensystem. Baden-Baden, 2000
Grande, Edgar: Multi-level Governance: Institutionelle Besonderheiten und Funktionsbedingungen des europäischen Mehrebenesystems. In: Grande, Edgar/Jachtenfuchs, Markus (Hrsg.): Wie problemlösungsfähig ist die EU? Regieren im europäischen Mehrebenensystem. Baden-Baden, 2000. S. 11-32
Grupp, Klaus (Hrsg.): Kommunale Selbstverwaltung in Deutschland und Europa. Berlin, 1995
Henneke, Hans-Günter (Hrsg.): Kommunen und Europa – Herausforderungen und Chancen. Stuttgart, 1999
Hoppe, Ursel/Schulz, Günther: Der Ausschuss der Regionen. In: Borkenhagen, Franz/Bruns-Klöss, Christian/Memminger, Gerhard/Stein, Otti (Hrsg.): Die deutschen Länder in Europa. Politische Union und Wirtschafts- und Währungsunion. Baden-Baden, 1992. S. 26-35
Jachtenfuchs, Markus/Kohler-Koch, Beate: Europäische Integration. 2. Auflage. Opladen, 2003

Jachtenfuchs, Markus/Kohler-Koch, Beate: Europäische Integration. Opladen, 1996
Jachtenfuchs, Markus/Kohler-Koch, Beate (Hrsg.): Regieren im europäischen Mehrebenensystem. In: ders.: Europäische Integration. Opladen, 1996. S. 15-46
Kleinfeld, Ralf: Kommunalpolitik. Eine problemorientierte Einführung. Opladen, 1996
Knodt, Michèle/Kohler-Koch, Beate (Hrsg.): Deutschland zwischen Europäisierung und Selbstbehauptung. Frankfurt am Main, 2000
Kohler-Koch, Beate/Conzelmann, Thomas/Knodt, Michèle: Europäische Integration – Europäisches Regieren. Wiesbaden, 2004
Kohler-Koch, Beate: Europäisierung. Plädoyer für eine Horizonterweiterung. In: Knodt, Michèle/Kohler-Koch, Beate (Hrsg.): Deutschland zwischen Europäisierung und Selbstbehauptung. Frankfurt am Main, 2000. S. 11-31
Kohler-Koch, Beate: Regionen als Handlungseinheit in der europäischen Politik. In: König, Thomas/Rieger, Elmar/Schmitt, Hermann (Hrsg.): Das europäische Mehrebenensystem. Frankfurt/New York, 1996. S. 203-227
König, Thomas/Rieger, Elmar/Schmitt, Hermann (Hrsg.): Das europäische Mehrebenensystem. Frankfurt am Main/New York, 1996
Läufer, Thomas (Hrsg.): Vertrag von Nizza. Texte des EU-Vertrages und des EG-Vertrages, Charta der Grundrechte der EU, deutsche Begleitgesetze. Bonn, 2002
Loth, Wilfried/Nitschke, Peter (Hrsg.): Nordrhein-Westfalen in Europa. Probleme und Chancen des Standorts. Opladen, 1997
Martini, Alexander: Gemeinden in Europa. Kommunale Selbstverwaltung und Gemeinschaftsrecht. Köln, 1992
Naschold, Frieder/Oppen, Maria/Wegner, Alexander: Innovative Kommunen. Stuttgart, 1997
Patt, Dieter/Harte, Ruth: Europa auf der kommunalen Ebene. Funktion und Aufgaben einer/eines Europabeauftragten. In: Kommunalpolitische Vereinigung Bildungswerk e.V. (Hrsg.): Euro(pa) im Rathaus. Dormagen, 1999. S. 91-106
Potratz, Wolfgang: Dezentral und koordiniert? Die Innenwelt der regionalisierten Strukturpolitik in NRW. München, 2000
Radaelli, Claudio M.: Whither Europeanization? Concept Stretching and Substantive Changes. In: European Integration Online Papers. 2000, 4:8
Rat der Gemeinden und Regionen Europas: Deutsche Sektion – Partner der Kommunen in Europa. http://www.rgre.de/; Stand: 22.6.04
Saller, Raymond: Möglichkeiten und Grenzen der Beteiligung der Kommunen und Regionen an den Entscheidungen der Europäischen Union. Würzburg, 1999
Schoch, Friedrich: Kommunale Selbstverwaltung und Europarecht. In: Henneke, Hans-Günter (Hrsg.): Kommunen und Europa – Herausforderungen und Chancen. Stuttgart, 1999. S.11-37
Schultze, Claus J.: Die deutschen Kommunen in der Europäischen Union. Europa-Betroffenheit und Interessenwahrnehmung. Baden-Baden, 1997
Schuster, Wolfgang: Partner im Prozess europäischer Politikgestaltung. In: Europa kommunal, 6/2003. S. 207-210
Städtenetzwerk Eurocities: http://www.eurocities.org/_about/aims/aims_set.html; Stand: 29.6.04
Städtenetzwerk Telecities: http://www.telecities.org/aboutTC/index.htm; Stand 29.06.04
Städtetag NRW: Außerordentliche Mitgliederversammlung am 15.10.2003. http://www.staedtetag-nrw.de/schlagz/schlagzeile.html?id=52; Stand: 29.6.04
Städtetag NRW: Erläuterungen zum Geschäftsbericht für die Mitgliederversammlung 2002. http.://www.staedtetag-nrw.de/schlagz/archiv/2002/s_20020529_3.htm; Stand: 6.7.04
Städtetag NRW: Positionspapier der Kommunalen Spitzenverbände zur Modernisierung der bundesstaatlichen Ordnung. http://www.staedtetag-nrw.de/veroeff/eildienst/2004/eil_2004_2_3.pdf; Stand: 29.6.04
Streinz, Rudolf (Hrsg.): Beck'sche Kurzkommentare. EUV/EGV. Vertrag über die Europäische Union und Vertrag zur Gründung der Europäischen Gemeinschaft. Band 57. München, 2003
Sturm, Roland/Pehle, Heinrich: Das neue deutsche Regierungssystem. Die Europäisierung von Institutionen, Entscheidungsprozessen und Politikfeldern in der Bundesrepublik Deutschland. Opladen, 2001
Tömmel, Ingeborg (Hrsg.): Europäische Integration als Prozess von Angleichung und Differenzierung. Opladen, 2001
Tömmel, Ingeborg: Das Politische System der EU. München, 2003
Wahl, Rainer: Verfassungsstaat, Europäisierung, Internationalisierung. Frankfurt am Main, 2003
Wersebe, Hilmar von: Das neue Wahlrecht für EU-Bürger. Konrad-Adenauer-Stiftung (Hrsg.): Kommunalpolitik. Materialien für die Arbeit vor Ort. Nr. 1. Februar 2000. http://www.kas.de/upload/kommunalpolitik/materialien_vor_ort/1.pdf; Stand: 2.6.04

Wessels, Wolfgang: Die Öffnung des Staates. Modelle und Wirklichkeit grenzüberschreitender Verwaltungspraxis. Opladen, 2000
Wessels, Wolfgang: Verwaltungen im EG-Mehrebenensystem. Auf dem Weg zur Megabürokratie? In: Jachtenfuchs, Markus/Kohler-Koch, Beate (Hrsg.): Europäische Integration. Opladen, 1996. S. 165-192
Wollmann, Hellmut/Roth, Roland (Hrsg.): Kommunalpolitik. Politisches Handeln in den Gemeinden. Bonn, 1998

4. NRW und die Auswirkungen der Europäischen Integration

Hannelore Kraft

Nordrhein-Westfalen und die europäische Bildungspolitik
– Der Bolognaprozess und seine Umsetzung

1. Einleitung

Im Juni 1999 haben die europäischen Bildungsminister in der „Bologna-Erklärung" beschlossen, bis zum Jahr 2010 einen einheitlichen europäischen Hochschulraum zu schaffen. Dazu gehören im Wesentlichen Transparenz, Wettbewerb und Vergleichbarkeit. Das bedeutet konkret: europaweite Anerkennung von Leistungsnachweisen und Prüfungen durch ein einheitliches Leistungspunktesystem (European Credit Transfer System, kurz: ECTS) sowie die Schaffung von zwei akademischen Abschlüssen – nach mindestens drei Jahren Studium den Bachelor, nach weiteren zwei Jahren den Master. Wenn wir in Deutschland auch in Zukunft mit unseren Hochschulen wettbewerbsfähig sein wollen, müssen wir die neuen Studienstrukturen so schnell wie möglich flächendeckend einführen. Insbesondere müssen wir uns vom altbekannten Diplom und Magister rasch verabschieden.

Nordrhein-Westfalen liegt im Herzen Europas. Durch die zahlreichen wirtschaftlichen, politischen und kulturellen Verflechtungen ist unser Land in besonderer Weise herausgefordert, den Prozess der europäischen Einigung aktiv zu gestalten, gerade auch in den Bereichen Wissenschaft und Forschung. Es ist mein Ziel, die Umstellung auf die neuen europäischen Studienstrukturen in NRW noch vor 2010 zu erreichen. Sie sind der europäische Standard, an dem wir uns orientieren müssen.

Innerhalb Deutschlands liegt NRW an der Spitze bei der Umstellung auf die neuen Abschlüsse. Wenn wir diese Spitzenposition halten wollen, müssen wir noch konsequenter die Einführung von Bachelor und Master betreiben als bisher. Dafür brauchen wir eine konzertierte Anstrengung von Politik, Hochschulen und Wirtschaft. Nach den bisherigen Gesprächen mit Universitäten, Fachhochschulen, Verbänden und Unternehmen über den Bologna-Prozess bin ich mir sicher: NRW wird dieses Ziel erreichen.

Der Bologna-Prozess ist nicht nur eine umfassende Hochschulreform – er ist auch Teil der Vision eines geeinten Europas, wie ihn die Gründungsväter der EU hatten. Mit der Verwirklichung des europäischen Hochschulraums, mit der Erweiterung um die hochschul- und forschungspolitische Dimension ist diese Vision ein deutliches Stück näher gerückt. Der Hochschulraum von Portugal bis Russland erhält ein europäisches Dach. Doch in den einzelnen Zimmern des europäischen Hochschulhauses werden die verschiedenen nationalen Bildungstraditionen lebendig bleiben.

2. Die europäische Herausforderung

Die Staaten der Europäischen Union stehen vor einer gemeinsamen Herausforderung: den Wettbewerb um Innovationen, Kreativität und Exzellenz. Die EU hat sich in ihrer Erklärung von Lissabon im Jahr 2000 das ehrgeizige Ziel gesetzt, bis 2010 zur weltweit wettbewerbsfähigsten Wissensgesellschaft zu werden. Das geht nicht ohne die Fähigkeit zu ständiger Innovation. Diese Fähigkeit erwächst aus einem hohen Niveau wissenschaftlicher Grundlagenforschung und anwendungsorientierter Entwicklung. Wissenschaft und Forschung werden damit zu strategischen Größen für die Erreichung dieses Ziels.

Europa steht vor allem mit den Vereinigten Staaten und mit dem ostasiatischen Raum im Wettbewerb. Noch immer sind die Spitzen-Universitäten der USA für die besten Studierenden aus aller Welt attraktive Adressen. Dieser brain-drain in die USA, auch das ist ein erklärtes Ziel der EU, muss zu einem brain-gain für Europa werden. Die Zahlen, die Brüssel ermittelt hat, sind alarmierend: Derzeit arbeiten 400.000 in der EU ausgebildete Wissenschaftler in den USA und stellen dort 40% der Forschergemeinde. Das heißt: Die europäischen Hochschulen und Forschungseinrichtungen müssen für ihre eigenen besten Köpfe attraktiv sein. Nur wenn es uns gelingt, jungen begabten Wissenschaftlern eine Perspektive zu eröffnen, wenn die spannendsten Forschungsfragen bei uns in Europa gelöst werden und auch die Rahmenbedingungen stimmen, können wir sie bei uns halten.

Die Hochschulausbildung ist immer auch ein globaler Markt und Abschlüsse sind zugleich Markenzeichen, die die Orientierung für Studierende, aber auch für Forschungseinrichtungen und Unternehmen erleichtern. Das gilt für das Erststudium und für den postgraduate-Bereich gleichermaßen. Der Bologna-Prozess wird diese Markenbildung für Europa erleichtern und europäische Hochschulen für Studierende aus der ganzen Welt attraktiver machen. Das gilt vor allem dann, wenn wir – wie in den NRW Graduate schools – Spitzenforscher in konkrete Projekte einbinden und sie in kurzer Zeit zur Promotion führen. Schon jetzt beträgt der Anteil ausländischer Studierender an den Graduate schools mehr als 60%. Dieses Erfolgsmodell müssen wir weiter ausbauen. Statt einer Vielzahl von Abschlüssen gibt es künftig nur noch den Bachelor und den Master. Fragen der gegenseitigen Anerkennung zwischen den Staaten der EU werden damit spürbar erleichtert.

Europa hatte und verfügt immer noch über ein enormes Potenzial an Wissenschaft und Forschung. Viele deutsche Universitäten gehören seit Jahrzehnten zur Weltspitze – auch und insbesondere solche in NRW. Die EU ist die größte zusammenhängende Wirtschaftsregion in der Welt. Aber: Dieses Potenzial an Exzellenz wird nicht voll ausgeschöpft. Zu oft wurden in der Vergangenheit Kooperationen zwischen Wissenschaftlern innerhalb Europas durch nationale Systeme und Strukturen eher behindert als gefördert. Wir müssen diese in vielen Jahrhunderten gewachsenen unterschiedlichen Strukturen des Hochschulwesens in Europa einander näher bringen, sie miteinander vernetzen. Studierenden und Wissenschaftlern soll damit der Wechsel in ein anderes europäisches Land erleichtert werden. Mehr noch: Sie sollen dazu ermutigt und unterstützt werden. Nur so, im internationalen Austausch der besten Studierenden und Forscher, kann Europa sein Potenzial an Exzellenz ausschöpfen.

Wissenschaft ist von Natur aus grenzüberschreitend – und zwar in mehrfacher Hinsicht. Schon vor 500 Jahren zog es die Studenten zu den besten Lehrern an den besten Universitäten. Von Padua bis Uppsala, von Basel bis Bologna gab es damals – mehr als heute – einen europäischen Hochschulraum. Statt bürokratischer Anerkennungsprozeduren reichten Empfehlungsschreiben von Gelehrten, die Anzahl der Studienfächer war übersichtlich und das Sprachproblem war auch gelöst – man sprach Latein.

Wenn die Vision eines einheitlichen europäischen Hochschulraums heute wieder aktuell ist und auf der Tagesordnung steht, so geht es nicht um die Wiederherstellung einer idyllischen Gelehrtenrepublik: Es geht um die Erschließung des wissenschaftlichen Potenzials für den globalen Wettbewerb und zur Schaffung der europäischen Wissensgesellschaft. Die Anforderungen an die Qualifikation von Fachkräften sind durch die technischen Entwicklungen in allen Branchen stetig gestiegen. Gerade die Branchen und Felder mit den größten Wachstumspotenzialen – die Lebenswissenschaften, Energietechnik, Informations- und Kommunikationstechnik – brauchen immer mehr gut ausgebildete Naturwissenschaftler und Ingenieure. Diesen wachsenden Bedarf kann nur ein breit ausgebautes und differenziertes Hochschulsystem befriedigen. Es muss sowohl Spitzenleistungen ermöglichen als auch die Qualität in der Breite sicherstellen und den Zugang für möglichst viele junge Männer und Frauen offen halten.

Die Wissenschaft ist ein Teil der europäischen Kultur und damit eine wichtige Dimension auf dem Weg zur europäischen Einigung. Der Bologna-Prozess ist daher mehr als nur die Einführung neuer Studienabschlüsse an den Hochschulen und die Vereinheitlichung von Forschungsstrukturen. „Bologna" bedeutet vor allem für Deutschland eine umfassende Neuausrichtung seiner Hochschulstrukturen. Am Ende dieses Prozesses steht eine völlig neue, nämlich eine europäische Bildungsidentität. Die Studierenden und Wissenschaftler aller EU-Staaten werden somit zu Aktiven des europäischen Gedankens und Einigungsprozesses.

3. Die Agenda der Hochschulreform für NRW: das Hochschulkonzept 2010

Um im internationalen Wettbewerb erfolgreich bestehen zu können, müssen auch wir in NRW bereit sein, neue Wege zu gehen. Das gilt insbesondere für die historisch gewachsenen Hochschulstrukturen mit ihren Fakultätsgrenzen, Studienabschlüssen und Studiengängen. Was wir in NRW planen, ist ein grundlegender Kurswechsel in der Hochschulpolitik – und dabei geht es nicht um die Frage, ob wir so genannte Elite-Universitäten brauchen. Unsere Wettbewerbsfähigkeit hängt entscheidend von der Leistungsfähigkeit in Wissenschaft und Forschung ab. Sie hängt auch davon ab, dass es genügend Arbeitskräfte gibt, die über eine wissenschaftlich fundierte und zugleich praxisorientierte Ausbildung verfügen. Sie sind das Schwungrad, mit dem wir den begonnenen Strukturwandel in unserem Land zu einer modernen Wissens- und Dienstleistungsgesellschaft erfolgreich weiterführen. Das Wissen in den Köpfen und die Fähigkeit, dieses Wissen umzusetzen, wird über die Zukunftsfähigkeit Nordrhein-Westfalens entscheiden.

Nur mit Wissenschaft und Forschung, mit kreativen Unternehmen und hochqualifizierten Mitarbeitern lassen sich Innovationen finden und umsetzen. Innovationen brauchen wir, um Arbeitsplätze zu schaffen und unseren Wohlstand zu sichern. Wir haben in NRW ein gutes Fundament. Denn wir haben die dichteste Hochschul- und Forschungslandschaft Europas geschaffen. Wir bieten heute Forschung und akademische Bildung auf hohem Niveau, und das in jeder Hinsicht „flächendeckend". Das ist ein großer Erfolg der NRW-Wissenschaftspolitik.

Wir stellen aber auch selbstkritisch fest:

– Unser Hochschulsystem ist im Laufe der Zeit immer bürokratischer geworden. Die Folgen davon sind eine geringe Flexibilität, zu lange Entscheidungswege, Besitzstandsmentalität und teilweise auch Risikofeindlichkeit.
– Die Anpassung an neue Bedarfslagen fällt manchen Hochschulen ebenso schwer wie die Umschichtung und Bündelung von Ressourcen auf innovative Bereiche.
– Qualitätssicherung, Zielorientierung und Leistungsdifferenzierung haben wir lange Zeit vernachlässigt.
– In manchen Bereichen der Hochschule ist von Wettbewerb kaum etwas zu spüren, weder in der Forschung noch in der Lehre.

Die Zukunft ist nur zu haben, wenn wir den Mut zu entschiedenen, grundlegenden Reformen haben. Das Gutachten, das der Expertenrat über die nordrhein-westfälische Hochschullandschaft erstellt hat, hat unmissverständlich gezeigt, dass wir den Herausforderungen des 21. Jahrhunderts noch stärker Rechnung tragen müssen: durch mehr Wettbewerb, durch mehr Internationalität und vor allem durch mehr Leistung. Wir müssen die Schwachstellen beseitigen und die Stärken ausbauen und vor allem unsere Hochschullandschaft im Sinne der europäischen Standards neu strukturieren. Und zwar so, dass der Hochschulstandort NRW als Ganzes mehr Exzellenz und mehr Konkurrenzfähigkeit gewinnt. Deshalb steht für uns die entschiedene Reform des staatlichen Hochschulwesens an erster Stelle der Agenda.

Wir brauchen dafür ein partnerschaftliches und wettbewerbliches Verhältnis zwischen dem Staat und den Hochschulen und auch bei den Hochschulen untereinander. Das bedeutet konkret: Wir führen an allen Hochschulen Globalhaushalte sowie die Kosten- und Leistungsrechung ein. Im Gegenzug werden wir die Hochschulen für die Ergebnisse ihrer Arbeit stärker in die Verantwortung nehmen. Wir werden mit Hilfe von standardisierten Berichten und Datenübersichten Transparenz über die Leistungen der einzelnen Hochschulen herstellen. Transparenz ist eine der wichtigsten Voraussetzungen für den Wettbewerb. Und wir werden die Hochschulen – noch deutlich stärker als bisher – an ihren Leistungen messen. Wir werden in noch größerem Maße als bisher die staatlichen Mittel nach Leistung verteilen.

Durch Zielvereinbarungen werden wir den Hochschulen klare Wettbewerbsimpulse geben und sie dabei unterstützen, ihre Profile weiter auszubilden und ein System zur Evaluation aufzubauen. Nur durch eine ständige, professionelle Evaluation können Leistungen verglichen und eine hohe Qualität gesichert werden. Ich stehe dafür, dass sich an den Hochschulen nicht nur die Strukturen ändern, sondern dass sich auch ein kultureller Wandel vollzieht – zu mehr Leistungsorientierung, Teamfähigkeit, Kreativität und Internationalität.

Die nächsten Schritte auf diesem Weg haben wir in unserem Hochschulkonzept 2010 festgelegt. Wir werden die Verteilung der Aufgaben und der Angebote in der nordrhein-westfälischen Hochschullandschaft neu ordnen. Wir werden fragen:

– Wie sehen die Leistungen und Erfolge der einzelnen Hochschulen in Forschung und Lehre aus?
– Wo liegen die künftigen Marktchancen und Aufgaben für die einzelnen Hochschulen?
– In welchen Fächern bestehen Über- und/oder Unterkapazitäten?
– Wo ist es sinnvoll, Überkapazitäten abzubauen, damit Ressourcen für Exzellenz an anderen Stellen gewonnen werden?

Wir werden also die Profilbildung weiter vorantreiben und gezielt Leistungsschwerpunkte fördern. Das gilt insbesondere für solche mit internationaler Ausstrahlung. Dabei ist klar: Wettbewerb bedeutet auch, dass es Gewinner und Verlierer geben wird. Entscheidend ist einzig, dass der Wissenschafts- und Wirtschaftsstandort NRW dabei gewinnt.

Der demographische Wandel und eine sich schnell ändernde, auf internationale Märkte orientierte Arbeitswelt stellen ganz neue Anforderungen an die Qualifizierung der nachkommenden Generation. Wenn wir unseren Rang als Innovationsstandort im globalen Wettbewerb festigen und ausbauen wollen, brauchen wir mehr akademisch gebildete Arbeitskräfte. Das heißt: Wir müssen alle vorhandenen Bildungspotenziale ausschöpfen und noch mehr junge Menschen als bisher für ein Studium gewinnen. Wir müssen nicht nur mehr Akademiker ausbilden, sondern auch dafür sorgen, dass das Studium effizienter wird.

Zwei Ziele habe ich mir im Bereich von Studium und Lehre gesetzt:

– Ich will mehr junge Männer und Frauen zum Studium ermuntern, den Übergang von der Schule ins Studium erleichtern und auch dafür sorgen, dass deutlich weniger das Studium abbrechen.

– Ich will eine bessere Qualität des Hochschulstudiums und damit eine bessere Ausbildung der Studierenden erreichen. Mit „besser" meine ich auch eine auf die Berufsfähigkeit ausgerichtete Ausbildung, die international anschlussfähig ist.

Das bedeutet, mehr Studierende in kürzerer Zeit zu besseren Abschlüssen zu führen. Dazu brauchen wir eine deutlich bessere Qualität der Hochschulausbildung. Unsere Studierenden haben mit ihren Diplom- und Magisterabschlüssen bei einem Wechsel ins Ausland weniger Chancen. Unsere traditionellen Studienangebote sind auch für ausländische Studierende wenig attraktiv, da die Abschlüsse in ihren Ländern nicht immer anerkannt werden. Was wir brauchen sind klare Strukturen, eine stärkere Berufsbefähigung (Employability) und eine verbesserte internationale Kompatibilität unseres Studienangebots. Die Realisierung dieser Ziele ist eng mit der erfolgreichen Gestaltung des Bologna-Prozesses und mit der Einführung der gestuften Bachelor- und Masterstudiengänge verknüpft. Unser Hochschulkonzept 2010 ist daher untrennbar mit dem Bologna-Prozess verbunden.

4. Bologna konkret: Was ändert sich?

Überall in Europa wird es an den Hochschulen künftig zwei Abschlüsse geben: nach drei Jahren den Bachelor und nach weiteren zwei Jahren den Master. Diese Studiengänge sind modularisiert und mit einem Leistungspunktesystem ausgestattet. Damit wird die europaweite Anerkennung der Studienleistungen und die Mobilität der Studierenden gesichert. Ein Zeugniszusatz, das so genannte „Diploma Supplement", gibt genauere Auskunft über Profil, Dauer und Inhalte des Studiums. Damit schaffen wir europaweit Transparenz und Vergleichbarkeit für den Studienortwechsel oder für den Berufseinstieg.

Durch die Einführung von Bachelor und Master werden auch die Ausbildungsziele neu justiert: Das Ziel des Bachelorstudiums ist die Berufsbefähigung – nicht die unmittelbare Berufsfertigkeit. Die wissenschaftliche Vertiefung oder anwendungsorientierte Spezialisierung sind die Ziele des Masterstudiums. Damit schaffen Bachelor und Master bedarfsgerechte und berufsorientierte Strukturen sowie ein besseres Reaktionsvermögen für die Veränderungen in Wissenschaft und Wirtschaft. Schließlich wird mit der Akkreditierung und mit noch zu entwickelnden Standards die Qualität europaweit gesichert.

Inzwischen haben sich 40 europäische Staaten dem Bologna-Prozess angeschlossen. Er ist nicht mehr umkehrbar. Der Bologna-Prozess ist ein ganzheitlicher, umfassender Reformansatz zur Schaffung eines gemeinsamen, wettbewerbsfähigen europäischen Hochschulraums. Der Bologna-Prozess lässt, wenn man ihn ernst nimmt, keine Hintertüren offen: Er muss vollständig in allen seinen Bestandteilen umgesetzt werden. Er darf sich nicht auf Einzelmaßnahmen beschränken. Nur die Umsetzung des Gesamtpakets kann die vereinbarten Ziele erreichen.

Der Bologna-Prozess ist eine Aufgabe für die gesamte Gesellschaft und muss von allen Akteuren mitgetragen und mitgestaltet werden: von den Hochschulen, von der Politik und von der Wirtschaft. Sie alle stehen in der gemeinsamen Verantwortung für das Gelingen dieser umfassenden Reform. Erfreulich ist, dass die Verbände der Wirtschaft in NRW die Umsetzung des Bologna-Prozesses von Anfang an durch Positionspapiere und Gestaltungsvorschläge konstruktiv begleitet haben. Die Arbeitgeber spielen bei der Frage der Akzeptanz der neuen Studienabschlüsse eine wichtige Rolle: Wenn die Wirtschaft den Absolventen von Bachelor- und Masterstudiengängen den Einstieg in eine Berufstätigkeit ermöglicht und Karrierewege in ihren Unternehmen eröffnet, wird das für die Hochschulen ein Signal sein, noch schneller auf die neuen Studiengänge umzustellen. Es wird aber auch für die Studierwilligen ein Signal sein, dass sich mit den neuen Abschlüssen Karrierewege in der Praxis öffnen.

Der Bologna-Prozess muss flächendeckend in allen Studiengängen an allen Standorten umgesetzt werden. Auf der Folgekonferenz in Bergen 2005 müssen alle Bologna-Teilnehmer berichten, welche Fortschritte sie erzielt haben. Für Deutschland und für NRW heißt das: Die Umstellung auf Bachelor- und Masterstudiengänge muss forciert werden. Wir machen damit Schluss, alte und neue Studienstrukturen parallel anzubieten. Das bindet unnötig viele Kapazitäten, verhindert eine wirkliche Studienreform und führt am Ende nur dazu, dass wir in Europa den Anschluss verpassen. Wir in NRW nehmen daher konsequent Abschied von den alten Abschlüssen. Wir werden ab sofort keine neuen Diplom- oder Magisterstudiengänge mehr einrichten und noch vor 2010 unsere traditionellen Studiengänge umstellen.

Die Umstellung auf die neuen Studiengänge heißt nicht, die bestehenden Studiengänge einfach umzubenennen und damit „alten Wein in neue Schläuche" zu gießen. Die Umstellung heißt auch nicht, Bewährtes wie die enge Verbindung von Forschung und Lehre an den Universitäten oder die Anwendungsorientierung der Fachhochschulen aufzugeben. Es muss aber klar sein: Nicht nur die jeweilige wissenschaftliche Disziplin bestimmt die Inhalte und Strukturen des Studiums, sondern die für das jeweilige Berufsfeld zu erwerbenden Kenntnisse und Kompetenzen. Wichtig ist außerdem: die Methodenkompetenz und die Fähigkeit, an Vorhandenes anknüpfen zu können, sich selbst neues Wissen zu erschließen und sich neue Kompetenzen anzueignen.

Das muss im Studium berücksichtigt werden, wenn wir die „Employability" unserer Absolventen sichern wollen. Ein Studium muss in Zukunft auch auf das lebensbegleitende Lernen und die Vermittlung von Schlüsselqualifikationen vorbereiten. Dies wird eine neue Kultur der wissenschaftlichen Weiterbildung an den Hochschulen, aber auch in den Unternehmen hervorbringen. Allerdings wird dies auch davon abhängen, in welchem Maße die Weiterbildung in den Unternehmen gestaltet und ausgebaut wird. Durch Bologna werden europaweit die Strukturen und damit die Voraussetzungen für ein lebenslanges Lernen geschaffen. Allein dies ist ein Fortschritt.

Ein wichtiges Element des Bologna-Prozesses ist die Akkreditierung von Studiengängen. Auch sie dient den Zielen der Transparenz und Qualitätssicherung. Die Vertreter der Berufspraxis sind in die Akkreditierungsverfahren eingebunden und können so auf die Gestaltung der neuen Studiengänge Einfluss nehmen. Das sichert zugleich die Akzeptanz der neuen Abschlüsse in der Wirtschaft. Schließlich garantiert die Akkreditierung, dass ein Bachelor-Studiengang die Absolventen tatsächlich auf die Berufswelt vorbereitet.

5. NRW – Vorreiter im Bologna-Prozess

Am Stichtag 1. Mai 2004 haben wir in NRW 281 Bachelor- und 236 Masterstudiengänge; insgesamt also 517 Studiengänge mit den neuen Abschlüssen – das sind rund 22% des Studienangebotes (bei einem Bundesdurchschnitt von 19%). Auch die Studierenden nehmen die Umstellung gut an. Zum Wintersemester 2003/04 starteten knapp 30% der Studienanfänger in einem Bachelor- oder Masterstudiengang. An manchen Hochschulen, die bereits weitgehend umgestellt haben, wie zum Beispiel die Ruhr-Universität Bochum, die hier eine Vorreiterrolle einnimmt, sind es über 70%. Diese Position möchte ich für NRW insgesamt weiter sichern.

Wie sehen unsere ersten Erfahrungen aus? Von den vier vom Stifterverband 2003 ausgezeichneten Reformstudiengängen kommen zwei aus NRW: der Bachelorstudiengang Sozialwissenschaften an der Universität Düsseldorf und der BA/MA-Studiengang Biowissenschaften an der Universität Münster. Nehmen wir das Beispiel der Universität Düsseldorf.

In diesem Bachelorstudiengang wurden die Studienorganisation gestrafft, ein klarer Studienplan vorgegeben und praxisnahe Elemente integriert. Das Ergebnis: 75% der Studierenden schließen innerhalb der Regelstudienzeit von sechs Semestern ihr Studium ab. Die Zahl der Studierenden, die abbrechen oder wechseln, liegt nur noch bei 10%.

Das beweist: Mit den klaren Strukturen der neuen Studiengänge verhindern wir auch die unnötige Verschwendung von Humanressourcen. Die hohen Abbrecherquoten gerade in der Sozial- und Geisteswissenschaften dürften damit der Vergangenheit angehören. Die durchschnittliche Studiendauer des entsprechenden Magisterstudienganges Soziologie an der Universität Düsseldorf betrug 15 Semester – bei einer Abbrecherquote von über 90%. Deutlicher kann man die Wirkung der neuen Studienstrukturen nicht illustrieren.

Das ist nicht nur bildungspolitisch ein Erfolg. Für die Wirtschaft liegen die Vorteile ebenfalls auf der Hand. Sie erhält junge, gut ausgebildete und motivierte Absolventen, die sich schnell in die beruflichen Aufgaben einarbeiten können. Dies kommt der immer wieder erhobenen Forderung der Wirtschaft nach jüngeren Berufsanfängern entgegen. Für mich steht fest: Der 6-semestrige Bachelor wird zum Regelabschluss an allen nordrhein-westfälischen Hochschulen. Diesen Abschluss erreichen die Studierenden deutlich schneller als bisherige Fachhochschul- und insbesondere Universitätsabschlüsse. Das entspricht auch zunehmend den Motiven der Studierenden: Sie wollen eine klare Studiengangstruktur, die den Zeitpunkt für den Wechsel ins Berufsleben besser planbar macht als bisher.

Wir sind in NRW auf dem Weg nach Bologna – und zwar nach dem gegenwärtigen Stand als Vorreiter innerhalb Deutschlands. Es besteht aber immer noch ein großes Informationsdefizit bei Arbeitgebern und Studierenden, das zu Unsicherheiten und Zurückhaltung führt. Abwarten kann sich der Wissenschaftsstandort NRW aber nicht leisten. Wir müssen deshalb noch mehr an den Schulen, bei Lehrern und Eltern für die neuen Studienstrukturen werben. Zur Hochschulpolitik im Zeichen des Bologna-Prozesses zählt auch dies: Die zielgruppengerechte Werbung für die Chancen, die sich aus den neuen Studienabschlüssen für Studierende, Hochschulen, Unternehmen und Forschungseinrichtungen ergeben.

Den Paradigmenwechsel in den Hochschulen kann die Politik anstoßen und in Bewegung halten. Das Ziel kann sie aber nur gemeinsam mit den Hochschulen und der Wirtschaft erreichen. Der Wissenschaftsstandort NRW wird das unter Beweis stellen und ich bin sicher: Wir sind auf dem richtigen Weg.

Herbert Jakoby

NRW und die europäische Strukturpolitik

1. NRW und EU-Strukturfonds – ein besonderes Verhältnis

Mit einer grundlegenden Reform erhielten die EU-Strukturfonds im Jahr 1988 ihre heutige Gestalt. Kernelement dieser Reform war die Ablösung der bis dahin von der EU praktizierten Einzelprojektförderung durch einen neuartigen Programmplanungsansatz. Erstmals wurde der Einsatz der EU-Strukturfonds an europaweit einheitlichen Zielen ausgerichtet.

Der überwiegende Teil der Hilfen wurde auf das Ziel 1 konzentriert, nach dem seither Regionen mit einem Pro-Kopf-Einkommen von weniger als 75% des EU-Durchschnitts gefördert werden. Im Rahmen von Ziel 2 unterstützt die EU die Umstellung von Regionen mit rückläufiger industrieller Entwicklung. Ab dem Jahr 2000 wurde dieses mit dem früheren Ziel 5b (Entwicklung ländlicher Gebiete) zu einem neuen Ziel 2 zusammengefasst, das allgemein die wirtschaftliche und soziale Umstellung von Gebieten mit Strukturproblemen außerhalb der besonders bedürftigen Ziel 1-Regionen zum Gegenstand hatte. Durch den Europäischen Sozialfonds (ESF) werden ferner Qualifizierungs- und Beschäftigungsmaßnahmen nach den Zielen 3 und 4 gefördert, die im Jahr 2000 in einem neu konzipierten Ziel 3 zusammengefasst wurden. Das Aktivitätsspektrum der EU-Strukturfonds wird durch die Förderung der Agrar- und Fischereistrukturen nach dem Ziel 5a, ab 2000 durch die zweite Säule der Gemeinsamen Agrarpolitik, außerdem durch eine zeitweilige Unterstützung der Regionen mit sehr geringer Bevölkerungsdichte nach Ziel 6, die 2000 in das Ziel 1 integriert wurde, und schließlich durch diverse Gemeinschaftsinitiativen als Sonderprogramme zur Flankierung sektoraler Strukturprobleme und zur Erreichung besonderer Zielgruppen abgerundet.

Als das Ziel 2 im Jahr 1988 neu eingeführt wurde, konnte es als maßgeschneidert für die Strukturprobleme Nordrhein-Westfalens gelten. Es baute auf den Erfahrungen mit „hors-quota"-Programmen für Stahl-, Bergbau-, Werften- und Textilstandorte auf, die erstmals Mitte der 80er Jahre zeitlich befristet im Rahmen der EU-Strukturfonds aufgelegt worden waren und die für dieses eine Pilot- und Experimentierfunktion ausübten. Auch Nordrhein-Westfalen hatte diese Sonderprogramme für seine Montan- und Textilstandorte genutzt und sich darüber frühzeitig mit dem neuen Programmplanungsansatz vertraut gemacht, der mit der grundlegenden Reform der EU-Strukturfonds Ende der 80er Jahre für diese allgemeingültig wurde. Nordrhein-Westfalen bildete damit zusammen mit anderen Regionen, die einen vergleichbaren industriellen Wandlungsprozess durchliefen, das Muster für das neue Ziel 2.

Die Reform der EU-Strukturfonds im Jahr 1988 war auch aus einem innerstaatlichen Grund von besonderer Bedeutung für die nordrhein-westfälische Strukturpolitik. Lange Zeit wurde das Ruhrgebiet als größte strukturschwache Region in Nordrhein-Westfalen in dem wichtigsten nationalen Regionalförderprogramm, der Gemeinschaftsaufgabe „Verbesserung der regionalen Wirtschaftsstruktur", benachteiligt. Diese richtete sich primär an strukturschwache ländliche Regionen und strebte deren „Nachindustrialisierung" an. Die von ihr verwendeten Indikatoren zur Fördergebietsabgrenzung (Einkommen, Arbeitsmarktsituation,

Infrastruktur) bilden das wirtschaftliche Entwicklungsniveau einer Region ab. Industrieregionen mit gravierenden Beschäftigungsproblemen sind dagegen durch ungünstige Entwicklungsindikatoren (z.B. Beschäftigungsentwicklung, Stagnation der Einkommen) gekennzeichnet, die sich erst mit einer erheblichen zeitlichen Verzögerung in den Niveauindikatoren der Gemeinschaftsaufgabe niederschlagen.

Obwohl der strukturpolitische Handlungsbedarf im Ruhrgebiet nicht nur in der Region und im Land NRW, sondern auch im Bund frühzeitig erkannt wurde, gelang es der Gemeinschaftsaufgabe lange Zeit nicht, sich auf die Bedürfnisse dieser Art von Regionen einzustellen. Bis in die 90er Jahre hinein wurde das Ruhrgebiet daher im Rahmen der Gemeinschaftsaufgabe wenn überhaupt, dann primär außerhalb der „Regelförderung" durch Sonderprogramme für Bergbau- und Stahlstandorte gefördert. Sie sind in den meisten Fällen nur durch politischen Druck aus diesen Regionen zustande gekommen und können als Beleg dafür gewertet werden, dass die von der Gemeinschaftsaufgabe verwendeten Indikatoren zur Fördergebietsabgrenzung nicht mehr die vorherrschenden politischen Prioritäten in der deutschen Regionalpolitik widerspiegelten.

Die EU-Strukturfonds führten dagegen mit ihrer Reform im Jahr 1988 durch das Ziel 2 eine eigenständige Förderkategorie für Industrieregionen im Strukturwandel ein. Diese gelangten damit in den „Mainstream" der europäischen Strukturpolitik zu einer Zeit, als sie in der deutschen Regionalpolitik immer noch mit einem Sonderstatus bedacht wurden. In der ersten Förderphase 1989-1993 entfielen 53% und in der nachfolgenden Phase 1994-1999 immer noch 49% der deutschen Ziel 2-Gebiete und ihrer finanziellen Mittel auf Nordrhein-Westfalen. Erst mit der Zusammenfassung des „alten" Zieles 2 mit dem ehemaligen, auf ländliche Regionen ausgerichteten Ziel 5b, an dem Nordrhein-Westfalen deutlich schwächer beteiligt war, zu einem „neuen" Ziel 2 sank sein Anteil auf rd. 28%.

Auch das Förderinstrumentarium der EU-Strukturfonds war weitaus besser auf die besonderen Probleme und Bedürfnisse dieser Regionen abgestimmt. Während sich die Gemeinschaftsaufgabe auf Investitionsbeihilfen für Neuerrichtungen, Erweiterungen und Rationalisierungen von Unternehmen und auf die dafür erforderliche wirtschaftsnahe Infrastruktur beschränkte, ermöglichten die EU-Strukturfonds auch die Förderung von Existenzgründungen, Beratungsdienstleistungen für kleine und mittlere Unternehmen, die Entwicklung des Dienstleistungssektors, Innovationsmaßnahmen und die Qualifizierung der Arbeitnehmerinnen und Arbeitnehmer. Diese Förderinstrumente sind für Industrieregionen, die unter einem Mangel an kleinen und mittleren Unternehmen, unter einer ausgeprägten Dienstleistungsschwäche und einer geringen Innovationstätigkeit der Unternehmen leiden und deren Arbeitnehmerinnen und Arbeitnehmer sich auf neue berufliche Tätigkeiten umorientieren müssen, von mindestens ebenso großer Bedeutung wie Ansiedlungs- und Erweiterungsbeihilfen und die Förderung der Infrastruktur. Selbst die Infrastrukturförderung der Gemeinschaftsaufgabe hatte im Unterschied zu den EU-Strukturfonds lange Zeit die für Industrieregionen besonders wichtige Sanierung von Industriebrachen und die Errichtung von Technologie- und Gründerzentren ausgeschlossen oder nur unter restriktiven Bedingungen zugelassen. Das breite Förderinstrumentarium der EU-Strukturfonds ist nicht zuletzt in den erwähnten Sonderprogrammen für Stahl-, Bergbau-, Werften- und Textilregionen getestet worden.

Das Land Nordrhein-Westfalen hatte daher die neuen Fördermöglichkeiten der EU-Strukturfonds im Jahr 1988 umfassend genutzt und mit seinen Landesprogrammen verbunden. Während die große Mehrheit der deutschen Länder ihre EU-Strukturhilfen zum damaligen Zeitpunkt lediglich zur Aufstockung ihrer Fördermittel im Rahmen der Gemeinschaftsaufgabe verwendeten und damit auch deren breites Förderinstrumentarium nur sehr eingeschränkt nutzten, legte sich das Land Nordrhein-Westfalen derartige Selbstbeschränkung nicht auf. Dies wurde durch die Einführung eines eigenen Titels im Landeshaushalt Nordrhein-Westfalens mit der Komplementärfinanzierung des Ziel 2-Programms als ausschließlicher Zweckbindung erleichtert. Diese bis heute in Deutschland einzigartige Lösung verhalf dem Land Nordrhein-Westfalen zu mehr Flexibilität beim Einsatz der EU-Strukturfonds. Die Mehrzahl der deutschen Länder musste dagegen die Gemeinschaftsaufgabe hierfür heranziehen, mit der Folge, dass deren restriktive Förderrichtlinien auch für die EU-Strukturfonds galten.

Diese Bindung an die Gemeinschaftsaufgabe ist von den meisten Ländern erst in den letzten Jahren gelockert oder aufgegeben worden. Sie erschwerte lange Zeit, dass die Programme der EU-Strukturfonds in Deutschland in einem strategischen Sinne eingesetzt wurden. Die EU-Strukturfonds erwarten von den verantwortlichen Behörden, dass sie ihre Fördermaßnahmen systematisch und konsistent auf einer regionalen Stärken-Schwächen-Analyse aufbauen, daraus strukturpolitische Ziele und Entwicklungsstrategien herleiten und sie nach ihrer Durchführung evaluieren. Die Evaluierungsergebnisse sollen dann wiederum zur Revision der Ziele, der Strategie und letztlich auch der Fördermaßnahmen dienen. Der eigenständige Ko-Finanzierungstitel im Landeshaushalt trug maßgeblich dazu bei, dass dieser anspruchsvolle und im Grunde selbstverständliche Programmplanungsansatz in Nordrhein-Westfalen konsequenter verfolgt werden konnte als in den übrigen Bundesländern.[1]

Die offene Einstellung und kreative Nutzung der EU-Strukturfonds durch Nordrhein-Westfalen wurde in den 90er Jahren auch durch konzeptionelle Parallelen zwischen EU- und Landesstrukturpolitik begünstigt. Die Anforderung der EU-Strukturfonds nach umfassender und breiter Beteiligung der Wirtschafts- und Sozialpartner an der Programmumsetzung entsprach deren Einbindung in die Regionalkonferenzen im Rahmen der regionalisierten Strukturpolitik in NRW. Sowohl die EU-Strukturfonds als auch die Strukturpolitik des Landes Nordrhein-Westfalen setzten frühzeitig auf mehrjährige Konzepte und Programme, die EU auf Mehrjahresprogramme als Grundlage für Mittelzusagen, das Land NRW auf regionale Entwicklungskonzepte. Während das Land Nordrhein-Westfalen eine umfassende Begleitforschung für seine regionalisierte Strukturpolitik durchführte, schrieb die EU eine Programmevaluierung vor, die von Förderphase zu Förderphase anspruchsvoller ausgestaltet und vom Land NRW frühzeitig als Chance für eine Qualitätssteigerung seiner Programme und nicht primär als bürokratische Auflage betrachtet wurde.

Das Land Nordrhein-Westfalen kooperiert seit Bestehen der EU-Strukturfonds in seiner jetzigen Form eng mit anderen europäischen Regionen, die vergleichbare Strukturprobleme aufweisen, und hat regelmäßig einen Teil seines Ziel 2-Budgets hierfür aufgewandt.[2] Dadurch wurde ein gegenseitiges Lernen möglich, das der nordrhein-westfälischen Strukturpolitik wichtige konzeptionelle Impulse brachte.

---

1   Vgl. Jakoby, Herbert/Ridder, Michael: Qualitätsorientierte Steuerung von EU-Strukturfondsprogrammen am Beispiel des nordrhein-westfälischen Ziel 2-Programms. In: Informationen zur Raumentwicklung, Heft 6/7.2001. S. 385-398

2   Beispiele hierfür sind die Mitwirkung im Netzwerk IQ-Net, in dem rund 20 europäische Regionen, überwiegend mit Ziel 2-Status, Strategien und Konzepte für die EU-Strukturfonds austauschen, und eine enge Zusammenarbeit mit Schottland in der Strukturpolitik. Vgl. dazu Ministerium für Wirtschaft und Mittelstand, Energie und Verkehr des Landes Nordrhein-Westfalen/Scottish Executive: Partners for Development – Partner in der Strukturpolitik. Chancen der Zusammenarbeit zwischen Schottland und Nordrhein-Westfalen – Opportunities for Collaboration between Scotland and North Rhine–Westphalia. Düsseldorf/Edinburgh, 2001

2. EU-Strukturfonds in NRW seit 1988 – quantitative und qualitative Bedeutung

Über die EU-Strukturfondsprogramme mit regionaler Zielsetzung sind seit der großen Reform im Jahr 1988 öffentliche Mittel in Höhe von insgesamt 5,85 Mrd. Euro für die Strukturpolitik in Nordrhein-Westfalen eingesetzt bzw. bewilligt worden. Hiervon hat die EU rund 2,5 Mrd. Euro getragen. Ca. 3,35 Mrd. Euro entfielen auf die nationale Komplementärfinanzierung, wozu das Land den Großteil beigesteuert hat. Hierin sind auch die Eigenanteile kommunaler und sonstiger öffentlicher Körperschaften und in geringem Umfang Bundesmittel enthalten.

Diese Zahlen erfassen nicht die ausschließlich vom Europäischen Sozialfonds (ESF) finanzierten Qualifizierungs- und Beschäftigungsprogramme nach den Zielen 3 und 4 und die analogen Gemeinschaftsinitiativen (u.a. Adapt, Equal). Diese werden grundsätzlich über gemeinsame Programme des Bundes und der Länder abgewickelt und können flächendeckend genutzt werden. Daher sind sie mit den Regionalprogrammen nur bedingt vergleichbar und werden in der weiteren Betrachtung nicht berücksichtigt.

Tab. 1: EU-Strukturfondsprogramme in NRW seit 1988, öffentliche Mittel in Mio. Euro (nur Regionalprogramme)

	Öffentliche Mittel in Mio. Ecu bzw. Euro	
Ziel 2 (1989-1991)	406,2	
Ziel 2 (1992-1993)	454,4	
Ziel 2 (1994-1996)	801,4	
Ziel 2 (1997-1999)	1.117,5	
Ziel 2 (2000-2006)	1.995,4	
Ziel 2 insgesamt		4.774,9
Ziel 5b (1989-1993)	66,3	
Ziel 5b (1994-1999)	88,7	
Ziel 5b insgesamt		155,0
Rechar I (1991-1993)	156,5	
Rechar II (1994-1999)	142,5	
Resider I (1989-1991)	156,3	
Resider II (1994-1999)	223,8	
Retex (193-1997)	3,1	
KMU (1994-1999)	20,1	
Konver (1994-1999)	35,5	
Urban (1994-1999)	13,2	
Urban (2000-1006)	14,6	
Leader (1994-1999)	5,6	
Leader+ (2000-2006)	5,7	
Interreg (1989-1993)*	33,2	
Interreg (1994-1999)*	37,1	
Interreg (2000-2006)*	76,7	
Gemeinschaftsinitiativen insgesamt		923,9
Mittel insgesamt		5.853,8

* Dies sind grenzüberschreitende Programme mit den Niederlanden und Belgien. Enthalten sind nur die geschätzten Mittelanteile für NRW.

Quelle: Ministerium für Wirtschaft und Mittelstand, Energie und Verkehr des Landes Nordrhein-Westfalen: Ziel 2-Programm NRW 2000-2006 und eigene Berechnungen

Über 80% der Fördermittel im Rahmen der Strukturfondsprogramme mit regionaler Zielsetzung in Nordrhein-Westfalen entfielen im Zeitraum seit 1988 auf das Ziel 2. Da die Arbeitslosenquote und die Beschäftigungsentwicklung die entscheidenden Abgrenzungskriterien für deren Fördergebiete waren (und nach wie vor sind) und vor allem das Ruhrgebiet diese erfüllt, richtet sich das Ziel 2-Programm in NRW vorwiegend an diese Region. Daneben werden auch industriell geprägte strukturschwache Gebiete außerhalb des Ruhrgebiets wie der Kreis Heinsberg und die Stadt Krefeld hierdurch gefördert, bis 1994 auch das Westmünsterland und das Umland von Aachen.

Von den Gemeinschaftsinitiativen richteten sich insbesondere die beiden Programme zur Flankierung des Strukturwandels im Bergbau (Rechar) und in der Stahlindustrie (Resider) ebenfalls primär an das Ruhrgebiet sowie an weitere, teils ehemalige Montanstandorte wie die Kreise Aachen und Siegen und das Bergbaurevier Ibbenbüren. Diese auf den industriellen Strukturwandel ausgerichteten Gemeinschaftsinitiativen sind im Jahr 1999 eingestellt worden.

Das Ziel 5b-Programm stand dagegen ausschließlich für ländliche Regionen in der Eifel und in Ostwestfalen zur Verfügung, die 2000 als „Phasing-out-Gebiete" in das Ziel 2-Programm einbezogen wurden. Auch die Gemeinschaftsinitiativen Konver (Konversionsstandorte), Retex (Textilstandorte), Leader (ländliche Räume) und Interreg (Grenzregionen) richteten sich überwiegend an Regionen außerhalb des Ruhrgebiets.

Tabelle 2 stellt die Verwendung dieser Mittel dar. Sie bezieht sich ausschließlich auf die Ziel 2-Programme und die Gemeinschaftsinitiativen Rechar, Resider und Konver, da die kleineren Programme eine andere Programmstruktur aufwiesen und mit ihnen nur bedingt vergleichbar sind. Dies ist aber auch vertretbar, weil auf sie allein über 90% der Fördermittel im Rahmen der EU-Strukturfondsprogramme mit regionaler Zielsetzung in NRW entfielen.

Mit über 2,5 Mrd. Euro wurde fast die Hälfte der Mittel für die Erneuerung der wirtschaftsnahen Infrastruktur eingesetzt. Von besonderer Bedeutung war die Sanierung von Industriebrachen und deren Wiedernutzbarmachung für neue Unternehmen und die Errichtung von Technologie- und Gründerzentren und von Aus- und Weiterbildungsstätten. Ohne die EU-Strukturfonds hätte das dichte Netz an Technologiezentren, von denen es über 60 in Nordrhein-Westfalen gibt, nicht entstehen können. Fast alle großen Projekte zur Sanierung und Umnutzung von Industriebrachen der vergangenen Jahre wie die Neue Mitte Oberhausen, die Henrichshütte in Hattingen, die Zeche Zollverein in Essen, das Krupp-Hüttenwerk in Duisburg-Rheinhausen oder Phönix in Dortmund sind neben zahlreichen mittelgroßen und kleinen Bergbauflächen aus den dargestellten EU-Strukturfondprogrammen gefördert worden. Ohne sie wären diese nicht so schnell einer neuen Nutzung zugeführt worden oder würden heute noch brach liegen.

Tab. 2: EU-Strukturfondsprogramme in NRW seit 1988 nach Förderschwerpunkten, öffentliche Mittel in Millionen Euro (nur Ziel 2, Rechar, Resider und KMU)

	1989-1993		1994-1999		2000-2006		Summe	
	Mio. €	%	Mio. €	%	Mio. €	%	Mio. €	%
Gewerbliche Investitionsförderung	84,6	7,2	174,4	7,5	220,8	11,1	479,8	8,8
Technologie, Innovation, KMU-Beratung	206,7	17,6	296,1	12,8	739,3	37,1	1.242,1	22,7
Infrastrukturförderung, Sanierung von Flächen	635,2	54,1	1.162,5	50,4	719,3	36,0	2.517,0	46,0
Qualifizierung und Beschäftigung	242,7	20,7	667,6	29,0	293,5	14,7	1.203,8	22,0
Technische Hilfe	4,2	0,4	4,8	0,2	22,5	1,1	31,5	0,6
Summe	1.173,4	100,0	2.305,4	100,0	1.995,4	100,0	5.474,2	100,0

Quelle: Eigene Berechnungen auf der Grundlage des Ziel 2-Programm NRW 2000-2006

Der Anteil der Infrastrukturförderung ist aber seit Ende der 80er Jahre kontinuierlich gesunken, von 54% in der ersten Förderphase auf nur noch 36% in der laufenden Förderphase 2000-2006. Darin wird die wichtigste strategische Umorientierung der nordrhein-westfälischen Strukturpolitik während der letzten Jahre deutlich. Während zu Beginn Investitionen „in Beton" im Mittelpunkt standen, wurden diese zunehmend durch die Förderung von Innovation, Unternehmertum und Qualifizierung flankiert und ersetzt. Dieser Trend war nicht nur in Nordrhein-Westfalen, sondern in ganz Europa zu beobachten.

Zweitgrößter Ausgabenblock war die Förderung von Technologie, Innovation und KMU-Beratung mit einem Anteil von 22,7%, knapp gefolgt von der Qualifizierungs- und Beschäftigungsförderung mit 22,0%. Die Technologie-, Innovations- und Beratungshilfen verzeichneten vor allem im laufenden Ziel 2-Programm für den Zeitraum 2000-2006 einen starken Anstieg auf 37,1% und übertrafen damit sogar die Infrastrukturförderung. Hierin kommt die weiter unten näher erläuterte Neuausrichtung der regionalen Strukturpolitik auf die Förderung von Innovation und von regionalen Kompetenzfeldern zum Ausdruck.

Die Qualifizierungs- und Beschäftigungsförderung durch den ESF innerhalb des Ziel 2-Programms und der regionalen Gemeinschaftsinitiativen wies einen uneinheitlichen Verlauf auf. Während ihr Anteil von Anfang bis Ende der 90er Jahre noch einen Anstieg von 20,7 auf 29,0% verzeichnete, fiel er anschließend auf 14,7%. Dies hat jedoch allein förderrechtliche Gründe und kann nicht als Bedeutungsrückgang der Qualifizierungspolitik interpretiert werden. Denn die Abgrenzung zwischen den ESF-Hilfen im Rahmen der Ziel 1- und Ziel 2-Programme einerseits und dem Ziel 3-Programm, das ausschließlich ESF-Mittel verwendet, wurde im Jahr 2000 verändert. Seitdem dürfen allgemeine Beschäftigungs- und Qualifizierungsprojekte ausschließlich durch Ziel 3 gefördert werden, das dafür eine deutliche Mittelsteigerung erfuhr, so dass auch in Nordrhein-Westfalen die ESF-Förderung ihre Bedeutung behielt.

Die unmittelbare Förderung von Investitionen gewerblicher Unternehmen hatte in den nordrhein-westfälischen Ziel 2-Programmen und Gemeinschaftsinitiativen mit einem Anteil von 8,8% eine deutlich geringere Bedeutung als in den meisten anderen deutschen Ländern. Nordrhein-Westfalen setzte nicht primär auf die unmittelbare Subventionierung unternehmerischer Investitionen, sondern auf indirekte Hilfen wie Technologie- und Innovationsförderung oder Gründungsberatung, die die Wettbewerbsfähigkeit der Unternehmen steigern. Damit wird eine größere Nachhaltigkeit der Förderhilfen angestrebt. Der leichte Anstieg des Anteil der direkten gewerblichen Förderhilfen im Zeitraum 2000-2006 auf 11,1% ist auf die Einführung eines neuen Beteiligungskapitalprogramms zurückzuführen, mit dem Unternehmen anstelle eines direkten Zuschusses ein verzinstes und rückzahlungspflichtiges, aber von der Haftung freigestelltes Darlehen erhalten können, das damit Eigenkapitalcharakter aufweist. Daher ist auch dieser Anstieg kein Ausdruck eines Bedeutungszuwachses direkter Unternehmenssubventionen. Diese Zahlen widerlegen eindeutig das landläufige Vorurteil, die Strukturpolitik Nordrhein-Westfalens habe vor allem der Subventionierung von Großunternehmen gedient.

Auch die administrative Umsetzung der EU-Strukturfonds war in Nordrhein-Westfalen grundsätzlich von hoher Kontinuität geprägt, obwohl auch in diesem Punkt einige größere Änderungen mit dem laufenden Ziel 2-Programm 2000-2006 vorgenommen wurden. Bachtler u.a. unterscheiden zwischen „subsummierten" und „differenzierten" Implementationssystemen.[3] Die deutschen Programme ordnen Bachtler u.a. dem „subsummierten" System zu. Die EU-Mittel werden danach im Wesentlichen über bestehende nationale und re-

---

3 Taylor, Sandra/Bachtler, John/Rooney, Marie Louise: Implementing the New Generation of Programmes. Project Development, Appraisal and Selection. Glasgow, 2000

gionale Förderprogramme abgewickelt und finanziell zu deren Aufstockung genutzt. Diese enge Anbindung der EU-Strukturfonds an bestehende Förderprogramme ist aber keineswegs die Regel in der gesamten EU. In Großbritannien, den nordischen und den Benelux-Ländern sind eigene Verwaltungsverfahren für die EU-Strukturfonds eingerichtet worden. Vielfach wurden auch spezielle staatliche oder halbstaatliche Agenturen hiermit beauftragt. Diese Länder werden von Bachtler u.a. deshalb zu denjenigen mit „differenzierten" Umsetzungsverfahren gezählt.

Grundsätzlich folgt die Programmimplementation auch in Nordrhein-Westfalen dem „subsummierten" Ansatz. Die EU-Hilfen wurden von Beginn an weitgehend über die verschiedenen strukturpolitisch relevanten Landesprogramme wie das „Regionale Wirtschaftsförderungsprogramm", die Städtebau- oder die Technologieförderung abgewickelt. Sie ermöglichten einen konzentrierten Mitteleinsatz und eine Mittelverstärkung in den Fördergebieten. Federführend war und ist (mit Ausnahme einiger spezieller Fachprogramme wie Urban oder Leader+) das Wirtschaftsministerium des Landes.

Der spezielle Haushaltstitel zur Komplementärfinanzierung der EU-Strukturfonds ermöglichte aber schon von Anfang an besondere Fördermaßnahmen außerhalb der bestehenden Landesprogramme, z.B. Agenturen zur Beratung und Aktivierung von Existenzgründungen. Mit dem Ziel 2-Programm 2000-2006 erfolgte eine stärkere Abnabelung von den bestehenden Programmen. Es wurden verschiedene Förderinstrumente aufgenommen, die quer zu den bestehenden Abwicklungsstrukturen liegen und eine intensivere ressortübergreifende Kooperation notwendig machen. Dazu gehören z.B. Maßnahmen zur Entwicklung von regionalen Kompetenzen in den Bereichen IT- und Medienwirtschaft, Tourismus, Freizeit- und Kulturwirtschaft, Zukunftsenergien und Logistik. Diese Abnabelung erforderte auch institutionelle Anpassungen. Zu erwähnen ist hier die Einrichtung eines „Ziel 2-Sekretariats", das im Auftrag des federführenden Wirtschaftsministeriums u.a. Beratungsdienstleistungen zu Fragen der Förderfähigkeit erbringt, das Programmmonitoring auf der Basis einer umfassenden Projektdatenbank organisiert und für die Öffentlichkeitsarbeit verantwortlich ist.

3. Aktuelle Entwicklungen beim Ziel 2-Programm 2000-2006

Mit dem laufenden Ziel 2-Programm 2000-2006 wurden einige größere Innovationen beim Förderinstrumentarium und der Programmimplementation vorgenommen. Sie wurden mit einem Strategiepapier eingeleitet, das das federführende Wirtschaftsministerium vor Beginn der Erarbeitung dieses Programms bei denjenigen Instituten in Auftrag gab, die die Halbzeitbewertung des Vorprogramms durchgeführt hatten.[4] Auf dieser Basis wurden intensive Beratungen mit den Fachressorts durchgeführt, deren Ergebnisse in ein von der Landesregierung beschlossenes Grobkonzept mündeten. Dieses Grobkonzept bildete anschließend die Grundlage für eine enge Beteiligung der Regionen und der Wirtschafts- und Sozialpartner.

Inhaltlich wurde die Erarbeitung des neuen Programms durch eine intensive Auseinandersetzung der Programmverantwortlichen mit neueren internationalen Erfahrungen und Erkenntnissen in der regionalen Strukturpolitik befruchtet. Diese folgte aus der Beteiligung

---

4   Vgl. MR Regionalberatung/inWis-Institut für Wohnungswesen und Immobilienwirtschaft, Stadt- und Regionalentwicklung/Netherlands Economic Institute (NEI): Diskussionspapier zur Vorbereitung des NRW-EU-Ziel 2-Programms 2000-2006. Delmenhorst/Bochum/Rotterdam, 1999

an verschiedenen internationalen Netzwerken,[5] an bilateralen Kooperationen, vorwiegend mit ausländischen Regionen,[6] und aus einer engen Zusammenarbeit mit der Europäischen Kommission einschließlich der aktiven Beteiligung an von ihr ausgerichteten Konferenzen wie zum Beispiel über die Programmevaluierung. Die folgenden acht Elemente sind das Ergebnis dieser konzeptionellen Neuausrichtung, die vor der Erarbeitung des Ziel 2-Programms 2000-2006 eingeleitet wurde, aber auch begleitend zu deren Durchführung erfolgte.

3.1 Neugewichtung der Förderinstrumente zugunsten einer stärkeren Innovations- und KMU-Orientierung

Die Evaluationen der abgelaufenen Programme und die vorliegenden regionalen Stärken-Schwächen-Analysen waren zu dem Ergebnis gelangt, dass das nordrhein-westfälische Ziel 2-Gebiet in einigen Bereichen wie der Erneuerung der Infrastruktur oder der Verbesserung der Umweltsituation auch dank der EU-Strukturhilfen gute Fortschritte erzielt hatte, dass aber nach wie vor große Defizite bei der Schaffung von Arbeitsplätzen, bei der Innovationstätigkeit der Unternehmen, bei der Gründungsdynamik und beim Besatz an kleinen und mittleren Unternehmen existierten[7]. Dies führte zu der Konsequenz, den Anteil der Infrastrukturförderung spürbar, wenn auch nicht radikal abzusenken und stattdessen die Förderhilfen für die Entwicklung und Anwendung neuer Technologien und für die Beratung und Begleitung von Existenzgründern und kleiner und mittlerer Unternehmen deutlich anzuheben. Dahinter stand die Absicht, mehr Impulse für die Nutzung der modernisierten und neu errichteten Infrastrukturen durch die Unternehmen zu schaffen. Dies hat sich in den in Tabelle 2 abgebildeten signifikanten Mittelumschichtungen im Förderzeitraum 2000-2006 gegenüber den Vorperioden niedergeschlagen.

3.2 Orientierung an regionalen Kompetenzfeldern

Wie in anderen europäischen und nicht-europäischen Regionen hatte sich auch in der strukturpolitischen Fachdiskussion Nordrhein-Westfalens bis Ende der 90er Jahre die Auffassung durchgesetzt, dass die Förderpolitik stärker an regionalen „Clustern" und am Ausbau regionaler Stärken orientiert werden sollte.[8] Ausgangspunkt dieses Konzepts ist die

---

5   Zum Beispiel IQ-Net (Improving the Quality of Structural Funds Programming through Exchange of Experience), an dem ca. 20 Regionen mit überwiegend Ziel 2-Status mitwirken (http://www.eprc.strath.ac.uk/iqnet/iq-net/index.html), Stand: 02.08.2004, und das von der Europäischen Kommission initiierte Netzwerk „Promotion of sustainable development under EU structural funds programmes".
6   Vgl. Ministerium für Wirtschaft und Mittelstand, Energie und Verkehr des Landes Nordrhein-Westfalen/Scottish Executive: Partners for Development – Partner in der Strukturpolitik. Chancen der Zusammenarbeit zwischen Schottland und Nordrhein-Westfalen – Opportunities for Collaboration between Scotland and North Rhine–Westphalia. Düsseldorf/Edinburgh, 2001
7   Vgl. MR Regionalberatung/InWis-Institut für Wohnungswesen und Immobilienwirtschaft, Stadt- und Regionalentwicklung/Netherlands Economic Institute (NEI): Zwischenevaluierung des operationellen NRW-EU-Ziel 2-Programms 1994-1996. Bochum/Delmenhorst/Rotterdam, 1997. S. 189 f; MR Regionalberatung/InWis-Institut für Wohnungswesen und Immobilienwirtschaft, Stadt- und Regionalentwicklung/Netherlands Economic Institute (NEI): Diskussionspapier zur Vorbereitung des NRW-EU-Ziel 2-Programms 2000-2006. Delmenhorst/Bochum/Rotterdam, 1999
8   Diese Konzepte gehen im Wesentlichen auf die Weg weisenden Arbeit von Michael Porter zurück; Porter, Michael E.: Nationale Wettbewerbsvorteile. Erfolgreich konkurrieren auf dem Weltmarkt. München, 1991

Beobachtung, dass die wirtschaftliche Stärke fast aller wettbewerbsfähigen Regionen durch eine begrenzte Zahl von miteinander durch Vorleistungen und Zulieferungen verflochtenen „Clustern" von Unternehmen oder Wirtschaftsbereichen begründet ist. Diese „Cluster" zeichnen sich durch die Verfügbarkeit von speziell für sie bedeutsamen Produktionsfaktoren (Arbeitnehmerqualifikationen, Infrastruktur, technisches Wissen usw.), durch intensive Lieferverflechtungen, durch eine anspruchsvolle Nachfrage und durch einen harten Wettbewerb aus. Die regionale Strukturpolitik soll nach diesem Ansatz die Bildung und Entwicklung solcher „Cluster" durch Bündelung und bessere Koordination ihrer Fördermaßnahmen zielgerichtet unterstützen.

Bei Aufstellung des Ziel 2-Programms 2000-2006 waren Potenziale für derartige „Clusterbildungen" im nordrhein-westfälischen Fördergebiet u.a. in den Bereichen Logistik, Zukunftsenergien, Informations- und Kommunikationstechnologien identifiziert worden. Eine parallel dazu vom Wirtschaftsministerium des Landes NRW in Auftrag gegebene Untersuchung der Unternehmensberatungsgesellschaft Roland Berger[9] hatte diese Potenziale bestätigt und weitere identifiziert, darunter die Medizintechnik. Im Ziel 2-Programm 2000-2006 wurde diese Neuorientierung der nordrhein-westfälischen Strukturpolitik dadurch aufgegriffen, dass einerseits für bereits hinreichend konkretisierte „Cluster" eigene Fördermaßnahmen definiert wurden, andererseits bei horizontal angelegten Fördermaßnahmen wie „Technologie und Innovation" oder „Technologie- und Qualifizierungsinfrastruktur"-Projekten, die sich in eine solche Strategie einfügen, besondere Priorität eingeräumt wurde. Das Ziel 2-Programm 2000-2006 wurde im Hinblick auf die Förderung von „Cluster" wegen der noch laufenden konzeptionellen Debatte bewusst sehr offen angelegt. Eine weitere Ausdifferenzierung und Erweiterung dieses Konzeptes sollte nicht durch zu verbindliche Vorfestlegungen erschwert werden. Da der „Cluster"-Begriff während der Erarbeitung des Programms bei einigen Kammern und Verbänden Missverständnisse auslöste, wurde er durch „Kompetenzfelder" ersetzt.

In der Programmdurchführung erwies sich diese Neuorientierung der nordrhein-westfälischen Strukturpolitik als eine grundsätzlich tragfähige und innovative Arbeitsgrundlage. Selbst Förderschwerpunkte und -maßnahmen, die zunächst als wenig geeignet für eine Einbeziehung in das „Cluster"-Konzept erschienen, wie die Entwicklung von Gewerbe- und Dienstleistungsstandorten, orientierten sich in der Praxis mehr und mehr hieran. In der Förderperiode 2000-2006 wurden immer weniger Gewerbeflächen für ex-ante unbekannte Nachfrager aufbereitet, sondern ein stetig wachsender Teil wurde für die spezifischen Bedürfnisse von „Clustern" oder „Kompetenzfeldern" entwickelt, wie z.B. Logport in Duisburg-Rheinhausen für Logistik-Unternehmen oder Phönix in Dortmund für die Mikrostrukturtechnologie. Allerdings wurde das „Cluster"-Konzept bewusst nicht für alle Förderbereiche zur verbindlichen oder impliziten Arbeitsgrundlage gemacht, so etwa für die Förderung von Existenzgründungen und von kleinen und mittleren Unternehmen. Die Halbzeitbewertung des Ziel 2-Programms 2000-2006 kommt zu dem Ergebnis, dass dieses Konzept grundsätzlich als eine richtige Weichenstellung der nordrhein-westfälischen Strukturpolitik verstanden werden kann, empfiehlt aber eine noch stärkere strategische Fundierung.[10]

---

9 Roland Berger Unternehmensberatung: Kompetenzfelder für das Ruhrgebiet. Düsseldorf, 2001
10 Vgl. Institut Arbeit und Technik (IAT)/Österreichisches Institut für Raumplanung (ÖIR)/European Policies Research Centre (EPRC): Halbzeitbewertung des Ziel 2-Programms 2000-2006 des Landes Nordrhein-Westfalen. Abschlussbericht. Gelsenkirchen/Wien/Glasgow, 2003

3.3 Einführung neuer Maßnahmen und Förderinstrumente

Die Existenz eines besonderen Haushaltstitels im Landeshaushalt mit der Kofinanzierung des Ziel 2-Programms als alleiniger Zweckbestimmung ermöglichte die Definition neuer Fördermaßnahmen und –schwerpunkte, ohne Rücksicht auf bestehende Förderrichtlinien nehmen zu müssen. Von dieser Möglichkeit wurde in den ersten Förderphasen der EU-Strukturfonds nur sparsam Gebrauch gemacht. Die mit dem Ziel 2-Programm 2000-2006 erfolgte Neuausrichtung legte es nahe, neue Förderinstrumente mit teilweise experimentellem Charakter speziell für das Ziel 2-Gebiet zu definieren.

So ist die Förderung von regionalen Entwicklungskonzepten und der interregionalen Zusammenarbeit in das Ziel 2-Programm aufgenommen worden. Mit dieser Maßnahme wurde den Regionen und anderen strukturpolitisch bedeutsamen Akteuren das Angebot unterbreitet, ihre Strukturpolitik konzeptionell besser zu fundieren und Lernprozesse zu organisieren, zum Beispiel im Hinblick auf die „Cluster"-Entwicklung. Als Alternative zu den schon lange bestehenden Zuschüssen in Höhe von bis zu 23% der Kosten für arbeitsplatzschaffende gewerbliche Investitionen wurde ein Beteiligungskapitalinstrument neu eingeführt. Damit können Unternehmen wahlweise auch ein von der Haftung freigestelltes und damit Eigenkapital ersetzendes Darlehen zu günstigen Konditionen von bis zu 50% der Investitionskosten in Anspruch nehmen. Da hieraus Zins- und Tilgungszahlungen zurückfließen, die nicht an die EU rückerstattet werden müssen, wenn sie – auch über den Programmzeitraum 2000-2006 hinaus – für den gleichen Zweck wiederverwendet werden, entsteht so ein revolvierender Fonds, der auf lange Sicht für die Investitionsförderung im Ziel 2-Gebiet gesichert wird. NRW hat bei der Nutzung der EU-Strukturfonds für den Aufbau revolvierender Fonds eine Vorreiterrolle unter den deutschen Ländern übernommen.

Ein drittes Beispiel für eine neue Fördermaßnahme betrifft haushalts- und unternehmensnahe Dienstleistungen. Dieser Sektor stand bisher nicht im Vordergrund der regionalen Strukturpolitik, obwohl er eine erhebliche Bedeutung für die Schaffung neuer Arbeitsplätze, vor allem für Frauen, besitzt. Erstmals werden jetzt Modellprojekte aus dem Dienstleistungssektor gefördert, die dessen Potenzial speziell im nordrhein-westfälischen Ziel 2- Gebiet ansprechen.

3.4 Einführung von Wettbewerbselementen in die Projektauswahl

Im Unterschied zu vielen anderen europäischen Ländern werden Wettbewerbsverfahren bei der Auswahl von zu fördernden Projekten in der deutschen Struktur- und Regionalpolitik nur selten angewandt. In der gewerblichen Förderung erhalten Anträge, die den geltenden Förderrichtlinien entsprechen, im Rahmen verfügbarer Haushaltsmittel einen Quasi-Anspruch auf Förderung. Eine Differenzierung nach qualitativen Kriterien findet in der Regel nicht statt. Wenn das Antragsvolumen die verfügbaren Mittel übersteigt, werden entweder die Fördersätze für alle Anträge abgesenkt oder die Mittelzusagen werden zeitlich gestreckt. In der Infrastrukturförderung werden die Projekte in der Regel mit den Antragstellern so lange verhandelt, bis sie eine hinreichende Qualität aufweisen. Diese Auswahlverfahren besitzen nur geringe Anreize für die Antragsteller, die Qualität ihrer Projekte zu optimieren. Wenn die Antragsteller sich bei Erfüllung von – meist formalen – Mindestvoraussetzungen auf eine Förderzusage verlassen können, strengen sie sich selten an, alle Qualitätspotenziale auszuschöpfen.

Im nordrhein-westfälischen Ziel 2-Programm 2000-2006 erfolgte die Projektauswahl in einigen Förderbereichen erstmals systematisch durch Wettbewerbsverfahren. Das wichtigste Beispiel ist der „Zukunftswettbewerb Ruhrgebiet", mit dem die Zusammenarbeit zwischen Unternehmen, Hochschulen und Forschungsinstituten prämiert wird. Eine Expertenjury wählt die besten unter den eingereichten Projekten aus. Das Land hat sich an diese Auswahlentscheidung gebunden. Derartige Wettbewerbsverfahren setzen transparente Kriterien und eine offene Kommunikation voraus. Sie ermöglichen eine kampagnenartige Werbung für Projekte in präzise definierten Aktionsfeldern. Sofern sie Unternehmensbeihilfen enthalten, sind sie jedoch wie alle anderen Fördermaßnahmen hinsichtlich der Fördersätze an das EU-Beihilfenrecht gebunden. Damit sich eine Teilnahme an einem solchen Wettbewerb lohnt, muss deshalb ein alternativer Zugang zu Fördermitteln mit gleichen Konditionen ausgeschlossen werden. Der „Zukunftswettbewerb Ruhrgebiet" hat trotz einiger nicht unerheblicher fördertechnischer Anlaufschwierigkeiten effektiv dazu beigetragen, dass neue Zielgruppen von Unternehmen für die regionale Strukturpolitik angesprochen wurden und dass das ihm zu Grunde liegende Thema stärker öffentlichkeitswirksam kommuniziert wurde als dies in den herkömmlichen Förderverfahren festzustellen ist.

Die insgesamt positiven Erfahrungen mit dem „Zukunftswettbewerb Ruhrgebiet" werden jetzt auch in einigen anderen Förderbereichen angewandt, so bei der Förderung von Dienstleistungsprojekten und beim produktionsintegrierten Umweltschutz. Insbesondere in der klassischen gewerblichen Förderung und bei der Beratung von Gründern und kleinen und mittleren Unternehmen ist eine derartige Projektauswahl jedoch weniger gut geeignet, da die angesprochene Zielgruppe auf die angebotenen Förderhilfen vertrauen können muss.

3.5 Berücksichtigung der Querschnittsziele Nachhaltigkeit, Gender Mainstreaming, soziale Integration und Innovation

Die für die Förderperiode 2000-2006 geltende Strukturfondsverordnung der EU schreibt die dauerhafte und umweltgerechte Entwicklung und die Chancengleichheit für Männer und Frauen als Querschnittsziele vor. Das heißt, sie müssen bei allen Fördermaßnahmen und -projekten auf geeignete Weise berücksichtigt werden. Dies bedeutet nicht notwendigerweise eine Quotierung der Förderhilfen zwischen Männern und Frauen oder einen Ausschluss von Projekten, die nicht als nachhaltig bezeichnet werden können. Allerdings wird erwartet, dass diese Prinzipien auf geeignete Weise wirksam in die Programmdurchführung einbezogen und die angestrebten Effekte im Saldo aller geförderten Projekte erreicht werden, zum Beispiel über die Definition von Projektauswahlkriterien oder über Checklisten für die Projektdurchführung.

Beide Ziele decken sich voll mit der politischen Programmatik der Landesregierung. Daher verstand es sich von selbst, sie auch in das nordrhein-westfälische Ziel 2-Programm einzubeziehen. Neben den beiden von der EU-Strukturfondsverordnung vorgeschlagenen Querschnittszielen wurden im nordrhein-westfälischen Ziel 2-Programm außerdem die Integration sozialer Gruppen (mit dem Ziel einer breiten Verankerung der Strukturpolitik in der Bevölkerung) und die Innovation auf gleiche Weise berücksichtigt. Konkret macht sich dies darin bemerkbar, dass alle Projekte von den jeweils zuständigen Förderorganisationen im Hinblick auf ihren Beitrag zu den genannten Zielen bewertet werden müssen. Dies soll ein Nachdenken über noch nicht ausgeschöpfte Potenziale anregen. Bei allen Durchführungs- und Evaluierungsberichten wird der Beitrag der jeweiligen Fördermaßnahmen zu den Querschnittszielen erfasst und bewertet. Dies setzt voraus, dass das programmbegleitende Monitoring auch Daten über die Querschnittsziele erhebt. Außerdem enthält das Ziel 2-Programm mehrere Fördermaßnahmen, die unmittelbar auf die genannten Querschnittsziele ausgerichtet sind.

Die für die Programmdurchführung zuständigen Gremien, darunter auch der Begleitausschuss, werden so mit positiven oder weniger positiven Ergebnissen konfrontiert, beraten hierüber und werden in die Lage versetzt, Maßnahmen zum Gegensteuern zu ergreifen. Die im Jahr 2003 vorgelegte Halbzeitbewertung des Ziel 2-Programms gelangte zu dem Ergebnis, dass die Querschnittsziele konzeptionell angemessen verankert wurden, aber noch nicht die angestrebten Wirkungen eingetreten sind,[11] so dass die Förderinstitutionen und der Begleitausschuss daraus jetzt Konsequenzen ziehen können.

3.6 Aufwertung des Begleitausschusses

Zur Begleitung der Programmdurchführung und zur Billigung von grundsätzlichen Entscheidungen wie zum Beispiel über Programmänderungen muss für jedes Strukturfondsprogramm ein Begleitausschuss eingerichtet werden, der sich aus Vertreterinnen und Vertretern der relevanten Behörden, der Wirtschafts- und Sozialpartner und der Umweltschutz- und Gleichstellungsinstitutionen zusammensetzt. Diese Ausschüsse, die schon seit der grundlegenden Reform der EU-Strukturfonds im Jahr 1988 durch die jeweiligen EU-Verordnungen vorgeschrieben sind, werden in Deutschland bisher kaum als strategische Entscheidungszentren verstanden, sondern sind primär administrativ ausgerichtet und durch Fachbeamte besetzt. Sie befassen sich überwiegend mit der technischen Umsetzung der Programme. Lange Zeit wehrten sich Bund und eine Reihe von Ländern gegen die Aufnahme von Repräsentanten nicht-staatlicher Organisationen als stimmberechtigte Mitglieder. In Nordrhein-Westfalen haben derartige Vorbehalte nie bestanden, auch weil in den Regionalkonferenzen gute Erfahrungen bei der Zusammenarbeit mit ihnen gemacht wurden.

Die konzeptionelle Neuausrichtung des Ziel 2-Programms 2000-2006 legte es aber nahe, den Begleitausschuss in Nordrhein-Westfalen auch politisch aufzuwerten. Dies gelang durch die Übernahme des Vorsitzes durch den Staatssekretär im Wirtschaftsministerium und durch die Benennung von Vertretern auf Leitungsebene durch alle mitwirkenden Institutionen. Erstmals wurde auch den fünf vom Ziel 2-Programm hauptbetroffenen Regionen die Möglichkeit geboten, einen Repräsentanten in den Begleitausschuss zu entsenden. Sie verständigten sich in den meisten Fällen auf einen Oberbürgermeister oder eine Landrätin, die die Interessen ihrer gesamten Region wahrnehmen. Durch diese hochrangige Zusammensetzung ist es gelungen, den Ziel 2-Begleitausschuss zu einem echten Beratungs- und Entscheidungsgremium über strategische Fragen der Strukturpolitik in Nordrhein-Westfalen aufzuwerten.

3.7. Einrichtung und Stärkung zentraler Koordinierungsinstanzen für die Programmdurchführung

Um eine stärkere Kohärenz der Programmdurchführung im Vergleich zu den Vorperioden sicherzustellen, war es auch notwendig, den Fachinteressen der beteiligten Ressorts und Förderorganisationen starke Koordinierungsinstanzen entgegenzusetzen, die sich primär den übergeordneten Programmzielen und -strategien verpflichtet fühlen. Die für die Programmperiode 2000-2006 überarbeitete Strukturfondsverordnung der EU[12] hatte hierzu bereits einige Vorgaben gemacht. Dazu gehört die Pflicht zur Benennung einer Verwaltungs-

---

11 Vgl. Institut Arbeit und Technik (IAT)/Österreichisches Institut für Raumplanung (ÖIR)/European Policies Research Centre (EPRC): Halbzeitbewertung des Ziel 2-Programms 2000-2006 des Landes Nordrhein-Westfalen. Abschlussbericht. Gelsenkirchen/Wien/Glasgow, 2003. S. 214ff.
12 Verordnung (EG) Nr. 1260/1999 des Rates vom 21. Juni 1999 mit allgemeinen Bestimmungen über die Strukturfonds.

behörde, die gegenüber der EU die Verantwortung für die Ordnungsmäßigkeit und Wirksamkeit der Programmdurchführung übernimmt und mit dafür angemessenen Kompetenzen auszustatten ist. Außerdem mussten eine von der Verwaltungsbehörde unabhängige Zahlstelle, die die Zahlungsanträge bei der EU stellt und mit ihr abrechnet, und eine Prüfstelle, die während der Programmlaufzeit und nach Programmabschluss die Ordnungsmäßigkeit der Abrechnungen auf der Basis von Stichprobenprüfungen bestätigt, eingerichtet werden. Es lag auf der Hand, dass das auch schon vorher federführende Wirtschaftsministerium die Aufgaben der Verwaltungsbehörde übernehmen würde. Als Zahlstelle wurde die Investitions-Bank NRW, jetzt NRW.Bank, benannt. Die Übertragung der vollen Rechte und Pflichten einer Zahlstelle auf eine öffentliche Bank ist einzigartig in Deutschland, wenn nicht in der gesamten EU. Die Aufgaben der Prüfstelle werden durch eine neu eingerichtete Einheit in der Zentralabteilung des Wirtschaftsministeriums wahrgenommen.

Zur Unterstützung der Verwaltungsbehörde, der beteiligten Ressorts und der Förderorganisationen, aber auch zur Gewährleistung eines hohen Niveaus der Programmdurchführung wurde im Wirtschaftsministerium des Landes ein „Ziel 2-Sekretariat" eingerichtet. Seine Aufgaben bestehen u.a. in der Beratung von Förderreferaten und -organisationen über die Förderfähigkeit von Projekten, in der Pflege einer Projektdatenbank mit Finanz- und Bewertungsindikatoren, in der Unterstützung der Verwaltungsbehörde, u.a. beim Berichtswesen und bei der Evaluierung, sowie in der Vorbereitung und Durchführung von Öffentlichkeitsmaßnahmen.[13] Mit der Wahrnehmung dieser Aufgaben wurde ein privates Beratungsunternehmen nach einer europaweiten Ausschreibung beauftragt. Nordrhein-Westfalen hat damit einen weit größeren Teil der Durchführung seiner Strukturfondsprogramme aus der Ministerialverwaltung ausgelagert als alle anderen Länder und die Kompetenzen und Erfahrungen spezialisierter privater und halbstaatlicher Organisationen bei der Durchführung der EU-Strukturfonds umfassender genutzt.

3.8 Größere Bedeutung für Monitoring und Evaluierung

Von Beginn an hat das Land Nordrhein-Westfalen mit großem Aufwand seine Ziel 2-Programme evaluieren lassen. Bereits in der ersten Förderphase 1989-1993, als die Evaluierung der Programme noch nicht verbindlich vorgeschrieben war, hat Nordrhein-Westfalen bereits auf freiwilliger Basis eine Evaluierung durchführen lassen.[14] Die Ergebnisse dieser und der bereits zitierten nachfolgenden Evaluierungen sind in die Erstellung der jeweils neuen Ziel 2-Programme eingeflossen. Dadurch konnte erreicht werden, dass die Erarbeitung neuer Programme jeweils auf eine intensive Auseinandersetzung mit den Ergebnissen und Wirkungen der laufenden Fördermaßnahmen gestützt wurde. In den letzten Jahren haben zudem stets ausländische Institute an der Evaluierung in Nordrhein-Westfalen mitgewirkt, so dass auch immer der kritische Blick von außen gegeben war und konzeptionelle Impulse im internationalen Kontext einflossen.

Eine wichtige Empfehlung der Zwischenbewertungen der Förderperiode 1994-1999 war auf das Programmmonitoring gerichtet.[15] Um einen besseren Überblick über den Stand

---

13 Dazu gehört auch die Pflege einer Website, auf der alle wichtigen Dokumente und Informationen über die Programmdurchführung erhältlich sind: www.ziel2-nrw.de; Stand: 02.08.2004
14 Hausmann, Hannelore/Müller, Christa/Scholten, Udo: Wirkungen der NRW-EG-Regionalpolitik auf Wachstum und Strukturwandel von Regionen. Evaluierung des Operationellen Programms für die Ziel 2-Gebiete in Nordrhein-Westfalen. EFRE-Abschlussbericht. Bonn, 1993
15 Vgl. MR Regionalberatung/InWis-Institut für Wohnungswesen und Immobilienwirtschaft, Stadt- und Regionalentwicklung/Netherlands Economic Institute (NEI): Zwischenevaluierung des operationellen NRW-EU-Ziel 2-Programms 1994-1996. Bochum/Delmenhorst/Rotterdam, 1997. S. 202; MR Regio-

der Programmumsetzung sowohl hinsichtlich der finanziellen Abwicklung als auch der materiellen Ergebnisse zu erhalten und bei drohenden Umsetzungsschwierigkeiten rechtzeitig gegensteuern zu können, wurde der Aufbau einer zentralen Projektdatenbank nahegelegt. Diese wurde auch als eine entscheidende Voraussetzung gesehen, um überhaupt eine zuverlässige Evaluierung durchführen zu können. Zu der gleichen Empfehlung gelangte eine gemeinsam mit der EU finanzierte Studie des Landes über die Berücksichtigung des Nachhaltigkeitsaspekts im Rahmen des nordrhein-westfälischen Ziel 2-Programms.[16] Aus diesen konzeptionellen Vorarbeiten resultierte die Entwicklung eines Monitoringsystems, dessen Kern ein Monitoringbogen ist, in dem alle Projekte ab einer Mindestgröße bei Projektstart neben den notwendigen fördertechnischen Daten auch einige Informationen über die voraussichtlichen regionalökonomischen Wirkungen einschließlich der Auswirkungen auf die genannten Querschnittsziele liefern müssen. Eine jährliche Abfrage, die sich allerdings nur auf einen kleineren Teil dieser Daten bezieht, erfasst die seit Projektstart tatsächlich eingetretenen Effekte.

Die Daten dieses Monitoringsystems dienen als Grundlage für die jährlichen Durchführungsberichte und deren Beratung mit der Europäischen Kommission sowie im Ziel 2-Begleitausschuss. Einige wenige zentrale Indikatoren werden auch in einem vierteljährlich erstellten „Ampelbericht" ausgewertet, der kurzfristig und aktuell über den Programmstatus informiert. Hinsichtlich der Informationsaufbereitung und deren Nutzung für die Programmsteuerung sind damit in den vergangenen Jahren erhebliche Fortschritte erzielt worden, die sich jetzt nach und nach in einer deutlich verbesserten Programmsteuerung niederschlagen. Kein deutsches Strukturfondsprogramm verfügt über ein derart weit entwickeltes und praktisch nutzbares Informationssystem wie das nordrhein-westfälische Ziel 2-Programm.

4. Reform der EU-Strukturfonds nach 2006 und ihre Auswirkungen auf NRW

Die Aufnahme von 10 neuen Mitgliedstaaten im Jahr 2004 und der voraussichtliche Beitritt zweier weiterer Länder im Jahr 2007 stellt die EU-Strukturfonds vor ihre bisher größte Herausforderung seit der Reform 1988 und macht grundlegende Änderungen unausweichlich. Rund 90% der Regionen in den neuen EU-Mitgliedstaaten weisen ein Bruttoinlandsprodukt pro Kopf von weniger als 75% des EU-Durchschnitts auf und erfüllen damit die Voraussetzungen für einen Ziel 1-Status. Diese können demnach einen hohen Mittelzufluss erwarten, werden aber nur in geringem Maße durch Beitragszahlungen zu ihrer Finanzierung beitragen. Die EU-Strukturfonds müssen also entweder finanziell erheblich aufgestockt oder die Hilfen für die derzeitigen Empfängerländer müssen stark zurückgefahren werden. Die erforderlichen Veränderungen betreffen den Förderzeitraum 2007-2013, für den die Europäische Kommission in ihrem im Februar 2004 vorgelegten Dritten Kohäsionsbericht konkrete Reformvorschläge unterbreitete.[17] Bis 2006 sind die Förderhilfen für die neuen EU-Mitglieder ohne Ein-

---

nalberatung/InWis-Institut für Wohnungswesen und Immobilienwirtschaft, Stadt- und Regionalentwicklung/Netherlands Economic Institute (NEI): Evaluation des NRW-EU-Ziel 2-Programms 1994-96 und 1997-99. Materialienband V: Zwischenevaluierung des Operationellen NRW-EU-Ziel 2-Programms 1997-1999 – Auswertung des Monitorings. Delmenhorst/Bochum/Rotterdam, 2000

16 Sauerborn, Klaus/Tischer, Martin: Untersuchung des Nachhaltigkeitsaspekts beim NRW-EU-Programm Ziel 2 für die Jahre 1997-1999. Trier, 1999

17 Vgl. Europäische Kommission: Eine neue Partnerschaft für die Kohäsion. Dritter Bericht über den wirtschaftlichen und sozialen Zusammenhalt. Brüssel, 2004

schnitte bei den bisherigen Empfängerregionen gesichert, da diese erst schrittweise im Sinne eines „Phasing-in" in die EU-Strukturfonds einbezogen werden.

Die durch die EU-Osterweiterung veränderten Rahmenbedingungen werden erhebliche Auswirkungen auf die Strukturpolitik in Nordrhein-Westfalen haben. Zwar ist zum Zeitpunkt der Erstellung dieses Beitrags noch nicht genau abzusehen, in welchem Umfang und auf welche Weise dies geschieht. Es kann aber mit großer Sicherheit davon ausgegangen werden, dass die Veränderungen bei den EU-Hilfen für Nordrhein-Westfalen gravierender ausfallen werden als bei allen bisherigen Reformen seit 1988. Anders als vielfach befürchtet muss aber wohl kaum damit gerechnet werden, dass diese im Jahr 2007 ganz zum Erliegen kommen werden.

Um den Herausforderungen der Osterweiterung zu begegnen, schlägt die Europäische Kommission eine noch stärkere Konzentration ihrer Förderhilfen auf die rückständigsten Mitgliedstaaten und Regionen vor. Allerdings möchte sie mit ihrer Strukturpolitik auch außerhalb dieser Regionen präsent bleiben, um die regionale Wettbewerbsfähigkeit, die Beschäftigung und die territoriale Zusammenarbeit zu unterstützen. Am 14. Juli 2004 legte die Europäische Kommission einen Vorschlag für eine neue Strukturfondsverordnung für den Zeitraum 2007-2013 vor, in dem sie eine Konzentration auf drei Förderziele vorschlägt:[18]

- „*Konvergenz*": Nach diesem Ziel sollen entsprechend dem bisherigen Ziel 1 Regionen mit einem Bruttoinlandsprodukt pro Kopf in Kaufkraftparitäten von weniger als 75% des EU-Durchschnitts Hilfen zur Verringerung ihres Entwicklungsrückstandes erhalten. Durch das Absinken des durchschnittlichen Pro-Kopf-Einkommens in der erweiterten EU um ca. 9% wird auch die 75%-Schwelle in absoluten Werten entsprechend sinken. Einige Regionen werden allein durch diesen „statistischen Effekt" über diesen Schwellenwert wachsen, ohne dass sich ihr Wohlstand verbessert. Diese Regionen werden eine großzügig bemessene Übergangshilfe im Rahmen des Konvergenzzieles erhalten.

- „*Regionale Wettbewerbsfähigkeit und Beschäftigung*": Dieses für Nordrhein-Westfalen bedeutsame Ziel soll an die Stelle der bisherigen Ziele 2 und 3 treten und den regionalen Strukturwandel und die Arbeitsmarktpolitik in den Regionen außerhalb des Konvergenzzieles unterstützen. Die Europäische Kommission strebt eine enge Bindung dieses Zieles an die Gipfelbeschlüsse von Lissabon und Göteborg und an die Europäische Beschäftigungsstrategie an. Jeweils die Hälfte der finanziellen Mittel für dieses Ziel soll auf die beiden Teilziele „Regionale Wettbewerbsfähigkeit" und „Beschäftigung" entfallen, von denen das erste ausschließlich Hilfen aus dem Europäischen Fonds für regionale Entwicklung (EFRE) und das zweite ausschließlich Hilfen aus dem Europäischen Sozialfonds (ESF) erhalten soll. Die Förderhilfen für das regionale Teilziel „Regionale Wettbewerbsfähigkeit" sollen auf drei thematische Prioritäten (Innovation und Wissensgesellschaft, Umwelt und Risikoverhütung, Zugänglichkeit und Dienstleistungen von allgemeinem wirtschaftlichem Interesse) konzentriert werden, wobei die Regionen unter diesen eine Konzentration entsprechend ihrer regionalen Problemlagen vornehmen sollen. Im Gegensatz zu dem bisherigen Ziel 2 beabsichtigt die Europäische Kommission nicht mehr, selbst eine Gebietskulisse zentral festzulegen, sondern möchte die Auswahl von Fördergebieten den Mitgliedstaaten überlassen. Grundsätzlich sollen alle Regionen außerhalb des Konvergenzzieles förderfähig sein.

---

18 Vgl. Kommission der Europäischen Gemeinschaften: Vorschlag für eine Verordnung des Rates mit allgemeinen Bestimmungen über den Europäischen Fonds für regionale Entwicklung, den Europäischen Sozialfonds und den Kohäsionsfonds (KOM(2004)492 endgültig vom 14. Juli 2004)

– *„Europäische territoriale Zusammenarbeit"*: Dieses dritte Ziel soll die bisherige Gemeinschaftsinitiative INTERREG ablösen und die grenzüberschreitende und interregionale Zusammenarbeit als vollwertiges Förderziel aufwerten.

Wie bisher soll der Kohäsionsfonds diejenigen Mitgliedstaaten unterstützen, deren Bruttoinlandsprodukt pro Kopf weniger als 90% des EU-Durchschnitts beträgt. Die Gemeinschaftsinitiativen werden bis auf INTERREG, das wie ausgeführt in den Status eines eigenständigen Förderzieles erhoben wird, in ihrer bisherigen Form abgeschafft. Allerdings sollen deren Themen teilweise unter den neu gestalteten Förderzielen aufgegriffen und weitergeführt werden. Territoriale Kriterien spielen im Kommissionsvorschlag für 2007-2013 eine insgesamt weitaus größere Rolle als früher. Neben den städtischen Gebieten sollen auch Regionen in äußerster Randlage, Berggebiete, Inseln und dünn besiedelte Regionen bevorzugt berücksichtigt werden. Dies schlägt sich u.a. in dem Vorschlag nieder, neben sozioökonomischen Indikatoren wie Einkommen und Arbeitslosigkeit die Bevölkerungsdichte als zusätzliches Kriterium für die Mittelverteilung zu verwenden.

Für die Europäische Strukturpolitik hat die Europäische Kommission in ihrer am 10. Februar 2004 vorgelegten „Finanziellen Vorausschau" ein Gesamtvolumen in Höhe von 336 Mrd. Euro für den Zeitraum 2007-2013 vorgeschlagen.[19] Für die Aufteilung der Strukturfondsmittel auf die drei Ziele hat die EU eine Relation von 78:18:4 vorgeschlagen. In absoluten Zahlen sind dies 264 Mrd. Euro für das Konvergenzziel, 58 Mrd. Euro für das Ziel „Regionale Wettbewerbsfähigkeit und Beschäftigung" und 13 Mrd. Euro für die „Europäische territoriale Zusammenarbeit". Der Anteil der EU-Strukturfonds am gesamten Bruttoinlandsprodukt der EU würde sich in der nächsten Förderperiode dann auf 0,41% belaufen, unter Einschluss der ländlichen Entwicklung auf 0,46%.

Die Mittelvorschläge für die für Nordrhein-Westfalen relevanten Kategorien „Regionale Wettbewerbsfähigkeit und Beschäftigung" und „Europäische territoriale Zusammenarbeit" sind nur bedingt mit der laufenden Förderperiode 2000-2006 vergleichbar, da diese anders definiert werden. Für die bisherigen Ziele 2 und 3 stehen in der aktuellen Förderperiode rd. 44 Mrd. Euro bereit, also weniger als für das neue Ziel „Regionale Wettbewerbsfähigkeit und Beschäftigung" vorgeschlagen worden ist. Der Kommissionsvorschlag für die Mittelaufteilung im Zeitraum 2007-2013 enthält jedoch auch die Förderung der auf Grund ihrer günstigen wirtschaftlichen Entwicklung (nicht jedoch auf Grund des „statistischen Effekts") aus der Ziel 1-Förderung ausscheidenden Gebiete, die bisher als Phasing-out-Gebiete dem Ziel 1 zugeordnet waren. Außerdem müssen erstmals auch einige besser entwickelte Regionen in den Beitrittsländern in diesem Ziel berücksichtigt werden. Der Kommissionsvorschlag läuft damit auf eine weitgehende Konstanz der bisherigen Ziel 2- und Ziel 3-Förderung in den bisher begünstigten Gebieten, allerdings in etwas verändertem Gewand, hinaus. Das vorgeschlagene Mittelvolumen für die „Europäische territoriale Zusammenarbeit" in Höhe von 13 Mrd. Euro bedeutet dagegen einen deutlichen Anstieg gegenüber den bisherigen knapp 5 Mrd. Euro.

Die Finanzvorschläge der Europäischen Kommission für die Periode 2007-2013 sind politisch hoch umstritten. Die Regierungschefs von sechs Nettozahlern (Deutschland, Frankreich, Großbritannien, Niederlande, Schweden, Österreich) fordern eine Begrenzung des EU-Haushalts auf maximal 1,0% des Bruttoinlandsprodukts der EU. Die „Finanzielle Vorausschau" der Kommission vom Februar 2004 sieht dagegen einen Anstieg auf 1,14% vor. Wie sich die Forderungen der sechs Regierungschefs auf die EU-Strukturfonds aus-

---

19 Vgl. Europäische Kommission: Unsere gemeinsame Zukunft aufbauen – Politische Herausforderungen und Haushaltsmittel der erweiterten Union – 2007-2013 (KOM(2004) 101 endgültig) vom 10. Februar 2004

wirken würden, lässt sich nicht eindeutig bestimmen. Dies hängt weitgehend davon ab, ob die Ausgaben für die EU-Agrarpolitik gegenüber dem Volumen, auf das sich die Mitgliedstaaten bereits vor einiger Zeit nach einer Verständigung zwischen Frankreich und Deutschland geeinigt hatten, in die hierdurch notwendigen Einsparungen einbezogen werden. In jedem Fall dürfte das Gesamtvolumen für die EU-Strukturfonds bei einer Beschränkung des EU-Haushalts auf 1,0% deutlich unter 300 Mrd. Euro liegen. Vor allem wenn die Agrarausgaben hiervon unberührt bleiben, muss damit gerechnet werden, dass die beiden Ziele „Regionale Wettbewerbsfähigkeit und Beschäftigung" und „Europäische territoriale Zusammenarbeit" deutlich überproportionale Kürzungen gegenüber dem dargestellten Kommissionsvorschlag hinnehmen müssen, was gleichzeitig einen absoluten Rückgang gegenüber der laufenden Förderperiode 2000-2006 bedeuten würde. In diese Richtung gehen auch die Vorschläge der Bundesregierung, die eine weit stärkere Konzentration der EU-Strukturfonds auf die Regionen mit Entwicklungsrückstand fordert und Maßnahmen außerhalb des Konvergenzzieles auf einen Anteil von 5 bis 10% begrenzen will.

Neben den inhaltlichen und finanziellen Reformvorschlägen hat die Europäische Kommission auch die Durchführungsbestimmungen für die EU-Strukturfonds überarbeitet. Sie strebt an, das derzeitige Programmplanungsverfahren grundsätzlich beizubehalten, sich selbst aber stärker aus der operativen Verantwortung zurückzuziehen und diese weitgehend den Mitgliedstaaten und Regionen zu überlassen. Dem entspricht eine stärkere Dezentralisierung der technischen Programmumsetzung und eine weitgehende Beschränkung der Kommission auf die Überwachung der strategischen Ziele. Nachdem in der laufenden Periode die Finanzabwicklung und -kontrolle grundlegend reformiert (und verschärft) wurde, laufen die Vorschläge für die neue Periode auf Konsolidierung hinaus. Nationale Haushaltsvorschriften sollen in einigen Bereichen wieder stärker angewandt werden dürfen. Außerdem will die EU ihre Finanzkontrolle mehr auf eine Überprüfung funktionierender Systeme ausrichten und die Prüfung von Einzelprojekten weitgehend den Mitgliedstaaten überlassen. Eine problematische Neuerung ist dagegen der vorgeschlagene Ausschluss privater Komplementärfinanzierung. Dadurch wird die Förderung von Public-Private-Partnerships, die schon jetzt durch die Finanzvorschriften der EU-Strukturfonds sehr erschwert werden, entgegen der grundsätzlichen Intention der EU zur Förderung dieser Finanzierungsform noch stärker behindert als bisher.

Zum Zeitpunkt der Abfassung dieses Beitrags ist es noch verfrüht, konkrete Auswirkungen der Reformvorschläge auf die Strukturpolitik in Nordrhein-Westfalen nach 2006 aufzuzeigen. Es lassen sich bislang nur grundlegende Tendenzen erkennen und zu einem wahrscheinlichen Szenario verdichten. Vieles hängt von der Mittelausstattung für die Förderung außerhalb der Regionen mit Entwicklungsrückstand ab, auf die sich die Mitgliedstaaten im Rat verständigen werden. Unter dieser Prämisse lassen sich die folgenden Hypothesen formulieren:

1. Der Abbau des Entwicklungsrückstandes der neuen EU-Mitglieder wird die bevorstehende Reformdebatte beherrschen. Den derzeitigen Empfängerregionen fällt es zunehmend schwer, Verständnis für die bestehenden und teilweise durch die Erweiterung verstärkten Strukturprobleme in den „alten" EU-Mitgliedstaaten zu finden. Dies gilt für Ziel 2-Regionen noch mehr als für Ziel 1-Regionen. Die deutschen EU-Fördergebiete trifft dies in einer besonders schwierigen Situation, denn die anhaltende Wachstumsschwäche und die im Vergleich zum EU-Durchschnitt sehr ungünstige Entwicklung auf dem Arbeitsmarkt in den vergangenen Jahren haben gerade in Deutschland zu einer Verschärfung der regionalen Strukturprobleme geführt. In Ostdeutschland hat diese Entwicklung zur Folge, dass fast alle Regionen mit ihrem Pro-Kopf-Einkommen unter die – in der erweiterten

EU in absoluten Werten abgesenkte – 75%-Schwelle des Pro-Kopf-Einkommens gefallen sind und entgegen früheren Erwartungen nicht vom „statistischen Effekt" betroffen sein werden. Der Dritte Kohäsionsbericht macht deutlich, dass auch viele westdeutsche Regionen im EU-weiten Maßstab deutlich zurückgefallen sind. Einige bewegen sich in beängstigendem Tempo auf ein Ziel 1-Niveau zu. So weist zum Beispiel in Nordrhein-Westfalen die Region Emscher-Lippe ein Bruttoinlandsprodukt pro Kopf von nur noch 77,4% des Durchschnitts der erweiterten EU auf[20] und übertrifft damit nur noch geringfügig den Schwellenwert für das Ziel 1 bzw. das Konvergenzziel.[21]

2. Auch außerhalb des Zieles 1 ist die Konkurrenz der Regionen um die verbleibenden Fördermittel schärfer geworden. Schon in den vergangenen Jahren hat sich das Ziel 2 immer mehr von einem Förderinstrument für Regionen mit gravierenden Umstrukturierungsproblemen und einem Mangel an Arbeitsplätzen zu einem Programm für regionale Probleme aller Art entwickelt, was erheblich zu einem Profilverlust beigetragen hat. Die starke Lobby von regionalen Partikularinteressen wie der Berg-, Insel-, maritimen und ultra-peripheren Regionen hat sich erfolgreich in den Kommissionsvorschlägen für die Strukturfonds nach 2006 niedergeschlagen und teilweise privilegierten Status durchsetzen können. Dies ist umso bemerkenswerter, als mit der zweiten Säule der Agrarpolitik eine aus EU-Mitteln finanzierte „Neben-Regionalpolitik" exklusiv für den ländlichen Raum entstanden ist. Da die genannten regionalen Sonderinteressen hiervon in besonderer Weise begünstigt werden, hat sich ihre Position im Verhältnis zu dem Industrieregionen mit Struktur- und Arbeitsmarktproblemen erheblich verbessert. Die Voraussetzungen dieser Regionen, zu mehr Wachstum und Wettbewerbsfähigkeit in der EU entsprechend dem Lissabonner Prozess beizutragen, müssen jedoch als eher gering betrachtet werden, so dass sie nur über begrenzte Wachstumspotenziale verfügen. Hierdurch gerät das wirtschaftliche Profil der Ziel 2-Förderung in Gefahr. Nordrhein-Westfalen hat vor diesem Hintergrund die Zusammenarbeit mit anderen Industrieregionen im Strukturwandel im In- und Ausland erheblich verstärkt, um gemeinsam mit ihnen eine stärker wachstums- und beschäftigungspolitische Ausrichtung der Förderhilfen außerhalb des Konvergenzzieles durchzusetzen.

3. Die von der Europäischen Kommission angestrebte stärkere Verknüpfung der EU-Strukturfonds, vor allem des Zieles „Regionale Wettbewerbsfähigkeit und Beschäftigung" mit den Zielen von Lissabon deckt sich dagegen voll mit der Interessenlage und der strukturpolitischen Praxis in Nordrhein-Westfalen. Die in Abschnitt 3 dargestellten Veränderungen beim laufenden Ziel 2-Programm zugunsten von mehr Innovation und einer Stärkung des Unternehmertums gehen in die gleiche Richtung, in die die EU ihre Förderpolitik umlenken will. Nordrhein-Westfalen ist daher gut auf die inhaltlichen Anforderungen in der neuen Förderperiode vorbereitet. Bemerkenswert ist auch die hohe Übereinstimmung zwischen den konzeptionellen Überlegungen von EU und Land NRW bezüglich der Förderung von Kompetenzfeldern bzw. Cluster-Politiken.

4. Die Absicht der Europäischen Kommission, die bisherige kleinräumige Gebietsabgrenzung aufzugeben und den Mitgliedstaaten und Regionen mehr Spielraum bei der regio-

---

20 Berechnungen des Landesamtes für Datenverarbeitung und Statistik
21 Da die Abgrenzung der Ziel 1-Gebiete auf der statistischen Ebene NUTS-II erfolgt und dies in Deutschland die Ebene der Regierungsbezirke ist, könnte die Emscher-Lippe-Region allein keinen Ziel 1-Status erhalten. Die ausschlaggebende regionale Einheit wäre der Regierungsbezirk Münster, der auf Grund des wesentlich wohlhabenderen restlichen Teils der Region den Schwellenwert deutlich übertrifft. Dieser Hinweis macht aber deutlich, wie drängend die regionalen Strukturprobleme auch in einigen westdeutschen Regionen geworden sind und wie akut sich die Frage nach einer Gleichbehandlung oder zumindest nach einer angemessenen Berücksichtigung in einem finanziell adäquat ausgestatteten Ziel 2 stellt.

nalen Konzentration der Förderung zu gewähren, entspricht auch dem Interesse des Landes Nordrhein-Westfalen. Die teilweise straßenscharfe Abgrenzung des Ziel 2-Gebiets, die in der laufenden Förderperiode durch die Vorgabe eines Bevölkerungsplafonds durch die EU erzwungen wurde, hat zu teilweise erheblichen Komplikationen bei der Durchführung von Projekten und in einigen Fällen zu unsinnigen Förderentscheidungen geführt. Die größere Offenheit der EU weckt nun aber die Begehrlichkeiten auch strukturstarker Regionen. Dies kann bei begrenzten Mitteln zu Lasten der Regionen mit den größten Strukturproblemen führen. Die deutschen Länder haben sich deshalb dafür ausgesprochen, die Strukturfonds auch in Zukunft auf Regionen mit objektiven Strukturproblemen zu beschränken und diese anhand transparenter Kriterien auszuwählen. Sollte sich aber die Europäische Kommission mit ihren Vorstellungen durchsetzen, wird das Problem der regionalen Konzentration des Fördermitteleinsatzes, das bei insgesamt sinkenden Mittel nicht an Bedeutung verlieren wird, in die Mitgliedstaaten und Regionen hinein verlagert. Es ist noch nicht abzusehen, wie die hierdurch aufbrechenden regionalen Verteilungskonflikte gelöst werden können.

In engem Zusammenhang hiermit steht die Absicht der Generaldirektion Wettbewerb der Europäischen Kommission, die beihilfenrechtlichen Ausnahmeregelungen für Regionalbeihilfen außerhalb der Ziel 1-Gebiete zugunsten von mehr Flexibilität bei horizontalen Beihilfen ganz aufzugeben. Damit würde den Investitionsbeihilfen nach der Gemeinschaftsaufgabe „Verbesserung der regionalen Wirtschaftsförderung" in Westdeutschland und damit auch in Nordrhein-Westfalen die Grundlage entzogen. Auf der anderen Seite könnten beihilferechtliche Probleme in anderen Förderbereichen wie der F&E-Förderung oder bei Umweltschutzmaßnahmen erleichtert werden.

Auch innerhalb des Landes NRW bedeutet die größere Flexibilität nicht nur eine Stärkung der regionalen Entscheidungsautonomie, sondern auch hierzulande werden bei manchen Städten und Regionen Hoffnungen auf EU-Hilfen geweckt, die am Ende enttäuscht werden müssen. Auf das Land kommt die schwierige Aufgabe zu, das richtige Maß zwischen flexibler Gebietsauswahl und regional konzentriertem Mitteleinsatz zu finden.

5. Die zu Beginn der laufenden Förderperiode in Nordrhein-Westfalen geschaffenen Umsetzungsstrukturen für das Ziel 2-Programm mit einem hochrangig besetzten Begleitausschuss, einer stärkeren strategischen Steuerung durch das federführende Wirtschaftsministerium als Verwaltungsbehörde, unterstützt durch ein Ziel 2-Sekrearriat als Dienstleister für Projektbewertung, Monitoring, Berichterstattung und Öffentlichkeitsarbeit, der Übertragung der finanziellen Abwicklung auf die NRW.Bank und mit einer begleitenden Finanzkontrolle haben sich grundsätzlich bewährt. Die Vorschläge der Kommission für die neue Förderperiode machen voraussichtlich keine größeren Änderungen erforderlich. Gleichwohl dürften sich aktuell stattfindende institutionelle und administrative Veränderungen im Land wie die stärkere Verzahnung der Struktur- und Arbeitsmarktpolitik auf regionaler Ebene oder die weit reichende Übertragung der Abwicklung von Förderprogrammen auf die NRW.Bank, bei der das Ziel 2-Programm in den vergangenen Jahren eine Vorreiterrolle übernommen hat, auch in den neuen Umsetzungsstrukturen bemerkbar machen.

6. Die Aufwertung der grenzüberschreitenden, interregionalen und transnationalen Zusammenarbeit zu einem eigenständigen Förderziel und die von der Kommission dafür vorgeschlagene Mittelausstattung lassen erwarten, dass die INTERREG-Förderung auch in Nordrhein-Westfalen auf angemessene Weise fortgeführt werden kann. Hier wie in anderen Grenzregionen stellt sich jedoch die Notwendigkeit, auch diesen Förderbereich stärker an den Zielen von Lissabon und Göteborg auszurichten. Hierzu ist es notwendig, die Umsetzungsstrukturen zu überprüfen. Dabei muss insbesondere gefragt

werden, ob die thematische Ausrichtung und die Dimensionierung der Projekte anpassungsbedürftig sind. Außerdem sollte die grenzüberschreitende Zusammenarbeit in größeren regionalen Bezügen konzipiert werden, um auch grenzferner gelegene Regionen einzubeziehen und sie auf diese Weise stärker am Nutzen der grenzüberschreitenden Zusammenarbeit partizipieren zu lassen.

Literatur

Europäische Kommission: Eine neue Partnerschaft für die Kohäsion. Dritter Bericht über den wirtschaftlichen und sozialen Zusammenhalt. Brüssel, 2004

Europäische Kommission: Unsere gemeinsame Zukunft aufbauen – Politische Herausforderungen und Haushaltsmittel der erweiterten Union – 2007-2013 (KOM(2004) 101 endgültig) vom 10. Februar 2004

Hausmann, Hannelore/Müller, Christa/Scholten, Udo: Wirkungen der NRW-EG-Regionalpolitik auf Wachstum und Strukturwandel von Regionen. Evaluierung des Operationellen Programms für die Ziel 2-Gebiete in Nordrhein-Westfalen. EFRE-Abschlussbericht. Bonn, 1993

Institut Arbeit und Technik (IAT)/Österreichisches Institut für Raumplanung (ÖIR)/European Policies Research Centre (EPRC): Halbzeitbewertung des Ziel 2-Programms 2000-2006 des Landes Nordrhein-Westfalen. Abschlussbericht. Gelsenkirchen/Wien/Glasgow, 2003

IQ Net, Improving the Quality of Structural Fond Programming through Exchange of Experience, www.eprc.strath.ac.uk/iqnet/iq-net/index.html

Jakoby, Herbert/Ridder, Michael: Qualitätsorientierte Steuerung von EU-Strukturfondsprogrammen am Beispiel des nordrhein-westfälischen Ziel 2-Programms. In: Informationen zur Raumentwicklung, Heft 6/7, 2001. S. 385-398

Kommission der Europäischen Gemeinschaften: Vorschlag für eine Verordnung des Rates mit allgemeinen Bestimmungen über den Europäischen Fonds für regionale Entwicklung, den Europäischen Sozialfonds und den Kohäsionsfonds (KOM(2004)492 endgültig vom 14. Juli 2004

Ministerium für Wirtschaft und Arbeit des Landes Nordrhein-Westfalen, Ziel 2-Programm, www.ziel2-nrw.de

Ministerium für Wirtschaft und Mittelstand, Energie und Verkehr des Landes Nordrhein-Westfalen/Scottish Executive: Partners for Development – Partner in der Strukturpolitik. Chancen der Zusammenarbeit zwischen Schottland und Nordrhein-Westfalen – Opportunities for Collaboration between Scotland and North Rhine–Westphalia. Düsseldorf/Edinburgh, 2001

MR Regionalberatung/InWis-Institut für Wohnungswesen und Immobilienwirtschaft, Stadt- und Regionalentwicklung/Netherlands Economic Institute (NEI): Zwischenevaluierung des operationellen NRW-EU-Ziel 2-Programms 1994-1996. Bochum/Delmenhorst/Rotterdam, 1997

MR Regionalberatung/InWis-Institut für Wohnungswesen und Immobilienwirtschaft, Stadt- und Regionalentwicklung/Netherlands Economic Institute (NEI): Diskussionspapier zur Vorbereitung des NRW-EU-Ziel 2-Programms 2000-2006. Delmenhorst/Bochum/Rotterdam, 1999

MR Regionalberatung/InWis-Institut für Wohnungswesen und Immobilienwirtschaft, Stadt- und Regionalentwicklung/Netherlands Economic Institute (NEI): Evaluation des NRW-EU-Ziel 2-Programms 1994-96 und 1997-99. Materialienband V: Zwischenevaluierung des Operationellen NRW-EU-Ziel 2-Programms 1997-1999 – Auswertung des Monitorings. Delmenhorst/Bochum/Rotterdam, 2000

Porter, Michael E.: Nationale Wettbewerbsvorteile. Erfolgreich konkurrieren auf dem Weltmarkt. München, 1991

Roland Berger Unternehmensberatung: Kompetenzfelder für das Ruhrgebiet. Düsseldorf, 2001

Sauerborn, Klaus/Tischer, Martin: Untersuchung des Nachhaltigkeitsaspekts beim NRW-EU-Programm Ziel 2 für die Jahre 1997-1999. Trier, 1999

Taylor, Sandra/Bachtler, John/Rooney, Marie Louise: Implementing the New Generation of Programmes. Project Development, Appraisal and Selection. Glasgow, 2000

Verordnung (EG) Nr. 1260/1999 des Rates vom 21. Juni 1999

Heide Bergschmidt/Christine Hebauer/Ludger Schulze Pals

Reform der Agrarpolitik – Eine Bilanz aus nordrhein-westfälischer Sicht

1. Auf dem Weg zum Ziel? EU-Agrarpolitik in Bewegung

1.1 Ein klarer Beschluss – die GAP-Reform

Am 26. Juni 2003 beschlossen die EU-Agrarminister in Luxemburg eine umfassende Reform der Gemeinsamen Agrarpolitik der Europäischen Union. Vorangegangen war ein Jahr intensiver Debatten, nachdem die Kommission im Juli 2002 erstmals ihre Reformvorstellungen in Form einer Mitteilung präsentiert hatte. In für EU-Verhältnisse ausgesprochen kurzer Zeit war es Agrarkommissar Franz Fischler gelungen, die EU-Agrarminister auf eine grundlegende Neuausrichtung der Gemeinsamen Agrarpolitik einzuschwören, für die sich der Name „GAP-Reform" durchgesetzt hat.

Kommission und Mitgliedstaaten zeigten sich nach den schwierigen Verhandlungen erleichtert über den positiven Abschluss und sparten nicht mit großen Worten. Vom „Beginn einer neuen Ära" sprach Agrarkommissar Fischler, und Griechenlands Landwirtschaftsminister Giorgos Drys – dessen Land die EU-Ratspräsidentschaft innehatte – ergänzte: „Die Vereinbarung signalisiert das Ende einer Zeit und eines Systems der Subventionierungen, das zur Überproduktion und zum Vergraben von Produkten geführt hatte."

Obwohl die Europäische Gemeinschaft schon zuvor wirksame Anstrengungen unternommen hatte, um die Überschüsse ihrer Agrarproduktion zu vermindern, prägen die Bilder von Getreide- und Butterbergen bis heute die Wahrnehmung der Gemeinsamen Agrarpolitik in der breiten Öffentlichkeit. So erscheint es logisch, dass Politiker sich auf diese Bilder beziehen, um den Bürgerinnen und Bürgern die Tragweite der Reform deutlich zu machen.

Denn die GAP-Reform bedeutet für die Landwirte in der Tat den Abschied von dem Jahrzehnte lang gültigen Prinzip: je mehr Getreide und Tiere, desto mehr staatliche Zahlungen.

Die bahnbrechende Neuerung der Reform ist die so genannte Entkopplung: Die Prämienzahlungen, die die Europäische Gemeinschaft bisher für die Erzeugung bestimmter Produkte gewährt hat, werden den Landwirten künftig unabhängig von Art und Umfang der Produktion gewährt.

Zusätzlich verwirklichten Kommission und Agrarminister mit der Reform ein zweites gesellschaftliches Anliegen: die bessere Verzahnung der Agrarpolitik mit Umweltschutz, Tierschutz und Verbraucherschutz. Dazu wurden die Prinzipien Cross Compliance, zu deutsch Überkreuzverpflichtung, und Modulation gemeinschaftsweit eingeführt.

Mit Cross Compliance wird die Auszahlung der Prämien erstmals systematisch mit der Einhaltung von Standards in den Bereichen Umwelt-, Tier- und Verbraucherschutz verknüpft. Nur, wer die diesbezüglichen gesetzlichen Bestimmungen einhält und weitere, im Reformbeschluss enthaltene Auflagen erfüllt, kommt künftig in den vollen Genuss der Prämien. Zusätzlich werden durch die Modulation ein Teil der Prämien zugunsten von Agrarumweltmaßnahmen und anderen Maßnahmen zur Förderung der ländlichen Entwicklung umgelenkt.

Hat die Reform vom Juni 2003 nun die EU-Agrarpolitik tatsächlich vom Kopf auf die Füße gestellt? Sind all ihre Widersprüche nun ein für alle Mal ausgeräumt?

Und wie verhält sich das Ergebnis der Reform zu den agrarpolitischen Zielen Nordrhein-Westfalens?

1.2 Eine Reform mit Geschichte

Um diese Frage zu beantworten, ist zunächst festzuhalten: der Luxemburger Reformbeschluss war kein singuläres Ereignis. Er fügt sich ein in eine Reihe von Reformen, mit der die Europäische Gemeinschaft seit den 80er Jahren versucht hat, die negativen Auswirkungen und die Kosten ihrer Agrarpolitik zu begrenzen, ihre internationale Akzeptanz zu verbessern und gleichzeitig neue gesellschaftliche Anforderungen – z.B. den Umweltschutz – zu integrieren. Dennoch ist die Gemeinsame Agrarpolitik bis heute in vieler Hinsicht von ihren Wurzeln in den 50er und 60er Jahren geprägt.

Die Gründungsmitglieder der Europäischen Gemeinschaft einte damals die Sorge, dass die Landwirte und die ländlichen Regionen vom Wirtschaftswachstum und dem zunehmenden Wohlstand in ihren Ländern abgekoppelt werden könnten. Zudem genoss die sichere Versorgung mit Lebensmitteln einen hohen Stellenwert – die Mangeljahre der Nachkriegszeit waren noch nicht vergessen. Die Gemeinsame Agrarpolitik wurde deshalb schon im Gründungsvertrag der Europäischen Gemeinschaft von 1957 als wichtiges Element verankert. Als ihre Ziele wurden die Steigerung der Produktivität der Landwirtschaft, die Erhöhung des Einkommens der Landwirte, die Stabilisierung der Märkte, die Sicherstellung der Versorgung und angemessene Verbraucherpreise festgelegt.

Dies sollte vor allem mit dem Instrument der gemeinsamen Marktordnungen erreicht werden. Durch sie sollte eine Abgrenzung des europäischen Binnenmarktes vom Weltmarkt sowie eine Stabilisierung der Preise für landwirtschaftliche Erzeugnisse erfolgen. Im Rahmen dieser Marktordnungen wurden Preise festgesetzt, die sich über Jahrzehnte hinweg vor allem an den Interessen der Erzeuger orientierten.

Die praktischen Folgen dieser Politik wuchsen der Gemeinschaft bald über den Kopf. Durch die Fortschritte in Züchtung und Produktionstechnik stiegen die Erträge, die Produktion überstieg bald deutlich die Nachfrage und immer mehr Agrarerzeugnisse gingen in die Intervention, d.h. sie wurden von staatlichen Stellen zu garantierten Mindestpreisen aufgekauft und eingelagert. Die Agrarausgaben belasteten den Haushalt der Gemeinschaft zunehmend. Die offensichtliche Widersinnigkeit, mit hohen Preisen Anreize zur Erzeugung von Lebensmitteln zu geben, an denen kein Bedarf bestand – und die deshalb auf unbestimmte Zeit eingelagert, zu Dumpingpreisen auf dem Weltmarkt abgesetzt oder gar vernichtet werden mussten – stieß in der Gesellschaft auf Unverständnis. Mehr und mehr wurde klar, dass sich das System der Preisstützung auf Dauer so nicht halten lassen würde.

In den 80er Jahren erfolgten deshalb erste punktuelle Reformen. 1984 wurde die Milcherzeugung begrenzt, indem jeder Erzeuger eine Milchquote zugeteilt bekam. Die Agrarleitlinie von 1988 schrieb erstmals eine Obergrenze für die Entwicklung der Agrarausgaben fest. Das 1989 aufgelegte Extensivierungsprogramm zur Marktentlastung installierte erstmals Maßnahmen zur Förderung der Acker- und Grünlandextensivierung sowie des ökologischen Landbaus. 1992 erfolgte schließlich eine umfassende und systematische Reform des Systems der Marktordnungen, die maßgeblich auf den damaligen irischen Agrarkommissar Ray McSharry zurückgeht. Die Interventionspreise wurden schrittweise abgesenkt und neue Beihilfen in Form von Tier- und Flächenprämien eingeführt, um die Einkommensverluste der Landwirte teilweise auszugleichen. Als „flankierende Maßnahmen" wurden zudem die Förderung des Öko-Landbaus, der Agrarumweltmaßnahmen sowie des Vertragsnaturschutzes weiter ausgebaut.

Das „Allgemeine Zoll- und Handelsabkommen" (GATT), der Vorläufer der heutigen WTO, zwang die EG jedoch bald zu erneuten Anpassungen ihrer Agrarpolitik. Die abgeschotteten Märkte der EG, ihre handelsverzerrenden Subventionen und vor allem das Absetzen der überschüssigen Agrarprodukte auf dem Weltmarkt mit Hilfe von Exportsubventionen, zu Lasten der Nicht-EG-Erzeuger, stießen bei den Handelspartnern auf Unverständnis. 1997 präsentierte die Kommission deshalb mit der „Agenda 2000" erneut einschneidende Reformvorschläge. Die Agenda 2000 konnte nach langen Verhandlungen 1999 in abgeschwächter Form von den EU-Staats- und Regierungschefs auf einem Berliner Sondergipfel verabschiedet werden. Sie vertiefte die 1992er Reform und brachte der Politik zur Entwicklung ländlicher Räume neue Impulse: Agrarstruktur-, Agrarumwelt- und Landentwicklungsmaßnahmen wurden erstmals systematisch miteinander verknüpft und als so genannte Zweite Säule zu einem eigenständigen Element der Gemeinsamen Agrarpolitik aufgewertet, für das rund 10% des Agrarhaushalts bereitgestellt werden.

Im Nachhinein betrachtet, legte die Agenda 2000 schließlich den Grundstein für die GAP-Reform von 2003. Auf Grund der scharfen Kontroversen um die Agenda 2000 hatten sich Kommission und Mitgliedstaaten darauf verständigt, dass die Kommission nach der Hälfte der siebenjährigen Laufzeit der Agenda die Ergebnisse bewerten und ggf. Verbesserungsvorschläge vorlegen sollte. Diese Halbzeitbewertung bot der Kommission die Gelegenheit, im Juli 2002 die umfassenden Reformvorschläge vorzulegen, die ein Jahr später schließlich in die GAP-Reform münden sollten.

1.3 Die Sicht Nordrhein-Westfalens

Die langfristigen agrarpolitischen Ziele Nordrhein-Westfalens sind eine ökologisch und ökonomisch stabile Landwirtschaft und attraktive ländliche Räume (siehe Kasten). Angesichts der vielfältigen Verzahnungen und Querbezüge zwischen Landwirtschaft, Umwelt, Verbraucherschutz und ländlichen Räumen ist eine rein sektoral ausgerichtete Agrarpolitik heute nicht mehr zeitgemäß. Nordrhein-Westfalen hat deshalb schon früh eine möglichst weitgehende Integration von Agrarpolitik, Umweltpolitik, Verbraucherschutz und Politik für ländliche Räume gefordert und im Bereich der Landespolitik praktiziert. Die Zusammenführung von Umwelt und Landwirtschaft unter dem Dach eines Ministeriums, die schon 1985 erfolgte, hatte in dieser Hinsicht Signalwirkung. 2000 wurde auch der Verbraucherschutz in den Namen des Ministeriums aufgenommen und damit der gewachsenen Bedeutung dieses Bereichs Rechnung getragen.

Die agrarpolitischen Ziele Nordrhein-Westfalens

– eine umweltverträgliche Wirtschaftsweise

Rund die Hälfte der Fläche Nordrhein-Westfalens werden landwirtschaftlich genutzt. Gerade in unserem dicht besiedelten Bundesland steht es außer Frage, dass bei ihrer Bewirtschaftung die Grundsätze von Umwelt-, Natur- und Tierschutz einen hohen Rang haben müssen. Die Umweltmedien Wasser, Boden und Luft sind zu schützen, die Artenvielfalt – die zu einem beträchtlichen Teil gerade durch die landwirtschaftliche Nutzung entstanden ist – soll erhalten werden. Tiere sind nicht bloß Produktionsfaktoren, sie haben ihre eigene Würde und den Anspruch auf eine tiergerechte Haltung.

– Verbraucherschutz und Qualität

Im Sinne eines vorsorgenden Verbraucherschutzes hat die Sicherheit von Lebensmitteln eine eindeutige Priorität. Alle Verbraucherinnen und Verbraucher haben ein Recht auf gesundheitlich unbedenkliche Lebensmittel. Darüber hinaus ist eine möglichst hohe Qualität im Interesse nicht nur der Verbraucher, sondern auch der Landwirtschaft. Nur mit Produkten von hoher Qualität kann es der europäischen Landwirtschaft auf Dauer gelingen, sich vom Weltmarkt abzuheben und ihre Absatzmärkte zu halten. Qualität ist hier in einem umfassenden Sinne zu verstehen, der auch die Qualität des Herstellungsprozesses, einschließlich der Beachtung von Umwelt- und Tierschutz, umfasst.

– wirtschaftliche Perspektiven

Jeder landwirtschaftliche Betrieb sichert Arbeitsplätze, belebt die regionalen Wirtschaftskreisläufe und ist nicht zuletzt Teil des kulturellen Erbes der ländlichen Räume. Deshalb ist es wichtig, möglichst vielen landwirtschaftlichen Betrieben langfristige Perspektiven zu bieten. Die Landwirtschaft muss wirtschaftlich tragfähig sein; sie muss die bäuerlichen Familien ernähren können und Investitionen ermöglichen, damit die Betriebe sich weiterentwickeln können und für die Zukunft gerüstet sind. Dazu leistet die Erschließung neuer Einkommensquellen einen wachsenden Beitrag.

– Multifunktionalität der Landwirtschaft

Die landwirtschaftliche Tätigkeit dient heute nicht mehr allein der Produktion von Nahrungsmitteln. Das ist nach wie vor zentrale Grundfunktion, aber gleichzeitig erbringt die Landwirtschaft heute eine Vielfalt von weiteren Leistungen für die Gesellschaft, wie beispielsweise die Erhaltung der Biodiversität, die Pflege der Kulturlandschaft, die Erzeugung von nachwachsenden Rohstoffen, Erschließung von neuen Energiequellen usw. (Abb. 1). Die vielen Funktionen der Landwirtschaft im ländlichen Raum eröffnen neue Einkommensperspektiven.

Abb. 1: Das Europäische Agrarmodell einer multifunktionalen Landwirtschaft

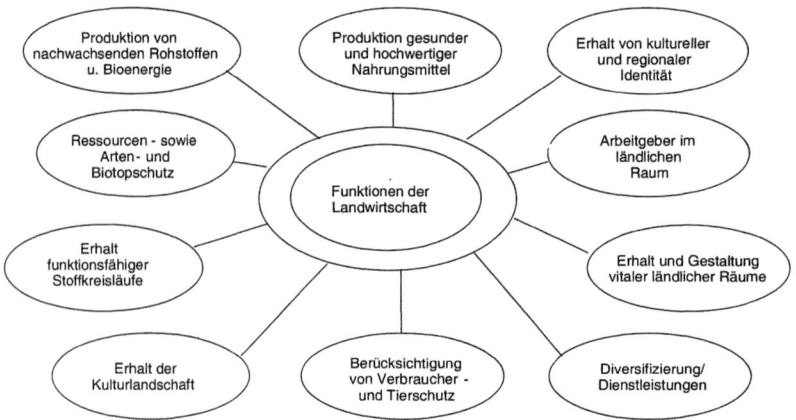

Quelle: eigene Darstellung

> **– vitale ländliche Räume**
>
> Die ländlichen Räume Nordrhein-Westfalens sind, im landes- und bundesweiten Vergleich, gut aufgestellt. Obwohl die Landwirtschaft auch hier heute nicht mehr die zentrale wirtschaftliche Rolle spielt, die ihr früher zukam, ist sie immer noch ein prägender Faktor.
> Sie bietet Arbeitsplätze nicht nur auf den Betrieben selbst, sondern auch im vor- und nachgelagerten Bereich. Zudem ist das Erscheinungsbild vieler Regionen maßgeblich von der Landwirtschaft geprägt. Landschaftliche Attraktivität und eine intakte Umwelt sind wichtige Standortfaktoren für ländliche Räume. Der Tourismus beispielsweise, in vielen ländlichen Regionen ein wichtiger und noch ausbaufähiger Wirtschaftszweig, ist eng mit einem abwechslungsreichen Landschaftsbild verbunden. Und schließlich bürgt eine vielfältige Landwirtschaft dafür, dass die Regionen ihren eigenen Charakter bewahren und nicht zu austauschbaren Vorstädten im Grünen werden.

Für die Verwirklichung der agrarpolitischen Ziele des Landes ist die Gemeinsame Agrarpolitik der EU im mehrfacher Hinsicht von Bedeutung:

Zum einen hat die Gemeinsame Agrarpolitik entscheidenden Einfluss auf die Art und Intensität der Landwirtschaft und auf die wirtschaftliche Situation der Betriebe in Nordrhein-Westfalen. Die Prämienzahlungen wirken direkt auf das Einkommen der Bäuerinnen und Bauern. Durch Preis- und Mengenregelungen, die Ausgestaltung der Prämienzahlungen und ihre Gewährung nur für bestimmte Kulturen und Tierarten beeinflusst die EU-Agrarpolitik zudem maßgeblich die betrieblichen Entscheidungen der Landwirte.

Zum anderen stellt die EU Mittel für die Entwicklung ländlicher Räume zur Verfügung (Zweite Säule der Gemeinsamen Agrarpolitik). Im Unterschied zu den Direktzahlungen, die nach Brüsseler Maßgaben gewährt und von den Mitgliedstaaten lediglich an die Landwirte durchgereicht werden, haben die Länder hier eigene Gestaltungsmöglichkeiten und müssen auch einen erheblichen Eigenanteil an der Finanzierung aufbringen. In Deutschland erstellt jedes Bundesland sein eigenes Entwicklungsprogramm für den ländlichen Raum, wobei viele Maßnahmen auch in der „Gemeinschaftsaufgabe Verbesserung der Agrarstruktur und des Küstenschutzes" von Bund und Ländern verankert sind, und somit eine gewisse Klammer über die Länder gegeben ist.

Die Kofinanzierung durch die EU – in den alten Bundesländern je nach Maßnahme zwischen 25% und 60% – erweitert die finanziellen Spielräume des Landes für die ländliche Entwicklung erheblich. Die Freiheit hat jedoch ihre Grenzen, denn bei Inhalten und Ausführung des Programms für den ländlichen Raum müssen die teilweise rigiden Bestimmungen der EU beachtet werden. Das Land hat deshalb an der Ausgestaltung der entsprechenden EU-Regelungen und vor allem auch der finanziellen Ausstattung der Zweiten Säule ein ganz unmittelbares Interesse.

Schließlich üben auch rechtliche Regelungen der EU in anderen Bereichen erheblichen Einfluss auf die Landwirtschaft und damit auf die Realisierung der agrarpolitischen Ziele des Landes aus. Dieses Thema kann hier nicht vertieft werden, insgesamt lässt sich jedoch feststellen, dass parallel zum Reformprozess der Gemeinsamen Agrarpolitik auch bei den rechtlichen Regelungen, von denen die Landwirtschaft betroffen ist, das Gewicht von Umweltschutz und Verbraucherschutz gewachsen ist. Beispiele sind die Bestimmungen zur BSE-Vorsorge oder die Wasserrahmenrichtlinie, die von den Landwirten weitere Anstrengungen für den Verbraucherschutz und zur Reduzierung des Eintrags von Nährstoffen und Pflanzenschutzmittel in Gewässer verlangen.

Die Verzahnung zwischen landespolitischen und europapolitischen Entwicklungen ist für Nordrhein-Westfalen von großer Bedeutung. Dies gilt in besonderem Maße auch für die Agrarpolitik. Dementsprechend hat sich Nordrhein-Westfalen aktiv in die Debatte um die

Gestaltung der Europäischen Agrarpolitik eingebracht und seine Standpunkte deutlich gemacht.

In ihrer Stellungnahme vom 14. März 2000 zu den politischen Prioritäten der Europäischen Kommission für den Zeitraum 2000-2005 forderte die Landesregierung „die Durchsetzung einer echten Multifunktionalität in der Gemeinsamen Agrarpolitik, d.h. die Verankerung ökologischer und sozialer Anliegen als integraler Bestandteil" und konstatierte: „Eine der wesentlichen Aufgaben der Europäischen Union wird in den kommenden Jahren auch darin bestehen, verlorenes Vertrauen bei den Verbrauchern vor allem mit Blick auf die Sicherheit von Lebensmitteln im europäischen Binnenmarkt zurückzugewinnen. Von Bedeutung sind dabei eine bessere Verzahnung von Agrar-, Gesundheits- und Verbraucherpolitik (...)."

Auch in die Debatte um die 2003 anstehende Halbzeitbewertung der Agenda 2000 schaltete sich Nordrhein-Westfalen frühzeitig ein. Bereits im Juni 2002, also noch bevor die Kommission ihre Mitteilung zur Halbzeitbewertung vorlegte, wandte sich Landwirtschaftsministerin Bärbel Höhn mit ihrem Positionspapier „Nachhaltigkeit, Wettbewerbsfähigkeit und Lebensmittelsicherheit – Memorandum für eine zukunftsfähige Agrar- und Verbraucherpolitik in Europa" an Agrarkommissar Fischler und die Öffentlichkeit.

Vor dem Hintergrund der Rahmenbedingungen der Gemeinsamen Agrarpolitik, einschließlich ihrer vielfältigen Restriktionen und Reformhindernisse, unterschied Ministerin Höhn zwischen kurzfristig umzusetzenden Maßnahmen und weitergehenden, perspektivischen Reformen, deren Durchsetzung eine längere Zeit erfordern würde.

Kurzfristig, also im Rahmen der Halbzeitbewertung, sollten folgende Eckpunkte EU-weit umgesetzt werden:

– Einführung einer Ackerfutter- und Grünlandprämie, um die bestehende Benachteiligung ökologisch vorteilhafter Flächennutzungen wie Grünland und Kleegras abzubauen.
– Gewährung der Tier- und Flächenprämien nur bei Einhaltung bestimmter Umweltkriterien, d.h. verpflichtende Einführung von Cross Compliance.
– Bindung der Höhe der Ausgleichszahlungen an die Leistungsfähigkeit der Betriebe (obligatorische Modulation) und Nutzung der freiwerdenden Finanzmittel zur Förderung des ländlichen Raums im Rahmen der 2. Säule der Europäischen Agrarpolitik.
– inhaltliche Weiterentwicklung der 2. Säule zu einem echten sektorübergreifenden integrierten Förderansatz, der zusätzliche Perspektiven für neue Einkommensquellen auch außerhalb der landwirtschaftlichen Urproduktion eröffnet.
– Vereinfachung und Flexibilisierung der Verwaltungsabläufe zur Umsetzung der Europäischen Agrarpolitik, um Behörden und Antragsteller gleichermaßen zu entlasten.

Für die Weiterentwicklung der Europäischen Agrarpolitik nach 2006 forderte Ministerin Höhn

– den Umbau der hochkomplizierten Flächen- und Tierprämien zur einer einfachen und einheitlichen Flächen-Grundprämie und
– den finanziellen und konzeptionellen Ausbau der ländlichen Entwicklungspolitik, der zu einem echten Schwerpunkt der Europäischen Agrarpolitik werden sollte. Dies sollte auch mehr Spielräume für regionale Ansätze beinhalten und die konsequente Honorierung der gesellschaftlich erwünschten Leistungen der Landwirtschaft ermöglichen.

Wie ist nun, gemessen an diesen Forderungen, die GAP-Reform zu bewerten?

2. Marktpolitik – der Kern der Gemeinsamen Agrarpolitik wird reformiert

2.1 Entkopplung – der Überraschungscoup der Kommission

Im bisherigen System der Direktzahlungen erhalten die Landwirte zum einen Flächenprämien für den Anbau bestimmter Kulturen (Getreide, Mais, Raps und andere Öl- und Eiweißpflanzen), zum anderen Tierprämien für die Haltung bestimmter Tiere (Rinder, Schafe und Ziegen). Andere Tier- und Pflanzenarten gehen bei der Prämienvergabe hingegen leer aus. Warum nur bestimmte Kulturen und Nutztiere durch die Prämien begünstigt werden, erscheint zunächst unverständlich. Die Erklärung liegt in der Begründung der Direktzahlungen durch die bereits erwähnte McSharry-Reform von 1992 und die Agenda 2000. Die Reformen senkten die staatlichen Stützpreise für die wichtigsten Agrarprodukte der EU deutlich ab, um die Überschussproduktion zu vermindern. Um die Landwirte dabei aber vor drastischen Einkommenseinbußen und damit Existenzgefährdungen zu schützen, wurde, nur für die von der Preissenkung betroffenen Produkte, das Prämiensystem eingeführt.

Diese produktionsgebundenen Direktzahlungen standen bald aus mehreren Gründen unter Druck: Erstens stellen sie noch immer einen Produktionsanreiz auf den in vielen Bereichen überversorgten EU-Märkten dar und stoßen deshalb in der WTO auf Widerstand. Zweitens nimmt die gesellschaftliche Legitimation der Prämien mit zunehmendem zeitlichen Abstand zu den Preissenkungen ab. Drittens sind sie aus Umweltsicht teilweise kontraproduktiv – für Grünland z.B. gibt es keine Prämien.

Zahlreiche Wissenschaftler, Verbände und nationale und europäische Gremien (z.B. OECD, Europäischer Wirtschafts- und Sozialausschuss) sprachen sich deshalb für eine grundlegende Überprüfung und Überarbeitung des Prämiensystems aus. Nordrhein-Westfalen hatte sich bereits frühzeitig für eine Entkopplung der Direktzahlungen eingesetzt und in seinem Memorandum einen Weg zu einer einheitlichen Flächengrundprämie für alle landwirtschaftlich genutzten Flächen aufgezeigt. Ziele der Entkopplung sind erstens die höhere Flexibilität der Landwirte für betriebliche Entscheidungen, die eine marktorientierte Produktion ermöglichen und zum Abbau von Überschüssen führen soll. Zweitens haben entkoppelte Zahlungen keine direkte Wirkung auf die Wettbewerbsfähigkeit und sind deshalb in der WTO besser zu vertreten. Schließlich soll die Benachteiligung bestimmter Produktionsverfahren wie Ackerfutterbau oder Grünland abgebaut und damit auch eine größere Verteilungsgerechtigkeit erreicht werden.

Auf der anderen Seite unterliegen Reformmaßnahmen in der Gemeinsamen Agrarpolitik grundsätzlich starken Widerständen durch die Mehrzahl der Mitgliedstaaten. Dies gilt auch und gerade für die Entkopplung, die dem Wunsch von großen Teilen des Berufsstands nach einer möglichst starken Bindung der Zahlungen an die Produktion genau entgegen läuft.

Vor diesem Hintergrund gelang der Kommission mit ihren Vorschlägen zur Entkopplung ein echter Überraschungscoup, zumal im Vorfeld der Halbzeitbilanz keine Hinweise hierzu durchgesickert waren. Weder war mit so umfangreichen Vorschlägen gerechnet, geschweige denn eine Einigung im Agrarministerrat für möglich gehalten worden.

Allerdings hatten die Kommissionsvorschläge vom Juli 2002 kaum etwas mit den Vorstellungen Nordrhein-Westfalens für eine einheitliche Flächenprämie zu tun. Sie sahen zwar eine vollständige Entkopplung der Zahlungen vor: landwirtschaftliche Betriebe sollten Direktzahlungen künftig unabhängig davon erhalten, welches Produkt sie erzeugen oder ob sie überhaupt etwas produzieren. Die Höhe dieser Zahlungen sollte jedoch nicht anhand der aktuell bewirtschafteten Fläche, sondern anhand historischer Referenzbeträge berechnet werden. Konkret bedeutet das, dass ein Betrieb auf der Grundlage seiner bisherigen Prämienzahlungen im Durchschnitt der Jahre 2000 bis 2002, zuzüglich der erst seit dem Jahr 2004 gewährten Milchprämien, Zahlungsansprüche zugewiesen bekommt. Diese Zahlungsansprüche, die auch handelbar sind, können jedoch nur in Anspruch genommen werden, wenn der Landwirt auch eine entsprechende Fläche bewirtschaftet.

NRW hatte den Vorschlag der Kommission zur Entkopplung von Anfang an grundsätzlich begrüßt, sich aber auch gegen das vorgeschlagene Entkopplungsmodell gewandt. Denn dieses so genannte *Betriebsmodell* hat entscheidende Nachteile: Durch den zurückliegenden Referenzzeitraum würden viele Härtefälle entstehen, die zu vielen und langwierigen Rechtsstreitigkeiten führen würden. Darüber hinaus wäre das Betriebsmodell sehr verwaltungsaufwendig. Vor allem aber die fehlende gesellschaftliche Legitimation von Direktzahlungen, die sich darauf gründen, welche Erzeugnisse und in welchem Umfang ein Betrieb in der Vergangenheit produziert hat, waren der wesentliche Grund für die ablehnende Haltung Nordrhein-Westfalens, die von der Bundesregierung und den meisten Bundesländern geteilt wurde.

Auf Intervention Deutschlands wurde dann schließlich im Juni 2003 eine Reform verabschiedet, die nicht nur die von der Kommission ursprünglich vorgesehene Entkopplung nach dem Betriebsmodell umfasste, sondern den Mitgliedstaaten auch die Option für das so genannte Regionalmodell eröffnete.

Mit dem *Regionalmodell* können die Regionen – in Deutschland sind es die Bundesländer – das gesamte ihren Betrieben zustehende Prämienvolumen in der Form neu verteilen, dass sie den Betrieben entweder einheitliche oder nach Acker und Grünland differenzierte Prämienrechte je Hektar zuteilen. Darüber hinaus besteht die Möglichkeit, das Betriebs- und das Regionalmodell in Form eines *Kombinationsmodell*s miteinander zu verknüpfen.

Deutschland hat sich nach intensiven Diskussionen zwischen Bund und Ländern und nach Einschaltung des Vermittlungsausschusses für ein solches Kombinationsmodell in einer Übergangsphase bis 2013 entschieden (Abb. 2). Für dieses Zieljahr wird in Deutschland das Regionalmodell mit einer regionalen Einheitsprämie angestrebt. Die sofortige Umsetzung hätte aber so hohe Umverteilungseffekte und damit Strukturbrüche zur Folge gehabt, dass man sich für eine Übergangsphase mit einem Kombinationsmodell entschieden hat, bei dem die zunächst auf historischer Basis berechneten z.T. höheren Prämienrechte ab 2010 in vier Schritten abgeschmolzen werden, bis eine einheitliche Prämienhöhe 2013 erreicht ist. Diese wird in Nordrhein-Westfalen in der Endstufe ca. 347 Euro/ha betragen.

Abb. 2: Von den Flächen- und Tierprämien zur regional einheitlichen Flächenprämie

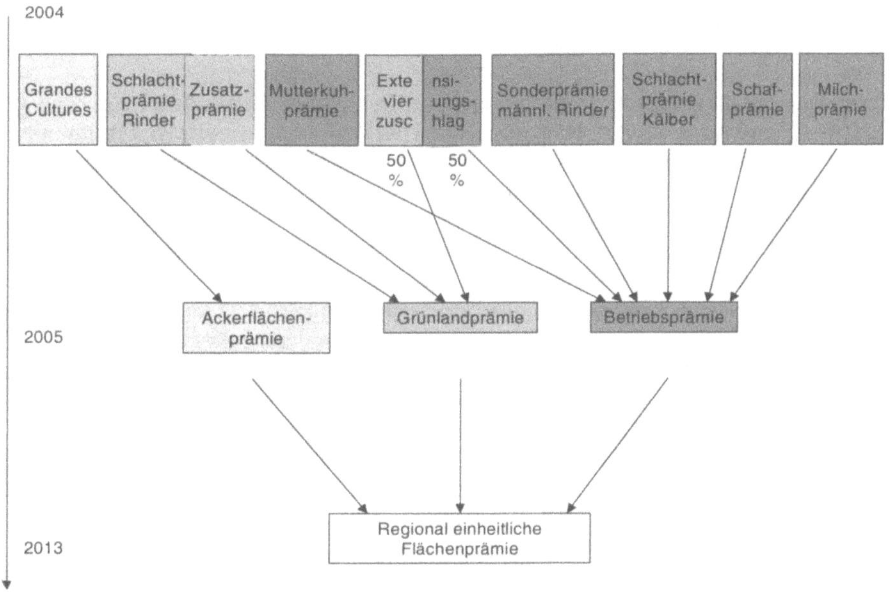

```
2004
┌──────────┐ ┌──────────┐ ┌──────────┐ ┌──────────┐ ┌──────────┐ ┌──────────┐ ┌──────────┐ ┌──────────┐ ┌──────────┐
│ Grandes  │ │ Schlacht-│ │ Zusatz-  │ │ Mutterkuh│ │ Exte-    │ │nsi-      │ │Sonder-   │ │Schlacht- │ │ Schaf-   │ │ Milch-   │
│ Cultures │ │ prämie   │ │ prämie   │ │ prämie   │ │ vier     │ │ungs-     │ │prämie    │ │prämie    │ │ prämie   │ │ prämie   │
│          │ │ Rinder   │ │          │ │          │ │ zusc     │ │hlag      │ │männl.Rind│ │Kälber    │ │          │ │          │
└──────────┘ └──────────┘ └──────────┘ └──────────┘ └──────────┘ └──────────┘ └──────────┘ └──────────┘ └──────────┘
                                                      50%    50%

2005              ┌──────────────┐   ┌──────────────┐   ┌──────────────┐
                  │ Ackerflächen-│   │ Grünlandprämie│  │ Betriebsprämie│
                  │ prämie       │   │              │   │              │
                  └──────────────┘   └──────────────┘   └──────────────┘

2013                       ┌──────────────────────┐
                           │ Regional einheitliche│
                           │ Flächenprämie        │
                           └──────────────────────┘
```

Quelle: eigene Darstellung

Diese lange Übergangsphase ist notwendig, um Strukturbrüche zu vermeiden, denn gerade intensive viehhaltende Betriebe mit einem hohen Umfang an Tierprämien werden mit Beginn der Abschmelzung der betrieblichen Zahlungen in Richtung regionale Einheitsprämie ab 2010 erheblich an Direktzahlungen verlieren. Diesen Betrieben müssen entsprechende Anpassungszeiträume eingeräumt werden.

Mit dem in Deutschland beschlossenen Entkopplungsmodell ist quasi – ab 2013 – die Flächenprämie durch die Hintertür eingeführt. Allerdings nicht in Reinform, denn da für die Prämienzuteilung nicht die Bewirtschaftung der Fläche allein genügt, sondern stets auch ein Prämienrecht vorhanden sein muss, wird die Verwaltung deutlich komplizierter. Dies gilt erst recht für die Übergangsphase während des Kombinationsmodells. Der hohe Verwaltungsaufwand bleibt also ein Wermutstropfen.

Allerdings hatte der Kommissionsvorschlag zur Entkopplung auch von anderen Seiten starken nationalen Widerständen unterlegen, insbesondere aus den südlichen EU-Mitgliedstaaten. Er konnte schließlich nur durch einen Kompromiss in Form einer Option für die Mitgliedstaaten zur Beibehaltung einer Teilkopplung durchgesetzt werden. Im Rahmen dieser Option können die Mitgliedstaaten wählen, ob sie einen festgelegten Anteil bestimmter an die Erzeugung gekoppelter Prämien beibehalten wollen. Diese Option, die dem Grundgedanken der Entkopplung deutlich entgegenläuft, wird von Deutschland nicht genutzt. Etliche Mitgliedstaaten, darunter auch Frankreich als der größte Agrarproduzent, werden jedoch von der Option der Teilkopplung Gebrauch machen und einen Teil der Prämien weiterhin an Rinderhaltung und Getreideanbau koppeln. Dies könnte die erhoffte Wirkung der Entkopplung in Richtung einer Marktentlastung und damit höherer Erzeugerpreise abschwächen.

Insgesamt fällt die Bewertung der Entkopplung dennoch eindeutig positiv aus. Durch die Entkopplung in Form des Regionalmodells werden insbesondere die vom bisherigen Prämiensystem benachteiligten Grünlandbetriebe, die oftmals hohe ökologische Zusatzleistungen erbringen, gestärkt und ein Stück Verteilungsgerechtigkeit mehr geschaffen. Damit gehen zentrale Forderungen von NRW an eine Agrarreform in Erfüllung.

2.2 Cross Compliance – doppelte Bestrafung oder eine Selbstverständlichkeit?

Die notwendige Ergänzung zur Entkopplung ist die mit der Agrarreform EU-weit eingeführte Cross Compliance. Der Entkopplung der Direktzahlungen von der Produktion steht ihre Bindung an neue, gesellschaftlich erwünschte Kriterien gegenüber, nämlich die Einhaltung der relevanten Vorschriften und der Erhalt der Flächen in einem guten landwirtschaftlichen und ökologischen Zustand.

Die Cross Compliance-Bestimmungen lassen sich in drei Regelungsbereiche unterteilen. Erstens müssen 19 bereits bestehende EU-Vorschriften aus dem Tier- und Umweltschutz sowie der Lebensmittelsicherheit in ihrer jeweiligen nationalen Umsetzung eingehalten werden. Zweitens sind die Mitgliedsstaaten verpflichtet, in eigener Verantwortung Standards für den Bodenschutz zu setzen sowie zu gewährleisten, dass alle Flächen, insbesondere aber die aus der Produktion genommenen, in einem guten landwirtschaftlichen und ökologischen Zustand erhalten werden. Die Mitgliedstaaten müssen drittens sicherstellen, dass der Anteil des Dauergrünlands an der gesamten landwirtschaftlich genutzten Fläche erhalten bleibt. Verstöße gegen diese Cross Compliance-Regelungen werden dadurch geahndet, dass die Prämienzahlungen je nach Schwere und Häufigkeit des Verstoßes teilweise oder ganz gekürzt werden.

Cross Compliance ist nur vermeintlich eine Selbstverständlichkeit. Die Diskussion um ihre Einführung kreist im Wesentlichen um drei Kernfragen: Zum einen die Frage „Doppelte Bestrafung oder eine Selbstverständlichkeit?", zum anderen die Frage nach der Wettbewerbsfähigkeit der landwirtschaftlichen Betriebe angesichts zusätzlicher Auflagen und drittens die Frage nach dem Verwaltungsaufwand.

Gegner von Cross Compliance führen gerne folgendes Beispiel an: Wenn jemand bei rot über die Ampel fährt und eine Strafe zahlen muss (Ordnungsrecht), wird ihm auch nicht zusätzlich noch das Kindergeld gekürzt (Kürzung einer staatlichen Zahlung). Befürworter von Cross Compliance argumentieren hingegen, dass die Gesellschaft als Steuerzahler selbstverständlich erwarten darf, dass bei umfangreichen staatlichen Zahlungen wenigstens die in diesem Bereich geltenden rechtlichen Vorschriften eingehalten werden. Sie sehen darin auch eine Chance für eine bessere Kontrolle und damit Durchsetzung des Fachrechts.

Gegner von Cross Compliance befürchten darüber hinaus eine weitere Beeinträchtigung der internationalen Wettbewerbsfähigkeit der Betriebe, die im internationalen Vergleich bereits höhere Anforderungen zu erfüllen haben, durch zusätzliche Auflagen. Von fast allen Gruppen, aber mit sehr unterschiedlichen Vorstellungen, kommt der Ruf nach einer Begrenzung des zusätzlichen Verwaltungsaufwandes. Hier besteht allerdings ganz klar ein Zielkonflikt: Je passgenauer Anforderungen besonders im Tier- und Umweltschutz formuliert werden, desto größer wird unabänderlich der Kontroll- und Verwaltungsaufwand.

NRW hat sich in seinem Memorandum frühzeitig für eine Einführung von Cross Compliance stark gemacht. Die Gesellschaft hat in der Tat einen Anspruch darauf, dass den umfangreichen staatlichen Zahlungen eine Gegenleistung gegenübersteht und zumindest die gesetzlichen Regelungen eingehalten werden. Dies gilt um so mehr, wenn die landwirtschaftlichen Direktzahlungen nicht mehr an eine bestimmte Produktion gebunden sind. Aus diesem Grund verfängt auch das Argument der Beeinträchtigung der Wettbewerbsfähigkeit aus nordrhein-westfälischer Sicht nicht. Denn schließlich werden die Direktzahlungen unter anderem mit den im internationalen Vergleich schlechteren Wettbewerbsbedingungen der europäischen Landwirte – an der im Übrigen unsere höheren rechtlichen Standards nur einen geringen Anteil haben – begründet.

Bei der nationalen Umsetzung der Cross Compliance-Vorgaben der EU, die bei Redaktionsschluss noch nicht abgeschlossen war, gilt es jedoch, mit Augenmaß vorzugehen, damit der Verwaltungsaufwand und der Nutzen von Cross Compliance in einem angemessenen Verhältnis zueinander stehen. Die Regelungen sollten sich deshalb auf wenige, gut kontrollierbare Auflagen beschränken. Es geht dabei nicht um eine Verschärfung des Fachrechts, sondern um mehr Transparenz und Effizienz bei seiner Durchsetzung.

2.3 Modulation – ein Instrument, zwei Ziele

Die so genannte zweite Säule, die Förderung der ländlichen Entwicklung, ist bislang im Vergleich zur ersten Säule (Direktzahlungen und Marktordnungsausgaben) der Gemeinsamen Agrarpolitik mit nur 1/10 des Agrarbudgets finanziell vergleichsweise gering ausgestattet. Um bei insgesamt begrenzten Haushaltsmitteln für den Agrarbereich den Förderumfang der zweiten Säule zu erhöhen, wird ab 2005 verpflichtend für alle Mitgliedstaaten die Modulation eingeführt. Das bedeutet, alle Direktzahlungen oberhalb eines betrieblichen Freibetrages von 5.000 Euro werden gekürzt, von 3% in 2005 jährlich ansteigend auf 5% ab dem Jahr 2007, und in die zweite Säule umgeschichtet. Die so genannten Modulationsmittel fließen zum überwiegenden Teil in den Mitgliedstaat zurück, in dem sie gekürzt wurden, ein kleiner Teil soll anhand von Kohäsionskriterien (landwirtschaftliche Nutzfläche, Beschäftigte in der Landwirtschaft und BIP/Kopf) unter den wirtschaftlich schwächeren Mitgliedstaaten aufgeteilt werden. Auf die Verwendung der Modulationsmittel wird in Teil 3 eingegangen.

Die europaweite Modulation – die Deutschland zuvor bereits auf nationaler Ebene eingeführt hatte, allerdings mit geringeren Kürzungen – und damit die Stärkung der Förderung des ländlichen Raums wird von Nordrhein-Westfalen positiv gesehen. Allerdings hätte NRW es begrüßt, wenn sich die Beschlüsse hierzu stärker an den ursprünglichen Vorschlägen der Kommission orientiert hätten. Diese sahen gestaffelte Kürzungssätze in Anhängigkeit vom Umfang der erhaltenen Direktzahlungen in Höhe von bis zu 20% für Betriebe mit dem höchsten Prämienumfang vor. Zum einen wären mehr Finanzmittel für die zweite Säule angefallen, zum anderen wäre eine deutlich bessere Verteilungsgerechtigkeit erzielt worden. Im Jahr 2000 erhielten in der EU etwa 7% der Betriebe 50% aller Direktzahlungen.[1] Nicht zuletzt auf Grund von massivem Widerstand aus Deutschland, das mit seiner Vielzahl von Großbetrieben in Ostdeutschland und insbesondere bei einer Umverteilung der Modulationsmittel nach Kohäsionskriterien sehr stark von dieser Regelung betroffen gewesen wäre, wurde eine Differenzierung in Abhängigkeit vom Umfang der Direktzahlungen wieder aufgegeben. Mit der Einführung einer Freibetragsgrenze von 5.000 Euro je Betrieb wird sozialen Gesichtspunkten jedoch nur noch wenig Rechnung getragen.

2.4 Die Reform der Marktordnungen – eine Geschichte mit Fortsetzungen

Seit der McSharry-Reform von 1992 war es ein wesentliches Ziel der Agrarreformen, preisstützende Maßnahmen abzubauen und durch Direktzahlungen zu ersetzen. Damit soll die europäische Landwirtschaft wettbewerbsfähiger werden und die in der WTO eingegangene Verpflichtung, handelsverzerrende Subventionen abzubauen, erfüllt werden.

Interventionsmaßnahmen sollen nur noch als Sicherheitsnetz vor extremen Preisschwankungen dienen.

---

1 MEMO/02/198 der EU-Kommission vom 1. Oktober 2002

Auf Grund der deutlichen Preissenkungen bei den Ackerkulturen und Rindfleisch in den vorangegangenen Reformen fallen die Reformmaßnahmen 2003 in diesem Bereich relativ moderat aus, allerdings wird die Intervention für Roggen abgeschafft. Reformen gibt es auch bei den Marktordnungen für Reis, Hartweizen, Schalenfrüchte, Kartoffelstärke und Trockenfutter. Die mit der McSharry-Reform eingeführte obligatorische Flächenstilllegung wird beibehalten, obwohl diese der grundsätzlichen Philosophie der Entkopplung – die Produktionsentscheidung orientiert sich ausschließlich am Markt, ohne staatliche Lenkung – widerspricht.

Deutlichen Reformschritten unterworfen wird jedoch die Marktordnung für Milch. Die Milchquotenregelung wurde zwar bis 2015 verlängert, im Gegenzug kam es jedoch zu deutlichen Senkungen der Interventionspreise und einer starken Begrenzung der Butterintervention. Als Teilausgleich für diese Preissenkungen wird eine Milchprämie gewährt, die in Deutschland ab 2005 in das System der entkoppelten Betriebsprämie einbezogen wird.

Während die Reformen bei den o.g. Ackerkulturen in unserem Bundesland keine große Bedeutung haben, werden die Änderungen in der Milchmarktordnung zum Teil erhebliche Auswirkungen auf die rund 11.000 Milchviehbetriebe in Nordrhein-Westfalen haben. Positiv zu bewerten ist zwar die Verlängerung der Milchquotenregelung und die Tatsache, dass die Preissenkungen letztlich etwas moderater als die ursprünglichen Vorschlägen der Kommission ausgefallen sind. Dadurch, dass die Preissenkungen im Milchbereich sehr weitgehend sind und zudem der Teilausgleich in Form einer Milchprämie deutlich geringer ist als die Ausgleichszahlungen bei früheren Reformen, gehören jedoch die Milchviehbetriebe insgesamt zu den Verlierern der GAP-Reform. Dies ist umso kritischer zu bewerten, als dieser Sektor in den letzten Jahren auf Grund schwacher Milchpreise ohnehin unter Druck steht.

In Deutschland wird die Milchprämie ab 2010 in den Abschmelzungsprozess in Richtung regionale Einheitsprämie einbezogen. Für intensiver wirtschaftende Betriebe wird dies einen Rückgang des Prämienvolumens bedeuten. Extensiver wirtschaftende Betriebe, die im Vergleich zu ihrer Tierzahl über relativ viel Grünland verfügen, werden im Gegenzug jedoch gewinnen.

Während in Deutschland und in den anderen Mitgliedstaaten über die Umsetzung der GAP-Reform und deren nationale Ausgestaltung insbesondere im Bereich der Entkopplung heftig diskutiert und gerungen wurde, verständigte sich der Agrarministerrat am 22. April 2004 auf den zweiten Teil der GAP-Reform, der die Marktordnungen für Tabak, Baumwolle, Hopfen und Olivenöl umfasst. In den vier Sektoren wird nach dem selben Muster wie bei der GAP-Reform 2003 ein beträchtlicher Teil der derzeit ebenfalls produktionsabhängig gewährten Beihilfezahlungen künftig in die produktionsentkoppelte neue Betriebsprämienregelung einbezogen.

Bislang noch nicht reformiert wurde der Bereich Zucker, aber auch hier hat die Kommission am 14. Juli 2004 eine Neuausrichtung der Zuckermarktordnung vorgeschlagen. Diese steht wegen schlechter Ressourcenallokation, ungünstiger Bedingungen für die Verbraucher, der Kosten für die Steuerzahler und der Belastung der Umwelt in der Kritik, sie wird aber insbesondere wegen ihrer Beeinträchtigung des Wettbewerbs von konkurrenzstarken Zuckerexportländern wie Brasilien angegriffen. Auf der anderen Seite gewährt die Zuckermarktordnung den Entwicklungsländern der AKP- und der LDC-Gruppe das Recht, ihren Zucker zu den hohen EU-Garantiepreisen in die EU einzuführen.

Der Reformvorschlag sieht u.a. eine Senkung der Preisstützung, eine Verringerung der Exporterstattungen und eine Reduzierung der Produktionsquoten vor. Die als teilweiser Ausgleich für die entstehenden Einkommensverluste vorgesehenen Zahlungen sollen ebenfalls in das System der entkoppelten Betriebsprämie einbezogen werden. Aus NRW-Sicht positiv für den Bereich Zucker ist die Kompatibilität mit der GAP-Reform, d.h. die Gewährung von Direktzahlungen als Teilausgleich in Form einer entkoppelten betrieblichen Prämie. Durch die Reform würde gleichzeitig die bisherige Besserstellung gegenüber anderen Sektoren verringert. Mit der sehr deutlichen Kürzung der subventionierten Exporte würde eine langjährige Forderung Nordrhein-Westfalens nach Abbau der Exportsubventionen umgesetzt. Kritisch zu werten sind jedoch die starken Preissenkungen innerhalb sehr kurzer Zeit ohne entsprechende Übergangsfristen. Auch die Interessen der AKP- und LDC-Länder, also der ärmsten Entwicklungsländer, sollten gewahrt werden. Auf welchen Kompromiss sich der Agrarministerrat einigen wird, ist derzeit nicht absehbar, der Druck auf eine sehr deutliche Reform der Zuckermarktordnung ist mit einem vorläufigen Bericht des WTO-Panels nochmals erhöht worden, wonach das Exportsystem der EU für Zucker gegen das geltende WTO-Agrarabkommen verstößt.

3. Neue Wege beschreiten – die Politik zur Entwicklung ländlicher Räume

3.1 Die AGENDA 2000 als Wiege der Zweiten Säule

So wie die Agrarreform von 1992 mit Agrarkommissar Ray McSharry verbunden ist, trägt die mit der AGENDA 2000 beschlossene zweite Säule der Gemeinsamen Agrarpolitik die Handschrift seines Nachfolgers Franz Fischler. Er hat bereits früh erkannt, dass eine nachhaltige Agrarpolitik mehr ist, mehr sein muss als die Steuerung von Preisen und Mengen. Mit der ersten Europäischen Konferenz über die Zukunft der ländlichen Entwicklung von Cork (7.-9. November 1996) hat die Kommission deshalb eine breite Debatte über die Perspektiven der ländlichen Entwicklung angestoßen, deren Förderung zuvor in zahlreichen Einzelverordnungen geregelt und ohne systematischen inneren Zusammenhalt angelegt war, so dass sie im Vergleich zur Marktpolitik ein Schattendasein geführt hatte. Für und Wider einer eigenständigen Politik der ländlichen Entwicklung wurden in der Folge vor allem im Berufsstand sehr kontrovers diskutiert. Konsequent und mit Beharrlichkeit hat Kommissar Fischler dennoch sein Ziel verfolgt, die klassische Agrar(markt-)politik systematisch zu ergänzen durch eine gezielte Verknüpfung von Agrarstruktur-, Agrarumwelt- und Landentwicklungsmaßnahmen.

Mehr und mehr setzte sich in der Folge die Überzeugung durch, dass ein eigenständiges Förderinstrument für die ländlichen Räume sinnvoll ist, nicht zuletzt deshalb, weil die seit den 90er Jahren durch internationale Handelsvereinbarungen zunehmende Weltmarktausrichtung der europäischen Landwirtschaft die Betriebe vor einen wachsenden Anpassungsdruck stellte. Gleichzeitig mussten sie den hohen gesellschaftlichen Anforderungen im Umwelt- und Naturschutz, Tierschutz und Lebensmittelsicherheit Rechnung tragen. Auch die Mitgliedstaaten erkannten zunehmend die Notwendigkeit, die bislang mehr oder weniger unkoordiniert nebeneinander herlaufenden Einzelmaßnahmen miteinander zu verzahnen, die Umweltorientierung der einzelnen Programme zu überprüfen und zu verstärken sowie im Sinne eines integrierten Ansatzes nicht nur die Land- und Forstwirtschaft zu fördern, sondern den ländlichen Raum insgesamt. Damit war der Boden bereitet für die Verabschiedung der zweiten Säule im Rahmen der AGENDA 2000. Erstmals gibt es seitdem ein eigenständiges Förderinstrument für den ländlichen Raum.

Die einzelnen Förderbereiche der zweite Säule lassen sich in drei Schwerpunkte gliedern:

1. Verbesserung der Produktions- und Vermarktungsstrukturen,
2. Maßnahmen zur ländlichen Entwicklung und

3. Agrarumwelt- und Ausgleichsmaßnahmen sowie Forstwirtschaft.

Im ersten Schwerpunkt geht es darum, leistungs- und wettbewerbsfähige Betriebsstrukturen zu fördern sowie dem wachsenden Bedürfnis der Verbraucher nach umweltfreundlich, tierschutzgerecht und hygienisch erzeugten Lebensmitteln nachzukommen. Darüber hinaus gilt es, neue Absatz- und Einkommensperspektiven zu eröffnen, um so die Existenzfähigkeit der europäischen Betriebe mittel- und langfristig auf ein breiteres Fundament zu stellen.

Mit dem zweiten Förderschwerpunkt „Maßnahmen zur ländlichen Entwicklung" sollen die infrastrukturellen Rahmenbedingungen für eine wettbewerbsfähige Land- und Forstwirtschaft und für attraktive ländliche Regionen als Wohn-, Arbeits-, Lebens- und Erholungsraum verbessert werden.

Mit dem dritten Förderschwerpunkt „Agrarumwelt- und Ausgleichsmaßnahmen" sollen schließlich die wirtschaftlichen Interessen der Landnutzer und die Erfordernisse des Umwelt- und Naturschutzes miteinander in Einklang gebracht werden. Wirtschaftliche Nachteile, die Landwirten z.B. durch naturschutzbedingte Auflagen entstehen, können durch Ausgleichszahlungen abgebaut werden. Darüber hinaus wird allen Landwirten angeboten, freiwillig an Agrarumweltmaßnahmen und Vertragsnaturschutzprogrammen teilzunehmen.

Finanztechnisch außerhalb der zweiten Säule, jedoch inhaltlich in engem Zusammenhang, schuf die EU zudem die Gemeinschaftsinitiative LEADER. Damit können Regionen mit innovativen Konzepten zur ländlichen Entwicklung gefördert werden. Mit LEADER sollen neue Wege ausprobiert werden, die bei Bewährung später Eingang in die regulären Förderprogramme finden können.

Das ist der Rahmen, in dem die Mitgliedstaaten und Regionen der EU ihre Akzente setzen können. Dabei besteht insofern ein grundsätzlicher Unterschied zur Ersten Säule, als die Mitgliedstaaten und Regionen größere Gestaltungsmöglichkeiten und eine größere Eigenverantwortung haben. Innerhalb des von der EU vorgegebenen Rahmens entwickeln sie die Fördermaßnahmen entsprechend den bei ihnen geltenden Bedingungen und Erfordernissen. Auch an den Kosten beteiligen sich EU, Mitgliedstaaten und Regionen gemeinsam.

Bei aller Euphorie über den neuen Ansatz darf man allerdings nicht verkennen: Das Dach der Gemeinsamen Agrarpolitik ruht auf zwei Säulen mit sehr unterschiedlicher Tragkraft. Dies zeigt sich vor allem an der finanziellen Ausstattung. Für die erste Säule stehen bis 2006 EU-weit durchschnittlich rund 40 Mrd. Euro pro Jahr bereit. Für die zweite Säule sind es nur rund 4 Mrd. Euro pro Jahr (siehe Abb. 3).

Abb. 3: Die 2 Säulen der EU-Agrarpolitik (2000-2006)

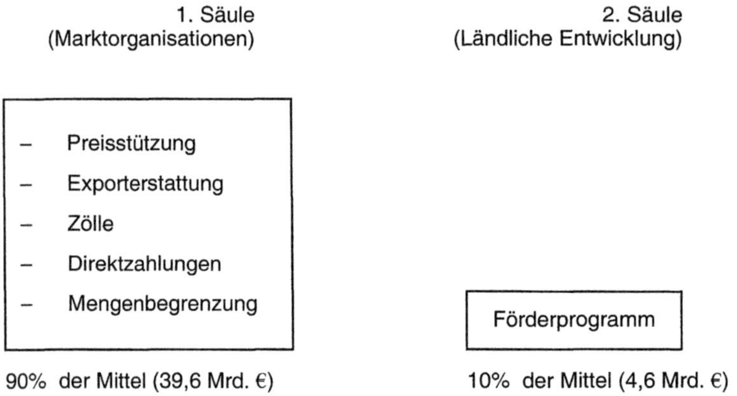

1. Säule	2. Säule
(Marktorganisationen)	(Ländliche Entwicklung)
– Preisstützung – Exporterstattung – Zölle – Direktzahlungen – Mengenbegrenzung	Förderprogramm
90% der Mittel (39,6 Mrd. €)	10% der Mittel (4,6 Mrd. €)

Quelle: eigene Darstellung

Reform der Agrarpolitik

3.2 Die Umsetzung in Nordrhein-Westfalen

In Deutschland sind die Bundesländer für die Umsetzung der Zweiten Säule zuständig. Dazu legten die Länder der Kommission einen unfangreichen Entwicklungsplan zur Genehmigung vor, der sich mit einer Laufzeit von sieben Jahren bis Ende 2006 erstreckt. In Nordrhein-Westfalen werden in dieser Zeit über das ‚NRW-Programm Ländlicher Raum‘, so der offizielle Name des Entwicklungsplans, knapp 800 Mio. Euro für die Entwicklung der Land- und Forstwirtschaft und des ländlichen Raums bereitgestellt- EU-Mittel, Bundes- und Landesmittel zusammengenommen.

Das NRW-Programm ist darauf ausgerichtet, die multifunktionale Bedeutung der Land- und Forstwirtschaft sowie des ländlichen Raums zu stärken. Fünf Ziele stehen im Mittelpunkt:

1. Stärkung der Wettbewerbsfähigkeit der Agrar- und Forstwirtschaft sowie Erschließung neuer Einkommensquellen,
2. Erzeugung qualitativ hochwertiger, umweltfreundlich und tierschutzgerecht produzierter Nahrungsmittel und nachwachsender Rohstoffe,
3. Förderung nachhaltiger Produktionssysteme und Honorierung freiwilliger ökologischer Leistungen als Beitrag zum Umweltschutz,
4. Ausgleich von für den Einzelbetrieb unabweisbaren Benachteiligungen, unabhängig davon, ob diese auf Grund natürlicher oder rechtlicher Rahmenbedingungen zustande gekommen sind, und
5. Sicherstellung einer flächendeckenden Landbewirtschaftung und Erhalt attraktiver Dörfer.

Welche Fördermaßnahmen im Einzelnen daraus resultieren, ist unter Beteiligung der berufsständischen Verbände, der Wirtschafts- und Sozialpartner sowie der Umweltverbände entschieden worden. Diese intensive Einbindung der Akteure ist ebenfalls ein Markenzeichen der zweiten Säule. Damit wird sichergestellt, dass die Fördermaßnahmen zielgerecht und auf den Bedarf der Empfänger zugeschnitten sind.

3.3 Ergänzungen durch die GAP-Reform

Anders als bei der ersten Säule sahen bei der zweiten Säule weder Kommission noch EU-Agrarministerinnen und –minister einen grundlegenden Reformbedarf. Die grundsätzliche Architektur der Förderung blieb im Rahmen der GAP-Reform 2003 unverändert. Durch die bereits beschriebene Modulation wurde jedoch das finanzielle Fundament der zweiten Säule verbreitert. Zudem wurde die Gelegenheit genutzt, bestehende Förderlücken zu schließen:

1. Während bisher nur Leistungen gefördert wurden, die über die gesetzlichen Anforderungen hinaus gingen, kann nun auch die Anpassung an neue, höhere EU-Standards z.B. im Umwelt- oder Tierschutz gefördert werden, um den Betrieben die Anpassung an die neue Rechtslage zu erleichtern.
2. Neben Agrarumweltmaßnahmen sind jetzt auch Tierschutzmaßnahmen förderfähig.
3. Mit neuen Fördermöglichkeiten zur Verbesserung der Lebensmittelsicherheit wird der gestiegenen Bedeutung des Verbraucherschutzes Rechnung getragen.
4. Neu ist auch die Förderung integrierter Strategien zu Entwicklung des ländlichen Raums, womit erste Elemente des LEADER-Ansatzes in das Regelförderprogramm einfließen.

Ergänzend dazu wurde beschlossen, dass sich die EU künftig zu 60% (bislang 50%) an der Finanzierung von Agrarumweltmaßnahmen beteiligt und damit die Bedeutung dieses Förderbereiches explizit herausgehoben.

Aus nordrhein-westfälischer Sicht sind die eher punktuellen Ergänzungen der zweiten Säule durch die GAP-Reform durchaus zielführend. Mit den neuen Förderbausteinen werden aktuelle gesellschaftliche Entwicklungen zeitnah berücksichtigt. Die Mitgliedstaaten und Regionen können ihre Programme anpassen, ohne dass die grundsätzlichen Verwaltungsabläufe geändert werden müssen. Dies ist im Sinne der Kontinuität und Verlässlichkeit der Programme ein wichtiger Aspekt.

3.4 Perspektiven für die Zeit nach 2006

Rechtzeitig bevor 2007 die nächste Förderperiode beginnt, müssen jedoch wichtige Richtungsentscheidungen für die Zukunft der zweiten Säule getroffen werden. Dabei wird es darum gehen, die Weichen in Richtung einer neuen, erweiterten Konzeption zu stellen. Aus nordrhein-westfälischer Sicht führt kein Weg an einer Stärkung der Politik für ländliche Räume vorbei. Das betrifft zum einen die finanzielle Seite: Die zweite Säule braucht eine angemessene Finanzierung, das Gleichgewicht zwischen beiden Säulen muss verbessert werden. Gleichzeitig gilt es, diesen noch relativ jungen Politikbereich der EU, dem man seine „Abstammung" aus der Marktordnungspolitik immer noch (zu) deutlich ansieht, inhaltlich weiterzuentwickeln.

Beispielsweise sind die verwaltungstechnische Abwicklung und das Kontrollsystem ganz auf die Direktzahlungen der ersten Säule zugeschnitten. Die Handhabung für die zweite Säule muss einfacher werden, sonst werden innovative Ansätze im Keim erstickt. Notwendig sind aber auch erweiterte Spielräume für regionale Ansätze und die konsequente Honorierung gesellschaftlich erwünschter Leistungen. Dafür müssen neue Konzepte entwickelt werden. Diese Eckpunkte für die zukünftige Ausgestaltung der zweiten Säule hatte Landwirtschaftsministerin Bärbel Höhn bereits 2002 in ihrem schon erwähnten Memorandum benannt.

Wie schon 1996 hat die Europäische Kommission die anstehende Debatte wieder mit einer großen Konferenz eingeleitet. Mehr als 1.000 Multiplikatoren aus Politik, Verwaltung und Verbänden haben vom 12. Bis 14. November 2003 in Salzburg über die Zukunft der ländlichen Entwicklung diskutiert und der Kommission folgende Grundsätze für die künftige Ausgestaltung der zweite Säule mit auf den Weg gegeben:

1. Die Vielfalt der ländlichen Räume in Europa muss erhalten bleiben.
2. Die Verbesserung der Wettbewerbsfähigkeit des Agrarsektors sollte weiterhin ein Hauptziel der Förderung bleiben.
3. Die Politik zur ländlichen Entwicklung muss für alle ländlichen Gebiete gelten, muss allen Einwohnern ländlicher Gebiete zugute kommen und soll nach dem Subsidiaritätsprinzip in partnerschaftlicher Zusammenarbeit durchgeführt werden.
4. Planung, Durchführung, Finanzierung und Kontrolle der Programme müssen deutlich einfacher werden.

Die Kommission hat diese Anregungen aufgegriffen und am 14. Juli 2004 einen Vorschlag zur Weiterentwicklung der europäischen Politik für den ländlichen Raum auf den Tisch gelegt, der für die kommende Programmphase 2007 bis 2013 eine deutliche Neuausrichtung dieser Politik vorsieht.

Gegenüber der bisherigen Förderung hat die Kommission drei Aspekte besonders in den Mittelpunkt gestellt. Sie möchte erstens eine kohärente und zukunftsgerichtete Umsetzung der zweiten Säule in der EU sicherstellen und hat deshalb vorgeschlagen, die Programme der Mitgliedstaaten und Regionen in eine europäische und nationale Strategie einzubetten. Zweitens will sie die Partizipation stärken und schlägt vor, den Wirtschafts-, Sozial- und Umweltpartnern größere Mitwirkungsrechte als bisher bei der Planung und Durchführung der Programme einzuräumen. Und drittens geht es ihr darum, integrierte, also sektorübergreifende Entwicklungskonzepte, die nach dem Muster von LEADER auch auf lokaler und regionaler Ebene entstehen, stärker zu fördern.

Der Vorschlag der Kommission sieht vor, die Maßnahmen zur Förderung der Entwicklung des ländlichen Raums künftig in vier Schwerpunkten, so genannten „Achsen", zu bündeln:

1. Verbesserung der Wettbewerbsfähigkeit der Land- und Forstwirtschaft,
2. Umwelt und Landmanagement,
3. Diversifizierung der ländlichen Wirtschaft und Verbesserung der Lebensqualität im ländlichen Raum,
4. LEADER.

Weiterhin sollen alle Fördermaßnahmen zur Entwicklung des ländlichen Raums unter einem einzigen Dach zusammengefasst werden, dem „Europäischen Landwirtschaftsfonds für die Entwicklung des ländlichen Raums". Dieser Fonds schließt die Maßnahmen ein, die bisher außerhalb der zweiten Säule als eigenständige Programme finanziert wurden, also zum Beispiel die Gemeinschaftsinitiative LEADER.

Aus nordrhein-westfälischer Sicht ist es der Kommission mit ihrem Vorschlag gelungen, die konsequente Weiterentwicklung des bisherigen Ansatzes der ländlichen Entwicklungspolitik mit sinnvollen innovativen Elementen zu verknüpfen. Obwohl die Diskussion erst am Anfang steht und noch viele Fragen zu klären sind, zeigen die Vorschläge der Kommission insgesamt ein hohes Maß an Übereinstimmung mit den Vorstellungen Nordrhein-Westfalens.

4. Fazit und Ausblick

Die Agrarreform von 2003 ist die konsequente Weiterführung der Reformen von 1992 und 1999. Jeder Reformschritt war eine Anpassung an veränderte gesellschaftliche Erfordernisse und internationale Handelsabkommen. Umweltschutz, Verbraucherschutz und Tierschutz haben in den letzten Jahren stark an Bedeutung gewonnen. Deshalb ist es richtig und konsequent, dass sie auch in der Agrarpolitik stärkeren Niederschlag finden. Gleichzeitig tragen die stärkere Marktorientierung und der Abbau von wettbewerbsverzerrenden Subventionen dazu bei, die Wettbewerbsfähigkeit der Landwirtschaft und die internationale Akzeptanz der europäischen Agrarpolitik zu verbessern.

Die Reformen entsprechen den grundsätzlichen agrarpolitischen Zielen Nordrhein-Westfalens. Die Region zwischen Rhein und Weser hat eine bedeutende und leistungsfähige Landwirtschaft, die in unserem dicht besiedelten Bundesland stets gefordert ist, sich den Bedürfnissen und Wünschen der Gesellschaft in besonderem Maße zu stellen. Angesichts der räumlichen Nähe und Verflechtung von Ballungsräumen und ländlichen Räumen hat die multifunktionale Bedeutung der Landwirtschaft einen hohen Stellenwert.

Im Bereich der ersten Säule wird in den nächsten Jahren zweifellos die Umsetzung der GAP-Reform im Mittelpunkt stehen. Wann und in welchem Ausmaß weitere Reformschritte erforderlich sind, dürfte maßgeblich vom Ergebnis der laufenden WTO-Verhandlungen der Doha-Runde und der künftigen Ausstattung des Agrarhaushalts abhängen. Jetzt schon absehbar ist hingegen, dass es spätestens 2006, wenn die aktuelle Planungsperiode zu Ende geht, eine substanzielle Weiterentwicklung der zweiten Säule geben wird. Eine angemessene finanzielle Ausstattung, eine erweiterte inhaltliche Konzeption und eine Vereinfachung der Verwaltung sind hier die Kernanliegen Nordrhein-Westfalens. Die im Juli vorgelegte Vorschläge der Kommission gehen in die richtige Richtung. In die anstehende Debatte wird sich Nordrhein-Westfalen auch in Zukunft aktiv einbringen.

Ute Koczy

Die EU-Umweltpolitik und ihre Auswirkungen auf NRW

1. Einleitung

Die europäische Umweltpolitik der letzten 20 Jahre war in vielen Gebieten innovativ und hat daher auch für die Politik eines umweltpolitischen Vorreiterlandes wie NRW positive Impulse setzen können. Als innovative Instrumente der europäischen Umweltpolitik sind etwa Instrumente wie die Umweltverträglichkeitsprüfung, das Ökoaudit (EMAS) und Umweltinformationsrechte der Bürgerinnen und Bürger zu nennen.

Die Grundlagen des europäischen Umweltrechts, die Umweltregelungen in den europäischen Verträgen bzw. in der zukünftigen europäischen Verfassung haben positive Ausstrahlungswirkung auf die Umweltpolitik in ganz Europa. In den europäischen Verträgen sind z.B. das Prinzip der Integration von Umweltbelangen in andere Politikbereiche, das Vorsorgeprinzip und das Verursacherprinzip an prominenter Stelle verankert.

Aus der Perspektive des umweltpolitischen Schutzniveaus geht EU-Recht häufig über das bestehende Recht in den Mitgliedstaaten hinaus. Punktuell sind die EU-Standards, die in der Regel Mindeststandards sind, im Vergleich zu den hohen Standards in Deutschland und NRW niedriger. Dennoch ist der Grad der Wettbewerbsverzerrung zwischen Mitgliedstaaten und Regionen der EU meist selbst bei Bestehen wenig ambitionierter EU-Mindeststandards geringer als wenn keinerlei EU-Standards bestünden. Insofern trägt EU-Umweltrecht zur Vermeidung bzw. Verringerung von Wettbewerbsnachteilen für die NRW-Wirtschaft bei.

Die europäischen Institutionen bemühen sich bei ihrer Rechtsetzung in der Regel, die rechtlichen und politischen Traditionen der Mitgliedstaaten weitmöglichst zu berücksichtigen, um eine harmonische Einfügung des EU-Rechts in das Umweltrecht der Mitgliedstaaten zu ermöglichen. Wenn die Mitgliedstaaten vor dem Erlass von EU-Recht in einem bestimmten Bereich sehr unterschiedliche Regelungen kennen, gelingt eine derartige Berücksichtigung der rechtlichen Traditionen aller Mitgliedstaaten aber meist nicht vollständig. Dann kann es zu Systembrüchen kommen, die bei der Umsetzung von EU-Recht in nationales Recht und vor allem beim praktischen Vollzug des neuen Rechts Probleme bereiten (z.B. bei der Umsetzung der FFH-Richtlinie).

Mitunter sind aber gerade solche europarechtlich bedingten Systembrüche sehr hilfreich, um objektiv nicht mehr sinnvolle Strukturen des nationalen Umweltrechts aufzubrechen. So hat z.B. die IVU-Richtlinie[1] zu einer verstärkt medienübergreifenden, integrierten Betrachtung von Umweltfragen geführt. Die Wasserrahmenrichtlinie hat einen ganzheitlichen Ansatz im Wasserbereich, z.B. was das Denken im (häufig grenzüberschreitenden) Flusseinzugsgebieten betrifft, bewirkt.

Viele der innovativen Instrumente des europäischen Umweltrechts beruhen auf Initiativen der Mitgliedstaaten, insbesondere auch aus Deutschland und auch aus NRW (z.B. bei der Integration von Umweltaspekten in die Agrarpolitik). Insgesamt kann man daher fest-

---

1 Richtlinie zur Genehmigung von Industrieanlagen („Integrierte Vermeidung und Verminderung der Umweltverschmutzung") von 1996

stellen, dass das Zusammenwirken zwischen europäischer, deutscher und nordrhein-westfälischer Umweltpolitik in den letzten Jahrzehnten sehr fruchtbar war. Es bleibt abzuwarten, inwiefern sich dieses Zusammenwirken in den nächsten Jahren vor dem Hintergrund der EU-Erweiterung und der zum Teil langen Übergangsfristen der neuen Mitgliedstaaten entwickeln wird.

Im Folgenden soll anhand von vier beispielhaften Feldern gezeigt werden, wie Zielvorgaben der EU-Umweltpolitik in Nordrhein-Westfalen umgesetzt werden.

2. Europäische Luftqualitätsrichtlinien

Luftschadstoffe machen nicht vor Grenzen halt. Deshalb hat die Europäische Gemeinschaft dieses Thema bereits seit längerem aufgegriffen und Regelungen zur Luftreinhaltung geschaffen. Da jedoch in der Zwischenzeit neue Erkenntnisse gewonnen und Konzeptionen weiterentwickelt worden sind, werden die europäischen Luftreinhalteregelungen zur Zeit neu gestaltet. Als neuer Rahmen für künftige gemeinschaftliche Regelungen im Bereich der Luftqualität ist die Richtlinie 96/62/EG des Rates vom 27. September 1996 über die Beurteilung und die Kontrolle der Luftqualität[2] erarbeitet worden. Ziel dieser Richtlinie ist eine europaweite Strategie zur Ermittlung, Beurteilung und Verminderung von Luftschadstoffen.

Die in der Luftqualitäts-Rahmenrichtlinie genannten Ziele und Prinzipien werden in sog. Tochterrichtlinien konkretisiert. Das bislang bestehende Luftreinhalterecht der EG soll auf diese Weise allmählich harmonisiert und nach einem Arbeitsprogramm ergänzt und verbessert werden. Die ersten drei Tochterrichtlinien sind inzwischen erlassen worden, es sind dies:

- die Richtlinie über Grenzwerte für Schwefeldioxid, Stickstoffdioxid und Stickstoffoxide, Partikel und Blei von Juni 1999,[3]
- die Richtlinie über Grenzwerte für Benzol und Kohlenmonoxid von November 2000[4] sowie
- die Richtlinie über den Ozongehalt von Februar 2002.[5]

Weitere Tochterrichtlinien für die Luftschadstoffe Cadmium, Arsen und Nickel, Quecksilber und Polyzyklische aromatische Kohlenwasserstoffe sind in Vorbereitung.

Die Richtlinien geben EU-weit gültige Vorschriften zur Erfassung und Beurteilung der Luftqualität vor und sind in Deutschland durch das Bundes-Immissionsschutzgesetz (BImSchG) und in der 22. Verordnung zur Durchführung des Bundes-Immissionsschutzgesetzes (22. BImSchV) national umgesetzt. Das LUQS-Messsystem[6] in NRW ist diesen

---

2 Richtlinie 96/62/EG des Rates vom 27. September 1996 über die Beurteilung und die Kontrolle der Luftqualität Amtsblatt Nr. L 296 vom 21/11/1996 S. 0055-0063
3 Richtlinie 1999/30/EG des Rates vom 22. April 1999 über Grenzwerte für Schwefeldioxid, Stickstoffdioxid und Stickstoffoxide, Partikel und Blei in der Luft. Amtsblatt Nr. L 163 vom 29/06/1999 S. 0041-0060
4 Richtlinie 2000/69/EG des Europäischen Parlaments und des Rates vom 16. November 2000 über Grenzwerte für Benzol und Kohlenmonoxid in der Luft. Amtsblatt Nr. L 313 vom 13/12/2000 S. 0012-0021
5 Richtlinie 2002/3/EG des Europäischen Parlaments und des Rates vom 12. Februar 2002 über den Ozongehalt der Luft. Amtsblatt Nr. L 067 vom 09/03/2002 S. 0014-0030
6 Die staatliche Überwachung der Luftqualität in Nordrhein-Westfalen erfolgt durch das Luftqualitäts-Überwachungs-System (LUQS) des Landes NRW.

Die EU-Umweltpolitik und ihre Auswirkungen auf NRW

Standards angepasst. Überschreitungen von Konzentrations- und Grenzwerten der EU werden vom Landesumweltamt NRW veröffentlicht.[7]

2.1 Erste Auswertung nach den neuen Luftqualitätsrichtlinien für NRW

Während die Luftqualität in Nordrhein-Westfalen in weiten Teilen des Landes schon heute die zukünftigen Grenzwerte der neuen EU-Richtlinie bezüglich Stickstoffdioxid und Staub mit Durchmesser <10 µm (PM10) erfüllt, kommt es an industrienahen Standorten (PM10) und insbesondere im Verkehrsbereich (Stickstoffdioxid und PM10) noch zu Überschreitungen. Maßnahmenpläne zur Verbesserung der Luftqualität könnten in den Folgejahren erforderlich werden. Die neuen EU-Grenzwerte für Schwefeldioxid werden dagegen bereits überall eingehalten; für Blei als Staubbestandteil zeigt ein industrienaher Messort (Duisburg-Angerhausen) eine Grenzwertüberschreitung.

Dies geht aus den Daten zur Luftqualität 2001 hervor, die das Landesumweltamt Nordrhein-Westfalen (LUA NRW) jetzt im Internet veröffentlicht hat. Die EU-weit einheitliche Beurteilung der Luftqualität ist für die Schadstoffe Schwefeldioxid, Stickstoffdioxid, Staub (PM10) und Blei für das Jahr 2001 zum ersten Mal verpflichtend. Die im Luftmessnetz des LUA NRW festgestellten Überschreitungen der zukünftigen Werte betreffen bei Stickstoffdioxid sechs von sieben Verkehrsstationen. Bei Staub (PM10) sind die Standorte im Nahbereich der Stahlindustrie betroffen sowie zwei Verkehrsstationen und wenige städtische Stationen im Ruhrgebiet. Hier könnte sich zukünftig Handlungsbedarf zur Erstellung von Luftreinhalteplänen ergeben. Die auf der Grundlage neuer Rechenmodelle durchgeführte Auswertung an verkehrsnahen Messorten weist auf weitere ca. 40 lokale Belastungsschwerpunkte hin, an denen die künftig geltenden Grenzwerte überschritten sein könnten. Diesen Verdachtsfällen ist durch eine gestufte Vorgehensweise nachzugehen. Hierzu werden Messungen, Modellrechnungen und Abschätzungen herangezogen, die zu neuen Erkenntnissen führen werden.[8]

2.2 Staatliche Umweltämter (StUÄ) und deren Mess-, Prüf- und Streifendienste

Die 12 Staatlichen Umweltämter (StUÄ) des Landes Nordrhein-Westfalen überwachen als Untere Landesbehörden die Einhaltung der geltenden Umweltschutzbestimmungen vor Ort, verfolgen den Stand der neuesten Umweltschutztechnik und fordern deren Anwendung bei den Betrieben ein. Um eine konsequente Überwachung von technischen Anlagen und Emissionsquellen zu gewährleisten und auch bei Beschwerden über umweltrelevante Störungen, Belästigungen und Problemfälle schnell reagieren zu können, sind bei den Staatlichen Umweltämtern in Nordrhein-Westfalen Sonderdienste (Streifendienste, Rufbereitschaftsdienste, Mess- und Prüfdienste) eingerichtet. Insbesondere der Streifendienst und die Rufbereitschaft dienen zur Überprüfung von Nachbarschaftsbeschwerden und zur ersten Ermittlung bei Schadensfällen. Erreichbar sind die Sonderdienste rund um die Uhr über eine beim Landesumweltamt NRW in Essen angesiedelte Nachrichten- und Bereitschaftszentrale (NBZ).

---

7 www.lua.nrw.de/index.htm?luft/immissionen/ber_trend/kenn.htm
8 Unter www.lua.nrw.de findet man eine Liste aller Stationen mit den Werten für die Beurteilung nach der EU-Richtlinie.

2.3 Emissionsfernüberwachung (EFÜ)

Ein wichtiges Instrument zur Überwachung der Emissionen aus großen Industrieanlagen ist die Emissionsfernüberwachung (EFÜ). Hierbei werden Emissionsdaten von Industrieanlagen, die nach den gesetzlichen Vorschriften kontinuierlich registriert werden müssen, mittels online-Datenübertragung an die zuständige Überwachungsbehörde übermittelt. So lassen sich umweltkritische Emissionszustände sofort erkennen und durch direkte Maßnahmen unverzüglich abstellen. Die aktuelle Verfügbarkeit von Messdaten erlaubt es sowohl der Behörde als auch dem Betreiber der Anlage, besondere Ereignisse beim Betrieb der Anlage (z.B. Störungen, Filterausfall) schnell zu erkennen und erleichtert Ursachenanalysen im Falle von Nachbarbeschwerden.

2.4 Bekanntgegebene Messinstitute

Die Staatlichen Umweltämter NRW können anordnen, dass der Betreiber einer genehmigungsbedürftigen Anlage Art und Ausmaß der von der Anlage ausgehenden Emissionen sowie Immissionen im Einwirkungsbereich der Anlage durch eine hierfür besonders bekannt gegebenes Messinstitut ermitteln lässt, wenn zu befürchten ist, dass durch die Anlage schädliche Umwelteinwirkungen hervorgerufen werden. Solche Messstellen werden für bestimmte Ermittlungsbereiche nach § 26 BImSchG bekannt gegeben und in diesem Zusammenhang einer besonderen Überprüfung unterzogen.

2.5 Landesumweltamt NRW (LUA)

Das Landesumweltamt Nordrhein-Westfalen (LUA) ist eine Landesbehörde, die dem Ministerium für Umwelt und Naturschutz, Landwirtschaft und Verbraucherschutz des Landes NRW nachgeordnet ist. Das LUA befasst sich mit dem technischen Umweltschutz in den Bereichen, Wasser, Boden, Luft, Abfall und Altlasten. Zur Überwachung der Luftqualität betreibt das LUA ein integriertes Messnetz aus kontinuierlich arbeitenden Messstationen und aus diskontinuierlichen Messungen für Staubinhaltsstoffe, weitere organische Luftverunreinigungen, für hochtoxische Stoffe wie Dioxine und Furane und für Schadstoffdepositionen. Die Arbeits- und Untersuchungsergebnisse des LUA werden als Umweltberichte und -fachbücher, als Kartenwerke und über das Internet publiziert.

Ein interessantes Projekt wurde im Rahmen der Programms „Umwelt und Gesundheit NRW" (APUG NRW) in Bonn, Düsseldorf und Hagen durchgeführt und zwar unter dem Titel:

> „Vorbeugender Gesundheitsschutz durch Mobilisierung der Minderungspotentiale bei Straßenverkehrslärm und Luftschadstoffen".

In jeweils zwei Teilprojekten wurden Luftschadstoffe und Straßenverkehrslärm gemeinsam hinsichtlich der Verbesserungsmöglichkeiten sowohl der Umweltsituation als auch der gesundheitlichen Situation exponierter Anwohnerinnen und Anwohner untersucht. Sie bieten mit ihren daraus abgeleiteten Empfehlungen für die kommunale Planungspraxis eine wichtige Unterstützung für die Aufstellung lokaler Luftreinhaltepläne.

Teilprojekt 1: Berechnung der Auswirkungen von technischen emissionsmindernden Maßnahmen bei Kraftfahrzeugen sowie von lokal wirksamen Verkehrslenkungsmaßnahmen auf Straßenverkehrslärm und Schadstoffimmissionen.

Teilprojekt 2: Risikoberechnung zum Einfluss verkehrsbedingter Luftschadstoffe und von Straßenverkehrslärm auf die Gesundheit exponierter Personen.

3. Europäische Chemikalienpolitik

Chemische Stoffe können das Leben erleichtern, aber auch große Schäden für Mensch und Umwelt anrichten. Regelmäßig stellt sich heraus, dass Stoffe, die in großem Umfang eingesetzt wurden, verheerende Nebenwirkungen haben. Das reicht von DDT über Asbest und Holzschutzmitteln bis hin zu PCB. In Deutschland gilt deshalb seit 1981 das Chemikaliengesetz, das die Anmeldung von neu entwickelten Stoffen vorschreibt und bislang über 2000 Stoffe betraf. Die Stoffe, die schon vor 1981 entwickelt waren, sind nicht betroffen.

Hier setzt die EU mit einer europaweiten Regelung an. Ziel des neuen EU-Chemikalienrechts mit seinem REACH-System (Registrierung, Evaluierung und Zulassung/Autorisierung von Chemikalien) ist es, Unternehmen zu verpflichten, Risikoabschätzungen auch für Altstoffe durchzuführen, die bereits vor 1981 auf dem Markt waren.[9] Der von der EU-Kommission verabschiedete Verordnungsvorschlag wurde am 20. Januar 2004 erstmalig im EU-Parlament beraten. Die Beratungen im Bundesrat begannen im Frühjahr 2004.

Die Chemieindustrie hat in Nordrhein-Westfalen einen bedeutenden Stellenwert. Deshalb liegt es im Interesse des Landes, dass die Umsetzung des Chemikalienrechts nicht zu Wettbewerbsnachteilen führt, sondern im Gegenteil sogar Innovationsschübe ermöglicht, wenn es gelingt Ökologie und Ökonomie angemessen zu verbinden. Nordrhein-Westfalen hat als erstes Bundesland einen repräsentativen Praxistest zur Umsetzung der geplanten EU-Verordnung zur Chemikalienpolitik abgeschlossen. 24 große, kleinere und mittlere Unternehmen aus den Bereichen Galvanik, Lacke, Textilien und Kunststoffe haben in einem Planspiel gemeinsam mit Bundesbehörden, Landesbehörden sowie den Umwelt- und Verbraucherverbänden in Schlüsselbereichen getestet, welche Probleme auftreten und wie diese gelöst werden können. Das Planspiel wurde gemeinsam vom Umweltministerium und vom Wirtschaftsministerium in Auftrag gegeben und gilt als ein großer Erfolg.

Die daraus entwickelten Verbesserungsvorschläge werden in die Beratungen auf EU- und Bundesebene einfließen:

- Konkretisierung der Vorgaben der Verordnung in Teilbereichen, u.a. Vereinfachungen der rechtlichen Anforderungen,
- Entwicklung von detaillierten und praktikablen Umsetzungsinstrumenten und -leitlinien, die den Unternehmen bereits vor dem Start der Verordnung zur Verfügung stehen müssen,
- Qualifikation und Unterstützung von außen durch Staat, Verbände und Dienstleister,
- Etablierung von Arbeitsgruppen auf EU-Ebene, in die Fachverstand und Erfahrungen von Seiten der Wirtschaft, Behörden und Verbände einfließen.

Das Planspiel hat wichtige und praktische Verbesserungsvorschläge hervorgebracht. Es hat auch gezeigt, dass die kleineren und mittleren Unternehmen gerade in der Anfangsphase Unterstützung durch Beratung bei der Umsetzung der neuen EU-Chemikalienpolitik benötigen, denn auf sie werden ganz neue Anforderungen durch eine stärkere Produktverantwortung zukommen. Das Planspiel hat aber auch zum Entstehen neuer Netzwerke beigetragen. Nicht nur zwischen Firmen, sondern auch zwischen Firmen und Behörden haben sich neue bzw. intensivere Kontakte entwickelt.

---

9   Vorschlag für eine VERORDNUNG DES EUROPÄISCHEN PARLAMENTS UND DES RATES zur Registrierung, Bewertung, Zulassung und Beschränkung chemischer Stoffe (REACH), zur Schaffung einer Europäischen Agentur für chemische Stoffe sowie zur Änderung der Richtlinie 1999/45/EG und der Verordnung (EG) über persistente organische Schadstoffe

Das Planspiel der Landesregierung wurde von September bis Ende November 2003 durchgeführt. Im Mittelpunkt standen die Anforderungen der Verordnung für die Registrierung von Chemikalien und die Kommunikation zwischen Herstellern und Verwendern. Im Lenkungsausschuss des Planspiels waren die beiden Ministerien, die Staatskanzlei, die Industriegewerkschaft Bergbau, Chemie, Energie, der Verband der Chemischen Industrie, der Verband Chemiehandel, das Umweltbundesamt, das Bundesamt für Arbeitsschutz und Arbeitsmedizin, der Bund für Umwelt und Naturschutz (BUND), die Verbraucherzentrale NRW sowie die Berufsgenossenschaften der Chemiebranche und die Branchen Textilien, Lacke, Kunststoffe und Oberflächenbehandlungen vertreten. Die Landesregierung hatte eine Arbeitsgemeinschaft aus den Unternehmen Ökopol, dem Öko-Institut, der Firma GWU und iku mit der Durchführung des Planspiels beauftragt. Beteiligt waren Stoffhersteller, Zubereitungshersteller, die industriellen und gewerblichen Anwender sowie der (importierende) Handel.

4. Europäisches Naturerbe in NRW – Umsetzung der FFH-Richtlinie in NRW[10]

In Nordrhein-Westfalen gibt es trotz der hohen Bevölkerungsdichte natürliche und naturnahe, aber auch wertvolle kulturgeprägte Lebensräume, sowie Pflanzen- und Tierarten, für die wir eine europaweite, zum Teil sogar weltweite Verantwortung tragen. Beispiele dafür sind die zwischen dem Niederrhein und Sibirien wandernden arktischen *Wildgänse*, die ausgedehnten heimischen Buchen- und Stieleichen-Hainbuchenwälder oder die Schwermetallrasen mit dem weltweit einzigen Wuchsort des Westfälischen *Galmei-Veilchens*.

Derzeit wächst Europa politisch zusammen. Der Eiserne Vorhang gehört der Vergangenheit an, und durch die Bemühungen um gemeinsame sozial- und wirtschaftspolitische Rahmenbedingungen sind die Menschen in Europa näher zusammengerückt als jemals zuvor in der Geschichte. Sie haben erkannt, dass man sich den Herausforderungen des 21. Jahrhunderts nur durch eine staatenübergreifende Zusammenarbeit und in gemeinsamer Verantwortung stellen kann. Dazu zählen auch der Schutz und die Bewahrung des gemeinschaftlichen europäischen Naturerbes.

Die bisherigen Strategien gegen das Artensterben, wie zum Beispiel die Ausweisung von Naturschutzgebieten oder gesetzliche Nutzungseinschränkungen haben schon viel bewirkt, sich aber insgesamt als unzureichend erwiesen. Koordinierte staatenübergreifende Schutzmaßnahmen auf größeren Flächen – in Verbindung mit umweltverträglicheren Nutzungen – sind erforderlich.

Dazu wurde in Europa die Fauna-Flora-Habitat-Richtlinie (FFH-Richtlinie) vom Ministerrat der EU einstimmig beschlossen. Diese Richtlinie wird zusammen mit der Vogelschutz-Richtlinie europaweit das Kapitel 15 der Agenda 21 über die Erhaltung der Biologischen Vielfalt und die ebenfalls in Rio beschlossene „Konvention zur Erhaltung der Biologischen Vielfalt" umsetzen. Bis Ende 2004 soll der Aufbau eines zusammenhängenden Netzwerks besonderer Schutzgebiete in der Europäischen Union abgeschlossen sein. Dieses Netzwerk trägt den Namen „NATURA 2000" und setzt sich aus bedeutenden Rückzugsgebieten europaweit gefährdeter Lebensräume, Pflanzen und Tiere zusammen.

---

10 Umfangreiche Informationen sowie ausführliche Übersichten für alle FFH-Gebiete und alle einschlägigen Rechtsvorschriften finden sich im Internet unter www.natura2000.munlv.nrw.de

4.1 NATURA 2000, eine Vision und ihre Umsetzung

Für eine fachlich fundierte Auswahl der Gebiete für das NATURA 2000-Netz ist ein umfangreiches Wissen über das Vorkommen von Lebensraumtypen und Arten, deren Bestandsgröße und Erhaltungszustand erforderlich. Nordrhein-Westfalen konnte dazu auf wesentliche Grundlagendaten des Biotop- und Fundortkatasters der Landesanstalt für Ökologie, Bodenordnung und Forsten NRW (LÖBF) in Recklinghausen zurückgreifen. In diesen Katastern sind die schutzwürdigen Lebensräume Nordrhein-Westfalens sowie seltene und gefährdete Tier- und Pflanzenarten beschrieben und kartografisch dargestellt. Weitere Informationsquellen waren die Landeswaldinventur (LWI) der Landesforstverwaltung, land- und forstwirtschaftliche Standortkartierungen, Biotoppflege- und Entwicklungspläne für Schutzgebiete, Gutachten zu vorgeschlagenen Naturschutzgebieten, wissenschaftliche Literatur zu Ökologie, Verbreitung und Erhaltungszustand von Arten und Lebensräumen sowie Expertenwissen. Diese Informationen wurden für das Auswahlverfahren aufbereitet.

Mit dem auf der Grundlage der FFH-Richtlinie in Nordrhein-Westfalen entwickelten fachlichen Verfahren zur Bewertung der zu meldenden Gebiete wurde einheitlich sichergestellt, dass wirklich fachlich geeignete und auf Grund der EU-Kriterien tatsächlich meldepflichtige Gebiete benannt wurden. In so genannten „Ranking-Listen" (Rangliste der Gebiete nach ihrer Bedeutung für den Naturraum) wurden für jeden Naturraum und jeden Lebensraumtyp sowie für jede Art die für die Meldung geeigneten Gebiete benannt. Um die gesamte Arten- und Lebensraumvielfalt und deren regionale Variabilität durch das NATURA 2000-Netz erhalten zu können, soll jeder Lebensraumtyp in den naturräumlichen Haupteinheiten durch Schutzgebiete vertreten sein.

Der fachliche Vorschlag zum Aufbau von NATURA 2000 umfasst in Nordrhein-Westfalen 505 Gebiete, von denen etwa 40 Prozent bereits als Naturschutzgebiete ausgewiesen sind. Die Gebietskulisse entspricht 5,3% der Landesfläche, zusammen mit den EG-Vogelschutzgebieten ca. 6,7%.

4.2 Auswahlkriterien für FFH-Gebiete

Die Kriterien zur Ermittlung der geeigneten Gebiete bauen auf Anhang III der FFH-Richtlinie auf. Die Arten und die Lebensraumtypen wurden durch die LÖBF erfasst und bewertet. Wichtige Kriterien für diese fachliche Gebietsauswahl im Sinne der Richtlinie sind:

– Die Repräsentanz der Lebensraumtypen in den einzelnen Naturräumen sowie ihre naturräumlichen Verbreitungsschwerpunkte. Bei Nebenvorkommen werden die fünf besten, bei Hauptvorkommen die zehn besten Gebiete der im Naturraum vorkommenden Lebensräume für das NATURA 2000-Netz benannt, mindestens aber jeweils 20 beziehungsweise 50% der im Naturraum vorkommenden Lebensräume.
– Die Verteilung der Lebensraumtypen im Naturraum zur Sicherung der biologischen und der genetischen Vielfalt.
– Die Ausprägung und der Erhaltungszustand.
– Die Populationsgröße einer Art im Gebiet, der Erhaltungsgrad der wichtigsten Lebensraumteile, gegebenenfalls deren Wiederherstellbarkeit und der Isolierungsgrad im Zusammenhang mit der Bewertung von Tier- und Pflanzenarten.

4.3 Zuständigkeiten der Behörden

An der Entscheidung, welche Gebiete zu dem ökologischen Netz NATURA 2000 letztendlich gehören, sind zahlreiche Institutionen auf Länder-, Bundes- und Europaebene beteiligt. Das Grundgesetz der Bundesrepublik Deutschland weist den Bundesländern die Zuständigkeit für den Schutz der Natur zu. Daher lag die Auswahl und Abgrenzung der Gebiete, die in den deutschen Teil des ökologischen Netzwerkes NATURA 2000 einfließen sollen, im Aufgabenbereich der Bundesländer. In Nordrhein-Westfalen fanden die Abgrenzungen der zukünftigen NATURA 2000-Gebiete zudem unter Beteiligung der Betroffenen, wie zum Beispiel Städte und Gemeinden, Verbände der Land- und Forstwirtschaft sowie der Naturschutzverbände statt. Zuständig für die Gebietsauswahl in Nordrhein-Westfalen ist das Ministerium für Umwelt und Naturschutz, Landwirtschaft und Verbraucherschutz (MUNLV). Die fachlichen Grundlagendaten dafür erhält das Ministerium von der Landesanstalt für Ökologie, Bodenordnung und Forsten NRW (LÖBF). Die vom Land erstellten Gebietsvorschläge wurden der Bundesregierung übermittelt und dort durch das Bundesamt für Naturschutz (BfN) bewertet.

4.4 Das Meldeverfahren

NRW hatte sich für ein Meldeverfahren mit breiter Öffentlichkeitsbeteiligung entscheiden, denn nur eine weitgehende Transparenz konnte sich die Akzeptanz der betroffenen Bevölkerung sichern. Nach der Offenlegung der NATURA 2000-Gebiete wurden die Einwendungen der Beteiligten von den Bezirksregierungen fachlich bewertet. Nach dem Beschluss der Landesregierung und der Abstimmung mit der Bundesregierung erfolgte dann ab Mitte März 2001 die Meldung der Gebiete in mehreren Tranchen nach Brüssel. Im nächsten anstehenden Schritt werden die durch die Mitgliedsstaaten vorgenommenen FFH-Gebietsmeldungen fachlich geprüft, bevor die EU-Kommission endgültig über die Gebiete entscheidet, die in das Netz NATURA 2000 aufzunehmen sind.

4.5 Die Wirkungen: Verschlechterungsverbot und Verträglichkeitsprüfung

Für die Lebensräume oder die Arten, die zur Ausweisung eines NATURA 2000-Gebietes geführt haben, gilt ein Verschlechterungsverbot – alles was einen negativen Einfluss haben könnte, wird nicht zugelassen. Rechtmäßig bestehende Nutzungen können dabei in der Regel fortgeführt werden. Manche Lebensräume, wie beispielsweise Trockenrasen und Heiden, wären ohne die Einwirkungen des Menschen gar nicht erst entstanden. Für diese Gebiete bedeutet das Verschlechterungsverbot, dass hier die notwendigen Pflege- und Bewirtschaftungsmaßnahmen durchgeführt werden müssen. Hier bieten sich zur Erhaltung und wenn möglich Verbesserung der Lebensräume Bewirtschaftungsvereinbarungen mit der Land- und Forstwirtschaft an. Deshalb werden für die FFH-Gebiete Pflege- und Entwicklungspläne (PEPL) erarbeitet, in denen die für die Einhaltung der Schutzziele erforderlichen Maßnahmen für jedes Gebiet dargestellt sind.

Pläne und Projekte innerhalb und außerhalb von FFH-Gebieten sind auf ihre Verträglichkeit mit den für die Gebiete festgelegten Erhaltungszielen zu überprüfen. Vorhaben, die absehbar negative Auswirkungen auf die zu schützenden Arten oder Lebensräume haben, sind nicht zuzulassen. Ist die Durchführung eines Vorhabens trotz negativen Ergebnisses der Verträglichkeitsprüfung aus Gründen des überwiegenden öffentlichen Interesses oder wegen fehlender Alternativen unerlässlich, müssen alle notwendigen Ausgleichsmaßnahmen ergriffen werden um den Funktionsverlust auszugleichen und gegebenenfalls ein gleichwertiges Schutzgebiet neu in das ökologische Netz einzubinden. Die EU-Kommission muss vor der abschließenden Entscheidung der Genehmigungsbehörde in Nordrhein-Westfalen dazu gehört werden.

4.6 Biomonitoring Nordrhein-Westfalen

Die FFH-Richtlinie sieht eine Berichtspflicht über die Entwicklung der Lebensräume und Arten sowie der durchgeführten Maßnahmen in einem regelmäßigen Abstand von sechs Jahren vor. Zur Erfüllung dieser Berichtspflicht ist ein Biomonitoring eingeführt, also eine regelmäßige Bewertung der Entwicklung der Lebensräume und Arten sowie ihres Erhaltungszustandes. Die fachliche Koordination der FFH-Berichtspflicht obliegt der Landesanstalt für Ökologie, Boden und Forsten (LÖBF). Am Biomonitoring sind insbesondere die unteren Landschaftsbehörden, die Forstbehörden und die Biologischen Stationen beteiligt, die Flächeneigentümer werden über die Kartierungen informiert. Die Entwicklung und der Erhaltungszustand der Lebensräume und der Arten sowie die wichtigsten Ergebnisse der Überwachung werden dokumentiert und – soweit notwendig – Verbesserungsmaßnahmen für die Zukunft vorgeschlagen. Die Ergebnisse werden nach einem EU-einheitlichen Modell in einem Bericht zusammengefasst, der durch die Bundesregierung der EU-Kommission übermittelt und der Öffentlichkeit zugänglich gemacht wird. Die FFH-Richtlinie schreibt kein einheitliches Verfahren für den Schutz der Gebiete mit „gemeinschaftlicher Bedeutung" vor. Es liegt in der Verantwortung der Länder, die geeigneten Instrumente bereitzustellen, um die Vorgaben der Richtlinie umzusetzen.

4.7 FFH = Naturschutzgebiet

Damit die Schutzziele der NATURA 2000-Gebiete bei allen vorgesehenen Eingriffen und potentiellen Beeinträchtigungen berücksichtigt werden können, sollen die Gebiete bis Ende 2004 in der Regel als Naturschutzgebiet ausgewiesen werden. Hinzu treten vertragliche Regelungen, die einzelne Verbote oder Gebote ersetzen können, wenn sich der Vertragspartner zu einer FFH-gerechten Bewirtschaftung von Flächen in den Gebieten verpflichtet. Ordnungsrecht und Vertragsnaturschutz ergänzen sich also sinnvoll. Die Ausweisung als Biosphärenreservat oder Nationalpark (Ausnahme FFH-Gebiete im Nationalpark Eifel) bietet sich für kleinere Gebiete kaum an. Auch eine Ausweisung der FFH-Gebiete als Landschaftsschutzgebiete kommt nicht in Frage, da der Schutzzweck von Landschaftsschutzgebieten auf die Erhaltung des Landschaftscharakters beschränkt ist und nicht die Erhaltung von Lebensraumtypen und Arten umfassen kann. Vertragliche Vereinbarungen mit Grundstückseigentümerinnen und -eigentümern allein gewährleisten in der Regel keinen der FFH-Richtlinie genügenden Schutz, weil sie nur die Handlungen der jeweiligen Vertragspartner erfassen, nicht aber Belastungen durch Dritte.

4.8 FFH-Gebietsmeldungen – der letzte Stand

NRW hat 505 FFH-Gebiete gemeldet. Die EU-Kommission hat diese Meldungen fachlich geprüft und im Juni 2004 nur geringfügigen Nachmeldebedarf gefordert: Das betrifft ein weiteres FFH-Gebiet und drei FFH-Gebietserweiterungen. Dieser geringe Nachmeldebedarf verdeutlicht die naturschutzfachlich hohe Qualität des Meldeverfahrens in NRW.

5. Energie und Europa

Das Ausmaß und die Intensität menschlicher Eingriffe in die Natur bergen inzwischen Gefahren und Risiken, die das ökologische Gleichgewicht gefährden. Wächst der weltweite Energieverbrauch weiter wie bisher, so würde dies zu einer Verdopplung der energiebedingten Emissionen führen. Zum Schutz der Erdatmosphäre ist es jedoch unbedingt erforderlich, den weltweiten fossilen Energieeinsatz bei einer prognostizierten Verdoppelung der Erdbevölkerung von 5,8 Mrd. auf 12 Mrd. Menschen bis zur Mitte des nächsten Jahrhunderts deutlich zu reduzieren. Dieser globale Zielkonflikt zwingt weltweit zum Handeln. Der Umgang mit Energie muss grundlegend überdacht werden. Die Industrienationen tragen hierbei eine besondere Verantwortung. Bei einem Bevölkerungsanteil von 25% emittieren sie derzeit rund 80% des klimarelevanten CO_2.

Die EU hat in den Verhandlungen in Rio, Kyoto und Johannisburg deutlich gemacht, dass Europa bereit ist, seinen Beitrag zum Klimaschutz zu leisten. Im Vergleich zu anderen Industriestaaten wie die USA, Japan oder Australien, die eher bremsend wirkten, übernahm die EU sogar eine Vorreiterrolle. Das klimapolitische Ziel der EU muss durch konsequentes Handeln vor Ort umgesetzt werden.

5.1 Nordrhein-Westfalen als Energieregion Europas

Das bedeutet für Nordrhein-Westfalen, dem Energieland der Bundesrepublik und zugleich der bedeutendsten Energieregion in der Europäischen Union, eine besondere Herausforderung, aber auch eine ökonomische Chance. In diesem Sinne versteht Nordrhein-Westfalen zukunftsfähige Energiepolitik als Innovationspolitik mit industrie-, technologie- und strukturpolitischem Fokus. Zukunftsfähige Energiepolitik heißt, günstige Rahmenbedingungen zu schaffen, unter denen die Unternehmen und Forschungseinrichtungen in Nordrhein-Westfalen innovative und wettbewerbsfähige Techniken zur Nutzung von Energie entwickeln, fertigen und anwenden, und dadurch neue Arbeitsplätze generieren bzw. bestehende Arbeitsplätze sichern.

In Nordrhein-Westfalen ist und bleibt Energie ein wichtiger Schlüssel für Wachstum und Beschäftigung. Rund ein Drittel der in Deutschland benötigten elektrischen Energie wird in Nordrhein-Westfalen produziert und genutzt. Wirtschaft und Arbeitsplätze in Nordrhein-Westfalen hängen in hohem Maße davon ab, dass Energie dauerhaft sicher und preiswert bereitgestellt wird. Bei einer Importquote von über 80% bei Öl und Gas ist das eine Herausforderung.

In dem Spannungsfeld von Versorgungssicherheit, Wirtschaftlichkeit und Klimaschutz ist die Energiepolitik Nordrhein-Westfalens auf drei Ziele ausgerichtet:

- die effiziente Energiewandlung,
- die rationelle Nutzung von Energie,
- die verstärkte Nutzung der regenerativen Energiequellen.

„Effiziente Energiewandlung" heißt unter anderem, moderne Energietechniken zu entwickeln und anzuwenden, um unsere wichtigen Primärenergieträger Braun- und Steinkohle, Gas und Öl, wirkungsvoll zu nutzen und die Ressourcen zu schonen. Ein konkretes Beispiel ist der zurzeit weltweit modernste Braunkohle-Kraftwerksblock in Nordrhein-Westfalen. Mit dieser 950 MW-Anlage wird ein Wirkungsgrad von 43% erreicht. Das ist Weltrekord. Die bisherige und nun veraltete Technik erreichte lediglich 35,5%. Mit diesem neuen Kraftwerk kann jetzt mit 20% weniger Braunkohle dieselbe Strommenge erzeugt werden.

Dies ist ein beachtlicher Beitrag zur Reduktion der Emissionen von CO_2, Staub, Schwefeldioxid und Stickoxid.

Im Bereich rationelle Energienutzung hat Nordrhein-Westfalen viele Maßnahmen ergriffen und Einrichtungen geschaffen. Die Energieagentur NRW z.B. berät Wirtschaft, Kommunen und private Verbraucher, damit sie ihren Energieverbrauch entscheidend reduzieren können, um sich dadurch wirtschaftliche Spielräume zu verschaffen.

Die Förderschwerpunkte im Bereich regenerative Energien in Nordrhein-Westfalen sind die Solar- und Bioenergie sowie die Nutzung der Geothermie inklusive der Wärmepumpentechnik. Heute und in absehbarer Zeit müssen die erneuerbaren die konventionellen Energien zwar nicht ersetzen – doch die erneuerbaren in der Zukunft im Energiemix eine zunehmend wichtigere Rolle einnehmen. Mit gezielten Fördermaßnahmen ist es in NRW gelungen die erneuerbaren Energien wirtschaftlicher zu machen, und so ihren Anteil deutlich und dauerhaft zu steigern.

Seit 1988 fördert Nordrhein-Westfalen mit dem so genannten REN-Programm die Entwicklung, Demonstration, Produktion und Anwendung neuer Techniken zur rationellen Energieverwendung und zur Nutzung regenerativer Energiequellen. Daraus wurden bis jetzt 46.000 Projekte mit nahezu 560 Mio. Euro gefördert und Investitionen in Höhe von etwa 2,5 Mrd. Euro initiiert. Die Entwicklung, Produktion und Anwendung von Techniken zur Nutzung regenerativer Energiequellen dient dem Klimaschutz und schafft gleichzeitig Arbeitsplätze. Nach neuesten Erhebungen sind mittlerweile in über 2.100 Firmen etwa 15.000 Beschäftigte in Nordrhein-Westfalen allein im Bereich der erneuerbaren Energien tätig.

5.2 Bauen und Wohnen mit Zukunftsenergien

Auf den Gebäudebereich entfällt etwa ein Drittel des gesamten Bedarfs an Primärenergie in der Bundesrepublik. So verbraucht ein durchschnittlicher Haushalt in Nordrhein-Westfalen jährlich den Energiegehalt von 2,5t Steinkohle – nur ein Fünftel in Form von Strom, den allergrößten Teil durch Heizenergie. An Umweltbelastung macht das 7,5 t Kohlendioxid pro Jahr und Haushalt aus. Deshalb ist so wichtig, auch im Bereich Bauen und Wohnen Energie zu sparen und erneuerbare Energien zu nutzen. Die neue Energieeinsparverordnung des Bundes hat hier neue Maßstäbe gesetzt. Sie stellt Anforderungen an die energetische Qualität eines Gebäudes (überwiegend für Neubauten), aber auch für Bauten im Bestand. Aber es braucht noch zusätzliche Schritte, um den Zielen Nachhaltigkeit und Klimaschutz im Bereich Bauen und Wohnen näher zu kommen.

Ein wesentliches Instrument in Nordrhein-Westfalen ist dabei das Programm „Rationelle Energieverwendung und Nutzung unerschöpflicher Energiequellen", das so genannte REN-Programm. Dieses Programm wird in Nordrhein Westfalen gemeinsam vom Bau- und Energieministerium abgewickelt, wobei das Bauministerium sich schwerpunktmäßig um die so genannte Breitenförderung kümmert. Dies sind Hilfen beispielsweise für die breitflächige Anwendung der Solartechnik an Gebäuden. Insgesamt wurden in der Breitenförderung in den vergangenen Jahren mehr als 50.000 Projekte bewilligt, darunter u.a. mehr als 27.000 thermische Solaranlagen und über 11.000 Photovoltaikanlagen. Rund 250 Mio. Euro sind dafür über 16 Jahre hinweg aufgewandt worden und haben damit etwa 1,3 Mrd. Euro an privaten Investitionen ausgelöst.

Zwei wichtige Schwerpunkte des REN-Programms sollen kurz beschrieben werden. Der erste Schwerpunkt ist das Projekt „50 Solarsiedlungen in Nordrhein-Westfalen". Ziel ist, dass sich das solare Bauen, die Nutzung der Solarenergie, nicht nur bei einzelnen Häusern etabliert, sondern auch beim Neubau und der Modernisierung ganzer Siedlungen. Deshalb hat die Landesregierung 1997 dazu aufgerufen, 50 Solarsiedlungen in Nordrhein Westfalen zu schaffen – und dieser Aufruf hat bereits zu 33 konkreten Projekten geführt. Sechs solcher Siedlungen mit über 1.000 Wohneinheiten sind bereits bezogen, weitere zwölf Siedlungsprojekte sind im Bau, 15 befinden sich in der konkreten Planung. Aber es geht auch um die solargerechte Renovierung von Siedlungen im Bestand, das rechnet sich auch ökonomisch: So liegen in einer renovierten Siedlung in Köln-Riehl die künftigen Kosten für Heizung und Warmwasser um 75% niedriger als bisher.

Außerdem wurde der Bau von Passivhäusern ebenfalls aus dem REN-Programm unterstützt. Passivhäuser sind Gebäude, die keine konventionelle Heizung mehr brauchen: durch „passive" Maßnahmen wie sehr gute Wärmedämmung, Fenster mit Dreifachverglasung und gedämmten Rahmen und Lüftungsanlagen mit Wärmerückgewinnung. Nicht ganz so weit geht man bei den so genannten Drei-Liter-Häusern; das sind optimierte Niedrigenergiehäuser, die noch eine Heizanlage benötigen. Bis heute wurden in NRW über 300 Projekte mit insgesamt 700 Wohneinheiten in Passivhausbauweise oder als Drei-Liter-Häuser gefördert. Die meisten bisher geförderten Passivhäuser sind Wohngebäude – Einfamilienhäuser, Doppelhäuser, Reihenhäuser. Es gibt aber auch bereits ein fertig gestelltes Bürogebäude, eine Studentenherberge und ein Altenpflegezentrum als Modellprojekte für energiesparendes Bauen.

Solche und weitere Modellprojekte tragen dazu bei, dass es bald auch auf dem Wohnungsmarkt eine Entwicklung geben könnte, die beispielsweise beim Autokauf längst selbstverständlich ist: Eine Entwicklung dahin, dass günstige Verbrauchswerte die Kaufentscheidung und den Marktwert mitbestimmen. Und dann geht es in Werbung und öffentlicher Wahrnehmung eben nicht mehr nur um das „Drei-Liter-Auto", es geht dann auch um das „Drei-Liter-Wohnhaus", das mit drei Litern Heizöl pro Jahr auskommt.

Um solchen ehrgeizigen Zielen näher zu kommen, braucht es Information, Beratung und Überzeugungsarbeit. Dabei hilft die Energieagentur Nordrhein-Westfalen (EA NRW) in Wuppertal als kompetenter Dienstleister in Sachen Fortbildung und Beratung zu energetischen Themen. Die EA NRW ist eine Einrichtung des Landes, die Unternehmen und Kommunen unentgeltlich und neutral in allen Fragen rund um das Thema Energie berät und weiterbildet.

Energiesparen und erneuerbare Energien sind im wahrsten Sinne des Wortes Zukunftsthemen: Und es gibt gerade in der jungen Generation viel Engagement und viel Einfallsreichtum zum Thema „Zukunftsenergien". Eindrucksvoll gezeigt hat das eine Konferenz mit 360 Schülerinnen und Schülern aus 24 nordrhein-westfälischen Schulen, die im Juni 2003 gemeinsam mit der Energieagentur NRW durchgeführt wurde. Unter dem Motto „Von Schülern für Schüler" stellten dort mehrere Schulen ihre Projekte zum bewussten Energieeinsatz vor. So viel Engagement ist ermutigend. Die Energieagentur NRW wird Schulen deshalb auch weiterhin mit einem umfangreichen Beratungs- und Weiterbildungsangebot zur Verfügung stehen, gerade auch hinsichtlich der energetischen Optimierung des eigenen Schulgebäudes.

Zukunftsenergien zu fördern, für den bewussten Umgang mit Energie bei Bauen und Wohnen zu werben – das bleibt ein wichtiges Anliegen und ein bedeutendes Thema in NRW. Ohne wichtige Rahmenbedingungen wären die Fortschritte der letzten Jahre so nicht gelungen. Zu diesen Rahmenbedingungen gehört insbesondere das Erneuerbare-Energien-Gesetz (EEG), das Stromnetzbetreiber zur Abnahme von regenerativ erzeugtem Strom und zur Zahlung von Mindestvergütungen an die Erzeuger verpflichtet.

Aber gezielte Förderung in intensive Überzeugungsarbeit müssen hinzukommen, damit die Botschaft gehört wird: für einen nachhaltigen Umgang mit Energie, für den Einsatz erneuerbarer Energien, für Zukunftsenergien.

Heinz-Jürgen Axt

Der Wirtschaftsstandort NRW in der erweiterten EU

1. Einleitung

Seit dem 1. Mai 2004 zählt die Europäische Union 25 Mitgliedstaaten. Die größte Erweiterungsrunde der EU ist als historischer Schritt gewürdigt worden; sie traf in der Bevölkerung allerdings auch auf Bedenken. Wird der Wirtschaftsstandort Nordrhein-Westfalen nicht an Attraktivität verlieren, werden nicht Arbeitsplätze verloren gehen und wird nicht der Druck auf die Arbeitseinkommen zunehmen, wenn die neuen Mitglieder beitreten, so wurde gefragt. Übersehen werden darf nicht, dass schon seit geraumer Zeit der Wohlstand in Nordrhein-Westfalen ganz erheblich aus der engen wirtschaftlichen Verflechtung mit den Ländern Mittel- und Osteuropas (MOEL) resultiert. Wie kaum ein anderes Bundesland hat Nordrhein-Westfalen seit dem Ende der Ost-West-Konfrontation seine wirtschaftlichen Beziehungen zu den MOEL vertieft und intensiviert. Es hat sich damit ein Prozess wiederholt, der schon einmal – ab Beginn der 50er Jahre – die wirtschaftliche Entwicklung an Rhein und Ruhr begünstigt hat. War es damals die Verflechtung mit den Nachbarn im Westen im Rahmen der europäischen Integration durch die Gründung der Europäischen Gemeinschaft für Kohle und Stahl (EGKS) und der Europäischen Wirtschaftsgemeinschaft (EWG), so vollendet sich dieser Prozess durch die Einbeziehung der Nachbarn im Osten in die EU. Die EGKS war die Voraussetzung dafür, dass in der noch jungen Bundesrepublik überhaupt wieder Wachstum und Wohlstand entstehen konnten. Der von der EWG geschaffene Binnenmarkt ist noch heute die elementare Basis für die Wirtschaft in Nordrhein-Westfalen. Und der Erweiterungsprozess bietet der Wirtschaft die Chance, dass diese Entwicklung fortgesetzt werden kann.

Die europäische Gemeinschaftsbildung basiert auf zwei Prinzipien: erstens auf der durch den Binnenmarkt realisierten Marktöffnung und Liberalisierung sowie zweitens auf der durch die Strukturfonds und weitere Förderprogramme gewährleisteten Solidarität. Nordrhein-Westfalen gehört zu jenen Regionen, die von beiden Tatbeständen Nutzen ziehen konnten. Der gemeinsame Markt stellte den Unternehmen und insbesondere den neuen Wachstumsindustrien europaweit Absatzchancen zur Verfügung und die seit Mitte der 70er Jahre geschaffenen Fonds haben den Strukturwandel durch gezielte Fördermaßnahmen begünstigt. Auch konnte verhindert werden, dass diese Entwicklung mit schwerwiegenden sozialen Verwerfungen einherging. Heute stellt Nordrhein-Westfalen mit seinen 18 Mio. Einwohnern einen wirtschaftlich starken Kern der EU dar. Wäre Nordrhein-Westfalen ein eigenständiger Staat, würde es mit seiner Bevölkerungszahl auf dem sechsten Platz der EU-15 rangieren. Gleiches lässt sich von der Wirtschaftleistung sagen, wenn man das Bruttoinlandsprodukt (BIP) heranzieht. Die Wirtschaft in Nordrhein-Westfalen ist in starkem Maße außenwirtschaftlich orientiert. Mehr als die Hälfte seiner Wirtschaftsleistung wird im Außenhandel realisiert. Unter den Bundesländern ist Nordrhein-Westfalen der attraktivste Standort für ausländische Direktinvestitionen. Die Heranführung der MOEL an die EU seit Anfang der 90er Jahre hat der nordrhein-westfälischen Wirtschaft beachtliche Chancen der Markterweiterung geboten. Die Exporte in die MOEL sind weitaus stärker als die Gesamtexporte gestiegen.

Nachfolgend wird zunächst auf die historischen und vertraglichen Aspekte der Einbeziehung von Nordrhein-Westfalen in die europäische Integration eingegangen, bevor die außenwirtschaftliche Verflechtung insbesondere mit den Staaten der EU-15, aber gerade auch der Beitrittsländer geschildert wird. Nordrhein-Westfalens wirtschaftliche Position ist durch die verschiedenen Fördermaßnahmen der EU begünstigt worden, weshalb auch auf diesen Aspekt kurz eingegangen wird.

2. Am Anfang waren Kohle und Stahl...

Nordrhein-Westfalen war aktiv involviert, als die ersten Schritte zur Europäischen Integration getan wurden.[1] Die Gründung der Europäischen Gemeinschaft für Kohle und Stahl (EGKS), auch Montanunion genannt, zielte auf einen Wirtschaftssektor, der für Nordrhein-Westfalen in der unmittelbaren Nachkriegszeit von herausragender Bedeutung war. Am 18. April 1951 unterzeichneten Belgien, die Bundesrepublik Deutschland, Frankreich, Italien, Luxemburg und die Niederlande den Vertrag zur Gründung der EGKS. Die Interessenlage war eindeutig: Frankreich wollte durch die europäische Einbindung Deutschlands Sicherheit erlangen. Auch ging es um die Kontrolle der damals noch kriegsrelevanten Stahl- und Eisenproduktion. Diese befand sich vornehmlich im Ruhrgebiet. Die junge Bundesrepublik sah die Chance, durch eine aktive Beteiligung an der Europäischen Integration, die volle Souveränität und Gleichberechtigung mit den westlichen Partnern zu erlangen.[2] Am 29. Dezember 1948 hatten die drei Westalliierten sowie Belgien, die Niederlande und Luxemburg das Ruhrstatut erlassen, mit dem die Produktion der Montanindustrie an der Ruhr kontrolliert und mengenmäßig beschränkt wurde. Faktisch kam das Ruhrstatut einer Kontrolle der gesamten deutschen Wirtschaft gleich, da das Industriegebiet der Ruhr für die ganze deutsche Wirtschaft von größter Bedeutung war. Neben der Kontrolle der Ruhrindustrie lasteten auf Deutschland erhebliche Reparationsforderungen und Demontagen von Industrieanlagen. In dieser Situation bot die EGKS die Chance, die einseitige Kontrolle der Westalliierten zu überwinden. Am 21. April 1951 erlosch das Ruhrstatut.

Bundeskanzler Adenauer führte dazu aus: „Es galt, einen Weg zu finden, der sowohl dem Sicherheitsbedürfnis der europäischen Länder Rechnung trug, wie auch den Wiederaufbau Westeuropas einschließlich Deutschlands durchzuführen gestattete. Über diesen Weg würden wir auch, darüber war ich mir klar, Schritt für Schritt unsere Gleichberechtigung unter den freien Völkern der Welt zurückerlangen. Die verschiedenen Bestimmungen, Verträge und Statuten der ersten Nachkriegsjahre – wie zum Beispiel das Ruhrstatut – waren in meinen Augen Übergangsregelungen. Sie waren lediglich bestimmte Abschnitte auf dem Wege zur Wiedererlangung unserer Gleichberechtigung."[3] Die EGKS schuf einen gemeinsamen Markt für Kohle- und Stahlprodukte. Nunmehr konnten Anbieter aus Nordrhein-Westfalen ihre Produkte zollfrei in den Nachbarländern anbieten. Es gab keine einseitige Kontrolle Deutschlands mehr, sondern alle Mitgliedstaaten unterlagen dem Zwang zur Gewährleistung einer freien Wettbewerbsordnung. Mit der EGKS wurden die Grundlagen für die 1958 gegründete EWG geschaffen, aus der die heutige Europäische Gemein-

---

1 Das Folgende wurde – ergänzt und aktualisiert – übernommen aus Axt, Heinz-Jürgen: Wirtschaft in Nordrhein-Westfalen – Förderung und Strukturwandel mit Blick auf Europa. In: Alemann, Ulrich von/ Münch, Claudia (Hrsg.): Handbuch Europa in Nordrhein-Westfalen – Wer macht was in Nordrhein-Westfalen für Europa? Opladen, 2003. S. 273-289
2 Vgl. ausführlicher Knipping, Franz: Rom, 25. März 1957. Die Einigung Europa. München, 2004. S. 66ff.
3 Adenauer, Konrad: Erinnerungen. 1945-1953. Frankfurt a. M./Hamburg, 1967. S. 235

schaft (EG) und EU hervorgingen. Die sektorale Wirtschaftsintegration der EGKS wurde durch den auf alle Industrieprodukte erweiterten gemeinsamen Markt ersetzt. Die Bedeutung der Eisen- und Kohleproduktion ging zurück und neue Industrien gewannen an Bedeutung.

3. Vertragliche Einbindung Nordrhein-Westfalens in die EU

Mit dem Beitritt der Bundesrepublik Deutschland zur Europäischen Gemeinschaft ergaben sich für Nordrhein-Westfalen tiefgreifende Veränderungen.

Erstens wurde der auf eine Bevölkerung von rund 60 Mio. beschränkte westdeutsche Markt durch einen Binnenmarkt mit einer Bevölkerung von 201 Mio. (EWG-6) und später 375 Mio. (EG-15) ersetzt. Die Beseitigung von Zöllen und Kontingenten erhöhte die Absatzchancen, implizierte freilich auch einen verstärkten Wettbewerbsdruck durch die Anbieter aus der Gemeinschaft, was die Unternehmen zu Anpassungsmaßnahmen veranlasste.

Zweitens brachte es die europäische Wettbewerbsordnung mit sich, dass Unternehmenszusammenschlüsse seit Gründung der EGKS nunmehr auch einer europäischen Kontrolle unterlagen. Dies machte sich nicht zuletzt bei den staatlichen Beihilfen bemerkbar. Mussten diese zunächst nur den deutschen Wettbewerbsvorschriften entsprechen, so mussten sie mit Gründung der EWG auch den europäischen Vorschriften genügen. In Nordrhein-Westfalen machte sich dies insbesondere bei den staatlichen Beihilfen zugunsten der Steinkohle bemerkbar. Dass die EG hier auf eine stärkere Rückführung der Steinkohlesubventionen drängte, als dies die Akteure im Land und auch im Bund wünschten, hat mitunter zu einer negativen Perzeption der wettbewerbsrechtlichen Aktivitäten der Brüsseler Kommission geführt. Kritiker wenden freilich ein, die hohen Subventionen hätten überholte Strukturen konserviert und den notwendigen Strukturwandel verzögert. Unterschiedliche Auffassungen haben in jüngerer Vergangenheit auch die Europäische Kommission und das Land Nordrhein-Westfalen beim wettbewerbsrechtlich relevanten Thema der öffentlich-rechtlichen Daseinsvorsorge verfolgt. Es entstand in Nordrhein-Westfalen der Eindruck, die Kommission wolle sich ausschließlich an Wettbewerbsregeln orientieren und den politischen Gestaltungsspielraum der Regionen einengen.

Drittens hat die europäische Gemeinschaftsbildung dazu geführt, dass Subventionen neuer Art Nordrhein-Westfalen begünstigt haben. Die Rede ist von der europäischen Regional- und Strukturpolitik, die mit ihren verschiedenen Fonds und Förderinstrumenten dem Land neue Finanzmittel zufließen ließ. Diese unterstützen bis heute vornehmlich die an der Ruhr befindliche Region der Montanindustrie, die Entwicklung der Humanressourcen sowie in geringerem Umfang auch ländliche Gebiete.

Der *vierte* wichtige Impuls der europäischen Gemeinschaftsbildung ergab sich für Nordrhein-Westfalen dadurch, dass die faktisch vollzogene grenzüberschreitende Zusammenarbeit und Arbeitsteilung der Wirtschaft durch eine ebensolche Kooperation auf der politischen Ebene begleitet werden konnte. Auch hier stellt die EG finanzielle Fördermittel bereit, um entsprechende interregionale Initiativen anzuregen und zu unterstützen.

4. Nordrhein-Westfalens außenwirtschaftliche Verflechtung mit der EU-15

Die Herstellung großer Märkte führt entweder zur Umlenkung vorhandener Handelsbeziehungen oder zur Schaffung neuer Handelspotentiale. Für die Montanindustrie Nordrhein-

Westfalens war zu Beginn der fünfziger Jahr der handelsschaffende Effekt maßgeblich. Erst die EGKS öffnete den Weg auf außerdeutsche Märkte. Das gilt wohl auch für die aufstrebende Industrie nach Errichtung der EWG. Wahrscheinlich war hier auch eine Handelsumlenkung (hin zu den EWG-Partnern) zu verzeichnen. Für viele Unternehmen war der europäische Markt allerdings auch die Voraussetzung, um auf den Weltmarkt vorzustoßen. Neben den Handelsströmen verdeutlichen die Direktinvestitionen besonders anschaulich die wirtschaftliche Verflechtung von Produktionsstandorten (s.u.).

Der Außenhandel hat für die Wirtschaft Nordrhein-Westfalens eine herausragende Bedeutung. Mehr als 50% der gesamten Wirtschaftsleistung werden über den Außenhandel erwirtschaftet.[4] Bezieht man lediglich den EU-Handel ein, dann sind es 30%. 2003 exportierte Nordrhein-Westfalen Güter im Wert von 120,3 Mrd. Euro, das waren 18,2% der deutschen Exporte insgesamt. Im Vergleich der Bundesländer lag Nordrhein-Westfalen damit vor Baden-Württemberg (106,8 Mrd. Euro) und Bayern (106,3 Mrd. Euro) auf Rang 1. Die Exportquote am BIP beläuft sich auf rund 26%, bei den Importen beträgt der Anteil rund 28%.[5] Die Handelsbilanz von Nordrhein-Westfalen ist seit längerer Zeit fast ausgeglichen – mit einem leichten importbedingten Defizit.[6] Im Jahr 1995 führte Nordrhein-Westfalen Waren im Wert von 83.896 Mio. Euro aus, dem standen Importe in Höhe von 90.812 Mio. Euro gegenüber. Beim EU-Handel (EU-15) stellt sich Lage wie folgt dar: Ausfuhren in Höhe von 50.585 Mio. Euro standen Einfuhren in Höhe von 54.361 Mio. Euro gegenüber.

Im Jahr 2003 hatte sich an diesem Bild wenig geändert. Die Gesamt-Ausfuhren erreichten einen Wert von 120,3 Mrd. Euro und die Einfuhren von 129,0 Mrd. Euro. Beim EU-Handel war der Saldo 2001 fast ausgeglichen, kamen doch die Exporte auf 69.855 Mio. Euro und die Importe auf 69.983 Mio. Euro. Sowohl bei den Aus- als auch Einfuhren betrug 2001 der EU-Anteil jeweils 59%. Gegenüber 1995 hatten sich damit keine wesentlichen Änderungen ergeben. Geht man allerdings zehn Jahre zurück, dann erkennt man bei den Exporten in die EU-Länder in der ersten Hälfte der neunziger Jahre eine Abschwächung: 1991 hatte Nordrhein-Westfalen noch Waren im Wert von 52.828 Mio. Euro in die Staaten der EU exportiert, 1993 war mit 42.787 Mio. Euro der Tiefpunkt erreicht. Danach stiegen die Exporte in die EU-Länder wieder an. Zweierlei dürfte sich hier bemerkbar gemacht haben: *Erstens* die Herstellung der deutschen Einheit, die zu einer verstärkten Belieferung des nun erweiterten deutschen Binnenmarktes geführt hat. *Zweitens* ist der Export in die mittel- und osteuropäischen Länder gerade in dieser Zeit angestiegen (s.u.). 1991 führte man aus Nordrhein-Westfalen Waren im Wert von 1.598 Mio. Euro dorthin aus, 1994 waren es bereits 4.867 Mio. Euro.[7]

---

4 Bruttoinlandsprodukt 460 Mrd. Euro in 2001; Im- und Exporte 234 Mrd. Euro
5 Vgl. Ministerium für Wirtschaft und Arbeit des Landes Nordrhein-Westfalen: Außenwirtschaft NRW. Bericht über die Projekte des Jahres 2003. Düsseldorf, 2004. S. 5
6 Die nachfolgenden Angaben beruhen auf Daten des Landesamtes für Datenverarbeitung und Statistik Nordrhein-Westfalen, http://www.lds.Nordrhein-Westfalen.de/stat_Nordrhein-Westfalen/land/daten/d 422handel.htm; Stand: 12.04.2002
7 Quelle: ebd.

Der Wirtschaftsstandort NRW in der erweiterten EU

Tab. 1: Außenhandel von Nordrhein-Westfalen 1995-2001 (in Mio. Euro)

Jahr	Ausfuhren		Einfuhren	
	insgesamt	darunter EU-15	insgesamt	darunter EU-15
1995	83896	50585	90812	54361
1996	86263	51094	91620	54812
1997	95900	56320	97704	57372
1998	98760	59236	104042	61618
1999	96771	58830	102562	59095
2000	112013	68653	124020	69319
2001	116562	69855	118077	69983

(Zahlen für 2001 vorläufig)
Quelle: Landesamt für Datenverarbeitung und Statistik Nordrhein-Westfalen, http://www.lds.Nordrhein-Westfalen.de/stat_Nordrhein-Westfalen/land/daten/d422handel.htm, Stand: 12.04.2002

Die bevorzugten Handelspartner Nordrhein-Westfalens stammen aus der unmittelbaren Nachbarschaft. Allein Frankreich, Belgien und die Niederlande vereinigen, wie Tabelle 2 ausweist, über ein Viertel des gesamten Außenhandels von Nordrhein-Westfalen auf sich. Legt man lediglich den EU-Handel zugrunde, dann sind es sogar rund die Hälfte aller Ein- und Ausfuhren. Bei den Ausfuhren erweisen sich neben den drei erwähnten Ländern auch Großbritannien, die USA und Italien als bedeutende Kunden nordrhein-westfälischer Produkte. Auffallend ist, dass mit Polen auf Platz zehn der Abnehmer bereits ein Beitrittskandidat der EU auftaucht. Überhaupt hat sich der Handel Nordrhein-Westfalens mit den Beitrittsländern aus Mittel- und Osteuropa in der letzten Dekade besonders dynamisch entwickelt. Bei den Importen verändert sich das bei den Exporten geschilderte Bild insofern, als Japan bereits auf Platz fünf und die Volksrepublik China auf Platz sieben der Lieferländer auftaucht. Auch hier ist Polen wiederum ein wichtiger Lieferant für die in Nordrhein-Westfalen benötigten Produkte. Im Außenhandel mit Polen verzeichnet Nordrhein-Westfalen sogar ein leichtes Defizit.

Tab. 2: Außenhandel nach Abnehmer- und Lieferländer 2001 (in Mio. Euro)

Ausfuhren		Einfuhren	
Frankreich	11035	Niederlande	16208
Belgien	10151	Belgien	10370
Niederlande	10117	Frankreich	8650
Großbritannien	9976	Großbritannien	7876
USA	8953	Japan	7169
Italien	8944	Italien	6498
Österreich	5128	Volksrepublik China	5607
Spanien	4903	USA	5469
Schweiz	4342	Spanien	3823
Polen	3235	Polen	3614

(vorläufige Ergebnisse)
Quelle: Landesamt für Datenverarbeitung und Statistik Nordrhein-Westfalen, http://www.lds.Nordrhein-Westfalen.de/stat_Nordrhein-Westfalen/land/daten/d422handel.htm

Betrachtet man nunmehr die mit den Partnern gehandelten Produktgruppen, dann stellt sich die Situation wie folgt dar: Bei den Einfuhren aus den EU-Ländern fällt der vergleichsweise hohe Anteil von Gütern der Ernährungswirtschaft (8.125 Mio. Euro in 2001) auf. Bekanntlich decken die nordrhein-westfälischen Konsumenten einen Großteil ihres Bedarfs mit Nahrungsmitteln aus den Niederlanden. Allerdings darf das nicht darüber hinweg täuschen, dass der Handel mit den EU-Partnern sowohl bei den Importen als auch Exporten überwiegend mit gewerblichen Produkten stattfindet. Die Rohstoffe für deren Herstellung bezieht Nordrhein-Westfalen, was wohl wenig verwunderlich ist, ganz überwiegend aus Nicht-EU-Ländern (vgl. Tab. 3).

Tab. 3: Aus- und Einfuhren 2001 nach Warengruppen (in Mio. Euro)

Warengruppe	Ausfuhr		Einfuhr	
	insgesamt	darunter EU-15	insgesamt	darunter EU-15
Ernährungswirtschaft	4154	3380	10256	8125
Gewerbliche Wirtschaft	112408	66474	107821	56858
Davon				
Rohstoffe	699	527	7503	1929
Halbwaren	5660	4000	15514	11132
Fertigwaren	106049	61947	84805	43798

(vorläufige Ergebnisse)

Quelle: Landesamt für Datenverarbeitung und Statistik Nordrhein-Westfalen, http://www.lds.Nordrhein-Westfalen.de/stat_Nordrhein-Westfalen/land/daten/d422handel.htm

Differenziert man nunmehr die Exportgüter nach Branchen, dann fällt zunächst auf, dass Güter der Ernährungsindustrie aktuell mit einem Anteil von 3,4% eine wenig bedeutende Rolle beim Handel Nordrhein-Westfalens mit den europäischen und außereuropäischen Ländern spielen. Es dominieren chemische Erzeugnisse, Kraftwagen und Kraftwagenteile, Maschinen und diverse Metallprodukte (vgl. Tab. 4). Der für Nordrhein-Westfalen ehedem maßgebliche Handel mit Produkten der Montanindustrie hat sich stark rückläufig entwickelt.

Tab. 4: Hauptausfuhrgüter Nordrhein-Westfalens 2001 (in Mio. Euro und %)

Exportgüter	Mio. Euro	Anteil am Gesamtexport
Chemische Erzeugnisse	20420	17,5%
Kraftwagen und -teile	20401	17,5%
Maschinen	17345	14,9%
Eisen u. Stahlerzeugnisse, NE-Metalle u. -erzeugnisse	12442	10,7%
Nachrichtentechnik, Rundfunk- u. Fernsehgeräte, elektron. Bauelemente	6716	5,8%
Metallerzeugnisse	6337	5,4%
Geräte der Elektrizitätserzeugung und -verteilung u.ä.	5256	4,5%
Gummi- und Kunststoffwaren	4244	3,6%
Erzeugnisse des Ernährungsgewerbes	3906	3,4%
Gesamtausfuhr	116562	100%

(vorläufige Ergebnisse)

Quelle: Landesamt für Datenverarbeitung und Statistik Nordrhein-Westfalen, http://www.lds.Nordrhein-Westfalen.de/stat_Nordrhein-Westfalen/land/daten/d422handel.htm

Die Warenstruktur der nordrhein-westfälischen Ausfuhren hat sich seit Bestehen der Bundesrepublik erheblich gewandelt. Wie Abbildung 1 zu entnehmen ist, die lediglich einige ausgewählte Warengruppen aufführt, ist der Handel mit Steinkohlen stark rückläufig gewesen. 1979 erreichte er noch 211 Mio. DM, um 1997 auf 170 Mio. DM zu fallen. Der Export von Eisenwaren wuchs zwar von 137 Mio. DM (1949) auf 9.465 Mio. DM (1997), doch waren die Steigerungsraten bei Maschinen und vor allem Kunststoffen und chemischen Vorerzeugnissen sowie Kraftfahrzeugen deutlicher höher. 1949 wurden Kraftfahrzeuge im Wert von. 5 Mio. DM ausgeführt, 1997 waren es dagegen 23.227 Mio. DM. Die Gesamt-ausfuhren wuchsen von 2.443 Mio. DM 1949 auf 183.993 Mio. DM 1997. Anhand der exemplarisch dargestellten Produktgruppen wird der sich gerade auch in den Exportzahlen niederschlagende Strukturwandel sichtbar.

Abb. 1: Ausfuhr von Nordrhein-Westfalen nach ausgewählten Warengruppen 1949-1997[8] (in 1.000 DM)

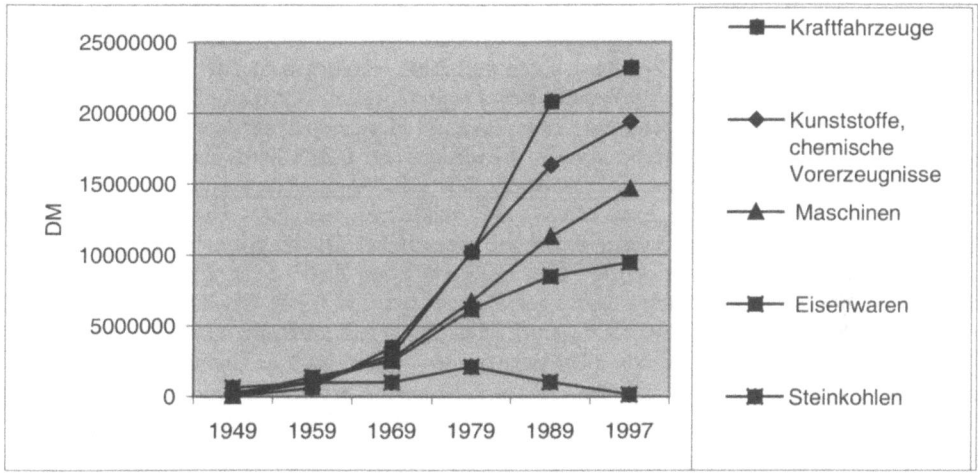

Die starke wirtschaftliche Verflechtung mit den Nachbarstaaten und der Welt dokumentiert auch ein Blick auf die Kapitalverflechtung. Nach Angaben der nordrhein-westfälischen Landesregierung haben Ende 2000 ausländische Direktinvestitionen in Nordrhein-Westfalen den Betrag von 222,8 Mrd. Euro erreicht. Ende 2001 waren es rund 170 Mrd. Euro.[9] Dem standen 2001 Direktinvestitionen Nordrhein-Westfalens im Ausland in Höhe von 129,1 Mrd. Euro gegenüber.[10] Die Bilanz war für Nordrhein-Westfalen positiv, das Land ist mithin ein attraktiver Standort. Nordrhein-Westfalen vereinigte 2001 rund 36% aller in Deutschland getätigten Direktinvestitionen auf sich. Damit ist das Land der bedeutendste Standort für Direktinvestitionen. In Nordrhein-Westfalen entfällt ein Betrag von 1.888 Euro auf jeden Einwohner, in Westdeutschland sind es 1.735 Euro. 45% aller Direktinvestitionen kommen aus der EU, aus den Mitgliedsländern der Europäischen Währungsunion über 33%. Umgekehrt ging mehr als die Hälfte aller Investitionen nordrhein-westfälischer Firmen in die EU und in die Euro-Zone rund 45%.[11]

---

8 Eigene Zusammenstellung durch den Verfasser nach diversen Jahrgängen des Statistischen Jahrbuchs Nordrhein-Westfalen, Düsseldorf 1952ff. Unter der Rubrik Maschinen ist die Produktgruppe „sonstige Maschinen" und unter Eisenwaren die Gruppe „sonstige Eisenwaren" erfasst.
9 Vgl. Ministerium für Wirtschaft und Arbeit des Landes Nordrhein-Westfalen: Außenwirtschaft NRW. Bericht über die Projekte des Jahres 2003. Düsseldorf, 2004. S. 6
10 Angaben des Ministeriums für Wirtschaft und Mittelstand, Energie und Verkehr des Landes Nordrhein-Westfalen vom 8.11.2002
11 Vgl. Jochimsen, Reimut: Nordrhein-Westfalen positioniert sich im neuen Währungsgebiet. In: Börsen-Zeitung, 13.2.1999. S. B1

5. Außenwirtschaftliche Aktivitäten Nordrhein-Westfalens mit den mittel- und osteuropäischen Beitrittsländern der EU

Das Ende des Kalten Krieges hat sich für Nordrhein-Westfalen auch im Bereich der Außenwirtschaftsbeziehungen positiv bemerkbar gemacht. Wie am Beispiel Polens bereits ersichtlich, hat Nordrhein-Westfalen in erheblichem Ausmaß an der Intensivierung der Handelsbeziehungen mit den Ländern Ost- und Mitteleuropas nach 1989/90 partizipiert. Die Ausfuhren in die genannte Ländergruppe haben sich zwischen 1991 und 2001 mehr als versiebenfacht. 1991 waren es 1,598 Mrd. Euro und 2001 immerhin 11,548 Mrd. Euro. Polen, Tschechien und Ungarn waren dabei die bevorzugten Abnehmer. Dabei darf freilich nicht übersehen werden, dass auch Russland ein relevanter Handelspartner Nordrhein-Westfalens ist. 1994 kamen die Ausfuhren Nordrhein-Westfalens auf 0,898 Mrd. Euro, 2001 waren es 1,798 Mrd. Euro. Die besondere Dynamik der Wirtschaftsbeziehungen zu den MOEL wird auch deutlich, wenn man die Entwicklung der Ausfuhren von 1991 bis 2001 bei anderen Abnehmern nordrhein-westfälischer Produkte einbezieht: Die Exporte in die USA haben sich lediglich verdoppelt, von 4.705 Mio. Euro 1991 auf 8.953 Mio. Euro 2001. Die Exporte in die Schweiz, dem nächst wichtigen Partner bei den Nicht-EU-Ländern, haben sich von 1991 (3.563 Mio. Euro) bis 2001 (4.342 Mio. Euro) lediglich um rund 20% erhöht.

Das Handelsvolumen mit den EU-Partnern ist – wenn auch auf sehr hohem Niveau – eher stabil geblieben. Um es an den Hauptkunden noch einmal zu verdeutlichen: Frankreich, Nordrhein-Westfalens bester Einzelkunde, hat 1991 Waren im Wert von 8.489 Mio. Euro abgenommen, 2001 waren es 11.035 Mio. Euro. In die Niederlande gingen 1991 Waren im Wert von 9.234 Mio. Euro, 2001 waren es 10.117 Mio. Euro. Bei Belgien, dem (damals) zweit wichtigsten Kunden, ist der Vergleich etwas schwieriger, weil bis 1998 dessen Importe aus Nordrhein-Westfalen mit denen von Luxemburg gemeinsam aufgelistet wurden. In diese beiden Ländern sind die Ausfuhren Nordrhein-Westfalens von 1991 in Höhe von 9.445 Mio. Euro sogar leicht auf 8.982 Mio. Euro 1998 gefallen. Betrachtet man die Entwicklung bei Belgien ab 1999, dann ist eine Steigerung von 8.876 (1999) auf 10.151 Mio. Euro (2001) festzustellen. Zum Vergleich: Die Gesamtexporte Nordrhein-Westfalens haben sich von 1991 in Höhe von 78.861 Mio. Euro auf 116.562 Mio. Euro im Jahr 2001 erhöht, was einem Wachstum von gut 32% entspricht.

Betrachtet man beim Handel mit den MOEL lediglich den Handel, den Nordrhein-Westfalen mit den neuen mittel- und osteuropäischen Mitgliedstaaten sowie mit Zypern und Malta tätigt, dann betrug das Volumen dieses Handels 2003 bereits mehr als 19 Mrd. Euro. Wie Tabelle 5 ausweist, sind die Wachstumsraten seit 1998 in den einzelnen Jahren zwar schwankend, sie erreichen aber noch immer ein überdurchschnittliches Niveau. Gegenüber 1998 sind 2003 die Ausfuhren in den EU-Staaten um 40% gestiegen. Die Handelsbilanz mit den neuen EU-Partnern ist leicht positiv. Zur Erinnerung: 2003 betrugen die Ausfuhren von Nordrhein-Westfalen insgesamt 120,3 Mrd. Euro, 9,7 Mrd. Euro davon werden in den neuen EU-Ländern abgesetzt. Polen hat 2003 den 11. Rang unter den Kunden von Nordrhein-Westfalen mit einem Exportvolumen von 3,304 Mrd. Euro eingenommen. Die tschechische Republik folgte mit 2,644 Mrd. Euro auf dem 13. und Ungarn mit 1,845 Mrd. Euro auf dem 17. Rang. Es bestätigt sich die eingangs getroffene Aussage, dass Nordrhein-Westfalens wirtschaftliche Entwicklung in der vergangenen Dekade sehr stark durch den Wirtschaftsaustausch mit den Beitrittsländern der EU gefördert worden ist. Ohne die MOEL hätte Nordrhein-Westfalen ein geringeres Wachstum verzeichnet und wären auch mehr Arbeitsplätze in Gefahr geraten.

Tab. 5: Außenhandel Nordrhein-Westfalens mit den 10 neuen Mitgliedsländern der EU

Zeit-raum	Export			Import		
	Mio. Euro	Anteil[a]	Veränderung %	Mio. Euro	Anteil[a]	Veränderung %
1998	6950,3	18,6	+15,7	6165,6	19,7	+15,1
1999	6659,3	17,6	-4,2	6460,3	18,2	+4,8
2000	7926,1	17,3	+19,0	8312,5	19,2	+28,7
2001	8779,5	17,5	+10,8	8674,8	17,7	+4,4
2002	9041,9	16,9	+3,0	9063,0	17,3	+4,5
2003	9735,2	17,2	+7,7	9568,1	16,6	+5,6

a: Anteil NRW an der Bundesrepublik Deutschland
Quelle: Ministerium für Wirtschaft und Arbeit des Landes Nordrhein-Westfalen: Außenwirtschaft NRW. Bericht über die Projekte des Jahres 2003. Düsseldorf, 2004. S. 66

Was den Außenhandel charakterisiert, wird auch von der Entwicklung der Direktinvestitionen bestätigt. Ende 2001 betrug der Bestand von nordrhein-westfälischen Investitionen in den MOEL etwa 7 Mrd. Euro.[12] Die wichtigsten Zielländer waren auch Polen, Tschechien und Ungarn. Wenn in diesem Zusammenhang Produktionsverlagerungen aus Nordrhein-Westfalen in die neuen EU-Staaten beklagt werden, dann gilt es zu bedenken, dass Firmen, die auf diese Weise Kostenvorteile realisieren, eher in der Lage sind, im globalen Wettbewerb zu bestehen und damit auch diejenigen Arbeitsplätze sichern können, die in Nordrhein-Westfalen angesiedelt sind. Die Kostenersparnis im Ausland kann zur Schaffung zusätzlicher Arbeitsplätze vornehmlich in technologie- und kapitalintensiven Bereichen führen.

6. Strukturwandel und EU-Fördermaßnahmen

Dass Nordrhein-Westfalen heute zu den leistungsfähigsten Kernregionen im europäischen Binnenmarkt gehört, konnte nur erreicht werden, weil ein tiefgreifender Strukturwandel stattfand. Das ehemals montangeprägte Nordrhein-Westfalen hat den Übergang zur modernen Industrie- und Dienstleistungsgesellschaft ohne größere Brüche und entsprechend sozial flankiert vollzogen. Im Vergleich mit dem Durchschnitt der EU stellt sich das Land wie folgt dar (Tabelle 6): 18.027.000 Bürger erwirtschafteten 2001 mit einem Bruttoinlandsprodukt pro Kopf von 25.591 Euro einen Wohlstand, der deutlich über dem Durchschnitt der EU-15 und der EU-25 liegt. Die Beschäftigtenquote liegt mit 63,2% nahe am Durchschnitt der EU-15 (64,2%). Bei den Frauen waren es nur 55,0% (EU 55,6%).[13] Bei den Wirtschaftssektoren liegt die Beschäftigung in der Industrie über und in der Landwirtschaft deutlich unter EU-Durchschnitt. Bei den Dienstleistungen liegt Nordrhein-Westfalen nahe am EU-Durchschnitt. In den letzten Jahrzehnten haben sich gravierende Veränderungen ergeben. 1961 waren z.B. in Nordrhein-Westfalen noch 55,9% der Beschäftigten im produzierenden Gewerbe tätig, 1987 waren es nur noch 43,6%. Der Beschäftigtenanteil in der Landwirtschaft verringerte sich von 6,4% (1961) auf 2,0% (1987), bei Handel, Verkehr und Nachrichten stagnierte der Anteil bei 17,7%, während die übrigen Wirtschaftsbereiche von

---

12 Vgl. Ministerium für Wirtschaft und Arbeit des Landes Nordrhein-Westfalen: Außenwirtschaft NRW. Bericht über die Projekte des Jahres 2003. Düsseldorf, 2004. S. 67
13 Im Vergleich mit dem übrigem Deutschland ist die Beschäftigtenquote für Männer und Frauen deutlich unterdurchschnittlich.

20,1% auf 36,8% anstiegen.[14] Dabei muss, wenn man von Nordrhein-Westfalen spricht, differenziert werden: Die Entwicklung im Ruhrgebiet unterscheidet sich von der in den übrigen Landesteilen, wie ein Rückblick auf die achtziger Jahre lehrt. Im Ruhrgebiet nahm im produzierenden Gewerbe die Beschäftigtenzahl allein von 1983 bis 1989 um 55.071 ab, während sie im übrigen Nordrhein-Westfalen um 81.680 anstieg. Bei den Dienstleistungen war die Entwicklung noch drastischer: Einem Wachstum der Beschäftigtenzahl im Ruhrgebiet von 83.045 stand ein Zuwachs von 291.790 Erwerbstätigen außerhalb des Ruhrgebiets gegenüber.[15] Geht man zurück auf das Jahr 1965, dann waren damals rund 230.000 Personen in der eisenschaffenden Industrie beschäftigt, 1994 waren es nur noch 90.000. Dass in Nordrhein-Westfalen und insbesondere im Ruhrgebiet ein erheblicher Bedarf bestand und wohl noch immer besteht, den Strukturwandel aktiv zu fördern, wird damit deutlich.

Tab. 6: Indikatoren von Nordrhein-Westfalen im Vergleich mit der EU-15

	Bevölkerung in 1000, 2001	Wachstum des BIP, Jahresdurchschnitt 1995-2001	BIP pro Kopf in KKS		Beschäftigung nach Sektoren		
			EU-15 = 100	EU-25 = 100	Landwirtschaft	Industrie	Dienste
EU-15	379604	2,5	100,0	109,7	4,0	28,2	67,7
EU-25	454349	2,6	91,1	100,0	5,4	28,8	65,8
NRW	18027	1,2	101,5	111,3	1,4	32,8	65,8

Quelle: Europäische Kommission: Eine neue Partnerschaft für die Kohäsion. Konvergenz, Wettbewerbsfähigkeit, Kooperation. Dritter Bericht über den wirtschaftlichen und sozialen Zusammenhalt. Luxemburg, 2004. S. 188ff.

Im produzierenden Gewerbe haben seit Mitte der sechziger Jahre bedeutende Veränderungen stattgefunden. Wie die nachfolgende Aufstellung (Tabelle 7) zeigt, waren Mitte der neunziger Jahre die Hochofen-, Stahl- und Warmwalzwerke gar nicht mehr in der Liste der zehn umsatzstärksten Branchen in Nordrhein-Westfalen vertreten, während der Straßenfahrzeugbau an Umsatz zulegen konnte.

Tab. 7: Rangfolge der 10 umsatzstärksten Branchen des produzierenden Gewerbes in Nordrhein-Westfalen

1967	1994
Chemische Industrie	Chemische Industrie
Hochofen-, Stahl-, Warmwalzwerke	Maschinenbau
Maschinenbau	Ernährungsgewerbe
Nahrungs- und Genussmittelgewerbe	Elektrotechnische Industrie
Elektrotechnische Industrie	Straßenfahrzeugbau
Bergbau	Eisen-, Blech- und Metallwarenindustrie
Textilindustrie	Eisenschaffende Industrie
Mineralölverarbeitung	Bergbau
Eisen-, Blech- und Metallwarenindustrie	Mineralölverarbeitung
Straßen- und Luftfahrzeugbau	Kunststoffherstellung

Quelle: Heinze, Rolf G. u.a.: Strukturpolitik zwischen Tradition und Innovation. Nordrhein-Westfalen im Wandel. Opladen, 1996. S. 43

---

14 Heinze, Rolf G./Voelzkow, Helmut/Hilbert, Josef: Strukturwandel und Strukturpolitik in Nordrhein-Westfalen. Opladen, 1992. S. 200
15 Vgl. ebd. S. 29

Die EU-Strukturpolitik unterstützt die Mitgliedstaaten in vielfältiger Weise. Wirtschaftlich weniger entwickelte Regionen werden im Rahmen von Ziel 1 gefördert. Wie Tabelle 8 zu entnehmen ist, betrifft das vor allem die peripheren Länder in Südeuropa, aber auch Deutschland mit seinen neuen Bundesländern. Nach Ziel 2 werden Regionen unterstützt, die sich im Strukturwandel befinden, wobei Industriegebiete ebenso wie ländliche Regionen und Stadtgebiete berücksichtigt werden. Förderzweck von Ziel 3 ist die Modernisierung von Bildungs-, Ausbildungs- und Beschäftigungspolitiken und –systemen. Die Finanzierung von Ziel 2 erfolgt aus zwei großen Fonds der EU, dem Europäischen Fonds für regionale Entwicklung (EFRE) und dem Europäischen Sozialfonds (ESF). Zusätzlich werden im Rahmen von Gemeinschaftsinitiativen (GI) Förderprogramme aufgelegt: Mit der GI INTERREG wird die grenzüberschreitende Kooperation gefördert, EQUAL dient der Bekämpfung von Diskriminierungen auf dem Arbeitsmarkt, LEADER der Entwicklung des ländlichen Raums und URBAN der Verbesserung der Lage in problematischen Stadtgebieten.[16] Im Jahr 2001 standen Deutschland für Gemeinschaftsinitiativen Mittel in Höhe von 232,6 Mio. Euro zur Verfügung. Vergleicht man dies mit den Mittelzuweisungen für 2001 in Ziel 1 (2.305,8 Mio. Euro), Ziel 2 (540,7 Mio. Euro) und Ziel 3 (541,2 Mio. Euro) dann sind das ganz erhebliche Summen.

Tab. 8: Zuwendungen der Strukturfonds nach Zielen und Mitgliedstaaten 2000-2006[17] (in Mio. Euro)

Staat	Ziel 1	Ziel 2	Ziel 3	Gesamt
Belgien	0	368	737	2.038
Dänemark	0	156	365	828
Deutschland	19.299	2.984	4.581	29.764
Griechenland	20.961	0	0	24.883
Spanien	37.774	2.553	2.140	56.205
Frankreich	3.254	5.437	4.540	15.666
Irland	1.315	0	0	3.974
Italien	21.935	2.145	3.744	29.656
Luxemburg	0	34	38	91
Niederlande	0	676	1.686	3.286
Österreich	162	578	528	1.831
Portugal	16.124	0	0	22.760
Finnland	913	459	403	2.090
Schweden	722	354	720	2.186
Großbritannien	5.085	3.989	4.568	16.596
EU-15	127.543	19.733	24.050	211.854

Zur Unterstützung des Strukturwandels kommt im Falle Nordrhein-Westfalens in erster Linie Ziel 2 in Frage. Von diesem Förderziel profitieren auch Mitgliedstaaten, deren nationaler Wohlstand vergleichsweise hoch ist. Frankreich, Großbritannien, Deutschland und Spanien werden mit hohen Beträgen gefördert. Betrachtet man die Ziel 2-Förderung in Deutschland (Tabelle 9), dann fällt auf, dass Nordrhein-Westfalen – in absoluten Zahlen – einen Großteil der Mittel erhält. Pro Kopf gerechnet, sind die Mittelzuteilungen an Berlin, Bremen und das Saarland allerdings höher. Im Vergleich mit der auf Deutschland entfallenden Förderung nach Ziel 1 (s.o.) ist die Ziel 2-Unterstützung relativ bescheiden. In

---

16 Vgl. Axt, Heinz-Jürgen: EU-Strukturpolitik. Einführung in die Politik des wirtschaftlichen und sozialen Zusammenhalts. Opladen, 2000
17 Ohne Kohäsionsfonds, Übergangsunterstützung, Gemeinschaftsinitiativen, innovative Maßnahmen und das Finanzinstrument für die Fischerei

Deutschland werden 10,3 Mio. Einwohner durch das Ziel 2 unterstützt, das sind 13% der gesamten Bevölkerung. Jährlich entfallen auf jeden so geförderte Bürger 41,4 Euro.

Tab. 9: Förderung in Ziel 2 in Deutschland 2000-2006 (in Mio. Euro)

Nordrhein-Westfalen	970,36
Berlin	384,45
Rheinland-Pfalz	170,68
Saarland	171,09
Hessen	183,52
Schleswig-Holstein	258,32
Bayern	536,64
Baden-Württemberg	97,77
Bremen	113,03
Niedersachsen	733,95
Hamburg	6,19

Quelle: Europaministerkonferenz der Länder am 25./26. September 2002 in Essen. TOP 1: Orientierungspunkte zur EU-Strukturpolitik nach 2006; http://www.europaminister.de

Mit den 970,4 Mio. Euro, die Nordrhein-Westfalen von 2000 bis 2006 zur Verfügung stehen, werden folgende Aktionsschwerpunkte angegangen (vgl. Tab. 10): *Erstens* soll die Gründung neuer Unternehmen angeregt werden. Universitätsabsolventen und Handwerksmeistern soll die Firmengründung erleichtert werden. Dazu wird Risikokapital bereitgestellt und die Beschäftigung Arbeitsloser unterstützt. *Zweitens* wird die Entwicklung von Technologie, Innovation und neuen Energiequellen vorangetrieben. Klein- und Mittelunternehmen werden dabei besonders berücksichtigt. Durch Investitionen in Infrastrukturprojekte sollen *drittens* Geschäfts- und Dienstleistungsstandorte entwickelt werden. Im Rahmen von Beschäftigungsmaßnahmen werden *viertens* Fortbildungsprogramme aufgelegt, Programme für Frauen durchgeführt und vernachlässigte städtische Gebiete unterstützt.

Das Ziel 2-Gebiet in Nordrhein-Westfalen deckt rund 34% der Fläche des Landes ab. 7,2 Mio. (von insgesamt 10,3 Mio. in Deutschland in Ziel 2 geförderten) Personen kommen damit in den Genuss der Förderung.[18] Das Gebiet weist einen hohen Grad an Verstädterung und eine hohe Bevölkerungsdichte auf. Die zentralen Mängel des Ziel 2-Gebietes sind Wachstumsschwäche und unterdurchschnittliche Beschäftigung sowie geringe Produktivität. Viele Arbeitnehmer sind für Tätigkeiten in den traditionellen Industrien, nicht aber für die neuen Dienstleistungsbereiche und für den Telekommunikationssektor ausgebildet. Da das Ziel 2-Gebiet in der Vergangenheit von der Schwerindustrie und einem hohen Grad an Verstädterung geprägt war, ist die Umweltqualität niedriger als im Landesdurchschnitt. Die Fördermaßnahmen werden vom Ministerium für Wirtschaft, Mittelstand, Energie und Verkehr administriert. Die Maßnahmen des ESF verantwortet das Ministerium für Arbeit und Soziales, Qualifikation und Technologie. Der zuständige Begleitausschuss setzt sich u.a. aus Vertretern von sechs Ministerien, den Sozialpartnern, Umweltverbänden, Repräsentanten der fünf Regionalkonferenzen, Vertretern dreier Bundesministerien und der Europäischen Kommission zusammen.

---

18 Vgl. ausführlich Ziel 2-Programm NORDRHEIN-WESTFALEN 2000-2006. Ergänzungsdokument zum Einheitlichen Programmplanungsdokument nach Art. 18 Abs. 3 der Verordnung (EG) Nr. 1260/1999 vom 21. Juni 1999 für das Ziel 2-Gebiet des Landes Nordrhein-Westfalen, o.O. o.J.

Tab. 10: Aufschlüsselung der EU-Zuwendungen an Nordrhein-Westfalen nach
Schwerpunkten und Fonds im Ziel 2-Programm 2000-2006

Schwerpunkte	EU-Finanzierung in Mio. Euro	davon EFRE in Mio. Euro	davon ESF in Mio. Euro
Förderung von Unternehmen und Firmengründungen	118.101	110.432	7.669
Innovation und Entwicklung von Fertigkeiten	398.288	291.940	106.349
Infrastrukturen für die Innovation	355.317	332.308	23.008
Unterstützung für besondere Zielgruppen	85.362	77.692	7.669
Technische Hilfe	13.293	11.248	2.045
Gesamtausgaben	970.361	823.620	146.741

Quelle: Europäische Kommission, Inforegio. Deutschland, Ziel 2-Programm für Nordrhein-Westfalen, http://www.inforegion.cec...GO=DEA&THE=6&PGM=2000DE162DO004&LAN=DE; Stand: 10.08.2001

Nordrhein-Westfalen hat die von der EU zur Verfügung gestellten Mittel im Rahmen seiner regionalisierten Strukturpolitik zur Anwendung gebracht. Diese Politik, die mittlerweile so etwas wie ein Aushängeschild für Nordrhein-Westfalen geworden ist, basiert auf einem Kabinettsbeschluss von November 1990. Mit der regionalisierten Strukturpolitik war die Zukunftsinitiative für die Regionen Nordrhein-Westfalens (ZIN) verbunden. Ziel ist es, die primär wirtschaftspolitisch ausgerichteten Verfahren mit den Belangen der Sozial- und Umweltverträglichkeit abzustimmen. Zu diesem Zweck wurden Regionalkonferenzen eingerichtet, die vom Prinzip der Freiwilligkeit und Selbstorganisation ausgehen. In den Konferenzen arbeiten die relevanten Akteursgruppen zusammen und sorgen für eine Mobilisierung der Bevölkerung. Die Konferenzen haben keine hoheitlichen Aufgaben und sind auch nicht institutionalisiert, sie sollen damit keinen Ersatz für parlamentarische Gremien darstellen. Entwicklungskonzepte sind eigenverantwortlich zu erarbeiten. Die Landesregierung legt sie ihren Entscheidungen zugrunde. Von der regionalisierten Strukturpolitik verspricht man sich, eine neue Kultur des Dialogs, die Einbeziehung breiter Teile der Bevölkerung, die zielgenauere Verwendung der eingesetzten Mittel und eine erleichterte Umsetzung neuer Instrumente wie z.B. der Gründungsoffensive oder des Ausbildungskonsenses. Nach Ansicht der Landesregierung ist dieses Ziel seit 1990 auch erreicht worden.[19]

Betrachten wir nunmehr die zurückliegende Förderperiode 1989 bis 1999 (Tabelle 11), dann zeigt sich, dass der Europäische Regionalfonds den größten Teil seiner Nordrhein-Westfalen von 1989 bis 1999 zur Verfügung gestellten Mittel in Ziel 2 eingesetzt hat, was den besonderen Bedarf an aktivem Strukturwandel unterstreicht. Ziel 5b galt in der Förderperiode von 1989 bis 1999 der Entwicklung des ländlichen Raumes. Diese Förderung ist aktuell in Ziel 2 integriert. RESIDER hat sich als Gemeinschaftsinitiative der eisenschaffenden und RECHAR der kohlefördernden Industrie gewidmet. RETEX war eine Gemeinschaftsinitiative zur Restrukturierung der Textilindustrie, die vor allem im Westen Nordrhein-Westfalens lokalisiert war. KONVER diente bis 1999 der Diversifizierung der wirtschaftlichen Tätigkeit in den vom Rüstungssektor stark abhängigen Gebieten. Mit der KMU-Gemeinschaftsinitiative sollte die Wettbewerbsfähigkeit der Klein- und Mittelunternehmen gefördert werden. Der wirtschaftlichen und sozialen Neubelebung der Städte dient URBAN – eine Gemeinschaftsinitiative, die im Unterschied zu den vorgenannten auch heute noch aufgelegt wird. Das gilt auch für LEADER, das zum Ziel hat, die Entwicklung des ländlichen Raums voranzubringen.

---

19 Vgl. Landtag Nordrhein-Westfalen: Drucksache Nr. 212/4341-12/4400. Düsseldorf, 2000. S. 11 Für eine frühe kritische Würdigung vgl. Waniek, Roland W.: Die Zukunftsinitiative für die Regionen Nordrhein-Westfalens. Bochum, 1990 und aktuell Hoppe, Andrea: Europäische Regionalpolitik und ihre nationale Implementation. Großbritannien und Deutschland im Vergleich. Opladen, 2001

Tab. 11: Zahlungen des Europäischen Regionalfonds 1989-1999 zugunsten von Nordrhein-Westfalen

Programm	Auszahlungen in Mio. Euro
Ziel 2	511,5
Ziel 5b	10,9
RESIDER	84,7
RECHAR	76,4
RETEX	1,0
KONVER	6,5
KMU	1,9
URBAN	6,8
LEADER	3,1
Gesamt	702,8

Quelle: Landtag Nordrhein-Westfalen: Drucksache Nr. 212/4341-12/4400. Düsseldorf, 2000

Tabelle 12 verdeutlicht die vom Europäischen Sozialfonds im Zeitraum 1989 bis 1998 Nordrhein-Westfalen zur Verfügung gestellten Finanzmittel sowie die mit Hilfe dieses Fonds geschaffenen Arbeitsplätze. Mehr als 70% der mit Hilfe des ESF geschaffenen Arbeitsplätze entstanden in Ziel 2-Gebieten, d.h. vor allem im Ruhrgebiet. Der größte Teil der vom ESF zur Verfügung gestellten Mittel (rund 90%) wurde Projekten mit dem Ziel der Qualifizierung zur Verfügung gestellt.

Tab. 12: Schaffung existenzsichernder Erwerbsarbeitsplätze und bereitgestellte Mittel durch den Europäischen Sozialfonds in Nordrhein-Westfalen 1989-1998

Programm	Erwerbsarbeitsplätze	ESF-Zahlungen in Mio. Euro
Ziel 2	3685	197,8
Ziel 5b	149	5,3
RESIDER	335	29,6
RECHAR	987	44,2
Gesamt	5156	276,9

Quelle: Landtag Nordrhein-Westfalen: Drucksache Nr. 212/4341-12/4400. Düsseldorf, 2000

7. Nordrhein-Westfalen als Pionier der grenzüberschreitenden Kooperation

Die Europäische Integration hat zur engeren Kooperation benachbarter Regionen über Staatsgrenzen hinweg geführt. Nordrhein-Westfalen hat dabei zu den Vorreitern dieser Entwicklung gehört. Die EU hat den Prozess mit ihrer Gemeinschaftsinitiative INTERREG aktiv unterstützt. Tabelle 13 ist zu entnehmen, dass die EU 248 Millionen Euro für Regionen im Zeitraum von 1991-2006 zur Verfügung gestellt bzw. veranschlagt hat, an denen Gebietskörperschaften aus Nordrhein-Westfalen beteiligt sind. Neben der EU beteiligen sich das Land und die Kommunen an der Finanzierung der Arbeit der Euregios. Im Zeitraum von 1989-1999 standen im Rahmen der Ziele 2 und 5b sowie der Gemeinschaftsinitiativen RESIDER und RECHAR 39,8 Mio. Euro für die grenzüberschreitende Zusammenarbeit zur Verfügung. Davon stammten 17,3 Mio. Euro vom Land, 5,9 Mio. Euro von den Kommunen und 16,7 Mio. Euro von der EU. Es sind vier Euregios, an denen sich Nordrhein-Westfalen beteiligt:

- die EUREGIO mit Sitz in Gronau,
- die Euregio Rhein-Waal mit Sitz in Kleve,
- die Euregio rhein-maas-nord mit Sitz in Mönchengladbach und
- die Euregio Maas-Rhein mit Sitz in Maastricht.

Die bereits 1958 gegründete EUREGIO war der erste grenzüberschreitende Kooperationsverband, der auch den übrigen Projekten den Namen gab.[20]

Tab. 13: EU-Mittel für die INTERREG-Programme mit nordrhein-westfälischer Beteiligung (in Mio. Euro)

	INTERREG I (1991-1993)	INTERREG IIA (1994-1999)	INTERREG III (2000-2006)	
			veranschlagte Mittel	Zahl der Projekte
EUREGIO	11,3	21,9	45,9	80
Euregio Rhein-Waal	3,6	11,8	27,2	64
Euregio Rhein-Maas-nord	3,6	6,7	19,4	39
Euregio Maas-Rhein	11,3	35,8	49,5	100
Gesamt	29,8	76,2	142,0	283

Quellen: euregio rhein-maas-nord in Zahlen und Fakten 2000. Mönchengladbach, 2001. S. 15 und Landtag Nordrhein-Westfalen: Drucksache Nr. 212/4341-12/4400. Düsseldorf, 2000

Grenzregionen, auch innerhalb der EU, stehen vor besonderen Schwierigkeiten. Nicht selten werden sie durch die nationalen Entscheidungs- und Wirtschaftszentren auf Grund ihrer Randlage vernachlässigt. Die Infrastruktur entspricht oft nicht dem nationalen Standard. Staatsgrenzen bewirken die wirtschaftliche, soziale, kulturelle und ökologische Trennung von benachbarten Regionen. Die Struktur von Wirtschafts- und Dienstleistungen ist nicht selten unterentwickelt, was Abwanderungen begünstigt. Und schließlich behindern Sprachbarrieren die grenzüberschreitende Kooperation. INTERREG setzt sich mit diesen Problemen auseinander, indem Arbeitsplätze geschaffen, die Wettbewerbsbedingungen verbessert und die Nachhaltigkeit sowie Gleichstellung von Männern und Frauen gefördert werden.

Die Euregios richten ihre Arbeit nach folgenden Schwerpunkten aus: räumliche Struktur (z.B. Raumordnung und Infrastruktur); Wirtschaft, Technologie und Innovation (z.B. Kooperation von KMU); Umwelt, Natur, Landwirtschaft (z.B. ländliche Entwicklung); Qualifizierung und Arbeitsmarkt (z.B. Zusammenarbeit in der Berufbildung); sozial-kulturelle Integration (z.B. Kommunikation zwischen Bürgern und Behörden) sowie technische Hilfe.

Literatur

Axt, Heinz-Jürgen: EU-Strukturpolitik. Einführung in die Politik des wirtschaftlichen und sozialen Zusammenhalts. Opladen, 2000

Europäische Kommission: Einheit Europas. Solidarität der Völker, Vielfalt der Regionen. Zweiter Bericht über den wirtschaftlichen und sozialen Zusammenhalt. Luxemburg, 2001

Europäische Kommission: Eine neue Partnerschaft für die Kohäsion. Konvergenz, Wettbewerbsfähigkeit, Kooperation. Dritter Bericht über den wirtschaftlichen und sozialen Zusammenhalt. Luxemburg, 2004

---

20 Vgl. Cramer, Markus: Empirische Untersuchungen zu grenzüberschreitenden Kooperationen. Inauguraldissertation. Bochum, 1995

Europäische Kommission, Inforegio. Deutschland, Ziel 2-Programm für Nordrhein-Westfalen, http://www.inforegion.cec...GO=DEA&THE=6&PGM=2000DE162DO004&LAN=DE

Heinze, Rolf G./Voelzkow, Helmut/Hilbert, Josef: Strukturwandel und Strukturpolitik in Nordrhein-Westfalen. Opladen, 1992

Heinze, Rolf G. u.a.: Strukturpolitik zwischen Tradition und Innovation – Nordrhein-Westfalen im Wandel. Opladen, 1996

Hoppe, Andrea: Europäische Regionalpolitik und ihre nationale Implementation. Großbritannien und Deutschland im Vergleich. Opladen, 2001

Kilper, Heiderose u.a.: Das Ruhrgebiet im Umbruch. Strategien regionaler Verflechtung. Opladen, 1994

Ministerium für Wirtschaft und Arbeit des Landes Nordrhein-Westfalen: Außenwirtschaft NRW. Bericht über die Projekte des Jahres 2003. Düsseldorf, 2004

Statistisches Landesamt Nordrhein-Westfalen/Landesamt für Datenverarbeitung und Statistik Nordrhein-Westfalen: Statistisches Jahrbuch Nordrhein-Westfalen. Düsseldorf, 1952ff.

Waniek, Roland W.: Die Zukunftsinitiative für die Regionen Nordrhein-Westfalens. Bochum, 1990

5. Zukunftsperspektiven

Wolfram Kuschke

Nordrhein-Westfalens Kooperationen mit den neuen Mitgliedstaaten der EU

Am 1. Mai 2004 sind Estland, Lettland, Litauen, Polen, Tschechien, die Slowakei, Ungarn, Slowenien, Malta und Zypern Mitglieder der Europäischen Union geworden. Der formelle Abschluss des Beitrittsprozesses markiert das vorläufige Ende eines tiefgreifenden Transformationsprozesses in Europa und zugleich den tiefsten Einschnitt in der Geschichte der Europäischen Integration. Denn nach Aufnahme der zehn Beitrittstaaten ist die Europäische Union nicht mehr das gleiche Gebilde wie vorher; die Europäische Union wird sich einem Wandel unterziehen müssen, der deutlich einschneidender ist als das, was sich in europäischen Verträgen gemeinsam regeln lässt. Sie wird sich auf neue Außengrenzen und damit eine neue geopolitische Lage ebenso einstellen müssen wie auf neue Verteilungskämpfe und insgesamt auf eine Veränderung der politischen Prioritäten und der politischen Tagesordnung. Vieles wird sich ändern, und von manchem wird auch Nordrhein-Westfalen direkt betroffen sein; bei der Neuordnung der europäischen Strukturfonds für den Zeitraum nach 2006 wird dies am unmittelbarsten deutlich.

Vor allem aber markiert der Abschluss des Beitrittsprozesses ein zentrales historisches Datum in der europäischen Geschichte; dies wird man auch in 100 Jahren noch so empfinden. Viele Jahrhunderte haben Kriege die Länder Europas geteilt und wieder neu zusammengewürfelt. Nunmehr haben sich die Völker fast unseres gesamten Kontinents friedlich vereinigt. In Anlehnung an den berühmten Spruch von Willy Brandt zur Vereinigung Deutschlands gilt daher auch in Bezug auf diese jüngste Erweiterungsrunde der Europäischen Union: Jetzt wächst zusammen, was seit vielen Jahrhunderten historisch-kulturell zusammengehörte und durch die Ergebnisse des 2. Weltkrieges künstlich getrennt wurde.

Trotz der großen Freude über die Überwindung der Teilung und über das weitere Zusammenwachsen unseres Kontinents darf aber nicht übersehen werden, dass mit der Erweiterung der EU auch Sorgen und Ängste der Menschen verbunden sind, in Nordrhein-Westfalen ebenso wie in anderen Teilen Deutschlands und anderen europäischen Ländern. Stichworte wie „Billiglohnkonkurrenz" innerhalb der EU, offene und weniger gut geschützte Grenzen und damit verbunden Anwachsen der organisierten Kriminalität und illegaler Zuwanderung, Absinken europäischer Standards im Sozial- und Umweltbereich ebenso wie bei der Lebensmittelsicherheit und im Verbraucherschutz, ungeregelter Zustrom auf unsere Arbeitsmärkte, vor allem aber und immer wieder Verlagerung von Arbeitsplätzen in die neuen Mitgliedstaaten beschreiben diese Sorgen und Ängste. Sie sind nicht auf die leichte Schulter zu nehmen und beschäftigen die Menschen auch in unserem Land verständlicher Weise, gerade auch in Anbetracht nicht eben weniger Beispiele einer tatsächlichen Umsiedlung von Unternehmen oder einer Verlagerung von Arbeitsplätzen nach Polen, Tschechien oder Ungarn. Gerade weil die Folgen der Erweiterung nicht nur einfach sind, hat die Landesregierung Nordrhein-Westfalen den Prozess auch mit einer eigenen Erweiterungskampagne begleitet; nicht nur im Sinne eines Werbens, sondern vor allem zur Information und Sensibilisierung der Menschen in unserem Land.

Dennoch: Vor allem überwiegen zunächst Freude und auch Neugier auf „die Neuen". So hat das große NRW-Erweiterungsfest am 1. Mai 2004 in Düsseldorf zwischen Stadttor und Landtag hat mehr als 100.000 Besucherinnen und Besucher angelockt.

Die Landesregierung Nordrhein-Westfalen hat den Prozess der Erweiterung von Beginn an politisch unterstützt, trotz aller berechtigten Sorgen der Menschen. Eine ganze Reihe von guten Gründen hat hierfür den Ausschlag gegeben.

Zunächst ein scheinbar ganz einfacher Satz, der der Verständlichkeit halber leicht gekürzt zitiert wird: „Jeder europäische Staat (...) kann beantragen, Mitglied der Union zu werden". Er ist in Art. 49 des Vertrages über die Europäische Union in der Fassung von Nizza zu finden, der heute gültigen Fassung der europäischen Verträge. Der hier ausgeklammerte Zusatz bezieht sich auf die gemeinsamen europäischen Wertegrundsätze, die jeder Mitgliedstaat achten muss; im Übrigen aber ist der Satz einfach und unmissverständlich. Und gerade aus deutscher Sicht ist hinzuzufügen, dass schon die Achtung und die Anerkennung der Rolle, die einige der neuen Mitgliedstaaten in dem Prozess gespielt haben, der 17 Mio. Deutschen die Freiheit gebracht hat, von Beginn an keinen Zweifel daran zuließ, dass deren Beitrittsgesuch zur Europäischen Union von ganzem Herzen zu unterstützen war.

Schon an zweiter Stelle sind die historisch-kulturellen Gründe hervorzuheben. Niemand wird die gemeinsamen kulturellen Wurzeln mit den Beitrittstaaten von der Antike über das Mittelalter und die Neuzeit bis hin zur Gegenwart leugnen. An zahllosen Beispielen aus Kunst und Musik, Literatur und Geistesgeschichte, Wissenschaft, Philosophie oder Architektur lässt sich dies nachweisen; denn was wäre die europäische Geistes- und Kulturgeschichte ohne Namen wie Jan Hus, Nikolaus Kopernikus, Jan Amos Comenius, Frédéric Chopin, Ignaz Semmelweiß, Franz Lehar, Bela Bartók, Sigmund Freud, Franz Kafka, Georg Lukács oder Max Reinhardt – sie alle waren geborene Polen, Ungarn oder Tschechen. Sieht man von wenigen historischen Epochen ab, hat in Europa seit jeher reger Austausch, eine gegenseitige Befruchtung stattgefunden. Europa hat unabhängig von politischen Verwerfungen kulturell immer zusammengehört; die Trennung des Kontinents – politisch ebenso wie kulturell – war die Ausnahme und entspricht nicht dem Charakter unseres Kontinents.

Auch haben wir – drittens – nie bezweifelt, dass die Erweiterung politisch notwendig war. Denn sie hat Frieden, Demokratie, Rechtstaatlichkeit und Menschenrechte in Europa gefördert und jetzt zementiert. Sie war sicherheitspolitisch unabdingbar, um die jungen Demokratien innen- und außenpolitisch zu stabilisieren. Auf dem Feld der politischen Gründe waren die Erfolge schon im Verlaufe des Beitrittsprozesses nur all zu deutlich. Der Beitrittsprozess, die Aussicht auf eine politische Rückkehr in den Schoß der europäischen Familie und auf Teilhabe an der europäischen Entwicklung, hat kräftig dazu beigetragen, die jungen Demokratien vor autoritären Anfechtungen zu schützen oder autoritären Tendenzen dort, wo sie bestanden – etwa in der Slowakei unter der Regierung Meciar –, den Boden zu entziehen. „Weißrussische" Verhältnisse sind in den neuen Demokratien kaum mehr denkbar. Der Beitrittsprozess hat auch zu einer verstärkten Zusammenarbeit bei der Bekämpfung von Korruption und organisierter Kriminalität geführt und dazu, dass die Beitrittsländer intern – teils auch durch Druck aus Brüssel – der Korruption den Kampf ansagen mussten; hierüber sind sogar Staats- und Regierungschefs zu Fall gekommen. Die Einbeziehung der Staaten Mittel- und Osteuropas in den Informationsverbund von Europol, die schon jetzt erfolgte Anhebung der Sicherheitsstandards an den künftigen EU–Außengrenzen auf EU–Niveau und eine bessere Zusammenarbeit auf dem Gebiet der Verbrechensbekämpfung waren und sind schließlich die einzig richtige Antwort auf die Internationalisierung des Verbrechens. Und auch Rechte von nationalen Minderheiten sind in verschiedenen Beitrittstaaten erst auf Brüsseler Druck hin deutlich gestärkt worden.

Auf all diesen Feldern bleibt noch Vieles zu tun. Es soll auch nicht verschwiegen werden, dass zum Beispiel auf dem Gebiet der organisierten Kriminalität der Beitritt der Staaten in Mittel- und Osteuropa nachweisbar – auch in NRW – auf Grund des noch nicht dem europäischen Standard entsprechenden Schutzes an den neuen Außengrenzen durchaus zu Problemen führt. Aber auch hier gilt: Nur die Strategie der Einbindung in die Europäische Union mit einer möglichst raschen Angleichung an die europäischen Standards bietet eine Perspektive, diese Situation Schritt für Schritt zu verbessern.

Hinzu kommt: Die überzeugenden Voten der Bevölkerung bei den Referenden in der Mehrzahl der Kandidatenländer haben sehr deutlich gezeigt: Die Bevölkerung sagt „Ja" zu Europa. Sie sagt „Ja" zu den europäischen Normen und Werten, wie sie auch in dem am 29. Oktober 2004 von den Staats- und Regierungschefs der EU unterzeichneten Verfassungsvertrag für die Europäische Union verankert worden sind. An der Erarbeitung dieses Verfassungsvertrages haben Vertreter der Kandidatenländer im Übrigen bereits intensiv mitgewirkt, im Europäischen Konvent ebenso wie in der anschließenden Regierungskonferenz. Die neuen Mitgliedstaaten und ihre Menschen haben damit deutlich „Ja" gesagt zur Überwindung der Teilung unseres Kontinents. Damit verbunden ist ein klares „Ja" zur Versöhnung mit Deutschland. Wir sollten das nicht gering schätzen. Das gilt insbesondere für die Beziehungen zu unseren unmittelbaren Nachbarn im Osten.

Das insgesamt sicherlich schwierigste – vierte – Thema waren von Beginn an und bleiben auch heute die wirtschaftlichen Folgen der Erweiterung. Auch Nordrhein-Westfalen hat erleben müssen, und das gleich mehrfach, dass Unternehmen vor allem auf Grund geringerer Löhne und Lohnnebenkosten Arbeitsplätze in die neuen Mitgliedstaaten verlagert haben. Das TRW-Werk in Gelsenkirchen (Verlagerung der Kugelgelenkproduktion nach Tschechien) und die Verlagerung von Arbeitsplätzen von Philips in Aachen (ebenfalls nach Tschechien) sind nur zwei Beispiele aus dem Jahr 2004, deren Folgen für die betroffenen Mitarbeiterinnen und Mitarbeiter und ihre Familien katastrophal und für den Industriestandort Nordrhein-Westfalen leider schlechte Nachrichten sind.

Dennoch gilt insgesamt, auch wenn dies den Betroffenen keinen Trost bietet und für sie kaum verständlich sein dürfte, dass die Erweiterung auch ökonomisch sinnvoll und nützlich ist – und nicht nur für die Beitrittstaaten, sondern auch für NRW. Dies gilt vor allem mittel- bis langfristig, denn mit der Erweiterung einher geht eine rasche Angleichung der Wettbewerbsbedingungen, zum Beispiel durch die Übernahme der gemeinsamen Umwelt- und Verbraucherschutz- sowie Sozialstandards durch die Beitrittstaaten, die ohne die Erweiterung jedenfalls nicht in derselben Geschwindigkeit erfolgen würde. Was ebenfalls oft genug vergessen wird: Alle Erwartungen laufen darauf hinaus, dass ein solcher Angleichungsprozess auch bei den Löhnen und Gehältern relativ zügig einsetzen wird, der die Beitrittstaaten selbst vor erhebliche Probleme stellen wird; die Boston Consulting Group hat jüngst prognostiziert, dass die neuen Mitgliedstaaten in Mittel- und Osteuropa ihre Lohnkostenvorteile bereits im Jahr 2015 gänzlich verloren haben werden. Auch anlässlich des Besuchs von NRW-Wirtschaftsminister Schartau in Polen im Oktober 2004 ist sogar offen darüber diskutiert worden, dass niedrige Löhne schon jetzt keinen Grund für deutsche Unternehmen mehr darstellen, dort zu investieren oder Arbeitsplätze dorthin zu verlagern. Vielmehr sind es eine expandierende Wirtschaft und neue Marktchancen gerade auch für NRW-Unternehmen, die den Markt in Polen und anderen Staaten in Mittel- und Osteuropa attraktiv machen.

Die vorliegenden Zahlen bestätigen sogar, dass Nordrhein-Westfalen als Industriestandort bereits in den vergangenen zehn Jahren kräftig von der stärkeren Wirtschaftskraft und den neuen Marktchancen in Mittel- und Osteuropa profitiert hat. Die Exporte in die Beitrittstaaten stiegen von 2,9 Mrd. Euro im Jahre 1993 auf 9,7 Mrd. Euro im Jahre 2003, die Importe allerdings im gleichen Zeitraum ebenfalls von 2,9 Mrd. Euro auf 9,6 Mrd. Euro. Polen, Tschechien und Ungarn sind dabei unsere stärksten Handelspartner unter den neuen Mitgliedsstaaten und gelten daher aus Sicht von Nordrhein-Westfalen als Schwerpunktländer für die Außenwirtschaft.

Der Außenhandel im Jahre 2003 mit den Staaten in Mittel- und Osteuropa (19,3 Mrd. Euro) ist dabei inzwischen höher als der mit den USA (12,8 Mrd. Euro). Und was im Ergebnis für uns besonders wichtig ist: Die neuen Absatzchancen insbesondere in den mittel- und osteuropäischen Staaten sichern und schaffen letztlich bei uns Arbeitsplätze. Dies gilt gerade für Wirtschaftszweige wie Energie, Gesundheits- und Wasserversorgung, in denen NRW führend ist und die neuen Mitgliedstaaten zugleich weiterhin großen Nachholbedarf haben.

Natürlich sind die einzelnen Wirtschaftsbranchen in unserem Land unterschiedlich von der Erweiterung betroffen. Kapital- und technologieintensive Produktionszweige, die Umwelttechnologie, der Energiebereich einschließlich der erneuerbaren Energien sowie die Verkehrstechnologie werden zu den Gewinnern gehören. Für Kohle, Stahl, Metall, Textil und Bekleidung, die Glas- und die Bauwirtschaft erwarten wir dagegen besondere Herausforderungen. Die Bilanz aber ist insgesamt positiv, auch wenn dies – wie gesagt – im Fall von vielen Einzelschicksalen nicht trösten kann.

„Migration" ist ein weiteres – fünftes – Stichwort, das in Zusammenhang mit der Erweiterung in der Bevölkerung mit einem bangem Blick immer wieder genannt wird. Es wäre unredlich, nicht über die Angst vieler Menschen vor einer Öffnung des Arbeitsmarktes für Menschen aus den Staaten Mittel- und Osteuropas zu sprechen. Billige Arbeitskräfte, so die Sorge, gefährden unsere Arbeitsplätze und überfordern unser Sozialsystem.

Annahmen über die künftigen Wanderungen sind zwangsläufig hypothetisch. Aber selbst wenn all diejenigen, die bei entsprechenden Studien angegeben haben, dass sie sich grundsätzlich vorstellen könnten, in einem westeuropäischen Land zu arbeiten, diese Idee in die Tat umsetzen würden, blieben die Zahlen unter dem Zuwanderungsbedarf, den unsere alternde Gesellschaft ohnehin hat: Maximal 200.000 bis 300.000 Migrantinnen und Migranten pro Jahr werden für die gesamte EU erwartet.

Ich will betonen: Das ist die Zahl derjenigen, die sich grundsätzlich vorstellen könnten, in andere Staaten der EU überzusiedeln. Das ist nicht die Zahl derjenigen, die hinterher tatsächlich diesen Schritt wagen werden. Von dieser Anzahl wollen ungefähr zwei Drittel nach Deutschland. Auf Nordrhein-Westfalen entfielen danach rein rechnerisch etwa 33.000 bis 50.000 Personen pro Jahr. Die aktuellen Zahlen für die Jahre 2000 bis 2003 belegen jedoch, dass die Zuzüge aus den mittel- und osteuropäischen Staaten per saldo tatsächlich erheblich geringer sind: Im Jahre 2000 waren es 8.223, im Jahre 2001 8.782, im Jahre 2002 7.275 und im Jahre 2003 6.452 Menschen. Zudem können wir davon ausgehen, dass mit zunehmendem Wohlstand in den neuen Mitgliedsländern die Tendenz zur Auswanderung weiter abnehmen wird. Schließlich tragen auch die auf der europäischen Ebene vereinbarten Übergangsregelungen, nach denen die volle Freizügigkeit der Arbeitskräfte frühestens nach drei Jahren, spätestens aber erst nach 7 Jahren – also im Jahr 2011 – gewährleistet wird, je nach Entwicklung auf den Arbeitsmärkten, mit dazu bei, dass der Zuzug von Arbeitskräften aus den neuen Mitgliedstaaten Mittel- und Osteuropas kontrolliert werden kann.

Die Zuwanderung ist also kein Problem für uns. Sie ist vielmehr eine Chance, denn wir brauchen ausgebildete Fachleute für unsere Wirtschaft. Je besser sich die Wirtschaft in den Staaten Mittel- und Osteuropas entwickelt, desto geringer die Wanderungsbewegungen.

Mein Fazit lautet also: Sowohl die alten als auch die neuen EU-Mitgliedstaaten profitieren von der Erweiterung.

Für uns stand von Beginn an fest: Die Erweiterung fordert von Nordrhein-Westfalen auch praktisches Engagement in den Beitrittsländern. Die Landesregierung Nordrhein-Westfalen hat den Prozess der Erweiterung der Europäischen Union daher nicht nur intensiv begleitet, sondern durch eigene Initiativen ebenfalls mitgestaltet.

Wir haben dies vor allem dadurch getan, dass wir schon seit Beginn der 90er Jahre des 20. Jahrhunderts zunächst den Transformations- und später den Beitrittsprozess in den jungen Demokratien in Mittel- und Osteuropa durch zahlreiche Projekte unterstützt haben. Die Landesregierung und auch zahlreiche weitere Akteure im Land haben in Estland, Lettland, Litauen, Polen, Tschechien, Ungarn, der Slowakei und anderen Ländern über mehr als zehn Jahre dazu beigetragen, Demokratie und Marktwirtschaft zu stärken. Schwerpunkte des Engagements waren Aus- und Fortbildung im Bereich von Handwerk und landwirtschaftlichen Berufen, Polizei, Wissenschaft und Forschung.

Aus den zahlreichen von Nordrhein-Westfalen unterstützten oder durchgeführten Projekten sollen nur einige genannt werden: Wir haben beim Aufbau des Gerichtswesens in Lettland geholfen. Wir helfen in der Slowakei beim Aufbau von Verwaltungs- und Polizeikapazitäten zur Drogenbekämpfung. Wir helfen beim Aufbau, Ausbau und der Modernisierung der Infrastruktur und der Wirtschaft, insbesondere in Polen. Wir unterstützen die Modernisierung des Bildungssystems und die Lehrerfortbildung. Wir haben zum Beispiel in Lettland und Estland den Aufbau von Landmaschinenringen im Rahmen der Privatisierung unterstützt und in Lettland Umweltexperten ausgebildet.

Nordrhein-Westfalen hat sich in den neuen Mitgliedstaaten vor allem engagiert, um diesen selber im Transformations- und dann im Beitrittsprozess zu helfen. Aber natürlich ging es bei der Unterstützung der neuen Mitgliedstaaten auch darum, möglichst langfristige politische und wirtschaftliche Beziehungen aufzubauen, die schließlich auch dem Land selber zu Gute kommen, also Netzwerke zu schaffen, die über den Tag hinaus Beziehungen zwischen NRW und einzelnen Regionen oder Staaten in Mittel- und Osteuropa etablieren und damit auch die Stellung unseres Landes im europäischen Gefüge festigen.

Auf besonders überzeugende Weise ist uns dies mit Blick auf die polnische Wojewodschaft Schlesien gelungen, mit der Nordrhein-Westfalen bereits seit Mitte der 90er Jahre intensiv und freundschaftlich zusammenarbeitet, zunächst rein pragmatisch, seit September 2000 aber auch auf der Grundlage einer offiziell verabredeten Partnerschaft.

Ausgangspunkt der Zusammenarbeit zwischen Nordrhein-Westfalen und Schlesien ist dabei zunächst ein Erfahrungstransfer auf dem Gebiet des wirtschaftlichen Strukturwandels gewesen, in dessen Rahmen Nordrhein-Westfalen mit seinen langjährigen Kenntnissen die polnische Partnerregion unterstützt hat. Dieses Thema beschäftigt beide Partner auch noch heute. Die mit dem Strukturwandel verbundenen Fragen wurden noch im Frühjahr 2003 in zwei wissenschaftlichen Tagungen auf der Zeche Zollverein in Essen und im Bergbaumuseum in Zabrze vergleichend behandelt.

Ähnlich wie beim Strukturwandel bieten wir aber auch auf anderen Feldern unsere Erfahrung an und fördern darauf ausgerichtete Veranstaltungen. So tauschen Mitarbeiter der Bezirksregierung Köln und des Marschallamtes der Wojewodschaft Schlesien Erfahrungen im Bereich der Regionalplanung aus und helfen damit der Wojewodschaft, ihre Strategie auf diesem Gebiet weiter zu entwickeln. Landschaftsverband Rheinland, Arbeiterwohlfahrt und Paritätischer Wohlfahrtsverband geben mit Unterstützung des Landes Hilfestellung bei der Lösung sozialer Fragen oder bei der schulischen Versorgung behinderter Jugendlicher. Wir haben den Rheinkreis Neuss bei der Planung und Durchführung einer Konferenz in seinem schlesischen Partnerkreis unterstützt, weil wir gemeinsam der Auffassung waren, dass ein Wissens- und Erfahrungsaustausch zu agrarpolitischen Fragen dem Abbau von Vorurteilen auf beiden Seiten dient. Außerdem bringen wir know how aus unseren Kommunen bei der Energieeinsparung in öffentlichen Gebäuden nach Schlesien.

Die Zusammenarbeit mit Schlesien verfolgt also einen breiten Ansatz und hat sich in den vergangenen Jahren dynamisch entwickelt. Mit Blick auf die Zukunft gerichtet ist es dabei aber von zentraler Bedeutung, dass sie sich von einer Art „Entwicklungspartnerschaft", in der Nordrhein-Westfalen seine Erfahrungen weitergibt und die Partnerregion unterstützt, stärker in Richtung eines gegenseitigen Austauschs und der Zusammenarbeit auch auf europäischer Ebene fortentwickelt.

Erste und sogar große Schritte in diese Richtung haben wir bereits unternommen. Im Mittelpunkt unserer Partnerschaft stand und steht in den Jahren 2003 und 2004 ein groß angelegter Kulturaustausch. Im vergangenen Jahr ist es die Wojewodschaft Schlesien gewesen, die sich in schlesischen Kulturwochen in unserem Land dargestellt hat, in diesem Jahr präsentiert sich Nordrhein-Westfalen in unserer Partnerregion. Eine erste Veranstaltungsreihe der Kulturtage des Landes Nordrhein-Westfalen in der Wojewodschaft Schlesien wurde vom 28. Mai bis 6. Juni 2004 durchgeführt. Ursprünglich nur als Begleitung eines Jazz-Festivals geplant, hat sich im Verlaufe der Gespräche mit unseren Partnern daraus ein breit gefächertes kulturelles Angebot entwickelt. Ich möchte hier nur die Gastspiele des Düsseldorfer Schauspielhauses, des Straßentheaters „Titanick" und von Musica Antiqua herausheben. Ein weiterer Höhepunkt war die Eröffnung einer Ausstellung zu Leben und Werk von Heinrich Böll und ein damit verbundenes deutsch-polnisches Wissenschaftskolleg.

Die NRW-Kulturtage vom 14. bis zum 28. November 2004 haben neue kulturelle Akzente gesetzt. Schwerpunkte waren die Bereiche Film (mit einer NRW-Filmnacht), Tanz (mit dem Folkwang-Tanzstudio), Workshops mit einer Schülerbegegnung sowie eine Ausstellung des grafischen Werks von Joseph Beuys, die mit einem Symposium und einer Einführung in sein Werk verbunden war.

Auch für die europäische Zusammenarbeit mit unserer Partnerregion Schlesien haben wir in der Zwischenzeit einen sehr pragmatischen und erfolgversprechenden Ansatz gefunden. Bereits im Sommer 2001 haben wir eine Vereinbarung zur Zusammenarbeit zwischen Nordrhein-Westfalen, Schlesien und unserer französischen Partnerregion Nord-Pas de Calais mit dem Ziel abgeschlossen, das so genannte „Weimarer Dreieck" zwischen der Bundesrepublik Deutschland, Frankreich und Polen durch eine konkrete Kooperation auf regionaler Ebene zu unterfüttern. In diesem „kleinen Weimarer Dreieck" zeigt sich auch besonders beispielhaft die Solidarität zwischen Regionen in etablierten EU-Mitgliedstaaten mit Regionen in den Beitrittsländern, die den europäischen Integrationsprozess fördert.

Am 27. August 2004 hat Nordrhein-Westfalen mit Nord-Pas de Calais und mit Schlesien ein Kooperationsabkommen für ein INTERREG-Projekt unterzeichnet. Diese Vereinbarung regelt die Umsetzung des gemeinsamen RFO-Projektes („Regional Framework Operation" – Regionale Rahmenmaßnahmen) „Regional Triangle of Weimar" im Rahmen der europäischen Gemeinschaftsinitiative INTERREG III C (Interregionale Zusammenarbeit). Wir haben uns an diesem Tag zugleich auf neun konkrete Vorhaben verständigt, die aus den ca. 1,5 Mio. Euro finanziert werden sollen, die im Rahmen des Projektes „Regional Triangle of Weimar" zur Verfügung stehen. Von den neun Vorhaben werden sechs unter nordrhein-westfälischer Federführung und drei unter der Federführung eines Trägers aus Nord- Pas de Calais durchgeführt. Jedes Projekt wird mit 100 000 Euro unterstützt. Unter den federführenden Projektträgern sind die Städte Köln und Dorsten, die Partnerstädte in beiden Regionen haben, die Stadt Aachen, ein Institut der Ruhr-Universität Bochum, ZENIT in Mülheim an der Ruhr und ein Technologiezentrum in Aachen.

Die thematischen Schwerpunkte der Vorhaben sind die Rekultivierung und Vermarktung alter Industrieflächen, die Unterstützung kleiner und mittlerer Unternehmen, vor allem durch die Nutzung moderner Technik, und die Modernisierung der Verwaltung. Dass wir uns einvernehmlich auf die Finanzierung dieser Projekte verständigt haben, zeigt, wie gut unser „kleines" Weimarer Dreieck – das so klein nicht ist – eingespielt ist und funktioniert.

Ab Januar 2005 gibt es eine zweite Antragsrunde für Projektvorschläge. Mit den noch zur Verfügung stehenden Mitteln werden wir voraussichtlich weitere sechs Projekte finanzieren können.

Von besonderer Bedeutung für das Zusammenwachsen von Ost und West in Europa ist ohne Zweifel der Jugendaustausch, und auch hier haben wir mit unserem „kleinen Weimarer Dreieck" einen guten Ansatzpunkt gefunden. Trilaterale Jugendbegegnung, verbunden mit einer Diskussion der Jugendlichen mit Politikern aus den drei beteiligten Regionen, sind im Rahmen unserer Treffen inzwischen schon zur guten Tradition geworden. Solch eine Jugendbegegnung hat anlässlich unseres Treffens in Dortmund Ende August 2004 bereits zum vierten Mal stattgefunden.

Ein bemerkenswertes Jugendprojekt hat auch das Polnische Institut in Düsseldorf unter dem Motto „Näher an Polen. Wir in NRW und Europa" gestartet. Im Frühjahr 2003 wurde ein polnischer Tag an zwanzig Schulen in NRW veranstaltet. Die Schüler der beteiligten Schulen hatten dabei Gelegenheit, mit polnischen Künstlern und Wissenschaftlern in Workcamps zusammenzutreffen. Im Herbst 2004 kamen jeweils 25 Jugendliche aus NRW an vier Standorten in Polen (Warschau, Danzig, Gleiwitz, Lublin) mit einer gleichen Zahl polnischer Jugendlicher zusammen, um mit ihnen gemeinsam gestalterisch und wissenschaftlich zu arbeiten. Wir haben dieses Projekt gefördert, weil wir es als Investition in die gemeinsame Zukunft betrachten und weil es die Beziehungen zu unserem Nachbarn nachhaltig verbessern hilft.

Um dieses Bild abzurunden: Auch die Euregios an den Grenzen zwischen Nordrhein-Westfalen und seinen westlichen Nachbarländern haben ihren Beitrag zum Erfahrungsaustausch geleistet: Nach ihrem Vorbild hat sich die grenzüberschreitende Zusammenarbeit in vielen Teilen Mittel- und Osteuropas organisiert, so entlang der deutsch-polnischen und der deutsch-tschechischen Grenzen, aber auch andernorts zwischen Griechenland, Bulgarien und Mazedonien, zwischen Polen, Litauen, Weißrussland und Kaliningrad, zwischen Weißrussland, Polen und der Ukraine. Die Vorreiterrolle unseres Landes auf dem Gebiet der grenzüberschreitenden Zusammenarbeit bauen wir im Übrigen seit Ende 2003 dadurch aus, dass Nordrhein-Westfalen die Federführung in einem weiteren INTERREG III-C-Rahmenprojekt „Change on Borders" übernommen hat, in dessen Rahmen 28 europäische Regionen mit Grenzen zu einem Nachbarstaat ihre Erfahrungen in der grenzüberschreitenden Zusammenarbeit austauschen.

Darüber hinaus arbeitet die Landesregierung im Netzwerk Industrieller Wandel (ICN) mit. Hieran nehmen neben Nordrhein-Westfalen Regionen aus Frankreich, den Niederlanden, Großbritannien, Italien, Schweden, Polen, Tschechien und Ungarn teil. Dabei geht es thematisch um die Wiederaufbereitung von Brachflächen, die Zusammenarbeit bei den Strukturfonds, die Entwicklung der Humanressourcen, die Förderung kleinerer und mittlerer Betriebe sowie Innovation und Technologie. Durch Nutzung des EU-Programms Twinning und die Aufbereitung von Best-Practise-Beispielen soll die Zusammenarbeit der genannten Regionen in den alten und den neuen Mitgliedstaaten gefördert werden.

Unter den neuen Mitgliedstaaten in Mittel- und Osteuropa ist Polen, vor allem auf Grund der engen und guten Partnerschaft mit Schlesien, das Land, zu dem Nordrhein-Westfalen derzeit die engsten Beziehungen unterhält. Außerhalb der Mitgliedstaaten der

Europäischen Union verfügt das Land außerdem über enge und partnerschaftliche Beziehungen zu verschiedenen russischen Regionen.

Über diese partnerschaftlichen Beziehungen hinaus unterhält Nordrhein-Westfalen auch zu zahlreichen anderen Staaten und Regionen in den mittel- und osteuropäischen Ländern gute, in der Regel stark fachlich ausgeprägte Kontakte, die im Rahmen der oben genannten zahlreichen Projekte entstanden sind, an denen sich das Land in den vergangenen bald 15 Jahren beteiligt hat. Und, nicht zu vergessen, neben der Landesregierung selbst sind es vor allem auch viele andere Einrichtungen aus Nordrhein-Westfalen, die durch eigene Initiativen und Projekte in den neuen Mitgliedstaaten vertreten sind oder dorthin Beziehungen aufgebaut haben. Nicht zuletzt ist es darüber hinaus vor allem die nordrhein-westfälische Wirtschaft, die auf vielen Feldern in den neuen Mitgliedstaaten sehr stark vertreten ist und dort zum Beispiel im Energiesektor eine herausragende Position hat.

Um an meinen Eingangsgedanken anzuschließen: Hieran lässt sich anknüpfen. Ein stark exportorientiertes und international verflochtenes Land wie Nordrhein-Westfalen ist darauf angewiesen, gute und enge Kontakte auch zu den neuen Mitgliedstaaten und insbesondere zu den mittel- und osteuropäischen Staaten zu unterhalten. Natürlich kann unser Ziel nicht darin bestehen, solche privilegierte Beziehungen zu möglichst vielen Staaten oder Regionen in den neuen Mitgliedstaaten aufzubauen und zu unterhalten, wie wir sie mit Schlesien pflegen. Dies ist angesichts begrenzter finanzieller und personeller Ressourcen schlechterdings nicht möglich, und es ist angesichts des Beitritts von gleich zehn neuen Mitgliedstaaten auch in der Sache nicht gerechtfertigt. Vielmehr stellen uns die veränderten Rahmenbedingungen in Europa vor die Herausforderungen, neue Wege zu gehen, das bisherige Engagement des Landes in Mittel- und Osteuropa zu überprüfen und klare Prioritäten zu setzen – auch was die Wahl unserer zentralen Kooperationspartner und von Schwerpunktländern der europäischen Zusammenarbeit betrifft.

Diesen Prozess, der zu einer nach dem erfolgten Beitritt neuen strategischen Aufstellung des Landes in den neuen Mitgliedstaaten in Mittel- und Osteuropa führen soll, haben wir eingeleitet. Die zentralen Zielsetzungen und Aufgaben sind aber bereits jetzt deutlich:

1. In ganz allgemeiner Form wird es für uns darum gehen, den Transformationsprozess in den neuen Mitgliedstaaten weiterhin aktiv zu begleiten und punktuell zu unterstützen, denn mit den Beitritten am 1. Mai 2004 und trotz der damit verbundenen Übernahme des „gemeinschaftlichen Besitzbestandes" (*acquis communautaire*) durch die neuen Mitglieder ist in vielen Bereichen noch Aufbauarbeit zu leisten. Insbesondere die Stärkung der Verwaltungskapazität bleibt in den neuen Mitgliedstaaten weiterhin eine Aufgabe von übergeordneter Bedeutung, bei der auch Nordrhein-Westfalen seine Hilfe anbieten kann und wird. Trotz aller Fortschritte der vergangenen Jahre gilt: Ohne eine weitere Stärkung der Verwaltungskapazitäten werden die neuen Mitgliedstaaten kaum in der Lage sein, den gemeinschaftlichen Besitzbestand nachhaltig anzuwenden und von den auch finanziellen Chancen der EU-Mitgliedschaft so zu profitieren, dass der Aufholprozess möglichst rasch erfolgt. Und dies liegt auch im Interesse unseres Landes.

2. Die zentrale Aufgabe besteht gerade auch nach erfolgtem Beitritt darin, einen Beitrag dazu zu leisten, dass beide Seiten – d.h. für uns die neuen Mitgliedstaaten selbst und Nordrhein-Westfalen – wirtschaftlich von der Erweiterung profitieren. Dies bedeutet insbesondere, die nordrhein-westfälischen Unternehmen – insbesondere die kleinen und mittleren Unternehmen – auch durch Aktivitäten der Landesregierung weiterhin dabei zu unterstützen, die Marktchancen in den neuen Mitgliedstaaten zu nutzen. Im Sinne der genannten Schwerpunktsetzung betrifft dies vor allem die Marktchancen in

den außenwirtschaftlichen Schwerpunktländern Polen, Tschechien und Ungarn. Zugleich ist es notwendig, weiterhin darauf zu drängen, dass so rasch wie möglich gleiche Wettbewerbsbedingungen für alle im europäischen Binnenmarkt hergestellt werden. Auch wenn die Möglichkeiten der Landesregierung in dieser Hinsicht eingeschränkt sind, wird es hierbei vor allem darauf ankommen, dass die vollständige Anwendung des Gemeinschaftsrechts in den neuen Mitgliedstaaten so rasch wie möglich erfolgt, jedenfalls entsprechend der Übergangsfristen, die in den Beitrittsverträgen vereinbart worden sind, und möglichst ohne weitere Verzögerungen. Denn sollte mit dem Beitritt in der Folgezeit wider Erwarten doch eine stärkere Verlagerung industrieller Arbeitsplätze in die neuen Mitgliedstaaten verbunden sein, ist damit zu rechnen, dass der Beitritt und damit das Verhältnis zu den neuen Mitgliedstaaten nachträglich Schaden nimmt und dass dies auch Auswirkungen auf künftige Beitritte haben könnte.

3. Schließlich ist es für Nordrhein-Westfalen von zentraler Bedeutung, dass die verschiedensten Akteure und Einrichtungen im Land – unabhängig davon, ob es sich um Landeseinrichtungen oder andere handelt – sich weiterhin intensiv um den Aufbau stabiler Beziehungen und Netzwerke in die neuen Mitgliedstaaten bemühen und hierbei natürlich von der Landesregierung unterstützt werden. Es liegt auf der Hand, dass die Landesregierung selbst, bzw. auf sich allein gestellt, nicht dazu in der Lage ist, das notwendige Ausmaß an Vernetzung und Verzahnung mit den neuen Mitgliedstaaten zu bewerkstelligen und angebahnte Beziehungen auch aufrecht zu erhalten. Wir können und werden hierzu aber die entsprechenden Impulse und Anregungen geben und wo möglich helfen. Auch in dieser Hinsicht gilt allerdings: Nordrhein-Westfalen ist hier schon auf einem guten Weg, zahlreiche Akteure und Einrichtungen verfügen schon heute über exzellente Kontakte und Netze nach Mittel- und Osteuropa, auf die wir aufbauen, die sicher aber noch besser miteinander verzahnt werden können.

In diesem Prozess bestehen in thematischer Hinsicht für Nordrhein-Westfalen neben der wirtschaftlichen Zusammenarbeit zahlreiche Anknüpfungspunkte und Felder, auf denen sich eine Intensivierung der Zusammenarbeit auf Grund spezifischer Stärken unseres Landes und der Herausforderungen in den neuen Mitgliedstaaten anbietet: auf den Feldern Wissenschaft und Forschung, innere Sicherheit, Umwelt und Umwelttechnologien, Energie und Energietechnologien, Verkehr und Logistik, Informations- und Kommunikationstechnologien, Flächensanierung und Stadterneuerung sowie Qualifizierung, um nur die wichtigsten zu nennen. Mit der Außenwirtschaftsförderung, mit dem EU-Programm Twinning, mit einer Unterstützung der Städte-, Schul- und Hochschulpartnerschaften und mit einem intensiveren kulturellen Austausch u.a. stehen uns auch verschiedene Instrumente hierzu zur Verfügung, die Zusammenarbeit zu intensivieren und neu zu strukturieren.

Um unser Land im neuen Europa richtig zu positionieren und dafür zu sorgen, dass Nordrhein-Westfalen, seine Menschen, seine Unternehmen, seine Hochschulen und viele andere an den wirtschaftlichen Chancen ebenso wie am politischen und gesellschaftlichen Prozess der erweiterten Union teilhaben, ist dies eine unserer wichtigen Aufgaben der kommenden Jahre.

Bei aller Freude über die Erweiterung und ihre Chancen für das Land Nordrhein-Westfalen will ich nicht verschweigen, dass wir auch einen Preis zahlen. Das Pro-Kopf-Einkommen der neuen Mitgliedstaaten liegt bei 35% des EU-Durchschnitts. Das ist weit unter dem Wohlstandsniveau der alten Mitglieder der Europäischen Union. Für die Strukturpolitik der Gemeinschaft ist dies eine große Herausforderung. Wir werden in der neuen Förderperiode ab 2006 weniger Mittel für den Strukturwandel im Ruhrgebiet aus Brüssel erhalten. Wir tragen die bevorstehende Ressourcenverlagerung mit und zeigen damit unsere Solidarität gegenüber den neuen Mitgliedstaaten.

Im Übrigen bietet die künftige Konzentration der EU-Strukturfondsmittel auf die neuen Mitgliedstaaten auch eine Chance für nordrhein-westfälische Unternehmen. Besonders in den Bereichen, wo unser Land seine Stärken hat, also in Branchen wie Verkehr, Energie, Bau und Umwelt, bestehen gute Voraussetzungen dafür, dass NRW-Unternehmen in erheblichem Umfang von den Förderprogrammen in den mittel- und osteuropäischen Staaten profitieren und über entsprechende Rückflüsse auch Arbeitsplätze in unserem Land geschaffen und gesichert werden.

Dennoch erwarten wir auch, dass die Europäische Union weiterhin eine substantielle regionale Struktur- und aktive Arbeitsmarktpolitik in den Regionen der bisherigen Mitgliedstaaten unterstützt, die sich wie Teile unseres Landes immer noch in einem wirtschaftlichen Erneuerungsprozess befinden und in denen die Förderung von Innovationskraft sowie Wettbewerbs- und Beschäftigungsfähigkeit eine Aufgabe von europäischer Bedeutung ist. Zwischen der vorrangigen Unterstützung der neuen Mitgliedstaaten und einer Fortsetzung der Zusammenarbeit zwischen der EU und unserem Land beim Strukturwandel besteht aber nach meiner Auffassung kein Widerspruch. Beide Ziele lassen sich miteinander verbinden.

Insgesamt überwiegen also die positiven Aspekte der Erweiterung diejenigen, die uns Sorgen bereiten, bei weitem. Es gilt, die Chancen zu nutzen – politisch, ökonomisch, ökologisch, sozial und kulturell.

Andreas Pinkwart/Jan Frie

EU-Osterweiterung – Chancen und Risiken für NRW

1. NRW im vereinten Europa

1.1 EU-Osterweiterung und neue Mitgliedstaaten

Am 1. Mai 2004 sind zehn ost- und südeuropäische Staaten der Europäischen Union beigetreten. Keine der vorherigen Erweiterungsrunden ist mit der so genannten EU-Osterweiterung vergleichbar – weder hinsichtlich ihres Umfangs, noch historisch oder hinsichtlich der mit ihr verbundenen Hoffnungen und Erwartungen. Mit der EU-Osterweiterung wird die Teilung Europas überwunden. Sie bietet die beste Garantie für eine dauerhafte Sicherung von Frieden, Stabilität und Wohlstand in ganz Europa. Zum ersten Mal in unserer Geschichte werden wir ausschließlich von Freunden und Partnern umgeben sein, die den Grundwerten der Europäischen Union verpflichtet sind.

Mit Polen, Ungarn, der Tschechischen Republik, Slowenien und Zypern sowie Lettland, Estland, Litauen, der Slowakei und Malta wächst die Bevölkerung der Union um 75 auf 450 Mio. Menschen an. Damit leben in der EU mehr Menschen als in den USA und in Japan zusammen. Betrachtet man das Bruttoinlandsprodukt (BIP), fällt der beitrittsbedingte Zuwachs allerdings wesentlich geringer aus. So beträgt der Anteil der zehn Beitrittsstaaten am Wohlstand des vereinigten Europa mit 444 Mrd. Euro am Gesamtvolumen von 9.613 Mrd. Euro lediglich 5%.[1]

Zudem gestaltet sich die wirtschaftliche Situation in den Beitrittsländern sehr unterschiedlich. So erreichen Zypern und Slowenien bereits 70% oder mehr des durchschnittlichen an die Kaufkraft angepassten BIP pro Kopf der alten EU-Staaten, während die baltischen Länder und Polen auf höchstens 43% dieses Niveaus kommen (vgl. Abb. 1). Diese Unterschiede, auf deren Auswirkungen in der nachfolgenden Diskussion noch ausführlich eingegangen wird, sind erheblich und werden über einen langen Zeitraum hinweg Bestand haben. Unter der Annahme, dass z.B. die polnische Wirtschaft jedes Jahr 2-2,5 Prozentpunkte schneller wächst als die deutsche Wirtschaft, wird es bis zum Jahr 2025 dauern, bis die polnische Wirtschaftskraft das Niveau erreicht, das Spanien 1986 bereits zum Zeitpunkt des Beitritts vorzuweisen hatte.[2] Korrespondierend zur Größe des BIP verhält sich im Regelfall das Lohnniveau im jeweiligen Land.

---

[1] Vgl. EUROSTAT: Statistics in Focus, Theme 2 – 17/2004. An overview of the Economies of the New Member States. Luxemburg, 2004. S. 1
[2] Vgl. Nötzold, Jürgen: Migration in der sich erweiternden Europäischen Union. SWP-Studie. Berlin, 2001. S. 12

Abb. 1: BIP pro Kopf in Kaufkraftstandards 2002 (in %; EU 15 = 100%)

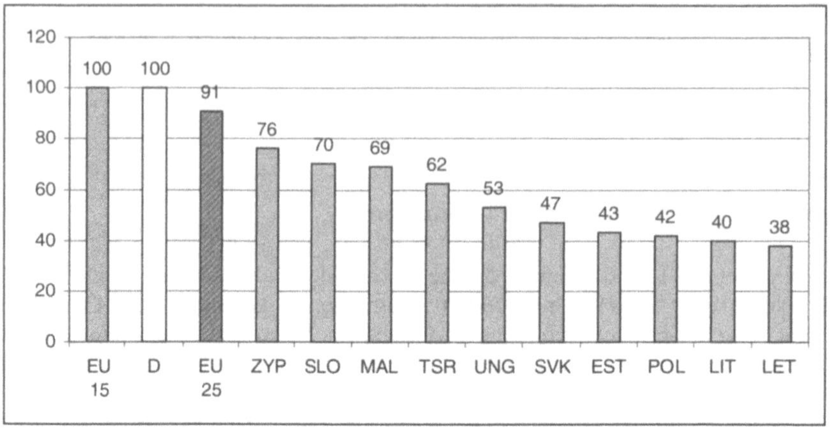

EU 15	D	EU 25	ZYP	SLO	MAL	TSR	UNG	SVK	EST	POL	LIT	LET
100	100	91	76	70	69	62	53	47	43	42	40	38

Quelle: EUROSTAT: New Cronos Database, http://europa.eu.int/comm/eurostat/; Stand: 26.06.2004

1.2 Ausgangslage NRWs in Europa

Nordrhein-Westfalen ist von seiner Entstehung her die europäische Kernregion.[3] Nachdem das Land durch die alliierten Mächte nach dem zweiten Weltkrieg aus den ehemaligen preußischen Provinzen Rheinland, Westfalen und Lippe-Detmold zu einem Bundesland zusammengeschlossen wurde, stand in den unmittelbaren Nachkriegsjahren die internationale Kontrolle der deutschen Montanindustrie im Fokus. Schließlich setzte sich der Gestaltungsvorschlag des französischen Außenministers Schumann durch, die internationale Kontrolle mit dem Gedanken der europäischen Einigung durch die Gründung der Montan-Union zu verbinden.[4] Die Montan-Union war die erste europäische Gemeinschaft und Keimzelle der Europäischen Union.

Auch heute noch ist NRW eine der entscheidenden Regionen in Europa. Mit 18 Mio. Einwohnern und einem BIP von 464 Mrd. Euro erreicht es eine Größenordnung, in der nur Südost-England mit dem Großraum London mithalten kann. Selbst die Île-de-France mit Paris fällt deutlich dahinter zurück.[5] Zieht man den Vergleich mit den Beitrittsländern der EU-Osterweiterung ist festzustellen, dass NRW, gemessen am BIP, allein das selbe Niveau besitzt wie die zehn neuen EU-Mitglieder zusammen (vgl. Abb. 2). Gemessen pro Einwohner entspricht das BIP in Nordrhein-Westfalen mit 25.690 Euro in 2002 fast exakt dem Bundesdurchschnitt[6] und lässt sich in soweit auch direkt mit den in Abb. 1 dargestellten Kennzahlen der Beitrittsländer vergleichen.

---

3 Vgl. Petzina, Dietmar: Die Formierung einer europäischen Region. Probleme und Prozesse in NRW seit den fünfziger Jahren. In: Loth, Wilfried/Nitschke, Peter (Hrsg.): Nordrhein-Westfalen in Europa. Probleme und Chancen des Standortes. Opladen, 1997. S. 50

4 Vgl. Kersting, Martin: NRW in der Europäischen Union. In: Rinsche, Günter (Hrsg.): NRW – Zukunft in Europa. Mit neuer Kraft in das Europa des 21. Jahrhunderts. Hamm, 1995. S. 177 f.

5 Vgl. Jakoby, Herbert: Wirtschaftsstandort NRW – ein starker Partner in Europa. In: Giakoumis, Pantaleon (Hrsg.): NRW im Wettbewerb der Regionen in der EU. Aachen, 1999. S. 29

6 Vgl. Initiative Neue Soziale Marktwirtschaft: Spieglein, Spieglein, wer ist der Beste im ganzen Land? Die Bundesländer im Vergleich. Köln, 2. Aufl., 2003. S. 7

Abb. 2: NRW im Verhältnis zu den Beitrittsländern in 2002

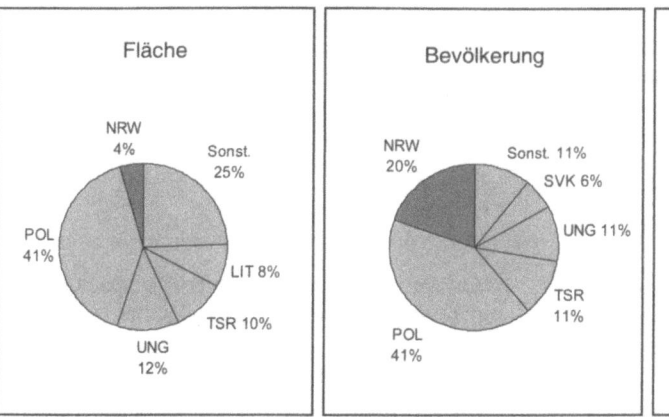
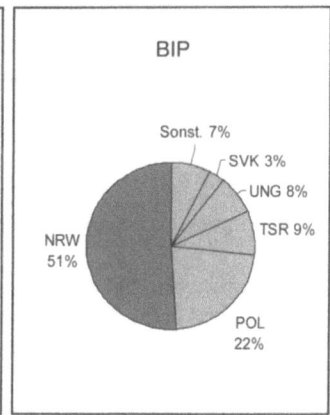

Quelle: EUROSTAT: Statistics in Focus, Theme 2 – 17/2004. An overview of the Economies of the New Member States. Luxemburg, 2004. S. 1; Statistisches Bundesamt: Volkswirtschaftliche Gesamtrechnung, http://www.statistik-portal.de/Statistik-Portal/de_jb27_jahrtab65.asp; Stand: 26.06.2004

Die über Jahrzehnte erlangte Wirtschaftskraft allein garantiert allerdings kein zukünftiges Wachstum und sichert auch nicht den bereits erzielten Wohlstand ab. Vielmehr weisen Indikatoren darauf hin, dass NRW an relativer Wettbewerbskraft im Strukturwandel von der Industrie- zur Informationsgesellschaft und im Rahmen der Globalisierung verloren hat. Das BIP in NRW sank von 2001 auf 2002 um 0,2% und von 2002 auf 2003 noch einmal um 0,4%. Damit befindet sich NRW seit zwei Jahren in einer Rezession, während andere Länder wie Bayern, Niedersachsen oder auch Sachsen und Sachsen-Anhalt positive Entwicklungen verzeichnen konnten.[7] Über 11.000 Unternehmen meldeten in NRW im Jahr 2003 Insolvenz an, was einen historischen Höchststand bedeutet.[8] Bei der Wirtschaftsdynamik liegt NRW im Vergleich der Bundesländer nur auf dem elften Platz und damit deutlich unter dem Bundesdurchschnitt.[9] Auch die Arbeitslosenquote in NRW stieg kontinuierlich von 8,5% im Mai 2001 auf 10,2% im Mai 2004 und liegt damit 2%-Punkte über dem Durchschnitt der westdeutschen Bundesländer.[10] Betrachtet man das Ruhrgebiet separat, herrscht dort mit einer durchschnittlichen Quote von 13,0% gemeinsam mit Bremen die höchste Arbeitslosigkeit in Westdeutschland.[11]

Angesichts dieser Entwicklungen wird die EU-Osterweiterung von vielen Menschen nicht mehr nur als Chance, sondern zunehmend auch als Risiko betrachtet. So antworten zum Beispiel in einer Umfrage kurz vor dem Beitritt der neuen Länder nur 35% der befragten Personen mit Ja auf die Frage, ob sie von der EU-Erweiterung Vorteile für die deutsche Wirtschaft erwarten.[12] Dagegen waren 73% überzeugt, dass die EU-Osterweiterung

---

7 Vgl. Statistisches Bundesamt: Genesis Datenbank BIP in Preisen von 1995, http://www.destatis.de; Stand: 26.06.2004
8 Vgl. Ministerium für Arbeit und Wirtschaft NRW: Pressemitteilung Unternehmensinsolvenzen, http://www.nrw-export.de/export/1072.asp,
 www.lds.nrw.de/aktuelles/pressemitteilungen/2004/pres_029_04.html; Stand: 01.07.2004
9 Vgl. Initiative Neue Soziale Marktwirtschaft: Spieglein, Spieglein, wer ist der Beste im ganzen Land? Die Bundesländer im Vergleich. Köln, 2. Aufl., 2003. S. 34
10 Vgl. UVG Unternehmensverbandsgruppe: WiSo@fakt: Wirtschaftsinformationen vom 25.06.2004
11 Vgl. ebd.
12 Vgl. Fröhlingsdorf, Michael et al.: Der Preis des neuen Europa. In: Spiegel-Online, http://www.spiegel.de/spiegel/0,1518,296866,00.html; Stand: 24.06.2004

eine Gefahr für die Arbeitsplätze in Deutschland darstellt.[13] Es erscheint deshalb notwendig, die sich ergebenden Chancen aber auch die Risiken, die mit der größten Erweiterungsrunde seit Bestehen der EU zusammenhängen, genauer zu betrachten und die Anpassungsbedarfe abzuleiten. Für Regionen, in denen der notwendige Strukturwandel noch nicht hinreichend vollzogen wurde, ist dabei ein erhöhter Anpassungsdruck zu erwarten, der aber auch einen heilsamen und anreizfördernden Effekt darstellen kann.

1.3 Vorgehensweise der Analyse

Im Folgenden soll die Auswirkung der EU-Osterweiterung auf die Gebiete Wirtschaft, Bildung, Wissenschaft, Technologie, Verkehr und Bevölkerungsentwicklung näher untersucht werden. Diese Bereiche stellen wesentliche Politikfelder dar und sind im Zusammenhang mit der EU-Osterweiterung die derzeit am meisten diskutierten Themen. Da es sich bei der Bevölkerungsentwicklung um ein Querschnittsthema handelt, das alle wirtschafts-, sozial- und gesellschaftspolitischen Bereiche beeinflusst, wird es in einer übergreifenden Betrachtung zum Abschluss diskutiert. Zum Zwecke einer strategischen Analyse der hier fokussierten Bereiche Wirtschaft, Bildung, Wissenschaft, Technologie und Verkehr sowie für eine zusammenfassende Entwicklung von Handlungsempfehlungen, bietet sich als Werkzeug die SWOT-Analyse an. Mit ihr lässt sich die strategische Position einer Region durch die Beurteilung ihrer Stärken (**S**trengths) und Schwächen (**W**eaknesses) sowie der sich umfeldseitig abzeichnenden Chancen (**O**pportunities) und Bedrohungen (**T**hreats) anschaulich kennzeichnen.[14] Es wird zuerst eine allgemeine SWOT-Analyse für Deutschland erstellt und danach unter Berücksichtigung der Besonderheiten NRWs diskutiert. Dabei wird auch berücksichtigt, ob Gesamtaussagen für NRW getroffen werden können, oder ob innerhalb des Bundeslandes noch einmal differenziert werden muss. Statt der Bezeichnung „Bedrohungen" wird in der Analyse auf die Beschreibung „Risiko" zurückgegriffen. Dies ist als ein Risiko im engeren Sinne, also ein möglicher Schaden oder Verlust zu interpretieren. Chancen und Risiken sind immer in einem logischen Zusammenhang zu sehen, da sie unterschiedliche Seiten ein und derselben Medaille beschreiben. Da der Sachverhalt der EU-Osterweiterung bereits eingetreten ist, kommt es jetzt darauf an, die daraus entstehenden Chancen und Risiken richtig zu managen. Dazu bieten sich mehrere Strategien an. Zum einen sollten die Stärken mit den Chancen verknüpft werden (sog. Matchingstrategie). Durch den Ausbau der Stärken können Schwächen abgemildert oder sogar ausgeglichen werden, so dass im besten Fall Risiken gar nicht erst entstehen (Neutralisierungsstrategie). Am offensivsten wird mit Schwachpunkten und Gefährdungen umgegangen, in dem man versucht, sie in Stärken und Chancen umzuwandeln (Umwandlungsstrategie).

2. Entwicklungspotenziale und Risiken für NRW nach der EU-Osterweiterung in zentralen Politikfeldern

2.1 Wirtschaft

Unter dem Begriff Wirtschaft werden hier sämtliche volkswirtschaftliche Aktivitäten zusammengefasst. Dazu zählen alle drei Sektoren (Landwirtschaft, Industrie und Dienstleis-

---

13 Vgl. ebd.
14 Vgl. Homburg, Christian: Quantitative Betriebswirtschaftslehre. Entscheidungsunterstützung durch Modelle. 2. Aufl, Wiesbaden., 1998. S. 109 ff.

tungen) sowie alle Unternehmensformen. Tendenziell trifft die Analyse natürlich eher auf Unternehmen mit exportorientierten Gütern und Dienstleistungen zu, da diese direkt von der EU-Osterweiterung betroffen sind. Aber auch nicht exportorientierte Leistungen, wie Friseurleistungen, können indirekt bzw. nachgelagert von der EU-Osterweiterung betroffen sein. Ebenso nachgelagert sind hier die Auswirkungen auf die öffentlichen Haushalte zu sehen.

2.1.1 SWOT-Analyse für die Wirtschaft

Deutschland ist zum wichtigsten Handelspartner der Beitrittsländer avanciert und zeigt hier deutliche Leistungsfähigkeit als Exportnation.[15] Im Durchschnitt der Jahre 1993 bis 2003 machten die deutschen Ausfuhren etwa 40% der gesamten EU-Exporte in die neuen Mitgliedstaaten aus. Gleichzeitig importierte Deutschland aus den Beitrittsländern ebensoviel wie die übrigen Alt-Mitglieder zusammen. Berücksichtigt man, dass mittlerweile 60-80% aller Exporte aus den osteuropäischen Staaten in die alte EU gehen, heißt das, dass die Exporte der osteuropäischen Länder durchschnittlich zu 30-40% von Deutschland abhängen.

Abb. 3: SWOT-Analyse für die Wirtschaft

Stärken	Schwächen
• Qualifizierte Mitarbeiter • Starke Exportorientierung • Hoher Entwicklungsstand • Innovationskraft	• Hohe Arbeitskosten • Hohe Unternehmensbesteuerung • Hohe Staatsquote • Hohe Staatsverschuldung • Geringes Wachstum • Hohe Subventionsabhängigkeit
Chancen	**Risiken**
• Wachstumsmöglichkeiten durch besseren Zugang auf neue Märkte für Ein- und Ausfuhren • Zunehmende Stabilität der Absatzmärkte • Verstärkte Investitionssicherheit • Sinkende Transaktionskosten	• Zusätzliche Belastungen durch Transferzahlungen • Wegfall von Fördermitteln • Anstieg der Steuerbelastung aufgrund der Staatsverschuldung • Abnehmende Wettbewerbsfähigkeit

Quelle: eigene Erhebung

Dabei verzeichnete der Handel zwischen Deutschland und den Beitrittsländern innerhalb des letzten Jahrzehnts einen enormen Anstieg. Die deutschen Exporte dorthin haben sich in diesem Zeitraum vervierfacht. Sie erreichen mittlerweile einen Wert von 56,2 Mrd. Euro

---

15 Vgl. für folgende Ausführungen: Deutsche Bundesbank: Auswirkung der EU-Osterweiterung auf die deutsche Wirtschaft. Monatsbericht, Mai 2004; Bundesverband des deutschen Groß- und Außenhandels: Willkommen im neuen Europa. Die Herausforderung der EU-Osterweiterung als Chance begreifen. April 2004; Bundesministerium der Finanzen: Ökonomische Auswirkungen der EU-Erweiterung auf den Standort Deutschland, Monatsbericht 12, 2003

und nehmen mit einem Anteil von 9% eine fast ebenso bedeutsame Stellung wie die Exporte in die USA (9,3%) ein. Nach Jahren durchweg deutlicher Exportüberschüsse gestaltete sich der Warenaustausch in 2003 erstmals ausgeglichen. Im vergangen Jahr wurden Einfuhren im Wert von 57,3 Mrd. Euro getätigt, was 11% der gesamten Importe entspricht. Die ausgeprägtesten Handelsbeziehungen bestehen dabei der Reihenfolge nach mit Tschechien, Polen und Ungarn. Kumuliert vereinen sie 80% des Handelsvolumens auf sich.

Die deutsche Wirtschaft hat sich auch frühzeitig mit Investitionen in den neuen EU-Ländern engagiert. So wurden im Jahr 1998 44% der Direktinvestitionen der alten EU-Länder in Polen, Tschechien und Ungarn von Deutschland getätigt. Auf dem zweiten Platz folgten die Niederlande mit lediglich 15%.[16] Wesentliche Branchen, in die investiert wurde, waren die Automobilindustrie (18,5%), die Energie- und Wasserversorgung (13%) sowie der Groß- und Einzelhandel (12,5%). Bemerkenswert ist auch, dass beim Beteiligungserwerb (Fusionen oder Übernahmen) deutscher Firmen in Osteuropa 85% des M&A-Volumens auf Energie- und Wasserversorgung sowie Verkehr und Nachrichtenübermittlung entfallen. Dies deutet darauf hin, dass sich deutsche Unternehmen intensiv an der Privatisierung von Staatsbetrieben beteiligt haben. Seit 1998 sind die deutschen Direktinvestitionen allerdings stark abnehmend (vgl. Abb. 4). Auch die internationalen Direktinvestitionen in Länder wie Polen und Ungarn sind in 2002 im Vergleich zu 2000 deutlich gesunken. Es könnte jedoch im Rahmen der EU-Osterweiterung noch einmal zu einer, wenn auch gedämpften, zweiten Welle von Direktinvestitionen kommen.[17]

Abb. 4: Deutsche Direktinvestitionen in den neuen Mitgliedstaaten (in Mrd. Euro)

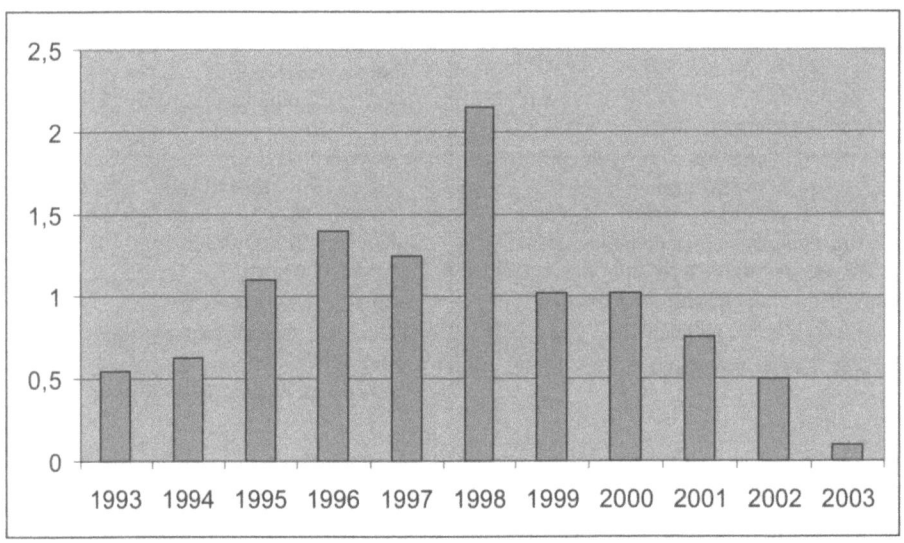

Quelle: Deutsche Bundesbank: Auswirkung der EU-Osterweiterung auf die deutsche Wirtschaft. Monatsbericht Mai 2004. S. 11

---

16 Vgl. Berck, Oliver: Die EU-Osterweiterung. Konsequenzen für die erforderlichen Reformprozesse in Deutschland und in den Beitrittsländern. Herbholzheim, 2003. S. 78
17 Vgl. Institute for Industrial Organization an der WHU, Marktschließung und Expansion in den EU-Beitrittsländern Mittel- und Osteuropas. Vallendar, 2003

EU-Osterweiterung

Einen wesentlichen Nachteil gegenüber den Wirtschaftsgebieten der Beitrittsländer stellen die hohen Arbeitskosten in Deutschland dar. Für deutsche Unternehmen, die nach günstigen Produktionsmöglichkeiten suchen, sind die Arbeitskosten oft ein entscheidendes Kriterium. Für die osteuropäischen Länder ist dies der hauptsächliche Standortvorteil.[18] Auch wenn die durchschnittliche Produktivität im jeweiligen Land deutlich unter bundesdeutschem Niveau liegt, kann man doch mit neuen Fertigungsanlagen annähernd so effizient produzieren wie hierzulande. Während eine Beschäftigungsstunde im verarbeitenden Gewerbe bezogen auf direktes Entgelt und Personalzusatzkosten, in Westdeutschland 32 Euro und in Ostdeutschland 19 Euro kostet, sind es in Ungarn und Tschechien nur fünf Euro und in Lettland sogar nur 2,30 Euro. Auch wenn die Arbeitskosten in den vergangenen Jahren in den osteuropäischen Ländern schon gestiegen sind, kann auch hier, ähnlich wie beim BIP pro Kopf, davon ausgegangen werden, dass die Differenz noch langfristig Bestand haben wird.

Die Zusatzkostenquote, also das Verhältnis von Direktentgelt zu Personalzusatzkosten, liegt im verarbeitenden Gewerbe in Westdeutschland bei 78% und in Ostdeutschland bei 64%. Sie beträgt in den meisten neuen EU-Staaten 50-70%. Ausnahmen sind Ungarn mit 79% und Tschechien mit 83%. Die Zusatzkosten liegen relativ gesehen also nicht weit auseinander. In vielen mittel- und osteuropäischen Ländern sind die Sozialversicherungsbeiträge sogar höher als in Deutschland. Aufgrund der langen Urlaubszeit und zahlreicher Feiertage schneidet Deutschland bei den Zusatzkosten trotzdem insgesamt schlecht ab. Absolut gesehen verschärfen die hohen direkten Entgelte die Problematik der insgesamt zu hohen Arbeitskosten noch wesentlich.

Als weitere Schwächen sind die hohe Staatsquote und die hohe Unternehmensbesteuerung zu nennen. Die tarifliche Grenzsteuerlast einer Kapitalgesellschaft im Jahr 2002 lag in Deutschland bei 39%. In Tschechien waren es nur 31%, in Polen 28%, in der Slowakei 25% und in Ungarn sogar nur 18%.[19] Die Staatsverschuldung in Deutschland war mit 65% des BIP in 2003 im internationalen Vergleich sehr hoch.[20] Die Slowakei hat z.B. lediglich einen Verschuldungsgrad von 43% des BIP und somit im Steuerwettbewerb wesentlich mehr Spielraum. Nicht zuletzt das Zusammenspiel der Faktoren Besteuerung und Staatsquote verursachten in den letzten Jahren ein äußerst geringes Wachstum der deutschen Wirtschaft.

Betrachtet man die Chancen, so ist insbesondere bei der Analyse der Investitionen und der Handelsbeziehungen festzustellen, dass es im Vorlauf der EU-Osterweiterung bereits zu Vorwegnahmeeffekten gekommen ist. Mit der Liberalisierung des Waren- und Dienstleistungsverkehrs im Jahr 1993 und den Reformbemühungen der Beitrittsländer im Vorfeld zur Aufnahme in die EU war ein Umfeld geschaffen, das von deutschen Unternehmen schon intensiv genutzt wurde. Auch die Privatisierungen in den Beitrittsländern sind weitestgehend abgeschlossen. Für den Zeitraum nach dem Beitritt kann deshalb nur noch mit einem geringfügigen Wachstumsschub gerechnet werden, der sich in der Größenordnung von 0,5% des BIP bewegt.[21]

Ausgesprochene Chancen eröffnen sich für die deutsche Wirtschaft besonders, wenn die neuen Länder nicht nur als Absatzmärkte, sondern auch als Zuliefermärkte betrachtet

---

18 Vgl. für die weiteren Ausführungen: Institut der deutschen Wirtschaft Köln: Mittel- und Osteuropa – Klarer Kostenvorteil. In: iwd-trends, Nr. 19, 2004. S. 2
19 Vgl. Institut der deutschen Wirtschaft Köln: Standort Deutschland. Ein internationaler Vergleich. Köln, 2004. S. 11
20 Vgl. ebd. S. 34
21 Vgl. Bundesministerium der Finanzen: Ökonomische Auswirkungen der EU-Erweiterung auf den Standort Deutschland. Monatsbericht 12, 2003. S. 86

werden. Im Rahmen der zunehmenden internationalen Arbeitsteilung wird es immer notwendiger, Effizienzverbesserungen für jede einzelne Stufe der Wertschöpfungskette vorzunehmen und die einzelnen Fertigungsschritte am weltweiten Wettbewerb auszurichten. Dies hat zur Folge, dass es vor allem bei einfachen oder standardisierten Prozessen und Verfahren mit geringer Wertschöpfung aufgrund der niedrigeren Faktorkosten in den Beitrittsländern (insbesondere Löhne) zu Arbeitsplatzverlagerungen kommen kann. Gleichzeitig können dafür aber in Deutschland die wissens- und wertschöpfungsintensiven Bereiche ausgebaut werden.[22] Dadurch entstehen neue Arbeitsplätze mit hohem Qualifikations- und Lohnniveau. Zusätzlich wird die Wettbewerbsfähigkeit des Unternehmens als Ganzes verbessert, da man die Standardleistungen effizient einkauft und sich auf wertschaffende Tätigkeiten konzentriert. In der Automobilbranche hat z.B. der Anteil der aus den Beitrittsländern bezogenen Waren zwischen 1997 und 2002 von 3% auf 8% zugenommen bei gleichzeitigem Anstieg der inländischen Beschäftigung um 2,6% pro Jahr. Dieser Anstieg ist nicht allein durch konjunkturelle Faktoren zu begründen. Vielmehr dürfte auch die Einfuhr von Fahrzeugteilen aus Osteuropa eine Rolle gespielt haben.[23] Eine aktuelle Studie der Unternehmensberatung A.T. Kearney zeigt sogar, dass es den führenden deutschen produzierenden Unternehmen gelang, in den letzten drei Jahren die Zahl ihrer Arbeitsplätze in Deutschland um acht Prozent auszubauen, obwohl sie etwa 28% ihrer Wertschöpfung in Niedriglohnländer verlagert haben.[24] Die von Abwanderung bedrohten und die neu aufzubauenden Bereiche lassen sich dabei nicht einfach nach dem Schema Industrie versus Dienstleistung gliedern. So sind einfache, standardisierte und weitestgehend autonom zu erbringende Dienstleistungen wie die Buchhaltung oder die EDV-Verarbeitung ebenso von einer Verlagerung nach Osteuropa bedroht wie montageintensive Industriebereiche.[25] Gleichzeitig ist ein industrieller Kern für eine Volkswirtschaft weiterhin wichtig, damit sich um ihn herum produktionsnahe Dienstleistungen entwickeln können. Dabei ist es entscheidend, dass sich dieser industrielle Kern im weltweiten Wettbewerb durch innovative Verfahren und Prozesse behauptet.

Die räumliche Nähe und die niedrigen kulturellen Barrieren zu den osteuropäischen Märkten sind ein bedeutender Vorteil für die deutsche Wirtschaft. Dadurch entstehen deutlich geringere Transaktionskosten und kürzere Transport- und Lieferwege als es z.B. bei einem Engagement in Asien der Fall wäre. Mit der EU-Osterweiterung nimmt die Stabilität in den Beitrittsländern weiter zu und viele rechtliche Rahmenbedingungen werden vereinheitlicht. So wird es auch zunehmend für kleine und mittelständische Unternehmen interessant, die Vorteile der Mischkalkulation durch Bezug von Vorleistungen aus Osteuropa zu nutzen.[26] Der Aufbau einer verlängerten Werkbank in den Beitrittsländern hat aber auch gesamtwirtschaftlich gesehen einen positiven Effekt. So werden in Osteuropa Kaufkraft für Konsum- und Investitionsgüter geschaffen und die Nachfrage stimuliert. Gerade in diesen Bereichen hat die deutsche Wirtschaft ihre Stärken und ist auf den relevanten Märkten engagiert. Letztendlich wird sie insgesamt davon profitieren.

---

22 Vgl. Franz, Klaus-Peter: Wege zum Erhalt von Arbeitsplätzen im Rahmen des Kostenmanagements. In: Kostenmanagement. Wertsteigerung durch systematische Kostensteuerung. Stuttgart, 2. Aufl., 2002. S. 422
23 Vgl. Deutsche Bundesbank: Auswirkung der EU-Osterweiterung auf die deutsche Wirtschaft. Monatsbericht, Mai 2004. S. 9
24 Vgl. A.T. Kearney: Die Fabrik des Jahres. Wie gut sind Deutschlands Fabriken? Düsseldorf, 2004
25 Vgl. Wullenkord, Axel: Produktivitätssteigerungen in Rechnungswesen und Controlling. Outsourcing kaufmännischer Prozesse als Zukunftskonzept? In: Controlling. Heft 10, 2003. S. 525 ff.
26 Vgl. Rodenstock, Randolf interviewt in: „Falsche Anhänglichkeit an den Standort Deutschland führt in die Pleite". In: Frankfurter Allgemeine Zeitung, 24.05.2004. S. 16

Beim Thema Risiken ist zu beachten, dass die EU-Osterweiterung zu einer zusätzlichen Belastung durch Transferzahlungen an die neuen Mitglieder führt. Als Netto-Erweiterungskosten werden für die Jahre 2004-2006 in Summe 10,3 Mrd. Euro veranschlagt.[27] Davon soll Deutschland einen jährlichen Beitrag von 800 Mio. Euro übernehmen, der aus dem Bundeshaushalt zu finanzieren ist und das Problem der unausgeglichenen Staatsfinanzen verschärft. Die hohe Staatsverschuldung stellt ein Risiko dar, da von ihr die latente Gefahr von Steuererhöhungen ausgeht. Insgesamt ist nicht auszuschließen, dass die Wettbewerbsfähigkeit Deutschlands abnimmt. Gleichzeitig werden durch den Beitritt von Gebieten mit wesentlich geringerem Wohlstandsniveau zukünftig Fördermittel in diese Gebiete umverteilt, die zuvor Deutschland zu Gute kamen. Mittel aus den Strukturfonds, die vorrangig der Förderung von Regionen mit Entwicklungsrückständen bzw. besonderen Strukturproblemen dienen, sollen zukünftig nur noch gewährt werden, wenn das BIP pro Kopf unter 75% des Gemeinschaftsdurchschnitts liegt.[28] In Deutschland fallen darunter nur wenige Regionen in den neuen Bundesländer.

2.1.2 Auswirkung für NRW

Grundsätzlich gelten alle oben für Deutschland besprochenen Punkte auch für NRW. Auf die Bereiche, in denen es Besonderheiten gibt, wird im Folgenden separat eingegangen.

Für NRW hat der Außenhandel mit den Beitrittsstaaten besondere Bedeutung. Im Zeitraum von 1997-2002 erhöhte sich der Umfang der Exporte NRWs in diese Region um 50% auf 9,0 Mrd. Euro, während die Importe Mittel- und Osteuropa um knapp 60% auf 9,1 Mrd. Euro stiegen.[29] Damit haben die zehn Beitrittsländer für NRW mit einem Handelsvolumen von 18,1 Mrd. Euro inzwischen erheblich mehr Gewicht als die Vereinigten Staaten (13,4 Mrd. Euro). Auch in den Bereichen, in die besonders viele deutsche Direktinvestitionen geflossen sind, nämlich Energie- und Wasserversorger, Verkehr und Telekommunikation, ist die nordrhein-westfälische Wirtschaft überaus stark vertreten. Somit ergeben sich hier besondere Wachstumspotenziale, obwohl in diesem Zusammenhang auch oder gerade gilt, dass es schon zu den oben beschriebenen Vorwegnahmeeffekten gekommen ist. Ob die verbleibenden Wachstumswirkungen die schrumpfenden Bereiche der NRW-Wirtschaft insgesamt überkompensieren können, bleibt abzuwarten.

Bei der Betrachtung von Chancen und Risiken für NRW wird deutlich, dass die regionalen Unterschiede innerhalb des Bundeslandes zu einem stark unterschiedlichen Chancen/Risikoportfolio führen. Der beschriebene Wettbewerbsdruck wird sich insbesondere auf die fertigungsintensiven Bereiche mit geringer Wertschöpfung (z.B. Stahl, Textil, Holz- und Metallverarbeitung) auswirken, die vermehrt im Ruhrgebiet beheimatet sind. Die Bereiche mit hoher Wertschöpfung, hohem Know-how und großem Dienstleistungsanteil sind dagegen hauptsächlich entlang der Rheinschiene ansässig (z.B. chemische Industrie, Handel und Telekommunikation).

Zugespitzt wird diese Entwicklung durch die geplanten neuen Kriterien für die Strukturförderung. In vielen Gegenden des Ruhrgebiets sind wesentliche Aufgaben des Strukturwandels noch nicht vollzogen. Diese Gebiete werden allerdings nicht mehr unter die

---

27 Vgl. Landesregierung Nordrhein-Westfalen: Folgen der EU-Erweiterung für Nordrhein-Westfalen. Landtag NRW, Drucksache 13/3701. S. 28
28 Vgl. Gerken, Lüder/Schick, Gerhard/Holtz, Marco: Europa vor der Wahl II. Weiterentwicklung der föderalen Ordnung. Stiftung Marktwirtschaft Frankfurter Institut Nr. 85, April 2004. S. 11
29 Vgl. Ministerium für Arbeit und Wirtschaft NRW: EU-Osterweiterung birgt für die mittelständische Wirtschaft in NRW große Chancen, http://www.nrw-export.de/export/1072.asp; Stand 27.06.2004

neue Grenze von 75% des BIP pro Kopf fallen. Ab 2006 würde damit die Ziel-II-Förderung, die bisher Strukturhilfen in Milliardenhöhe brachte, entfallen.[30]

2.1.3 Anpassungs- und Reformbedarf

Damit die Chancen der EU-Osterweiterung genutzt werden können, sollten die Unternehmen in NRW zuerst eine Matchingstrategie verfolgen. Man sollte die Exportstärke, den hohen Entwicklungsstand der eigenen Verfahren und Prozesse und die zunehmende Stabilität der Absatzmärkte für zusätzliches Wachstum nutzen. Dafür reicht es nicht aus, sich auf die eigene Größe in NRW zu konzentrieren, wie es in der Vergangenheit zu oft getan wurde.[31] Vielmehr ist es notwendig, eine stärkere internationale Ausrichtung anzustreben. Dies gilt auch oder besonders für kleine und mittelständische Unternehmen.

Um die Schwäche der hohen Arbeitskosten auszugleichen, sollten im Rahmen einer Neutralisierungsstrategie als erstes die „stillen Reserven" im deutschen Arbeitsmarkt gehoben werden. Auch ohne Lohnsenkung können durch eine erhöhte Wochenarbeitszeit und reduzierte Urlaubstage wesentliche Produktivitätsverbesserungen erreicht werden. Die Maßnahmen müssen kombiniert werden mit erhöhter Flexibilität. Solche Regelungen sind an betriebsspezifische Bedingungen anzupassen und folglich auch betriebsspezifisch zu vereinbaren. Die daraus folgenden Produktivitätsfortschritte sichern nicht nur bestehende Arbeitsplätze, sondern eröffnen auch für Arbeitssuchende neue Beschäftigungsperspektiven, da es für Unternehmen immer attraktiver wird Mitarbeiter einzustellen.

Eine derartige Flexibilisierungsoffensive lässt sich etwa mit dem Konzept einer so genannten Modellregion verwirklichen, in der es erlaubt ist, das Bundesrecht flexibel anzuwenden. Anwendungsgebiete dafür wären neben den Flexibilisierungen im Arbeitsrecht auch die Straffung der Planungszeiten bei Bauprojekten und die Senkung kommunaler Steuersätze.[32] Modellregionen können durch Deregulierung und Bürokratieabbau außerdem einen Beitrag zur Reduzierung der Staatsquote leisten. Insbesondere in Gebieten mit einem besonders hohen Risiko, wie es für das Ruhrgebiet zutrifft, empfiehlt sich die Einrichtung von Modellregionen.

Positiv wenden lässt sich auch der Wegfall von EU-Fördermitteln. Statt die regionalen Kräfte auf den Wettlauf um Subventionen mit all seinen negativen Begleiterscheinungen (Prestigeobjekte, Gießkannenprinzip, Mitnahmeeffekte) zu konzentrieren, können sie künftig im Sinne einer Umwandlungsstrategie für den Ausbau der eigenen Wettbewerbsvorteile und die Ausschöpfung regionaler Kooperationsvorteile gezielter genutzt werden. Fortan deutlich reduzierte Fördermaßnahmen sollten nur sehr gezielt und zur Unterstützung von Eigeninitiative eingesetzt werden. Eine zukünftige Förderung muss eingebettet sein in Aufbau und Verstärkung von regionalen Clustern, wie beispielsweise für die Bereiche Energie, Chemie, Maschinenbau, Gen- und Biotechnologie oder Logistik. Die wissenschaftlichen Institute und Forschungseinrichtungen, die im nächsten Kapitel besprochen werden, sollten in solche Cluster schwerpunktmäßig integriert werden.

---

30 Vgl. Müller, Angelika et al.: Perspektiven europäischer Strukturpolitik nach 2006. Reformbedarf und Konsequenzen für Nordrhein-Westfalen. Projektbericht des Instituts für Arbeit und Technik. Gelsenkirchen, 2002. S. 62
31 Vgl. Jakoby, Herbert: Wirtschaftsstandort NRW – ein starker Partner in Europa. In: Giakoumis, Pantaleon (Hrsg.): NRW im Wettbewerb der Regionen in der EU. Aachen, 1999. S. 39
32 Vgl. Papke, Gerhard: Ruhrgebiet muss zur Modellregion für NRW werden, http://www.gerhard-papke.de/content/presse/land/150604.html; Stand 01.07.2004

2.2 Bildung, Wissenschaft und Technologie

Bei der Analyse des Wissenschaftsstandortes werden primär öffentliche Einrichtungen wie Universitäten und Forschungsinstitute betrachtet. Das Forschungsklima und die Innovationskraft einer Region haben dabei durch direkte Forschungskooperationen und die Übernahme von Universitäts-Absolventen auch Auswirkungen auf die in der Region ansässigen Wirtschaftsunternehmen und deren Forschungsaktivitäten.

2.2.1 SWOT-Analyse für Bildung, Wissenschaft und Technologie

Die deutsche Wissenschafts- und Forschungslandschaft zeichnet sich durch eine Vielzahl an Hochschulen (Universitäten, Pädagogische Hochschulen, allgemeine Fachhochschulen und Kunsthochschulen) und Forschungsinstituten (Frauenhofer-Gesellschaft, Max-Planck-Gesellschaft, Helmholtz-Gemeinschaft, Leibnitz Gemeinschaft, Stiftung caesar, sowie Bundes- und Landeseinrichtungen) aus. Diese Einrichtungen haben, speziell im Vergleich zu Osteuropa, eine leistungsfähige Infrastruktur an Bibliotheken und Gebäuden. Insgesamt kann sich das deutsche Bildungs- und Forschungswesen international eines guten Images erfreuen.

Abb. 5: SWOT-Analyse Bildung, Wissenschaft und Technologie

Stärken	Schwächen
• Vielfältige und dichte Hochschullandschaft • Leistungsfähige Infrastruktur (Bibliotheken, Gebäude, etc...) • Gutes Image	• Unterentwickeltes Hochschulmarketing • Verbesserungswürdige internationale Wettbewerbsfähigkeit • Unzureichende Autonomie • Sprachbarrieren
Chancen	**Risiken**
• Steigende Nachfrage und Nachholbedarf • Steigende Mobilität der Nachfrage • Wachsende Bedeutung von Wissenschafts- und Forschungseinrichtungen für das wirtschaftliche Wachstum der Region	• Zunehmender globaler Wettbewerb von wissenschaftlichen Leistungen • Moderne Kommunikationsmittel erlauben standortunabhängige Bildungsvermittllung • Veränderte Nachfrage durch demographische Entwicklung • Weltweiter Wettbewerb um die besten Köpfe

Quelle: eigene Erhebung

Eine Schwäche im globalen Bildungswettbewerb, insbesondere gegenüber dem angloamerikanischen Raum, ist neben einem unterentwickelten Hochschulmarketing vor allem die mangelnde Autonomie der Hochschulen. Diese wiegt besonders schwer in Finanzierungsfragen. Während staatliche und private Ausgaben für Hochschulen in Deutschland 1% des BIP ausmachen, ist es beispielsweise in den USA und Kanada das Dreifache.[33] Betrachtet

---

33 Vgl. Institut der deutschen Wirtschaft Köln: Standort Deutschland. Ein internationaler Vergleich. Köln, 2004. S. 32

man die schulische Ausbildung, so ist die Wettbewerbsfähigkeit Deutschlands im internationalen Vergleich allerdings bereits heute deutlich zurückgefallen. Die Bundesrepublik liegt in der Gesamtwertung der PISA-Studie, die die Kompetenzen von 15-Jährigen in den Bereichen Lesen, Mathematik und Naturwissenschaften beurteilt, unter dem OECD-Durchschnitt.[34] Die Ergebnisse der IGLU-Studie, die die Leistungen von Grundschülern in den Bereichen Lesen und Mathematik untersucht, fallen für Deutschland relativ gesehen zwar besser aus, trotzdem liegen aber auch hier die Gesamtergebnisse für den Bereich Lesen unter dem Durchschnitt der so genannten Vergleichsgruppe 1, die z.B. Länder wie England, Frankreich, Griechenland oder Italien beinhaltet.[35] Auch in den Mathematikleistungen schneidet Deutschland im Vergleich zu wirtschaftlich weniger entwickelten Ländern wie Tschechien oder Slowenien schwächer ab.[36]

Als Chance zu werten ist, dass die Nachfrage und die Mobilität der Nachfrage in den letzten Jahren erheblich gestiegen sind und noch weiter zunehmen werden. Die neuen Beitrittsländer gehören damit durch die geographische Nähe zum direkten Adressatenkreis, den die Bildungs- und Wissenschaftseinrichtungen ansprechen können. Die Risiken liegen darin, dass Deutschland nicht das einzige Land ist, das seine wissenschaftlichen Leistungen weltweit anbietet. Der Wettbewerb in diesem Bereich wird in den nächsten Jahren erheblich zunehmen. Diese Entwicklung wird begleitet von einer veränderten Nachfrage durch die demographische Entwicklung. Die Anzahl der Schulabsolventen wird zurückgehen und kann damit zu einer Unterauslastung der Universitäten führen. Dem entgegen könnte die Nachfrage nach Seniorenbildung zunehmen, was jedoch wiederum ein spezifisch abgestimmtes Angebot erfordert. Parallel hierzu wird sich der Wettbewerb um die besten Köpfe weiter verschärfen.

2.2.2 Auswirkung für NRW

NRW besitzt mit 58 Hochschulen und mehr als 500.000 Studenten die dichteste Hochschullandschaft in Europa.[37] Mittlerweile wurden in Nordrhein-Westfalen ca. 450 Bachelor- und Masterstudiengänge eingeführt, was bereits einem Anteil von 21% aller Studiengänge in NRW entspricht.[38]. NRW weist hier, bezogen auf die Dichte des Hochschulnetzes und die Internationalität, im Bundesvergleich Stärken auf.

Besondere Schwächen zeigt NRW allerdings im schulischen Bereich. Hier schnitt NRW nicht nur international unterdurchschnittlich ab, sondern liegt auch im innerdeutschen Vergleich im unteren Drittel (vgl. Abb. 6).

---

34 Vgl. Stanat, Petra et al. (Hrsg.): PISA 2000: Die Studie im Überblick. Grundlagen, Methoden und Ergebnisse. Max-Planck-Institut für Bildungsforschung. Berlin, 2002. S. 8
35 Vgl. Bos, Wilfried et al.(Hrsg.): IGLU. Abbildungen und Tabellen zur Pressekonferenz am 28.01.2004. S. 8, http://www.erzwiss.uni-hamburg.de/IGLU/LV-Tab-u-Abb.pdf; Stand: 01.07.2004
36 Vgl. ebd. S. 20
37 Vgl. Ministerium für Schule, Jugend und Kinder des Landes Nordrhein-Westfalen: Stand: 26.06.2004, http://www.bildungsportal.nrw.de/BP/Wissenschaft/index.html, Stand: 26.06.2004
38 Im Bundesdurchschnitt sind es lediglich 10%. Vgl. Landesregierung Nordrhein-Westfalen: Folgen der EU-Erweiterung für Nordrhein-Westfalen. Landtag NRW, Drucksache 13/3701. S. 53

Abb. 6: Pisa-Studie: Bundesländer im nationalen und
internationalen Vergleich

Lesen			Mathematik			Naturwissenschaften		
Länder	Mittelwerte (Standardfehler in Klammern)	Spannbreite*	Länder	Mittelwerte (Standardfehler in Klammern)	Spannbreite*	Länder	Mittelwerte (Standardfehler in Klammern)	Spannbreite*
Finnland	546 (2,6)	291	Japan	557 (5,5)	286	Korea	552 (2,7)	263
Kanada	534 (1,6)	310	Korea	547 (2,8)	276	Japan	550 (5,5)	297
Neuseeland	529 (2,8)	355	Neuseeland	537 (3,1)	325	Finnland	538 (2,5)	283
Australien	528 (3,5)	331	Finnland	536 (2,2)	264	Vereinigtes Königreich	532 (2,7)	321
Irland	527 (3,2)	309	Australien	533 (3,5)	299	Kanada	529 (1,6)	290
Korea	525 (2,4)	227	Kanada	533 (1,4)	278	Neuseeland	528 (2,4)	326
Vereinigtes Königreich	523 (2,6)	330	Schweiz	529 (4,4)	329	Australien	528 (3,5)	307
Japan	522 (5,2)	284	Vereinigtes Königreich	529 (2,5)	302	Österreich	519 (2,6)	296
Schweden	516 (2,2)	304	Belgien	520 (3,9)	350	Irland	513 (3,2)	300
Bayern	510 (4,0)	339	Frankreich	517 (2,7)	292	Schweden	512 (2,5)	303
Österreich	507 (2,4)	307	Bayern	516 (4,2)	337	Tschechische Republik	511 (2,4)	308
Belgien	507 (3,6)	351	Österreich	515 (2,5)	306	Bayern	508 (4,4)	334
Island	507 (1,5)	302	Dänemark	514 (2,4)	283	Baden-Württemberg	505 (4,7)	358
Norwegen	505 (2,8)	340	Island	514 (2,3)	277	Frankreich	500 (3,2)	334
Frankreich	505 (3,6)	301	Liechtenstein	514 (7,0)	322	Norwegen	500 (2,8)	311
Vereinigte Staaten	504 (7,0)	349	Baden-Württemberg	512 (4,6)	338	Vereinigte Staaten	499 (7,3)	328
Baden-Württemberg	500 (5,5)	368	Schweden	510 (2,5)	309	Sachsen	499 (5,1)	335
Dänemark	497 (2,7)	319	Irland	503 (2,7)	273	Ungarn	496 (4,2)	331
Schweiz	494 (4,2)	335	Sachsen	501 (4,3)	322	Island	496 (2,2)	284
Spanien	493 (2,7)	276	Norwegen	499 (2,8)	303	Belgien	496 (4,3)	364
Tschechische Republik	492 (2,4)	318	Tschechische Republik	498 (2,8)	320	Schweiz	496 (4,4)	324
Sachsen	491 (5,0)	347	Vereinigte Staaten	493 (7,6)	325	Thüringen	495 (5,3)	324
Italien	487 (2,9)	297	Thüringen	493 (6,0)	315	Spanien	491 (3,0)	310
Rheinland-Pfalz	485 (6,6)	357	Schleswig-Holstein	490 (3,8)	349	Rheinland-Pfalz	489 (7,9)	356
Saarland	484 (2,4)	352	Deutschland	490 (2,5)	338	Deutschland	487 (2,4)	335
Deutschland	484 (2,5)	366	Ungarn	488 (4,0)	321	Schleswig-Holstein	486 (3,6)	354
Liechtenstein	483 (4,1)	316	Rheinland-Pfalz	488 (6,5)	354	Saarland	485 (2,9)	337
Thüringen	482 (7,0)	344	Saarland	487 (2,7)	348	Polen	483 (5,1)	313
Nordrhein-Westfalen	482 (2,6)	384	Hessen	486 (5,6)	351	Hessen	481 (4,7)	336
Ungarn	480 (4,0)	306	Mecklenburg-Vorpommern	484 (5,0)	320	Dänemark	481 (2,8)	335
Polen	479 (4,5)	326	Nordrhein-Westfalen	480 (3,8)	354	Mecklenburg-Vorpommern	478 (6,4)	340
Schleswig-Holstein	478 (4,2)	365	Niedersachsen	478 (3,4)	332	Nordrhein-Westfalen	478 (3,3)	169
Hessen	476 (6,6)	365	Russische Föderation	478 (5,5)	343	Italien	478 (3,1)	318
Niedersachsen	474 (4,9)	374	Sachsen-Anhalt	477 (4,6)	306	Liechtenstein	476 (7,1)	315
Griechenland	474 (5,0)	321	Spanien	476 (3,1)	298	Niedersachsen	476 (3,7)	352
Portugal	470 (4,5)	320	Brandenburg	472 (5,0)	304	Sachsen-Anhalt	471 (5,9)	334
Mecklenburg-Vorpommern	467 (5,9)	350	Polen	470 (5,5)	336	Brandenburg	470 (4,9)	324
Russische Föderation	462 (4,2)	303	Lettland	463 (4,5)	337	Bremen	461 (5,6)	368
Brandenburg	459 (6,3)	338	Italien	457 (2,9)	299	Griechenland	461 (4,9)	316
Lettland	458 (5,3)	334	Portugal	454 (4,1)	299	Russische Föderation	460 (4,7)	327
Sachsen-Anhalt	455 (5,9)	354	Bremen	452 (5,2)	368	Lettland	460 (5,6)	321
Bremen	448 (4,1)	377	Griechenland	447 (5,6)	357	Portugal	459 (4,0)	287
Luxemburg	441 (1,6)	324	Luxemburg	446 (2,0)	307	Luxemburg	443 (2,3)	315
Mexiko	422 (3,3)	281	Mexiko	387 (3,4)	273	Mexiko	422 (3,2)	251
Brasilien	396 (3,1)	284	Brasilien	334 (3,7)	320	Brasilien	375 (3,3)	301

* Abstand zwischen den Leistungen der 5 % leistungsschwächsten und 5 % leistungsstärksten Schülerinnen und Schüler.

☐ Leistungen signifikant über dem OECD-Mittelwert   ☐ Leistungen unterscheiden sich nicht signifikant vom OECD-Mittelwert   ■ Leistungen signifikant unter dem OECD-Mittelwert

Quelle: Stanat, Petra et al. (Hrsg.): PISA 2000: Die Studie im Überblick. Grundlagen, Methoden und Ergebnisse. Max-Planck-Institut für Bildungsforschung. Berlin, 2002. S. 16

Die PISA- und IGLU-Studien deckten außerdem auf, dass gerade Schüler mit Integrationshintergrund in Deutschland allgemein aber verstärkt auch in NRW einen Leistungsnachteil zeigen.[39]

---

39 Vgl. Baumert, Jürgen et al. (Hrsg.): PISA 2000. Ein differenzierter Blick auf die Länder der Bundesrepublik Deutschland. Zusammenfassung zentraler Befunde. Max-Planck-Institut für Bildungsforschung. Berlin, 2003. S. 54; Bos, Wilfried et al.(Hrsg.): IGLU. Abbildungen und Tabellen zur Pressekonferenz am 28.01.2004. S. 26; http://www.erzwiss.uni-hamburg.de/IGLU/LV-Tab-u-Abb.pdf; Stand: 01.07.2004

Chancen für NRW entstehen durch die zunehmende Bedeutung von Wissenschafts- und Forschungseinrichtungen für das Wachstum der Region, was in einigen Bereichen in NRW bereits erkannt und umgesetzt wird.[40] Deutsche Regionen haben im internationalen Wettbewerb auch gegen die neuen Mitgliedstaaten gute Chancen für die Neuansiedlung von Forschungszentren, wie das Beispiel des Global Research Center von General Electric in Bayern zeigt.[41] Gerade NRW mit seiner Wirtschaftskraft hat hier besondere Chancen, über Forschungskooperationen Entwicklungen auch schnell in marktfähige Produkte umzuwandeln. Das größte Risiko für den Wissenschafts- und Forschungsstandort NRW liegt darin, im Wettbewerb um die besten Köpfe an Konkurrenzfähigkeit zu verlieren.

2.2.3 Anpassungs- und Reformbedarf

Um im Wege einer Neutralisierungsstrategie die Schwächen gegenüber den Wettbewerbern auszugleichen, ist es unbedingt notwendig, die Autonomie und den finanziellen Spielraum der Wissenschafts- und Forschungseinrichtungen zu stärken. Dazu gehört auch, dass den Hochschulen die Möglichkeit eröffnet wird, die Studierenden selbst auswählen und Studiengebühren in eigener Regie erheben zu können, wie es auch die Hochschul-Rektoren-Konferenz seit einiger Zeit fordert.[42] Nur durch mehr Wettbewerb zwischen den Hochschulen und eine stärkere internationale Ausrichtung, z.B. durch zweisprachige Lehrangebote, Partnerprogramme mit Hochschulen im Ausland und die Einführung von Credit-Point-Systemen (im Rahmen von ECTS), können die bisherigen Stärken verteidigt und ausgebaut werden. Letztendlich darf auch nicht versäumt werden, erreichte Leistungen werbewirksam im In- und Ausland zu vermarkten.

Ebenso sind im schulischen Bereich sind mehr Freiraum für Budget- und Personalverantwortung wünschenswert. Im Rahmen einer Umwandlungsstrategie sollten hier Maßnahmen ergriffen werden, die den Erhalt des internationalen Qualifikations- und Innovationsvorsprungs ermöglichen. Dieser ist bei der derzeitigen Behandlung des Rohstoffs Bildung im Schulbereich akut gefährdet und mit ihm auch das hohe Niveau von Löhnen und Gehältern in Deutschland. Der Erhalt des jetzigen Levels ist nur über gezielte Investition in Bildung möglich. Die Maßnahmen für eine Umwandlungsstrategie müssen dabei bereits im Kindergarten ansetzen, in dem Kinder spielerisch auf den Unterricht vorbereitet werden. Die erste Fremdsprache könnte bereits ab der ersten und eine zweite Fremdsprache ab der dritten Klasse gelehrt werden, um die Internationalität der Ausbildung zu verbessern. Des Weiteren sind Kennzahlen wie Klassengrößen, Schüler/Lehrerrelation und Unterrichtsausfall zu optimieren.

Schließlich können im Rahmen einer Matchingstrategie die wirtschaftlichen mit den wissenschaftlichen und technologischen Stärken und Chancen über gemeinsame Projekte, Kooperationen und Sponsoring verbunden werden.[43] In Kombination mit den oben erwähnten Clustern sind Schwerpunktbildungen, z.B. bei Stammzellen- oder Neutronenforschung, anzustreben. Die Bedeutung des Technologietransfers für die Sicherung künftiger

---

40 Vgl. Koll, Robert et al.: Die Bedeutung der Transformationsstaaten für den Standort Nordrhein-Westfalen – eine Analyse der Chancen und Risiken. Ifo Studien zur Regional- und Stadtökonomie 11. München, 1998. S. 63; und Pinkwart, Andreas: Die Einbindung von Hochschulen in regionale Gründungsnetzwerke. In: Heinze, Rolf G./Schulte, Frank (Hrsg.): Unternehmensgründungen. Wiesbaden, 2002. S. 184ff.
41 Vgl. Bayrische Staatskanzlei: Pressemitteilung zur Einweihung des GE Forschungszentrums in Garching, http://www.bayern.de/Presse-Info/PM/2004/Forschungszentrum_Stoiber_040621.htm; Stand: 21.06.2004
42 Vgl. Hochschul-Rektoren-Konferenz (HRK): Studiengebühren als Option für autonome Hochschulen. Vorschlag für die Eckpunkte einer Modellgestaltung. Oktober 2001
43 Vgl. Pinkwart, Andreas: Campus Companies zur Förderung innovativer Gründungen aus der Hochschule. In: BfuP, Heft 4, 2002. S. 339 ff.

Wertschöpfung erstreckt sich dabei nicht nur auf bestehende Unternehmen, sondern in wachsendem Maße auch auf die Förderung innovativer Gründungsunternehmen, die besonders für strukturschwächere Regionen eine Chance darstellen.[44]

2.3 Verkehr

Unter dem Oberbegriff Verkehr werden nachfolgend zum einen die Verkehrsinfrastruktur und zum anderen ihre Auswirkung auf die wirtschaftlichen Aktivitäten im Land bzw. der Region diskutiert.

2.3.1 SWOT-Analyse für den Verkehr

Mit der EU-Osterweiterung rückt Deutschland in das geographische Zentrum der EU. Dabei profitiert es von der verknüpften und im internationalen Vergleich sehr gut ausgebauten Verkehrsinfrastruktur von Straßen, Schienen, Flug- und Wasserwegen. Je 1.000 Quadratkilometer Fläche gibt es in Deutschland 32 Autobahnkilometer. In Österreich sind es 19, in Tschechien 6, in Ungarn 5 und in Polen nur 1 Kilometer.[45]

Abb. 7: SWOT-Analyse Verkehr

Stärken	Schwächen
• Geographische Lage • Verknüpfte Verkehrsinfrastruktur • Hohe Flughafendichte • Spezifische Logistikkompetenz	• Hohe Staatsverschuldung • Einseitige Finanzierungsquelle • Bereits heute hohes Verkehrsaufkommen und Stauproblematik • Akzeptanzprobleme der Verkehrsbelastung
Chancen	**Risiken**
• Wachsende Verkehrs- und Transportmengen • Einbindung in integriertes europäisches Netz • Effizienzgewinne durch größeres Netz	• Erhöhte Störanfälligkeit des Systems • Verkehrsströme entwickeln sich an bestimmten Regionen vorbei

Quelle: eigene Erhebung

---

44 Vgl. Pinkwart, Andreas/Heinemann, Daniel: Bedeutung des Technologietransfers für innovative Start-ups. In: Achleitner, Ann-Kristin et al. (Hrsg.): Jahrbuch Entrepreneurship 2003/04. Gründungsforschung und Gründungsmanagement. Berlin, 2004. S. 271 ff.
45 Vgl. Institut der deutschen Wirtschaft Köln: Standort Deutschland. Ein internationaler Vergleich. Köln 2004. S. 24

Die Schwächen sind im bereits heute schon hohen Verkehrsaufkommen und der aktuellen Stauproblematik zu sehen.[46] Zudem kann das Verkehrsnetz in Deutschland in den meisten Bereichen nur auf die einseitige Finanzierungsquelle Staat bauen. Durch die hohe Staatsverschuldung sind damit nicht mehr Sinn oder Unsinn von Infrastrukturmaßnahmen ausschlaggebend, sondern finanzpolitische Budgetrestriktionen. Zudem treffen Verkehrsprojekte zunehmend auf Akzeptanzprobleme in der Bevölkerung, was deutliche Verzögerungen und Mehrkosten verursachen kann.

Als Chance ist die kontinuierliche Integration des europäischen Verkehrsnetzes zu sehen. Durch größere und zusammenhängende Netze können Effizienzgewinne realisiert werden, indem z.B. Wartezeiten beim Eintritt in ein neues Netz vermieden werden. Die Ziele und Maßnahmen zum Ausbau des gemeinsamen transeuropäischen Netzes hat die Europäische Union in der so genannten TEN-Richtlinie festgehalten. Mit dem Verkehr hängt auch immer wirtschaftliche Belebung zusammen.[47] Deshalb stellen die prognostizierten ansteigenden Verkehrs- und Transportmengen eine wirtschaftliche Chance dar. Nach Schätzungen der Bundesregierung werden die Verkehrsleistungen bis 2015 im Güterverkehr um 58% und im Personenverkehr um 20% wachsen.[48] Wesentliche Impulse kommen dabei aus der Integration Europas. Risiken sind dagegen eine zunehmende Störanfälligkeit des Systems in Folge zu geringer Investitionen sowie die Möglichkeit, dass sich Verkehrsströme an Regionen vorbeientwickeln, die derzeit besonders davon profitieren.

2.3.2 Auswirkung für NRW

Durch die geographische Lage hat der Transitverkehr für NRW eine noch wesentlich größere Bedeutung als für die Bundesrepublik insgesamt. NRW ist eine zentrale Ost-West-Achse. Aber auch die Nord-Süd-Verkehre werden durch die EU-Osterweiterung beeinflusst, wenn z.B. Nord- oder Ostseehäfen zur Verschiffung in die baltischen Republiken angefahren werden. Aufgrund der zentralen Verkehrslage wird NRW vom Verkehrsanstieg überproportional betroffen sein. Nach einer Studie der Vereinigung der europäischen Industrienationen (RETI) über die Auswirkung der EU-Osterweiterung kann NRW durch die zentrale Verkehrslage deutliche wirtschaftliche Vorteile erlangen.[49] Zur günstigen Verkehrsinfrastruktur gehört dabei auch der Hafen Duisburg, von dem aus mehr als jeder vierte Einwohner der EU binnen 24 Stunden zu erreichen ist. Insgesamt 11 277 Transport- und Logistikunternehmen sind in NRW ansässig, darunter so bedeutende Player wie Deutsche Post World Net, UPS, TNT, DB Cargo, Schenker und Fiege.[50]

2.3.3 Anpassungs- und Reformbedarf

Um NRWs Chancen im Herzen Europas nutzen zu können, bedarf es einer Matchingstrategie, mit der nachhaltig dafür gesorgt wird, dass die Stärken im Verkehrsbereich erhalten bleiben. Dafür ist eine zügige Umsetzung von Infrastrukturmaßnahmen wie die Lückenschlüsse und Ausbauten von A 1 (mit Vorbehalt besonderer naturschutzfachlicher Pla-

---

46 Vgl. Lamprecht, Peter: Mit Mut und Maut gegen Staus. In: Welt am Sonntag, http://www.wams.de/data/2004/02/29/244356.html; Stand: 28.06.2004
47 Vgl. Bundesverband des deutschen Groß- und Außenhandels: Willkommen im neuen Europa. Die Herausforderung der EU-Osterweiterung als Chance begreifen. April 2004. S. 15
48 Vgl. Bundesministerium für Verkehr, Bau- und Wohnungswesen: Verkehrsbericht 2000. Berlin, 2000
49 Vgl. Landesregierung Nordrhein-Westfalen: Folgen der EU-Erweiterung für Nordrhein-Westfalen. Landtag NRW, Drucksache 13/3701. S. 67
50 Vgl. Lamprecht, Peter: Mit Mut und Maut gegen Staus. In: Welt am Sonntag, http://www.wams.de/data/2004/02/29/244356.html; Stand: 28.06.2004

nung), A 4, A 30, A 33 und A 44 voranzutreiben. Berücksichtigt man die Bedeutung der Verkehrsinfrastruktur für NRW und dann wiederum die Bedeutung von NRW für die Bundesrepublik Deutschland, so müssen zum einen die 16% Landesanteil an den Fernstraßeninvestitionen des Bundes im Rahmen des Verkehrswegeplans und zum anderen die mangelnde Berücksichtigung von NRW in der TEN-Richtlinie zeitnah überarbeitet werden. Die immensen Einnahmeausfälle durch das katastrophale Management der Mauteinführung sorgen noch zusätzlich für Finanzierungsengpässe bei dringend benötigten Investitionen in die Verkehrsinfrastruktur. Im Rahmen einer Umwandlungsstrategie könnten einige Finanzierungsrisiken dadurch beseitigt werden, dass private Finanzierung für besonders notwendige Strecken erlaubt wird. Dies ist einerseits mit dem Recht zu verbinden, nutzungsspezifische Gebühren von den Verkehrsteilnehmern zu erheben. Andererseits bedarf der erhebliche Anstieg der steuerlichen Belastung des Individualverkehrs bei gleichzeitig rückläufigen öffentlichen Investitionen in die Verkehrsinfrastruktur einer kritischen Überprüfung.

Ein weiterer wichtiger Punkt im Rahmen der EU-Osterweiterung ist die Harmonisierung der Wettbewerbsbedingungen. Neben dem Arbeitskostenvorteil werden deutsche Speditionsunternehmer durch wesentlich höhere Steuern benachteiligt. Damit Logistikunternehmen in Deutschland und NRW eine Chance haben, im Wettbewerb mit osteuropäischen aber auch mit niederländischen Konkurrenten zu bestehen, könnte ein erster Schritt sein, den Mineralölsteuersatz auf den durchschnittlichen EU-Satz anzugleichen.[51]

2.4 Bevölkerungsentwicklung

In diesem Kapitel werden die Auswirkungen der Zuwanderung (Migration) und der Bevölkerungsentwicklung in Deutschland diskutiert. Diese Größen sind Querschnittsthemen und beeinflussen die bereits besprochenen Bereiche Wirtschaft, Wissenschaft und Verkehr über Angebot und Nachfrage von Ressourcen, Gütern und Leistungen.

2.4.1 Analyse der Bevölkerungsentwicklung und Zuwanderung

Mit dem Beitrittsvertrag ist eine Beschränkung der Arbeitnehmerfreizügigkeit vereinbart worden, die für Deutschland nach bisherigem Stand bis 2011 Bestand hat. Danach entfallen die Beschränkungen vollständig.[52] Das starke Einkommensgefälle zwischen Ost und West stellt einen wesentlichen Beweggrund zur Migration dar. Allerdings spielen auch andere Komponenten, z.B. Sprachbarrieren bei Wanderungsentscheidungen, eine große Rolle. Studien erwarten ein Potenzial ab Eintritt der Freizügigkeit von 100.000 – 200.000 Menschen pro Jahr.[53] Eine Reduzierung ist erst bei Verbesserung der wirtschaftlichen Lage in den Beitrittsländern zu erwarten. Als quantitativer Eckwert dafür gilt aus der Erfahrung der Süderweiterung mit Spanien und Portugal die Erreichung von 60-70% des durchschnittlichen EU-Wertes für das BIP pro Kopf.[54] Die Zuwanderer werden überwiegend junge Menschen mit einer relativ guten Ausbildung sein, was den Anforderungen des deutschen Ar-

---

51 Vgl. Bundesverband des deutschen Groß- und Außenhandels: Willkommen im neuen Europa. Die Herausforderung der EU-Osterweiterung als Chance begreifen. April, 2004. S. 16
52 Vgl. Dietz, Barbara: Ost-West-Migration nach Deutschland im Kontext der EU-Erweiterung, http://www.bpb.de/popup_druckversion.html; Stand: 22.06.2004
53 Vgl. Deutsche Bundesbank: Auswirkung der EU-Osterweiterung auf die deutsche Wirtschaft. Monatsbericht, Mai 2004. S. 16
54 Vgl. Nötzold, Jürgen: Migration in der sich erweiternden Europäischen Union. SWP-Studie. Berlin, 2001. S. 17

beitsmarktes entgegen kommt.⁵⁵ So kann in bestimmten Regionen dank Zuwanderung Fachkräftemangel gelindert werden.⁵⁶ Es ist allerdings auch nicht auszuschließen, dass es in geringqualifizierten Jobs zu erhöhtem Wettbewerb und Lohndruck kommen wird. Problematisch wird eine solche Entwicklung bei der Zuwanderung von überproportional Geringqualifizierten. Zum zeitpunkt der Einführung der Freizügigkeit nimmt die Erwerbsbevölkerung in Deutschland aufgrund der demographischen Entwicklung allerdings ab.⁵⁷ Ein dauerhafter Lohndruck nach unten ist bei einer abnehmenden Erwerbsbevölkerung und sinkendem Arbeitsangebot nicht zu erwarten. Auch ist zu bedenken, dass eine abnehmende und alternde Gesellschaft der Wirtschaft geringere Wachstumsimpulse liefert. Problembereiche werden Konsumrückgang, Wohnungsleerstand, Fachkräftemangel, fehlende Innovation und fehlende Risikobereitschaft sein. Die Zuwanderung junger Menschen aus den neuen Beitrittsländern könnte diese Auswirkungen dämpfen. Allerdings stellt sich die demographische Entwicklung in Osteuropa selbst noch extremer dar als in Deutschland und Westeuropa.⁵⁸ Ein Risiko könnte auch ein übermäßiges Einwandern von Nicht-Erwerbstätigen darstellen, die ihren Einwanderungsanreiz aus dem vergleichsweise besser ausgestatteten Sozialsystem ziehen.⁵⁹

2.4.2 Auswirkung für NRW

NRW kann auf eine Tradition guter und geglückter Integrationsleistungen zurückblicken. Während der Industrialisierung und nach dem zweiten Weltkrieg wurden mehrere hunderttausend ost- und südeuropäischer Zuwanderer integriert. Auch zukünftig wird NRW auf Grund seiner wirtschaftlichen Bedeutung ein attraktives Gebiet für Zuwanderer sein. Aber ebenso in diesem Bereich gilt die bereits herausgearbeitete Differenzierung zwischen strukturell schwächer und stärker entwickelten Gebieten, wobei letztere unter wirtschaftlichen Aspekten potenziell attraktiver für Einwanderung sein werden. Dies würde den Trend der Bevölkerungsentwicklung in NRW noch ungünstiger verstärken, da gerade die strukturell benachteiligten Gegenden, insbesondere im Ruhrgebiet, vom Bevölkerungsrückgang betroffen sein werden.⁶⁰

2.4.3 Anpassungs- und Reformbedarf

Zuwanderung muss grundsätzlich als Chance und zukünftig auch als Notwendigkeit für weiteres Wachstum betrachtet werden. Eine Abriegelung des Arbeitsmarktes ist bei freiem Kapitalverkehr keine Lösung, da sonst Investitionen abwandern. Dies hätte zur Folge, dass Beschäftigung in Deutschland bei einem geringeren Kapitalstock stattfinden würde, was nur bei niedrigeren Löhnen möglich ist. Ungeregelte Zuwanderung, wie sie in Deutschland in den letzten Jahrzehnten praktiziert wurde, ist allerdings kontraproduktiv. Sie führt zu den bereits beschriebenen negativen Effekten. Stattdessen wird vorgeschlagen, dass Regionen

---

55 Vgl. ebd. S. 13
56 Vgl. Bundesverband mittelständische Wirtschaft (BVMV): BVMV Report. Nr.3, 2004. S. 1
57 Vgl. Deutschland 2020 – die demographische Zukunft der Nation, Studie des Berlin-Institut für Weltbevölkerung und globale Entwicklung, Beiheft Geo, Nr. 5, 2004
58 Vgl. Deutsche Bundesbank: Auswirkung der EU-Osterweiterung auf die deutsche Wirtschaft. Monatsbericht, Mai 2004. S. 21
59 Vgl. Sinn, Hans-Werner interviewt in: Einwanderungswelle osteuropäischer Sozialhilfe-Empfänger befürchtet. In: Süddeutsche Zeitung: http://www.sueddeutsche.de/wirtschaft/artikel/481/32449/; Stand: 01.07.2004
60 Vgl. Deutschland 2020 – die demographische Zukunft der Nation, Studie des Berlin-Institut für Weltbevölkerung und globale Entwicklung, Beiheft Geo, Nr. 5, 2004

klare Signale nach außen senden sollten, welche Möglichkeiten den Zuwanderern offen stehen und was dafür von ihnen erwartet wird. Die Idee dabei ist, dass solche Signale eine gewisse Leistungserwartung ausdrücken, wie in Anstellungsverträgen mit hohem leistungsabhängigen Vergütungsanteil. Wählen Arbeitnehmer diese Vertragsform, so haben sie sich durch Selbstselektion als leistungsbereit zu erkennen gegeben. Analog muss ein Land diese Signale aussenden, wie es z.B. Amerika mit der Philosophie „vom Tellerwäscher zum Millionär" seit Jahrzehnten erfolgreich tut. Nicht die Höhe garantierter Sozialleistungen darf also entscheidend für den Entschluss sein nach Deutschland zu gehen, sondern die Chance, sich in einer freien und demokratischen Gesellschaft Wohlstand zu erarbeiten. Dazu gehört selbstverständlich auch, dass unsere Steuer- und Sozialsysteme leistungsbereite Menschen nicht höher belasten dürfen als in anderen Ländern auch. Für die Regionen in Deutschland würde eine signalorientierte Philosophie einen erheblichen Umstellungsprozess bedeuten. Man wird sich, nicht zuletzt auch durch Imagekampagnen und wesentlich verbesserte Integrationsbetreuung vor Ort, im Wettbewerb mit anderen Ländern und Regionen intensiv um die leistungsbereitesten und bestausgebildetsten Zuwanderer bemühen müssen. An dieser Stelle sei angemerkt, dass Zuwanderung auf keinen Fall die Probleme fehlkonstruierter und an demographische Entwicklungen gekoppelter Sozialsysteme lösen kann. Sie kann höchstens den Umstellungsprozess von umlagefinanzierten zu kapitalgedeckten Systemen unterstützen.

3. Perspektiven für die zukünftige Entwicklung NRWs in Europa

In diesem Beitrag wurden die Stärken und Schwächen sowie die Chancen und Risiken für NRW im Zusammenhang mit der EU-Osterweiterung analysiert. Zusammenfassend kann dabei festgestellt werden, dass NRW aufgrund seiner besonderen geographischen Lage, verbunden mit einer exportstarken Industrie, einer dichten Wissenschaftslandschaft und einem eng verknüpften Verkehrsnetz solide Stärken besitzt. Die Schwächen liegen im wesentlichen in den hohen Arbeitskosten, der hohen Steuerbelastung und Staatsverschuldung und der negativen Entwicklung der letzten Jahre. Die Chancen liegen in Wachstumspotenzialen durch zunehmende Nutzung der neuen Märkte für Absatz und Bezug, der Integration in ein erweitertes europäisches Verkehrsnetz und der stärkeren Einbindung von Wissenschaft und Forschung in regionale Wirtschaftscluster. Zusätzlich können Wachstumsimpulse durch junge und leistungsbereite Zuwanderer entstehen. Das Risiko besteht darin, dass NRW seinen Abwärtstrend der letzten Jahre fortsetzt und zunehmend an Wettbewerbsfähigkeit in Wirtschaft, Bildung und Wissenschaft gegenüber den Konkurrenten verliert.

Deutlich zeigt sich ein stark unterschiedliches Chancen/Risikoportfolio zwischen den Regionen mit Wachstumsbranchen und guter Wissenschafts- und Forschungsstruktur und Regionen, in denen der Strukturwandel zur globalen Informationsgesellschaft noch nicht hinreichend vollzogen wurde. Während es in einigen Landesteilen wie der Rheinschiene darum geht, die erreichte Wettbewerbsfähigkeit zu festigen und auszubauen, wiegen die Risiken etwa in Teilen des Ruhrgebiets schwerer. Wenngleich in allen Regionen ein zeitkritischer Anpassungs- und Reformbedarf auszumachen ist, sind in den strukturell benachteiligten Landesteilen, insbesondere im Ruhrgebiet, weitaus größere Anstrengungen und ein grundsätzliches Umdenken notwendig, um die Versäumnisse der Vergangenheit nachzuholen und in einer noch wettbewerbsintensiveren EU ohne Fördermittel aus Brüssel zu bestehen.

Folgender Anpassungs- und Reformbedarf ist für NRW auszumachen:
- Die Qualität der schulischen Bildung und der Integrationsanstrengungen für die Schüler ausländischer Herkunft muss grundlegend verbessert werden. Dafür sind erhöhte

Investitionen in das Bildungssystem ebenso notwendig wie höhere Qualitätsstandards, z.B. durch die Einführung einer Unterrichtsgarantie. Zusätzlich sollte, bezogen auf die Exportfähigkeit der nordrhein-westfälischen Wirtschaft, die Internationalität der Grundschulausbildung verbessert werden.
- Die Unternehmen müssen sich verstärkt einem internationalen Wettbewerb stellen und sich dementsprechend international engagieren.
- Auf dem Arbeitsmarkt sind, ohne dass zwangsläufig die Löhne gesenkt werden müssen, „stille Reserven" zu heben, in dem die Arbeitszeit verlängert und flexibilisiert, der Urlaub reduziert und betriebsindividuelle Lösungen ermöglicht werden.
- Dem Wegfall von Fördermitteln in strukturschwachen Gebieten muss mit vorbehaltsloser Hinterfragung des Status Quo begegnet werden. Weitere Förderung sollte nur entlang schwerpunktmäßiger Cluster erfolgen. Modellregionen, in denen Bundesrecht flexibel ausgelegt werden darf, können den Transformationsprozess unterstützen.
- Den Wissenschafts- und Forschungseinrichtungen sollte mehr Autonomie und die Möglichkeit zur Erhebung von Studiengebühren gewährt werden. Durch zunehmende Internationalisierung und Kooperation mit der Wirtschaft kann NRW ein international attraktiver Wissenschaftsstandort werden und positive Wachstumseffekte für die Region realisieren.
- Die Verkehrsinfrastruktur ist zügig an die neuen Herausforderungen anzupassen. Wenn angebracht, auch durch private Finanzierung. Für Logistikunternehmen müssen auf europäischer Ebene die Wettbewerbsbedingungen harmonisiert werden.
- Geregelte Zuwanderung von jungen und gut ausgebildeten Menschen aus Osteuropa sollte als Chance begriffen werden, insbesondere mit Blick auf die demographische Entwicklung. Die Regionen sollten dabei klare Signale senden, um gezielt gewünschte Zuwanderung zu realisieren.

Es ist also ein nicht unerheblicher Veränderungsbedarf notwendig, um für die Herausforderungen der EU-Osterweiterung gewappnet zu sein. Werden diese Anpassungen nicht vorgenommen, kann es zu einer nachhaltigen negativen Entwicklung für NRW und Deutschland kommen, denn Kapital ist ein scheues Reh und läuft zum besten Wirt. Von Managern einer Aktiengesellschaft wird in solchen Situationen erwartet, dass sie Chancen und Risiken der Gesellschaft ausgewogen managen. Dazu werden sie sogar mit dem Gesetz zur Kontrolle und Transparenz im Unternehmensbereich (KonTraG) vom Staat verpflichtet. Die selbe Verpflichtung muss nun die Politik annehmen, denn sie hat die Verantwortung für alle Einwohner, betriebswirtschaftlich gesprochen Stakeholder, eines Landes. Es dürfen folglich keine bekannten Risiken ignoriert werden, um einen eingeschränkten Kreis von Begünstigten zu befriedigen. Genau das wäre aber der Fall, wenn am Status Quo der jetzigen Steuer-, Verwaltungs- und Sozialsysteme festgehalten würde. Eine derartige Politik ginge eindeutig zu Lasten der Stakeholder „Jugend" und „Arbeitssuchende". Der schlimmste Fall wäre, wenn man die Beitrittsländer zwingen würde, den deutschen Status Quo zu übernehmen. Damit würden die potenziellen Wachstumschancen auf beiden Seiten vollends verspielt.

Es zeigt sich also, dass die Osterweiterung der EU von Politik, Wirtschaft und Bevölkerung NRWs Veränderungsbereitschaft und Mut verlangt. Beides sind Eigenschaften, deren Besitz die Menschen in der Region in der langen Geschichte des Landes bereits oft unter Beweis gestellt haben. Der Lohn der Anstrengungen kann eine Region sein, die innerhalb von Europa an Lebensqualität und Wirtschaftskraft künftig wieder eine Spitzenposition einnimmt.

Literatur

A.T. Kearney: Die Fabrik des Jahres. Wie gut sind Deutschlands Fabriken? Düsseldorf, 2004

Baumert, Jürgen et al. (Hrsg.): PISA 2000. Ein differenzierter Blick auf die Länder der Bundesrepublik Deutschland. Zusammenfassung zentraler Befunde, Max-Planck-Institut für Bildungsforschung. Berlin, 2003

Bayrische Staatskanzlei: Pressemitteilung zur Einweihung des GE Forschungszentrums in Garching, http://www.bayern.de/Presse-Info/PM/2004/Forschungszentrum_Stoiber_040621.htm; Stand: 21.06.2004

Berck, Oliver: Die EU-Osterweiterung. Konsequenzen für die erforderlichen Reformprozesse in Deutschland und in den Beitrittsländern. Herbholzheim, 2003

Bos, Wilfried et al. (Hrsg.): IGLU. Abbildungen und Tabellen zur Pressekonferenz am 28.01.2004, http://www.erzwiss.uni-hamburg.de/IGLU/LV-Tab-u-Abb.pdf; Stand: 01.07.2004

Bundesministerium der Finanzen: Ökonomische Auswirkungen der EU-Erweiterung auf den Standort Deutschland, Monatsbericht 12, 2003

Bundesministerium für Verkehr, Bau- und Wohnungswesen: Verkehrsbericht 2000. Berlin, 2000

Bundesverband des deutschen Groß- und Außenhandels: Willkommen im neuen Europa. Die Herausforderung der EU-Osterweiterung als Chance begreifen. April 2004

Bundesverband mittelständische Wirtschaft (BVMV): BVMV Report, Nr.3, 2004

Deutsche Bundesbank: Auswirkung der EU-Osterweiterung auf die deutsche Wirtschaft. Monatsbericht, Mai 2004

Deutschland 2020 – die demographische Zukunft der Nation, Studie des Berlin-Institut für Weltbevölkerung und globale Entwicklung, Beiheft Geo, Nr. 5, 2004

Dietz, Barbara: Ost-West-Migration nach Deutschland im Kontext der EU-Erweiterung. http://www.bpb.de/popup_druckversion.html; Stand: 22.06.2004

EUROSTAT: New Cronos Database. http://europa.eu.int/comm/eurostat/; Stand: 26.06.2004

EUROSTAT: Statistics in Focus, Theme 2 – 17/2004. An overview of the Economies of the New Member States. Luxemburg, 2004

Franz, Klaus-Peter: Wege zum Erhalt von Arbeitsplätzen im Rahmen des Kostenmanagements. In: Kostenmanagement. Wertsteigerung durch systematische Kostensteuerung. Stuttgart, 2. Aufl., 2002. S. 415-426

Fröhlingsdorf, Michael et al.: Der Preis des neuen Europa. In: Spiegel-Online. http://www.spiegel.de/spiegel/0,1518,296866,00.html; Stand: 24.06.2004

Gerken, Lüder/Schick, Gerhard/Holtz, Marco: Europa vor der Wahl II. Weiterentwicklung der föderalen Ordnung. Stiftung Marktwirtschaft Frankfurter Institut Nr. 85, April 2004

Hochschul-Rektoren-Konferenz (HRK): Studiengebühren als Option für autonome Hochschulen. Vorschlag für die Eckpunkte einer Modellgestaltung. Oktober 2001

Homburg, Christian: Quantitative Betriebswirtschaftslehre: Entscheidungsunterstützung durch Modelle. Wiesbaden, 2. Aufl., 1998

Initiative Neue Soziale Marktwirtschaft: Spieglein, Spieglein, wer ist der Beste im ganzen Land? Die Bundesländer im Vergleich. Köln, 2. Aufl., 2003

Institut der deutschen Wirtschaft Köln: Mittel- und Osteuropa – Klarer Kostenvorteil. In: iwd-trends, Nr. 19, 2004

Institut der deutschen Wirtschaft Köln: Standort Deutschland. Ein internationaler Vergleich. Köln, 2004

Institute for Industrial Organization an der WHU: Markterschließung und Expansion in den EU-Beitrittsländern Mittel- und Osteuropas. Vallendar, 2003

Jakoby, Herbert: Wirtschaftsstandort NRW – ein starker Partner in Europa. In: Giakoumis, Pantaleon (Hrsg.): NRW im Wettbewerb der Regionen in der EU. Aachen, 1999. S. 27-40

Kersting, Martin: NRW in der Europäischen Union. In: Rinsche, Günter (Hrsg.): NRW – Zukunft in Europa. Mit neuer Kraft in das Europa des 21. Jahrhunderts. Hamm, 1995. S. 173-230

Koll, Robert et al.: Die Bedeutung der Transformationsstaaten für den Standort Nordrhein-Westfalen – eine Analyse der Chancen und Risiken. Ifo Studien zur Regional- und Stadtökonomie 11, München, 1998

Lamprecht, Peter: Mit Mut und Maut gegen Staus. In: Welt am Sonntag. http://www.wams.de/data/2004/02/29/244356.html; Stand: 28.06.2004

Landesregierung Nordrhein-Westfalen: Folgen der EU-Erweiterung für Nordrhein-Westfalen, Landtag NRW, Drucksache 13/3701

Ministerium für Arbeit und Wirtschaft NRW: EU-Osterweiterung birgt für die mittelständische Wirtschaft in NRW große Chancen. http://www.nrw-export.de/export/1072.asp; Stand: 27.06.2004

Ministerium für Arbeit und Wirtschaft NRW: Pressemitteilung Unternehmensinsolvenzen. http://www.nrw-export.de/export/1072.asp; Stand: 01.07.2004

Ministerium für Schule, Jugend und Kinder des Landes Nordrhein-Westfalen. http://www.bildungsportal.-nrw.de/BP/Wissenschaft/index.html; Stand: 26.06.2004

Müller, Angelika et al.: Perspektiven europäischer Strukturpolitik nach 2006. Reformbedarf und Konsequenzen für Nordrhein-Westfalen. Projektbericht des Instituts für Arbeit und Technik. Gelsenkirchen, 2002

Nötzold, Jürgen: Migration in der sich erweiternden Europäischen Union. SWP-Studie. Berlin, 2001

Papke, Gerhard: Ruhrgebiet muss zur Modellregion für NRW werden. http://www.gerhard-papke.de/content/presse/land/150604.html; Stand: 01.07.2004

Petzina, Dietmar: Die Formierung einer europäischen Region. Probleme und Prozesse in NRW seit den fünfziger Jahren. In: Loth, Wilfried/Nitschke, Peter (Hrsg.): Nordrhein-Westfalen in Europa. Probleme und Chancen des Standortes. Opladen, 1997. S. 39-50

Pinkwart, Andreas: Die Einbindung von Hochschulen in regionale Gründungsnetzwerke. In: Heinze, Rolf G./Schulte, Frank (Hrsg.): Unternehmensgründungen. Wiesbaden, 2002 S. 184 ff.

Pinkwart, Andreas: Campus Companies zur Förderung innovativer Gründungen aus der Hochschule. In: BfuP, Heft 4, 2002. S. 339 ff.

Pinkwart, Andreas/Heinemann, Daniel: Bedeutung des Technologietransfers für innovative Start-ups. In: Achleitner, Ann-Kristin et al. (Hrsg.): Jahrbuch Entrepreneurship 2003/04. Gründungsforschung und Gründungsmanagement. Berlin, 2004. S. 271-290

Rodenstock, Randolf interviewt in: „Falsche Anhänglichkeit an den Standort Deutschland führt in die Pleite". In: Frankfurter Allgemeine Zeitung, 24.05.2004

Sinn, Hans-Werner interviewt in: Einwanderungswelle osteuropäischer Sozialhilfe-Empfänger befürchtet. In: Süddeutsche Zeitung. http://www.sueddeutsche.de/wirtschaft/artikel/481/32449/; Stand: 01.07.2004

Stanat, Petra et al. (Hrsg.): PISA 2000: Die Studie im Überblick. Grundlagen, Methoden und Ergebnisse. Max-Planck-Institut für Bildungsforschung, Berlin, 2002

Statistisches Bundesamt: Genesis Datenbank, BIP in Preisen von 1995. http://www.destatis.de/; Stand: 26.06.2004

Statistisches Bundesamt: Volkswirtschaftliche Gesamtrechnung. http://www.statistik-portal.de/Statistik-Portal/de_jb27_jahrtab65.asp; Stand: 26.06.2004

UVG Unternehmensverbandsgruppe: WiSo@fakt: Wirtschaftsinformationen vom 25.06.2004

Wullenkord, Axel: Produktivitätssteigerungen in Rechnungswesen und Controlling. Outsourcing kaufmännischer Prozesse als Zukunftskonzept? In: Controlling, Heft 10, 2003. S. 525-531

Abkürzungsverzeichnis

Abb.	Abbildung
Aufl.	Auflage
BIP	Bruttoinlandsprodukt
bzw.	beziehungsweise
D	Deutschland
ECTS	European Credit Transfer System
EST	Estland
EU	Europäische Union
Hrsg.	Herausgeber
IGLU	Internationale Grundschul-Lese-Untersuchung
Jg.	Jahrgang
LET	Lettland
LIT	Litauen
MAL	Malta
NRW	Nordrhein-Westfalen
OECD	Organisation für wirtschaftliche Zusammenarbeit und Entwicklung
PISA	Programme for International Student Assessment
POL	Polen
RETI	Vereinigung der europäischen Industrienationen

SLO	Slowenien
SVK	Slowakei
TEN	Transeuropäische Netze
TSR	Tschechische Republik
UNG	Ungarn
USA	Vereinigte Staaten von Amerika
vgl.	vergleiche
z.B.	zum Beispiel
z.T.	zum Teil
ZYP	Zypern

Peter Becker/Andreas Maurer

Der Europäische Verfassungsvertrag und die Föderalisierung des europäischen Mehrebenensystems

1. Vertrag, Verfassung und Verfassungsvertrag: Deutungsmuster der Europäischen Union

„Der Vertrag über eine Verfassung für Europa ist ein historischer Schritt im Prozess der Integration und der Zusammenarbeit in Europa. Mit der Verfassung wird auf der Grundlage der Arbeit des Konvents ein wirksamer, demokratischer und transparenter Rahmen für die Entwicklung der Union geschaffen. Damit wird ein Prozess abgeschlossen, der begann, als mit dem Vertrag von Rom der Grundstein für die europäische Integration gelegt wurde. Wie der Vertrag von Rom wird die Verfassung für viele Jahre das Fundament einer Union im Dienste der Bürger bilden."[1]

Mit diesen Worten besiegelten die Staats- und Regierungschefs am 18. Juni 2004 in Brüssel den erfolgreichen Abschluss ihrer Verhandlungen im Rahmen der Regierungskonferenz über den europäischen Verfassungsvertrag. Sie rückten damit den nach langem zähen Ringen und nach einem gescheiterten ersten Anlauf kaum noch für möglich gehaltenen Erfolg in eine historische Dimension. Auch in ihren ersten Stellungnahmen zeigten sich alle Delegationen erleichtert und zufrieden, einen Konsens doch noch gefunden zu haben. Bundeskanzler Schröder sprach von einer „wahrhaft historischen Entscheidung", der französische Staatspräsident Chirac war „sehr zufrieden" mit dem Verhandlungsergebnis und auch der neue polnische Ministerpräsident Belka betonte, dass Polen einen großen Erfolg errungen habe. Der britische Premier Tony Blair unterstrich, dass der Verfassungsvertrag die Rolle des Ministerrats und der nationalen Parlamente stärke und zugleich die britische Vetomöglichkeiten in den Bereichen der Steuer- und Sozialpolitik gewahrt blieben. Auch der spanische Ministerpräsident Zapatero zeigte sich „sehr sehr zufrieden", sein luxemburgischer Kollege Juncker sprach von einem „qualitativen Durchbruch" und sogar der Präsident des Konvents Giscard d'Estaing dankte in einer ersten Stellungnahme den 25 Staats- und Regierungschefs und lobte das Ergebnis der Regierungskonferenz als „großen Tag für Europa". Dem Entwurf wurde sogar so etwas wie eine „architektonische Wucht" zugeschrieben, die der Integration „nicht nur Effizienz" sondern „eine neue politische Dignität"[2] verleihe.

Nun kann man unterschiedliche Maßstäbe anlegen, um die Ergebnisse mehrjähriger, höchst komplexer und politisch sehr umstrittener Verhandlungsprozesse zu bewerten. Neben der Einordnung in einen historischen, d.h. langfristigen Entwicklungsprozess und der Bewertung des Ergebnisses unter dem Gesichtspunkt seiner Beständigkeit und prognostizierten Lebensdauer, bietet sich der Maßstab der politisch-administrativen Handhabbarkeit, also der Praktikabilität, an. Alternativ kann man die von den politischen Akteuren selbst zu Beginn des Verhandlungsprozesses formulierten Ziele anlegen, um zu bewerten, ob das Ergebnis diesen selbst gesteckten Zielen gerecht wird.

---

1 Schlussfolgerungen des Europäischen Rates vom 17. und 18. Juni 2004 in Brüssel.
2 Weidenfeld, Werner: Europas neues Gesicht. In: Internationale Politik, 59. Jg., Nr. 7, Juli 2004. S. 82-86

1.1 Föderalisierung als Ziel oder Hemmnis des Integrationsprozesses

Der Verfassungsvertrag ist Teil und aktueller Kulminationspunkt eines ungebrochenen Integrationsprozesses mit offener Finalität. Wesentlich für die Erklärung europäischer Strukturprozesse ist daher die Anerkennung des Prozesscharakters der EU, wie er in den Verträgen niedergelegt ist. Der Vertrag zur Gründung der Europäischen Gemeinschaft für Kohle und Stahl (EGKS – Montanunion) sowie die beiden Gründungsverträge zur Europäischen Wirtschaftsgemeinschaft (EWG) und zur Europäischen Atomgemeinschaft (EURATOM) begründeten einen zunächst zweckgemeinschaftlich organisierten Rahmen zur supranationalen und zwischenstaatlichen Zusammenarbeit. Der mit den Verträgen eröffnete Handlungsspielraum für europäische und nationale Akteure war von Anfang an dynamisch angelegt. Auch der Vertrag von Maastricht bestätigte diese Eigendynamik europäischer Einigungspolitik. So bekräftigten die Vertragsunterzeichner in der Vertragspräambel ihre Entschlossenheit, „den Prozeß der Schaffung einer immer engeren Union der Völker Europas [...] weiterzuführen". Gleichzeitig äußerten sie den Wunsch, „die Demokratie und Effizienz in der Arbeit der Organe zu stärken, damit diese in die Lage versetzt werden, die ihnen übertragenen Aufgaben in einem einheitlichen institutionellen Rahmen besser wahrzunehmen". Das prozessuale Verlaufselement Europäischer Integration konnte kaum deutlicher gefasst werden. Der Vertrag wurde nicht als endgültig, sondern als Stufe oder Etappe eines Weges begriffen, dessen finaler Aggregatzustand nicht zu umreißen ist. Durch diese Unbestimmtheit der Verträge öffnen sich Interpretationsspielräume und bieten damit Raum für einen öffentlichen Sinngebungsdiskurs. Am Beispiel der auf das institutionelle System bezogenen Präambel des Maastrichter Vertrags kann dies einfach verdeutlicht werden: Die demokratische und effiziente Ausgestaltung der Europäischen Union wird in einer Weise formuliert, die es den integrationspolitisch interessierten oder mittelbar involvierten Akteuren ermöglicht, den Vertrag als positives Element ihrer Konzepte und Strategien zu akzeptieren und zu nutzen, weil die Organe und ihre Verfahren nicht in einer hierarchischen, beispielsweise ihre machtpolitische Bedeutung unterstreichenden Anordnung aufgeführt werden.

In dieser Hinsicht ermöglicht der Maastrichter Präambelsatz die Vertretung eines europapolitischen Leitbilds[3] föderaler Integration, wonach vor allem (oder zuerst) das Europäische Parlament mit dem Ziel gestärkt werden sollte, es zu einer gleichberechtigten Kammer neben dem Ministerrat auszugestalten.[4] Unter Berufung auf die gleiche Zielbestimmung ist entsprechend intergouvernementalen Leitbildern jedoch auch eine Anhebung der parlamentarischen Kontrollrechte auf nationaler Ebene vorstellbar. Das Bundesverfassungsgericht folgte in seinem Urteil vom 12. Oktober 1993 dieser Interpretation, indem schon im ersten Leitsatz ausgeschlossen wurde, „die durch die Wahl bewirkte Legitimation und Einflußnahme auf die Ausübung von Staatsgewalt durch die Verlagerung von Aufgaben und Befugnissen des Bundestages so zu entleeren, daß das demokratische Prinzip, soweit es Art. 79 Abs. 3 in Verbindung mit Art. 20 Abs. 1 und 2 GG (Die Bundesrepublik ist ein demokratischer und sozialer Bundesstaat, alle Staatsgewalt geht vom Volke aus...) für unan-

---

3 Vgl. zur Definition: Schneider, Heinrich: Europäische Integration: die Leitbilder und die Politik. In: Kreile, Michael: Die Integration Europas. Politische Vierteljahresschrift, Sonderheft 23, Opladen, 1992. S. 3-35: „Leitbilder sind nicht nur Zielvorstellungen, sondern auch Wahrnehmungs- und Deutungsmuster der je gegebenen Situation, und beide Dimensionen sind dialektisch aufeinander bezogen,, (S. 4). Vgl. auch: Schneider, Heinrich: Leitbilder der Europapolitik 1. Der Weg zur Integration. Bonn, 1977; Schneider, Heinrich: Rückblick für die Zukunft. Konzeptionelle Weichenstellungen für die Europäische Einigung. Bonn, 1986

4 Vgl. Bundestagsdrucksache 12/3905 v. 2.12.1992: Gemeinsame Entschließung der Fraktionen der CDU/CSU, SPD und FDP zum Vertrag vom 7.2.1992 über die Europäische Union.

tastbar erklärt, verletzt wird".[5] Während sich das Urteil schützend vor die beiden Kammern des deutschen Parlaments stellte, andererseits jedoch zumindest die Tür für eine demokratischere Ausgestaltung der Union durch die Stärkung des Europäischen Parlaments offen ließ, interpretierten Parlamente und Regierungen Frankreichs, Großbritanniens und Dänemarks die oben zitierte Präambelformulierung weitaus stärker in der Perspektive einer Stärkung der Rechte ihrer nationalen Versammlungen. Die mit Maastricht durch das Mitentscheidungsverfahren und das Investiturverfahren der Kommission unternommene Anhebung der legislativen und Kontrollrechte des Europäischen Parlaments wurde von diesen Akteuren – nach Maastricht, aber auch im Kontext der Verhandlungen zum Amsterdamer Vertrag und des EU-Verfassungskonvents – eher kritisch, teilweise auch als illegitim beurteilt.

Der Maastrichter Präambelsatz erlaubt aber auch die Verfolgung eines dritten Leitbilds, welches sich auf regional verankerte Herrschaftsträger als demokratiestärkende Institutionen bezieht und die These formuliert, dass die strukturelle Offenheit des Integrationsprozesses die „Entwicklung eines Europas der Regionen auf der Grundlage einer dreistufig-föderalen Struktur und des Grundsatzes der Subsidiarität"[6] ermöglicht. Ausgehend von dieser Interpretation des Maastrichter Vertrages stellte der hier zitierte Bundesrat in seiner Entschließung vom 18. Dezember 1992 fest, dass „Verfassungsmodelle des Nationalstaats des 19. Jahrhunderts, die die Vorstellung von Zwei-Kammer-Systemen geprägt haben [...] nicht auf die EG übertragen werden" können. Hierauf gründete der Bundesrat seine Forderung nach einer Weiterentwicklung des Ausschusses der Regionen zu einer „dritten Kammer".

Diese Beispiele zur Interpretationsoffenheit oder „produktiven Mehrdeutigkeit"[7] eines der ersten Sätze des Unionsvertrages zeigen, dass die Bewertung von Zielbestimmungen und Konstitutionsumschreibungen offensichtlich von integrationspolitischen Vorverständnissen abhängt.[8] Derartige Interpretationsmuster lassen sich sowohl zu anderen Zielbestimmungen der Union, zu ihren Aufgaben, den hierzu als notwendig erachteten Instrumenten und Verfahren als auch zu Fragen der Kompetenzordnung rekonstruieren. Es ließen sich hier auch weitere Beispiele auf anderen Akteursebenen und aus anderen zeitlichen Zusammenhängen nennen. Denn nicht erst seit Maastricht überschreiben europapolitische Akteure ihre Integrationsentwürfe zu den Zielen des europäischen Aufbauwerkes mit Formulierungen zur Organisationsstruktur wie Föderation, (unitarischer) Bundesstaat, Vereinigte Staaten von Europa, Konföderation, Staatenbund, intergouvernementale Zusammenarbeit, Europa der Völker oder Europa der Vaterländer.[9] Ebenso können weitere Wahrneh-

---

5 Vgl. Bundesverfassungsgericht: Urteil vom 12 Oktober 1993 (2 BvR 2134, 2159/92). Maastrichtvertrag. In: Entscheidungen des Bundesverfassungsgerichts. Bd. 89, Nr. 17, Tübingen, 1994. Leitsatz 1
6 Vgl. Bundesratsdrucksache 810/92 (Beschluß) v. 18.12.1992; Plenarprotokoll Nr. 650 v. 18.12.1992
7 Vgl. Schneider, Heinrich: Europäische Integration: die Leitbilder und die Politik. In: Kreile, Michael (Hrsg.): Die Integration Europas. Politische Vierteljahresschrift, Sonderheft 23, Opladen, 1992. S. 8-9
8 Vgl. Schneider, Heinrich: Der Wandel europapolitischer Grundverständnisse. Einleitende Überlegungen zu einer Diskussion. Wien/Bonn, 1996. S. 7-11
9 Alleine am Beispiel des die politische und akademische Diskussion über die Finalität Europäischer Integration in den 60er bis 80er Jahren prägenden Begriffspaares der Föderation/Konföderation weist Jürgen Schwarz eine strukturelle Dichotomie nach, die auf unterschiedlichen, grundlegenden Verständnissen und Konzeptionen über Regierungs- und Verfassungssysteme in den Mitgliedstaaten der Europäischen Gemeinschaft beruhen; Vgl. Schwarz, Jürgen: Der Aufbau Europas – Pläne und Dokumente 1945-1980. Bonn, 1980

mungs- und Deutungsmuster im Verhältnis zu anderen integrationspolitischen Dimensionen identifiziert und den differierenden „Relevanzkriterien" zugeordnet werden.[10]

Die *Formulierung* der Vertragspräambel weist darauf hin, dass die institutionellen und verfahrensmäßigen Grundlagen der EU nicht auf alle Zeiten festgelegt sind, sondern entwicklungsbedürftig – und somit eben „leitbildunterworfen" – bleiben werden. Dementsprechend ordnete Artikel A des Maastrichter Vertrages diesen selbst vor dem Hintergrund der weiterhin existierenden Gemeinschaftsverträge als „eine neue Stufe bei der Verwirklichung einer immer engeren Union der Völker Europas" ein. Hierdurch wurde für den Integrationsprozess zwar eine Richtung, jedoch nicht dessen Finalität festgestellt.[11] Nach den Vorstellungen des Europäischen Parlaments zur Politischen Union (14.3.1990)[12] und dem zweiten Entwurf der luxemburgischen Ratspräsidentschaft zum EU-Vertrag vom 18.6.1991[13] sollte dieser Artikel bekanntlich eine in Bundesstaaten etablierte, verfassungsähnliche Zielbestimmung enthalten, gemäß derer der Vertrag eine neue Stufe in einem schrittweise zu vollziehenden Integrationsprozess hin zu einer Union mit föderaler Ausrichtung darstellt.[14]

Diese stärker finalitätsbezogene Formel wurde im endgültigen Vertragstext auf Grund der ablehnenden Haltung der Regierungsvertreter des Vereinigten Königreichs, Dänemarks und Portugals durch die eher als Auftrag zu verstehende Formulierung ersetzt, Entscheidungen im Rahmen des EU-Vertrages „möglichst bürgernah" zu treffen.

Die Zurückweisung einer deutlichen Aussage zur föderalen Finalität Europäischer Integration, die seitens der britischen Regierung offen vorgetragen und von der überwiegenden Mehrheit der EU-Mitgliedstaaten nicht bekämpft, mitunter auch stillschweigend hingenommen wurde, deutete schon darauf hin, dass konsensfähige Aussagen über den Ausgang des Integrationsprojektes in ihrer Eigenschaft als mit in Verfassungen üblichen Staatsziel- und Strukturbestimmungen vergleichbare Vertragsartikel nicht realisierbar sind. Der Streit um das „F-Wort" und die sukzessive Umformulierung des Maastrichter Artikels A war Ausdruck einer Auseinandersetzung über die mit dem Integrationsprojekt verfolgten Strukturziele. Ordnungs- und Legitimationsmodelle der EU, die sich durch simple Ableitungen nationalstaatlicher Verfassungssysteme auszeichnen, wurden für den politischen Verhandlungszusammenhang über die europäische Einigung als bis auf weiteres unbrauchbar erkannt. Sah 1950 der französische Außenminister Robert Schuman in dem auf ihn zurückgehenden Plan der Europäischen Gemeinschaft für Kohle und Stahl (EGKS) „die erste Etappe der europäischen Föderation",[15] werden 50 Jahre später Begriffe wie „Bundesstaat" oder gar „Vereinigte Staaten von Europa" aus den amtlichen Verlautbarungen der EU-Mitgliedstaaten gestrichen.

---

10 Vgl. dazu Schneider, Heinrich: Der Wandel europapolitischer Grundverständnisse. Einleitende Überlegungen zu einer Diskussion. Wien/Bonn, 1996. Abschnitt 4: „Zum Ort der Europapolitik im Kontext des Lebenswissens,". S. 15-29

11 Vgl. Stellungnahme der deutschen Sozialdemokratischen Abgeordneten des Europäischen Parlaments an den Zweiten Senat des Bundesverfassungsgerichts v. 29.3.1993 (Bevollmächtigter: Roland Bieber). In: Winkelmann, Ingo (Hrsg.): Das Maastricht-Urteil des Bundesverfassungsgerichts vom 12. Oktober 1993. Berlin, 1993. S. 489

12 Vgl. European Parliament: Resolution on the Intergovernmental Conference in the Context of the Parliament's Strategy for European Union, OJEC C 96, 17. April 1990

13 Vgl. Luxembourg Presidency: Draft Treaty on the Union, 18 June 1991. In: Corbett, Richard: The Treaty of Maastricht, The High 1993. S. 293

14 Vgl. Luxembourg Presidency: Draft Treaty on the European Union from the Luxembourg Presidency. Luxembourg, 18 June 1991. In: Europe Documents, No. 1722/1723, 5 July 1991

15 Vgl. Schuman, Robert: Erklärung über eine Montanunion. In: Lipgens, Walter: 45 Jahre Ringen um die Europäische Verfassung. Dokumente 1939-1984. Bonn, 1986. S. 293 f.

Laufer und Fischer gehen in ihrer Analyse zum Strukturprinzip des Föderalismus in der EU detailliert auf die finalitätsspezifischen Verhandlungen und Ratifikationsdebatten zum Maastrichter Vertrag ein und schlussfolgern, dass schon „die vage Kennzeichnung der Europäischen Union als 'föderales' Gebilde durchaus kontraproduktiv wirken kann". Das Festhalten an der Umschreibung von Vertiefungszielen mit einem unbestimmten Föderalismusbegriff provoziert ihrer Ansicht nach „eher ablehnende Reaktionen, weil sie in hohem Maße als Schritt in einen unitarisierten Bundesstaat Europa ausgelegt werden".[16] Die Autoren sprechen hiermit ein Grundproblem in der Debatte über europapolitische Zielbilder an: Während Protagonisten einer föderalen Integrationsausrichtung nur in den seltensten Fällen eine Ordnungsstruktur der EG/EU befürworten, die einem unitarisierten Bundesstaat gleichkommt und statt dessen eher auf die Notwendigkeit abzielen, „zwischen den verschiedenen Ebenen eines Verflechtungssystems eine angemessene Gewichtsverteilung und Balance zu finden"[17], vermuten Vertreter intergouvernementaler Ansätze hinter dem Begriff des Föderalismus den Aufbau zentralstaatlicher Organisationsgewalt in Brüssel. Konsequenterweise lehnen sie föderale Einigungsvorstellungen ab, weil sie hiermit das Bild eines unitarischen Bundesstaates nach US-amerikanischem Mustermodell verbinden.[18]

Es erscheint also mehr als ratsam, vorsichtig in der Grundlegung normativer Strukturziele der EU zu bleiben. Bewertungsmaßstab der hier vorgelegten Analyse der Debatten im Europäischen Konvent und der Regierungskonferenz sollen zunächst die vor Beginn der eigentlichen Verhandlungen formulierten Ziele der politischen Akteure sein. Grundsätzlich sollte der jüngste europäische Reformprozess, die erweiterte Union auf die neuen, veränderten Herausforderungen des internationalen und des europäischen Staatensystems vorbereiten und die interne Struktur insoweit anpassen. Absicht des Konstitutionalisierungsprozesses war es, Ziele, Institutionen, Instrumente und Verfahren der europäischen Politikgestaltung zu reformieren und die Europäische Union transparenter, demokratischer, bürgernäher und effizienter zu machen. Die Europäische Union hatte sich damit das umfassendste Reformprojekt seit ihrer Gründung vorgenommen – im Kern ging es um die Gesamtevaluierung des bisherigen Integrationsprozesses und die Grundüberholung des europäischen Vertragswerks. Mit einer europäischen Verfassung sollte sowohl das ideelle und identitätsstiftende Fundament der Union gestärkt als auch ihre funktionale Handlungsfähigkeit verbessert werden. Damit wagte die Union den qualitativen Sprung, dessen normativer Anspruch sich bereits in der Vorgabe manifestierte, eine europäische Verfassung anzustreben. Die Konstitutionalisierung der Integration implizierte für eine gewichtige Gruppe der Reformer eine Föderalisierung der Union. Das Schlagwort von der „Föderation der Nationalstaaten" ist Beleg für den Versuch, diesen Prozess der föderalen Vertiefung mit den nationalstaatlichen Traditionen in Einklang zu bringen – zusätzliche bundesstaatliche Elemente bei gleichzeitiger Verpflichtung auf den Fortbestand des europäischen Nationalstaates.

---

16 Vgl. Laufer, Heinz/Fischer, Thomas: Föderalismus als Strukturprinzip für die Europäische Union. Gütersloh, 1996. S. 24
17 Vgl. Hrbek, Rudolf: Deutungen und Perspektiven aus politikwissenschaftlicher Sicht. In: Hrbek, Rudolf (Hrsg.): Die Entwicklung der EG zur Politischen Union und zur Wirtschafts- und Währungsunion unter der Sonde der Wissenschaft. Baden-Baden, 1993. S. 81-91, S. 88
18 Vgl. Morgan, Roger: The british view of 'federalism'. In: Gauger, Jörg-Dieter/Weigelt, Klaus (Hrsg.): Föderalismus in Deutschland und Europa. Köln, 1993. S. 82: „The prospect of Brussels becoming a federal capital of this kind, so that Britain and other Member States would be reduced to something like the status of the states of the American Union, therefore creates considerable fear and concern in Britain,,.

1.2 Das europäische Mehrebenensystem im Langzeittrend von Europäisierung und Fusionierung

Zur Charakterisierung der neuen Form des „Regierens jenseits des Staates"[19] wurde Anfang der neunziger Jahre der Begriff des europäischen Mehrebenensystems entwickelt, der sich zur Kennzeichnung des sui-generis Charakters der EU inzwischen weitgehend – zumindest in der Politikwissenschaft – durchgesetzt hat.[20]

Die institutionellen und funktionalen Differenzierungs- und Wachstumstrends, die zur Ausgestaltung des EU-Systems über die Entwicklung in den letzten fünf Jahrzehnten hinweg beobachtet werden konnten, scheinen weitgehend ungebrochen. Neuere Analysen über die Beziehung zwischen EU und Mitgliedstaaten lassen erkennen, dass der zentripetale Druck auf Teilnahme- und Mitgestaltungsmöglichkeiten im politischen System der EU inner- und zwischenstaatlich weiter zunimmt. Europaabgeordnete, nationale Parlamente, nationale Verfassungsgerichte, zusätzliche Verwaltungsabteilungen, Regionen, Kommunen sowie Verbände und Unternehmen drängen verstärkt auf Teilnahme und Mitgestaltung. Die Komplexität der Verfahren und die Differenzierung der Gremien mit Teilnehmern mehrerer Ebenen nehmen so – auch nach dem Amsterdamer Vertrag – weiterhin zu. Mit den letzten vier Vertragsreformen (Luxemburg, Maastricht, Amsterdam, Nizza) haben die Staats- und Regierungschefs den Gesamtumfang der in den EU-Organen zu behandelnden Politikfelder vergrößert. Gemeinsame Problemlagen werden gemeinsam, aber nicht uniform angegangen.

Aus der Sicht der Fusions- und Europäisierungsthese[21] können die letzten vier EU-Verträge in den wesentlichen Elementen ihrer institutionellen und prozeduralen Ausgestaltung als Produkte integrationspolitischer Langzeittrends verstanden werden: Nationale, subnationale und nichtstaatliche Institutionen und Akteure interessieren sich auf Grund des rationalen Eigeninteresses von Wohlfahrtsstaaten in Interdependenzkonstellationen in zunehmenden Maße für Angelegenheiten der EU und beteiligen sich daher – ausgehend von ihren jeweiligen konstitutionellen und politischen Gegebenheiten – intensiv an der Vorbereitung, Herstellung, Durchführung und Kontrolle von verbindlichen EU-Entscheidungen. Der Beteiligungsdrang dieser Akteure führt – gekoppelt mit einer „coalition-building-Dynamik" supranationaler Institutionen – zu einer Verschmelzung von nationalen Handlungsinstrumenten und Verfahren. „Europäisierung" und „Fusionierung" stehen so in einem engen Wechselverhältnis. Handlungsebenen verflechten sich – weit über die negative Marktintegration hinaus – in einem zunehmend irreversiblem Ausmaß. Eine doppelte Rückkoppelung der Politikprozesse wird durch die strukturierte Beteiligung sowohl nationaler und regionaler als auch europäischer Organe erreicht. Somit ist zumindest in formaler Hinsicht die grundsätzliche Legitimität für weitere Ausweitungen der Gemeinschaftsaktivität innerhalb des vorgegebenen Rahmens der Verträge gegeben. Im Unterschied zu neofunktionalistischen Ansätzen ist aber nicht von einem konstant-linearen Wachstum auszugehen. Vielmehr beeinflussen nationale Interessenkonstellationen in zunehmenden Maße auf Grund unmittelbarer Betroffenheit mehrer Entscheidungsebenen (national-regional-lokal-funktional-parteipolitisch etc.) wechselseitig den europäischen Politikzyklus.

---

19 Jachtenfuchs, Markus/Kohler-Koch, Beate: Einleitung: Regieren im dynamischen Mehrebenensystem. In: Jachtenfuchs, Markus/Kohler-Koch, Beate: Europäische Integration. Opladen, 1996. S. 15-44
20 Vgl. auch di Fabio, Ulrich: Mehrebenendemokratie in Europa. Vortrag an der Humboldt-Universität Berlin am 15.11.2001
21 Vgl. hierzu insbesondere Wessels, Wolfgang: Staat und (westeuropäische) Integration. Die Fusionsthese. In: Kreile, Michael (Hrsg.): Die Integration Europas. Politische Vierteljahresschrift, Sonderheft 23, Opladen, 1992. S. 36 ff.

Zentrale Faktoren für die hieraus resultierende Dynamik bilden daher thematisch übergreifende Verhandlungspakete und Koppelgeschäfte. Der strukturelle Wachstums- und Differenzierungstrend der EU ist durch mehr oder weniger kleinere und größere Oszillationen charakterisiert, die sich an ‚Hochs' und ‚Tiefs' des Setzens von verbindlichen Entscheidungen – etwa durch die Umsetzungen bestimmter Verhandlungspakete wie der Einheitlichen Europäischen Akte mit dem Binnenmarktprogramm – festmachen lassen. Die Finalität dieses Wachstums- und Differenzierungsprozesses ist aber erheblich unbestimmter als dies aus (neo-)föderalistischer Sicht prognostiziert wurde. Wachstums- und Differenzierungstrends des EU-Systems sind primär als nationalstaatliche Reaktionen auf strukturelle Entwicklungen und Stabilitätsbedingungen des westeuropäischen Staates der Nachkriegszeit zu verstehen. Jedes Organ und jeder Funktionsträger versucht Teilnahme- und Mitwirkungsformen im Wettbewerb um Einfluss auszuweiten. Die funktionalen, institutionellen und verfahrensmäßigen Integrationstrends sind damit Produkt sowohl rationaler Interessendefinition nationaler Akteure als auch der spezifischen Entwicklungslogik der am Politikzyklus beteiligten Institutionen.

Die daraus resultierende Gleichzeitigkeit von mehreren Entwicklungstendenzen ist die typische Dynamik des Integrationsprozesses, die ihren Ausdruck in der Verschachtelung der Handlungsebenen von EU-Organen, mitgliedstaatlichen und subnationalen Akteuren und transnational agierenden Nichtregierungsorganisationen sowie in der ungebrochenen Tendenz zur Ausdifferenzierung von Verfahren und Instrumenten findet. Grundsatzentscheidungen wie der Amsterdamer Vertrag oder der jetzt verabschiedete Verfassungsvertrag, mit denen die weitere Verflechtung von Steuerungsinstrumenten zum Zwecke der gemeinsamen, trans- und supranationalen Gestaltung wirtschaftlicher und sozialer Lebensverhältnisse in Europa fundiert werden, sind auf Grund der zunehmenden Komplexität des nicht auf ein Endziel festgelegten, sondern stets im Wandel begriffenen Gesamtsystems EU von der Suche nach Spielräumen und politikgestalterischen Grauzonen der beteiligten Akteure gekennzeichnet. Begriffe wie „föderale Union neuen Typs"[22], „Föderation sui generis"[23], „Supranationale Union Souveräner Staaten"[24] oder „Féderation d'États nations"[25] drücken in diesem Zusammenhang ein neues Föderalismusverständnis aus, das auf die Schaffung einer „föderalen Balance"[26] zwischen der europäischen Ebene und den Mitgliedstaaten und Regionen abzielt, bei der es nicht mehr um die eindeutige Verortung verfasster Staatlichkeit bzw. Nichtstaatlichkeit geht, sondern um ein gleichberechtigtes Nebeneinander von „Brüsseler Zentrum", Staaten und weiteren – gegenwärtig schon bestehenden und institutionalisierten sowie auch den derzeit nur theoretisch denkbaren – Akteursebenen.

Kennzeichen des europäischen Mehrebenensystems sind daher:

---

22 Vgl. Schneider, Heinrich: Föderale Verfassungspolitik für eine Europäische Union. In: Schneider, Heinrich/Wessels, Wolfgang (Hrsg.): Föderale Union – Europas Zukunft. München, 1994. S. 21-50, hier S. 42

23 Vgl. Schneider, Heinrich/Wessels, Wolfgang: Föderales Europa im Widerstreit – Einführung und Übersicht. In: Schneider, Heinrich/Wessels, Wolfgang: Föderale Union – Europas Zukunft. München, 1994. S. 7-20, hier S. 20

24 Vgl. Maihofer, Werner: Föderativverfassung und Kompetenzverteilung. In: Weidenfeld, Werner (Hrsg.): Reform der Europäischen Union. Materialien zur Revision des Maastrichter Vertrages 1996. Gütersloh, 1999. S. 61-74, hier S. 62

25 Vgl. Parti Socialiste, Secrétariat National: Mondialisation, Europe, France. Texte d'orientation adopté par le Conseil National le 30/31 Mars 1996. S. 58

26 Vgl. Europäische Strukturkommission: Europa '96 – Reformprogramm für die Europäische Union. In: Weidenfeld, Werner (Hrsg.): Reform der Europäischen Union. Materialien zur Revision des Maastrichter Vertrages 1996. Gütersloh, 1999. S. 11-55, hier S. 20

- Die analytische Unterscheidung der vertikalen Handlungsebenen Europäische Union, Mitgliedstaaten, subnationale Gebietskörperschaften wie Regionen und Länder, deren Zuständigkeiten und Aufgaben zugleich über die Ebenen hinweg miteinander verflochten sind.
- Die enge – horizontale – Kooperation der Organe und Institutionen auf einer Ebene nach Maßgabe der ihnen übertragenen Zuständigkeiten.
- Spezifische Formen der Koordinationen und Kooperation zwischen den Politikebenen im Kontext EU-vertraglich normierter Verhandlungs- und Entscheidungsregeln und die hierauf gründende Bildung von horizontalen und vertikalen Netzwerken zu spezifischen Sachfragen.
- Die vorherrschende Form des diplomatischen Interessenausgleichs in Grundsatzfragen und die hieraus resultierende Dominanz der Exekutive und der Administrationen.
- Die Veränderung der Funktionen und Rollen der Parlamente von Kontrollinstanzen gegenüber den Regierungen zu gleichberechtigten Mitspielern im politischen Entscheidungsprozess.

In der Konzeption der EU als Mehrebenensystem werden die Akteure auf der supranationalen Ebene ebenso wie die Akteure auf der nationalen und der regionalen Ebene als eigenständig Handelnde und das Politikergebnis beeinflussende Einheiten anerkannt. Ihre horizontalen Kooperationsstrukturen und die funktional begründeten Netzwerke über die Ebenen und Institutionen hinweg führen darüber hinaus zu einer tendenziellen Auflösung der Trennlinien zwischen staatlichen und privaten Akteuren. So sind nahezu alle um Mitwirkung strebenden und um Mitwirkungszugänge konkurrierenden Akteure in den Politikprozess eingebunden; sie üben aber je nach Handlungsebene verschiedene Rollen und unterschiedlich starken Einfluss auf das Ergebnis des Prozesses aus. Funktionale Verflechtung der Ebenen und Interdependenz der Akteure bestimmen den europäischen Politikprozess; die Ebenen agieren nicht autonom, sondern kooperieren und beeinflussen sich gegenseitig. Komplexität und Intransparenz werden somit zu konstitutiven Charakteristika des Systems. Im Prozess der weiteren Integration und Verflechtung werden folglich auch regionale Akteure zu beachtenswerten Mitspielern. Ihre unmittelbare Mitwirkung im europäischen Konvent war ein greifbares Zeichen für ihre gewachsene integrationspolitische Bedeutung.

Inwieweit stärkt nun der europäische Verfassungsvertrag die Ebene der subnationalen Einheiten; wird ihre Rolle im europäischen Mehrebenensystem grundsätzlich verändert und muss gänzlich neu definiert werden? Zur Beantwortung dieser Fragen soll die Perspektive der deutschen Länder im Mittelpunkt unserer Untersuchung stehen, die sich frühzeitig und maßgeblich in den Verhandlungsprozess eingebracht hatten.

2. Der Beginn des Verfassungsprozesses und die Rolle der deutschen Länder

Ausgangspunkt des Verhandlungsprozesses über den Europäischen Verfassungsvertrag (EVV) war das dürftige Ergebnis der Regierungskonferenz zum Vertrag von Nizza im Dezember 2000. Der Vertrag von Nizza lieferte zwar die formale Voraussetzung für die Aufnahme der zehn neuen Mitglieder zum 1. Mai 2004. Er bestätigte aber zugleich auch die generelle Reformbedürftigkeit der Union. Denn viel stärker noch als die unzureichende Vorbereitung der EU auf die anstehende Erweiterung hatten die eingefahrenen ‚Rituale' nationaler Interessenpolitik, des bargainings und das Denken in Blockade- an Stelle von Gestaltungskategorien die Schwächen der Methode Regierungskonferenz aufgezeigt.

Zeitgleich zu den Verhandlungen der Regierungen im Rahmen der Regierungskonferenz 2000 tagte der erste Konvent zur Ausarbeitung der Europäischen Grundrechtecharta unter der Leitung des früheren Bundespräsidenten Roman Herzog. Der Grundrechtekonvent formulierte in einer konzentrierten, konsens- und ergebnisorientierten Diskussionsatmosphäre einen modernen Grundrechtekatalog, in dem sich alle europäischen Gesellschaften wieder finden konnten. Im Unterschied zu den klassischen Regierungskonferenzen, die nach diplomatischen Regeln verlaufen und von den Regierungsdelegationen der Mitgliedstaaten geführt werden, setzte sich der Konvent zu zwei Dritteln aus Vertretern der nationalen Parlamente und des Europäischen Parlaments zusammen. Damit prägten erstmalig nicht die Vertreter der Exekutive sondern die weisungsunabhängigen und durch Wahlen unmittelbar legitimierten Repräsentanten der nationalen Parlamente und des Europäischen Parlaments gemeinsam ein wichtiges europäisches Reformprojekt. Ein besonderer Vorzug der Arbeiten des Konvents im Gegensatz zur Regierungskonferenz war die Transparenz der Debatten im Plenum, die Anhörungen von Vertretern der Zivilgesellschaft auf nationaler und europäischer Ebene sowie die umfassende Einbeziehung des Internets als transnationale Kommunikationsplattform. Somit waren die Debatten im Grundrechtekonvent im Gegensatz zur vertraulichen Kabinettsdiplomatie der Regierungskonferenz von einem erstaunlichen Mass an Transparenz gekennzeichnet. Alle Sitzungen waren für die Öffentlichkeit zugänglich und alle Verfahrensschritte und Dokumente im Internet nachles- und -nachvollziehbar. Die Methode vereinte somit grundsätzlich die Prämissen Transparenz, Öffentlichkeit und demokratische Legitimation mit der Notwendigkeit, Effizienz der Arbeiten und Sachkompetenz der Beteiligten zu garantieren.

Der Grundrechtekonvent wurde so zu einer Art Katalysator für eine thematisch breiter angelegte, europaweite Debatte über die Rolle der Grundwerte in der Europäischen Union und über alternative Formen der Vertragsrevision. Auf der einen Seite stand die klassische Verhandlungsmethode der Regierungskonferenz nach Artikel 48 EU-Vertrag. Auf der anderen Seite stand die konsensuale, ebenso effektive und zugleich transparente Arbeitsweise des Grundrechtekonvents. Angesichts ihrer direkten Beteiligung im Grundrechtekonvent war dieses Modell auch für die deutschen Länder attraktiv. Die europäischen Staats- und Regierungschefs fanden in Nizza allerdings noch nicht die Kraft, einen zweiten Konvent einzuberufen. Sie verständigten sich lediglich auf die von Deutschland und Italien vorgeschlagene „Erklärung zur Zukunft der Europäischen Union", in der der weitere Diskussions- und Reformbedarf zu den Fragen einer künftigen europäischen Kompetenzordnung, dem rechtlichen Status der in Nizza proklamierten EU-Grundrechtecharta, den Möglichkeiten einer weiteren Vereinfachung des europäischen Vertragswerks und der Rolle der nationalen Parlamente in der Architektur Europas formuliert wurde. Die Einberufung einer Folgekonferenz war für das Jahr 2004 vorgesehen und die Möglichkeit eines zweiten Vorbereitungskonvents wurde nicht ausgeschlossen.

Bereits ein Jahr später, im Dezember 2001, verabschiedeten die Staats- und Regierungschefs in Laeken die „Erklärung von Laeken zur Zukunft der Europäischen Union", mit der sie schließlich auf das Modell des Konvents als Schlüsselinstanz zur Reform des europäischen Primärrechts zurückgriffen. Unter der Überschrift „Europa am Scheideweg" wurden die Ursachen für die allgemein festzustellende Europaskepsis analysiert. Es gelte, die Bedenken und die Skepsis der Bürger aufzunehmen und die Union zu reformieren. Die Bürger verlangten von den europäischen Organen weniger Trägheit und Starrheit, statt dessen mehr Effizienz und Transparenz. Das Ziel sei eine demokratischere, effizientere und transparentere Europäische Union. Damit hatte der Europäische Rat zugleich den Maßstab formuliert, den er selbst als Messlatte an den Reformprozess anlegen wollten. Der zweite Teil der Erklärung unter dem Titel „Herausforderungen und Reformen in einer modernisierten Union" diente der eigentlichen Mandatierung des Konvents. In rund 60 Fragen zu vier Fragekomplexen wurde dem Konvent die Aufgabe gestellt, erstens die Transparenz und Effizienz der europäischen Kompetenzordnung zu prüfen, zweitens eine bessere Verteilung und Abgrenzung der Zuständigkeiten zwischen der EU und den Mitgliedstaaten zu erörtern, drittens die Handlungsinstrumente der Union auf eine übersichtliche Zahl zu reduzieren, und viertens die Gesetzgebungsinstrumente zu präzisieren und der Union ein neues konstitutives Fundament zu schaffen. Die Zusammenstellung der Reformthemen in Frageform ermöglichte eine umfassende Themenstellung ohne vorzeitige Festlegung auf einen spezifischen Leitgedanken zur künftigen Struktur der EU oder ein besonderes Integrationsmodell. Sowohl Möglichkeiten zur Stärkung der intergouvernementalen Strukturen und der Rolle der Mitgliedstaaten als auch Ansätze zur Stärkung supranationaler, föderaler und parlamentarischer Modelle wurden eröffnet.

2.1 Kernelemente einer föderalen EU-Architektur und die Mitwirkung der Länder

Unbestritten hat der europäische Integrationsprozess die innerstaatliche Kompetenzordnung zwischen Bund und Ländern beeinflusst. Seit Beginn der Normierung europäischer Integration in Vertragsform haben die deutschen Länder versucht, innenpolitische Zuständigkeitsverluste durch europäische Informations- und Mitwirkungsmöglichkeiten zu kompensieren. Dabei verfolgten die Länder zwei unterschiedliche, aber dennoch komplementäre Methoden – die innerstaatliche Beteiligung und Mitwirkung an der Formulierung und Durchsetzung deutscher Europapolitik und die eigenständige Formulierung regionaler Interessen im Verbund mit anderen Regionen oder als autonome Akteure in Brüssel. Höhe- und Kulminationspunkt dieser europapolitischen Kompensationsstrategie der Länder war sicherlich die im Umfeld des Maastrichter Vertrages zwischen EU, Bund und Ländern konsentierte Verankerung des neuen Europaartikels 23 im Grundgesetz und die Schaffung einer „Regionalkammer", dem Ausschuss der Regionen, im EU-Institutionengefüge. Mit jedem weiteren Integrationsschritt versuchten die Länder diese Mitwirkungsformen auszubauen oder zumindest zu festigen. Seit Mitte der neunziger Jahre rückte dabei zunehmend die Frage einer transparenten und zwischen den Handlungsebenen deutlich abgegrenzten europäischen Kompetenzordnung als wesentlicher Spiegel des föderalen Grundmusters der europäischen Verfassungsarchitektur in den Vordergrund. Als Antwort auf die kontinuierliche vertikale Verflechtung der Akteure im Mehrebenensystem EU formulierten die Länder ihre Strategie der Abgrenzung der Zuständigkeiten. Damit übernehmen sie ein grundsätzliches Strukturelement aller modernen bundesstaatlichen Ordnungskonzepte. Begründet wurde diese Strategie stets mit einer verbesserten Bürgernähe und der demokratischen Legitimation sowie einer Erhöhung der Handlungsfähigkeit der Union durch deren Konzentration auf Aufgaben mit europaweiter Dimension. Den Ländern ging es darum, der Erosion ihrer Eigenstaatlichkeit entgegen zu treten, ihre Handlungsfähigkeit und ihren politischen Gestaltungsspielraum zu sichern.[27] Dem Verlust an parlamentarischer Mitwirkung und Kontrolle sollte durch eine klare Zuordnung von Kompetenzen und Verantwortungsbereichen entgegen gewirkt werden. Ergebnis einer so reformierten europäischen Kompetenzordnung sollte, dieser Argumentation folgend, eine zunehmend föderal vertiefte und zugleich gestärkte

---

27 Gemeinsames Papier der beiden Ministerpräsidenten Wolfgang Clement und Kurt Biedenkopf: Grundsätze zur Zukunft des Föderalismus in der Europäischen Union. Wahrung der Länderzuständigkeiten im Kompetenzgefüge der EU; vorgelegt der Ministerpräsidentenkonferenz der Länder, 1999

EU sein. Bereits während der Regierungskonferenz zum Vertrag von Amsterdam legten sie diese Ordnungsvorstellungen als Ziel weiterer Vertiefungs- und Reformschritte vor.[28]

In diesem Sinne sahen die Länder die Aufgabe der Regierungskonferenz von Nizza nicht einzig in der einvernehmlichen Lösung zu den *left overs* von Amsterdam, also den institutionellen Kernfragen wie der Größe und Zusammensetzung der Europäischen Kommission, der Frage des Abstimmungsverfahrens und der Ausweitung von Mehrheitsabstimmungen, sondern in der Fortsetzung eines umfassenden Reformprozesses zu dem auch eine klare Aufgabenverteilung zwischen der EU und den Mitgliedstaaten gehöre. Die Union müsse sich künftig auf die wirklich europäischen Aufgaben konzentrieren.[29] Mit dieser Forderung grenzten sich die Länder deutlich von der Konzeption der Bundesregierung ab, die zunächst eine „kleine" Regierungskonferenz zur Lösung der institutionellen Fragen im Vorfeld der Erweiterung und erst anschließend eine „große" Regierungskonferenz zu einer grundsätzlicheren Reform der erweiterten Union anstrebte. Im März 2000 erneuerten die Ministerpräsidenten der Länder deshalb ihre Forderung, die Regierungskonferenz inhaltlich nicht zu stark auf institutionelle Fragen zu begrenzen. Sie machten ihre Zustimmung zu einem neuen Vertrag im Bundesrat schließlich vom Einstieg in die weiterführende Debatte und damit von einer umfassenden Reform abhängig, in deren Mittelpunkt die Kompetenzabgrenzung stehen sollte. Damit verpflichteten sie die Bundesregierung bereits vor Abschluss der laufenden Regierungskonferenz sich für eine weitere, umfassende Reformkonferenz einzusetzen. Als dies mit der Erklärung zur Zukunft der Union in Nizza gelungen war, begrüßten die Länder umgehend diesen Aspekt als wichtigstes Ergebnis von Nizza und als Erfolg ihrer beharrlichen Forderungen.

Unmittelbar nach dem Gipfel von Nizza nahmen sie die Vorbereitung dieser Reform, in deren Zentrum aus Sicht der Länder die Kompetenzabgrenzung stehen sollte, auf. Sie sprachen sich für eine stärkere Systematisierung der EU-Kompetenzen in bestimmte Kategorien aus (ausschließliche Kompetenzen, Grundsatzkompetenzen und Ergänzungskompetenzen) und damit erstmals gegen starre Kompetenzkataloge, die sie noch Mitte der 90er Jahre gefordert hatten. Ausgangspunkt sollte die Prinzipien der begrenzten Einzelermächtigung, der Subsidiarität und der Verhältnismäßigkeit bleiben. Damit verbanden sie ein bundesstaatliches Ordnungsprinzip – die Aufteilung der Zuständigkeiten auf Kompetenzkategorien – mit dem Staatenbund-Prinzip, nachdem Zuständigkeiten nur von den souveränen Gliedern auf die übergeordnete Ebene übertragen werden können.

2.2 Die Länder und der Verfassungskonvent

Mit Einberufung des zweiten EU-Konvents 2002 eröffnete sich für die Länder erneut die Möglichkeit, unmittelbar an diesem Reformprozess mitzuwirken. Mit der Benennung des baden-württembergischen Ministerpräsidenten Erwin Teufel als Vertreter des Bundesrats im Konvent[30] signalisierten sie, dass sie diese Möglichkeit energisch wahrnehmen wollten. Zugleich hatten die Länder bereits präzise Vorschläge erarbeitet, wie nach ihren Vorstellungen eine europäische Kompetenzordnung aussehen sollte. In zwei umfangreichen Entschließungen des Bundesrats im Dezember 2001 und im Juli 2002 hatten sie ihre Forderungen für den Konvent konkretisiert. Beide Entschließungen waren von der Europaminister-

---

28 Entschließung des Bundesrats, Drs. 667/95 vom 15.1.1995
29 Entschließung des Bundesrats, Drs. 61/00 vom 4.2.2000
30 Um dem parteipolitischen Proporz zu entsprechen, wurde zunächst der niedersächsische Europaminister Senff, SPD, und nach dem Regierungswechsel in Hannover der nordrhein-westfälische Justizminister Gerhards, SPD, zu stellvertretenden Repräsentanten des Bundesrats benannt.

konferenz der Länder unter Einbindung aller übrigen Fachministerkonferenzen vorbereitet, anschließend von der Ministerpräsidentenkonferenz diskutiert und einvernehmlich angenommen und schließlich einstimmig im Bundesrat verabschiedet worden. Diesem dreistufigen Verfahren ging jeweils ein mehrmonatiger kontroverser Abstimmungsprozess im Länderkreis voraus. Die vielen Diskussionen auf unterschiedlichen politischen Ebenen hatten gezeigt, dass hinter der von allen Ländern grundsätzlich akzeptierten Forderung nach einer klareren Abgrenzung der Zuständigkeiten in der EU unzählige Detailfragen stecken, insbesondere in den einzelnen Politikbereichen, und dass in diesen Bereichen unterschiedliche Interessen und Ziele bestanden. So wurden die wettbewerbsföderalistisch geleitete Forderung nach einer Renationalisierung der europäischen Kohäsions- und Strukturpolitik, wie sie von einigen süddeutschen Ländern erhoben worden war, von den ostdeutschen Ländern, die in der föderalen Grundstruktur der EU vor allem auf das Solidaritätsprinzip abstellten, vehement abgelehnt. Die konsensuale Beschlussfassung unterstrich schließlich dennoch den gemeinsamen Willen diese umfassende Reform des europäischen Vertragswerks zu nutzen, um eigene Forderungen durchzusetzen.

Die erste Entschließung des Bundesrates vom 20. Dezember 2001, kurz bevor der Konvent seine Arbeit aufnahm, war als eine Form der Mandatierung des Ländervertreters im Konvent zu interpretieren und diente der grundsätzlichen und prinzipiellen Formulierung der Ziele. In dieser Entschließung formulierten die Länder ihre Prämissen und die Eckpunkte für eine europäische Kompetenzordnung. Die zweite Entschließung formulierte detailliert die Forderungen der Länder an den bereits tagenden Konvent. Hier hatten die Länder versucht, ihre zunächst proklamierten Prämissen und Eckpunkte weiter zu spezifizieren und den Reformbedarf des gesamten europäischen Primärrechts bei einer Übernahme ihrer Vorstellungen zu einer europäischen Kompetenzordnung aufzulisten. Ergebnis dieser Arbeiten war eine lange Wunschliste von mehr als 90 Einzelforderungen. Die Länder plädierten hierbei vor allem für eine stärkere Systematisierung der EU-Kompetenzen in drei Kategorien, in „ausschließliche Kompetenzen", in „Grundsatzkompetenzen" und in „Ergänzungskompetenzen", und damit gegen die vertragliche Normierung eines starren Kompetenzkatalogs. Konkret forderten sie Präzisierungen in bestimmten Tätigkeitsfeldern der Union: Die Binnenmarktkompetenz (Artikel 94, 95 EG-Vertrag) sollte künftig in ihrem Anwendungsbereich präzise und verbindlich auf die Angelegenheiten begrenzt werden, die in unmittelbarem und primärem Bezug zum Binnenmarkt stehen. Zum Vollzug des europäischen Kartellrechts empfahlen sie eine unabhängige europäische Kartellbehörde nach deutschem Muster. Weitere Forderungen betrafen u.a. die europäische Struktur- und Kohäsionspolitik, die nicht zur Begründung oder zur Ausdehnung von Zuständigkeiten auf andere Politikbereiche wie z.B. auf die Raumordnung oder die Stadtentwicklung herangezogen werden dürften, die europäische Gesundheits-, Verbraucherschutz-, Bildungs-, Forschungs- und Umweltpolitik sowie die Bereiche Tourismus und Sport.

Die Länder stellten sich zugleich als kollektive Fürsprecher der föderalen Konstitutionalisierung der EU auf. Zentrale Aufgabe des Konvents müsse die Ausarbeitung eines europäischen Verfassungsvertrages sein, der klar und verständlich aufgebaut sein solle und die EU-Grundrechtecharta einschließe. Zur institutionellen Weiterentwicklung der Union bezogen die Länder deutlich bundesstaatlich geprägte Positionen: Der Ministerrat solle öffentlich tagen, wenn er legislativ tätig wird, und der Kommissionspräsident solle durch das EP gewählt und vom Rat bestätigt werden. Zur Stärkung der Rolle der Regionen im europäischen Integrationsprozess sprachen sich die Länder für die Weiterentwicklung des Ausschusses der Regionen zu einem Unionsorgan nach Artikel 7 Abs. 1 EG-Vertrag aus. Darüber hinaus forderten sie ein eigenständiges Klagerecht der Regionen zur Wahrung ihrer Rechte und Zuständigkeiten.

2.3 Das Netzwerk der regionalen Akteure

Für die Umsetzung dieser Forderungen wurde neben den innerstaatlichen Foren auch ein von den belgischen Regionen initiiertes Netzwerk der Regionen mit Legislativbefugnissen genutzt – RegLeg. In dieses Netzwerk von Regionen aus Belgien, Deutschland, Österreich, Italien, Spanien und Großbritannien, die sich auch als „starke Regionen" bezeichneten, wurden länderübergreifende regionale Themen diskutiert, gemeinsame Positionen definiert und dann in die europäische Debatte eingebracht. Die Initiative ging zwar nicht von den deutschen Ländern aus, sie verstanden es jedoch über ihre sechs Vertreter im engeren Koordinierungszirkel des Netzwerks, die frühzeitige Vorbereitung im deutschen Länderkreis auf die Themen des weiteren Reformprozesses zu nutzen, um die Positionen der Länder in das Netzwerk einzuspeisen und damit zu europäisieren.

3. Das Ergebnis des Konvents

Der Konvent hatte im Juli 2003 einen schlüssigen Gesamtentwurf für einen Europäischen Verfassungsvertrag vorgelegt, der zum Ausgangsdokument für die Verhandlungen der Regierungskonferenz wurde und an dem sich schließlich auch das Verhandlungsergebnis der Regierungskonferenz würde messen lassen müssen. Schon die Tatsache, dass der Konvent diesen einheitlichen Gesamtentwurf, ohne Optionen oder Alternativformulierungen vorlegen konnte, war als Erfolg zu werten, der zu Beginn der Arbeiten im Konvent kaum vorstellbar schien. Die Regierungen konzentrierten sich in ihren Verhandlungen – insbesondere nach dem erstmaligen Scheitern der Verhandlungen im Dezember 2003 – auf institutionelle Fragen. Bezogen auf einzelne Politikbereiche standen die wirtschafts- und währungspolitischen Fragen im Mittelpunkt. So wurde das Ergebnis des Konventes weitgehend übernommen, einige Beobachter sprachen unmittelbar nach dem Ende der Regierungskonferenz von gut 90 Prozent. Allerdings, so ist kritisch anzumerken, hatte bereits der Konvent mit der Übernahme der Grundrechtecharta als Teil II und der weitgehenden Übernahme des EG-Vertrags als Teil III des Verfassungsvertrags in großen Teilen auf bestehende Texte rekurriert.

Der Konvent hat deutliche Fortschritte in den drei Aufgabenfeldern Transparenz und Legitimität, Handlungsfähigkeit und Effizienz sowie Subsidiarität und Bürgernähe erreicht. Der Verfassungsentwurf zeichnet sich durch einige innovative Vorschläge aus, die im Rahmen der klassischen Regierungskonferenzen nicht möglich gewesen wären. Durch die starke Vertretung von Parlamentariern, insbesondere von Mitgliedern des Europaparlaments, im Konvent, wurden gerade die parlamentarischen Elemente der EU im Verfassungsentwurf gestärkt.

Der Vorsitzende des Konvents Valéry Giscard d'Estaing unterstrich selbstbewußt in seiner Erklärung von Rom anläßlich der Übergabe des Verfassungsentwurfs am 18. Juli 2003, der Verfassungsvertrag schaffe „das nötige Gleichgewicht zwischen den Völkern, den Staaten, den alten wie den neuen, zwischen den Organen, zwischen Traum und Wirklichkeit".[31] Diese Bewertung teilte Gisela Stuart, selbst britisches Mitglied des Konvents und Vertreterin der nationalen Parlamente im Konventspräsidium, nicht. Sie kritisierte, dass der Konvent sich nicht mit der Frage befasst habe, ob die Bürgerinnen und Bürger in der Union überhaupt eine Vertiefung des europäischen Integrationsprozesses wollen. Ihr Urteil fiel dementsprechend negativ aus: „The enlarged European Union must be made to work

---

31 Giscard d'Estaing, Valéry: Erklärung von Rom. Rom, 2003. S.5

better, but I am not convinced the proposed Constitution, as it stands, will meet the needs of an expanding Europe."[32] Auch einige Beobachter sprachen von einer sich abzeichnenden „nächsten Reformrunde" zur Überarbeitung des Verfassungsvertrags in der Fassung des Konvents und den „'Left-overs' des Konvents"[33], als die Regierungskonferenz ihre schwierigen Verhandlungen noch gar nicht aufgenommen hatte. Im Gegensatz dazu kam der Vertreter des Deutschen Bundesrats im Konvent, Ministerpräsident Erwin Teufel, zu der Einschätzung, dass gerade vor dem Hintergrund der anstehenden Erweiterung der Union eine gemeinsame Verfassung dringlicher denn je sei. „Wir haben mit dem Konventsentwurf grundsätzlich ein konzentriertes, tragfähiges Konzept für das neue Europa".[34] Und der Repräsentant des Deutschen Bundestags im Konvent, Jürgen Meyer, kam zu der Schlussbewertung: „Im Großen ist Großes gelungen, im Kleinen hätte Größeres gelingen können".[35]

Die innovativen Vorschläge des Konvents hatten auch über die schwierigen Verhandlungen der Regierungskonferenz Bestand. Zu nennen sind die vierteilige Struktur des Verfassungsvertrages, die Ausstattung der Union mit einer eigenen Rechtspersönlichkeit, die Aufnahme der Grundrechtecharta in den Verfassungsvertrag, die Nennung der Staaten und Bürger als doppelte Legitimationsgrundlage der Union und die zunächst symbolische Zuweisung einer doppelten Staatsbürgerschaft (der nationalen und der europäischen Staatsbürgerschaft) an alle Unionsbürger. Auch die neuen Institutionen, wie den Präsidenten des Europäischen Rats und den EU-Außenminister, die Einfügung eines gesonderten Kompetenzkapitels, in dem die Zuständigkeiten in drei Kompetenzkategorien (ausschließliche, geteilte und unterstützende Zuständigkeiten) eingeteilt werden, und die rechtliche Regelung des Austritts aus der Union blieben während der Regierungskonferenz unangetastet.

Die institutionelle Balance zwischen der Europäischen Kommission, dem Europäischen Parlament und dem Ministerrat bzw. dem Europäischen Rat wurde im Hinblick auf die Stärkung der Handlungsfähigkeit der Union neu austariert. Das Europäische Parlament wurde in seinen Rechten durch die Ausweitung des Mitentscheidungsverfahrens zum Regelverfahren deutlich gestärkt. Die Wahl des Präsidenten der Europäischen Kommission durch das Europäische Parlament stärkt sowohl den Kommissionspräsidenten, der über eine unabhängige Legitimationsbasis verfügt, als auch das Europäische Parlament, dessen Zustimmung mit Mehrheit erforderlich ist. Zwar wird der Kommissionspräsident weiterhin auf Vorschlag des Europäischen Rats gewählt, jedoch hat der Europäische Rat bei seinem Vorschlag das Ergebnis der Wahlen zum EP zu berücksichtigen. Die politische Kräfteverteilung im Europäischen Parlament wird somit bestimmend für eine wichtige europäische Personalfrage. Auch die Arbeit des Ministerrats in seiner Funktion als Mit-Gesetzgeber neben dem Europäischen Parlament soll durch die Regeln des Verfassungsvertrages deutlich effektiver werden. Um eine stärkere Kontinuität der Arbeiten in den einzelnen Formationen des Rates gewährleisten zu können, wird der Vorsitz nicht mehr von einer halbjährlich wechselnden Ratspräsidentschaft wahrgenommen, sondern von einem für mindestens ein Jahr zu benennenden Vorsitzenden. Hierzu sollen die politischen und geografischen Unterschiede zwischen den Mitgliedstaaten durch ein gleichberechtigtes Rotationssystem ausgeglichen werden. Der Konvent diskutierte die Einrichtung einer neuen Ratsformation „Allgemeine Angelegenheiten und Gesetzgebung" nach dem Muster des deutschen Bundesrates, mit dem die Kohärenz der europäischen Gesetzgebung verbessert und gegensätzliche

---

32   Stuart, Gisela: The Making of Europe's Constitution. London, 2003. S. 2
33   So Emmanouilidis, Janis A./Giering, Claus: Lücken und Tücken. Der EU-Verfassungsentwurf auf dem Prüfstand. In: Internationale Politik, Heft 8, 2003. S. 27-32, hier S. 32
34   Teufel, Erwin: Warum Europa endlich eine Verfassung braucht. In: Die Welt vom 2. Februar 2004
35   Meyer, Jürgen/Hölscheidt, Sven: Die Europäische Verfassung des Europäischen Konvents. In: EuZW, Heft 20, 2003. S. 613- 621, S. 621

Entscheidungen in unterschiedlichen Ratsformationen vermieden werden sollten. Vorgesehen war, dass dieser „Legislativrat" in seiner Funktion als Gesetzgeber öffentlich tagen sollte.[36] In einem gesonderten Protokoll wurde die gegenwärtig informell tagende Gruppe der Finanzminister der Euro-Länder als eigenständiges Gremium anerkannt. Diese „Euro-Gruppe" wählt für die Dauer von zweieinhalb Jahren ihren eigenen Präsidenten, der als „Mr. Euro" die Währungspolitik der Staaten des Euro-Währungsgebietes in Zusammenarbeit mit der EZB lenken wird.

Der Konvent versuchte, die unmittelbare Mitwirkung der Bürger an der europäischen Gesetzgebung mit der Einführung eines europäischen Bürgerbegehrens[37] zu ermöglichen und damit zugleich das Interesse der Bürger an und die Identifikation mit Europa zu verbessern. Mit einem solchen Bürgerbegehren sollte die Europäische Kommission zum Vorschlag eines Rechtsaktes bei Themen aufgefordert werden können, für die nach Ansicht der Unionsbürger ein Rechtsakt der Union erforderlich sei. Auch die Einführung einer Solidaritätsklausel[38] zur gegenseitigen Unterstützung, z.B. bei Terroranschlägen oder Naturkatastrophen, sollte in erster Linie der Ausbildung eines europäischen Solidaritätsgedankens dienen.

Als europäisches Regelgesetzgebungsverfahren schlug der Konvent das Verfahren der Mitentscheidung vor, verbunden mit Abstimmungen mit qualifizierter Mehrheit im Legislativrat. Insbesondere in den Einzelermächtigungen des Teils III des Verfassungsvertrages wurden die Abstimmungen mit qualifizierter Mehrheit erheblich ausgeweitet, so z.B. auch im Bereich des Raumes der Freiheit, der Sicherheit und des Rechts. Zugleich wurde die Möglichkeit, künftig durch einen einstimmigen Beschluss des Europäischen Rats den im Verfassungsvertrag festgeschriebenen Abstimmungsmodus abändern zu können (so genannte Passerelle-Klausel), aufgenommen.[39] Diese Regel bedeutet, dass in spezifischen Politikbereichen, in denen Entscheidungen einstimmig getroffen werden müssen, dann Abstimmungen mit qualifizierter Mehrheit möglich werden können, ohne dass es einer Vertragsänderung bedürfen würde. Diese Form der Abänderung des Abstimmungsmodus im Verfassungsvertrag soll einerseits der Verbesserung der Entscheidungs- und Handlungsfähigkeit der erweiterten EU dienen; andererseits werden allerdings die Mitwirkungs- und Ratifikationsrechte der nationalen Parlamente eingeschränkt.[40]

4. Vom Konvent zur Regierungskonferenz

Die Regierungen der Mitgliedstaaten veränderten und ergänzten den Entwurf des Konvents insbesondere in den Bereichen, in denen sie ihre eigene Souveränität und politische Gestaltungsautonomie angetastet sahen. Der Grundsatz „ein Kommissar pro Mitgliedstaat" wurde zunächst bis zum Jahr 2014 fest geschrieben, also für die erste Kommission nach In-

---

36 Dies wird in Artikel I-49 Absatz 2 des Konventsentwurfs unter der Überschrift „Transparenz der Arbeit der Organe der Union" geregelt.
37 In Titel VI „Das demokratische Leben der Union" wurde in Artikel I-46 Absatz 4 die Möglichkeit aufgenommen, dass mindestens „eine Million Bürgerinnen und Bürger aus einer erheblichen Zahl von Mitgliedstaaten eine Bürgerinitiative" auslösen könnten. Die weiteren Bestimmungen und Verfahrensregeln sollten in einem Europäischen Gesetz geregelt werden.
38 Die Solidaritätsklausel ist in Artikel I-42 und die Modalitäten ihrer Anwendung ist in Artikel III-231 geregelt.
39 Diese Klausel wurde in Artikel I-24 Absatz 4 des Konventsentwurfs aufgenommen.
40 Die nationalen Parlamente sollten allerdings frühzeitig über das Vorhaben des Rates unterrichtet werden.

Kraft-Treten der Verfassung. Im Gegensatz zum Vorschlag des Konvents wurde aber keine Differenzierung zwischen den Kommissaren vorgenommen; Kommissare ohne Stimmrecht soll es nicht geben. Für die Europäische Kommission nach dem Jahr 2014 wird die Zahl der Kommissare nur noch 2/3 der Zahl der Mitgliedstaaten entsprechen, d.h. also 18 Kommissare bei einer EU von 27 Mitgliedstaaten. In der besonders umstrittenen Frage der doppelten Mehrheit nach Art. I-25 des Verfassungsvertrags zeigte sich die Regierungskonferenz flexibler als der Konvent, einen für alle Seiten tragbaren Kompromiss zu finden. Der Konvent hatte eine einfache Mehrheit der Mitgliedstaaten, die 60% der Bevölkerung entsprechen muss, vorgeschlagen. Aus Rücksicht auf die Bedenken der kleinen Mitgliedstaaten wurden diese Quoten in der Regierungskonferenz um jeweils 5% erhöht, also auf 55% und 65%, die ab dem 1. November 2009 gelten sollen. Darüber hinaus wurde als weitere Klarstellung eingefügt, dass die Mehrheit der Mitgliedstaaten mindestens 15 Staaten ausmachen muss. Wichtig für die kleinen Staaten blieb zudem die Festlegung der Sperrminorität, die besagt, dass mindestens vier Staaten erforderlich sind, um eine Entscheidung zu verhindern. Diese Schutzklausel war gefordert worden, um eine Blockadekoalition der drei großen Staaten Deutschland, Frankreich und Großbritannien zu verhindern.

Um auch die letzten Einwände insbesondere der polnischen Delegation aufzunehmen, vereinbarten die Staats- und Regierungschefs eine ergänzende Erklärung zu Artikel I-25 des Verfassungsvertrags. In dieser Erklärung vereinbaren die Mitgliedstaaten, den Kompromiss von Ioaninna zumindest für eine Übergangszeit von 2009 bis zum 1. November 2014 anzuwenden. Danach soll der Rat keine Entscheidung mit der neuen qualifizierten Mehrheit treffen, wenn mindestens drei Viertel des Bevölkerungsanteils oder mindestens drei Viertel der Mitgliedstaaten, die für die Bildung einer Sperrminorität erforderlich wären, der Annahme eines Rechtsaktes widersprechen. Zusätzlich wird in den Politikbereichen der früheren zweiten und dritten Säule, also in den Bereichen Gemeinsame Außen- und Sicherheitspolitik sowie Innen- und Justizpolitik, bei Mehrheitsabstimmungen ein höheres Staatenquorum erforderlich. Für diese Fälle schreibt der Verfassungsvertrag das Quorum von 72% der Staaten und 65% der Bevölkerung vor. Auch in diesen Bereichen wurden also die vom Konvent vorgeschlagenen Mehrheitsschwellen erhöht. Damit konnte in der Regierungskonferenz zwar grundsätzlich ein Wechsel vom System der gewichteten Stimmen hin zu einem System der doppelten Mehrheit erreicht werden. Diese doppelte Mehrheit wurde aber zugleich mit einer Vielzahl von Konditionen und einer schrittweisen Einführung verbunden, die das System weder transparenter noch effizienter machen.

Das Amt des europäischen Außenministers wird durch den so genannten „kleinen Doppelhut", also die Personenidentität des Hohen Repräsentanten des Rates und des Kommissars für die Außenpolitik, geschaffen werden. Dieser Außenminister wird dennoch eine Sonderstellung – insbesondere in seinem Verhältnis zum Europäischen Parlament – behalten. Im Fall eines vorzeitigen Rücktritts der Kommission soll er ebenfalls seine Funktion als Mitglied der Kommission verlieren, sein Amt als Beauftragter des Rats für die Außenpolitik würde er aber behalten.

Die Mitgliederzahl des Europäischen Parlaments (Artikel I-20 EVV) wurde von 736 auf 750 Mitglieder als Obergrenze erhöht. Darüber hinaus wurde die Zahl der Mindestsitzzahl von 4 auf 6 pro Mitgliedstaat angehoben und eine Höchstzahl von 96 Sitzen pro Staatsvolk festgelegt. Damit wird das Ziel verfehlt, bei der Sitzverteilung im Europäischen Parlament das Kriterium der demokratischen Repräsentativität stärker zu betonen.

Die allgemeine Passerelle-Regelung nach Artikel IV-444 EVV, mit der ein erleichterter Übergang von der Einstimmigkeit in die Mehrheitsentscheidung ermöglicht werden soll, wurde um eine ausdrückliche Berücksichtigung der nationalen Parlamente ergänzt. Im Gegensatz zum Konventsentwurf erhalten demnach die nationalen Parlamente ein eigenes

Vetorecht gegenüber dem Beschluss des Europäischen Rats. Im Bereich der Justiz- und Innenpolitik eröffnete die frühzeitig vom irischen Vorsitz vorgelegte Möglichkeit einer „Notbremse" den Weg für einen Kompromiss zwischen den Regierungen, die weitere Integrationsschritte forderten, und denjenigen, die zurückhaltend blieben. Danach kann ein Staat, der ein europäisches Rahmengesetz als mit den grundlegenden Prinzipien seiner Strafrechtsordnung für unvereinbar hält, einen Beschluss zunächst verhindern. Der Europäische Rat muss sich dann mit der Frage befassen und innerhalb von vier Monaten entscheiden. Kann auch er keine Einigung erzielen, so kann automatisch eine verstärkte Zusammenarbeit einer Gruppe von Mitgliedstaaten eingeleitet werden, an der sich mindestens ein Drittel der Mitgliedstaaten beteiligen muss.

Weitere wichtige Veränderungen in den Sachfragen gegenüber dem Konventsentwurf sind die erneut aufgenommene Zuständigkeit der EU für Tourismus nach Artikel III-281, die allerdings auf Unterstützungsmaßnahmen begrenzt bleibt, die Ergänzung von Artikel III-122 zur Daseinsvorsorge, nach der die nationalen Zuständigkeiten unberührt bleiben sollen, die neu eingefügte Querschnittsklausel zum Tierschutz nach Artikel III-121 und die grundsätzliche Gleichrangigkeit der Mitgliedstaaten, die in Artikel I-5 an prominenter Stelle im Verfassungsvertrag verankert wurde. Das Bürgerbegehren nach Artikel I-47 wurde um eine Mindestzahl der Staaten ergänzt, die in den jeweiligen Anfragen repräsentiert sein müssen. Die beiden Teile der europäischen Haushaltsbehörde, das Europäische Parlament und der Rat, werden künftig gleichberechtigt den jährlichen Haushalt der Union erstellen und der Beitritt zur Europäischen Menschenrechtskonvention nach Artikel I-9 wird für die EU verpflichtend beschlossen.

5. Die Kompetenzabgrenzung

Als wichtige Aufgabe hatte der Europäische Rat von Laeken dem Konvent aufgetragen, die klare Abgrenzung der Kompetenzen zwischen der EU und den Mitgliedstaaten zu diskutieren und Reformvorschläge vorzulegen. Bei diesem im Konvent lange Zeit umstrittenen Thema wurde zunächst die Einordnung der Zuständigkeiten in abgegrenzte Kategorien und damit eine Verbesserung der Transparenz der Kompetenzordnung vereinbart. Der Verfassungsvertrag enthält nunmehr ein eigenes Kompetenzkapitel, in dem zwischen ausschließlichen, geteilten und unterstützenden Zuständigkeiten der EU unterschieden wird.[41] Für die Bürgerinnen und Bürger in der Europäischen Union sollte es möglich werden, in der Europäischen Verfassung nachzulesen, wer wofür zuständig ist und die Verantwortung trägt und wer für welche Entscheidungen auch zur Verantwortung gezogen werden kann. Damit wurde das vordringlichste Ziel der Länder vom Konvent aufgegriffen.

Die vom Konvent vorgeschlagene abschließende Liste der ausschließlichen EU-Zuständigkeiten war sehr kurz gehalten.[42] Somit wurde klargestellt, dass in allen übrigen Bereichen das Subsidiaritätsprinzip gelten sollte. Dies war insbesondere wichtig für die lange Zeit umstrittene und von den Ländern häufig kritisierte unklare Zuordnung des Binnenmarkts in der europäischen Zuständigkeitsverteilung. Der Binnenmarkt wird nun zum Bereich der geteilten Zuständigkeit gehören, so dass künftig europäische Gesetze in diesem Bereich dem Subsidiaritätsprinzip unterliegen sollen. Die in der Erklärung von Laeken ein-

---

41 Teil I Titel III Artikel I-9-17 des Konventsentwurfs
42 In der Auflistung von Artikel I-12 wurden lediglich die Politikbereiche Währungspolitik für die Euro-Mitgliedstaaten, gemeinsame Handelspolitik, Zollunion und die Erhaltung der biologischen Meeresschätze im Rahmen der gemeinsamen Fischereipolitik genannt.

geräumte Möglichkeit, Zuständigkeiten der EU auf die Mitgliedstaaten zurück zu verlagern, wurde vom Konvent nicht aufgegriffen. Vielmehr wurden zusätzliche Zuständigkeiten auf die EU übertragen, wie z.B. in den Bereichen Energie, Sport, Zivilschutz, geistiges Eigentum und Raumfahrt. Die Prinzipien der Kompetenzausübung wurden schon im Vertragsentwurf des Konvents deutlicher als bisher formuliert. Das gilt für das Prinzip der begrenzten Einzelermächtigung ebenso, wie für die Grundsätze der Subsidiarität und der Verhältnismäßigkeit. Das Subsidiaritätsprinzip selbst konnte ebenfalls eindeutiger formuliert werden; die Kommission muss nun in ihren Gesetzesinitiativen detailliert erläutern, warum ein Regelung auf der europäischen Ebene einer mitgliedstaatlichen Regelung vorzuziehen ist bzw. warum mit europäischen Gesetzen ein bestimmtes Ziel besser erreicht werden kann. Die Länder hatten kritisiert, dass in der Vergangenheit die Unionsziele oft zur Begründung für Verlagerungen neuer Zuständigkeiten auf die europäischer Ebene herangezogen worden sei. Nunmehr wird im Verfassungsvertrag klarer formuliert, dass die Ziele nur „entsprechend dem Umfang der Zuständigkeiten" (Art. I-3 Abs. 5) von der Union verfolgt werden können.

Die Offene Methode der Koordinierung, d.h. die Festsetzung von Leitlinien und qualitativen Indikatoren, die erstmals vom Europäischen Rat von Luxemburg 1997 für die Beschäftigungspolitik eingeführt worden war, wurde nicht explizit in den Verfassungsvertrag aufgenommen. Jedoch wurde sie in Teil III der Verfassung auf die Bereiche Sozialpolitik, Forschung, Gesundheit, Industrie und Ernährung in den Verfassungsvertrag ausgeweitet.[43] Darüber hinaus wurde in Teil I der Union die Möglichkeit für erweiterte Maßnahmen zur Koordinierung der Wirtschafts-, Sozial- und Beschäftigungspolitik übertragen. Die Formulierungen des Konvents reichten weiter, als die gegenwärtig den Mitgliedstaaten vorbehaltene Koordinierung ihrer Wirtschaftspolitiken, und wurde von der Regierungskonferenz wieder zurückgenommen.[44] Für einige Politikbereiche, wie z.B. Bildung und Kultur, wurde ein ausdrückliches Harmonisierungsverbot im Verfassungsvertrag verankert.[45]

Die seit vielen Jahren bemängelte „Länderblindheit" der Europäischen Union wird mit dem Verfassungsvertrag eindeutig überwunden. Die europäischen Regionen und Kommunen werden im europäischen Vertragswerk förmlich anerkannt und ihre Eigenständigkeit geschützt. Das Prinzip der Unionstreue[46] wurde im Entwurf des Konvents als beiderseitiges Prinzip formuliert. Damit sollte die bisher einseitige Loyalitätsverpflichtung der Mitgliedstaaten gegenüber der EU um die Verpflichtung der Union ergänzt werden, umgekehrt auch die Mitgliedstaaten bei der Erfüllung der Aufgaben zu unterstützen. Ein bedeutender Erfolg der deutschen und österreichischen Länder und der belgischen Regionen war die ausdrückliche Achtung der regionalen und kommunalen Selbstverwaltung durch die Union.[47] Danach sollte die grundlegende politische und verfassungsrechtliche Struktur einschließlich der regionalen und kommunalen Selbstverwaltung Bestandteil der nationalen Identität der Mitgliedstaaten werden. Der Ausschuss der Regionen sollte durch die Möglichkeit eines eigenen Klagerechts zur Wahrung seiner Rechte sowie bei Verletzungen des Subsidiaritätsprinzips gestärkt werden.[48] Ein wichtiger Fortschritt für eine verbesserte Kompe-

---

43 Für die Sozialpolitik Art. III-213 und für das Gesundheitswesen Artikel III-278, für die Industriepolitik Artikel III-279 und für Forschung Artikel III-250
44 Vgl. Artikel I-14 des Konventsentwurfs
45 Vgl. für den Bereich Kultur Artikel III-280 Absatz 5a), für den Bereich Bildung Artikel III-282 Absatz 3a) und den Bereich berufliche Bildung Artikel III-283 Absatz 3a)
46 Vgl. Artikel I-5 Absatz 2 des Konventsentwurfs
47 Artikel I-5 Absatz 1
48 Vgl. hierzu Artikel III-365 Absatz 3 und das Protokoll über die Anwendung der Grundsätze der Subsidiarität und der Verhältnismäßigkeit Ziffer 7

tenzordnung ist auch das Klagerecht der nationalen Parlamente bzw. ihrer Kammern vor dem Europäischen Gerichtshof gegen die Verletzung des Subsidiaritätsprinzips.[49] Die Einflussmöglichkeiten der nationalen Parlamente werden durch einen spezifischen „Frühwarnmechanismus" gestärkt. Somit können künftig Bundestag und Bundesrat bereits vor dem Erlass eines europäischen Gesetzes ihre Bedenken vorbringen, wenn sie eine Verletzung des Subsidiaritätsprinzips und ihrer Rechte in Gefahr sehen.

6. Der Verfassungsvertrag in der Bewertung der Länder

Die Länder begleiten den Verhandlungsprozess im Konvent und in der Regierungskonferenz in einer speziellen Arbeitsgruppe, mit Entschließungen der Europaministerkonferenz, der Ministerpräsidentenkonferenz und des Bundesrats sowie in einer gesonderten Arbeitsgruppe mit den Vertretern der Bundesministerien. Die direkte Mitwirkung im Konvent eröffnete ihnen im Vergleich zu der bisherigen nur mittelbaren Beteiligung über Bundesratsbeauftragte an den klassischen Regierungskonferenzen neue Formen der Einflussnahme. Dies erforderte umgekehrt auch eine neue Form der Koordination und der Abstimmung, insbesondere als der Konvent in die entscheidende Phase der Formulierung der Vertragsartikel eintrat. In dieser Schlussphase mussten die Textentwürfe des Konventspräsidiums innerhalb weniger Tage, in den häufigsten Fällen innerhalb einer Woche, kommentiert und Änderungsvorschläge an das Konventssekretariat zurückgesandt werden. Diese kurze Zeitspanne erschwerte nicht nur die Analyse der Texte, sie machte eine vertiefte Diskussion über die Texte im Länderkreis unmöglich und erschwerte so die Rückkoppelung des Ländervertreters im Konvent an die übrigen deutschen Länder.

Dennoch beschlossen die Ministerpräsidenten bereits im Juni 2003 eine „Erste politische Bewertung des Verfassungsentwurfs". Darin wird eine Gegenüberstellung der Ergebnisse des Konvents mit den Forderungen der Länder vorgenommen, die sie in ihren Grundsatzbeschlüssen zur Debatte zur Zukunft der EU vom Dezember 2001 bzw. zum EU-Konvent vom Juli 2002 sowie in den Berichten zum Zwischenstand der Konventsberatungen vom Dezember 2002 und Mai 2003 aufgestellt hatten. Bereits im Mai hatten die federführenden Europaminister der Länder eine erste Bewertung vorgenommen und den vorliegenden Verfassungsentwurf als insgesamt ausgewogenen Kompromiss bezeichnet, in dem wesentliche Anliegen der Länder aufgenommen worden seien. Abweichend von den anderen Ländern sah sich Bayern allerdings zu diesem Zeitpunkt nicht in der Lage, eine erste politische Bewertung abzugeben. Bayern vertrat die Ansicht, dass wesentliche Länderforderungen, insbesondere im Bereich der Kompetenzabgrenzung, nicht aufgegriffen worden seien. Eine politische Bewertung könne erst erfolgen, wenn der Entwurf für einen Verfassungsvertrag in seiner Gesamtheit vorliege. Die Ministerpräsidentenkonferenz im Juni begrüßte dennoch, dass eine Vielzahl ihrer Forderungen Eingang in den Vorschlag des Konvents gefunden hatte. Aufgelistet wurden u.a. die Integration der Charta der Grundrechte in den Verfassungsvertrag, die transparentere Kompetenzordnung, die Sicherung des Amsterdamer Protokolls zum öffentlich-rechtlichen Rundfunk und dass die offene Methode der Koordinierung nicht als allgemeines Handlungsinstrument im Verfassungsvertrag verankert wurde. Von besonderer Bedeutung im Blick auf die Sicherung ihrer Einflussmöglichkeiten des Bundesrats auf die Bundesregierung durch die Ratifikationsnotwendigkeit auch künftiger Vertragsänderungen war die Festschreibung, dass alle Teile des Verfassungsvertrags die

---

49 Dieses Klagerecht wird im Protokoll über die Anwendung der Grundsätze der Subsidiarität und der Verhältnismäßigkeit Ziffer 7 gemäß der jeweiligen innerstaatlichen Rechtsordnung eingeräumt.

gleiche Rechtsqualität erhalten und somit weiterhin ratifikationsbedürftig sind. Ebenso wichtig war aus Ländersicht ein eigenständiges Klagerecht der zweiten Kammer der nationalen Parlamente bei Verletzung des Subsidiaritätsprinzips, also des Bundesrats. Ein unmittelbares Klagerecht einzelner Länder wurde zwar gefordert, jedoch nicht erreicht; aber die Ministerpräsidenten verständigten sich auf eine informelle innerstaatliche Lösung, die ein indirektes Klagerecht einzelner Länder ermöglichen soll.

Die weitergehenden Überlegungen der Länder für eine umfassende Umgestaltung der europäischen Kompetenzordnung wurden im Konvent weder in die eigenen Textentwürfe aufgenommen noch vertieft debattiert. Die Länder hatten vorgeschlagen, innerhalb der einzelnen Politikbereiche zwischen spezifischen Aufgabenfeldern weiter zu differenzieren und europäische von mitgliedstaatlichen und regionalen Aufgaben abzugrenzen. Die in einem Politikbereich anzuwendenden Rechtsakte der EU sollten mit diesen differenzierten Aufgabenzuweisungen verbunden werden. Die von den Ländern geforderte und in der Erklärung von Laeken aufgenommene Möglichkeit der Rückübertragung von Zuständigkeiten der EU auf die Mitgliedstaaten wurde im Konvent nur in einem Fall durch die Streichung des Bereichs Tourismus in den Zielbestimmungen, genutzt. Die Regierungskonferenz allerdings fügte den gestrichenen Hinweis in Art. 3 des EG-Vertrags wieder ein. Auch die mit einem konkreten Formulierungsvorschlag geforderte Präzisierung der Binnenmarktklausel konnte nicht erreicht werden. Mit dieser Präzisierung sollte Maßnahmen der EU vorgebeugt werden, die im Schwerpunkt einem anderen Vertragsziel, z.B. dem Umwelt- oder dem Gesundheitsschutz, dienen und nur mittelbar das Funktionieren des europäischen Binnenmarktes gewährleisten sollen.

Die Flexibilitätsklausel nach Art. I-18 des Verfassungsvertrags, die gegenwärtig in Artikel 308 des EG-Vertrags auf Maßnahmen zum Binnenmarkt beschränkt ist, soll künftig bei allen in Teil III des Verfassungsvertrags aufgeführten Politikbereichen ein Tätigwerden der Union ermöglichen. Der Anwendungsbereich dieser Klausel wurde somit ausgeweitet. Die Länder hatten zunächst die Streichung der Klausel, dann zumindest die zeitliche Befristung gefordert.

Für die Länder ist die derzeit bestehende Möglichkeit, dass Länderminister Deutschland im Ministerrat vertreten, wenn ausschließliche Länderzuständigkeiten verhandelt werden (z.B. in der Medienpolitik), von grundlegender Bedeutung. Diese Möglichkeit wurde im Konventsentwurf des Verfassungsvertrages nicht eindeutig geregelt. Der Ministerrat sollte sich aus je einem Vertreter je Mitgliedstaat zusammen setzen, der als Einziger befugt wäre, für den Mitgliedstaat, den er vertritt, verbindlich zu handeln. Erst in der Regierungskonferenz konnten die Länder unterstützt von den belgischen Regionen eine Neuformulierung und damit die Rückkehr zum status quo der Formulierungen des Vertrags von Nizza durchsetzen.

Im Gesamtergebnis konnten die Länder im Konvent wichtige Reformvorschläge in die Debatte einbringen und weitreichende Strukturveränderungen durchsetzen. Allerdings waren die Erfolge der Länder an zwei Vorbedingungen gekoppelt. Die Länder mussten für ihre Vorstellungen die Unterstützung der Bundesregierung finden. Sie benötigten, zweitens, auch die Hilfe der Vertreter anderer Regionen und nationaler Parlamente im Konvent, die wiederum ihre Zentralregierungen für regional induzierte Forderungen gewinnen mussten. Diese Umfeldbedingungen zwangen die Länder gegenüber der Bundesregierung eine geschlossene Länderposition zu vertreten.[50] Für die Arbeit im Konvent war ebenso wichtig,

---

50 Als prägnantes Beispiel dafür, dass nur die Gesamtheit der Länder ausreichend Einfluss auf die Bundesregierung ausüben kann, gilt die sehr emotionale und spontane Rede im Vorfeld der Regierungskonferenz zum Vertrag von Nizza des bremischen Bürgermeisters Henning Scherf im Bundesrat. Diese

für die Länderpositionen europäische Verbündete zu gewinnen. Das vorrangige Thema der Länder, die Reform der Kompetenzordnung, durfte nicht als deutsches Länder- und damit Sonder- oder gar „Orchideenthema" deklassiert werden, sondern musste auch in anderen Mitgliedstaaten diskutiert und als Reformoption für den Konvent aufgewertet werden. Die Durchsetzung der reformierten Kompetenzordnung war somit abhängig von der Pflege des europäischen Resonanzbodens im Vorfeld der eigentlichen Konventsarbeiten. Ziele, die die Länder über diese europäische Sensibilität hinaus verfolgten, waren nicht erfolgreich. So war die Zielvorstellung, die Zuständigkeiten der EU deutlich und klar von den Kompetenzen der Mitgliedstaaten abzugrenzen – was auch eine Rückübertragung einschließen konnte – nicht zu vermitteln.[51] Zum Teil wirkten sich diese Positionen und ihre offensive Vertretung in der Anfangsphase des Konvents eher negativ auf die Diskussion kompromissfähigerer Positionen aus. Die relativ unvermittelt eingebrachte Forderung, die Abrundungsklausel des Artikel 308 EGV im Zuge der Reform der europäischen Kompetenzordnung ganz zu streichen, wurde so schlicht als das Ende des Integrationsprozesses und damit als Frontalangriff auf die flexible Handlungsfähigkeit der Union interpretiert. Im Ergebnis wurde der Anwendungsbereich der Abrundungsklausel letztendlich weiter ausgedehnt. Erfolgreicher waren die Länder dabei, die Kompetenzausübung durch neue Verfahren zu begrenzen und stärker durch die nationalen Parlamente zu kontrollieren. Hierbei konnten sie sich auf ein breites Bündnis derjenigen Akteure stützen, die in der vertraglichen Normierung nationalparlamentarischer Vorrechte nicht nur die Operationalisierung eines neuen „Mehrebenenparlamentarismus"[52] erkannten, sondern darüber hinaus auch eine Relativierung der Rollen und Funktionen des Europäischen Parlaments verfolgten.

7. Fazit: Der Verfassungsvertrag als interpretationsoffene Anreizstruktur der Ebenen

Das europäische Vertragswerk hat sich in ständiger Weiterentwicklung, funktionaler Ausweitung und institutioneller Verdichtung, zu einer Vielzahl von Verträgen, Protokollen und Erklärungen verästelt und durch bislang vier Vertragsreformen seit 1989 einem ständigen Reformprozess ausgesetzt. Bereits diesem ausgewucherten europäischen Primärrecht wird in seiner Gesamtheit sowohl vom EuGH als auch vom BVerfG ein konstitutioneller Charakter konstatiert. Allerdings entspricht dieses Vertragswerk zweifellos nicht den formalen und normativen Kriterien einer Verfassung im klassischen Sinn. Auch der Europäische Verfassungsvertrag ist keine Verfassung im nationalstaatlich geprägten Verfassungsverständnis. Der EVV ist zunächst ein völkerrechtlicher Vertrag, der an die Stelle des bisherigen vielgliedrigen europäischen Vertragswerks tritt. Gerade auch die in der Regierungskonferenz vorgenommenen Abänderungen am Konventsentwurf bestätigen den Vertragscharakter.

Rede, die entgegen den Gepflogenheiten und der Tradition des Bundesrats, Beifall auslöste, riss alle übrigen Ministerpräsidenten mit und überzeugte die Bundesregierung von der Ernsthaftigkeit der Länder, das Ergebnis der Regierungskonferenz nicht zu ratifizieren, wenn nicht eine Fortsetzung des Reformprozesses in Nizza vereinbart würde, in dessen Mittelpunkt die Reform der europäischen Kompetenzordnung stehen würde.
51 Noch deutlicher war die Ablehnung auf die auch im Länderkreis nur partiell unterstützte Forderung von Ministerpräsident Teufel nach einer dualen, auf festgezurrten Katalogen basierenden Kompetenzordnung.
52 Maurer, Andreas: Parlamentarische Demokratie in der Europäischen Union. Der Beitrag des Europäischen Parlaments und der nationalen Parlamente. Baden-Baden, 2002. S. 17-21; 69-71; 370-372

Der Konvent wurde insbesondere in den letzten Wochen seiner Arbeit in der Öffentlichkeit als eigenständiger und die Reformprozesse der EU forcierender Akteur wahrgenommen. Damit hat er ein hohes Maß an Aufmerksamkeit für den europäischen Integrationsprozess im Allgemeinen sowie für die Debatte über eine Europäische Verfassung im Besonderen erzielt. Alle Konventsmitglieder – ausgenommen nur einige wenige grundsätzlich europaskeptische Mitglieder des Konvents – akzeptierten das Ziel, einen kohärenten Verfassungsentwurf zu erarbeiten und somit eine Gesamtrevision des europäischen Vertragswerks vorzunehmen. Dieses gemeinsame Ziel setzte den Willen aller Konventsmitglieder zur offenen Diskussion, zu konsensualen Lösungen und die Bereitschaft zu Kompromissen voraus. Der Konvent hatte mit dieser Bereitschaft seiner Mitglieder, nationale Sonderinteressen dem Gesamtziel unterzuordnen, im Gegensatz zu den bisherigen Vertragsrevisionen in den klassischen Regierungskonferenzen nicht nur einen Kompromiss auf der Basis des kleinsten gemeinsamen Nenners erzielt, sondern eine grundsätzliche Weiterentwicklung des europäischen Vertragswerks zu einem Europäischen Verfassungsvertrag vorgelegt.

Dieses bemerkenswerte Ergebnis lag den Mitgliedstaaten zur weiteren Beratung vor. Dabei fanden sich die Regierungen in einem Dilemma wieder. Einerseits hatte der Europäische Rat bereits bei der Mandatierung des Konvents in der Erklärung von Laeken im Dezember 2001 davon gesprochen, dass sich Europa am Scheideweg befinde und einer Konstitutionalisierung bedürfe. Damit wurde der normative Anspruch und der Maßstab, an dem man das Ergebnis messen wollte, sehr hoch angelegt. Andererseits versuchten aber die Regierungsvertreter bereits in der Schlussphase des Konvents und später noch deutlicher während der Regierungskonferenz ihre nationalen Partikularinteressen durchzusetzen. Die Auflösung dieses Dilemmas erforderte eine rationale und pragmatische Fortsetzung der Vertiefung durch Verträge, ohne die innovativen und ideell-symbolischen Elemente des Konventsvorschlags in Frage zu stellen. Während Giscard d'Estaing von einer Verfassung gesprochen hatte, die 50 Jahre und länger bestehen bleiben werde, verhandelten die Vertreter der Regierungen einen Vertrag, der in den Augen vieler Beobachter eine Bestandsdauer von bestenfalls 5-10 Jahren haben sollte.

Für die Weiterentwicklung der dritten Ebene im europäischen Mehrebenensystem war die Möglichkeit, unmittelbar eigene Vorstellungen in den Verhandlungsprozess einbringen zu können, eine neue Erfahrung. Die Offenheit der Konventsmethode für neue, nicht bereits im bestehenden Vertragswerk vorgezeichnete Veränderungen der Europäischen Integration ermöglichte es den Vertretern der Regionen – in der Konventskohorte der nationalen Parlamente – eigene und innovative Vorstellungen zu präsentieren. Die erfolgreiche Durchsetzung dieser Positionen erforderte die Koalitionsbereitschaft und -fähigkeit der deutschen Länder mit anderen europäischen Regionen. Die insbesondere von den belgischen Regionen angestoßene Debatte über die Rolle der Regionen mit Gesetzgebungsbefugnissen war in diesem Zusammenhang wichtig. Die Erklärung von Laeken zur Zukunft der EU nahm diese Gruppe erstmals auf, allerdings blieb ihre Bedeutung bislang auf die Rolle als informelle Abstimmungsrunde zu den Themen des Konvents beschränkt. Grundsätzlich wuchs die Relevanz einer breiten an politischen Sachfragen orientierten Suche nach Verbündeten bei denjenigen Regionen, die ihre Rolle im europäischen Mehrebenensystem anerkannt und geschützt sehen wollen.

Die immer wieder gestellte Frage, ob die Regionen im europäischen Mehrebenensystem nur Objekt oder inzwischen auch zu Subjekten der Europäischen Integration geworden sind, scheint beantwortet. Die zunehmende Einbindung der dritten Ebene in das Verflechtungssystem EU hat, gleichsam als eine Art Nebenprodukt, eine gestärkten Rolle der Regionen zur Folge. Allerdings ist diese Rolle um so einflussreicher, je eindeutiger sie sich auf die föderale Fortentwicklung des Mehrebenensystems konzentriert. Eine Abschottung gegen die Notwendigkeiten und Zwänge dieses Systems führt nicht zum Schutz oder zur Sicherung der eigenen Handlungsbereiche oder einer Sicherung der regionalen Gestaltungsspielräume, sondern zu einer Penetration der regionalen Ebene durch die nationalen und die europäischen Ebenen unter Ausschluss jeglicher regionaler Sonderinteressen. Nur die konstruktive Nutzung der erkämpften Gestaltungsspielräume der Regionen innerhalb des europäischen Politikprozesses, die Koalitionsfähigkeit und der Wille zum Kompromiss sowie zu konsensualen Lösungen sichern die Subjektqualität der Regionen im europäischen Mehrebenensystem.

Umgekehrt hat sich der europäische Integrationsprozess stets als lernfähig und entwicklungsoffen gezeigt. Die dritte Ebene wurde schrittweise anerkannt und einbezogen. Die modellhafte duale Struktur der frühen europäischen Gemeinschaften, die sich in der Einteilung in die europäische Gemeinschaftsebene und die Mitgliedstaaten manifestierte, wurde spätestens mit der Schaffung des Ausschusses der Regionen auch formal porös. Zwar ist diese lediglich beratenden Institution auch heute noch gekennzeichnet von einem stark eingeschränkten Einfluss auf den europäischen Entscheidungs- und Legislativprozess, durch ein großes Maß an Heterogenität in Folge der Einbeziehung der kommunalen Vertreter sowie durch das Fehlen eines erkennbaren integrationspolitischen Leitbildes, das über die Betonung der Subsidiarität hinausgeht. Aber dennoch ist schon die Existenz des Ausschusses eine Bestätigung der Subjektqualität der dritten Ebene im europäischen Mehrebenensystem.

Andererseits ist die Betonung der Notwendigkeit einer transparenten europäischen Kompetenzordnung zugleich auch Ansatzpunkt für weitergehende föderale, bundesstaatlich orientierte Integrationsschritte. Zwar werden die nationale Identität der Mitgliedstaaten und damit auch die unterschiedlichen Formen und Modelle der Staatsorganisation und des Staatsaufbaus explizit geschützt. Aber zugleich bedeutet die Einbeziehung in den europäischen Integrationsprozess zusätzliche Verflechtung und Interdependenz und damit zwangsläufig den Verlust an Handlungs- und Gestaltungsautonomie. Die EU ist keine Föderation der Nationalstaaten, die autonome Träger ihrer Souveränität bleiben. Das Mehrebenensystem EU beinhaltet auch autonome Akteure auf der supranationalen und der subnationalen Ebene. Damit wird die Union nicht zu einem klassischen Bundesstaat, aber sie bestätigt, dass sie mehr ist als ein Staatenbund.

Literatur

Bundesverfassungsgericht: Urteil vom 12 Oktober 1993 (2 BvR 2134, 2159/92). Maastrichtvertrag. In: Entscheidungen des Bundesverfassungsgerichts. Bd. 89, Nr. 17, Tübingen, 1994. Leitsatz 1
Emmanouilidis, Janis A./Giering, Claus: Lücken und Tücken. Der EU-Verfassungsentwurf auf dem Prüfstand. In: Internationale Politik, Heft 8, 2003. S. 27-32
Europäische Strukturkommission: Europa '96 – Reformprogramm für die Europäische Union. In: Weidenfeld, Werner (Hrsg.): Reform der Europäischen Union. Materialien zur Revision des Maastrichter Vertrages 1996. Gütersloh, 1999. S. 11-55
European Parliament: Resolution on the Intergovernmental Conference in the Context of the Parliament's Strategy for European Union, OJEC C 96, 17. April 1990
Giscard d'Estaing, Valéry: Erklärung von Rom. Rom, 2003
Hrbek, Rudolf: Deutungen und Perspektiven aus politikwissenschaftlicher Sicht. In: Hrbek, Rudolf (Hrsg.): Die Entwicklung der EG zur Politischen Union und zur Wirtschafts- und Währungsunion unter der Sonde der Wissenschaft. Baden-Baden, 1993. S. 81-91
Jachtenfuchs, Markus/Kohler-Koch, Beate: Einleitung: Regieren im dynamischen Mehrebenensystem. In: Jachtenfuchs, Markus/Kohler-Koch, Beate: Europäische Integration. Opladen, 1996. S. 15-44

Laufer, Heinz/Fischer, Thomas: Föderalismus als Strukturprinzip für die Europäische Union. Gütersloh, 1996
Luxembourg Presidency: Draft Treaty on the European Union from the Luxembourg Presidency, Luxembourg, 18 June 1991. In: Europe Documents, No. 1722/1723, 5. July 1991
Luxembourg Presidency: Draft Treaty on the Union, 18 June 1991. In: Corbett, Richard: The Treaty of Maastricht. The High, 1993. S. 293
Maihofer, Werner: Föderativverfassung und Kompetenzverteilung. In: Weidenfeld, Werner (Hrsg.): Reform der Europäischen Union. Materialien zur Revision des Maastrichter Vertrages 1996. Gütersloh, 1999. S. 61-74
Maurer, Andreas: Parlamentarische Demokratie in der Europäischen Union. Der Beitrag des Europäischen Parlaments und der nationalen Parlamente. Baden-Baden, 2002
Meyer, Jürgen/Hölscheidt, Sven: Die Europäische Verfassung des Europäischen Konvents. In: EuZW, Heft 20, 2003. S. 613- 621
Morgan, Roger: The british view of 'federalism'. In: Gauger, Jörg-Dieter/Weigelt, Klaus (Hrsg.): Föderalismus in Deutschland und Europa. Köln, 1993
Parti Socialiste, Secrétariat National: Mondialisation, Europe, France. Texte d'orientation adopté par le Conseil National le 30/31 Mars 1996
Schneider, Heinrich: Leitbilder der Europapolitik 1. Der Weg zur Integration. Bonn, 1977
Schneider, Heinrich: Rückblick für die Zukunft. Konzeptionelle Weichenstellungen für die Europäische Einigung. Bonn, 1986
Schneider, Heinrich: Europäische Integration: die Leitbilder und die Politik. In: Kreile, Michael: Die Integration Europas. Politische Vierteljahresschrift, Sonderheft 23, Opladen, 1992. S. 8-9
Schneider, Heinrich/Wessels, Wolfgang: Föderales Europa im Widerstreit – Einführung und Übersicht. In: Schneider, Heinrich/Wessels, Wolfgang: Föderale Union – Europas Zukunft. München, 1994. S. 7-20
Schneider, Heinrich: Föderale Verfassungspolitik für eine Europäische Union. In: Schneider, Heinrich/Wessels, Wolfgang (Hrsg.): Föderale Union – Europas Zukunft. München, 1994. S. 21-50
Schneider, Heinrich: Der Wandel europapolitischer Grundverständnisse. Einleitende Überlegungen zu einer Diskussion. Wien/Bonn, 1996
Schuman, Robert: Erklärung über eine Montanunion. In: Lipgens, Walter: 45 Jahre Ringen um die Europäische Verfassung. Dokumente 1939-1984. Bonn, 1986. S. 293
Schwarz, Jürgen: Der Aufbau Europas – Pläne und Dokumente 1945-1980. Bonn, 1980
Stellungnahme der deutschen Sozialdemokratischen Abgeordneten des Europäischen Parlaments an den Zweiten Senat des Bundesverfassungsgerichts v. 29.3.1993 (Bevollmächtigter: Roland Bieber). In: Winkelmann, Ingo (Hrsg.): Das Maastricht-Urteil des Bundesverfassungsgerichts vom 12. Oktober 1993. Berlin, 1993. S. 489
Stuart, Gisela: The Making of Europe's Constitution. London, 2003
Teufel, Erwin: Warum Europa endlich eine Verfassung braucht. In: Die Welt vom 2. Februar 2004
Weidenfeld, Werner: Europas neues Gesicht. In: Internationale Politik, 59. Jg., Nr. 7, Juli 2004. S. 82-86
Wessels, Wolfgang: Staat und (westeuropäische) Integration. Die Fusionsthese. In: Kreile, Michael (Hrsg.): Die Integration Europas. Politische Vierteljahresschrift, Sonderheft 23, Opladen, 1992. S. 36 ff.

Forderungen der Länder	BESCHLÜSSE[53]	Verfassungsvertrag	ERGEBNIS
Grundsatzziele			
Erhöhung der demokratischen Legitimität Stärkung der Handlungsfähigkeit, Sicherung der Entwicklungsfähigkeit, Sicherung der Finanzierbarkeit Transparenz der Entscheidungsprozesse und Strukturen Klare Abgrenzung der Kompetenzen und Verantwortlichkeiten Subsidiarität, Verhältnismäßigkeit und Bürgernähe Rücksichtnahme auf nationale und regionale Besonderheiten	BRat 2001, Zi A I u. II BRat 2002, Zi I	Insgesamt mehr Transparenz und Stärkung der Handlungsfähigkeit durch Teil I insgesamt	✓
Grundprinzipien der EU (Freiheit, Demokratie, Rechtsstaatlichkeit etc.)	BRat 2002, Zi II	Art. I-2	✓
Stärkung des institutionellen Gleichgewichts	MPK 2002, Zi 3	Wahl des KOM-Präsidenten durch EP zugleich Einführung eines hauptamtl. EU-Präsidenten ohne administrativen Unterbau	✓
Gottesbezug in der Präambel (Orientierung an polnischer Verfassung)	MPK 2002 MPK 2003, Zi 5	Präambel – Bezug zu „kulturellen, religiösen und humanistischen Erbe Europas"	–
Status der Kirchen und Religionsgemeinschaften	MPK 2003, Zi 4 b	Art. I-52 Status der Kirchen u. weltanschaulichen Gemeinschaften	✓
Verbesserung von Transparenz u. Effizienz des Entscheidungsprozesses	BRat 2002, Zi V 1	Art. I-50	✓
EU als Staatenverbund; keine Vermischung der bestehenden demokratischen Verantwortlichkeiten	BRat 2002, Zi V 2	Art. I-1	✓
Bürgernahe politische Union	BRat 2002, Zi I 2:	Art. I-1 Union der Staaten und Bürger,	✓

53 Bundesrat vom 20.12.2001, Drs. 1081/01 sowie Bundesrat vom 12. 7. 2002, Drs. 586/02; MPK-Beschlüsse vom 19. Dezember 2002 und vom 23. Mai 2003

Übertragung neuer Zuständigkeiten in den Bereichen Außen- Sicherheits- und Verteidigungspolitik sowie der Inneren Sicherheit	BRat 2002, Zi I 2:	Art. I-40, I-41, I-42 - Fortschritte in den Bereiche Außen- Sicherheits- u. Verteidigungspolitik sowie Innen- und Justizpolitik	✓
Vertragsvereinfachung / Anforderungen an den Verfassungsvertrag / Vertragsänderung			
Konsolidierter Verfassungstext, klar u. verständlich aufgebaut	BRat 2002, Zi I 1 MPK 2002, Zi 8	Europ. Verfassungsvertrag mit 4 Teilen	✓
Verschmelzung von Europäischer Union und Gemeinschaft, Auflösung der Säulenstruktur wobei unterschiedliche Formen der Zusammenarbeit erhalten bleiben können	BRat 2002, Zi I 3	Art. IV—437 u. IV-438	✓
Einheitliche Rechtspersönlichkeit	BRat 2002, Zi I 3 MPK 2002, Zi 2	Art. I-7	
Reduzierung und Unterscheidung der Arten der Rechtsakte (Verordnung, Richtlinie, Entscheidung) u. der Entscheidungsverfahren	BRat 2001, Zi 2 u. III,5	Art. I-33	✓
Gleiche Verfassungsqualität aller Teile (auch Teil III); Änderungen des Verfassungsvertrags nur nach Zustimmung und Ratifizierung in den Mitgliedstaaten; erleichtertes Verfahren bei Einzelanpassungen (techn. Bestimmungen)	BRat 2001, Zi III,3 BRat 2002, Zi I 4 MPK 2002, Zi 8 MPK 2003, Zi 3	Art. VI-443 u. VI-444	✓
Geändertes Verfahren zur Vorbereitung einer grundsätzlichen Reform des Verfassungsvertrages (Konventsverfahren)	BRat 2002, Zi I 5	Art. IV-443	✓
Aufbau und Gliederung des Verfassungsvertrags	BRat 2002, Zi I 6	Aufbau entspricht weitgehend den Vorstellungen des Bundesrats	✓
Grundrechtecharta			
Vollständige Integration der Charta in den Verfassungsvertrag mit gleicher Rechtsqualität	BRat 2002, Zi I 4; MPK 2002, Zi 2 MPK 2003, Zi 1	Charta als Titel II der Verfassung, sowie Art. I-7	✓
Beitritt der EU zur EMRK	MPK 2002. Zi 2	Art. I-9	✓

Kompetenzordnung – Grundsätze			
Kompetenzkategorien zur Systematisierung und Transparenz der Kompetenzordnung und Zuordnung der Einzelermächtigungen zu den Kategorien	BRat 2001, Zi III,3 BRat 2002, Zi IV 3 MPK 2002, Zi 4; MPK 2003, Zi 2 a u. c	Art. I-11 bis I-14	√
Tätigwerden der EU nur auf Grundlage von Einzelermächtigungen und eindeutig definierter Kompetenzen und Zuordnung der Rechtsakte	BRat 2001, Zi III,2 u. 4 MPK 2002, Zi 4 MPK 2003, Zi 2c	Art. I-10 – Grundsätzlich werden Rechtsakte nicht spezifiziert z.T. Im Bereich Innen- u. Justiz in Teil III wird eine Zuordnung vorgenommen	–
Stärkung des Prinzips der begrenzten Einzelermächtigung und des Subsidiaritätsprinzips	BRat 2001, Zi II BRat 2001, Zi III,1 MPK 2003, Zi 2 c	Art. I-10 und Protokoll zum Subsidiaritätsprinzips	√
Zielbestimmungen und Querschnittsklauseln schaffen keine Handlungsermächtigungen und sind nicht kompetenzbegründend, sondern dienen nur deren Konkretisierung	BRat 2001, Zi III,4 MPK 2002, Zi 9 MPK 2003, Zi 2b	Art. I –3, Abs. 5	√
Präzisierung der Binnenmarkt-Generalklausel (primär u. unmittelbarer Bezug zum Binnenmarkt); Einführung einer Kollisionsklausel	BRat 2001, Zi III,4 MPK 2002, Zi 5 MPK 2003, Zi 2d	Art. III-172 u. III-173	–
Enumerative Aufzählung der Handlungsformen der EU	BRat 2001, Zi III,1 BRat 2002, Zi IV 2	Art. I-33	√
Methode der offenen Koordinierung nur zum Informations- und Erfahrungsaustausch zwischen den Mitgliedstaaten, Kein eigener Artikel	BRat 2001, Zi III,1 MPK 2003, Zi 2g	Weitgehende Koordinierungsmöglichkeiten im Bereich der Wirtschafts- u.. Sozialpolitik (ohne einen gesonderten Artikel zur Methode der offenen Koordinierung)	+/-

Flexibilitätsklausel/Art. 308 EGV: Streichung Art. 308 (Abrundungsklausel) Keine Rechtsharmonisierung durch Art. 308 u. Beschränkung des Anwendungsbereichs auf Binnenmarkt; Begrenzung auf Notfälle; keine Rechtsharmonisierung, einstimmig; Sunset-Clause	BRat 2001, Zi III,4 MPK 2002, Zi 5 MPK 2003, Zi 2e	Art. I-18 Flexibilitätsklausel ohne Begrenzung, keine Rechtsharmonisierung, einstimmig	–
Kompetenzordnung – Verfahrensrechtliche Absicherung			
Frühwarnsystem unter Beteiligung beider Kammern der nation. Parlamente (Anhörung durch die KOM)	BRat 2001, Zi III,5 MPK 2002, Zi 6	Protokoll zum Subsidiaritätsprinzip	✓
Klagerecht der Regionen zur Überwachung des Subsidiaritätsprinzips	MPK 2002, Zi 7	Protokoll zum Subsidiaritätsprinzip Klagerecht für Bundesrat	+/–
Vollzug von EU-Recht grundsätzlich Sache der Mitgliedstaaten	BRat 2001, Zi III,5	Art. I-37 (Durchführungsrechtakte)	✓
Gegenseitige Unionstreuepflicht	BRat 2001, Zi III,5	Art. I-5	✓
Institutionelle Fragen			
Rat tagt öffentlich, wenn er legislativ tätig wird	BRat 2002, Zi. V 4	Art. I-50 Abs. 2	✓
Mitentscheidungsverfahren u. Qualifizierte Mehrheitsentscheidungen als Regelfall (Ausnahme best. konstitutive Entscheidungen)	BRat 2001, Zi III,5 BRat 2002, Zi. V 4 MPK 2002, Zi 3	Art. I-20 u. I-23	✓
EP-Mitentscheidung über den EU-Haushalt (unabhängig von obligatorischen u. nichtobligatorischen Ausgaben)	BRat 2002, Zi. V 3 MPK 2002, Zi V,3	Art. I-56 u. III-404	✓
Einführung der „doppelten Mehrheit" (Staaten u. Bürger)	BRat 2002, Zi. V 4	Art. I-25	✓
Längerfristige Regelungen für den Vorsitz einzelner Ratsformationen u. stärkere Koordinierung der Räte Längerfristige Option ist Rat als „Staatenkammer"	BRat 2002, Zi. V 5	Erklärung zu Art. I-24 Abs. 7 über den Beschluss des Europäischen Rats über die Ausübung des Vorsitzes im Ministerrat – Einführung von Teampräsidentschaften für 18 Monate	✓

Der Europäische Verfassungsvertrag 319

Wahl des KOM-Präsidenten durch EP	BRat 2002, Zi. V 6 MPK 2002, Zi 3	Art. I-27	–
Einheitliches EP-Wahlrecht, bei Verbesserung der Repräsentativität der Zusammensetzung des EP durch Zählwertgleichheit	MPK 2002, Zi. V 7	Art. I-20	+/–
Ablehnung eines „Kongresses der Völker Europas" u. eines intergouvernementalen Führungsamtes	MPK 2002, Zi 3	Art. I-22 EU-Präsident bleibt ohne administrativen Unterbau (kein Führungs- sondern ein Koordinierungsamt)	+/–
Prüfung der Möglichkeit, EP u. Rat ebenfalls ein Initiativrecht zuzugestehen	BRat 2001, Zi III,5 BRat 2002, Zi. V 8	Art. I-26 (Initiativmonopol der KOM)	–
Reform des Komitologie-Verfahrens: Sicherung der Beteiligung der Mitgliedstaaten an Durchführungsbestimmungen der KOM; Übertragungsakt auf die KOM muss hinreichend bestimmt sein	BRat 2002, Zi. V 9	Art. I-36 (In Gesetzen und Rahmengesetzen müssen Ziele, Inhalte, Geltungsbereiche u. Dauer der Übertragung ausdrücklich festgelegt werden)	√
Teilnahme von regionalen Ministern im EU-Ministerrat	MPK 2003, Zi 7	Art. I-23	√
Stärkung des AdR			
Organstatus für AdR	BRat 2002, Zi. VI 4 MPK 2002, Zi 11 BRat 2001, Zi III,5	Art. I-19 Art. I-32 AdR als beratende Einrichtung Protokoll zum Subsidiaritätsprinzip (Zi. 7)	–
Eigenständiges Klagerecht des AdR	BRat 2002, Zi. VI 4 MPK 2002, Zi 11 MPK 2003, Zi 6b		√
Fragerecht des AdR gegenüber der KOM und Regelmäßige Berichterstattung durch die KOM	BRat 2002, Zi. VI 4		–
Erhöhung der Repräsentativität der Zusammensetzung des AdR	BRat 2002, Zi. VI 3		–
Rolle der Regionen/Regionale Anliegen			
Stärkere Berücksichtigung der Regionen	BRat 2002, Zi VI 1	Art. I-5 Ab. 1 u. Art. I-11 Abs. 3	√

Thema	Quelle	Verfassungsvertrag	
Gegenseitige Unionstreuepflicht	BRat 2001, Zi III,5		
Regionale u. lokale Dimension als Bestandteil der nationalen Identität, die zu achten ist.	BRat 2002, Zi. VI 5	Art. I-5, Abs. 2	✓
Achtung des besonderen Status der regionalen u. lokalen Körperschaften (analog Kirchen)	MPK 2002, Zi 10 MPK 2003, Zi 4a MPK 2003, Zi 4c		✓
Vor Erlass von EU-Regelungen Berücksichtigung von Stellungnahmen der Regionen und Kommunen (Frühwarnsystem)	BRat 2002, Zi. VI 5 MPK 2002, Zi 6	Protokolle zu nationalen Parlamenten u. zum Subsidiaritätsprinzip	✓
Klagerecht der Regionen mit Gesetzgebungsbefugnissen zur Wahrung ihrer Rechte u. Zuständigkeiten	BRat 2002, Zi. VI 5 MPK 2002, Zi 7 MPK 2003, Zi 6a		–
Klagerecht der 2. Kammern der nationalen Parlamenten	MPK 2003, Zi 6b	Protokoll zu nationalen Parlamenten	✓
Fachpolitiken			
Bereich Agrarpolitik: Agraraußenhandelsfragen in ausschließlicher Zuständigkeit der EU Entwicklung des ländlichen Raums als geteilte Zuständigkeit Reform der Agrarfinanzierung (Kofinanzierung der Direktzahlungen) Verbesserung des Tierschutzes	BRat 2002, Teil B	Teil III, Kap. III, Abschnitt 4, Art. III-225 ff.	–
Bereich Justiz, Inneres, Einwanderung, Asyl: Harmonisierungskompetenz in Bereichen des Privatrechts (Vertragsrecht, Handels- u. Gesellschaftsrecht); ebenso internat. Arbeitsvertragsrecht Rahmenkompetenz im Bereich Asyl, Flüchtlinge, Einwanderung Ausdrückliche Festschreibung, das Zugang zum	BRat 2002, Teil B MPK 2002, Zi 12 MPK 2003, Zi 2f	Teil III, Kap. IV, Art. III-257 ff.	✓

Der Europäische Verfassungsvertrag

Arbeitsmarkt von den Mitgliedstaaten geregelt wird; einstimmig			
Strafrechtliche Kompetenz der EU zum Schutz der eigenen finanziellen Interessen Stärkung von Europol und Eurojust	MPK 2003, Zi 2f	Art. I-15	√
Wirtschaftspolitik: Koordinierung durch die Mitgliedstaaten	BRat 2002, Teil B	Art. III-178 ff.	√
Sozialpolitik: Allg. Zuständigkeit für Organisation, Finanzierung u. Leistungen des sozialen Schutzes (Kranken-, Renten, Unfall-, Arbeitslosen und Pflegeversicherung) obliegt den Mitgliedstaaten		Art. III-209 ff.	
Wettbewerbspolitik Schaffung einer europ. Kartellbehörde Vertragliche Klarstellung des bestehenden Anwendungsbereichs der Beihilfenkontrolle Vertragl. Regelung der Daseinsvorsorge (Mehrkostenausgleich, keine Anwendung auf nichtwirtschaftliche Tätigkeiten, Missbrauchskontrolle)	BRat 2002, Teil B	Art. III-161 ff.	–
Steuerliche Vorschriften/Finanzierung: Harmonisierung des Steuerrechts zur Vollendung des Binnenmarkts Ablehnung einer EU-Steuer, Einstimmigkeit des Eigenmittelbeschlusses in seiner Gesamtheit	BRat 2002, Teil B MPK 2003, Zi 2f	Art. III-170 ff.	√
Kultur: Einstimmigkeit	MPK 2003, Zi 2f	Art. III-280	–
Medien: Festhalten am Amsterdamer Protokoll	BRat 2002, Teil B	Protokoll über den öffentlich-rechtlichen Rundfunk in den Mitgliedstaaten	√
Sport: Keine EU-Zuständigkeit		Art. III-282 Sport (Rechtsgrundlage für Sport, Förderkompetenz für Breitensport)	–

*Wolfgang Wessels**

Die institutionelle Architektur nach der Europäischen Verfassung: Höhere Dynamik – neue Koalitionen?

1. Ein Schlüsseldokument: historische Einordnung und kontroverse Bewertungen

In der Geschichte der „Konstitutionalisierung"[1] der Europäischen Integration hat der Europäische Rat einen „historischen Meilenstein"[2] besonderer Art gesetzt: die Staats- und Regierungschefs von erstmals 25 Unionsstaaten haben auf einer Regierungskonferenz über einen „Vertrag über eine Verfassung für Europa" (VVE) geeinigt. Nach kontroversen Verhandlungen über zentrale Details haben sie weitgehend die Struktur und die meisten Formulierungen des Entwurfs des „Europäischen Konvents zur Zukunft Europas"[3] übernommen.[4] Dieser Text mit 448 Artikeln und 36 Protokollen ist nun nach einer weiteren Überarbeitung durch Rechtsexperten[5] entsprechend den Verfassungsvorschriften jedes Mitgliedstaates – in gegenwärtig neun Ländern nach Referenden – zu ratifizieren. Das Dokument ist in vielfacher Sicht grundlegend für die weitere Entwicklung Europas; selbst wenn der VVE in den Ratifizierungsprozessen scheitern sollte, wird er die europapolitische Debatte intensiv und auch nachhaltig beeinflussen. Als eine weitere Welle jahrzehntelanger Diskurse zur Finalität der Integrationskonstruktion wird die Diskussion zu diesem Text zunächst durch traditionelle Kontroversen geprägt: Stärken die Regeln zur institutionellen Architektur eher

---

* Dieser Artikel basiert auf einem Beitrag in: integration. 27. Jahrgang/September 2004 (3/4). S. 161-175
1 Vgl. zum Begriff u.a. Weiler, Joseph H.H.: The Constitution of Europe. Cambridge, 1999; Hobe, Stephan: Bedingungen, Verfahren und Chancen europäischer Verfassungsgebung. Zur Arbeit des Brüsseler Verfassungskonvents. In: Europarecht 38, Bd. 1, 2003. S. 1-16; Wessels, Wolfgang: Konstitutionalisierung der EU. Variationen zu einem Leitbegriff – Überlegungen zu einer Forschungsagenda. In: Chardon, Matthias u.a. (Hrsg.): Regieren unter neuen Herausforderungen. Deutschland und Europa im 21. Jahrhundert. Festschrift für Rudolf Hrbek zum 65. Geburtstag. Baden-Baden, 2003. S. 23-45
2 Ahern, Bertie: Statement of the Taoiseach. Mr Bertie Ahern TD to the Dáil on the outcome of the European Council and the Intergovernmental Conference held on 17-18 June 2004 in Brussels. 30. Juni 2004, S. 1. http://www.eu2004.ie; vgl. Loth, Wilfried: Entwürfe einer europäischen Verfassung. Eine historische Bilanz. Analysen zur Europäischen Politik. Institut für Europäische Politik und ASKO EUROPA-STIFTUNG. Bonn, 2002
3 Europäischer Konvent: Entwurf eines Vertrags über eine Verfassung von Europa. CONV 85/03. Brüssel, 2003. http://european-convention.eu.int/docs/Treaty/cv00850.de03.pdf; Stand: 12.8.04
4 Vgl. Hänsch, Klaus (MdEP und Mitglied des Präsidiums des Verfassungskonvents): Ein kleiner Schritt für die Staats- und Regierungschefs, ein großer Schritt für Europa – Die EU gibt sich eine Verfassung. Pressemitteilung vom 19. Juni 2004. S. 2. http://www.klaus-haensch.de/htcms/pressemitteilungen-2/mehr-62.html; Stand: 12.8.04; vgl. zum Konventsentwurf die Beiträge in: integration 4/2003 und in Weidenfeld, Werner/Wessels, Wolfgang (Hrsg.): Jahrbuch der Europäischen Integration 2003/2004. Baden-Baden, 2004. Zu einer umfassenden Bibliographie vgl. http://www.swp-berlin.org/common/get_document.php?id=890&PHPSESSID= 8a57602057330fd3760ec94446fe82da; Stand: 12.8.04
5 Der vorliegende Beitrag bezieht sich auf die vorläufige konsolidierte Fassung des Vertrags über eine Verfassung für Europa, CIG 87/04, 6. August 2004, abzurufen unter http://ue.int/cms3_applications/Applications/igc/doc_register.asp?lang=DE&cmsid=576; Stand: 20.8.04

eine intergouvernementale[6] oder supranationale[7] beziehungsweise föderale[8] Ausrichtung der Union?

Im Kontext derartiger politischer und wissenschaftlicher Bewertungen ist dieses Dokument als ein zentraler Schlüssel zum Verständnis des europäischen Einigungsprozesses in einer erweiterten Union zu nutzen. Unabhängig von der jeweiligen Ausgangsposition lädt uns der Verfassungsvertrag ein, den Suchscheinwerfer auf historische Grundlinien staatlicher Entwicklungen in Europa zu richten. Die Präambel selbst verortet den Verfassungsvertrag in einer langen historischen Perspektive, die „aus dem kulturellen, religiösen und humanistischen Erbe Europas (schöpft)" (Präambel, Abs. 1), aber auch als Fortführung der vertraglichen Gründungsakte der (west)europäischen Integrationskonstruktion, wenn diese Formulierung Bezug auf die „Wahrung der Kontinuität des gemeinschaftlichen Besitzstandes" nimmt (Präambel, Abs. 5). Verstanden werden könnte dieser Vertrag auch als ein weiterer Schritt „eines Europas der zweiten Generation"[9], das mit den Beschlüssen des Gipfels von Den Haag 1969 einen neuen quasi-konstitutionellen Anlauf einleitete.[10] Zu prüfen wird in Zukunft sein, ob beziehungsweise inwieweit die Phase der Konzipierung und politischen Verabschiedung des Dokuments einen besonderen „historischen Augenblick der Verfassungsgebung" („constitutional moment")[11] bildet.

2. Neue Bausteine der institutionellen Architektur: Handlungsfähigkeit auf dem Prüfstand

Im Kontext dieser tagespolitischen Bewertungen und historischen Verortungen stellt sich der gegenwärtigen Diskussion als zentrale Aufgabe, die Regeln der geschriebenen Verfassung auf ihre möglichen Auswirkungen auf die gelebte Praxis einer erweiterten Union zu untersuchen.[12] Bei diesem Vorgehen sind die Vorgaben für einzelne Organe – in der Rei-

---

6   Vgl. z.B. Bogdandor, Vernon: A constitution for a House without Windows. In: The Federal Trust for education and research. EU Constitution Project Newsletter. S. 6. www: fedtrust.co.uk; Stand: Juli 2004
7   Vgl. z.B. Hughes, Kristy: A new division of power in the EU. In: The Federal Trust. EU Constitution Project Newsletter. S. 12
8   Vgl. Pinder, John: The Constitutional Treaty: how federal? In: The Federal Trust. EU Constitution Project Newsletter. S. 7
9   Knipping, Franz: Rom, 25. März 1957. Die Einigung Europas. München, 2004. S. 156; Knipping, Franz/Schönwald, Matthias (Hrsg.): Aufbruch zum Europa der zweiten Generation. Die europäische Einigung 1969-1984. Trier, 2004
10 Mittag, Jürgen/Wessels, Wolfgang: Die Gipfelkonferenzen von Den Haag (1969) und Paris (1972). Meilensteine für Entwicklungstrends der Europäischen Union? In: Knipping, Franz/Schönwald, Matthias: Aufbruch zum Europa der zweiten Generation. S. 3-27, S. 5
11 Vgl. zum Begriff Ackerman, Bruce: We the people. Bd. 2: Tranformations. Cambridge/London, 2000. S. 2; March, James G./Olsen, Johan P.: The Logic of Appropriateness. S. 8. http://www.arena.uio.no/publications/wp04_9.pdf; Stand 12.8.04; zu einer ersten Bewertung Nicolaidis, Kalypso: Making it our own. A Proposal for the Democratic Interpretation of the EU Constitution. In: The Federal Trust. EU Constitution Project Newsletter. S. 9
12 Vgl. zu (neo-)institutionalistischen Ansätzen u.a. Olsen, Johan P.: Organising European Institutions of Governance. A Prelude to an Institutional Account of Political Integration. Arena Working Papers WP 00/2. http://www.arena.uio.no/publications/wp00_2.htm; Stand 12.8.04; Maurer, Andreas/Wessels, Wolfgang: The European Union matters. Structuring self made offers and demands. In: Wessels, Wolfgang/Maurer, Andreas/Mittag, Jürgen (Hrsg.): Fifteen into one? The European Union and its member states. Manchester/New York, 2003. S. 29-65; Peters, Guy: Institutional Theory in Political Science. The

henfolge des Verfassungsvertrags (Art. I-19 Abs. 1) – zu durchleuchten; zu erfassen sind insbesondere die Anreize und Zwänge sowie die Möglichkeiten und Grenzen, die den politischen Akteuren der Zukunft in der institutionellen Architektur gesetzt werden; in einer Gesamtsicht sind dann die Auswirkungen des Regelwerks auf die zukünftige Handlungsfähigkeit der Union zu diskutieren. Ein derartiger Blick in die Zukunft ist zwangsläufig spekulativ: Erfahrungen der integrationspolitischen Vergangenheit müssen in – nur begrenzt nachweisbaren – Gedankenexperimenten auf ihre Anwendbarkeit für eine neue Union überprüft werden.

Die Regierungskonferenz hat viele institutionelle und prozedurale Formulierungen des Verfassungskonvents weitgehend übernommen – so etwa zur Zuständigkeitsverteilung (Art. I-11ff.), zum „Außenminister der Union" (Art. I-28) und zum „ordentlichen Gesetzgebungsverfahren" (Art. III-396). Entsprechend können Analysen und Bewertungen zu diesen Kapiteln des Konventsentwurfs weiter genutzt werden.[13] Einige Bestimmungen wurden jedoch erst ad hoc bei der Kompromisssuche vor und während des Abschlussgipfels hinzugefügt.[14]

2.1 Zum Europäischen Parlament: gestärkt auf dem Weg zu einem Zweikammersystem

Bei den Legislativfunktionen hat die Regierungskonferenz die Position des Europäischen Parlaments ausgebaut: weitgehend übernommen hat der Verfassungsvertrag die Regelwerke des Konvents zum „ordentlichen Gesetzgebungsverfahren" (Art. I-34) für „Europäische Gesetze und Europäische Rahmengesetze" (Art. I-33) und zum jährlichen Haushaltsverfahren (Art. III-404), die – im Unterschied zu den jetzt gültigen Artikeln – weitgehend nach einem analogen Ablauf gestaltet werden. Gegenüber den Fällen des gegenwärtig gültigen Mitentscheidungsverfahrens wird das ordentliche Gesetzgebungsverfahren in fast doppelt so vielen Artikeln der Unionsgesetzgebung Anwendung finden (siehe Abb. 1).[15] Zusätzlich eingeführt wurde dieses normale Gesetzgebungsverfahren bei 40 Artikeln; dabei wurde es auch auf weitere zentrale Politikbereiche ausgedehnt – so auf die Vorschriften zur Asyl- und Einwanderungspolitik sowie die Maßnahmen im Kampf gegen internationale Kriminalität und Terrorismus. Diese Veränderungen verstärken insgesamt einen Trend hin zu einer „dreipoligen Gemeinschaftsmethode", die ausgehend von dem bestätigten und auf neue Sektoren ausgeweiteten Initiativmonopol der Kommission dem Europäischen Parlament und dem Rat Schlüsselrollen in einem legislativen „Zweikammersystem" zuschreibt.[16]

'New Institutionalism'. London/New York, 1999; Aspinwall, Mark/Schneider, Gerald (Hrsg.): The rules of integration. Institutionalist approaches to the study of Europe. New York/Manchester, 2001

13 Vgl. u.a. Müller-Graff, Peter-Christian: Systemrationalität in Kontinuität und Änderung des Europäischen Verfassungsvertrags. In: integration 4/2003. S. 301-316; Wessels, Wolfgang: Der Verfassungsvertrag im Integrationstrend. Eine Zusammenschau zentraler Ergebnisse. In: integration 4/2003. S. 284-300, insb. Übersicht 1, S. 287 und Übersicht 3, S. 290; Maurer, Andreas: Orientierungen im Verfahrensdickicht? Die neue Normenhierarchie der Europäischen Union. In: integration 4/2003. S. 440-453, insb. Tabelle 1, S. 445 und Tabelle 3, S. 447

14 Vgl. u.a. Centre for European Reform: The CER guide to the EU's constitutional treaty. S. 1. http://www.cer.org.uk/pdf/policybrief_constitution_july04.pdf; Stand: 12.8.04

15 Vgl. zu diesen Zahlen Hänsch: Ein kleiner Schritt. 2004. S. 1

16 Vgl. zu dieser Begrifflichkeit Hix, Simon: Legislative behaviour and party competition in the European Parliament. An application. In: Journal of Common Market Studies. Vol. 39, Oxford, November 2001. S. 663-688; Maurer, Andreas/Wessels, Wolfgang: Das Europäische Parlament nach Amsterdam und Nizza. Akteur, Arena oder Alibi? Baden-Baden, 2003. S. 213; Wessels, Wolfgang: Gesetzgebung

Trotz fortbestehender Länge und Komplexität der vorgeschriebenen Abläufe tragen diese Reformen zur Klarheit der Legislativverfahren bei. Beim Haushaltsverfahren (Art. III-404) hat die Regierungskonferenz gegenüber dem Konventsentwurf noch kleinere Veränderungen zu Gunsten des Rats eingebracht.

Abb. 1: Entwicklung der vertraglichen Rechte des Europäischen Parlaments 1958-2006 (in absoluten Zahlen)

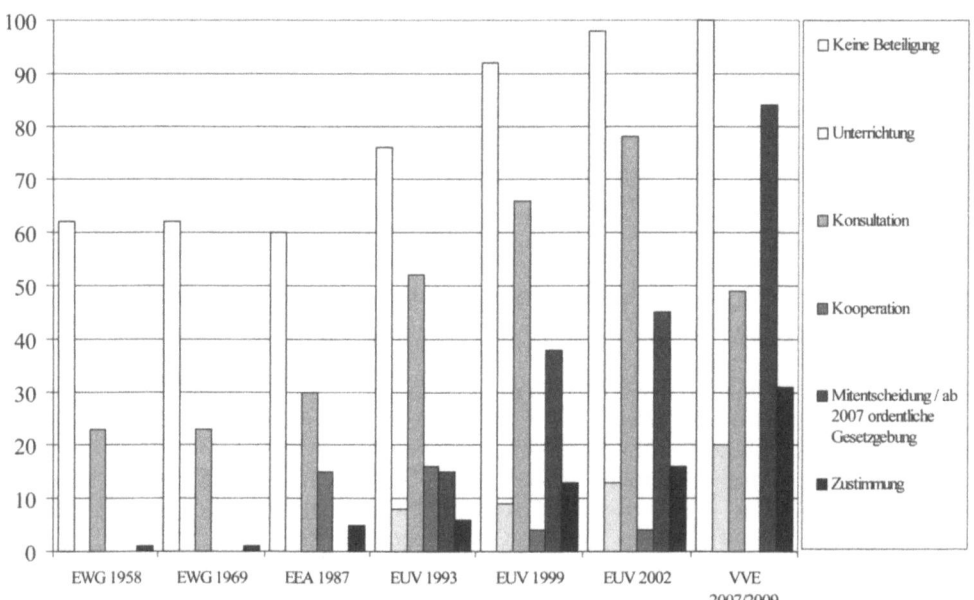

Quelle: Maurer/Wessels: The European Union matters. S. 37; ergänzt um VVE 2007/2009 von Funda Tekin, Jean Monnet Lehrstuhl.

Zur Wahlfunktion hat die Regierungskonferenz eindeutig das Recht des Europäischen Parlaments festgeschrieben: Es „wählt den Präsidenten der Kommission" (Art. I-20 Abs. 1) mit der „Mehrheit seiner Mitglieder" (Art. I-27 Abs. 1); gleichzeitig belässt der Verfassungsvertrag das Initiativrecht für dieses Verfahren beim Europäischen Rat.

Im Hinblick auf eine konstitutionelle Rolle bei der Verfassungsgebung der Europäischen Union wird das Parlament nun auch rechtlich gefasste Möglichkeiten zur Initiative und zur Vorbereitung von Regierungskonferenzen erhalten. Bei den drei Regelwerken zur Änderung des Verfassungsvertrags (Art. IV-443, 444 und 445) hat der Verfassungsvertrag dem Europäischen Parlament jedoch nur bei den „vereinfachten Verfahren" zur Änderung von prozeduralen Bestimmungen des Vertrags (Art. IV-444) ein unmittelbares Zustimmungsrecht zugesprochen.

Neu festgelegt hat die Regierungskonferenz neben der Höchstzahl an Sitzen (750) die Prinzipien zur zukünftigen Verteilung zwischen den Mitgliedstaaten sowie die Unter- (sechs Sitze) und Obergrenzen (96 Sitze) (Art. I-20 Abs. 2).

---

in der EG. In: Ismayr, Wolfgang (Hrsg.): Gesetzgebung in den Staaten der EU. Opladen, 2004, im Erscheinen

Angesichts des umfassenden Ausbaus an parlamentarischen Mitentscheidungsrechten (siehe Abb. 1) sowie der Erhöhung der Zahl und Heterogenität der Mitglieder[17] wird für die zukünftige Praxis die Handlungsfähigkeit dieser Institution zu untersuchen sein; da dieses Organ nun noch zentraler in der institutionellen Architektur positioniert wird, ist diese Frage auch für die Handlungsfähigkeit des gesamten EU-Systems von nachhaltiger Bedeutung. Ausgangspunkt dieser Analyse muss sein, dass der Verfassungsvertrag für eine rechtswirksame Beschlussfassung bei den relevanten Wahl-, Legislativ- und Haushaltsverfahren eine Zustimmung der Mehrheit der Abgeordneten – also in Zukunft 376 – vorschreibt; angesichts der nur relativen parteipolitischen Mehrheiten im Europäischen Parlament wird die geschriebene Verfassung so den Druck auf die Bildung einer ‚großen Koalition' zwischen den beiden stimmenstärksten Fraktionen weiter erhöhen.[18] Nicht auszuschließen ist jedoch, dass das Parlament auf Grund seiner Binnenheterogenität und einer hohen Abwesenheitsrate die notwendigen Mehrheiten nicht erreichen kann. Eine Möglichkeit, das Parlament während der fünfjährigen Wahlperiode aufzulösen, sieht der Verfassungsvertrag jedoch nicht vor.

2.2 Zum Europäischen Rat: Aufwertung zur obersten Entscheidungsinstanz

Gleichzeitig mit dem Ausbau der Rechte für das Europäische Parlament haben die Staats- und Regierungschefs die Aufgabenbeschreibung ‚ihres' Europäischen Rats als konstitutioneller Gestalter und zentrales Entscheidungs- und Wahlgremium nicht nur bestätigt, sondern auch ausgebaut.[19] Die geschriebenen Buchstaben folgen dabei bei vielen Funktionszuweisungen der in den letzten drei Jahrzehnten ‚vor'-gelebten Praxis der Regierungschefs.

Zum Wahlgremium wird dieses Organ der Union (Art. I-19 Abs. 1) nun auch beim hauptamtlichen Präsidenten des Europäischen Rats (Art. I-22 Abs. 1) und beim Außenminister der Union (Art. I-28 Abs. 1). „Zielvorstellungen" und „Prioritäten" (Art. I-21 Abs. 1 und Art. III-293 Abs. 1) sollen die Regierungschefs in vielen Politikbereichen vorgeben. Zur obersten Berufungsinstanz wird der Europäische Rat in bestimmten Fragen der Innen- und Justizpolitik (beispielsweise Art. III-270), der Sozialpolitik (Art. III-136) und in der Gemeinsamen Außen- und Sicherheitspolitik (Art. III-300 Abs. 2d), wenn ein Mitgliedstaat im Rat ein Veto einlegt. In offenen Fragen der institutionellen Architektur – so bei der Verteilung der Sitze im Parlament (Art. I-20 Abs. 2) sowie bei der Zusammensetzung (Art. I-24 Abs. 4) und beim Vorsitz des Rats (Art. I-24 Abs. 7) – entscheidet der Europäische Rat über die jeweilige konkrete Ausgestaltung. In der Rolle als „konstitutioneller Architekt"[20] kann der Europäische Rat auf Grund eines „vereinfachten Verfahrens zur Änderung des Vertrags" (Art. IV-444) einen Wechsel von der Einstimmigkeit zur Mehrheitsabstimmung im Rat oder von einem „besonderen" zu einem „ordentlichen Gesetzgebungsverfahren" beschließen; die Regierungskonferenz hat den Europäischen Rat jedoch vom Wohlwollen der nationalen Parlamente abhängig gemacht, da jedes mit einem Einspruch die Initiative aufhalten kann (Art. IV-444 Abs. 3).

---

17 Nach der Wahl 2004 sind 183 nationale Parteien vertreten: http://www.elections2004.eu.int/ep-election/sites/de/yourparliament/outgoingparl/parties.html; Stand: 12.8.04
18 Vgl. zu Trendanalysen Hix, Simon: Parteien, Wahlen und Demokratie in der EU. In: Jachtenfuchs, Markus/Kohler-Koch, Beate: Europäische Integration. Opladen, 2003. S. 165-167
19 Vgl. zur Analyse u.a. Schoutheete, Philippe de: Die Debatte des Konvents über den Europäischen Rat. In: integration 4/2003. S. 474; Wessels, Wolfgang: Verfassungsvertrag im Integrationstrend. S. 292
20 Vgl. Wessels, Wolfgang: Europäischer Rat. In: Weidenfeld, Werner/Wessels, Wolfgang (Hrsg.): Europa von A bis Z. Bonn, 2002. S. 186

Stärken wollen die Regierungschefs die Handlungs- und Durchsetzungsfähigkeit ihres Organs: Mit einem hauptamtlichen Präsidenten, dessen Aufgaben interpretationsoffen angelegt sind (Art. I-22 Abs. 2), könnte der Europäische Rat versucht sein, direkter und nachhaltiger in die normale Arbeit anderer Organe hineinzuwirken.

2.3 Zum Rat: neue Mehrheitsformel – verbesserte Gestaltungsfähigkeit?

Zum Rat schreibt der Verfassungsvertrag mehrere, teils gravierende Änderungen im Vergleich zu dem jetzt gültigen Vertrag fest. Geringfügig verändert hat die Regierungskonferenz die Zusammensetzungen des Ministerrats (Art. I-24); der vom Konvent vorgesehene Legislativrat wurde gestrichen. Dem Europäischen Rat wurde die Aufgabe zugeteilt, mit der Ausnahme des Rats für Auswärtige Angelegenheiten über die Zusammensetzungen (Art. I-24 Abs. 4) und den Vorsitz des Rats (Art. I-24 Abs. 7) zu beschließen. Nach dem vorliegenden Entwurf eines entsprechenden Beschlusses des Europäischen Rats sollen Vertreter von jeweils drei Mitgliedstaaten den Vorsitz für einen Zeitraum von 18 Monaten wahrnehmen; diese sollen nach dem vertraglich verankerten Prinzip der gleichberechtigten Rotation „unter Berücksichtigung des politischen und geographischen Gleichgewichts in Europa und der Verschiedenartigkeit der Mitgliedstaaten" (Art. I-24 Abs. 7) festgelegt werden. Von dieser Regelung sind wesentliche Schritte zur Verbesserung der Kohärenz und Kontinuität in der Ratsarbeit gegenüber dem Status quo nicht zu erwarten. Auch von der vorgesehenen Mehrjahresplanung der Ratsarbeit werden – wertet man die bisherigen Bemühungen in diese Richtung aus – keine Impulse zu einer Effizienzsteigerung ausgehen.

Zu den von der Regierungskonferenz bestätigten Reformen des Rats gehört außerdem die Einführung eines „Außenministers der Union" (Art. I-28): Diese Person soll durch die „Fusion" des Amtes des Hohen Repräsentanten und des für Außenbeziehungen zuständigen Vizepräsidenten der Kommission in einem ‚Doppelhut' wesentliche Aufgaben beim „Auswärtigen Handeln der Union" (Titel V in Teil III) übernehmen.[21] Unterstützt wird der Außenminister dabei von einem „Europäischen Auswärtigen Dienst" (Art. III-296 Abs. 3).

Auf dem Gipfel besonders umstritten waren die Regeln zur qualifizierten Mehrheit als dem zunehmend bedeutsamen Verfahren zur Beschlussfassung im Rat. Die Zahl der vertraglichen Angebote zu Mehrheitsabstimmungen hat auch diese Regierungskonferenz im Vergleich zu den gegenwärtig gültigen Bestimmungen um 44 neue Fälle ausgedehnt (siehe Abb. 2).[22] Bis auf wenige Bereiche – so in der Innen- und Justizpolitik – betreffen diese Ausweitungen primär die Durchführungsmaßnahmen in bestehenden Politikfeldern, zu denen auch die Beschlussfassung zu den Struktur- und Kohäsionsfonds zählen wird. Intensivere Verhandlungen fanden jedoch zu Materien statt, die als zentral für die Souveränität einzelner Staaten deklariert wurden: Die Außen- und Verteidigungspolitik (Art. I-40 Abs. 7) sowie die Sozial- und Steuerpolitik (Art. III-210 Abs. 3), aber auch die Grundentschei-

---

21 Vgl. zur Analyse Jopp, Mathias/Regelsberger, Elfriede: GASP und ESVP im Verfassungsvertrag – eine neue Angebotsvielfalt mit Chancen und Mängeln. In: integration 4/2003. S. 550-564; de Schoutheete: Die Debatte des Konvents über den Europäischen Rat. S. 474-478; Wessels, Wolfgang: Eine institutionelle Architektur für eine globale (Zivil-)Macht? Die Artikel zur Gemeinsamen Außen- und Sicherheitspolitik des Vertrags über eine Verfassung für Europa. In: Zeitschrift für Staats- und Europawissenschaften. 3/2003. S. 400-430
22 Hänsch: Ein kleiner Schritt. S. 1

dungen zum mehrjährigen Finanzrahmen (Art. I-55) bleiben zunächst der Einstimmigkeit unterworfen.[23]

Abb. 2: Entwicklung des Entscheidungsmodus ‚Qualifizierte Mehrheit' im Rat 1952-2007/09

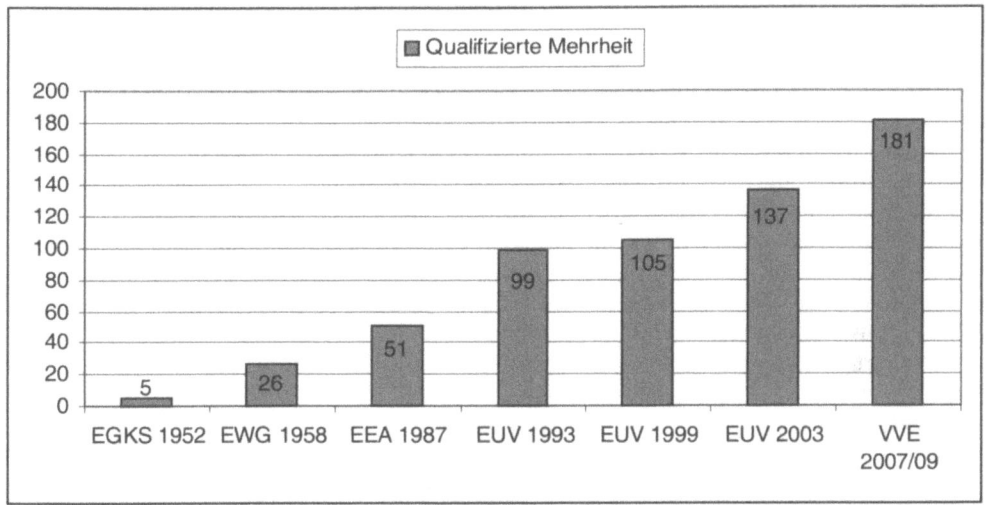

Quelle: Eigene Zusammenstellung, Funda Tekin, Jean Monnet Lehrstuhl, 2004, basierend auf Maurer/Wessels: Das Europäische Parlament nach Amsterdam und Nizza. Tab. 1, S. 52

Bei den zur Macht- und Prestigefrage erklärten Bedingungen für eine qualifizierte Mehrheit im Europäischen Rat und im Rat (Art. I-25)[24] mussten die Regierungschefs selbst einen Kompromiss suchen. Konsens wurde schließlich durch eine Steigerung der Komplexität erreicht. Gegenüber dem gegenwärtig gültigen Vertrag von Nizza ist mit dem einfacher nachvollziehbaren System einer „doppelten Mehrheit" eine deutliche Effizienzsteigerung zu erwarten; im Vergleich zum klareren Vorschlag des Verfassungskonvents sind die neuen Regelungen jedoch infolge der Höhersetzung von Schwellenwerten und durch prozedurale Ergänzungen schwieriger zu verstehen und auch schwerfälliger zu handhaben. Erhöht haben die Regierungschefs die Hürden für die qualifizierte Mehrheit: Im Rat sind 55 Prozent der Mitglieder des Rates zu erreichen, die mindestens 65 Prozent der EU-Bevölkerung repräsentieren. Als zusätzliche Bedingungen, die wohl den kleineren Mitgliedstaaten ein relativ größeres Gewicht zusprechen sollen, wurde eingeführt, dass bei dem ersten Kriterium mindestens 15 Mitgliedstaaten zustimmen müssen und dass im Falle des Bevölkerungsindikators mindestens vier Mitgliedstaaten eine Sperrminorität bilden müssen. Rechnerisch bedeutet diese Zusatzbedingung, dass die Bevölkerungsanteile der Bundesrepublik Deutsch-

---

23 Vgl. zu diesen Listen fast gleichlautend mit unterschiedlichen Bewertungen Ahern: Statement. S. 4; Schröder, Gerhard: Regierungserklärung zur Einigung der Staats- und Regierungschefs der Europäischen Union auf eine Europäische Verfassung. 2. Juli 2004. http://www.bundesregierung.de/Politikthemen/ Europaeische-Union-,5867.677323/regierungserklaerung/Regierungserklaerung-von-Bunde. htm; Stand 13.8.04; Blair, Tony: Erklärung von Premierminister Tony Blair zum EU-Verfassungsvertrag im Parlament. 21. Juni 2004. u.a. abrufbar unter http://www.britischebotschaft.de/de/news/items/040621. htm; Stand: 13.8.04
24 Vgl. u.a. Lamassoure, Alain: Histoire secrète de la Convention Européenne. Paris, 2004. S. 401-403; Norman, Peter: The Accidental Constitution. Brüssel, 2003. S. 98-105, S. 143-145 und S. 314

land, Frankreichs und Großbritanniens von knapp 42 Prozent nicht ausreichen, eine Sperrminorität aufzubauen; diese müssen noch einen vierten Staat zu einem Veto bewegen. In einer derartigen – wenig wahrscheinlichen – Konstellation würde dann ein Beschluss des Rats auch mit weniger als 65 Prozent der vertretenen Unionsbürger getroffen werden können. Noch höher ist die Schwelle der Mitgliedstaaten für im Vertrag vorgesehene Beschlüsse angesetzt, die nicht auf Vorschlag der Kommission oder des Außenministers erfolgen (Art. I-25 Abs. 2).

Für die mögliche Nutzung in der gelebten Verfassungspraxis der Zukunft ist auch der Entwurf eines Beschlusses des Rats über die Anwendung dieses Artikels heranzuziehen, der die Interessen von Staaten in Minderheitenpositionen noch weiter schützen soll. Im Geiste des Luxemburger Kompromisses[25] und in Fortsetzung des Protokolls von Ioannina[26] haben die Regierungschefs ein suspensives Veto vorgesehen: „[...] wenn Mitglieder des Rats, die mindestens über drei Viertel der Bevölkerungsanteile oder drei Viertel der Anzahl der Mitgliedstaaten vertreten, die für die Bildung einer Sperrminorität erforderlich sind", (das heißt 26 Prozent der Unionsbürger) gegen eine Abstimmung mit qualifizierter Mehrheit plädieren, wird der Rat, insbesondere der Präsident mit Unterstützung der Kommission „alles in seiner Macht stehende tun, [...] eine zufrieden stellende Lösung zu finden." Dabei sind jedoch „zwingende Fristen" (Erklärung zu Artikel I-25, Art. 2) der Vertragsverfahren zu beachten. Diesen zusätzlichen Beschluss kann der Rat mit qualifizierter Mehrheit im Jahre 2014 aufheben.

Eine spezifische Form eines nationalen Vetos sieht der Verfassungsvertrag – wie bisher auch – bei den wenigen Möglichkeiten von Mehrheitsabstimmungen in der Gemeinsamen Außen- und Sicherheitspolitik (GASP) vor (Art. III-300 Abs. 2). Ähnliche Formen einer ‚Notbremse' hat die Regierungskonferenz nun auch für drei weitere sensible Politikfelder vorgesehen, für die in Zukunft die qualifizierte Mehrheit gelten soll: Bei möglichen Auswirkungen auf „die Kosten oder die Finanzstruktur seines Systems der sozialen Sicherheit" (Art. III-136 Abs. 2) oder bei „grundlegenden Aspekten seiner Strafrechtsordnung" im Rahmen der justiziellen Zusammenarbeit in Strafsachen (Art. III-271 Abs. 3) kann ein Mitgliedstaat vor einer Abstimmung im Rat die Befassung des Europäischen Rats beantragen. Diese Formulierungen des Textes dokumentieren erneut die Haltung vieler Mitgliedstaaten, durch Rückfalloptionen Möglichkeiten für eine gemeinsame Problemverarbeitung langsam und vorsichtig abzutasten.

Die Bewertung dieses Regelsatzes zur Erreichung einer gestaltenden Mehrheit ist abhängig von Annahmen über die Praxis im Rat und damit insbesondere von der Anwendungswahrscheinlichkeit in der gelebten Praxis. Gegenüber der landläufigen Meinung, dass der Rat immer auf Konsens ausgerichtet ist und damit Abstimmungen nur eine ‚theoretische' Möglichkeit – eine ‚leere Drohung' – darstellen, ist auf durchaus übliche und akzeptierte Verhaltensmuster zu verweisen, nach denen zwischen acht und 20 Prozent der möglichen Abstimmungen auch tatsächlich ausgeübt werden.[27] Nach diesen Erfahrungen stehen Verhandlungen im Rat bei den entsprechenden Regelwerken auch immer im Schatten möglicher Abstimmungen. Minister und Beamte müssen bei ihren Strategien insofern immer das Risiko einer marginalisierten Minderheitenposition bedenken.

---

25 Vgl. Hillenbrand, Olaf: Europa-ABC. Luxemburger Kompromiss. In: Weidenfeld, Werner/Wessels, Wolfgang (Hrsg.): Europa von A bis Z. Bonn, 2002. S. 409

26 Vgl. Europäisches Parlament: Weißbuch zur Regierungskonferenz 1996. Absatz 2.2: Rat der Europäischen Union vom 29. März 1994 und Vereinbarung von Ioannina. http://www.europarl.eu.int/igc1996/pos-toc_de.htm; Stand: 12.8.04

27 Vgl. die monatliche Aufstellung der Rechtsakte des Rates; http://ue.eu.int; Maurer/Wessels: The European Union matters. S. 47

Mit den Bedingungen für die qualifizierte Mehrheit, wie sie im Vertrag von Nizza festgeschrieben wurden, sinkt jedoch das statistische Risiko, überstimmt werden zu können, nachhaltig. Umgekehrt formuliert wird die Wahrscheinlichkeit, eine qualifizierte Gestaltungsmehrheit zu finden, im Vergleich zu den bisherigen Bedingungen zumindest auf der Grundlage von mathematischen Wahrscheinlichkeitsberechnungen erheblich reduziert (siehe Abb. 3).[28]

Abb. 3: Statistische Annahmewahrscheinlichkeit von Entscheidungen im Rat

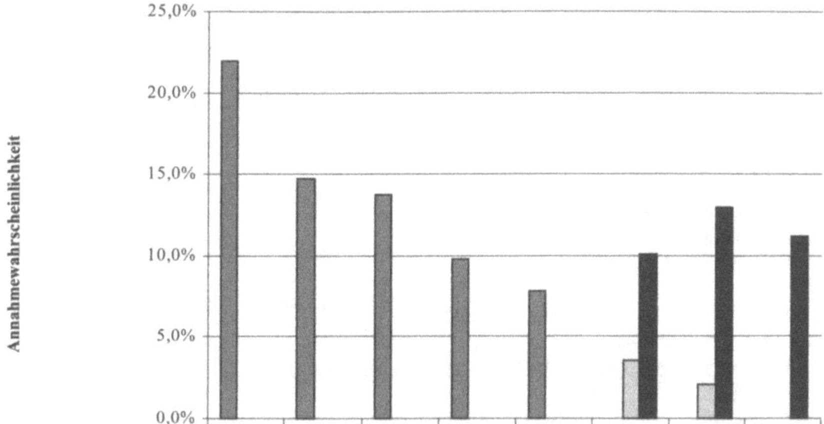

	EU6	EU9	EU10	EU12	EU15	EU25	EU27	EU28
Historisch	21,9%	14,7%	13,7%	9,8%	7,8%			
Nach Nizza: Nov. 2004 - Nov. 2009						3,6%	2,1%	
Nach dem VVE: ab Nov. 2009						10,1%	12,9%	11,2%

Quelle: Baldwin/Widgrén: Council voting in the Constitutional Treaty. S. 5. Die Balken zeigen die Wahrscheinlichkeit an, mit der ein zufällig gewählter Sachverhalt vom Ministerrat angenommen wird. In einer EU-25 gibt es über 33 Millionen verschiedener möglicher Kombinationen von ‚Ja'- und ‚Nein'-Stimmen. In einer 27er Union sind es sogar über 134 Millionen. Vgl. ebd., S. 3, Anm. 2.

Die nun im VVE vereinbarten Regeln würden dagegen die Wahrscheinlichkeit wesentlich zu Gunsten einer gestaltenden Mehrheit verändern (siehe Abb. 3). Dieser statistisch bestimmte Raum von Abstimmungskombinationen determiniert jedoch nicht automatisch das Verhalten der Akteure im Rat, wie die Auswirkung des Luxemburger Kompromisses auf die Einstimmigkeit als Regelfall zwischen 1966 und 1986 belegt.[29] Geht man jedoch von der in den letzten Jahrzehnten etablierten Praxis von Abstimmungen als einer durchaus erwartbaren Möglichkeit aus, so werden Politiker und Beamte eine auf Dauer berechenbare

---

28 Vgl. zu diesen Ausführungen insbesondere Baldwin, Richard/Widgrén, Mika: Another failure in the making. 17. Juni 2004. http://www.euractiv.com/ndbtext/eufuture/18jun04essay.pdf; Stand: 12.8.04; Baldwin, Richard/Widgrén, Mika: Council voting in the Constitutional Treaty: Devil in the details. 23. Juni 2004. http://www.cepr.org/content/en/articles/showarticle.php?ArticleID=10; Stand: 12.8.04; Kirsch, Werner: What is a fair distribution of power in the Council of Ministers of the EU? 17. Juni 2004. http://www.ruhr-uni-bochum.de/mathphys/politik/eu/ CEPS.pdf; Stand: 12.8.04
29 Engel, Christian/Borrmann, Christine: Vom Konsens zur Mehrheitsentscheidung, EG-Entscheidungsverfahren und nationale Interessenpolitik nach der Einheitlichen Europäischen Akte. Bonn, 1991. S. 45-46

Strategie suchen. Tab. 1 verdeutlicht einige Möglichkeiten, blockierende Sperrminoritäten oder gestaltende qualifizierte Mehrheiten zu erreichen.

Tab. 1: Koalitionen für qualifizierte Mehrheiten und Sperrminoritäten im Rat in der EU-27 (nach dem VVE)

	Anzahl der Staaten	Bevölkerungs-quote EU-27 gesamt	Gestaltende Mehrheit	Sperrminorität
EU-6	6	22,22%	46,87%	Nein	Ja
EU-9	9	33,33%	61,10%	Nein	Ja
EU-12	12	44,44%	74,00%	Nein	Ja
EU-15	15	55,56%	78,60%	Ja	Ja
EU-25	25	92,59%	93,90%	Ja	Ja
EU-27	27	100%	100%	Ja	Ja
NATO-Staaten	21	77,78%	94,34%	Ja	Ja
3 größte MS (D, GB, F)	3	11,11%	41,69%	Nein	Nein (kein 4. MS)
Mittelmeerraum (P, E, F, I, GR, CY, MA)	7	25,93%	37,37%	Nein	Ja
Ostseeanrainer (D, DK, S, SF, ES, LIT, LAT)	7	25,93%	29,35%	Nein	Nein
MS mit soz. Regierungen[a] (D, GB, E, PL, CR, B, H, S, LIT, SLO, CY, RO)	12	44,44%	57,47%	Nein	Ja
MS mit kons. Regierungen[a] (F, I, NL, GR, P, A, SR, DK, SF, IRE, LAT, ES, LUX, MA, BL)	15	55,56%	42,53%	Nein	Ja
„New" Europe[b] (GB, I, PL, NL, BL, DK, CR, H, RO, LIT, P, SR, ES)	13	48,15%	51,06%	Nein	Ja
„Old" Europe[b] (D, F, E, GR, B, S, A, SF, IRE, LAT, SLO, CY, LUX, MA)	14	51,85%	48,94%	Nein	Ja
Alte Nettozahler (D, F, GB, NL, A, S)	6	22,22%	38,45%	Nein	Ja
Nettoempfänger	21	77,78%	61,55%	Nein	Ja
Mitteleuropa (D, A, PL, CR, SR, H, LIT, LAT, ES)	9	33,33%	33,37%	Nein	Nein

a) Stand: 13. Juli 2004
b) Gemeint sind mit „New Europe" im Sinne der Definition von US-Verteidigungsminister Donald Rumsfeld die Staaten mit im Irak stationierten Soldaten. Entsprechend bezeichnet „Old Europe" hier die Staaten ohne militärische Beteiligung im Irak. (Stand: Juli 2004)

Quelle: Zusammenstellung nach Berechnungen von Ingo Linsenmann und Thomas Latschan, Jean Monnet Lehrstuhl 2004

Angesichts derartiger Koalitionen, die deutlich die Möglichkeiten zur Verhinderung von Mehrheiten aufweisen, sind die politischen Folgen der Stimmgewichtung im Rat intensiv zu diskutieren. Nutzt man erneut statistische Modellrechnungen, so sind die Verschiebungen im potenziellen Stimmgewicht zwischen den Mitgliedstaaten von erheblicher Bedeutung (siehe Abb. 4).

Abb. 4: Machtgewinne und -verluste pro Mitgliedstaat im Ministerrat (in Prozent)

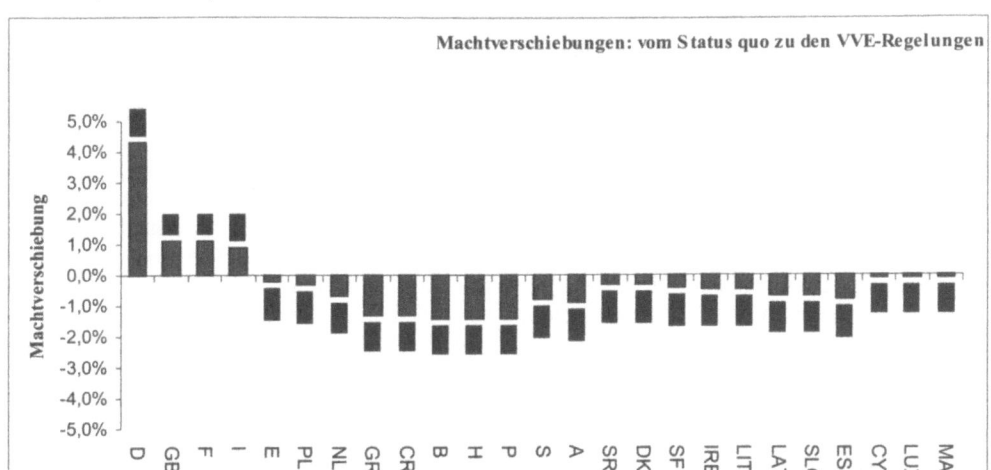

Quelle: Baldwin/Widgrén: Council voting in the Constitutional Treaty. S. 5. Die Abbildung zeigt die Machtverschiebungen zwischen den Mitgliedstaaten im Ministerrat (Vergleich Status quo nach dem Vertrag von Nizza (Nulllinie) und VVE (prozentuale Verschiebungen))

Im Vergleich zum System der gewogenen Stimmen des Unionsvertrags von Nizza wird das Machtgleichgewicht zu Gunsten der großen, da bevölkerungsreichen Mitgliedstaaten verschoben. Auch die noch beim Gipfel in Nizza vom französischen Staatspräsidenten vehement verteidigte Stimmengleichheit zwischen Deutschland und Frankreich ändert sich zu Gunsten Deutschlands; der Status als ‚fast' große Staaten, den Spanien und Polen erzielt hatten, wird nun wieder zurückgedreht. Verlierer sind aber insbesondere mittelgroße Staaten um die zehn Mio. Einwohner. Bei der im VVE festgeschriebenen Form der doppelten Mehrheit – selbst mit der zusätzlichen Bedingung eines vierten Landes für die Erreichung einer blockierenden Minderheit – ist Deutschland vergleichsweise der Gewinner: sein Gewicht nimmt mehr zu als das der anderen großen Staaten zusammen.[30] Eine blockierende Minderheit ist für die Bundesregierung relativ einfach zu erreichen, falls sie feste Absprachen mit anderen größeren Staaten und einem kleineren Land eingeht. Unter dem Eindruck einer derartigen Machtverschiebung hat der Bundeskanzler einer Reduzierung der Sitze für deutsche Abgeordnete im Europäischen Parlament um drei zugestimmt.[31] Für eine gestaltende Mehrheit wird die Bundesrepublik dagegen eine breite Koalition anzustreben haben.

Insgesamt fordert der Verfassungsvertrag im Rat – wie im Europäischen Parlament – jeweils hohe Mehrheiten, die die Handlungsfähigkeit zu Gunsten eines hohen Zustimmungsbedarfs verringern.

---

30 Baldwin/Widgrén: Council voting in the Constitutional Treaty. S. 6
31 Schröder, Gerhard: Regierungserklärung

2.4 Zur Kommission: gelenktes Großteam oder fragmentierte Gruppenbildung?

Einen besonderen Streitpunkt in der Regierungskonferenz bildete die Zahl der Mitglieder der Europäischen Kommission. Zwischen den Polen eines großen Gremiums mit einer ‚repräsentativen' Besetzung und eines kleineren Organs mit höherer Handlungsfähigkeit entschied sich die Regierungskonferenz gegen den wenig überzeugenden Kompromissvorschlag des Konvents[32] und für das beliebte Mittel einer Aufschiebung der endgültigen Entscheidung: Nach Art. I-26 Abs. 6 wird bis 2014 jeder Mitgliedstaat einen Kommissar vorschlagen können; danach wird die Zusammensetzung auf zwei Drittel der Anzahl der Mitgliedstaaten verringert, die nach einem System der gleichberechtigten Rotation ausgewählt werden sollen. Freilich kann der Europäische Rat diese Zahl nochmals einstimmig ändern. Folgt man Annahmen über die Interessenlage der Regierungschefs, so ist zu erwarten, dass der Europäische Rat im Vorfeld des Jahres 2014 diese Entscheidung rückgängig machen und bei dem bisherigen System eines Mitglieds pro Staat bleiben wird. Auch die Regierungschefs des Jahres 2014 werden sich nicht der Chance berauben wollen, für ein derartig wichtiges Organ einen Politiker vorzuschlagen. Patronagemacht und der davon erwartete dauernde Einfluss sind schließlich zentrale Instrumente jeglicher Regierungspolitik. Auch der prima facie Legitimität der Kommission ist ein ‚Ein Mitglied pro Staat'-Prinzip nicht abträglich.[33]

Angesichts dieser Vergrößerung der Kommission hat die Regierungskonferenz die Aufgaben des Präsidenten und seine Rechte innerhalb des Kollegiums (Art. I-27) erneut gestärkt – bis hin zur Möglichkeit, einzelne ‚Kollegen' durch eine nur von ihm selbst zu verantwortende Aufforderung zu entlassen (Art. I-27 Abs. 3). Die Rechte des designierten Präsidenten bei der Auswahl seiner Kollegen werden jedoch – entgegen den Vorschlägen des Konvents – auf ein „Einvernehmen" mit dem Rat beschränkt (Art. I-27 Abs. 2). Geht man von einem Spannungsdreieck zwischen einem Kollegialsystem, einer fachlichen Verantwortung jedes Kommissars und einem Führungsanspruch des Präsidenten aus, wird der Verfassungsvertrag die Position des Präsidenten stärken; weiter zu beobachten wird sein, ob und wie der Präsident sein großes Team lenken kann. Angesichts der Größe und Heterogenität der Kommission ist die Herausbildung von einzelnen mehr oder weniger festen Gruppierungen nicht auszuschließen. Unklarer ist, anhand welcher Kriterien sich derartige informelle Koalitionen bilden könnten: nach persönlichem Vertrauen, nach fachlicher Zuordnung, nach parteipolitischen Präferenzen, nach mitgliedstaatlichen Interessen oder einer Mischung mehrerer dieser Kriterien.

---

32 Vgl. Brok, Elmar: Der Konvent. S. 341; Cuntz, Eckart: Ein ausgewogener Gesamtkompromiss. Die Ergebnisse des Konvents aus Sicht der Bundesregierung. In: integration 4/2003. S. 351-356, S. 353; Schild, Joachim: Die Reform der Kommission: Vorschläge des Konvents. In: integration 4/2003. S. 493-500, S. 498
33 Vgl. The CER guide. S.3

2.5 Europäischer Gerichtshof und nationale Parlamente: Stärkung alter und neuer Mitspieler

Der Verfassungsvertrag wird auch die Rolle des Europäischen Gerichtshofs (EuGH) stärken.[34] Die Jurisdiktion dieses Organs, das die Qualität der Union als Rechtsgemeinschaft sichert, wird auf weitere Politikfelder – insbesondere in Fragen der Innen- und Justizpolitik – ausgedehnt. Ausgebaut werden auch Möglichkeiten zum Individualrechtsschutz.

Eingefügt in die institutionelle Architektur hat die Regierungskonferenz die Beteiligungsformen nationaler Parlamente: als „Subsidiaritätswächter"[35] können sie in einem Frühwarnsystem mit späterem Klagerecht vor dem EuGH die Gesetzgebung der Union in den Bereichen der geteilten Zuständigkeit beeinflussen[36] (Art. 5 bis 7 des Protokolls über die Anwendung der Grundsätze der Subsidiarität und der Verhältnismäßigkeit). Außerdem erhält nun auch jedes nationale Parlament ein Veto-Recht im Falle eines vom Europäischen Rat initiierten „vereinfachten Verfahrens zur Änderung des Vertrages" (Art. IV-444 Abs. 3). Der Zuwachs an Rechten für nationale Parlamente wird von vielen Akteuren[37] und Beobachtern als Steigerung der demokratischen Verfahren begrüßt; zu beobachten wird sein, ob die nationalen Parlamente die organisatorischen und politischen Voraussetzungen für eine konstruktive Mitwirkung schaffen können, die sinnvoll zu einer europäischen Debatte beiträgt, ohne die Transparenz der EU-Gesetzgebungsverfahren zu verringern.

2.6 Neue Formen der Flexibilisierung: Das Verfahren der „ständig strukturierten Zusammenarbeit"

Angesichts der Unsicherheit über eine ausreichende Handlungsfähigkeit in einer immer größeren Union wird seit der ersten Erweiterungsrunde immer wieder über Formeln zur Flexibilisierung zwischen den Mitgliedstaaten diskutiert. Auch der Verfassungsvertrag hat derartige Formen der Flexibilisierung[38] bestätigt, handhabbarer gestaltet und ausgebaut (Art. I-41 Abs. 6; Art. I-44).[39] In der Vielzahl und Vielfalt von „opt outs", „opt ins", „Notbremsen" und „Beschleunigern" wird sogar ein Markenzeichen des Verfassungsvertrags gesehen.[40] Insbesondere in der GASP wie in dem Kapitel zur Innen- und Justizpolitik sind entsprechende Möglichkeiten vorgezeichnet. Aber auch für die Eurozone werden de facto-Entwicklungen nun zu de jure-Bestimmungen (Art. III-194); vorgesehen wird in einem

---

34 Vgl. Läufer, Thomas: Der Europäische Gerichtshof – moderate Neuerungen des Verfassungsentwurfs. In: integration 4/2003. S. 510-519; siehe auch den Beitrag von Müller-Graff, Peter-Christian: Strukturmerkmale des neuen Verfassungsvertrages für Europa. In: integration 3/2004. S.186-201
35 Töller, Annette Elisabeth: Dimensionen der Europäisierung – Das Beispiel des Deutschen Bundestags. In: Zeitschrift für Parlamentsfragen. Heft 1, Jahrgang 35. Wiesbaden, März 2004. S. 25-50, S. 50
36 Vgl. Maurer, Andreas/Wessels, Wolfgang: Das Europäische Parlament nach Amsterdam und Nizza. S. 229-231; Maurer, Andreas: Die nationalen Parlamente im Europäischen Verfassungsvertrag. Anforderungen für die proaktive Ausgestaltung der Parlamente. SWP-Diskussionspapier. Mai 2004. http://www.swp-berlin.org/common/get_document.php?id=861&PHPSESSID= 1311c2008e6bc012a83ffeb2c541a507; Stand: 12.8.04
37 Blair, Tony: Erklärung; Schröder, Gerhard: Regierungserklärung; Ahern, Bertie: Statement; Chirac, Jacques: Constitution pour l'Europe. Paris 19. Juni 2004. http://diplomatie.gouv.fr/actu/article.asp?art=42838; Stand: 12.8.04
38 Unter diesen Begriff fällt nicht die Flexibilitätsklausel des Art. I-17 Abs. 3.
39 Vgl. Emmanouilidis, Janis A./Giering, Claus: In Vielfalt geeint – Elemente der Differenzierung im Verfassungsentwurf. In: integration 4/2003. S. 454-467
40 The CER guide. S. 1 und 3

Protokoll zur Eurogruppe auch die Benennung eines „Herrn" oder einer „Frau Euro" als Vertreter dieser Gruppe.

Eine spezifische Dynamik legt der Verfassungsvertrag in einer Kombination an, die von der Nutzung der „Notbremse" durch einen Mitgliedstaat zur Anwendung eines „Beschleunigers" für eine Gruppe von mindestens einem Drittel aller Mitgliedstaaten führt:[41] Die Blockade durch ein Veto kann nach mehreren Verfahrensschritten zur Ermächtigung für eine verstärkte Zusammenarbeit führen (Art. III-271 Abs. 4). Mit diesem Regelwerk wird ein gewisser Druck auf die Minderheitenpositionen ausgeübt werden können. In den Artikeln zur verstärkten Zusammenarbeit sind auch Öffnungsklauseln vereinbart, nach denen die teilnehmenden Staaten einstimmig beschließen können, mit qualifizierter Mehrheit abzustimmen (Art. III-422 Abs. 1) oder vom besonderen Gesetzgebungsverfahren zum ordentlichen überzugehen (Art. III-422 Abs. 2). Auch diese Regeln könnten eine zusätzliche Dynamik in die Beratungen des Rats bringen.

Eine besondere Ergänzung dieser Flexibilisierungsangebote ist auf dem Feld der Gemeinsamen Sicherheits- und Verteidigungspolitik zu erwähnen. Mit einer „ständigen Strukturierten Zusammenarbeit im Rahmen der Union" (Art. I-41 Abs. 6; Art. III-312) hat die Regierungskonferenz – nach erheblichen Änderungen an der Vorlage des Konvents – die Möglichkeiten für ein gemeinsames Vorgehen von „Mitgliedstaaten [geschaffen], die anspruchsvollere Kriterien in Bezug auf militärische Fähigkeiten erfüllen und die im Hinblick auf Missionen mit höchsten Anforderungen untereinander festere Verpflichtungen eingegangen sind" (Art. I-41 Abs. 6). Diese Form von Flexibilität, „schneller als andere voranzugehen",[42] wurde von vielen Teilnehmern als Erfolg verstanden: Danach kann die Union wirksamer handeln, ohne dass es eine „automatische Verpflichtung für Neutrale" gibt;[43] gleichzeitig ist diese Form der Flexibilität stärker als im Konventsentwurf[44] in den Rahmen des Verfassungsvertrages eingebunden.[45] Einer vom Rat getrennten Entwicklung hin zu einer ‚militärischen Eurogruppe' haben die Regierungschefs damit zumindest im Verfassungsvertrag engere Grenzen gesetzt.

Die bisher ausbleibende Nachfrage von Mitgliedstaaten nach derartigen vertraglich angebotenen Regeln und auch einfache spieltheoretische Überlegungen zu ‚Trittbrettfahrern', die von den Aktionen anderer profitieren wollen, ohne selbst zur gemeinsamen Problemlösung beizutragen, lassen jedoch – auch in einer erweiterten Union – zunächst keine intensive Nutzung der verstärkten oder strukturierten Zusammenarbeit erwarten. Große Hoffnungen sollte man deshalb nicht auf diesen Satz von nochmals verfeinerten Möglichkeiten setzen.[46]

---

41 Vgl. The CER guide. S. 5
42 Schröder, Gerhard: Regierungserklärung. S. 3
43 Ahern, Bertie: Statement. S. 4
44 Vgl. u.a. Jopp, Mathias/Regelsberger, Elfriede: GASP und ESVP im Verfassungsvertrag. S. 552-554; Emmanouilidis, Janis A./Giering, Claus: In Vielfalt geeint. S. 463
45 Blair, Tony: Erklärung. S. 1
46 Schröder, Gerhard: Regierungserklärung. S. 1

3. Schlussfolgerungen für die Handlungsfähigkeit der EU

3.1 Personalisierung, Politisierung und Partnerschaften: auf dem Weg zu einem neuen institutionellen Gleichgewicht?

Aus der Einzelanalyse jeder Institution sind in einer Gesamtsicht mögliche Erwartungen für die künftigen Beziehungen zwischen den Organen und damit für die Handlungsfähigkeit des EU-Systems insgesamt zu diskutieren. Die Einrichtung eines hauptamtlichen, in Brüssel ansässigen Präsidenten des Europäischen Rats und die Schaffung eines Außenministers der Union, aber auch die Stärkung des Präsidenten der Europäischen Kommission werden zu einer Personalisierung des Brüsseler Geschehens führen. Diese kann die Kontinuität und Sichtbarkeit politischer Führung verbessern;[47] die im Verfassungstext bereits angelegten Spannungen innerhalb wie zwischen den Institutionen werden aber – zumindest in einer ersten Phase der Anwendung – zu einem Austarieren der Einflusssphären zwischen diesen Ämtern führen und damit das bisherige institutionelle Gleichgewicht in der gelebten Verfassung verändern.

Diese interinstitutionellen Entwicklungen könnten durch einen Wandel in der Entscheidungslogik des Systems überlagert oder sogar verstärkt werden: Zu diskutieren ist, ob die veränderten Beschlussfassungsregeln die realen Verhaltensmuster von Akteuren in den nun vorgegebenen Verfassungsformen für die institutionelle Architektur nachhaltig beeinflussen. Angesichts von Kalkulationen für die jeweilige Durchsetzungsfähigkeit werden Mitgliedstaaten im Rat, mögliche Gruppierungen in der Kommission und größere Fraktionen im Europäischen Parlament dazu neigen, durchgängige, sektor- und organübergreifende ‚Partnerschaften' oder ‚Koalitionen' einzugehen. Abgelöst würden die bisherigen Abstimmungsmuster, die nur durch jeweils politikfeldbezogene Netzwerke von Akteuren getragen wurden, die jedoch keine ‚festen' Mehrheiten beziehungsweise Minderheiten innerhalb und zwischen den beteiligten Organen entstehen ließen; angesichts der Zunahme an beteiligten Akteuren könnte eine nachhaltigere Suche nach organübergreifenden Koalitionen einsetzen, die sowohl von ähnlichen Interessenlagen als auch von Stimmgewichten im Rat und Abgeordnetenunterstützung im Parlament ausgehen. In diesem Mehrebenenspiel[48] könnte sich infolge der Erhöhung der Zahl an ‚Mit-Spielern' in allen drei Organen wie auch aus deren jeweiligem Gewicht eine von den bisherigen Verhaltensformen abweichende Entscheidungslogik entwickeln. Angesichts der neuen intra-institutionellen Dynamik ist davon auszugehen, dass die bisherige Vertragspraxis innerhalb und zwischen den Organen nicht so einfach fortzuschreiben sein wird.

Das Durchspielen möglicher Reaktionen in den neuen Opportunitätsstrukturen lässt in der Erprobungsphase des Verfassungsvertrags veränderte Verhaltensmuster in der „gelebten Verfassung" erwarten. Angesichts mancher nur begrenzt Erfolg versprechender Kompromissformeln in der institutionellen Architektur wird der Druck zu weiteren Reformen spätestens nach den ersten Fehlleistungen wieder zunehmen. Eine bröckelnde Legitimität auf Grund eines unzureichenden Outputs der Union, der insbesondere im Bereich des au-

---

47 Vgl. u.a. Emmanouilidis, Janis A.: Historically unique, unfinished in detail – An evaluation of the Constitution. In: Reform Spotlight der Bertelsmann-Stiftung 03/2004. S. 1. http://www.euintegration. net/data/comp_files/181/Reformspotlight-03-04-en-pdf_040629_fisc38.pdf; Stand: 12.8.04
48 Vgl. Jachtenfuchs, Markus/Kohler-Koch, Beate: Regieren und Institutionenbildung. In: Jachtenfuchs, Markus/Kohler-Koch (Hrsg.): Europäische Integration. Opladen, 2003. S. 11-49; Mittag, Jürgen/Wessels, Wolfgang: The ‚One' and the ‚Fifteen'? The Member States between procedural adaptation and structural revolution. In: Wessels, Wolfgang/Maurer, Andreas/Mittag, Jürgen: Fifteen into one? S. 413-454, S. 414

ßen- und sicherheitspolitischen Auftretens deutlich werden könnte, lässt eine Diskussion um weitere konstitutionelle Schritte auf einer „Integrationsleiter" erwarten.[49] Ob dieser Verfassungsvertrag damit für eine Generation geschrieben ist,[50] erscheint fraglich: Im Trend der Konstitutionalisierungsschritte über die letzen zwei Jahrzehnte und angesichts unvorhersehbarer Erprobungstests mancher institutioneller Innovationen wird der Ruf nach weiteren Reformen relativ bald nach In-Kraft-Treten zu hören sein. Nicht auszuschließen ist jedoch, dass sich die Frage nach der Verwendung dieses Entwurfs in noch kürzerer Zeit, nämlich nach dem Scheitern von Referenden, stellen wird. Mehrere rechtliche Möglichkeiten des weiteren Aufgreifens sind denkbar,[51] aber deren jeweilige rechtliche Zulässigkeit und politische Sinnhaftigkeit werden weiter zu erörtern sein.

3.2 Der Verfassungskonvent – unmittelbare Erfolge, nachhaltige Wirkung?

Angesichts der Ratifizierungsdebatten in den nächsten Monaten wird zu beobachten sein, ob und wie sich die „Deliberationen im Konvent"[52] und die Verhandlungen in der Regierungskonferenz auf nationale Ratifizierungs- und Referendendebatten niederschlagen. In diesen Debatten zur Finalität der Union könnte eine – vom ‚Konventsgeist' unberührte – ‚Re'-Nationalisierung festzustellen sein. So benutzen die Regierungschefs selbst nach dem Gipfel ein abweichendes Vokabular, das ihren jeweiligen programmatischen Leitbildern für die Europapolitik entspricht. Sprach der französische Präsident Chirac von einer *„fédération d'Etats-nations"*,[53] so hob der britische Premierminister hervor: „The constitutional treaty makes it clear that Europe (…) is not a superstate, not a federal state but a group of nations."[54] Politische Kräfte könnten – wie teilweise bei der Wahl zum Europäischen Parlament zu beobachten – im Stolz auf ihre „nationale Identität und Geschichte" (Präambel) Unterschiede mehr als Gemeinsamkeiten betonen und neue Formen eines quasi EU-internen beziehungsweise -bezogenen Nationalismus herausbilden. Die Auseinandersetzung über eine ‚Verfassung' könnte dann zum Katalysator, Verstärker oder sogar zum Auslöser grundlegender Trennlinien innerhalb der erweiterten Union werden.

Im Unterschied zu diesem Szenarium könnten aber auch nachhaltige Fernwirkungen der Konventsdebatte festgestellt werden, die – bei vielen fortdauernden Kontroversen – doch ein gemeinsames Verfassungsverständnis in der erweiterten Union entstehen lassen. Unter Aufgreifen der ‚Devise der Union' „In Vielfalt geeint" (Präambel) könnte der Grundstock einer politischen Identität entdeckt werden – bis hin zur Herausbildung eines europäischen „Verfassungspatriotismus".[55] Zu vermuten ist, dass eine derartige Konstruktion über den Satz tradierter Leitbilder hinausgeht und zu einer Neudefinition eines europäischen Grundverständnisses führen kann.[56]

---

49 Vgl. Wessels, Wolfgang: Verfassungsvertrag im Integrationstrend.
50 Vgl. The CER guide. S. 8.
51 Vgl. u.a. Rossi, Lucia Serena: What if the Constitutional Treaty is not ratified? 30.6.04. http://www.theepc.net/en/default.asp?TYP=TEWN&LV=372&PG=TEWN/EN/detail&l=&AI=372; Stand: 12.8.04
52 Vgl. Maurer, Andreas: Orientierungen im Verfahrensdickicht?; Göler, Daniel/Marhold, Hartmut: Die Konventsmethode. In: integration 4/2003. S. 317-330, S. 323 ff.
53 Chirac, Jaques: Déclaration. S.1
54 Blair, Tony: Erklärung. S. 1
55 Habermas, Jürgen: Die postnationale Konstellation. Politische Essays. Frankfurt a. M., 1998. S. 114
56 Vgl. u.a. Schneider, Heinrich: Ein Wandel europapolitischer Grundverständnisse? Grundsatzüberlegungen, Erklärungsansätze und Konsequenzen für die politische Bildungsarbeit. In: Jopp, Mathias/Maurer, Andreas/Schneider, Heinrich (Hrsg.): Europapolitische Grundverständnisse im Wandel. Analysen und Konsequenzen für die politische Bildung. Bonn, 1998. S. 19-147

Literatur

Ackerman, Bruce: We the people. Bd. 2: Transformations. Cambridge/London, 2000

Ahern, Bertie: Statement of the Taoiseach. Mr Bertie Ahern TD to the Dáil on the outcome of the European Council and the Intergovernmental Conference held on 17-18 June 2004 in Brussels. 30. Juni 2004. http://www.eu2004.ie

Aspinwall, Mark/Schneider, Gerald (Hrsg.): The rules of integration. Institutionalist approaches to the study of Europe. New York/Manchester, 2001

Baldwin, Richard/Widgrén, Mika: Another failure in the making. 17. Juni 2004. http://www.euractiv.com/ndbtext/eufuture/18jun04essay.pdf; Stand: 12.8.04

Baldwin, Richard/Widgrén, Mika: Council voting in the Constitutional Treaty. Devil in the details. 23. Juni 2004. http://www.cepr.org/content/en/articles/showarticle.php?ArticleID=10; Stand: 12.8.04

Blair, Tony: Erklärung von Premierminister Tony Blair zum EU-Verfassungsvertrag im Parlament. 21. Juni 2004. u.a. abrufbar unter http://www.britischebotschaft.de/de/news/items/040621.htm; Stand: 13.8.04

Bogdandor, Vernon: A constitution for a House without Windows. In: The Federal Trust for education and research. EU Constitution Project Newsletter. www: fedtrust.co.uk; Stand: Juli 2004

Centre for European Reform: The CER guide to the EU's constitutional treaty. http://www.cer.org.uk/pdf/policybrief_constitution_july04.pdf; Stand: 12.8.04

Chirac, Jacques: Constitution pour l'Europe. Paris 19. Juni 2004. http://diplomatie.gouv.fr/actu/article.asp?art=42838; Stand: 12.8.04

Cuntz, Eckart: Ein ausgewogener Gesamtkompromiss. Die Ergebnisse des Konvents aus Sicht der Bundesregierung. In: integration 4/2003. S. 351-356

Emmanouilidis, Janis A./Giering, Claus: In Vielfalt geeint – Elemente der Differenzierung im Verfassungsentwurf. In: integration 4/2003. S. 454-467

Emmanouilidis, Janis A.: Historically unique, unfinished in detail – An evaluation of the Constitution. In: Reform Spotlight der Bertelsmann-Stiftung. 03/2004. S. 1. http://www.euintegration.net/data/comp_files/181/Reformspotlight-03-04-en-pdf_040629_fisc38.pdf; Stand 12.8.04

Engel, Christian/Borrmann, Christine: Vom Konsens zur Mehrheitsentscheidung, EG-Entscheidungsverfahren und nationale Interessenpolitik nach der Einheitlichen Europäischen Akte. Bonn, 1991

Europäischer Konvent: Entwurf eines Vertrags über eine Verfassung von Europa. CONV 85/03. Brüssel, 2003. http://european-convention.eu.int/docs/Treaty/cv00850.de03.pdf; Stand: 12.8.04

Europäisches Parlament: Weißbuch zur Regierungskonferenz 1996. Absatz 2.2: Rat der Europäischen Union vom 29. März 1994 und Vereinbarung von Ioannina. http://www.europarl.eu.int/igc1996/postoc_de.htm; Stand: 12.8.04

Göler, Daniel/Marhold, Hartmut: Die Konventsmethode. In: integration 4/2003. S. 317-330

Habermas, Jürgen: Die postnationale Konstellation. Politische Essays. Frankfurt a. M., 1998

Hänsch, Klaus: Ein kleiner Schritt für die Staats- und Regierungschefs, ein großer Schritt für Europa – Die EU gibt sich eine Verfassung. Pressemitteilung vom 19. Juni 2004. S. 1. http://www.klaus-haensch.de/htcms/pressemitteilungen-2/mehr-62.html; Stand: 12.8.04

Hillenbrand, Olaf: Europa-ABC. Luxemburger Kompromiss. In: Weidenfeld, Werner/Wessels, Wolfgang (Hrsg.): Europa von A bis Z. Bonn, 2002. S. 409

Hix, Simon: Legislative behaviour and party competition in the European Parliament. An application. In: Journal of Common Market Studies. Vol. 39, Oxford, November 2001. S. 663-688

Hix, Simon: Parteien, Wahlen und Demokratie in der EU. In: Jachtenfuchs, Markus/Kohler-Koch, Beate: Europäische Integration. Opladen, 2003. S. 165-194

Hobe, Stephan: Bedingungen, Verfahren und Chancen europäischer Verfassungsgebung. Zur Arbeit des Brüsseler Verfassungskonvents. In: Europarecht 38, Bd. 1/2003. S. 1-16

Hughes, Kristy: A new division of power in the EU. In: The Federal Trust. EU Constitution Project Newsletter. S. 12

Jachtenfuchs, Markus/Kohler-Koch, Beate: Regieren und Institutionenbildung. In: Jachtenfuchs, Markus/Kohler-Koch, Beate (Hrsg.): Europäische Integration. Opladen, 2003. S. 11-49

Jopp, Mathias/Regelsberger, Elfriede: GASP und ESVP im Verfassungsvertrag – eine neue Angebotsvielfalt mit Chancen und Mängeln. In: integration 4/2003. S. 550-564

Kirsch, Werner: What is a fair distribution of power in the Council of Ministers of the EU? 17. Juni 2004. http://www.ruhr-uni-bochum.de/mathphys/politik/eu/CEPS.pdf; Stand: 12.8.04

Knipping, Franz/Schönwald, Matthias (Hrsg.): Aufbruch zum Europa der zweiten Generation. Die europäische Einigung 1969-1984. Trier, 2004

Knipping, Franz: Rom, 25. März 1957. Die Einigung Europas. München, 2004
Lamassoure, Alain: Histoire secrète de la Convention Européenne. Paris, 2004
Läufer, Thomas: Der Europäische Gerichtshof – moderate Neuerungen des Verfassungsentwurfs. In: integration 4/2003. S. 510-519
Loth, Wilfried: Entwürfe einer europäischen Verfassung. Eine historische Bilanz, Analysen zur Europäischen Politik. Institut für Europäische Politik und ASKO EUROPA-STIFTUNG. Bonn, 2002
March, James G/Olsen, Johan P.: The Logic of Appropriateness. http://www.arena.uio.no/publications/wp04_9.pdf; Stand: 12.8.04
Maurer, Andreas/Wessels, Wolfgang: Das Europäische Parlament nach Amsterdam und Nizza. Akteur, Arena oder Alibi? Baden-Baden, 2003
Maurer, Andreas/Wessels, Wolfgang: The European Union matters. Structuring self made offers and demands. In: Wessels, Wolfgang/Maurer, Andreas/Mittag, Jürgen (Hrsg.): Fifteen into one? The European Union and its member states. Manchester/New York, 2003. S. 29-65
Maurer, Andreas: Die nationalen Parlamente im Europäischen Verfassungsvertrag. Anforderungen für die proaktive Ausgestaltung der Parlamente. SWP-Diskussionspapier. Mai 2004. http://www.swp-berlin.org/common/get_document.php?id=861&PHPSESSID= 1311c2008e6bc012a83ffeb2c541a507; Stand: 12.8.04
Maurer, Andreas: Orientierungen im Verfahrensdickicht? Die neue Normenhierarchie der Europäischen Union. In: integration 4/2003. S. 440-453
Mittag, Jürgen/Wessels, Wolfgang: Die Gipfelkonferenzen von Den Haag (1969) und Paris (1972). Meilensteine für Entwicklungstrends der Europäischen Union? In: Knipping, Franz/Schönwald, Matthias: Aufbruch zum Europa der zweiten Generation. S. 3-27
Mittag, Jürgen/Wessels, Wolfgang: The ‚One' and the ‚Fifteen'? The Member States between procedural adaptation and structural revolution. In: Wessels, Wolfgang/Maurer, Andreas/Mittag, Jürgen: Fifteen into one? The European Union and its member states. Manchester/New York, 2003. S. 413-454
Müller-Graff, Peter-Christian: Strukturmerkmale des neuen Verfassungsvertrages für Europa. In: integration 3/2004. S.186-201
Müller-Graff, Peter-Christian: Systemrationalität in Kontinuität und Änderung des Europäischen Verfassungsvertrags. In: integration 4/2003. S. 301-316
Nicolaidis, Kalypso: Making it our own. A Proposal for the Democratic Interpretation of the EU Constitution. In: The Federal Trust. EU Constitution Project Newsletter. S. 9
Norman, Peter: The Accidental Constitution. Brüssel, 2003
Olsen, Johan P.: Organising European Institutions of Governance. A Prelude to an Institutional Account of Political Integration. Arena Working Papers WP 00/2. http://www.arena.uio.no/publications/wp00_2.htm; Stand: 12.8.04
Peters, Guy: Institutional Theory in Political Science. The 'New Institutionalism'. London/New York, 1999
Pinder, John: The Constitutional Treaty. How federal? In: The Federal Trust. EU Constitution Project Newsletter. S. 7
Rossi, Lucia Serena: What if the Constitutional Treaty is not ratified? 30.6.04. http://www.theepc.net/en/default.asp?TYP=TEWN&LV=372&PG=TEWN/EN/detail&l=&AI=372; Stand: 12.8.04
Schild, Joachim: Die Reform der Kommission. Vorschläge des Konvents. In: integration 4/2003. S. 493-500
Schneider, Heinrich: Ein Wandel europapolitischer Grundverständnisse? Grundsatzüberlegungen, Erklärungsansätze und Konsequenzen für die politische Bildungsarbeit. In: Jopp, Mathias/Maurer, Andreas/Schneider, Heinrich (Hrsg.): Europapolitische Grundverständnisse im Wandel. Analysen und Konsequenzen für die politische Bildung. Bonn, 1998. S. 19-147
Schoutheete, Philippe de: Die Debatte des Konvents über den Europäischen Rat. In: integration 4/2003. S. 474
Schröder, Gerhard: Regierungserklärung zur Einigung der Staats- und Regierungschefs der Europäischen Union auf eine Europäische Verfassung. 2. Juli 2004. http://www.bundesregierung.de/Politikthemen/Europaeische-Union-,5867.677323/regierungserklaerung/Regierungserklaerung-von-Bunde.htm; Stand: 13.8.04
Töller, Annette Elisabeth: Dimensionen der Europäisierung – Das Beispiel des Deutschen Bundestags. In: Zeitschrift für Parlamentsfragen. Heft 1, Jahrgang 35. Wiesbaden, März 2004. S. 25-50
Weidenfeld, Werner/Wessels, Wolfgang (Hrsg.): Jahrbuch der Europäischen Integration 2003/2004. Baden-Baden, 2004.
Weiler, Joseph H.H.: The Constitution of Europe. Cambridge, 1999
Wessels, Wolfgang: Der Verfassungsvertrag im Integrationstrend. Eine Zusammenschau zentraler Ergebnisse. In: integration 4/2003. S. 284-300

Wessels, Wolfgang: Eine institutionelle Architektur für eine globale (Zivil-)Macht? Die Artikel zur Gemeinsamen Außen- und Sicherheitspolitik des Vertrags über eine Verfassung für Europa. In: Zeitschrift für Staats- und Europawissenschaften. 3/2003. S. 400-430

Wessels, Wolfgang: Europäischer Rat. In: Weidenfeld, Werner/Wessels, Wolfgang (Hrsg.): Europa von A bis Z. Bonn, 2002. S. 186

Wessels, Wolfgang: Gesetzgebung in der EG. In: Ismayr, Wolfgang (Hrsg.): Gesetzgebung in den Staaten der EU. Opladen, 2004, im Erscheinen

Wessels, Wolfgang: Konstitutionalisierung der EU. Variationen zu einem Leitbegriff – Überlegungen zu einer Forschungsagenda. In: Chardon, Matthias u.a. (Hrsg.): Regieren unter neuen Herausforderungen. Deutschland und Europa im 21. Jahrhundert. Festschrift für Rudolf Hrbek zum 65. Geburtstag. Baden-Baden, 2003. S. 23-45

Hartwig Hummel

Die Grenzen Europas und die Europäische Union

Klaus Hänsch äußerte sich einmal in folgender Weise zu den Grenzen Europas:
> „Europas Grenzen sind ungenau, aber es gibt sie. Wer die Europäische Union grenzenlos erweitern will, treibt sie in die Auflösung. [...] Diese Grenzen [...] sind mit den gegenwärtigen Beitrittskandidaten im Osten erreicht – mit der Türkei wären sie überschritten. Russland, die Ukraine, Georgien oder Armenien, auch die Türkei mögen zu Europa gehören, aber sie gehören nicht in die Europäische Union."[1]

1. Vier Prämissen

Diese Meinung ist durchaus nicht untypisch und viele ähnliche Zitate ließen sich im europapolitischen Diskurs sicher ohne große Mühe finden. Demnach scheinen Europas Außengrenzen zwar (noch) nicht ganz klar zu sein, doch es handelt sich dabei zweifellos um die Außengrenzen der Mitgliedstaaten der Europäischen Union. Derartige Vorstellungen von den Grenzen Europas beruhen auf mehreren Prämissen, die es lohnt, näher zu betrachten.

Erstens gilt aus heutiger Sicht die Europäische Union als Höhepunkt und Vollendung der europäischen politischen Integration. Die EU hatte keineswegs immer das Monopol auf die politische Definition Europas und seiner Grenzen. Als erste „europäische" Organisation nach dem zweiten Weltkrieg entstand 1947 auf Beschluss des Wirtschafts- und Sozialrates der Vereinten Nationen die heute noch existierende UN-Wirtschaftskommission für Europa (ECE). Die in der Öffentlichkeit weitgehend unbekannte ECE war von Beginn des Kalten Kriegs bis zur ersten Konferenz über Sicherheit und Zusammenarbeit in Europa (KSZE) im Jahre 1975 die einzige gesamteuropäische Organisation und umfasst darüber hinaus auch die USA, Kanada und seit 1991 auch Israel. Als nächster Versuch der Definition Europas folgte 1949 der Europarat, der sich im Gegensatz zur ECE nicht als pragmatisches Zweckbündnis verstand, sondern das ambitionierte Ziel verfolgte, „eine engere Verbindung zwischen seinen Mitgliedern zum Schutz und zur Förderung der Ideale und Grundsätze, die ihr gemeinsames Erbe bilden, herzustellen und ihren wirtschaftlichen und sozialen Frieden zu fördern".[2] Erst 1951 begann die Geschichte der Europäischen Union mit der Gründung der Montanunion, der 1957 mit den Römischen Verträgen die Europäische Wirtschaftsgemeinschaft und die Europäische Atomgemeinschaft folgten. Als Europäische Union gibt es Europa erst seit dem In-Kraft-Treten des Vertrags von Maastricht im Jahre 1993.

Zweitens gilt es näher zu prüfen, ob die Mitgliedschaft in der Europäischen Union wirklich für alle Mitgliedstaaten das gleiche bedeutet, die Außengrenzen Europas also in

---

1 Hänsch, Klaus MdEP: „Ziel und Zukunft der Einigung Europas". Rede zur Landestagung der Europa-Union Hessen, Schwalmstadt 3.Juni 2000. http://www.europa-web.de/europa/01lvkvjf/102LV/haensch.htm; Stand: 1.8.04
2 Artikel 1 der Satzung des Europarats vom 5.5.1949

jedem Fall die Außengrenzen *aller* Mitgliedstaaten sind. Einmal abgesehen davon, dass nicht alle EU-Mitglieder militärischen Bündnissen angehören, im UN-Sicherheitsrat vertreten sind oder sich am exklusiven Zirkel der G-8 beteiligen dürfen, kennt auch die EU-Mitgliedschaft einen gemeinsamen Kernbereich und mehrere Zusatzoptionen, so die Eurozone, den Schengenraum oder die Europäische Sicherheits- und Verteidigungspolitik. An diesen Zusatzoptionen beteiligen sich nicht alle Mitglieder der EU im gleichen Maße. Auf der anderen Seite sind weitere Staaten punktuell in EU-Projekten eingebunden, ohne selbst Mitglieder der EU zu werden, so zum Beispiel die Nicht-EU-Staaten, die den Euro als Währung übernommen haben, die Staaten, die zum europäischen Zollgebiet gehören oder sich am Europäischen Wirtschaftsraum (EWR) beteiligen, oder die Mitglieder der nordischen Passunion, die in den Schengenraum integriert sind.

Drittens kann auch nicht ohne weiteres davon ausgegangen werden, dass die Mitgliedstaaten mit ihrem gesamten Territorium und allen ihren Bürgern Teil Europas sind. Das EU-Recht enthält umfangreiche und nur noch von Fachexperten zu übersehende Bestimmungen, für welche Gebiete, Inseln und Überseeterritorien welche Teile des europäischen Rechts gelten.[3] Es geht dabei nicht nur um Steuer- und Subventionsfragen, um Zollausnahmen oder Fischereirechte, sondern auch darum, wer für die Wahl zum Europäischen Parlament wahlberechtigt ist und inwiefern regional autonome Parlamente die Anwendung europäischer Beschlüsse verweigern oder modifizieren können.

Viertens schließlich scheint der Prozess der Europäischen Integration zwar noch nicht abgeschlossen zu sein, aber „natürliche" Grenzen zu besitzen. Jedenfalls wird allgemein unterstellt, dass sich die politische Integration auf den geographischen Kontinent Europa bezieht. Dieses Selbstverständnis findet sich nicht zuletzt in Artikel 49 des EU-Vertrags, der lapidar festlegt, dass jeder „europäische" Staat beantragen kann, Mitglied der EU zu werden. Was einen Kontinent zu einem Kontinent macht, wo seine Grenzen liegen und wie fest diese Grenzen sind, bleibt dabei offen.

2. Grenzen und Identitäten

Die Frage, wer, warum und in welchem Umfang zum politischen Gemeinwesen Europa gehört, sollte aber nicht nur als Randnotiz oder „Fußnote" der europapolitischen Debatte angesehen werden, denn hinter den einzelnen Grenzkonzepten steckt die eminent politische Frage, was die Identität Europas ausmacht und worum es bei Europa eigentlich geht. Über die Grenzen Europas zu diskutieren, erfordert daher, sich mit dem politischen Selbstverständnis Europas auseinander zu setzen.

Ein Blick in die politikwissenschaftliche Theorie soll dabei helfen, die verschiedenen, in der öffentlichen Diskussion und in der politischen Praxis oft verwobenen und verwirrten Stränge systematisch freizulegen. In diesem Kapitel werden zu diesem Zweck zunächst die vier Großtheorien zur Europäischen Integration im Überblick vorgestellt. Es geht dabei vor allem darum herauszuarbeiten, welches Grenzkonzept sie jeweils anbieten. In den folgenden Kapiteln geht es dann auf der Grundlage der vorgestellten Theorien um die konkreten Kriterien der Grenzziehung und des Grenzverlaufs der europäischen Außengrenzen. Im Fazit wird schließlich erörtert, welche Grenzen einem demokratischen und friedlichen Europa angemessen wären.

---

3 Vgl. auch EG-Art. 299 EWG-Vertrag in der Fassung von Amsterdam bzw. Nizza

3. Großtheorien Europäischer Integration

Die folgende Darstellung umfasst nur die grundlegenden theoretischen Richtungen und ist daher zwangsläufig verkürzt und vereinfacht.[4] In der Tab. 1 sind die vier Denkschulen zur Europäischen Integration stichwortartig dargestellt.

Tab. 1: Theorien Europäischer Integration

Theorie	Realismus/Intergouvernementalismus	Neofunktionalismus	Dependenztheorie	Sozialkonstruktivismus
politische Bezugseinheiten	– Nationalstaaten	– funktionale Räume – Kommunikationsräume	– Zentrum vs. Peripherie	– Wertegemeinschaften – Öffentlichkeit
Handlungsmotive	– Machtbündelung und Souveränitätserhalt	– effektives Regieren – Loyalitätswandel	– Herrschaft vs. Emanzipation	– kollektive Werte – Legitimation
Grenzen	geopolitisch	funktional	neokolonial	normativ

Quelle: Rosamond, Ben: Theories of European Integration. Basingstoke, 2000

Für die Vertreter des machtpolitischen Realismus, in der Integrationstheorie meist in Form des Intergouvernementalismus vertreten, sind die Nationalstaaten die zentralen Akteure der Europäischen Integration sowohl nach innen wie nach außen. Letztlich sind alleine sie es, die für die Gesamtgesellschaft verbindliche Regeln festlegen und per Sanktionsgewalt durchsetzen können. Nur sie können das Überleben des Gemeinwesens in Extremsituationen wie Kriegen, Naturkatastrophen oder Wirtschaftskrisen sicherstellen. Die Nationalstaaten müssen daher im Interesse des eigenen Überlebens ihr Handeln danach ausrichten, ihre nationale Sicherheit bewahren zu können, was nichts anderes heißt, als die Macht bzw. Souveränität des Staates nach innen und außen zu gewährleisten. Im Mittelpunkt der Analyse stehen daher die so genannten *high politics*, d.h. die Sicherheitspolitik im weitesten Sinne.

Gerade aus diesem Grund war die Europäische Integration für die Intergouvernementalisten in der Zeit des Kalten Krieges nur von nachrangigem Interesse. Machtpolitisch relevant waren für sie die bipolare Weltordnung zwischen Ost und West, daneben auch die Selbstbehauptungsstrategien der neutralen Staaten im Norden und der blockfreien Staaten im Süden. Mit der Auflösung des Ost-West-Konflikts stellt sich die Machtfrage neu. Zwei Varianten werden diskutiert: Europa als Bestandteil eines neuen Westens und Europa als Gegengewicht gegen die sich offen unilateral gebärdenden USA. Die Grenzen Europas bestimmen sich demnach geopolitisch als Grenzen des Bündnisses bzw. der Sicherheitsgemeinschaft europäischer Staaten.

Grundlage der regionalen Integration ist die verlässliche Machtbündelung, d.h. der Übergang von wechselnden Zweckbündnissen souveräner Akteure hin zur dauerhaften Errichtung eines machtpolitisch handlungsfähigen Gemeinwesens. Verlässlich erscheint die Machtbündelung, wenn sie auf eine vorpolitische Schicksalsgemeinschaft rekurriert und somit dem politischen Taktieren entzogen ist. Die Bildung von Nationalstaaten bezieht sich in diesem Sinne auf die Idee der vorgegebenen Nation, die Europäische Integration auf die Idee eines geographisch fixierten Europas, das einer weiteren Hinterfragung entzogen ist.

Die Vertreter des Neofunktionalismus, der seit langer Zeit die einflussreichste Theorie der Europäischen Integration ist, gehen davon aus, dass die Probleme fortgeschrittener und interdependenter Gesellschaften nur noch gemeinsam gelöst werden können. Hinter den

---

4 Vgl. Rosamond, Ben: Theories of European Integration. Basingstoke, 2000

Integrationsprozessen steckt der Wunsch nach konkreter Problemlösung bzw. nach politikfeldbezogener Regierbarkeit („*Governance*"). Der Integrationsprozess beginnt mit der sachlich-technischen Zusammenarbeit in Gebieten der so genannten *low politics*, das sind die Politikfelder, die den Kern staatlicher Souveränität nicht direkt berühren und daher dem pluralistischen Entscheidungsprozeß geöffnet werden; dazu zählt vor allem die Wirtschaftspolitik. Es wird erwartet, dass sich durch die Zusammenarbeit transnationale Interessengruppen und -allianzen bilden, die eine Kommunikationsgemeinschaft generieren und zusammen mit den entstehenden supranationalen Institutionen den Integrationsprozess weiter vorantreiben. Zum Loyalitätswandel kommt es, wenn den supranationalen Institutionen eine höhere Problemlösungskompetenz zugeschrieben wird als den nationalstaatlichen. Die Grenzen Europas sind jeweils funktional bestimmt, d.h. unterschiedliche institutionelle Zusammenhänge sind für unterschiedliche Politikbereiche möglich und sinnvoll.

Die Dependenztheorie steht hier stellvertretend für marxistische Theorieansätze zur Europäischen Integration. Sie wird in der Entwicklungsforschung nach wie vor auch von Nichtmarxisten wahrgenommen. Dependenztheoretische Ansätze gehen von den grundlegenden gesellschaftlichen Widersprüchen aus, die sich aus den sozioökonomischen Strukturen der kapitalistischen Gesellschaft und des kapitalistischen Weltsystems ergeben. Ausdruck dieser gesellschaftlichen Widersprüche ist die ungleiche Entwicklung zwischen den privilegierten und den ausgebeuteten Teilen des kapitalistischen Systems. Die *nationalen* Gegensätze können nun in der Weise durch *internationale* Gegensätze überlagert werden, dass die ausgebeuteten Teile des Zentrums gleichzeitig an der Ausbeutung der Peripherien partizipieren bzw. die herrschenden Gruppen in den Peripherien gleichzeitig als „Brückenköpfe" der Zentren fungieren. Daraus ergibt sich eine komplexe Interessenlage. Die Politik wird angetrieben durch den Gegensatz zwischen der Bewahrung der herrschenden Verhältnisse und der Forderung nach gesellschaftlicher Emanzipation. Auch die Europäische Integration hat aus der Perspektive der Dependenztheorie einen widersprüchlichen Charakter. Sie dient einerseits – als „Standortpolitik" – der Behauptung Europas gegenüber anderen Standorten des Zentrums und gleichzeitig der Fortsetzung postkolonialer Ausbeutungsverhältnisse gegenüber den Peripherien im Süden und Osten. Sie schafft andererseits aber auch den institutionellen Rahmen für emanzipatorische Forderungen nach sozialem Ausgleich und nach politischer Regulation der wirtschaftlichen Entwicklung und nach demokratischer Selbstbestimmung in und außerhalb Europas.

Die vierte Perspektive umfasst sozialkonstruktivistische Theorien. Diese lösen sich von der Vorstellung eines objektiven, unabhängig von den Akteuren vorhandenen politischen Handlungsrahmens in Form der genannten Macht-"Zwänge", „vernünftigen" Problemlösungen oder „strukturellen" Herrschaftsverhältnisse. Sie betonen stattdessen, dass politisches Handeln sich an kollektiv geteilten Weltbildern und Werten orientiert, und sehen in Demokratien die Öffentlichkeit als die Instanz an, gegenüber der die Politiker ihr Handeln legitimieren müssen. Eine frühe Version sozialkonstruktivistischen Denkens findet sich bei John Ruggie.[5] Er befasste sich mit internationalen Regimen und definierte sie als formelle oder informelle Regelwerke, die jeweils in bestimmten Feldern der internationalen Politik zu gegenseitig verlässlichem Verhalten der Akteure führen (z.B. Rüstungskontrollregime, Welthandelsregime, Umweltregime). Auch die Europäische Integration lässt sich als Ensemble internationaler Regime in verschiedenen Politikfeldern deuten. Ruggie betont jedoch im Gegensatz zum späteren *Mainstream* der Regimeforschung, dass die Entstehung solcher Regime nicht auf rationalen Kalkülen, sondern auf konvergierenden Wirklichkeits-

---

5 Vgl. Ruggie, John: International Responses to Technology. Concepts and Trends. In: International Organization 29, 3, 1975

wahrnehmungen, auf geteilten Weltbildern und letztlich auch auf gemeinsamen Werten beruht. Die Gemeinschaften mit gemeinsamen Weltbildern nennt er in Anlehnung an Foucault „*epistemic communities*".[6] Im Zentrum sozialkonstruktivistischer Forschung steht die Frage, welche Weltbilder und Werte sich im politischen Diskurs durchsetzen und welche nicht, wer die Definitionsmacht über die kollektiven Weltbilder und Werte hat und welche alternativen Definitionsmöglichkeiten ausgegrenzt werden. Und vor allem stellt sich die Frage, wie Politik konkret legitimiert wird und wie sie überhaupt legitimiert werden kann.

Auf der Grundlage dieser Theorien lassen sich nun die Grenzen Europas im Einzelnen bestimmen.

4. Geopolitische Grenzen Europas

Im Sinne des Intergouvernementalismus konkurrieren bei der Integration Europas zwei Regionalmodelle miteinander: das transatlantische Modell der NATO und das westeuropäische Modell. Im transatlantischen Modell besitzt Europa keine eigenständige Identität, sondern ist fest an die USA gebunden. Europa ist in diesem Modell nicht denkbar ohne die Ankopplung an – manche würden sagen die Unterordnung unter – die US-amerikanische Führungsmacht. Auch Samuel Huntington konzipiert in seiner bekannten These vom „Kampf der Kulturen"[7] Europa nicht als eigenständige geopolitische Einheit, sondern als Teil des religiös-kulturell definierten „Westens". Dessen Ostgrenze definiert er als Grenze des vom westlichen Christentum geprägten Raums, den er sowohl vom orthodox-christlichen als auch vom islamischen Raum abgrenzt. Allerdings entspricht die NATO schon seit langem nicht ganz dem Huntingtonschen Konzept des Westens, denn sowohl das orthodoxe Griechenland als auch die dem islamischen Kulturraum zugerechnete Türkei sind seit 1952 NATO-Mitglieder.

Dem steht das Konzept eines erweiterten Westeuropas gegenüber, dessen Vertreter sich auf die geographischen Grenzen Europas berufen. Dieses Europa „vom Atlantik bis zum Ural", wie es de Gaulle ausdrückte, zielt im Sinne des Intergouvernementalismus vor allem auf die machtpolitische Eigenständigkeit West- und später Gesamteuropas gegenüber den USA. Wie bereits erwähnt, bestimmt der heutige Artikel 49 des Vertrags zur Europäischen Union, dass nur „europäische Staaten" in die Union aufgenommen werden können. Die Vertragsväter und -mütter berufen sich damit auf die geographische Definition Europas und unterstellen Europa als quasi-natürliche Einheit.

Der Verweis auf die geographische Definition Europas findet sich ferner im Vertrag über Konventionelle Streitkräfte in Europa, der im November 1992 in Kraft trat. Betroffen von den weitreichenden Abrüstungs- und Rüstungskontrollmaßnahmen ist demnach „das gesamte Territorium der Vertragsparteien vom Atlantischen Ozean bis zum Ural, das alle europäischen Inselgebiete der Vertragsstaaten einschließt", wozu ausdrücklich gerechnet werden die dänischen Färöer-Inseln, Spitzbergen und die Bäreninseln, die zu Norwegen gehören, sowie das damals noch sowjetische Franz-Josefs-Land und Novaja Semlja. Nicht zu Europa gehören demnach das ebenfalls dänische Grönland, das Nordamerika zugerechnet wird.

---

6 Ruggie, 1975. S. 569-570
7 Huntington, Samuel P.: The Clash of Civilizations? In: Foreign Affairs 72, 3, 1993. S. 22-49; Huntington, Samuel P.: The Clash of Civilizations and the Remaking of World Order. New York, 1996

Doch geophysikalisch oder plattentektonisch gesehen ist Europa nichts anderes als eine asiatische Halbinsel. Europa musste daher von den Geographen regelrecht konstruiert werden. Herodot, die zentrale antike Quelle für die Definition der Kontinente, nennt als Grenzen zwischen Europa und Asien eine Linie, die mit dem westlichen Mittelmeer beginnt, über den Hellespont, das Schwarze Meer, den Phasis bzw. Tanais und das Kaspische Meer fortgesetzt wird und schließlich mit dem Araxes endet. Die von Herodot westlich bzw. östlich des Kaspischen Meeres genannten Grenzlinien lassen sich heute nicht mehr eindeutig rekonstruieren, zumal bereits Herodot für die zwischen Schwarzem und Kaspischem Meer festzulegende Grenze mehrere Alternativen nannte.[8] Die Ansprüche Georgiens und Armeniens auf eine Mitgliedschaft in Europa begründen sich auf diese historischen Quellen.[9]

Karte 1: Geographische Ostgrenzen Europas

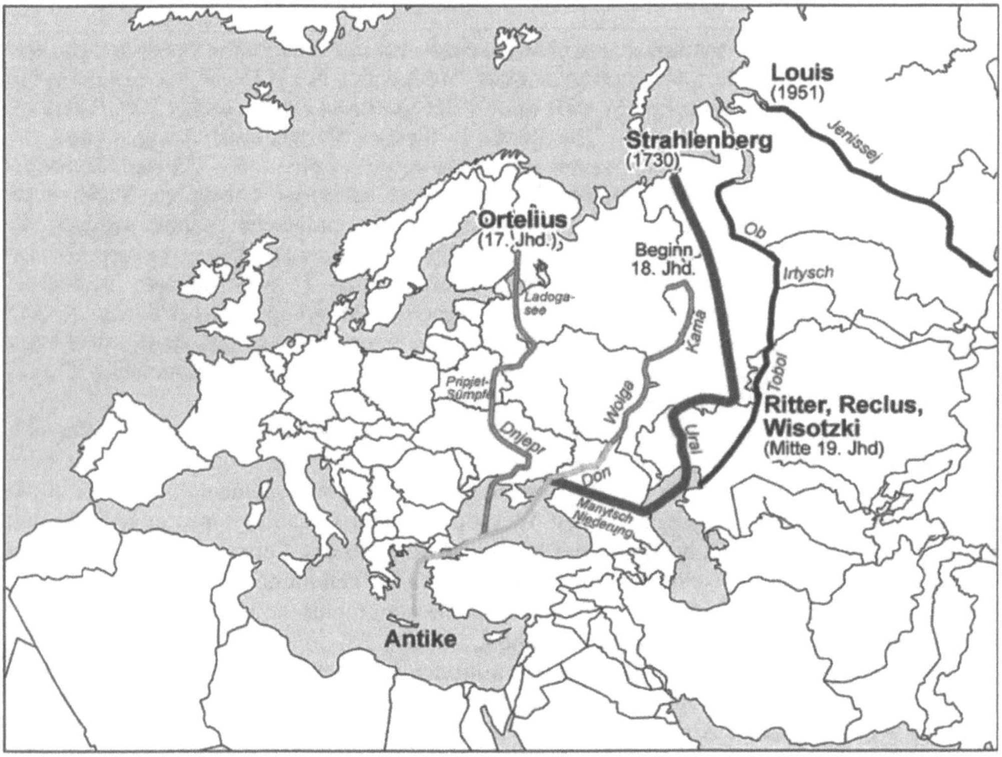

Karte nach: http://nibis.ni.schule.de/~vdsg/Seiten/sin/sin_24/europa_2.htm; Stand: 17.02.2004 (Kartographie: W. Lang)

Die Geographen des Mittelalters und der frühen Neuzeit griffen die alte griechische Vorstellung wieder auf, dass Kontinente durch Meere und Wasserläufe voneinander abgegrenzt werden. Weitgehend unstrittig war dabei, dass der Atlantik, das Mittelmeer, die Ägäis[10], der

---

8   Näheres unter http://www.kimmerier.de/kap04411.htm; Stand: 17.02.2004
9   Auf heutigen angelsächsischen Weltkarten werden in Anlehnung an diese altgriechische Definition die drei Kaukasusrepubliken nach wie vor als Teil Europas dargestellt.
10 Die europäisch-asiatische Grenze in der Ägäis wird heute üblicherweise mit der griechisch-türkischen Staatsgrenze gleichgesetzt, die aber aus dem 20. Jahrhundert stammt. Davor orientierte sich die geo-

Bosporus und die Dardanellen sowie das Schwarzes Meer die geographischen Grenzen Europas bilden sollten. Doch die weitere Ostgrenze definierten die Geographen immer wieder neu (Karte 1). Die Vorschläge reichten von der Linie Dnjepr-Weisses Meer nach Ortelius bis hin zur Idee von Louis[11], den Jenissej zur Ostgrenze Europas zu machen. Am gebräuchlichsten geworden ist die 1730 von Strahlenberg vorgeschlagene Ostgrenze. Dieser schwedische Geograph war der russischen Armee als Kriegsgefangener zu einer Zeit in die Hände gefallen, als Zar Peter der Große sein Reich zu einem Teil Europas machen wollte. Strahlenberg konkretisierte diesen Wunsch des Zaren und setzte das Uralgebirge, den Ural-Fluss und die Kuma-Manytsch-Niederung zwischen Kaspischem Meer und Asowschem Meer als Ostgrenze Europas fest.[12] Im 19. Jahrhundert konkurrierte dann das Konzept eines Kontinents Eurasien mit der Idee eines separaten europäischen Kontinents. Die Idee eines von Asien getrennten Europas setzte sich schließlich durch, wobei die geographische Grenzziehung vor allem in der damals einflussreichen deutschen Geographie entsprechend dem Konzept Strahlenbergs vorgenommen wurde.

Der Europarat berief in den 1960er Jahren geographische Konferenzen ein, um eine allgemein anerkannte Definition Europas zu finden. Die Geographen kamen zum Schluss, dass Europa nicht nach „natürlichen", d.h. physisch-geographischen Gegebenheiten, sondern ausschließlich nach humangeographischen Kriterien wie Besiedlung, Geschichte, Wirtschaft, Kultur und Politik als Kontinent abgegrenzt werden könne.[13]

Dessen ungeachtet spielt die geographische Definition Europas nicht nur in der Debatte über den EU-Beitritt der Türkei eine Rolle, die wenigstens mit einem kleinen Zipfel zum geographischen Europa gehört. Als Marokko im Jahr 1986 ein Beitrittsgesuch an die damalige Europäische Gemeinschaft richtete, wurde dieses Gesuch umgehend abgelehnt – mit dem Hinweis, Marokko sei kein europäisches Land.[14] Dagegen wurde im Mai 2004 Zypern in die EU aufgenommen, obwohl diese Insel geographisch gesehen eindeutig zu Asien zählt. Andererseits gehörten bis zur Unabhängigkeit Algeriens im Jahre 1962 auch die drei nordafrikanischen Departements Frankreichs zur NATO und zur EWG.[15]

Die geographische Definition Europas durch die EU kann manchmal auch kontraproduktiv und gegen die EU selbst angewendet werden. Belege dafür sind einige Territorialkonflikte an den Außengrenzen der EU. Das bekannteste Beispiel sind die britischen Falklandinseln im Südatlantik, die Argentinien 1982 erfolglos der „fremden" europäischen Macht entreißen wollte. In den Falklandkrieg war übrigens auch die Europäische Gemeinschaft selbst verwickelt, die gegen Argentinien ein Wirtschaftsembargo verhängte. Grenzstreitigkeiten an den Außengrenzen der EU existieren auch mit der Türkei, die nicht nur seit 1974 den Nordteil Zyperns besetzt hält, sondern außerdem mit Griechenland um einige winzige Ägäisinseln und die damit verbundenen Erdöldepots im Meeresboden streitet. Ma-

---

graphische Grenzziehung Europas an der Mittellinie der Ägäis, und einige griechische Inseln vor der Küste Kleinasiens zählten dementsprechend zu Asien. Das französische Institute National Geographique beruft sich immer noch auf diese Grenzziehung (Hinweis nach einem Posting von Jan Krogh vom 4.11.2001 in der Newsgroup „Boundary Point" von Yahoo).

11 Vgl. Louis, Herbert: Über den geographischen Europabegriff. In: Mitteilungen der Geographischen Gesellschaft München 39, 1954. S. 73-93
12 Strahlenberg 1730; vgl. Korhonen, 1997. S. 250-251 sowie http://www.politikforum.de/forum/archive/ 28/2004/02/1/48559; Stand: 17.02.2004
13 Kremer, Martin: The EU and the Challenge of Defining its External Identity. Berlin, 2003 http://www. auswaertiges-amt.de/www/en/infoservice/download/pdf/eu/eu_identity.pdf; Stand: 11.11.2003
14 Neumann, Iver: European Identity, EU Expansion, and the Integration/Exclusion Nexus. In: Alternatives 23, 3, 1998. S. 397-416
15 „Die Verträge von Evian, mit denen die Unabhängigkeit Algeriens besiegelt wurde, sicherten Algerien für zehn Jahre die Behandlung als EWG-Inland."(Ruf 1998)

rokko beansprucht die spanischen Besitzungen in Nordafrika. Um die kleine Felseninsel Perejil wäre es im Sommer 2002 beinahe zu militärischen Auseinandersetzungen gekommen, als marokkanische Polizisten die unbewohnte Insel für kurze Zeit besetzt hielten, bevor sie durch eine spektakuläre Militäraktion Spaniens wieder vertrieben wurden.[16]

5. Funktionale Grenzen Europas

Die Vertreter des (Neo-)Funktionalismus kennen viele Grenzen Europas, betrachten aber die Europäische Union als Zentrum des europäischen Integrationsprozesses und damit auch als Hauptbezugspunkt der Grenzziehung.

Die EU hat sich aus einem Kern von sechs Staaten entwickelt, die sich in den 1950er Jahren zu den drei Europäischen Gemeinschaften, der Montanunion, der Atomgemeinschaft und der Europäischen Wirtschaftsgemeinschaft zusammenschlossen. Aus dieser Kerngruppe entwickelte sich in mehreren Schritten die heutige EU, die gegenwärtig 25 Mitglieder umfasst. Die funktionalistische Vorstellung einer *stetigen* Ausweitung der EU-Grenzen durch die Zunahme der Mitgliedstaaten entspricht freilich aus drei Gründen nicht ganz der Wirklichkeit:

Erstens schieden Gebiete im Zuge der Dekolonisierung aus Europa aus – das Beispiel Algerien wurde bereits erwähnt. Im Falle Grönlands erfolgte 1979 sogar ein regelrechter Austritt aus der EU mittels Referendum, was zeigt, dass nicht nur Integrations-, sondern auch Desintegrationsprozesse denkbar sind.

Zweitens bedeutet die Mitgliedschaft eines Staates – wie bereits eingangs erwähnt – nicht notwendigerweise, dass das komplette Staatsgebiet in vollem Umfang zur EU gehört. Die EU kennt ein sehr differenziertes System von Assoziierungsbeziehungen, und autonome Gebiete innerhalb von Staaten können für eine Vollmitgliedschaft oder für Sonderbeziehungen zur EU optieren oder gänzlich auf eine Mitgliedschaft in der EU verzichten. Dies betrifft 20 so genannte überseeischen Länder und Gebiete, die zu Großbritannien, Frankreich, den Niederlanden und Dänemark gehören und über die ganze Welt verstreut sind. Dies betrifft auch weitere autonome Gebiete wie die finnischen Åland-Inseln, die dänischen Färöer-Inseln, die portugiesischen Azoren und Madeira oder die Mönchsrepublik Athos in Griechenland. Einen Sonderfall stellen die Kanalinseln und die Isle of Man dar, die außenpolitisch zwar von Großbritannien vertreten werden, staatsrechtlich aber weder zu Großbritannien, noch zur EU gehören. Kompliziert wird die Situation noch dadurch, dass beispielsweise die Bürger Gibraltars gerne in vollem Umfang zur EU gehören möchten, was die Regierungen Großbritanniens und Spaniens aber nicht zulassen, während beispielsweise die Bürger Französisch Polynesien nahezu alle Mitgliedsrechte besitzen, aber mehrheitlich ein größeres Maß an Autonomie und Distanz zur EU wünschen.[17] Fiona Murray[18] schreibt

---

16 Grenzstreitigkeiten hat auch Frankreich, das über die Weltmeere verstreut Inseln besitzt. Die in der Nachbarschaft Madagaskars liegenden Iles Esparses werden ganz oder teilweise von Madagaskar, Mauritius und den Seychellen beansprucht. Die im östlichen Pazifik isoliert gelegene Insel Clipperton beansprucht Mexiko, die vor Mozambique gelegene Insel Mayotte wird von den Komoren reklamiert. Außerdem erhebt Surinam Anspruch auf Grenzgebiete Französisch Guyanas. Großbritanniens Anspruch auf die Felseninsel Rockall im Atlantik wird von Island nicht anerkannt. Schließlich gibt es auch einen Konflikt um die Grenzen an der Adria zwischen Kroatien und dem EU-Neumitglied Slowenien.

17 Vgl. Muller, Karis: Problems of European Union Citizenship Rights at the Periphery. In: Australian Journal of Politics and History 45, 1, 1999. S. 35-51

in einer Abhandlung über das Verhältnis der EU zu den Inselgebieten der Mitgliedstaaten fast resignierend, dass fast jede dieser Beziehungen einzigartig sei und sich die Rechtslage zudem dauernd verändere. Den genauen Überblick hätten daher nur wenige Spezialisten. Zum EG-Zollgebiet gehören beispielsweise die 15 Mitgliedsstaaten, dazu Monaco und die Isle of Man. Nicht dazu gehören jedoch die Åland-Inseln, die Färöer-Inseln, Grönland, die beiden deutschen Gemeinden Büsingen bei Schaffhausen und Helgoland, die italienischen Gemeinden Livigno und Campione d'Italia, die beiden spanischen Städte Ceúta und Melilla in Nordafrika, die kanarischen Inseln, die Überseedepartements und -gebiete Frankreichs, Großbritanniens und der Niederlande, die Mönchsrepublik Athos, die Kanalinseln, Gibraltar, die britischen Basen auf Zypern, Andorra, San Marino und der Vatikanstaat.

Drittens schließlich hat die EU selbst eine Grenze des Wachstums gezogen. Eines der Kopenhagener Beitrittskriterien umfasst die institutionellen Aufnahmekapazitäten der EU. Dass diese begrenzt sind, dass die EU nicht beliebig viele Mitglieder aufnehmen kann, erwies sich bereits im Zuge der Osterweiterung beispielsweise bei den Agrarsubventionen, der Strukturhilfe, der Freizügigkeit oder der Machtverteilung in den Entscheidungsorganen der Union. Der Verweis auf die geographische Grenze Europas wird in dieser Situation zu einer willkommenen Ausrede, um die Europäische Integration vor einem zu starken Ansturm zu retten. In diesem Sinne lässt sich auch das eingangs zitierte Statement von Hänsch verstehen.

Gleichzeitig bauten die Europäer immer mehr Säulen an das Haus Europa. In Wirklichkeit ist die EU aber kein anmutiger Tempel, sondern eher ein verschachteltes Haus. Beheimatet sind in diesem Gebäude mit unterschiedlicher Mitgliedschaft die politische EU und die Westeuropäische Union, der europäischen Wirtschaftsraum, das Euroland, der Schengenraum usw. Hinzu kommen weitere internationale Organisationen, die sich jeweils um bestimmte Aufgabengebiete kümmern, vom Europarat und der OSZE, über die UN-Wirtschaftskommission für Europa (ECE), die Organisation Eurocontrol zur Überwachung der Zivilluftfahrt und eine Vielzahl weiterer technischer Organisationen bis hin zu Organisationen wie der UEFA und Eurovision. Diese Organisationen gehen mit der Frage der Mitgliedschaft oft ganz unbefangen um: zur ECE gehört beispielsweise seit 1991 auch Israel, dessen Fußballverband in der UEFA mitkickt und dessen Fernsehanstalt sich am alljährlichen Schlagerwettbewerb der Eurovision beteiligt.

Diese funktionale Differenzierung der europäischen Grenzen führt nicht nur zu einer immer größeren Unübersichtlichkeit, sondern löst tendenziell den einheitlichen Bezugsrahmen Europa selbst auf. Ein weiteres Dilemma ergibt sich aus der neofunktionalistischen Logik: Wenn die europäische Integration wirklich die Problemlösung vereinfachen soll, dann müssten die vielen Europas rationalisiert, d.h. standardisiert und vereinheitlicht werden, und dann müssten die vielen Europas kongruente Grenzen bekommen.

6. Neokoloniale Grenzen Europas

Die Vertreter der Dependenztheorie beziehen in das europäische Territorium die in neokolonialer Abhängigkeit zu Europa stehenden Gebiete ein. Die Europäische Union führt nach Ansicht der Dependenztheoretiker die koloniale Tradition in postkolonialem Gewande fort und sichert sich gegenüber den anderen Mächten des Nordens privilegierte Einflusszonen. Vor allem die Beziehungen zwischen der EU und den sog. AKP-Staaten verkörpert entge-

---

18 Vgl. Murray, Fiona: The EU and Member State Island Territories. Charlottetown, 2003. http://www.upei.ca/~iis/murray.html; Stand : 04.11.2003

gen der Partnerschaftsrhetorik der EU-Entwicklungspolitik diese abhängige Entwicklung. Auf Drängen Frankreichs sah der EWG-Vertrag von 1957 die Assoziierung der in Afrika gelegenen, noch abhängigen außereuropäischen Länder und Hoheitsgebiete der EWG-Gründerstaaten Frankreich, Belgien, Niederlande und Italien in einer Freihandelszone vor; außerdem wurde ein Europäischer Entwicklungshilfefonds eingerichtet.[19] Diese Assoziation wurde auch nach der Dekolonisierung weitergeführt, wobei mit dem Beitritt Großbritanniens 1973 zusätzlich ehemalige britische Kolonien auch aus der Karibik und dem Pazifik assoziiert wurden und die Gruppe der AKP-Staaten entstand. Einige afrikanische Länder sind übrigens indirekt auch Teil des Euroraums geworden, da der CFA-Franc, der in Teilen West- und Zentralafrikas offizielle Währung ist, von der französischen Zentralbank verwaltet wird und fest an den Euro gebunden wurde.

Thematisiert werden müssen auch die über die Weltmeere verstreuten Überseegebiete der EU-Mitgliedstaaten. Diese haben für die EU heute einen dreifachen Nutzen:

- Sie fungieren erstens als Offshore-Zentren, Steueroasen oder Schiffsregister, konkurrieren dabei aber teilweise mit europäischen Klein- und Ministaaten wie Liechtenstein oder Monaco.
- Sie sichern der EU zweitens Zugang zu riesigen Meeresgebieten, denn diese Territorien verschaffen der EU Anspruch auf die 200 Seemeilen breite exklusive Wirtschaftszone.
- Sie dienen drittens als militärische Stützpunkte, Abhörbasen oder Rüstungstestgebiete, wie z.B. die britischen Basen auf Zypern, die ebenfalls britische, aber den US-Streitkräften überlassene Insel Diego Garcia im Indischen Ozean oder das Mururoa-Atoll in Französisch-Polynesien, wo bis zum weltweiten Teststopp französische Nukleartests stattfanden.

Die Dependenztheoretiker weisen nicht zuletzt auf den Widerspruch hin, dass für das Kapital die europäischen Grenzen weit, für die Menschen jedoch eng sind, zumal wenn sie als Arbeitskräfte nach Europa streben. Hier ist besonders die bereits erwähnte Schengen-Grenze zu nennen, durch die sich Europa von einer unerwünschten Arbeitsmigration abschottet.

7. Normative Grenzen Europas

Aus sozialkonstruktivistischer Sicht lassen sich alle bisher genannten Grenzen als normative Grenzen interpretieren. Sie sind nicht objektiv oder natürlich, sondern werden von angebbaren gesellschaftlichen Kräften mit angebbaren Interessen definiert und gegen andere Konzepte durchgesetzt und verteidigt. Es geht also um den Kampf um die Definition einer europäischen Identität und daraus abgeleitet um die Legitimation bestimmter Grenzziehungen Europas gegenüber der europäischen Öffentlichkeit. Der vorliegende Beitrag lässt sich in diesem Sinne als konstruktivistische Kritik der behandelten Grenzdefinitionen lesen.

Aus der Sicht der friedenswissenschaftlichen Literatur öffnet der konstruktivistisch-normative Ansatz den Blick auf zwei positive Grenzziehungskonzepte für Europa. Positiv bedeutet hier, dass diese beiden Grenzziehungen auf verallgemeinerungsfähige Interessen im Sinne von Jürgen Habermas bezogen werden können. In beiden Fällen handelt es sich um die Grenzen von Organisationen, die völlig zu Unrecht ein Schattendasein in der Euro-

---

19 Kawasaki, Seiro: Origins of the Concept of the „Eurafrican Community". In: Tôkyô Kasei Gakuin Tsukuba Joshi Daigaku Kiyô 4 (2000). S. 15-34, zit. nach http://www.kasei.ac.jp/library/kiyou/2000/2.KAWASAKI.pdf.; Stand: 11.11.2003

paforschung führen: den Europarat und die Organisation für Sicherheit und Zusammenarbeit in Europa (OSZE).

Im Europarat verpflichten sich die Mitgliedstaaten, ihr gemeinsames zivilisatorisches Erbe zu bewahren und wirtschaftlichen und sozialen Fortschritt zu fördern. Zum Europarat gehören alle Staaten des geographischen Europas mit Ausnahme von Weißrussland und dem Vatikan, außerdem die drei Kaukasusrepubliken Armenien, Aserbaidschan und Georgien. Nicht geklärt werden konnte in diesem Zusammenhang die Frage, inwiefern die Überseeterritorien der europäischen Staaten zum Geltungsbereich des Europarats gehören.[20]

Der Europarat macht Ernst mit der Beachtung der Demokratie: Die Mitgliedschaft Griechenlands war in der Zeit des Militärregimes 1967-1974 suspendiert. Auch der Türkei, Russland und der Ukraine drohte der Europarat die Ausgrenzung an. Weißrussland wird erst aufgenommen, wenn dort demokratische Verhältnisse einkehren, und selbst beim aktuellen Beitritt Monacos prüfte der Europarat genau, ob die langjährige Alleinherrschaft der dem Fürsten nahestehenden Union Nationale et Démocratique den Demokratiekriterien des Europarats entspricht. Demgegenüber verblasst die Demokratierhetorik der NATO, die jahrelang die Militärregime Portugals, Griechenlands und der Türkei in ihren Reihen geduldet hatte.

Der Europarat hat ein weltweit vorbildliches System zum Schutz der bürgerlichen und politischen Menschenrechte installiert und kümmert sich auch um deren Durchsetzung. Bereits 1953 trat die Europäische Menschenrechtskonvention (EMRK) in Kraft. Dadurch erhielt Europa bereits zu einer Zeit einen rechtsverbindlichen Menschenrechtsschutz, als die UNO sich noch mit wohlklingenden, aber unverbindlichen Resolutionen behelfen musste. Die Einhaltung der EMRK wird heute durch den Europäischen Gerichtshof für Menschenrechte überwacht, der von jeder natürlichen Person, nichtstaatlichen Organisation oder Personengruppe angerufen werden kann, die sich in ihren durch die EMRK geschützten Rechten verletzt fühlt. Noch weiter geht die Anti-Folter-Konvention des Europarats von 1987. Sie sieht vor, dass ein besonderer Ausschuss *jederzeit* Zutritt zu *allen* Orten erhält, an denen Personen durch eine öffentliche Behörde die Freiheit entzogen ist.[21] Dieser Ausschuss hat gerade in den unzugänglichen Krisengebieten Kurdistans oder Tschetscheniens – manchmal als einzig verbliebenes internationales Kontrollorgan – wertvolle Arbeit für die Durchsetzung der Menschenrechte geleistet.

Der Europarat verlangt von seinen Mitgliedern die Abschaffung der Todesstrafe. Er belässt es nicht bei Worten, sondern drängte die Türkei und Russland erfolgreich, ein Moratorium für Todesurteile zu erlassen, ja fordert öffentlichkeitswirksam selbst von den USA und Japan, die Beobachterstatus im Europarat besitzen, die Todesstrafe abzuschaffen. Der Europarat ist gerade durch seine aktive und konsequente Politik zum glaubhaften Symbol eines auf Demokratie und Menschenrechte gegründeten Europas geworden.

Die zweite Organisation, die aus friedenswissenschaftlicher Sicht eine verallgemeinerungsfähige Abgrenzung Europas verkörpert, ist die OSZE. Die OSZE ging 1990 aus der Konferenz für Sicherheit und Zusammenarbeit in Europa (KSZE) hervor. Der KSZE-Prozess war wesentlicher Bestandteil der Entspannungspolitik zwischen Ost und West, erleichterte die Überwindung des Kalten Krieges und schuf die Voraussetzung für die „Osterweiterung" der europäischen Institutionen, zunächst des Europarats, später auch der Europäischen Union. Obwohl die OSZE den geographischen Namen Europa verwendet, definiert sie die Grenzen Europas sowohl räumlich als auch inhaltlich anders als in der NATO

---

20 Vgl. zum Fall Hong Kong: Senger, Harro von: The non-extension of the European Convention of Human Rights to Hong Kong, In: Revue de droit international de sciences diplomatiques et politiques 76, 3, 1998. S. 309-327
21 Art. 2 der Anti-Folter-Konvention des Europarates von 1987

oder der EU. Die OSZE reicht von Vancouver bis Wladiwostok, umfasst also alle Staaten der NATO, des ehemaligen Warschauer Pakts, alle Nachfolgestaaten der Sowjetunion und alle neutralen und nichtpaktgebundenen Staaten Europas. Dieses Europakonzept ist inklusiv. Alle in den Kalten Krieg in Europa verwickelten Staaten kümmern sich gemeinsam um dessen Hinterlassenschaften. Außerdem ordnet sich die OSZE als von der UNO anerkannte regionale Sicherheitsorganisation in das System der Vereinten Nationen ein.

Inhaltlich orientiert sich die OSZE am Konzept der „Gemeinsamen Sicherheit", bei dem es nicht primär um militärische Sanktionen geht, sondern um Abrüstung, Prävention und Vertrauensbildung. Durch präventive Langzeitmissionen in Konfliktzonen (z.B. im Baltikum) ist es der OSZE gelungen, gefährlich schwelende ethnische Konflikte zu löschen. Dadurch hebt sie sich positiv ab von der Interventionspolitik der NATO oder der EU, die erst eingreifen, wenn das Feuer des Konflikts lodert. Die OSZE ist übrigens auch in Sachen Menschenrechte aktiv, wobei sie sich besonders um ethnische Minderheiten und um die Freiheit der Medien kümmert und sich dabei nicht nur die ehemaligen Ostblockländer, sondern auch die italienischen Medienpolitik unter Berlusconi kritisch vorgenommen hat.

8. Fazit

Die vorgestellten Überlegungen zu den Grenzen Europas sollten zeigen, dass die Frage nach den Außengrenzen Europas nicht anachronistisch oder marginal, sondern höchst aktuell und relevant ist. Die Grenzen Europas markieren keine zeitlosen Fixpunkte, sondern historisch gewordene und damit veränderbare Konstrukte. Dies gilt nicht nur für die Ostgrenze der EU, sondern letztlich für alle Grenzen aller europäischen politischen Organisationen. Allerdings dürfen die Grenzen Europas nicht als bloßes Ergebnis gesellschaftlicher und politischer Praktiken betrachtet werden. Sie wirken vielmehr selbst wieder in die europäische Öffentlichkeit zurück, indem sie Weltbilder und Diskurse prägen.

Ein demokratisches und friedliches Europa darf sich nicht auf vermeintlich natürliche geographische Grenzen oder auf vermeintlich objektive Sachzwänge beziehen, sondern braucht klar definierte Grenzen. Klare Grenzen sind geklärte Grenzen in dem Sinne, dass sich die Betroffenen einig sind, sie nur auf friedliche Weise zu ändern. Klare Grenzen sind allgemein verständliche Grenzen, hinter denen sich keine unberechtigten Sonderinteressen oder Privilegien mehr verstecken lassen. Klare Grenzen sind schließlich auch nach beiden Seiten durchsichtige Grenzen, die den Blick von innen nach außen und von außen nach innen nicht verstellen.

Literatur

Huntington, Samuel P.: The Clash of Civilizations? In: Foreign Affairs 72, 3, 1993. S. 22-49
Huntington, Samuel P.: The Clash of Civilizations and the Remaking of World Order. New York, 1996
Kawasaki, Seiro: Origins of the Concept of the ‚Eurafrican Community'. In: Tôkyô Kasei Gakuin Tsukuba Joshi Daigaku Kiyô 4, 2000. S. 15-34
   http://www.kasei.ac.jp/library/kiyou/2000/2.KAWASAKI.pdf; Stand: 11.11.2003
Korhonen, Pekka: Regional Boundaries: Europe and Asia. In: Dag Anckar und Lars Nilsson (Hrsg.): Politics and Geography: Contributions to an Interface. Åbo, 1997. S. 245-280
Kremer, Martin: The EU and the Challenge of Defining its External Identity. Berlin, 2003 http://www.auswaertiges-amt.de/www/en/infoservice/download/pdf/eu/eu_identity.pdf; Stand: 11.11.2003
Louis, Herbert: Über den geographischen Europabegriff. In: Mitteilungen der Geographischen Gesellschaft München 39, 1954. S. 73-93

Muller, Karis: Problems of European Union Citizenship Rights at the Periphery. In: Australian Journal of Politics and History 45, 1, 1999. S. 35-51

Murray, Fiona: The EU and Member State Island Territories. Charlottetown, 2003. http://www.upei.ca/~iis/murray.html; Stand: 04.11.2003

Neumann, Iver: European Identity, EU Expansion, and the Integration/Exclusion Nexus. In: Alternatives 23, 3, 2003. S. 397-416

Rosamond, Ben: Theories of European Integration. Basingstoke, 2000

Ruf, Werner: Ökonomie und Politik. Wie ein Regime den Zusammenbruch des Staats überlebt. In: inamo Sommer 1998. http://www.algeria-watch.de/artikel/inaruf.htm; Stand: 4.11.2003

Ruggie, John: International Responses to Technology: Concepts and Trends. In: International Organization 29, 3, 1975. S. 557-584

Senger, Harro von: The non-extension of the European Convention of Human Rights to Hong Kong. In: Revue de droit international, de sciences diplomatiques et politiques 76, 3, 1998. S. 309-327

Strahlenberg, Philipp Johann von: Das Nord- u. Oestliche Theil von Europa u. Asia, in so weit solches das gantze Rußische Reich mit Siberien u. der großen Tatarey in sich begreiffet, in einer historisch-geographischen Beschreibung der alten u. neuern Zeiten ... nebst einer Tabula polyglotta von 32 Arten Tatarischer Völcker Sprachen u. einem Kalmuckischen Vocabulario. 1 Charte u.a. Kupff. Stockholm, 1730

Autorenverzeichnis

Prof. Dr. *Ulrich von Alemann*, Professur für Politikwissenschaft an der Heinrich-Heine-Universität Düsseldorf

Dr. *Katrin Auel* M.A., DAAD Lecturer and Fellow in Politics at the Department of Politics and International Relations, University of Oxford

Prof. Dr. *Heinz-Jürgen Axt*, Professur für Politikwissenschaft an der Universität Duisburg/Essen, Standort Duisburg

Peter Becker M.A., wissenschaftlicher Mitarbeiter der Stiftung Wissenschaft und Politik, Forschungsgruppe EU-Integration

Prof. Dr. *Arthur Benz*, Professur für Politikwissenschaft an der FernUniversität Hagen

Heide Bergschmidt, Ministerium für Umwelt und Naturschutz, Landwirtschaft und Verbraucherschutz des Landes Nordrhein-Westfalen

Elmar Brok, Mitglied des Europäischen Parlaments, Vorsitzender im Ausschuss für auswärtige Angelegenheiten

Dr. *Manfred Degen*, Dienststellenleiter der Vertretung des Landes Nordrhein-Westfalen bei der Europäischen Union

Dr. *Christian Engel*, Referatsleiter Benelux-Kooperation und Interregionale Zusammenarbeit in der Staatskanzlei des Landes Nordrhein-Westfalen

Dipl. Kfm. *Jan Frie*, M.S., Unternehmensberater bei A.T. Kearney, Mitglied der Freien Demokratischen Partei

Christine Hebauer, Ministerium für Umwelt und Naturschutz, Landwirtschaft und Verbraucherschutz des Landes Nordrhein-Westfalen

Prof. Dr. *Hartwig Hummel*, Professur für Politikwissenschaft an der Heinrich-Heine-Universität Düsseldorf

Dr. *Herbert Jakoby*, Abteilungsleiter Europa und Internationale Angelegenheiten der Staatskanzlei des Landes Nordrhein-Westfalen

Ute Koczy, Mitglied des Landtags Nordrhein-Westfalen, Vorsitzende des Ausschusses für Europa- und Eine-Welt-Politik

Klaudia Köhn M.A., Promoventin der Heinrich-Heine-Universität Düsseldorf

Hannelore Kraft, Ministerin für Wissenschaft und Forschung des Landes Nordrhein-Westfalen

Wolfram Kuschke, Minister für Bundes-/Europaangelegenheiten und Medien des Landes Nordrhein-Westfalen

Menea Lindart, Ass. iur., war während ihrer Referendarzeit am Lehrstuhl für Deutsches und Ausländisches Öffentliches Recht, Völkerrecht und Europarecht der Heinrich-Heine-Universität Düsseldorf tätig

Prof. Dr. *Ralph Alexander Lorz*, Professur für Deutsches und Ausländisches Öffentliches Recht, Völkerrecht und Europarecht an der Heinrich-Heine-Universität Düsseldorf

Dr. *Andreas Maurer*, wissenschaftlicher Mitarbeiter der Stiftung Wissenschaft und Politik, Leiter der Forschungsgruppe EU-Integration

Claudia Münch M.A., wissenschaftliche Mitarbeiterin in der Forschungsinitiative NRW in Europa (FINE) am Lehrstuhl für Politikwissenschaft der Heinrich-Heine-Universität Düsseldorf

Prof. Dr. *Andreas Pinkwart*, Mitglied des Bundestags, Landesvorsitzender der Freien Demokratischen Partei Nordrhein-Westfalen

Prof. Dr. *Adelheid Puttler*, Professur für Öffentliches Recht, insbesondere Europarecht, Völkerrecht und Internationales Wirtschaftsrecht an der Ruhr-Universität Bochum

Dr. *Ludger Schulze-Pals*, Ministerium für Umwelt und Naturschutz, Landwirtschaft und Verbraucherschutz des Landes Nordrhein-Westfalen

Dr. *Martin Selmayr*, Direktor des Centrums für Europarecht an der Universität Passau, wissenschaftlicher Berater der Fraktion der Europäischen Volkspartei im EU-Verfassungskonvent und auf der Verfassungs-Regierungskonferenz 2003

Peer Steinbrück, Ministerpräsident des Landes Nordrhein-Westfalen

Prof. Dr. *Wolfgang Wessels*, Professor für Politikwissenschaft, Leiter des Forschungsinstituts für Politische Wissenschaft und Europäische Fragen der Universität zu Köln

Neu im Programm Politikwissenschaft

Martin Greiffenhagen,
Sylvia Greiffenhagen (Hrsg.)
Handwörterbuch zur politischen Kultur der Bundesrepublik Deutschland
2., völlig überarb. und akt. Aufl. 2002.
674 S. Geb. EUR 44,90
ISBN 3-531-13209-1

In diesem Handwörterbuch wird die Summe der politischen Kulturforschung in Deutschland vorgelegt. Die 115 Beiträge des Bandes erschließen vollständig das gesamte Fachgebiet. Dabei wurde für die völlig erneuerte 2. Auflage besonders die Entwicklung der politischen Kultur seit der deutschen Vereinigung berücksichtigt. Das Buch dient sowohl als Grundlage für Studium, Beruf und politische Bildung als auch als Lesebuch zu allen wichtigen Grundfragen unseres Gemeinwesens.

Thomas Leif, Rudolf Speth (Hrsg.)
Die stille Macht
Lobbyismus in Deutschland
2003. 385 S. Br. EUR 32,90
ISBN 3-531-14132-5

Lobbyisten scheuen das Licht der Öffentlichkeit, gewinnen in der Berliner Republik aber immer mehr an politischem Einfluss. In diesem Buch wird der Lobbyismus umfassend analysiert und der ständig wachsende Einflussbereich von Wirtschaft auf politische Entscheidungen neu vermessen. Die politische und wissenschaftliche Analyse zur aktuellen Entwicklung der politischen Lobbyarbeit wird durch neue Studien und zahlreiche Fallbeispiele ergänzt. Erstmals werden unbekannte Einflusszonen aufgedeckt, die wichtigsten Akteure und ihre Machttechniken beschrieben.

Jürgen Hartmann
Das politische System der Bundesrepublik Deutschland im Kontext
Eine Einführung
2004. 311 S. Br. EUR 21,90
ISBN 3-531-14113-9

Diese Einführung in das politische System der Bundesrepublik schildert den Parlamentarismus, den Bundesstaat, die Parteien, die Gesetzgebung und die politische Verwaltung, die Praxis der Koalitionsregierung und das Verfassungsgericht. Das Buch wählt eine vergleichende Perspektive, um diese tragenden Strukturen des politischen Systems zu beleuchten.

Erhältlich im Buchhandel oder beim Verlag.
Änderungen vorbehalten. Stand: Juli 2004.

www.vs-verlag.de

VS VERLAG FÜR SOZIALWISSENSCHAFTEN

Abraham-Lincoln-Straße 46
65189 Wiesbaden
Tel. 0611.7878-722
Fax 0611.7878-400

Neu im Programm Politikwissenschaft

Beate Hoecker, Gesine Fuchs (Hrsg.)
Handbuch Politische Partizipation von Frauen in Europa
Band II: Die Beitrittsstaaten
2004. 310 S. Br. EUR 32,90
ISBN 3-8100-3568-8

Beate Kohler-Koch, Thomas Conzelmann, Michèle Knodt
Europäische Integration – Europäisches Regieren
2004. 348 S. (Grundwissen Politik)
Geb. EUR 26,90
ISBN 3-8100-3543-2

Sigrid Leitner, Ilona Ostner, Margit Schratzenstaller (Hrsg.)
Wohlfahrtsstaat und Geschlechterverhältnis im Umbruch
Was kommt nach dem Ernährermodell?
2004. 394 S. mit 11 Abb. und 39 Tab.
Br. EUR 34,90
ISBN 3-8100-3934-9

Kai-Uwe Schnapp
Ministerialbürokratien in westlichen Demokratien
Eine vergleichende Analyse
2004. 375 S. Br. EUR 26,90
ISBN 3-8100-3800-8

Erhältlich im Buchhandel oder beim Verlag.
Änderungen vorbehalten. Stand: Juli 2004.

Nikolaus Werz, Reinhard Nuthmann (Hrsg.)
Abwanderung und Migration in Mecklenburg und Vorpommern
2004. ca. 296 S. Br. EUR 32,90
ISBN 3-531-14287-9

Wichard Woyke
Deutsch-französische Beziehungen seit der Wiedervereinigung
Das Tandem fasst wieder Tritt
2000. 277 S. Br. EUR 24,90
ISBN 3-8100-2530-5

Annette Zimmer, Eckhard Priller
Gemeinnützige Organisationen im gesellschaftlichen Wandel
Ergebnisse der Dritte-Sektor-Forschung
2004. 237 S. mit 38 Abb. und 33 Tab.
Br. EUR 22,90
ISBN 3-8100-3849-0

Annette Zimmer, Eckhard Priller (Eds.)
Future of Civil Society
Making Central European Nonprofit-Organizations Work
2004. 736 pp. Softc. EUR 49,90
ISBN 3-8100-4088-6

www.vs-verlag.de

VS VERLAG FÜR SOZIALWISSENSCHAFTEN

Abraham-Lincoln-Straße 46
65189 Wiesbaden
Tel. 0611.7878-722
Fax 0611.7878-400

MIX
Papier aus verantwortungsvollen Quellen
Paper from responsible sources
FSC® C105338

If you have any concerns about our products,
you can contact us on
ProductSafety@springernature.com

In case Publisher is established outside the EU,
the EU authorized representative is:
**Springer Nature Customer Service Center GmbH
Europaplatz 3, 69115 Heidelberg, Germany**

Printed by Libri Plureos GmbH
in Hamburg, Germany